A ASCENSÃO DE ATENAS

ANTHONY EVERITT

A ASCENSÃO DE ATENAS
A HISTÓRIA DA MAIOR CIVILIZAÇÃO DO MUNDO

Tradução
Thereza Christina Rocque da Motta

CRÍTICA

Copyright © Anthony Everitt, 2016
Copyright dos mapas © David Lindroth, Inc., 2016
Copyright © Editora Planeta do Brasil, 2019
Esta trdução foi publicada em acordo com Random House, um selo de Penguin Rondom House, LLC.
Todos os direitos reservados.
Título original: *The Rise of Athens*

Coordenação editorial: Thais Rimkus
Tradução: Thereza Christina Rocque da Motta
Preparação: Ronald Polito
Revisão: Mariana Zanini e Thais Rinkus
Índice e notas: Renata Xavier
Diagramação: Bianca Galante
Mapas: John Gilkes
Capa: Anderson Junqueira
Imagem de capa: The Picture Art Collection / Alamy Stock Photo
Créditos das imagens: "Acrópole / Reconstrução de Atenas": akg-images / Peter Connolly; "Aquiles e Pátroclo", "Platão", "Hetairas": Bibi Saint Pol; "Partenon", "Atena Relevo": Harrieta 171; "Atena Partenos": Dean Dixon; "Temístocles", "Fundição": Sailko; "Péricles", "Hoplita ateniense", "Lançador de disco": Marie-Lan Nguyen; "Demóstenes": Gunnar Bach Pedersen; "Soldados gregos e persas": Alexikoua; "Capacete de Milcíades": William Neuheisel; "Leão de Queroneia": Philipp Pilhofer; "Sócrates": Yair Haklkai; "Aristóteles", "Javali sacrificado", "*Symposium*": Jastrow; "Bebê e mãe": Marsyas.

DADOS INTERNACIONAIS DE CATALOGAÇÃO NA PUBLICAÇÃO (CIP)
ANGÉLICA ILACQUA CRB-8/7057

Everitt, Anthony
    A ascensão de Atenas: a história da maior civilização do mundo/ Anthony Everitt. – São Paulo: Crítica, 2019.
    488 p.

ISBN: 978-85-422-1754-4

1. Atenas (Grécia) - História I. Título

| 19-1778 | CDD 938.5 |

Índices para catálogo sistemático:
1. Atenas (Grécia) - História

2019
Todos os direitos desta edição reservados à
EDITORA PLANETA DO BRASIL LTDA.
Editora Planeta do Brasil Ltda.
Rua Bela Cintra, 986, 4º andar – Consolação
São Paulo – SP – 01415-002
www.planetadelivros.com.br
faleconosco@editoraplaneta.com.br

Para John Brunel Cohen,
meu sempre leal padrasto.
— *de Salamina ao Dia D* —

SUMÁRIO

PREFÁCIO..11
INTRODUÇÃO 21

OS TRÊS COMPANHEIROS 31
   1. HERÓI NACIONAL 33
   2. UM ESTADO DE GUERRA 42
   3. A MULA PERSA 55

A INVENÇÃO DA DEMOCRACIA 75
   4. O LIVRAMENTO 77
   5. O AMIGO DOS POBRES 93
   6. OS COCHEIROS DA ALMA 101
   7. INVENTANDO A DEMOCRACIA 113

A AMEAÇA PERSA 125
   8. OS INVASORES DO ORIENTE 127

9. A RAPOSA COMO PORCO-ESPINHO 142
10. A INVASÃO 155
11. "UM COMPORTAMENTO DE IDIOTAS" 169
12. "Ó, DIVINA SALAMINA" 178

OS CONSTRUTORES DO IMPÉRIO 199
13. A LIGA DAS NAÇÕES 201
14. A DESAVENÇA 218
15. AS GENTIS 234
16. "COROADA DE VIOLETAS" 244

A GRANDE GUERRA 265
17. OS PRISIONEIROS DA ILHA 267
18. O HOMEM QUE NADA SABIA 296
19. A QUEDA 311
20. O FIM DA DEMOCRACIA? 334

A LONGA DESPEDIDA 355
21. A VEZ DE ESPARTA 357
22. QUERONEIA — "FATAL PARA A LIBERDADE" 383
23. POSFÁCIO — "UM BURACO ESQUECIDO POR DEUS" 421

GLOSSÁRIO 427
CRONOLOGIA 430
FONTES 437
BIBLIOGRAFIA 440
NOTAS 443
ÍNDICE REMISSIVO 469
AGRADECIMENTOS 479

LISTA DE MAPAS

BACIA DO EGEU 18

ANTIGA ATENAS 20

PLANÍCIE DE MARATONA 134

BATALHA DE SALAMINA 184

ATENAS, PIREU E AS GRANDES MURALHAS 229

BATALHA DE QUERONEIA 411

PREFÁCIO

Quando era criança, devorei um livro de histórias da época vitoriana que narrava lendas das mitologias grega e romana. Li cada palavra, exceto os poemas melosos e enjoativos que surgiram em algumas páginas.

Minha avó paterna notou meu interesse pelo mundo antigo e comprou para mim três livros dos clássicos da Penguin, na época, um lançamento editorial. Escolheu as versões de E. V. Rieu da *Ilíada* e da *Odisseia* de Homero e uma tradução de *O banquete* de Platão. Casada com um fazendeiro, ela não tinha erudição clássica, e o último desses livros chegou um pouco cedo demais para uma criança pré-púbere como eu, que ficou fascinada com as referências à homossexualidade helênica. Mas não poderia ter experimentado melhor sentido, cheiro e sabor da civilização grega. Homero e Platão me introduziram a um mundo novo e efusivo que, apesar de toda a tragédia e de todo o derramamento de sangue, irradiava a luz do sol e os céus luminosos do pensamento livre.

Por um período de duzentos anos, nos séculos V e IV a.C., os antigos atenienses foram os pioneiros de avanços surpreendentes em quase todas as áreas do esforço humano. Inventaram a única democracia (a palavra em si é grega) real ou completa que existiu fora da era clássica. Considerando que hoje nós meramente elegemos representantes para agir em nosso nome, os cidadãos de então se reuniam em assembleia e tomavam todas as decisões importantes. (Preciso fazer uma ressalva aqui: a entrada era limitada aos homens na idade adulta e, portanto, excluía dois grandes grupos sociais: as mulheres e os escravos.)

Os atenienses acreditavam na razão e em seu poder de solucionar os mistérios da condição e da natureza humana. Estabeleceram os conceitos e a linguagem da filosofia e levantaram questões que os pensadores de hoje ainda debatem. Foram pioneiros na arte da tragédia e da comédia, na arquitetura e na escultura. Inventaram a história como narração e interpretação precisas do passado. Com seus colegas gregos, desenvolveram a matemática e as ciências naturais.

Devemos, porém, tomar cuidado para não exagerar. Os atenienses faziam parte de um avanço helênico genérico e tomavam emprestadas ideias e tecnologias de seus vizinhos não gregos – por exemplo, os egípcios e os persas –, apesar de seu desprezo pelos "bárbaros". Se soubéssemos tanto sobre as outras sociedades inseridas e em torno do Mediterrâneo Oriental nos tempos clássicos quanto sabemos sobre os atenienses, talvez eles não nos parecessem tão excepcionais. Provavelmente, seriam considerados secundários.

No entanto, mesmo que os atenienses não fossem únicos, isso não subtrairia nada de tudo o que eles realizaram. A grandeza de Sócrates não será comprometida pela descoberta de um opositor mudo e desconhecido.

Embora os atenienses fossem de fato racionalistas, também eram profundamente religiosos. A adoração dos deuses do Olimpo integrava-se em todos os aspectos da vida cotidiana. A maioria acreditava que essas divindades antropomórficas atuavam no grande jogo da história tanto quanto os seres humanos.

No Ocidente, notamos com alguma complacência que uma democracia ateniense totalmente independente durou apenas cerca de duzentos anos. É bom lembrar que nossas próprias democracias, em sua forma completa, ainda não chegaram a essa duração.

A mecânica do sistema democrático ateniense é relevante para o mundo eletrônico de hoje: a chegada dos computadores significa que, se assim desejássemos, poderíamos retornar da democracia representativa para a direta. Como no auge da Atenas clássica, as pessoas de fato seriam capazes de tomar todas as decisões importantes. Cada cidadão seria, com efeito, um membro do governo. Somos corajosos o suficiente para dar um passo tão radical?

Frente a todas as maravilhas da antiga Atenas, ou melhor, por causa delas, enfrentei uma questão fundamental. Como foi que essa pequena comunidade de 200 mil almas (em outras palavras, não é mais populosa do que, digamos, York, na Inglaterra, ou Little Rock, no Arkansas) conseguiu dar origem a gênios gigantescos em toda a extensão da capacidade humana e de criar uma das maiores civilizações da história? Na verdade, lançou as bases de nosso próprio universo intelectual contemporâneo.

Em meu relato da ascensão e queda da cidade, busco responder a essa pergunta – ou, pelo menos, apontar uma resposta.

Se pudéssemos viajar mais de dois milênios e andar pelas ruas e vielas da antiga Atenas, talvez encontrássemos os grandes dramaturgos Ésquilo, Sófocles e Eurípides; o escultor Fídias; o comediante Aristófanes; e o vilão da política ateniense Alcibíades. Talvez assistíssemos a uma aula de ética de Sócrates numa sapataria à beira da ágora e conhecêssemos dois de seus alunos, Platão e Xenofonte. Em uma assembleia, ouviríamos um discurso de seu maior estadista, Péricles.

Esta é a Atenas que evoco, começando com seus primeiros séculos de reis, tiranos e aristocratas, passando para a invenção da democracia e do apogeu político e cultural da cidade, e concluindo com seu declínio na forma de uma agradável "cidade universitária".

A história é muito menos conhecida que a de Roma, mas teve uma influência enorme na posteridade e na civilização ocidental de hoje; ou seja, influência em nós. Os atenienses lançaram as fundações da casa em que vivemos hoje. Devemos lembrar e celebrar o que eles construíram. E que história é essa – repleta de aventuras e extraordinárias reviravoltas do destino.

No tabuleiro do jogo da política do Mediterrâneo Oriental do século VI ao IV a.C. havia três jogadores principais.

O primeiro foi Atenas. Era uma potência marítima e não terrestre e incentivava o comércio em todo o mundo conhecido. Suas frotas passaram a dominar o mar Egeu. Seus cidadãos compravam e vendiam bens e serviços, dedicavam-se à cultura e às artes e eram inquisitivos e de mente aberta.

Esparta era diferente em todos os sentidos, uma das sociedades mais estranhas da história da humanidade. Uma cidade-estado no Peloponeso, a península que compõe o sul da Grécia, era altamente disciplinada e dedicada à guerra. Foi amplamente reconhecida como a principal potência grega. Lá os cidadãos do sexo masculino viviam coletivamente e passavam grande parte da vida em acampamentos comunitários. Chamados "espartos" ou (para lhes negar sua individualidade) "Iguais", eram proibidos de cultivar ou comercializar e eram educados como soldados profissionais. Conquistaram grande parte do Peloponeso e escravizaram sua população como servos ou escravos (hilotas). Esses hilotas serviam seus senhores trabalhando as propriedades para eles; eram frequentemente humilhados e podiam ser mortos a qualquer hora.

Os rapazes espartanos foram treinados brutalmente para serem brutais. O objetivo era transformá-los em combatentes impiedosos, que abdicassem de sua riqueza pessoal e fossem silenciosos, modestos e educados. Sua comunidade era autossuficiente – fechada, obstinada e totalitária –, com pouco interesse pelo mundo exterior.

O terceiro jogador era o vasto Império Persa, do outro lado do mar Egeu. Em meados do século VI, um nobre iraniano, Ciro, o Grande, conquistou e anexou todos os grandes reinos do Oriente Médio. Em última análise, os domínios de Ciro se estendiam dos Bálcãs ao rio Indo, da Ásia Central ao Egito. Era um monarca absoluto.

As cidades gregas prósperas ao longo do litoral da Ásia Menor caíram sob seu domínio. Este foi um insulto permanente a todo o mundo grego, que via os estrangeiros como bárbaros – isto é, *barbaroi*, ou pessoas que fazem ruídos como "bar-bar" em vez de falar grego corretamente. Aqui, as camadas de rocha tectônica de duas culturas se encontraram e se chocaram uma com a outra.

O conflito era inevitável. Como num balé complicado, esses dançarinos entrelaçavam o corpo, revezando amigos e inimigos, alternando, por sua vez, da guerra para a paz e novamente para a guerra.

As três grandes potências desfrutaram de altos zênites, mas todas acabaram por enfrentar a derrota e o desastre. Seu progresso contém todas as emoções de uma montanha-russa histórica.

Eu escrevo uma história narrativa. Nunca revelo fatos futuros ou finais enquanto narro, pois quero que os leitores não tenham uma ideia antecipada do que acontecerá a seguir tal como aqueles que viveram os fatos que descrevi. Se não estiverem familiarizados com a história antiga, vivenciarão os momentos como eles aconteceram.

Algumas histórias nas fontes antigas têm um contorno suspeitamente fictício – ou pelo menos é o que dizem acadêmicos exigentes. O encontro de Sólon com o rei Creso da Lídia (ver página 91) é um bom exemplo disso. Nem sempre podemos dizer, a essa distância, se são verdadeiras ou falsas. Como mitos e lendas, no entanto, são boas histórias, e mesmo que algumas delas tenham sido edulcoradas, dão uma boa ideia de como os gregos se viam. Por isso, reconto-as animadamente.

Faço o melhor possível para esboçar o registro ateniense nos campos da filosofia e das artes, mas aqui cabe apenas um esboço. Ésquilo, Sófocles e Eurípides são representados por obras-primas, incluindo *Oréstia*, *Antígona* e *As mulheres de Troia*, e as ideias de Platão e Aristóteles são apenas esboçadas. *Lisístrata* fala por Aristófanes. E espero ter feito o bastante para dar a ideia de sua grandeza.

Historiadores antigos variam muito em qualidade, com parte do século V sendo muito mais bem coberto do que o IV. O trabalho de muitos escritores foi total ou parcialmente perdido graças à corrosiva passagem do tempo. Tucídides é o maior historiador de todos os tempos – na verdade, ele é tão bom que ficamos presos à sua versão dos fatos. Os autores menores desistem, oferecem alguns dados para o acadêmico moderno e permitem correções e novas interpretações. O que Tucídides não escreveu torna-se um espaço vazio que, em geral, não conseguimos preencher, e o que ele escreveu é praticamente irrefutável.

Há tópicos em que mesmo os melhores cronistas, como Tucídides, não tocam, exceto tangencialmente – por exemplo, economia e vida social. Também sabemos muito mais sobre Atenas do que sobre qualquer outra das muitas cidades-estados e suas colônias mediterrâneas que compunham a Grécia antiga. De uma forma ou de outra, temos menos a dizer do que gostaríamos sobre fatos mais amplos.

Existem muitos assuntos sobre os quais os especialistas de hoje discordam. Em geral, toco em seus debates apenas nas notas finais e deixo a narrativa principal livre da controvérsia acadêmica.

Como devo escrever os nomes de pessoas e lugares? Na Europa Ocidental, fomos apresentados pela primeira vez à literatura e à história da Grécia antiga por meio dos romanos e da sua língua, o latim. A convenção foi estabelecida usando a ortografia latina para nomes próprios helênicos. Foi somente no Renascimento que a maioria dos europeus entrou em contato direto com o grego como língua, mas a prática já estava arraigada demais para ser alterada.

Assim, a maioria fala de Aquiles e não Achilleus, Alcibíades e não Alkibiades, Platão e não Platon. Decidi manter essas formas romanas por causa de sua familiaridade; os leitores ficariam intrigados e assustados com uma transliteração estritamente precisa do alfabeto grego para o europeu. Alguns termos técnicos esotéricos são isentos dessa regra.

Também alguns nomes muito famosos têm versões anglicizadas que a maioria usa e eu prefiro – por exemplo, Atenas a *Athenai* (grego) ou *Athenae* (latim); Corinto (português) a *Korinthos* (grego) ou *Corinthus* (latim); e *Esparta* (latim) a *Sparte* (grego). Eu tomo emprestado as versões greco-latinas de nomes estrangeiros e principalmente persas: então me refiro a Astíages, o rei da Média, em vez de Ishtumegu. Lugares menos conhecidos do mundo grego assumem sua forma original. Em suma, toda regra tem uma exceção, e eu segui meu gosto.

Em nomes próprios que terminam com "e", o "e" é pronunciado como "ii" (em grego seria "ay" como em "rei"); e naqueles que terminam com "es", como "ees", seria como "iis".

É difícil ser preciso quanto ao valor do dinheiro, porque o valor relativo dos diferentes produtos varia de tempos em tempos e de economia para economia. As principais unidades da moeda ateniense eram:

6 óbolos	=	1 dracma
100 dracmas	=	1 mina
60 minas	=	1 talento

Uma dracma era paga por um soldado a pé ou por um trabalhador qualificado nos séculos V e IV. A partir de 425 a.C., um jurado recebia do Estado um subsídio diário de meia dracma ou três óbolos, apenas o suficiente para manter uma família de três pessoas num nível básico de subsistência. Portanto, o pagamento era adequado e não extravagante. Um talento era uma unidade de peso e equivalia a 26 quilos; também significava o valor monetário de 26 quilos de prata. Os duzentos remadores que tripulavam uma trirreme durante a Guerra do Peloponeso recebiam um talento por um mês de trabalho.

Um óbolo era uma pequena moeda de prata. Ela era colocada na boca de um homem morto para que tivesse meios de pagar o barqueiro Caronte para atravessar do rio Aqueronte até o submundo.

Omito o termo a.C. ou d.C. junto com as datas, exceto nos raros casos em que poderia haver mal-entendidos.

Em muitos aspectos podemos reconhecer o povo de Atenas; isso não é uma grande surpresa, pois foram pioneiros em diversos dos campos atuais de conhecimento. Mas, de várias maneiras, habitaram um universo moral e tecnológico diferente. Seu lema era "conhecer a si mesmo"; simplesmente, eles não teriam compreendido o pedido cristão de "amar o próximo como a si mesmo".

Se eu ajudar a preencher a lacuna entre nós e nossos antepassados helênicos e transmitir um pouco do meu entusiasmo pelos fundadores de nossa civilização, ficarei muito satisfeito.

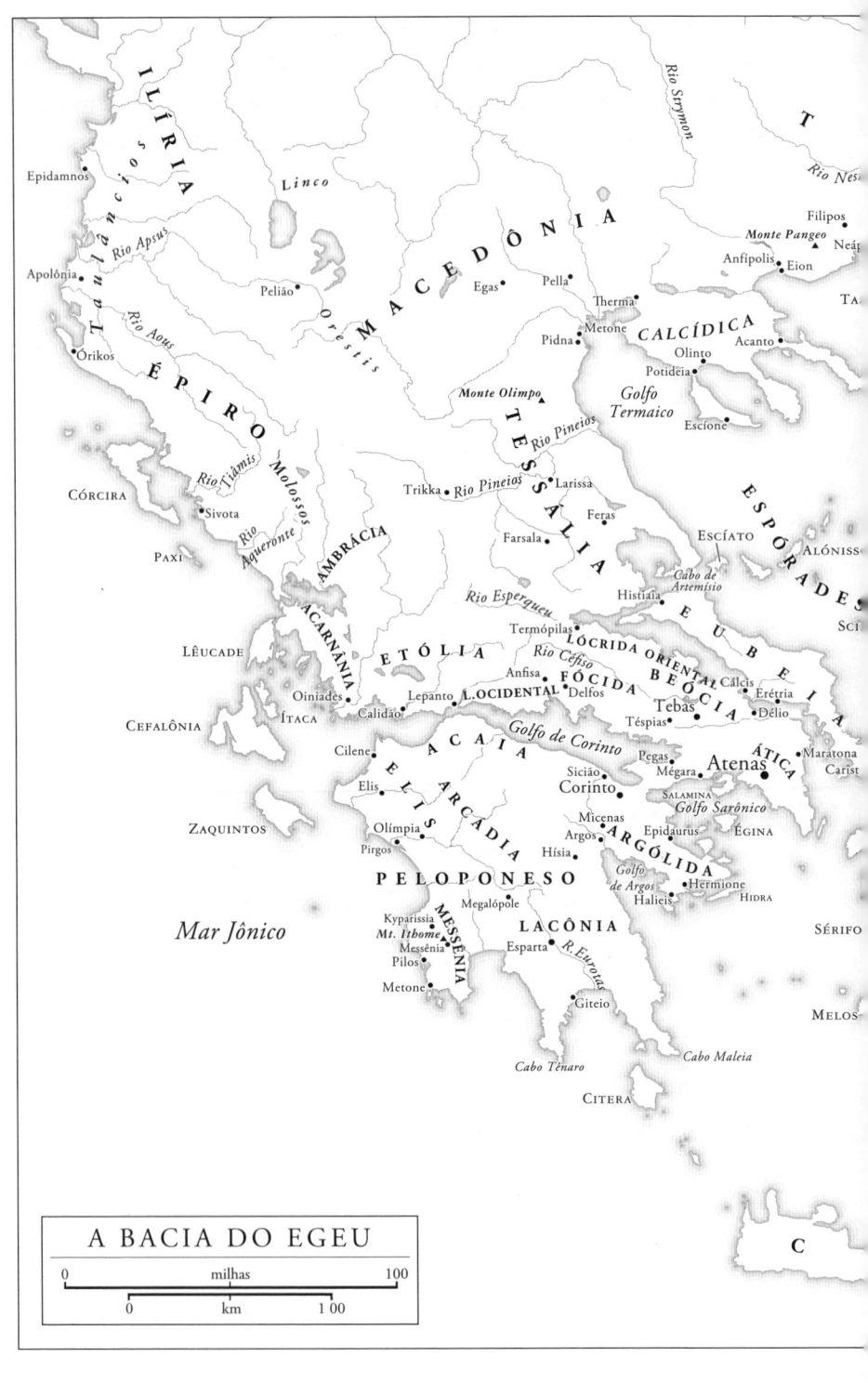

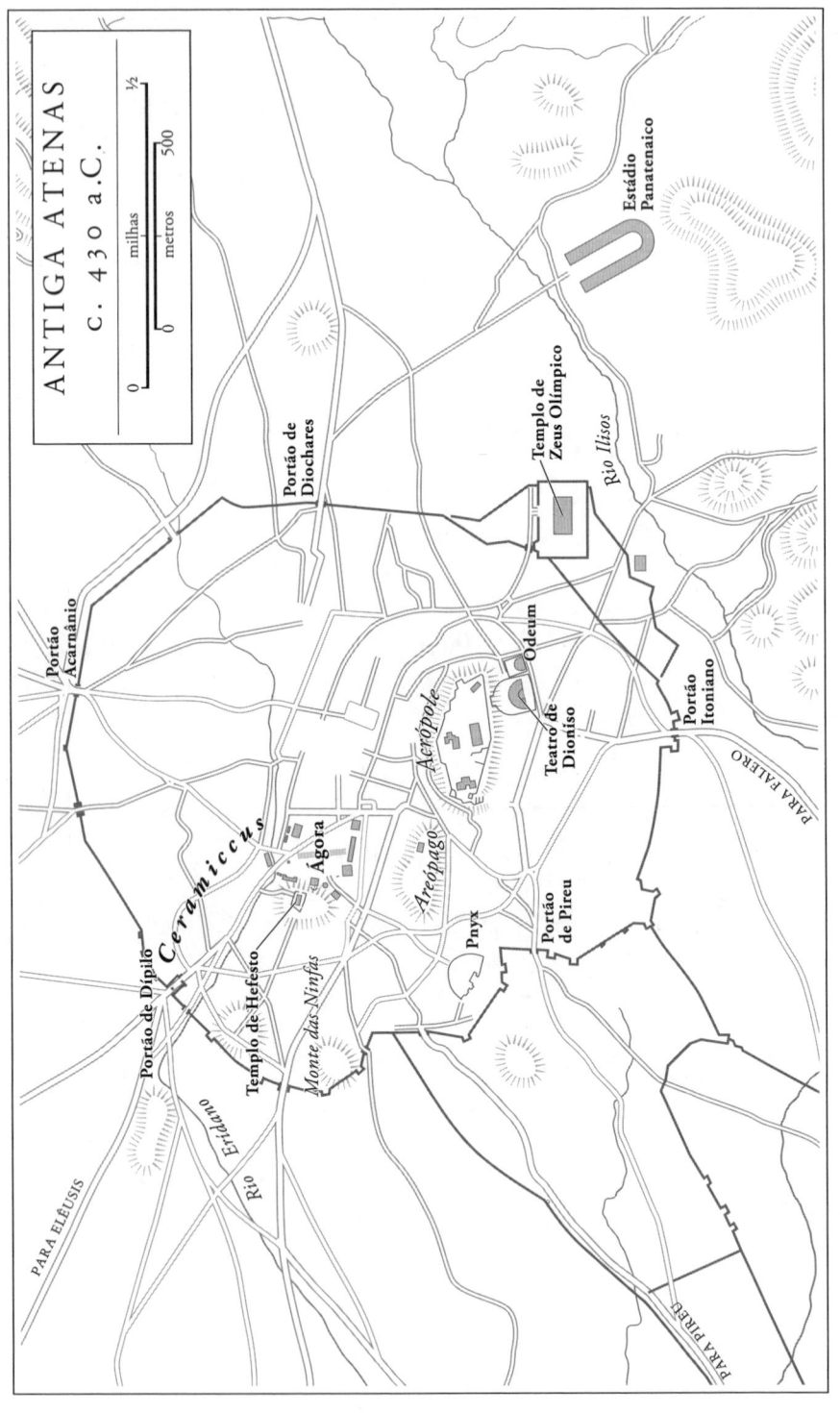

INTRODUÇÃO

O jovem rei da estrangeira e incivilizada Macedônia obrigou a grande cidade de Atenas a se submeter e escravizou toda a Hélade, junto com sua briguenta horda de cidades-estados. Isso não aconteceu porque ele não gostasse dos gregos. Longe disso: ele admirava profundamente suas conquistas militares e culturais. De fato, ele desejava ser aceito como membro do clube helênico.

Era Alexandre, o Grande, filho de Filipe, e isso aconteceu em 334.

Mas qual era a natureza do grego e como alguém se apoderou dele? A maneira mais simples de responder à pergunta era estudar e digerir o poema épico *Ilíada*. Situado num passado remoto, falava sobre o cerco de dez anos a Troia, uma cidade na Frígia, por um exército grego.

Todos os atenienses (na verdade, todos os jovens gregos) aprendiam sobre heróis como Aquiles e Agamenon, Heitor e Ulisses, que lutaram na guerra, e faziam o possível para imitá-los. Suas ações incorporaram o estado grego de ser. Alexandre se apresentou como o novo Aquiles, como o mais valente de todos os helenos.

Ele leu a *Ilíada* pela primeira vez quando era criança, e isso guiou sua vida. Levou uma cópia consigo em suas viagens e, quando lhe apresentaram uma caixa ricamente ornada que pertencera ao Grande Rei persa, perguntou a seus amigos que objeto precioso deveria guardar dentro dela. Deram todos os tipos de sugestões, mas Alexandre respondeu, com firmeza, que depositaria ali seu exemplar da *Ilíada* para resguardá-lo pelo esplendor.

Os helenos teriam rido das pretensões do arrogante rei, mas estavam ligados tão profundamente quanto Alexandre ao mundo que Homero havia conjurado. Foi ali que descobriram suas atitudes morais, pessoais, sociais e políticas.

Na verdade, era um mundo perdido, mesmo quando a *Ilíada* foi escrita em algum momento no fim do século VIII. O poema era um texto longo, mas inspirado nas composições decoradas, ditas ou cantadas em ocasiões sociais importantes. Homero pode ter existido ou não, não sabemos. Pode ter sido um homem, um grupo de pessoas ou até mesmo uma mulher. Mas qualquer um que leia o poema se sentirá diante de uma mente controladora, não importa qual seja seu nome ou natureza. (Sua obra-irmã, a *Odisseia*, que descreve as aventuras de Ulisses, rei de uma pequena ilha na costa oeste da Grécia, e sua jornada de dez anos de volta de Troia, pode ter sido trabalho de outro autor.)

A Guerra de Troia aconteceu mesmo? Nós não sabemos. Mas, se a guerra ou algo parecido com ela de fato *aconteceu*, pode ter sido no fim de 2.000 a.C. Isso marcou o ápice da civilização da Idade do Bronze que dominou a Grécia e o Mediterrâneo Oriental. Ela é chamada de micênica a partir de sua principal cidade, Micenas, na região nordeste do Peloponeso. Seus reis e guerreiros navegaram pelo mar Egeu e saquearam Troia.

Poucos anos depois dessa vitória, misteriosos invasores puseram um fim violento à civilização micênica. Não sabemos quem eles eram, mas inauguraram uma época mal compreendida, que os estudiosos modernos chamam de Idade das Trevas. Seguiram-se séculos de colapso econômico e social. Isso quer dizer que Homero evocava um modo de vida apenas vagamente lembrado. A *Ilíada* e a *Odisseia* são ficções, mas, em um sentido crucial, incorporam uma verdade histórica essencial, na medida em que mostraram a muitas gerações de gregos quem eles eram e os valores pelos quais deveriam viver.

Homero exerceu uma autoridade quase bíblica. Aqui, em resumo, está a história que ele conta.

O cerco de Troia durou uma década, mas os fatos na *Ilíada* cobrem um período de apenas 54 dias no nono ano, e a maior parte da ação ocorre durante quatro dias inteiros. Esse recorte, contudo, capta tanto a glória quanto a tragédia da chacina que parece não ter fim.

A guerra em Homero é, em essência, uma sucessão de duelos entre príncipes e reis; eles andam em carruagens e atiram lanças contra seus oponentes.

As pessoas comuns circulam no fundo. Aquiles, um guerreiro belo, altivo e invencível, ocupa o cerne da história. Ele é, de longe, o melhor soldado entre os gregos, mas tem um temperamento terrível. Ele disputa, com seu comandante-chefe, o rei Agamenon de Micenas, duas lindas moças. A primeira é Criseida, filha de um sacerdote de Apolo, deus com aparência de um adolescente eternamente belo. Capturada pelos gregos durante um ataque, é doada como espólio humano a Agamenon. Seu pai reclama com o deus e implora por uma reparação.

Então uma peste atinge a força expedicionária. Os soldados estão amontoados em cabanas em uma praia não muito longe da cidade de Troia, poucos quilômetros para dentro do continente. Suas embarcações estão estacionadas na areia ao lado deles. Muitos morrem. Um adivinho anuncia que a epidemia é a punição do deus pela captura de Criseida e aconselha que ela seja devolvida ao pai imediatamente.

O mundo helênico era muito diferente do nosso. Os homens e as mulheres de Homero vivem simultaneamente no que poderiam ser chamados de universos paralelos. Em um deles, as coisas são como parecem: uma praga é uma praga. No outro, os deuses estão no comando. Nessa ocasião, Apolo desce em fúria ao acampamento. Suas flechas tinem sobre seu tremor.

"Ele desceu como o anoitecer", diz o poeta.

> Sentou-se em frente aos navios e atirou uma flecha, que vibrou de forma terrível de seu arco de prata. Atacou as mulas e os cães ágeis. Então apontou as flechas afiadas para os homens e atacou repetidamente. Dia e noite, incêndios incontáveis consumiram os mortos.

Assim, por uma via de percepção um fato conta com uma explicação racional, e, por outra, tem uma razão sobrenatural. Os gregos acreditavam que ambas eram verdadeiras ao mesmo tempo.

As principais divindades do panteão helênico são uma família de imortais antropomórficos. Vivem em um palácio no alto do monte Olimpo, ao norte da Grécia. Gostam de brincadeiras e troças, e sua "risada insaciável" ecoa em volta das montanhas. Seus amores e ódios formam um novelão divertido, mas, como vimos, eles não são nem um pouco engraçados quando voltam sua atenção aos seres humanos.

O chefe da família é Zeus, o Trovejador e o Ajuntador de Nuvens – e um marido controlado por sua mulher. Sua esposa, Hera, está sempre conspirando para obstruir seus planos. Depois há a guerreira Atena, protetora de Atenas. Ela é a deusa da sabedoria e patrona das artes e ofícios. Considera seu pai "um obstinado e velho pecador, sempre interferindo em meus planos". Ambas as deusas detestam os troianos e trabalham incansavelmente por sua queda.

Isso porque elas e a deusa do amor, Afrodite, haviam competido, há muito tempo, por causa de uma maçã de ouro que deveria ser dada à mais bela das três. Um jovem príncipe troiano, Páris, foi o juiz, e deu o prêmio a Afrodite. Ela lhe havia prometido o amor da mulher mais bonita do mundo caso ele a escolhesse.

A mulher chama-se Helena e, azar dos azares, já está prometida a outro. É a esposa do rei Menelau de Esparta, no sul da Grécia. Páris lhe faz uma visita, e eles fogem para Troia. É essa ofensa que desencadeia a guerra.

Esses deuses não são modelos de virtude e não esperam virtudes imutáveis de seus adoradores; em vez disso, cada um deles representa emoções, princípios ou habilidades que refletem e ampliam as qualidades dos seres humanos.

Os gregos eram profundamente religiosos – não tanto para aprender as regras da moralidade, mas para manter o lado bom dos deuses e descobrir suas intenções. Conseguiam isso sacrificando animais em sua honra e lendo suas entranhas e consultando adivinhos, livros proféticos e oráculos antes de tomar qualquer decisão importante. Realizavam festivais e cerimônias em homenagem aos deuses. Salpicavam o campo com templos, santuários, bosques e cavernas sagradas em homenagem a uma divindade ou outra. Não se incomodavam com o dogma teológico. Religião era mais um rito do que uma crença.

Agamenon convoca uma assembleia geral do exército e de seus comonarcas e príncipes. Concorda em devolver Criseida ao pai, e Apolo para de atirar. A peste termina. O rei, então, comete um erro grave. Para compensar a perda, confisca Briseida, outra bela prisioneira, que fora destinada a Aquiles. Enfurecido, o guerreiro se afasta da guerra e fica de mau humor em sua tenda.

Ele medita sobre sua sina. No seu nascimento, o destino deu-lhe a chance de uma vida curta, porém gloriosa em campo de batalha, ou uma vida longa, mas sem qualquer distinção em seu lar. Não havia escolha. Desde seu nascimento, sua mãe, uma deusa do mar chamada Tétis, tentou todos os truques para salvá-lo de uma morte prematura. Quando Aquiles era criança, ela vestiu-o com roupas femininas e criou-o entre as meninas. Mas a inesperada gravidez de uma companheira revelou o verdadeiro gênero do rapaz.

Como a maioria dos gregos, o adulto Aquiles reconhece a brevidade da vida e, embora acredite que a morte não seja o fim, tem poucas esperanças de felicidade no submundo, onde os espíritos dos seres humanos passam uma eternidade indefinida e fútil.

Em sua longa jornada de volta para casa após o fim da guerra, o astuto Odisseu (ou Ulisses) recebe o raro privilégio de visitar o submundo ainda vivo. Encontra o fantasma de Aquiles, que está tão zangado quanto costumava estar à luz do sol. Ele reclama da vida após a morte:

> Põe-me na terra outra vez, e eu preferiria ser um servo na casa de um sem-terra, que tivesse pouco para viver, a rei de todos esses homens mortos que viveram. Mas basta.

Alguns anos antes, enquanto Aquiles ainda vivo senta-se ocioso na praia em frente a Troia, ele sabe o que está reservado para si. Ele é muito competitivo, uma característica que compartilha com as futuras gerações de gregos que serão tão controvertidos quanto. Homero expressa a atitude geral de maneira concisa, quando põe estas palavras na boca de um guerreiro: "Deixe que seu lema seja: *Eu conduzo*. Esforce-se para ser o melhor". Por enquanto, contudo, Aquiles deixa sua agressividade calar.

Os troianos, liderados pelo príncipe Heitor, o filho mais velho do rei de Troia e um lutador à altura de Aquiles, começam a ganhar a vantagem nas batalhas na planície entre a cidade e o mar. Os gregos (ou aqueus, como eram chamados no poema) constroem um grande muro defensivo para proteger seus navios e o acampamento na praia. Homero descreve os combates sangrentos em detalhe. Com isso ele consegue dois efeitos simultâneos e contraditórios: a guerra é gloriosa e, ao mesmo tempo, terrível.

Um feroz guerreiro grego chamado Ájax corre solto. Homero, que tem um talento maravilhoso para comparar os altos feitos de reis e príncipes com as baixas experiências da vida cotidiana, compara Ájax a um "asno que consegue extrair o melhor dos rapazes sob seu comando; transforma a batalha em uma plantação e serve-se à vontade da sua colheita". Acrescenta que o animal não dá atenção às pauladas que leva nas costas, até ter-se alimentado bastante.

Em outra imagem reveladora, a deusa Atena coloca no peito do rei Menelau "a ousadia de uma mosca, que aprecia tanto o sangue humano, que volta a atacar, mesmo sendo enxotada com frequência pela mão do homem".

Mas para todo vencedor de uma guerra há um perdedor. O poeta dá a cada um dos inúmeros mortos um epitáfio tocante. Em um dos muitos assassinatos, um arqueiro dispara uma flecha no peito de um jovem troiano. Fazendo uma analogia perfeita e comovente, Homero escreve: "Puxada pelo peso de seu capacete, a cabeça de Gorgition cai para o lado, como a corola pendente de uma papoula, carregada de sementes e das chuvas da primavera".

Zeus senta-se no topo de uma montanha próxima, trovejando de modo sinistro e soltando relâmpagos, enquanto analisa a cena. Não afasta seus "olhos brilhantes" da luta nem por um minuto.

Tudo parece ir tão mal para os gregos que Pátroclo, o melhor amigo de Aquiles (e, segundo alguns, um antigo amante dele), implora para que ele se junte à luta. Aquiles, relutante, concorda e empresta a Pátroclo sua famosa armadura.

Há algo quase psicopático na natureza de Aquiles. Conversando com o amigo, imagina-os sozinhos, vivos e triunfantes sobre o mundo todo. "Quão feliz eu me sentiria se não restasse nenhum troiano com vida, nenhum, nem nenhum grego; e se nós dois sobrevivêssemos ao massacre, quão feliz eu me sentiria ao tirar o santo diadema das torres de Troia sozinho!"

Quando Pátroclo entra na batalha, todos o confundem com Aquiles, por causa da armadura. Mata muitos inimigos, mas não sabe quando deve parar. Depara-se com Heitor, um lutador melhor do que ele, que o mata e arranca-lhe a armadura de Aquiles. Depois de uma luta feroz, os gregos resgatam seu corpo.

Aquiles está devastado. Os heróis em Homero expressam seus sentimentos, e ele não para de chorar. À noite, sonha com Pátroclo e estende os braços para abraçá-lo. Em vão. A visão

> desapareceu como uma nuvem de fumaça e começou a tagarelar no subsolo. Aquiles saltou de espanto. Bateu as mãos e, desolado, gritou: "Então, é verdade que algo de nós sobrevive... mas sem inteligência, apenas o fantasma e a aparência de um homem".

Determinado a se vingar, Aquiles disputa com Agamenon e sai, mais uma vez, para lutar contra os troianos. Persegue Heitor, que se acovarda e foge. Por fim, o troiano para, sem fôlego, e enfrenta seu inimigo implacável.

Os deuses assistem em silêncio. Zeus confessa seu carinho por Heitor e pede aos outros que concordem em poupar sua vida. "O que está falando?", diz Atena num rompante, acrescentando que o destino dele já estava traçado havia muito tempo. "Faça o que quiser. Só não espere que todos o aplaudamos." Zeus cede em sua opinião.

Aquiles mata Heitor. Então ultraja seu corpo, que pretende jogar aos cães. Mas um enterro apropriado é um passaporte essencial para o submundo e, após as derrotas militares, os gregos sempre negociavam os direitos do funeral de seus mortos.

Zeus insiste na dignidade para o morto. Envia uma mensagem ao brutal vencedor: Heitor deve receber seus rituais funéreos completos. O velho rei de Troia, Príamo, atravessa secretamente a planície batida pelo vento e se apresenta a Aquiles, a quem oferece ricos presentes. Pela primeira vez o guerreiro grego se comporta de forma nobre. Reconhece que a dor de Príamo por seu filho tem a mesma profundidade e o mesmo caráter que o amor de seu próprio pai e a pena de si mesmo, uma vez que ele também não voltará para casa para ser enterrado.

Os dois homens enlutados ceiam juntos. Isso é importante, pois significa que Aquiles reconheceu Príamo como um convidado, um relacionamento sagrado selado com presentes. Em troca daqueles que trouxera, o rei recebe o corpo de Heitor. Eles choram juntos e compartilham o luto. Aquiles diz: "Nós, os homens, somos seres miseráveis, e os deuses, que não têm preocupações, teceram a tristeza no cerne de nossa vida". Junto com suas rivalidades cruéis, seu egoísmo radiantemente sociopata, os gregos compreendem muito bem a tragédia da condição humana. A vida é efêmera e cheia de dor.

Homero escreve, em outra parte, linhas reconhecidamente famosas:

> Homens ao longo de suas gerações são como folhas das árvores. O vento sopra e as folhas que nasceram durante o ano espalham-se no chão, mas as árvores abrem seus brotos frescos quando chega a primavera. Da mesma forma, uma geração floresce, enquanto outra finda.

Depois de uma noite de sono, Príamo e Aquiles partem e seguem seus caminhos. Ambos sabem o que o destino reserva para eles. O rei enterra seu filho. Aqui a *Ilíada* chega ao fim, mas o que foi previsto acontece. Logo Aquiles é morto pela flecha lançada pelo arco de Páris. Ele não vive para assistir à queda de Troia, provocada mais pela astúcia do que pela coragem.

Os gregos fingem abandonar o cerco e partir. Deixam para trás um enorme cavalo de madeira, como uma oferenda aos deuses. Os tolos troianos arrastam-no para dentro dos muros da cidade e celebram o fim da guerra. Mas, claro, o cavalo contém uma tropa de homens armados. No meio da noite, eles emergem e deixam o exército grego entrar na cidade. Troia cai e é destruída. Príamo é abatido pelo filho de Aquiles.

Helena volta para Esparta.

Homero sugere que a Guerra de Troia conquistou pouco. Muitos bravos homens morreram. E a família de deidades do Olimpo passa a cuidar de outros assuntos. Divindades que se opuseram durante a disputa, o deus do mar Poseidon e Apolo, decidem destruir o grande muro de defesa que os gregos ergueram em volta de seus navios. Fora construído sem o consentimento do céu.

Agora que Troia acabou e "os melhores troianos estavam mortos e muitos gregos também, embora alguns tenham restado", tudo o que ficou foi essa fortificação maciça. Os deuses atiram contra ela as águas de todos os rios da região. Zeus, o deus do céu, ajuda fazendo chover sem parar. Depois de nove dias, o muro e suas fundações foram levados para o mar. Poseidon, em seguida, cobre a larga praia com areia novamente e devolve os rios aos seus antigos cursos.

É como se nada tivesse acontecido naquele litoral manchado de sangue. Helena teria valido a pena? Heitor, Aquiles e todos os outros tinham realmente morrido pelo quê? Para a maioria dos gregos, a resposta era óbvia. Qualquer que fossem seus motivos ostensivos e sem sentido, os atos de bravura conferiam glória a eles mesmos. Nenhuma outra justificativa era necessária. No submundo, o valor não produzia benefícios de ordem prática.

A virtude era seu próprio prêmio, por assim dizer.

Então, agora, através das névoas do tempo, vemos o contorno dos gregos. O próprio fato de uma expedição percorrer uma longa distância por água é a prova da importância da navegação para um povo que habita uma terra rochosa com poucas estradas. Os helenos compartilhavam uma linguagem, com deuses e dialetos mutuamente inteligíveis. Acreditavam profundamente na honra ou no *status* pessoal (*timē*). Estavam comprometidos com a justiça e o estado de direito. Viam a crueldade e o desperdício da guerra, mas celebraram a bravura. Reconheciam o mal causado pela precipitação, mas sentiam, ao mesmo tempo, algo esplêndido nisso.

Não podemos chamar uma sociedade liderada por governantes impulsivos como Agamenon ou Aquiles de democrática, mas estes não eram déspotas. Tinham de consultar a opinião pública e convocavam reuniões regulares para aconselhá-los sobre questões importantes, uma tradição mantida nos séculos posteriores.

Eram religiosos sem doutrina; sua família de imprevisíveis deidades sentia as mesmas paixões "humanas" como eles. O que vemos como mitos e lendas eram reais para os gregos; seus deuses de fato existiam, e os heróis de um passado remoto eram considerados figuras históricas.

Não havia um código sagrado para os mortais. Só podiam controlar os deuses do Olimpo por meio de orações e sacrifícios. Havia um limite, no entanto, para o que poderia ser feito, pois o curso da vida tanto de homens quanto de mulheres havia sido predestinado pelas Moiras, três velhas anciãs que teciam o futuro com os fios da vida humana.

A busca competitiva pela excelência era um atributo essencial para um bom homem. Mas, como mostra Homero, essa rivalidade disputada tinha seu lado obscuro e, nos séculos seguintes, refletiu-se em discussões nefastas que desequilibraram as diversas cidades-estados independentes que compunham a Hélade. Os gregos faziam questão de discordar de seus vizinhos, hábito que os conduziu à sua queda.

Apesar do rio de sangue derramado nas páginas da *Ilíada*, a atmosfera subjacente é otimista. Isso se deve em parte ao bom humor de Homero; como veremos, a comédia e o riso insuflam a cultura ateniense, senão a grega. Além disso, na *Ilíada*, objetos feitos pelo homem – navios, ferramentas ou móveis – são sempre bem-feitos. Ao chamar pelo nome um de seus personagens, Homero gosta de adicionar uma frase descritiva ou um adjetivo. Então, Páris é "divino", mesmo quando é covarde. Esses epítetos descrevem o verdadeiro caráter do homem, especialmente quando não está à sua altura.

Se os helenos se uniam em torno de algo, era à inimizade permanente entre eles e os sucessores de Troia. Por volta de meados do século VI, esses foram os Grandes Reis que fundaram e mantiveram o Império Persa, estendendo-se, em seu ápice, de Egito e Anatólia até a fronteira da Índia. Esses orientais decadentes, como os consideravam, eram os bichos-papões do mundo helênico.

Resumindo, a Grécia não era um lugar, como é hoje o estado-nação nos Bálcãs, mas uma ideia. E onde quer que vivesse, o grego era alguém que falava a mesma língua dos outros gregos – e que sabia bem o seu Homero.

Embora o grande filósofo Aristóteles o tenha ensinado sobre o pensamento mais atual sobre o mundo, Alexandre, o Grande, sentia-se um atrasado. Era um guerreiro homérico, um Aquiles de tempos posteriores, um homem de ação e não um intelectual. É irônico que esse amante de todas as coisas gregas tenha levado a um fim violento as liberdades da civilização que tanto admirava e tenha interrompido o grande experimento democrático do qual a cidade de Atenas foi a pioneira.

É a extraordinária história desse experimento que é contada nas páginas seguintes. Antes de tudo, devemos conhecer as três principais potências do Mediterrâneo Oriental: a própria Atenas, Esparta e o Império da Pérsia, pois foi o entrelaçamento de suas rivalidades e seus valores opostos que levou, uma após a outra, aos seus triunfos – e à sua ruína.

OS TRÊS COMPANHEIROS

1
HERÓI NACIONAL

A geografia de sua terra natal ajudou a moldar o caráter coletivo dos antigos atenienses e todas as outras comunidades esporádicas que compartilhavam a península grega. Montanhas nuas e rochosas são entremeadas com inúmeras pequenas planícies férteis. Mas a maior parte do solo é seca e coberta de pedras e mais adequada para olivais do que para campos de trigo. As viagens por terra entre os esparsos centros urbanos eram difíceis.

Atenas era a principal cidade de Ática, uma extensão de terra triangular com cerca de 2.330 quilômetros quadrados. Essa planície é cheia de montes e cercada de montanhas por dois lados e, em um terceiro, pelo mar. O monte Himetos era (e ainda é) famoso pelo seu mel, e o monte Pentélico, pelo seu mármore cor de mel, extraído para a construção de seus templos sagrados. Encontraram e extraíram ricos depósitos de chumbo e prata em Laurium, que ficava no sudeste. Os verões são quentes e secos, e fortes tempestades marcam o outono.

A pobreza da terra da Grécia gerou três consequências. Criou um individualismo forte, uma recusa impertinente em concordar com aqueles que viviam do outro lado das montanhas; havia muitos pequenos estados, e Atenas estava entre os maiores. Incapazes de alimentar uma população crescente, os atenienses se tornaram marinheiros, embora navegar fosse perigoso nos ventos de inverno. Por volta do século VIII, uniram-se a outros pequenos estados gregos para exportar o excesso de população para novos assentamentos em torno do litoral mediterrâneo e importar os grãos do mar Negro e de outros lugares em quantidades cada vez maiores.

A cidadela de Atenas era a Acrópole, ou "cidade alta", um local praticamente inexpugnável, a 120 metros do nível do mar. Há sinais de ocupação humana que remontam a 5000 a.C., mas sabemos pouco sobre o local durante a época dos monarcas micênios.

Os atenienses afirmavam pertencer a um grupo étnico chamado jônio, que sempre viveu na Grécia (a palavra deriva de Jon, lendário rei de Atenas). Não muito depois da tradicional data da queda de Troia, no fim do segundo milênio, outro grupo, o dório, que falava grego, mas tinha seus próprios costumes culturais e dialeto, veio do norte e se estabeleceu na Grécia. Sob a pressão desses recém-chegados, alguns jônios emigraram para a Ásia Menor, onde se estabeleceram e prosperaram. Atenas defende ser "a terra mais antiga de Jônia" e sentia-se, de certa forma, responsável por seus parentes que viviam no exterior.

Não podemos dizer hoje quais dessas crenças são verdadeiras, assim não temos escolha senão abrir nossa narrativa com uma ficção instrutiva no lugar de fatos que não podemos provar.

O futuro de Atenas foi determinado por uma deusa, Palas Atena, e por um rei chamado Teseu, cujo caráter lendário expressa, para o bem ou para o mal, a identidade ateniense.

Também se recomendava não cruzar o caminho de Atena. Ela emanou poder já a partir do momento do seu nascimento. Seu pai, Zeus, teve relações sexuais com Métis, a personificação divina da Sabedoria, mas depois mudou de comportamento. Com medo que seu filho fosse mais inteligente do que ele, abriu a boca e engoliu Métis. Nove meses depois, sentiu um furor – literalmente, uma enxaqueca de rachar. Ordenou a seu filho Hefesto, deus da forja em metal, que golpeasse sua cabeça com um machado, esperando aliviar a dor. O divino ferreiro obedeceu, e de dentro da rachadura em seu crânio saltou Atena, em sua forma adulta e totalmente armada.

Ela era uma virgem eterna e uma meninota. Como deusa da guerra, conseguia vencer em combate seu meio-irmão Ares (o Marte romano), senhor das batalhas, que se deleitava em matar homens e saquear cidades. No entanto, Atena não tinha nenhum prazer em lutar; preferia resolver disputas por meio de debates e mediações. Ela patrocinava os ofícios e a confecção de roupas.

É única entre os olímpicos a ter uma cidade em sua homenagem. Considerava Atenas sua, após uma discussão com Poseidon, deus do mar e irmão de Zeus. Como sinal de posse, ele espetou o tridente na Acrópole, e da rocha brotou uma fonte de água salgada (que flui até hoje). Mais tarde, Atena demonstrou sua posse de uma forma mais pacífica, plantando a primeira oliveira ao lado da fonte. Um Poseidon furioso a desafiou para um duelo, mas Zeus fez questão de que houvesse uma arbitragem pacífica. Uma corte de deuses do Olimpo premiou Atena. Poseidon, ressentido, enviou um maremoto para inundar Ática, então ela passou a morar na cidade, mantendo-a sob vigília constante.

Desde a Antiguidade, os atenienses recebem a deusa de braços abertos. Ela foi a mãe adotiva de um dos primeiros reis, o semidivino Erecteu. No século VIII, Homero celebrou

> os atenienses, de sua esplêndida cidadela, no reino do magnânimo Erecteu, um filho da frutífera Terra, criado por Atena, filha de Zeus, e colocado por ela em seu rico santuário, onde touros e carneiros são oferecidos a ele, todos os anos, no devido tempo, por jovens atenienses.

Os atenienses aprenderam com sua deusa que a força militar era um braço valioso da política, mas que deveria ser equilibrado por *metis*, a sabedoria, ou, em seu sentido mais prático, o talento e a inteligência.

Egeu, lendário rei de Atenas da era micênica, não tinha filhos, mas, em suas viagens, passou uma noite com uma atraente princesa. Ele suspeitou, ou talvez apenas quisesse, que ela tivesse engravidado; então, escondeu uma espada e um par de sandálias sob uma pedra. Antes de sair, disse à mulher que, se ela desse à luz um filho, depois que ele crescesse, deveria mostrar-lhe onde estavam e pedir que os levasse a Atenas.

Um bebê nasceu no devido tempo, e ela o chamou Teseu. Quando se tornou um jovem, sua mãe lhe contou sobre os objetos, passando-lhe a mensagem de Egeu. Ele fez o que lhe foi dito e ergueu a rocha com facilidade. Recusou-se a levar o barco para Atenas, embora fosse o meio mais seguro de viajar. Em vez disso, procurando aventura, partiu por terra até Atenas. No caminho, buscou e destruiu vários opositores perigosos. O primeiro deles carregava um grande bastão, que Teseu passou depois a levar consigo, como Héracles, a quem admirava, sempre usando a pele de um leão que havia matado. Depois veio Sinis, o arqueiro, que amarrava os viajantes a dois pinheiros que havia curvado até o chão; ele então os soltava, estraçalhando as vítimas.

Sentindo-se excitado, Teseu perseguiu a linda filhinha de Sinis, que, com razão, decidiu fugir. Plutarco narra que ele

> procurou-a por toda parte, mas ela havia desaparecido em um lugar coberto de arbustos, juncos e aspargos selvagens. A menina, em sua inocência infantil, implorava às plantas que a escondessem, prometendo que, se elas a salvassem, nunca as pisaria nem as queimaria. Teseu a chamou e jurou que não iria machucá-la, que a trataria com respeito – então, ela saiu do esconderijo.

Quando a pegou, levou-a para sua cama. Depois que ela lhe deu um filho, casou-a com um homem qualquer. Por toda a vida Teseu foi um predador sexual.

Depois dessa diversão, retomou seus trabalhos de Hércules. Em seguida, estava, em sua lista, a terrível porca Cromion; alguns dizem que não era uma porca, mas uma assassina depravada apelidada de "porca devido a sua vida e seus hábitos". De qualquer forma, Teseu a matou. Então despachou o ladrão Esciro. Seu *modus operandi* era estender os pés para os transeuntes num caminho estreito no penhasco e insistir que os lavassem. Enquanto faziam isso, jogava-os no mar. De outros desafiantes, o mais assustador foi Procrusto, que forçava os viajantes a se deitarem em sua cama de ferro; se fossem muito altos, cortava-lhes as pernas e, se fossem muito baixos, esticava-os até ficarem do tamanho certo.

Finalmente Teseu chegou a Atenas. Era um desconhecido. Sua túnica era estranhamente longa e tocava o chão. Seu cabelo era trançado e, de acordo com um antigo comentarista, "belo". Passou por um canteiro de obras do templo e os construtores caçoaram dele. O que, eles zombavam, uma moça casadoira fazia passeando sozinha? Teseu não respondeu, mas retirou os bois da carroça e jogou-os em cima do telhado do templo. Ele não tolerava os tolos.

Estranhos na Grécia antiga eram normalmente recebidos com hospitalidade, e o rei ofereceu a Teseu uma ceia em seu palácio na Acrópole. Sua esposa, a célebre feiticeira Medeia – que retornara do mar Negro com os Argonautas

– sabia quem ele era. Com medo de perder sua posição com a chegada de um filho, convenceu o idoso e enfermo Egeu a envenenar esse convidado estrangeiro potencialmente problemático durante o jantar.

Por sua vez, o jovem preferia revelar sua identidade ao pai com bastante tato; quando a carne foi servida, sacou a espada como se fosse cortar um pedaço, esperando que o rei a reconhecesse. Egeu viu a arma e imediatamente reconheceu que ele era seu filho. Podemos supor que a comida tenha sido retirada. Após derrotar alguns concorrentes à sucessão do trono, Teseu tornou-se o herdeiro presuntivo. Medeia deixou a cidade.

Não muito tempo depois, coletores de tributos humanos chegaram de Creta. A maior das ilhas gregas era o centro de uma grande civilização marítima que floresceu a partir de 2700 ao século XV. Os arqueólogos modernos chamaram-na de minoica por causa de Minos, o mítico rei de Creta.

Seu filho morreu de forma misteriosa e violenta durante uma visita a Atenas, possivelmente nas mãos de Egeu. Minos estava corroído de tristeza. Lutou e venceu uma guerra vingativa contra Atenas e, em compensação por sua perda, exigiu que fossem entregues, a cada nove anos, sete rapazes e sete moças, escolhidos ao acaso. Eram enviados a Creta e aprisionados em um labirinto, onde havia um monstro, meio homem e meio touro, chamado Minotauro. Ele era o resultado de uma relação extraconjugal entre a mulher de Minos, Pasífae, e um touro branco, por quem se apaixonara. O monstro matava todos que fossem aprisionados ali.

A opinião pública dos atenienses era crítica em relação a Teseu. Ele era o herdeiro do trono, bastardo e estrangeiro, que vivia ileso, enquanto os filhos legítimos de pessoas comuns eram enviados a um destino terrível. Teseu entendeu a questão e apresentou-se para seguir junto com o grupo de jovens e destruir o Minotauro.

Tendo a mente ardilosa, trocou duas moças por dois belos rapazes; suavizou suas peles com banhos quentes, mantinha-os longe do sol, fez com que se maquiassem, deu-lhes vestidos e treinou-os para caminhar de modo feminino (veremos mais tarde que essa não foi a única vez em que um grego usou disfarces femininos como um truque mortal).

Das outras vezes, o navio que levava os cativos tinha uma vela negra como sinal de luto. Mas Teseu prometeu que daria ao capitão uma vela branca para ser içada na viagem de volta, como sinal de ter matado o Minotauro.

Ariadne, filha de Minos, apaixonou-se por Teseu e mostrou-lhe o que deveria fazer para vencer o complexo labirinto. Deu-lhe uma bola de barbante, que desenrolou enquanto entrava, para encontrar depois o caminho de volta. Como prometera, ele matou o Minotauro e cortou-lhe a cabeça.

Teseu e os outros rapazes e moças fugiram de Creta. Ariadne, agora grávida, e sua irmã tinham seguido com eles, mas elas foram deixadas na ilha de Naxos. Ariadne enforcou-se de desespero (ou, de acordo com outro relato, casou-se com Dioniso, deus do vinho, que passava por ali).

Ao se aproximarem de Ática, Teseu e o capitão do barco se esqueceram de mudar as velas. Quando Egeu viu a embarcação entrar na baía com a vela preta, suicidou-se atirando-se do alto da Acrópole.

Como vimos, Teseu enganava as mulheres e por vezes era violento com elas. Ele e seu melhor amigo, originário da Tessália, chamado Pirítoo, raptaram Helena, depois conhecida como "de Troia". Ele tinha cinquenta anos de idade e ela era pré-adolescente; ele dizia que queria mantê-la até ela ter idade suficiente para se casar com ele. Mas ela foi resgatada, e o plano falhou.

Teseu entrou em guerra contra as Amazonas, uma raça de mulheres agressivas que odiava os homens. A rainha, Hipólita, foi ludibriada a embarcar no navio de Teseu; ele a levou de volta a Atenas, onde se casou com ela. No entanto, logo a deixou de lado ao preferir a jovem irmã de Ariadne, Fedra.

Pirítoo teve a não muito brilhante ideia de descer ao submundo e raptar a Rainha dos Mortos, Perséfone. Ele levou Teseu junto, e os dois vagaram pelos sopés do Tártaro, um profundo abismo onde os maus são torturados por toda a eternidade. Eles foram presos e levados para o castigo eterno das Fúrias, antigas deusas da vingança, que tinham cobras em seus cabelos e chicotes nas mãos. Ambos foram colocados na Cadeira do Esquecimento e amarrados firmemente com serpentes – e lá deveriam viver para sempre.

Por um lance de sorte, Hércules passou por ali. Ele tinha de realizar seu último Trabalho, capturar Cérbero, o cão de três cabeças que guardava a entrada do Inferno. Ele convenceu Perséfone a perdoar Teseu, que foi devolvido à superfície. Seu companheiro, no entanto, continuou preso e, pelo que se sabe, está sofrendo até hoje.

Em seu retorno a Atenas, a atmosfera familiar no palácio da Acrópole ficou tensa quando Fedra passou a sentir uma paixão incestuosa por Hipólito, filho de Teseu com Hipólita. Ele, porém, rejeitou sua sedução. As falsas acusações de Fedra enfureceram o rei, provocando a morte de seu filho nas mãos do deus do mar, Poseidon. Fedra, então, se matou devido à culpa.

Os atenienses tinham certeza de que Teseu era uma figura histórica. Uma galera de trinta remos, referida como o navio com que teria ido e voltado de Creta, foi preservada e ainda estava em exibição pública no século IV. Suas antigas tábuas de madeira foram substituídas por madeiras novas à medida que apodreciam. Isso rendeu aos filósofos uma questão para seus alunos: quando todas as madeiras tivessem sido trocadas, o navio seria o mesmo ou outro?

De fato, é claro, Teseu é um personagem fictício e provavelmente se originou como uma divindade local no norte de Ática. No entanto, havia um aspecto de sua conquista que realmente aconteceu, mesmo que a data seja desconhecida e o crédito pessoal deva ser dado a outro líder (ou outros líderes) cujo nome se perdeu. Foi o primeiro passo que levou Atenas a se tornar grande.

Atenas, com sua cidadela quase inexpugnável, era a maior das inúmeras pequenas cidades e aldeias independentes da Ática. Plutarco relata que Teseu

> concebeu um plano maravilhoso e abrangente, que não era nada menos senão concentrar os habitantes de Ática em uma única área urbana. Assim, transformou-os em uma comunidade que pertencia a uma cidade; até então, estavam dispersos, por isso era difícil reuni-los em torno de um interesse comum.

Fez uma batalha vigorosa de aldeia em aldeia e conquistou o apoio dos pobres. Para as classes mais influentes, propôs que deveria ser estabelecida uma forma limitada de democracia. Todos os cidadãos deveriam estar em pé de igualdade, embora o governo e a conduta dos rituais religiosos fossem colocados (ou permanecessem) nas mãos da aristocracia rural. Muitos foram residir em Atenas, deixando-a todos os dias para ir trabalhar nos campos.

Esse processo foi chamado de sinecismo, ou "reunião em um só lar". Ática era agora uma entidade política unitária com o controle central exercido por Atenas. Em outras palavras, tornou-se uma cidade-estado ou, para usar a palavra grega, uma *polis*. Seu herói nacional, Teseu, permaneceu como o símbolo desse desenvolvimento inovador.

Reformas semelhantes ocorreram em outros lugares da Grécia, nem sempre com total sucesso. Na Beócia, por exemplo, as terras que ficavam ao norte da Ática, a maior cidade de Tebas, nunca conseguiram assegurar mais do que uma federação turbulenta. Ao longo de sua história, a força sempre precisou ser usada para manter a autoridade sobre as partes constituintes.

Teseu foi considerado o primeiro governante do povo de Atenas. Deixou de lado seu poder real, reservando para si apenas o comando supremo na guerra e na guarda da lei. Na prática, é claro, isso significava que ele ainda estava no comando, um autocrata benevolente. O veredicto geral de Plutarco é que ele "fundou uma comunidade, por assim dizer, de todos os tipos e condições de cidadania. No entanto, não deixou sua democracia se tornar confusa e desordenada por multidões de imigrantes".

Essas histórias sobre Teseu refletem as atitudes daqueles que as inventaram – a saber, os atenienses em busca de um mito fundador. O banditismo e a violência eram comuns no mundo clássico, e aqui temos um herói pronto e capaz de acabar com o comportamento criminoso onde o encontrasse. Além disso, seus feitos são claramente construídos segundo o modelo dos célebres Trabalhos de Hércules, tarefas aparentemente impossíveis que a força desse homem completou com facilidade. Atenas queria ter seu Hércules pessoal.

Um fiel defensor do Estado de direito, este Teseu ficcional se contentava em quebrá-lo quando bem lhe convinha. Descuidado, sexista e um pouco sociopata, inteligente e atraente, disposto a desprezar os deuses e capaz de punir por pura impertinência, Teseu era o tipo de homem que os atenienses tinham orgulho de ser. Vamos encontrar seu tipo de vez em quando à medida que avançarmos pela história da cidade.

A "Idade das Trevas" que se seguiu ao misterioso colapso da civilização micênica durou cerca de três séculos. Monarcas como Teseu tornaram-se uma raridade e, algum tempo antes de 800, quando os gregos emergiram para a luz, Atenas tornou-se uma república governada por um grupo de famílias nobres, uma aristocracia. Combativos e indisciplinados, eles eram um grupo de Teseus.

Em comparação, os espartanos, que são nossos segundos protagonistas, eram conservadores e mantinham seus reis. De fato, não poderiam ter sido mais diferentes dos atenienses em quase todos os aspectos. Os dois estados se davam muito mal. Um amigo sincero da cidade de Corinto disse aos espartanos quão pouco eles tinham em comum com os atenienses. "São inovadores, pensadores astutos e rápidos em colocar seus planos em ação, enquanto vocês gostam de se apegar ao que têm, não apresentam ideias novas e, quando agem, nunca conseguem tanto quanto deveriam."

Enquanto os atenienses tinham a mente aberta e se deixavam envolver pelas mudanças, Esparta as temia e resistia a elas, como veremos agora.

2
UM ESTADO DE GUERRA

O jovem espartano sentia-se aterrorizado, mas estava determinado. Ele não devia se deixar abater, nem seus camaradas. Tinham instruções firmes de seus treinadores oficiais de roubar onde e o que pudessem. Seu único crime seria se fosse descoberto.

Os outros jovens com a mesma idade haviam roubado uma raposa mansa e lhe dado para cuidar. Quando os donos foram procurar o animal, o jovem segurou a raposa debaixo do manto. O animal, assustado, lutou para escapar. Começou a mordê-lo e dilacerou seus intestinos. O jovem não se moveu nem fez barulho, para evitar que fosse descoberto.

Os donos foram embora e seus amigos viram o que aconteceu. Reprovaram sua estupidez. Muito melhor deixar o animal ser encontrado do que perder a própria vida. "Não!", ele respondeu, embora estivesse mortalmente ferido. "Melhor morrer sem ceder à dor do que salvar a vida e viver em desgraça para sempre."

Essa famosa parábola servia de lição para os jovens espartanos.

As origens de Esparta ou Lacedemônia, seu nome oficial, são obscurecidas por antigos mitos. Os cidadãos se distinguiam entre os "invasores" dórios da Grécia, em oposição aos jônios "nativos". No fim do século VIII, tornou-se uma das grandes cidades-estados da Grécia. Se julgássemos pelas aparências, não nos daríamos conta disso.

Esparta, a capital da Lacedemônia, ficava num vale fluvial fértil no sul do Peloponeso. A terra se chamava Lacônia, e o rio, Eurotas. O Peloponeso era, como o resto da Grécia continental, rochoso e árido, com apenas alguns bolsões de terra. As montanhas ainda estavam arborizadas, mas o processo de desmatamento avançava rapidamente. A oeste, mas afastada de Esparta pela alta barreira da cordilheira de Taigeto, ficava a rica e plana, aluvial e tentadora planície da Messênia.

Quanto à própria Esparta, dificilmente poderia ser chamada de cidade. Parecia-se muito com o que de fato era – uma reunião aleatória de quatro aldeias. Havia alguns santuários, altares e templos que não impressionavam visualmente e quartéis. Havia uma espécie de cidadela, que, como um visitante descreveu, "não era tão alta a ponto de ser um marco". Tucídides, o historiador ateniense, ficou impressionado com o contraste entre a posição de Esparta como uma grande potência e a aparência sombria de sua cidade principal. Observou educadamente: "Tinha-se uma impressão de inadequação".

Além disso, incomum para um assentamento urbano em uma época de guerras intermináveis, Esparta não possuía muralhas defensivas, fato do qual os espartanos se orgulhavam. Quando perguntaram a um rei espartano por que não tinham fortificações, ele simplesmente apontou para alguns soldados e disse: "Estas são nossas muralhas!". Havia alguma verdade nisso, mas Esparta também era protegida por montanhas quase intransponíveis.

Este era o local onde os jovens espartanos eram criados. As crianças eram consideradas propriedade do Estado e não de seus pais. Ao nascerem, um conselho de anciãos examinava o bebê para decidir se deveria viver ou não. A vida de uma criança epiléptica, doente e com deficiência não era "vantajosa para ela mesma nem para o Estado", por isso era levada até uma ravina chamada Apothetai, que se traduz como "lugar reservado para ocasiões especiais". A ocasião especial, para usar um eufemismo, era a exposição do bebê aos elementos (sem mencionar os animais selvagens) e à morte.

Os que tinham permissão para viver eram criados sem os panos tradicionais, deixando seus membros e o corpo se desenvolverem naturalmente. As enfermeiras lhes ensinavam a se sentir felizes, a comer toda a comida e não ter medo do escuro nem de ficar sozinhos. As birras e lágrimas eram desencorajadas.

Aos sete anos, os meninos eram levados pelo Estado e divididos em companhias ou tropas. A partir dessa idade, eram treinados na arte da guerra. Seu regime de educação – ou, como era chamado, o *agogē* – destinava-se a fazê-los "obedecer a ordens, lidar com o cansaço e vencer as batalhas". Eram ensinados a ler e escrever – mas "apenas o necessário". Viviam todos juntos, como num internato na era vitoriana. Andavam descalços, tinham o cabelo curto e costumavam brincar nus. Nunca usavam túnicas e recebiam apenas um manto por ano. Dormiam todos em um dormitório, em camas de campanha. Os mais velhos iam assistir a suas competições e disputas e apontavam os mais agressivos e destemidos.

Quando os espartanos atingiam os doze anos, eram escolhidos como "amantes" entre os que tinham bom caráter. O objetivo não era sexual (pelo menos em teoria), mas oferecer modelos.

Um oficial do Estado, o inspetor dos meninos, empregava uma equipe de homens armados com chicotes para aplicar punições. Supervisionava as companhias e nomeava comandantes para cada uma entre os rapazes de vinte e poucos anos. Mandavam os meninos mais velhos para buscar e carregar coisas, como lenha e comida. A ideia era, como o menino da raposa, roubar todas essas coisas dos jardins e messes* para os espartanos mais velhos e atacar quem estivesse dormindo ou pegar as pessoas desprevenidas. De acordo com Plutarco,

> qualquer menino que for apanhado é espancado e terá que passar fome. Pois suas refeições são magras, então eles têm que lutar contra a fome. Dessa forma, são forçados à ousadia e à vilania.

Os jovens participavam de um terrível rito de passagem em honra de Ártemis Órtia (Ártemis era a irmã gêmea de Apolo, deusa da caça e do parto; foi identificada com Órtia, uma divindade local do Peloponeso), realizado no santuário da deusa à margem do Eurotas. Os queijos eram empilhados no altar e guardados por homens com chicotes. Os competidores tinham de pegar a maior quantidade de queijos possível e fugir de um bando de flageladores. O sangue manchava o altar.

O escritor e soldado ateniense Xenofonte, que viveu o auge de Esparta nos séculos V e VI, era um admirador do sistema. Ele observou: "Toda essa educação foi planejada para tornar os meninos mais capazes de se alimentar e lutar melhor contra os homens".

---

* Terrenos dedicados ao cultivo e que se encontram em boas condições para a colheita; searas finalizadas para a colheita. (N. T.)

Isso é verdade até certo ponto, mas não está completamente correto. Esperava-se que um bom espartano incorporasse qualidades aparentemente contraditórias. Fraude, agressão e tolerância à dor andavam lado a lado com obediência, determinação e modéstia. Um menino era ensinado a manter as mãos sob o manto, caminhar em silêncio e olhar firmemente para o chão.

Havia alguns prazeres aceitáveis. A comida a uma mesa de jantar espartana podia ser horrível, como se pode imaginar a partir de sua mais famosa iguaria, o "caldo preto", feito de sangue de porco e vinagre; já a bebida alcoólica era permitida, mas não em excesso. Um poeta e admirador ateniense observou:

Os jovens espartanos bebem apenas o suficiente
para trazer pensamentos agradáveis à mente
… e rir moderadamente.

Os festivais davam a oportunidade de dançar e cantar. A Gimnopédia, o Festival dos Jovens Nus, foi uma das celebrações mais solenes do Estado, durante a qual os jovens dançavam sem roupa na praça principal (também conhecida como Salão). Três coros se apresentavam. Velhos homens começavam cantando: "Certa vez, éramos jovens e valentes", então os homens no auge de sua forma respondiam: "É o que somos agora: olhai e aprendei", e, finalmente, os rapazes gritavam: "Um dia, seremos homens melhores do que todos vós".

Os poemas de um general patriota chamado Tirteu eram decorados e usados como canções para acompanhar as marchas. Exaltavam o valor no campo, como estes versos deixam claro.

Para um bom homem, morrer na vanguarda é algo bom
lutando em nome de sua terra natal.
Mas, para deixar sua cidade e campos ricos,
mendigar é o mais infeliz dos destinos.

Os espartanos não gostavam de maledicências e não suportavam longos discursos. Eram homens de poucas palavras – de onde vem a nossa palavra "lacônico". Os gregos adoravam colecionar espécimes que encontravam em sua concisão verbal, como quando se perguntou a um rei espartano qual treinamento era o mais usado em Esparta. Ele respondeu: "Saber receber ordens. E dar ordens".

Os cidadãos adultos – os espartanos ou Iguais – se juntavam a um acampamento militar, uma *syssitia* (literalmente, uma "refeição comum"). Reunia cerca de quinze membros, que passavam a maior parte do tempo juntos e compartilhavam tudo.

Por volta dos dezoito anos, um aprendiz entrava na reserva do exército e dois anos depois podia ser escolhido para uma *syssitiai* por seus membros. Ele havia terminado o *agogē*, mas continuava vivendo entre seus companheiros. Aos trinta, tornava-se um cidadão pleno, mas apenas se fosse membro de uma *syssitia* – isso não era algo tão simples, pois bastava um voto contra para difamar um candidato.

Um igual tinha uma propriedade agrícola, cultivada pelos hilotas, ou servos. Sua produção lhe permitia contribuir para os custos da *syssitia*. Aparentemente, isso incluía, para cada mês, 74 litros de cevada, 36 litros de vinho (uma boa quantidade), cerca de dois quilos de queijo, um quilo de figo e um pequeno valor em dinheiro para "sabores" baratos (ou seja, carne ou ave). Dessa forma, estava livre de trabalhar para seu próprio sustento e habilitado a passar a vida ativa como soldado, em treinamento ou em batalha. Se não pudesse pagar a contribuição, era dispensado do grupo.

Todas as contribuições eram iguais, e o mesmo padrão de vida era destinado a todos. Os jovens espartanos não deviam ser tentados a ganhar dinheiro. Eram proibidos de se envolver em negócios e ter prata ou ouro. Não se cunhavam moedas em ouro e prata e, em vez disso, usavam apenas barras de ferro. Recebiam um valor pecuniário muito baixo, de modo que uma quantia maior de dinheiro era inconvenientemente pesada e grande demais para ser transportada ou armazenada. Não havia sentido receber dinheiro dessa forma como presente, suborno ou roubo.

A covardia era punida com o ostracismo social. Mães e esposas diziam aos seus homens para voltarem para casa vitoriosos ou mortos: "Volte com seu escudo ou em cima dele". De fato, nas raras ocasiões em que um exército espartano perdia uma batalha, o soldado era aconselhado a dar sua vida em vez de salvá-la. Se estivesse ferido, era essencial que as feridas fossem visíveis na frente de seu corpo. Não era permitido aos covardes ocupar cargos públicos. Eles eram expulsos de sua seara, tinham de usar uma capa com remendos coloridos e não podiam se casar.

As mulheres na Grécia antiga passavam grande parte de sua vida em discreta reclusão e, acima de tudo, não podiam participar dos esportes públicos, cavalgar nem caçar. Em Esparta, era exatamente o contrário. As meninas eram criadas da mesma forma que seus irmãos, para se sobressaírem fisicamente.

Elas deviam enrijecer o corpo por meio de exercícios. Corriam, lutavam, arremessavam discos e lançavam dardos, assim como os rapazes. Como a maternidade devia ser seu principal propósito, em teoria elas seriam capazes de suportar as dores do parto e dar à luz filhos fortes e saudáveis.

Embora isso fosse chocante para outros gregos, que esperavam que o sexo oposto se vestisse modestamente, as moças espartanas usavam apenas uma túnica fina ou andavam nuas. Maquiagem, cabelos longos ou ornamentos de ouro eram proibidos. As mulheres não eram tímidas para falar e gostavam de participar de disputas com homens, mas, se não havia pudor em Esparta, o flerte e o comportamento convencional feminino eram evitados.

O casamento era tipicamente tratado de um modo desagradável. Se não se casassem, os homens eram multados. O futuro marido, que deveria ter pelo menos trinta anos, era forçado a se casar. Uma dama de honra raspava o cabelo da noiva e a vestia com um manto e sandálias masculinas. Deixavam-na deitada num colchão rústico, sozinha e no escuro. Depois de cear com seus companheiros, o noivo se afastava sorrateiramente e levava a noiva para seu leito nupcial. Passava algum tempo com ela e depois voltava para o alojamento, como se nada tivesse acontecido.

E continuava a fazer assim. Passava os dias com seus camaradas e dormia com eles à noite, visitando a esposa rápida e secretamente, após o anoitecer, com medo de serem descobertos. Plutarco escreve:

> E não continuavam a agir assim por um breve período, mas por tempo suficiente para se tornarem pais antes de verem suas esposas à luz do dia.

Os que eram casados não podiam sentir ciúmes nem se mostrar excessivamente amorosos.

Os irmãos podiam compartilhar as esposas. As técnicas de reprodução animal eram aplicadas: os maridos podiam deixar outro homem dormir com a esposa se acreditassem que ele "a encheria de esperma nobre". Adotariam com alegria os filhos que nascessem e os criariam como se fossem seus. Como tinham suas próprias famílias, as mulheres administravam as casas quando os maridos estivessem longe, em guerra, como era costumeiro.

O nome de uma grande mulher de mente independente chegou até nós. Chamava-se Cinisca, irmã de um rei espartano (para mais informações sobre a monarquia, ver página 53). Nascida por volta de 440, era especialista em cavalos e, sendo de família real, tinha muito dinheiro. Foi a primeira mulher a conquistar uma vitória nos antigos Jogos Olímpicos. Os jogos eram disputados quase exclusivamente por homens, e as mulheres podiam competir apenas nas provas equestres – não diretamente, mas como donas, criadoras e treinadoras de cavalos.

Cinisca venceu uma corrida de bigas com quatro cavalos, mas ela mesma não teria testemunhado sua vitória, pois apenas homens podiam assistir às provas. Ficou muito orgulhosa por sua conquista e mandou fazer uma estátua de si mesma colocada no Templo de Zeus, em Olímpia. A inscrição na base de pedra diz:

> Eu, Cinisca, vitoriosa com uma biga com cavalos velozes,
> erigi esta estátua. Declaro-me a única mulher,
> em toda a Hélade, a ter ganhado esta coroa.

Havia um bosque sagrado para Zeus numa linda planície gramada e arborizada no noroeste do Peloponeso. Aqui, em Olímpia, no verão de 756, realizou-se uma competição atlética internacional pela primeira vez, em honra ao deus. Esses eram os Jogos Olímpicos e foram disputados a cada quatro anos até o milênio seguinte. Logo criaram outros jogos, também quadrienais, que preenchiam os anos intermediários – os Jogos Píticos, em Delfos, os Jogos Ístmicos, em Corinto, e os Jogos Nemeus, entre Argos e Corinto. Esses eventos eram genuinamente pan-helênicos e atraíram multidões de todo o mundo grego.

Para que os competidores e o público pudessem chegar a Olímpia com segurança, declarava-se uma trégua sagrada por um mês (depois estendida para dois e depois para três meses). Arautos chamados *spondophoroi*, ou portadores da trégua, usando coroas de ramos de oliveira e carregando bastões, eram enviados a todos os estados gregos para anunciar a data do festival e proclamar a trégua. Os estados que faziam parte dos jogos eram proibidos de entrar em guerra e em disputas legais ou de matar alguém.

As mulheres não podiam participar nem como atletas nem espectadoras (embora aparentemente as virgens não tenham sido recusadas nos jogos, talvez devido à pureza ritual). Tiveram seus próprios jogos, de quatro em quatro anos, em homenagem a Hera; neles as competidoras participavam de três corridas a pé separadas por idade.

Os Jogos Olímpicos duravam cinco dias. Havia várias corridas a pé, incluindo uma em que o corredor envergava a armadura. Outras modalidades eram o lançamento de disco e de dardo, o salto em distância, luta livre e boxe. O esporte mais completo era o pancrácio. Era uma combinação de boxe e luta livre, quase sem regras, exceto a proibição de cortar e morder (embora na prática os lutadores, por vezes, tentassem infligir os dois). Não era incomum que competidores perdessem a vida. O pentatlo desafiava atletas em geral com cinco testes: disco, salto, dardo, corrida e luta livre. Apenas os mais ricos, como Cinisca, podiam se dar ao luxo de entrar em equipes para as corridas de biga.

Ganhar nos Jogos significava ser favorecido pelos deuses. Os prêmios em Olímpia eram apenas coroas de ramos de oliveira, mas um vencedor se tornava uma celebridade para o resto da vida. Sua *polis* o enchia de honrarias, entre elas, comida e hospedagem de graça na cidade e os melhores lugares no teatro. Um poeta como Píndaro escrevia odes em sua homenagem e, às vezes, era-lhe feita uma estátua em tamanho natural, de bronze ou mármore.

Em resumo, a vida de um espartano era espartana. Era muito admirada por contemporâneos por sua pureza, pobreza voluntária, eficácia militar e, em uma cultura mais ampla, onde a vontade exerce certo fascínio (lembre-se de Teseu), seu autocontrole. Não foi à toa que um importante poeta grego dizia ser Esparta uma "domadora de homens", pois amestrava os rapazes como se fossem potros.

Os cidadãos levavam vidas austeras e eram excepcionais no campo de batalha. Como abelhas em uma colmeia, todos trabalhavam obediente e eficientemente para o bem comum: não havia zangões.

Mas é difícil não perceber um pouco de tensão. Do ponto de vista atual, o sistema espartano é muito esquisito – até mesmo, talvez, um pouco desajustado. A padronização moral e a supressão de tipos mais generosos e comuns de comportamento humano exigiam uma autodeterminação feroz. Isso só se conseguia isolando os espartanos das outras cidades-estados. Será que seu mundinho correto e limitado sobreviveria à exposição a outras comunidades mais descontraídas e individualistas?

Para compreender sua mentalidade, precisamos, primeiro, descobrir por que os espartanos decidiram criar uma sociedade militarizada, excêntrica e fechada.

Nos anos 700, muitas comunidades gregas sentiram a necessidade de adquirir terras mais férteis, provavelmente devido ao aumento de sua população. Havia muitos desertos e pouquíssimos acres produtivos. A maioria exportava o excedente de cidadãos enviando-os para fundar "colônias" ao longo da costa do Mediterrâneo. Lá eles ficaram, escreveu o famoso filósofo ateniense Platão, "como sapos em volta de um lago" (para saber mais sobre essa diáspora, ver página 58).

Esparta, naqueles dias (até onde sabemos), era uma cidade-estado como qualquer outra, mas escolheu uma solução diferente para vencer o desafio. Expandiria suas fronteiras *localmente* no Peloponeso. Começou um processo de conquista e de assimilação de seus vizinhos. Primeiro, criou até trinta assentamentos dependentes na planície laconiana, cujos habitantes eram chamados periecos, "pessoas que vivem ao redor". Eles eram responsáveis por toda a manufatura e outros serviços de que Esparta precisava. Também podiam ser convocados para o exército, mas não tinham o prestígio do cidadão espartano armado.

O passo seguinte foi se deslocar para o sul ao longo do rio Eurotas, pelos pântanos, até o mar. Aqui se formou um segundo grupo de dependentes, os hilotas (provavelmente assim denominados a partir da aldeia de Helos, ou "Charco"). Eram membros de uma população derrotada e, como tal, propriedade do Estado espartano. Recebiam instruções de onde morar e tarefas específicas. No entanto, não eram de propriedade dos espartanos. Os hilotas trabalhavam nos campos e podiam ser recrutados (embora sua lealdade fosse suspeita e fossem alocados com cautela).

O grande prêmio estava nas montanhas a oeste, na ampla e produtiva planície de Messênia. Se ao menos isso pudesse ser anexado, os problemas econômicos de Esparta terminariam; haveria comida suficiente para todas as bocas famintas e uma melhoria do padrão de vida. De fato, no estágio grego restrito, ganharia a estatura de uma grande potência.

Poucos detalhes sobreviveram, mas, entre 730 e 710, Esparta lutou e venceu uma longa e dura guerra contra os messênios. Tirteu cantou:

> ... capturamos Messênia da ampla planície
> messênia boa para arar, boa para plantar.
> lutaram por ela por dezenove anos inteiros
> incansáveis, incessantemente, com todo o coração.

No vigésimo ano, segundo o relato, o inimigo abandonou o último reduto, uma fortaleza quase inexpugnável no monte Itome, o mais alto dos picos gêmeos que se elevam na planície, a cerca de oitocentos metros. Muitos messênios fugiram de sua pátria para a segurança da Arcádia, no norte do Peloponeso.

Foi uma vitória decisiva, mas os espartanos perceberam que haviam arrebanhado mais do que poderiam administrar. Como conseguiriam manter seu prêmio diante da amarga oposição dos messênios que haviam restado? A questão recebeu grande relevância quando, cerca de cinquenta anos depois, os messênios aproveitaram uma derrota de Esparta nas mãos de Argos, uma potência do norte do Peloponeso, e o descontentamento em Lacônia. Revoltaram-se, mas foram derrotados mais uma vez.

Os espartanos decidiram que teriam de se transformar em uma sociedade totalmente militarizada se quisessem ter a chance de manter seus povos escravizados sob seu controle permanente. Introduziram uma série de reformas radicais. O crédito é tradicionalmente dado a um líder chamado Licurgo, mas ele é provavelmente uma figura lendária.

Dizem que as reformas se basearam em uma consulta ao famoso Oráculo de Delfos, na Grécia central. "O senhor do arco de prata, Apolo, de cabelos dourados, falou de seu rico santuário", escreveu Tirteu. Nessa ocasião, o deus não lançou uma praga como fez entre os gregos diante de Troia. Deu conselhos úteis e uma proclamação, a Grande Retra, que refletia suas ideias, foi emitida.

A proposta básica era dar cidadania plena a milhares de espartanos (talvez 9 mil) e, como vimos, libertá-los de ganhar a vida com agricultura ou manufatura. Seriam treinados para se tornar os melhores soldados da Grécia. Os messênios foram todos "hilotizados" ou transformados em servos públicos. Sua tarefa era cultivar os lotes destinados aos cidadãos espartanos. De acordo com Tirteu, estavam,

> assim como mulas carregadas com pesados fardos,
> trazendo a seus mestres da cruel necessidade
> a metade de toda a produção de sua terra.

As instituições políticas do Estado foram reorganizadas. Em sua base estava uma assembleia de cidadãos, ou *eclésia*, que aprovava as leis, elegia autoridades e decidia sobre a política. Mas, na prática, seus poderes eram limitados; não podia iniciar ou alterar a legislação. Os votos nas eleições foram apurados de uma forma muito peculiar (presumivelmente concebida para evitar a manipulação de votos). Alguns juízes escolhidos eram trancados em um prédio próximo; os candidatos aos cargos se apresentavam em silêncio à assembleia, que gritava seus votos. Os juízes avaliavam a altura dos gritos, sem saber a que candidatos se destinavam. Aqueles que provocavam mais aplausos eram declarados eleitos.

A assembleia era guiada por um conselho de anciãos, ou *gerúsia*, e dois reis de Esparta. Esses anciãos tinham mais de sessenta anos e eram membros vitalícios. Era o "lastro para o navio do Estado", como disse Plutarco, e uma força para o conservadorismo, embora às vezes pudessem estar sob a influência de um rei mais capaz. O principal poder da *gerúsia* era preparar a pauta para a assembleia, que foi autorizada a deixar de lado qualquer decisão popular que ela desaprovasse.

O poder executivo estava nas mãos de cinco éforos.* Nomeados pela assembleia, ocupavam o cargo por um ano e não podiam ser reeleitos. Exerciam grandes poderes (também um pouco sinistros) e desempenhavam um papel não muito diferente daquele dos comissários políticos que acompanhavam os oficiais do Exército Vermelho. Tinham uma função judicial e podiam aplicar multas instantâneas. Podiam destituir, prender e levar a julgamento qualquer oficial, inclusive um rei (nesse caso, eram julgados junto com o outro rei e o conselho de anciãos). Também negociavam com embaixadas estrangeiras e expulsavam estrangeiros indesejados. Presidiam a assembleia e planejavam suas decisões. Quando um rei liderava um exército no exterior, dois éforos o acompanhavam para supervisioná-lo. Uma vez por ano, formalmente declaravam guerra aos hilotas, para que matá-los não fosse ilegal e um delito religioso.

Os espartanos temiam que seus hilotas se levantassem contra eles e acreditavam que o melhor meio de impedir isso era pela opressão total. Uma polícia secreta chamada *cripteia* (que, literalmente, significa "coisas escondidas") foi

---

* Os éforos – em grego antigo Ἔφορος (ἐπί *epi*, "sobre" e ὁράω *horao*, "ver", ou seja, "aquele que prevê") – eram líderes da antiga Esparta que compartilhavam o poder com os reis. Cinco éforos eram eleitos anualmente. Eles "juravam em nome da cidade", enquanto os reis juravam por si mesmos. (N. T.)

encarregada de garantir a paz e a tranquilidade em Messênia. Seus membros foram recrutados entre os melhores e mais brilhantes da geração mais jovem, e somente os que estivessem dispostos a servir teriam cargos públicos quando fossem mais velhos. De acordo com Plutarco, os éforos, de tempos em tempos, enviavam para o campo jovens espartanos na *cripteia*, equipados apenas com adagas e rações básicas. "Durante o dia, se espalhavam por lugares obscuros e desconhecidos, onde se deitavam e descansavam. À noite, desciam para as estradas e matavam todos os cavaleiros que encontravam." Muitas vezes, iam até os campos onde os hilotas estavam trabalhando e matavam os mais fortes e os melhores entre eles.

Em certa ocasião, no século V, relatou-se que os hilotas foram convidados a dar os nomes de pessoas que haviam demonstrado bravura no campo de batalha e mereciam ser libertadas. Dois mil deles foram escolhidos, receberam coroas de flores e foram levados em procissão em volta dos templos dos deuses. Pouco tempo depois, porém, todos desapareceram e foram secretamente exterminados. Nunca se descobriu como eles foram mortos.

À frente da sociedade espartana havia dois reis de dinastias separadas, a ágida e a euripôntida, que reinavam simultaneamente. Esse foi um arranjo único na Grécia, e sua finalidade não é clara, embora a existência de uma alternativa possa ter impedido que um monarca de espírito autocrático se tornasse um tirano. Com o tempo, os reis tiveram seus poderes reduzidos. Em geral, não podiam estabelecer políticas, embora um homem com talento político pudesse convencer a *gerúsia* e a assembleia a seguir seu pensamento. Como observado, a autoridade executiva tornou-se a prerrogativa dos éforos.

Nos assuntos militares, no entanto, os reis eram supremos. Um ou outro liderou o exército espartano e exerceu o poder absoluto no campo de batalha. Eram guardados por cem cavaleiros e podiam executar sumariamente qualquer soldado por covardia ou traição. No entanto, eram passíveis de julgamento por desgovernar as batalhas, e vários reis foram condenados por corrupção.

O rei tinha outro dever igualmente pesado e exigente. Como líderes religiosos, ele e seus similares eram responsáveis pelas relações com os deuses. Consultavam com frequência o Oráculo de Delfos e realizavam sempre cerimônias em nome do Estado. Antes de partir em uma batalha militar, o rei fazia sacrifícios aos deuses para garantir que a empreitada tivesse seu apoio. Fazia isso novamente quando cruzava de volta a fronteira de Esparta e sacrificava todos os dias enquanto estivesse em campanha e na véspera de uma batalha.

Esses assuntos eram levados muito a sério. Um comandante não avançava contra um inimigo se os presságios fossem desfavoráveis – por exemplo, se houvesse sinais incomuns no fígado de um animal. O rei poderia ter de fazer sacrifícios várias vezes antes de obter aprovação. Nesse meio-tempo, seus homens eram forçados a esperar de braços cruzados. Um terremoto ou um eclipse era o suficiente para fazer um exército espartano marchar de volta para casa.

Em tempos de paz, os reis tinham relativamente pouco a fazer – exceto aproveitar sua riqueza. Possuíam grandes propriedades e eram os únicos espartanos que tinham permissão para ser ricos; eram os primeiros a ser servidos nos banquetes públicos e recebiam porções duplas. Tinham o direito de decidir com quem as herdeiras iriam se casar – uma ocupação rentável, podemos supor –, e as cerimônias de adoção tinham de ocorrer em sua presença.

A tomada de Messênia fez de Esparta a mais poderosa das cidades-estados gregas, e seus opositores pensavam duas vezes antes de enfrentar seu exército no campo de batalha. Mas Esparta não era naturalmente predatória ou expansionista. Sua preocupação primordial era controlar o Peloponeso e, acima de tudo, assegurar que os hilotas fossem amestrados e dóceis. No que diz respeito ao mundo helênico mais amplo, não tinha ambições especiais, exceto que esperava – e recebia – o reconhecimento geral de sua superioridade. Seu formidável exército podia repelir todos os invasores, e sua formação parecia, para muitos observadores externos, um excelente exemplo de *eunomia*, ou "boa ordem e estabilidade sob leis justas".

Esparta teria gostado de ter sido deixada em paz, mas seus interesses foram desafiados, nos anos seguintes, por sua opositora e rival, a mutável e criativa cidade de Atenas.

3

A MULA PERSA

Até hoje, Delfos é um lugar incrível. A cidade é formada por uma série de terraços perigosamente projetados nas encostas de calcário do monte Parnaso, no centro da Grécia. Nos tempos clássicos, era quase inacessível. Pausânias, o autor de um guia da Grécia antiga escrito no século II d.C., trilhou o caminho escarpado, o único até a cidade, e achou difícil de segui-lo. Observou: "O caminho para Delfos vai se tornando mais precipitado e difícil até mesmo para um homem ativo".

Era onde ficava o principal oráculo do mundo clássico. Oráculos eram templos onde os mortais podiam consultar os imortais que advertiam, orientavam e recompensavam seus adoradores. Havia pelo menos oito no continente grego e muitos mais ao longo do Mediterrâneo Oriental. Eram populares entre os estrangeiros, ou "bárbaros", bem como entre os verdadeiros helenos.

Uma vez que o visitante estivesse dentro da cidade, entrava no Caminho Sagrado, uma via que serpenteava morro acima em direção ao grande templo de Apolo. Ali havia inúmeros tesouros: construções em pedra que pareciam pequenos templos, com colunas e frontões, onde estados agradecidos empilhavam presentes para o deus, em geral, um décimo dos despojos de uma vitória militar – artefatos de ouro ou prata, tripés e lingotes de ouro. Eram decorados com esculturas pintadas em cores vivas, com ornamentos de metal, como era típico na arquitetura grega. Por toda parte, havia centenas de estátuas de atletas premiados. As pinturas celebravam antigos mitos e grandes eventos históricos.

O próprio templo era uma estrutura de mármore fino, em parte apoiado sobre a rocha e em parte sobre uma plataforma especialmente construída para ele. Em suas paredes foram esculpidas três inscrições, que resumiam os princípios básicos da vida boa e plena. Eram "Conheça a si mesmo", "Não cometa excessos" e, um pouco de conselho cínico para evitar promessas precipitadas: "Faça promessas e verá a ruína".

Dizem que sob a *cella* ou sala interior havia uma pequena câmara secreta, o ádito ("inacessível"), onde ficava o ônfalo, um objeto de pedra que representava o centro, ou o "umbigo", da terra. Sua superfície era esculpida como uma rede nodosa e tinha o interior oco que se alargava em direção ao fundo.

O templo era administrado por um sacerdote escolhido entre os membros da elite dominante de Delfos. Ele servia no templo por toda a sua vida. Essa posição conferia alto prestígio, mas não se esperava que levasse uma vida especialmente virtuosa. Era auxiliado por cinco *hosioi* (ou sagrados) e um profeta, ou mais de um, que podia ajudar a interpretar ou a explicar as mensagens do deus.

A pessoa-chave durante o processo oracular era a pítia, a sacerdotisa ou profetisa. Era uma mulher local comum, sem nascimento elevado e que também servia no templo por toda a vida. À época em que era escolhida, não teria mais idade para engravidar, mas para receber o oráculo usava a indumentária de uma virgem – uma ovelha sagrada vestida como cordeiro. Esperava-se que fosse uma pessoa casta.

Apolo deveria morar em Delfos durante nove meses do ano, e o oráculo ficava disponível para consulta em apenas um dia a cada um desses nove meses. Não se sabe se o deus se dispunha a receber pedidos de consulta em casos de emergência; quando uma cidade-estado, como Atenas, precisava de conselhos, parece difícil que tivesse de esperar pela boa vontade de Apolo. Quanto aos consulentes, a prioridade era dada à cidade de Delfos e seus cidadãos, a estados com *status* de "nação mais favorecida" e a indivíduos especialmente honrados. Em geral, os estados tinham preferência sobre os indivíduos.

Diante do templo havia um grande altar. Neste, um sacrifício preliminar era realizado em nome de todos os consulentes do dia. Se tudo corresse bem – isto é, se o animal reagisse a um borrifo de água parecendo balançar a cabeça aceitando seu destino –, ele seria devidamente abatido.

Um consulente era conduzido ao interior do templo e executava um segundo sacrifício, depositando a vítima ou partes dela sobre uma mesa na porta do ádito, a sala onde o ônfalo estaria e onde a pítia esperava por ele. O consulente ficava em um lugar onde poderia ouvi-la, mas não a ver.

A sacerdotisa teria se preparado para a consulta, purificando-se na fonte castaliana em uma senda (duas fontes ainda fluem da nascente). Em um altar dentro do templo, queimava folhas de louro e pó de cevada. Coroada de louros, a pítia sentava-se num tripé e era possuída pelo deus. Então, ela fazia sua profecia.

Embora saibamos fartamente como as consultas eram realizadas, há aspectos importantes do processo em Delfos sobre os quais não sabemos nada. Primeiro, como o transe profético da pítia era induzido? Sabemos com certeza que não mastigava nenhum tipo de folha alucinógena. Nenhuma fonte antiga menciona isso e, se a pítia o fizesse, provavelmente teria escolhido alguns tipos de folhas de louro, a planta sagrada de Apolo. Algumas não produziam nenhum efeito, enquanto outras eram venenosas.

Plutarco, escritor e sacerdote de Apolo que conhecia o oráculo por dentro, escreve, no século I d.C., sobre um aroma doce que rescende da sala onde a pítia fazia suas consultas. Haveria um respiradouro de onde emanavam os fumos subterrâneos? Nenhum rastro desse fumo pôde ser encontrado quando os arqueólogos escavaram o Templo de Apolo no século XX.

Pesquisas geológicas recentes sugerem, no entanto, que o templo foi construído sobre a confluência de duas falhas na crosta terrestre e que alguns gases, incluindo o etileno, explosivo e ao mesmo tempo anestésico, emergiam da rachadura. Mas o oráculo operou por mil anos, e é difícil acreditar que a emissão de gás não tenha oscilado. Mesmo que os gases, ao fluírem, ajudassem a pítia, parece muito provável que, na maioria das vezes, os transes fossem autoinduzidos.

O segundo problema se refere à apresentação das profecias. Antigos historiadores, como Heródoto, citam belos versos, ricos em significado e muitas vezes propositalmente ambíguos. É pouco plausível que a pítia os improvisasse; na verdade, é possível que os "delírios" não totalmente articulados da sacerdotisa fossem traduzidos depois em poemas pelos profetas ou por outras pessoas.

Não sabemos se o oráculo era notificado antes das perguntas que seriam feitas. Se fosse, tanto os sacerdotes quanto a pítia teriam tempo para pensar na resposta; mesmo que não fosse, o conteúdo das consultas submetidas pelos governos poderia frequentemente ser adivinhado. Mas o conhecimento não significa necessariamente que houvesse fraude. Dito isso, Apolo poderia ser subornado; certa vez, por exemplo, os atenienses pagaram em dinheiro para que a pítia influenciasse os espartanos. Mas não sabemos se o oráculo foi facilmente corrompido ou se isso acontecia com frequência.

Nesse contexto, quão "político" era o oráculo? Os estados consultavam Delfos a toda hora, e é difícil acreditar que os membros do oráculo não se atualizassem sobre os acontecimentos e talvez desenvolvessem visões, ou até mesmo propostas, que ilustrassem as profecias. Contudo, não temos provas concretas sobre isso.

Creso, rei da Lídia, no oeste da Ásia Menor, era rico, famoso e considerava-se o mais sortudo dos homens. Em 547, porém, também era um homem preocupado. Mudanças obscuras e assustadoras perturbavam o equilíbrio de poder no Oriente Médio. Embora Creso não fosse grego, tornou-se um grego honorário. Suas oferendas ao deus em Delfos eram muito generosas. Entre elas havia uma estátua de leão feita de ouro puro, duas enormes taças, uma de prata e outra de ouro e uma grande quantidade de lingotes de ouro. Ele precisava, urgentemente, de orientação do oráculo sobre seus inimigos e suas chances de sucesso.

A Lídia era um território fértil. A costa próxima estava ocupada por dezenas de cidades-estados gregas e jônicas muito ruidosas. Era a interface entre o mundo helênico e os reinos do leste. Creso tinha um relacionamento bem ruim com eles. Mantinha a maioria sob seu controle e, embora se ressentissem, reconheciam-no como um amante das coisas helênicas, que fornecia proteção contra outras ameaças em potencial na região.

Os assentamentos jônicos foram fundados pelos colonos que haviam saído da Grécia continental. Como vimos, a tradição dizia serem refugiados de uma invasão de estrangeiros, chamados dórios, que chegaram ao fim do segundo milênio e se estabeleceram principalmente no Peloponeso. Para muitos, seu ponto de partida era Atenas, que, nos séculos posteriores, diziam ser sua cidade-mãe. Os jônios, como os atenienses, falavam seu próprio dialeto grego; os outros adotavam o dório, falado pelos espartanos, e o eólio, falado principalmente nas regiões de Tessália, Beócia e Lesbos.

Os jônios foram os precursores de uma extraordinária diáspora pacífica por todo o Mediterrâneo entre 734 e cerca de 580 a.C. Nenhuma parte da Grécia fica afastada do mar, e os estados continentais enviavam grupos de cidadãos interessados em viajar e começar uma nova vida. Fundaram cidades-estados nas costas da Espanha e no sul da França. Chegaram a Tartesso, o Társis da Bíblia, um porto além das Colunas de Hércules (onde hoje é Gibraltar), que se tornou uma fonte de metais raros, como o estanho e a prata no noroeste da Espanha. Encheram a Sicília e o sul da Itália com novos assentamentos; a presença helênica era tão substancial que a região passou a se chamar Grande Grécia.

Atenas era incapaz de produzir alimento suficiente para sua população e dependia dos colonos gregos no mar Negro para importar grãos do interior (da atual Ucrânia e Crimeia) e enviá-los de navio.

Os elos entre a cidade-mãe (o significado original de "metrópole") e suas colônias eram geralmente próximos, mas, depois de se estabelecerem, os descendentes se tornavam totalmente independentes. Vez por outra o sangue corria: Corinto e sua colônia, Córcira (hoje ilha de Corfu), estavam sempre em disputas hostis.

As colônias facilitavam o desenvolvimento do comércio em todo o Mediterrâneo. Importavam mercadorias, como bronze, prata e ouro, azeite, vinho e têxteis da Grécia continental e de outras partes do Mediterrâneo, ou fabricavam e depois trocavam com as comunidades locais – com as do oeste, por grãos e escravos; da Trácia, prata, peles, madeira e escravos; e do mar Negro, milho, peixe seco e (mais uma vez) escravos.

Os gregos também estabeleceram postos comerciais, ou *emporia*, que não tinham patrocínio cívico e atraíam cidadãos de todos os tipos de estados: um exemplo importante era Náucratis, no delta do Nilo.

Não é exagero dizer que, em 580, praticamente todos os pontos adequados para a colonização na costa mediterrânea estavam ocupados. Havia, é claro, colonizadores que não eram gregos, especialmente os fenícios, que fundaram a grande cidade comercial de Cartago, no norte da África. Mas a realização helênica foi notável mesmo assim.

Não apenas criou um "mundo" grego, como mostrou o desenvolvimento inicial de uma "personalidade" helênica corporativa – flexível, internacional, questionadora e oportunista.

Os vizinhos de Creso, a leste, eram o Império da Babilônia e o Império Medo, que haviam unido forças para destruir o antigo Império Assírio e saquear a capital, Nínive, em 612. Babilônia era uma das grandes cidades do mundo. Uma vez livre dos assírios, o rei construiu muros altos e inexpugnáveis, cercando quase mil acres e oito portões. O mais espetacular era o Portão de Ishtar, coberto com tijolos azuis esmaltados, nos quais havia relevos de vários animais, incluindo leões e auroques. O portão dava para um longo caminho que conduzia ao coração da cidade.

A noroeste da Babilônia e ao sul do mar Cáspio estava o Império Medo, um estado forte e recém-centralizado. Na primeira metade do século VII, seu rei fundador, Déjoces, construiu uma grande capital sobre uma colina, Ecbátana. De acordo com Heródoto, historiador grego, suas fortificações eram tão notáveis quanto as da Babilônia. Parecendo um zigurate, consistiam em uma série de enormes paredes concêntricas, cada uma com outra mais alta por dentro. Junto à parede mais interna e mais elevada ficavam o palácio real e o tesouro.

> Os parapeitos do primeiro círculo são brancos, do seguinte, pretos, do terceiro, escarlates, do quarto, azuis, do quinto, alaranjados; sendo todas essas cores pintadas. Os dois últimos têm suas ameias revestidas respectivamente de prata e ouro.

Os governantes dos três estados conviviam em condições razoavelmente boas e haviam celebrado casamentos entre eles.

A leste, no sudoeste do Irã, estendendo-se com a moderna região de Farsi, havia o pequeno reino da Pérsia. Seu novo rei era o jovem Ciro (em persa antigo, Kūruš), um governante ambicioso e enérgico. Reuniu as tribos persas em 550 e convenceu-as a aprovar seu plano de revolta contra o rei medo. A batalha foi um total sucesso, como registrou um sacerdote babilônico.

> O rei Ishtumegu (Astíages) [dos medos] convocou suas tropas e marchou contra Ciro, rei de Ansam (cidade sob o domínio persa), para mim [e ele em batalha]. O exército de Ishtumegu revoltou-se contra ele, e eles o entregaram preso por grilhões a Ciro. Ciro [marchou] contra o país Agamtanu (Ecbátana); a residência real [ele se apossou]; tomou como saque prata, ouro, (outros) objetos de valor... do país Agamtanu e trouxe-os para Ansam.

Foi esse desastre que chamou a atenção de Creso. Decidiu que precisava agir em vez de esperar, como uma cabra amarrada, pelo próximo passo de Ciro, o que provavelmente seria uma invasão da Lídia.

No entanto, antes de fazer qualquer movimento definitivo, consultou o Oráculo de Apolo, em Delfos.

Creso queria ter certeza de que Delfos e outros oráculos bem conhecidos eram tudo o que diziam ser, ou assim escreveu Heródoto. Como primeiro passo, enviou representantes ao oráculo, instruindo-os a consultar a pítia no centésimo dia depois de terem deixado Sárdis, a capital da Lídia. Deviam perguntar o que o rei estava fazendo naquele exato momento. Eles fizeram isso, e na resposta em versos a profetisa alegou que ela podia sentir o cheiro de uma

> tartaruga de casco duro
> fervendo em bronze com a carne de cordeiro,
> colocado com bronze embaixo, coberto por bronze em cima.

Creso ficou muito impressionado, pois, na época, havia cortado uma tartaruga e um cordeiro e cozido os dois juntos em um caldeirão de bronze com uma tampa de bronze. A partir desse momento, o rei passou a encher o templo de Delfos com generosos presentes. O deus cuidava de patronos como Creso, generosos e confiantes. O rei recebeu direitos prioritários de consulta, isenção de taxas e os melhores assentos nos festivais de Delfos.

No devido tempo, uma segunda delegação levantou uma questão mais substancial. O rei perguntou:

> Creso, rei dos lídios e de outros povos, na crença de que o seu é o único oráculo verdadeiro em todo o mundo, dá-lhe presentes dignos de seu discernimento profético e pergunta se deveria entrar em guerra contra os persas e se deveria acrescentar alguma força militar à sua como aliado.

O deus respondeu que, se Creso atravessasse o rio Hális, a fronteira de seu império, e entrasse em guerra contra os persas, destruiria um poderoso império. Então, a vitória estaria garantida. Os enviados lídios fizeram uma terceira pergunta: "Seu reinado seria longo?".

A pítia respondeu com um poema enigmático:

> Espere até uma mula se tornar o rei dos medos,
> então, Lídia de pés macios, fuja até o pedregoso rio Hermus.
> E, depressa, não sinta vergonha de ser covarde.

Mais boas notícias, pensou Creso. Ele nunca tinha ouvido falar de uma mula governando um reino e previa passar muitos anos sentado no trono.

Mobilizou seu exército e conduziu-o na direção nordeste. Encontrou Ciro em Paflagônia, e travaram uma batalha inconclusiva. Atribuiu sua falta de sucesso ao fato de seu exército ser muito menor do que o de Ciro. Decidiu retornar à segurança de Sárdis e desbaratou suas tropas, compostas de mercenários. O inverno se aproximava, quando as guerras em geral não acontecem, e ele passaria o intervalo antes da primavera procurando aliados e reforços. Selou uma aliança militar com os babilônios, que imaginavam que seriam os próximos alvos de Ciro se a Lídia caísse. Aparentemente, também enviou embaixadores ao Egito, que poderiam receber o surgimento de um novo e agressivo poder no Oriente Médio com alarme, e a Esparta, que não tinha um lócus óbvio no conflito e não se mostrou interessada.

Ciro gostava de lutar em constante movimento e viu a retirada dos lídios e sua desmobilização como uma oportunidade. Ele continuou no encalço de Creso e, para a surpresa do rei, logo apareceu diante de Sárdis. Um novo exército foi rapidamente reunido, e Creso saiu para combater Ciro. Ciro usou inusitadamente camelos em sua cavalaria. Eles assustaram os cavalos dos lídios, que deram meia-volta e fugiram assim que sentiram o cheiro dos camelos. A infantaria lídia lutou bravamente, mas Ciro estava em seu dia de sorte e cercou a cidade de Sárdis.

Nada aconteceu durante algum tempo. Então, um dia, uma sentinela da cidadela deixou cair sem querer o capacete onde havia um penhasco tão íngreme que não tinha sido fortificado. O homem desceu a encosta, recuperou o capacete e subiu de volta, sem dificuldade. Um persa assistiu àquilo por acaso e percebeu que seria o modo de entrar na cidade. Passou a informação a Ciro.

Nessa época, máquinas de cerco e artilharia eram incapazes de destruir muros fortemente construídos. Mas uma vez que se conseguisse, por meio de truques, traição ou observação perspicaz, furar as defesas, o destino de uma cidade em geral estava selado. Ciro usou bem a informação que recebera, e Sárdis caiu.

Surgiu uma lenda de que Ciro pretendia queimar Creso vivo, mas que uma tempestade acabou por apagar as chamas. Talvez tenha sido um feito de Apolo, sentindo-se um pouco culpado por ter enganado um admirador tão fiel. O que aconteceu com Ciro na verdade não se sabe. Ele pode ter-se tornado um conselheiro na corte persa. Mas os babilônios contam uma história diferente:

> Ciro, o rei da Pérsia, chamou seu exército e atravessou o Tigre... No mês de Aiaru (maio/junho), marchou contra o país da Lídia... matou seu rei, apossou-se de tudo e montou sua própria guarnição.

Uma coisa, no entanto, é certa. Creso se deixou enganar pelas palavras mal-intencionadas de Apolo. Uma mula é o resultado do cruzamento de um cavalo com um burro; no oráculo, isso significava o próprio Ciro, também um híbrido, pois sua mãe era meda e seu pai um persa. E Creso destruiu seu próprio império.

Qual seria o destino das cidades-estados jônicas agora? Ciro convidou-as a se unir a ele na conquista da Lídia, mas o convite foi recusado. Em vez disso, elas haviam ficado do lado de seu líder, Creso, por não acreditarem que ele seria derrubado, e temiam sua vingança uma vez que os persas haviam partido. Depois da derrota, as cidades sinalizaram para Ciro, mas este ainda estava irritado por ter sido desprezado e não respondeu (embora tenha concordado em fazer um tratado com a grande cidade mercantil de Mileto, que havia permanecido neutra).

Nesse ponto, os jônios teriam sido sábios se tivessem aderido e planejado uma aliança com os persas, que certamente iriam invadi-los. O maior filósofo da época, Tales de Mileto, interveio. Ele rejeitou explicações religiosas e mitológicas do universo e aplicou a razão à questão.

Voltando-se a problemas políticos, Tales disse que os jônios deveriam formar uma única entidade política e estabelecer um conselho de governo na ilha de Teos. Criando uma variação mais extrema dessa ideia, sugeriu-se ainda que todos os jônios deveriam emigrar para a Sardenha e fundar ali um Estado integrado, bem longe do alcance do Grande Rei.

Os jônios reuniram-se em assembleia geral, o Pan-Iônico, mas concordaram em pouco, exceto em fazer um apelo geral de ajuda à comunidade helênica no exterior. Os espartanos enviaram um arauto a Ciro, dizendo-lhe para não atacar os jônios, "pois os espartanos não irão tolerar isso". Ciro, irônico, perguntou a seus oficiais: "Quem são os espartanos? E quantos deles existem?". Ao receber uma resposta, o Grande Rei dispensou o arauto comentando que não temia ninguém que tivesse um mercado no centro de sua cidade, onde as pessoas faziam falsos juramentos e enganavam umas às outras.

Ao não permanecerem juntos, os jônios foram, como esperado, arrasados separadamente. Ciro invadiu cada *polis*, uma a uma, e as destruiu. Agora eles tinham um novo senhor.

Encontrou-se um cilindro de argila, inscrito com símbolos cuneiformes babilônicos (um dos primeiros sistemas conhecidos de escrita, que criavam marcas em forma de cunha em tabuletas de argila), que traz o relato de Ciro de sua vitória seguinte, agora que já havia eliminado os lídios. Não foi nada menos do que a conquista da antiga cidade de Babilônia, em 539. Demorou alguns anos para acontecer, mas o rei descreveu sua vitória como um passeio, quase como se sua invasão não tivesse sido apenas pacífica, mas um convite do povo da cidade. Ele entrou "sem lutar", e a elite governante recebeu-o de braços abertos. "Os rostos brilhavam."

Ciro via a si mesmo como o herdeiro da "semente perpétua da realeza", como se ela estivesse em seus genes, e não permitia que fosse mal interpretado:

> Eu sou Ciro, rei do universo, o grande rei, o poderoso rei, rei da Babilônia, rei da Suméria e da Acádia (territórios antigos sob o domínio babilônico), rei dos quatro quadrantes do mundo, filho de Cambises, o grande rei, rei da cidade de Ansam, neto de Ciro, o grande rei, rei da cidade de Ansam, descendente de Teíspes, o grande rei, rei da cidade de Ansam.

Os persas sob Ciro agora controlavam um grande império que se estendia das cidades-estados gregas jônicas na costa ocidental da Ásia Menor até a Pérsia. Em algum momento (não sabemos exatamente quando), Ciro também conquistou a Ásia Central. Foi uma ascensão fulminante. Em toda a sua extensão e pela primeira vez na história do Oriente Médio, os países do rio Indo aos Bálcãs, da Ásia Central ao Alto Egito, foram incorporados sob um único sistema político.

Ciro, o Grande, como se tornou conhecido, não desfrutou de suas realizações por muitos anos. Continuou, agressivamente, fazendo batalha a leste de seus domínios. Em 539, lutou contra uma confederação nômade iraniana, os Masságetas, que provavelmente percorria as terras ao sul do mar Cáspio e que era então governada por uma rainha. Os persas capturaram o filho dela, que de tão envergonhado se suicidou na primeira oportunidade que teve.

A rainha, enfurecida, reuniu todas as forças e derrotou os persas em uma grande batalha, durante a qual Ciro morreu. Ela encontrou seu cadáver no campo de batalha e mergulhou sua cabeça em um odre cheio de sangue. "Eu disse que faria com que você tivesse sua cota de sangue."

O túmulo de Ciro, erigido num parque, era uma construção de pedra modesta com telhado de duas águas e duas pequenas portas de pedra, sobre uma plataforma com vários degraus. O monumento sobrevive até hoje, embora seu corpo e as relíquias da sepultura tenham desaparecido há muito tempo. Aparentemente, continha uma cama de ouro, uma mesa com copos, um caixão dourado e vários ornamentos cravejados de joias. O túmulo também tinha uma inscrição. De acordo com o geógrafo Estrabão, do século I a.C., lia-se:

> Ó, homem, eu sou Ciro. Conquistei um império para os persas e fui rei da Ásia.
> Então, não inveje o meu monumento.

Como esse enorme império era administrado? É uma pergunta difícil de responder, pois os persas não deixaram nenhum livro de teoria política nem descrições de seu sistema de governo, tampouco uma cronologia de sua história. No entanto, não há dúvida de que a dinastia aquemênida (assim chamada a partir de seu fundador, Aquêmenes, um antigo rei da Pérsia), fundada por Ciro, era autocrática. O Grande Rei, como ele era chamado, vivia em estado esplêndido e solene. Foi designado pelos deuses e era o responsável perante eles.

As distâncias das capitais imperiais de Susa e Persépolis até as províncias mais longínquas eram tão grandes que fez-se essencial tornar a comunicação o mais veloz possível. Uma rodovia, chamada Estrada Real, foi criada a partir de Sárdis, a antiga base de Creso, até Susa. Ao longo do caminho havia mais de cem postos, onde os mensageiros reais e os funcionários públicos podiam trocar de cavalo e arrumar comida e quartos para passar a noite. Às vezes, esse serviço expresso funcionava 24 horas por dia; mensageiros noturnos sucediam mensageiros diurnos em revezamentos. "Nada impede que esses mensageiros", comenta Heródoto, "completem seu trajeto no menor tempo possível – nem neve, chuva, calor ou escuridão". Mesmo assim a viagem era muito lenta, pois nada corria mais rápido do que um cavalo. De acordo com esse historiador incansável e curioso, "a distância de Sárdis ao Palácio de Memnon [em Susa] é de 13.500 estádios. Assim, aqueles que viajam a uma média de 150 estádios por dia levarão exatos noventa dias para concluir a viagem".

Tabuletas de argila desenterradas em Persépolis registram as despesas de viagem dos funcionários. Como mostra este exemplo típico, os persas administravam uma burocracia eficiente: "1:5 [?] quartos de farinha fornecidos por Bakadusda. Muska recebeu, como um mensageiro rápido. Foi do rei a Zissawis. Carregou um documento selado do rei. No décimo mês".

Por mais que tentasse, o Grande Rei não foi capaz de reagir com rapidez suficiente diante dos fatos que surgiam nos recantos mais remotos de seus domínios. Estabeleceu uma rede de governadores provinciais, chamados sátrapas, cujo dever principal era cobrar impostos e remetê-los à autoridade central na Pérsia (em alguns lugares eram usados os reis locais no lugar de sátrapas). Os detalhes precisos não são claros, mas, de acordo com Xenofonte, havia também uma rede de guarnições militares e comandantes que cuidavam da segurança, mas não se intrometiam em nada mais. Essa divisão de poderes foi obviamente destinada a proteger contra tramas e insurreições. No entanto, parece que, de vez em quando, o mesmo homem controlava o exército e os assuntos civis. Esses sátrapas promoviam pequenas guerras e eram conhecidos por lutar uns contra os outros e até se levantar contra o próprio Grande Rei.

Até então, esse era um mundo onde não havia cunhagem de moedas. Diz-se que Creso inventou as moedas e o governo persa copiou a ideia, menos como um meio de troca do dia a dia do que para fazer pagamentos em massa com moedas de ouro e prata. A maioria dos súditos do Grande Rei não usava moedas e se restringia ao escambo: eles teriam dificuldade para reconhecê-las ou saber para o que serviam. Os sátrapas cunhavam suas próprias moedas, mas só o faziam em circunstâncias militares extraordinárias, quando os exércitos precisavam ser pagos. O *daric* de ouro dos persas e os *siglos* de prata não tinham apenas usos práticos: eram símbolos da riqueza, grandeza e estabilidade do império.

O Grande Rei raramente viajava por seus reinos e passou a maior parte do tempo em seus palácios na Pérsia, mas precisava verificar o desempenho de seus sátrapas e generais. Todos os anos (novamente, segundo Xenofonte), um inspetor do governo à frente de um exército saía pelas províncias. Era feito um anúncio antecipado: "o filho do rei está chegando", ou "o irmão do rei", ou, mais anônimo e sinistro, "o olho do rei", mas nunca se sabia se ele realmente apareceria, porque a qualquer momento o Grande Rei poderia chamá-lo de volta. Era uma maneira econômica de manter as pessoas alertas quanto às suas obrigações.

O sistema de governo persa não era ideal. Como veremos, os sátrapas muitas vezes se comportavam mal e agiam por conta própria e não de acordo com o interesse de seus senhores. A política do palácio podia ser mortal, e a transição de um governante a outro era conturbada e assassina. Mas o Grande Rei entendeu que a maioria de seus súditos seria mais produtiva e governável se fosse deixada de lado para viver sua própria vida. Foi um princípio imperial saudável e civilizado.

Ciro queria ser visto como um governante justo e buscava a aprovação moral de seus súditos; no Cilindro de Ciro, refere-se às bênçãos de seu reinado e se vangloria: "Permiti que todas as terras vivessem em paz". A estabilidade política e econômica eram de fato o principal benefício que o império poderia conferir. Também promoveu a diversidade religiosa e linguística. Esperava-se que as comunidades falassem suas próprias línguas e praticassem sua própria fé. O império tentava não se intrometer.

Era incômodo ter que pagar impostos, mas havia um retorno do investimento. Em seu livro *A educação de Ciro*, Xenofonte diz que o Grande Rei assim se expressou sobre os tributos: "Não é mais do que justo, pois, se algum perigo surge, nós teremos que afastá-lo". E a paz fomentou a principal fonte da solvência de grande parte das pessoas – principalmente a produção agrícola, mas também, especialmente nas cidades, a manufatura (cerâmica, ferramentas, armas e artigos de luxo).

Não sabemos qual a religião de Ciro, o Grande, pois não há nenhuma referência direta a isso nas inscrições que sobreviveram, e o mesmo se aplica ao seu filho Cambises. Mas ele é condescendente em relação aos deuses de outros povos. Chegou a dar assistência financeira para a construção ou a reconstrução de templos dedicados a fés estrangeiras. Era proibido perturbar o culto de Ahura Mazda ou de qualquer outra religião. No Cilindro de Ciro, o Grande Rei presta homenagem à divindade babilônica Marduk e, na Bíblia, recebe o título honorário de Messias. De acordo com Isaías, Ciro era o ungido de Jeová (um agradecimento por repatriar os judeus exilados na Babilônia).

Posteriormente, os reis aquemênidas referem-se a si mesmos como adoradores de Ahura Mazda (literalmente, Ser e Mente). Era um espírito incriado, bom e benevolente que criou o universo. Sua adoração muitas vezes acontecia ao ar livre, em jardins murados (em grego, *paradeisos*, de onde vem a nossa palavra "paraíso") ou até mesmo no topo das montanhas. Exceto para Ciro. Grandes reis eram enterrados em túmulos construídos em um penhasco não muito longe da cidade imperial de Persépolis.

Existia, contra Ahura Mazda, um espírito destrutivo, Ahri-man. Como no zoroastrismo (uma religião com a qual a dos aquemênidas parece estar relacionada, fundada pelo profeta Zaratustra – ou, como os gregos o chamavam, Zoroastro, que pode ter vivido por volta do ano 1000), a luta essencial no universo estava entre a "Verdade" e a "Mentira". Em relação aos reis aquemênidas, a Mentira se referia aos perigos sempre presentes que ameaçavam a Pérsia e seu império. Em oposição, acreditavam que "o homem que respeita essa lei que Ahura Mazda estabeleceu e adora Ahura Mazda e Arta [um dos outros deuses no panteão divino] de forma reverente é feliz enquanto viver e abençoado quando morrer".

Os aquemênidas eram expansionistas. O filho de Ciro, Cambises, sucedeu-o e, em 525, lançou um ataque contra o Egito dos faraós, uma civilização que já existia havia milênios. Ele derrotou os egípcios na batalha de Pelúsio, a cidade-fortaleza que dá entrada para o reino no leste. Tornou-se faraó, assumindo os títulos oficiais, as joias e o uniforme do governante.

Então, em 522, aconteceu algo que o fez retornar à Pérsia. Suas longas permanências no Egito e seu estilo despótico de governar levaram a agitação a seu reino. Cambises tinha um irmão mais novo, ou meio-irmão, Bardiya (em grego, Esmérdis), que se revoltou e se autodenominou Grande Rei. Ele era muito popular na Pérsia e na Média, o coração do império. O desafio precisava ser resolvido, mas, no caminho de volta do Egito, Cambises morreu, sem descendência e em circunstâncias suspeitas.

Há diferentes versões para o acontecido. Heródoto diz que, em março de 522, a bainha da espada de Cambises caiu, e ele acidentalmente se feriu. O ferimento gangrenou e, em onze dias, ele morreu. Outro relato, feito por seu lanceiro, um nobre chamado Dario, diz que o Grande Rei "morreu sua própria morte" – uma frase dúbia que alguns interpretam como se ele tivesse cometido suicídio.

O que quer que tenha acontecido, essa morte manteve Bardiya no trono imperial, mas apenas por sete meses. Dario, membro da família imperial e filho de um sátrapa, juntou-se a seis outros nobres em uma conspiração bem-sucedida para assassinar o pretendente. Dario foi, então, nomeado seu sucessor.

Ele mesmo criou uma versão diferente para os fatos, de acordo com uma grande inscrição esculpida na encosta de uma montanha na Pérsia. Alegou que Cambises ordenara a morte de seu irmão Bardiya antes de morrer. Dario escreveu: "Quando Cambises assassinou Bardiya, o povo não sabia que Bardiya já estava morto". Então um *magus*, ou sacerdote da Média, chamado

Gaumata, ao ver a impopularidade do governo, personificou Bardiya e roubou o trono.

Dario continua: "As pessoas o temiam, pois matara muitos que haviam conhecido o verdadeiro Bardiya. Por esse motivo, ele os matou, 'para que não saibam que não sou Bardiya, filho de Ciro'. Não houve quem ousasse agir contra Gaumata, o Mago, até eu chegar".

Dario matou Gaumata, mas teve dificuldade em manter sua autoridade. Em seu primeiro ano no cargo, afirmou ter lutado dezenove batalhas e capturado nove reis. Castigou-os com severidade. Assim ele escreve sobre um dos rebeldes, com orgulho:

> Fraortes [rei da Média], preso, foi trazido a mim. Cortei nariz, orelhas e língua e vazei-lhe um olho; foi mantido amarrado na entrada do meu palácio, todos o viram. Depois o empalei em Ecbátana; e os homens que eram seus principais seguidores, aqueles em Ecbátana dentro da fortaleza, eu os esfolei e pendurei [isto é, suas peles, recheadas com palha].

Então, no que devemos acreditar? Não havia muitas caravanas que passassem e pudessem ler a inscrição de Dario no alto da montanha, embora cópias tenham sido distribuídas por todo o império. Ele tencionava que sua narrativa durasse uma eternidade e fosse lida no futuro. No entanto, há improbabilidades inerentes a seu relato.

Qual é a probabilidade de um membro mais velho da família imperial ser condenado à morte por ordem de Cambises, sem que ninguém percebesse? E certamente muitas pessoas conheciam o príncipe Bardiya de vista e não teriam sido tomadas por um *magus* medo. E dificilmente teriam sido todos mortos. Nada pode ser provado, mas é provável que Dario tenha sido um usurpador, que, tendo morrido Cambises, assassinou um verdadeiro Grande Rei e com total descaramento o substituiu. Isso pode nunca ser provado, mas a história inventada por ele é tão frágil que insulta nossa inteligência. Ficamos imaginando o que Ahura Mazda deveria fazer com essa Grande Mentira.

Dario acabou por se tornar um governante forte e eficiente, que conquistou a alcunha de "o Grande", como passou a ser chamado; o modo de sua ascensão, entretanto, expôs a principal fraqueza do Estado persa. No centro dos negócios, havia mais um palácio do que um governo. As intrigas eram corriqueiras, e as manobras para a sucessão, frequentemente ardilosas e sangrentas.

Comparado com pequenos estados como Atenas e Esparta, o império da Pérsia sofria de elefantíase e os helenos o desaprovavam totalmente. Para eles, fosse no continente, fosse nas muitas colônias gregas na Itália, na Sicília ou na Jônia, o melhor arranjo constitucional era a *polis* – isto é, uma pequena cidade autogovernada, que tinha todas as competências de um estado independente. Seus cidadãos eram partes interessadas potentes. Eles se sentiam superiores aos outros povos governados por déspotas. Para os gregos, o homem que não fosse politicamente ativo não merecia ser um cidadão, um *politēs*.

O filósofo, sociólogo e teórico político Aristóteles, em um de seus escritos no século IV, assegurava que "o homem é, por natureza, uma criatura que pertence à *polis*". Qualquer um que "por natureza e não por acaso" está fora da *polis* deve ser um homem mau ou um ser sobrenatural. Ele é como o "fora da lei, sem tribo ou lar" que Homero condena na *Ilíada*. Essa pessoa é, necessariamente e por natureza, amante da guerra.

Uma cidade não deve ser pequena demais, incapaz de ser autossuficiente, nem grande demais, para poder governar bem. Na opinião de Aristóteles, deveria ser possível ver todos os cidadãos em um só lugar reunidos em assembleia. (Devemos lembrar que mulheres, escravos e estrangeiros – metecos – estavam excluídos.) O filósofo Platão foi ainda mais específico: propôs um grupo de cidadãos com cerca de 5 mil homens.

A questão do tamanho da população era importante por um bom motivo. Os gregos não tinham noção de democracia representativa. Quando o governo do povo foi introduzido em Atenas no século VII (ver capítulo 7), as decisões eram tomadas diretamente pelos cidadãos reunidos em público. Em meados do século VI, um poeta chamado Focílides escreveu:

> … uma pequena *polis* vivendo em ordem
> num lugar alto é maior do que um maciço como Nínive.

Nem todas as *poleis* (o plural de *polis*) eram democracias. Entre os jônios, o Grande Rei gostava de insistir em oligarquias ou no governo de um homem só. Mas mantinham as assembleias de cidadãos, mesmo que seus poderes fossem limitados ou que apenas alguns cidadãos pudessem votar.

Apesar das recomendações de Platão e Aristóteles, a cidade-estado estava propensa a brigas ferozes, às vezes homicidas, entre duas facções, democratas e oligarcas. A guerra civil era comum. As oposições eram invariavelmente desleais e, se não fossem liquidadas, eram enviadas ao exílio, onde planejavam seu retorno e a expulsão ou a execução dos que estavam no poder.

No entanto, a menos que um heleno fosse livre e vivesse em uma *polis*, sua condição era considerada vergonhosa. Era a coisa mais próxima de um bárbaro – não simplesmente um estrangeiro, mas a sombra de um homem, covarde, decadente, servil, assassino, suscetível a luxo ou conforto.

O Império Persa não havia terminado sua expansão. Para garantir a vantagem no noroeste, Dario liderou uma batalha em 513 para conquistar a Macedônia e a Trácia, lar de grupos tribais indomados (hoje sudeste da Bulgária, nordeste da Grécia e parte europeia da Turquia). Havia uma lição a ser ensinada aos gregos do continente que previam que um dia o Grande Rei poderia lançar um olhar ganancioso sobre eles.

A Pérsia já controlava a série de cidades-estados ao longo do tabuleiro marítimo asiático, tendo-as assumido quando tomaram a Lídia de Creso. Como todos os helenos, os jônios eram apaixonados por sua liberdade e ressentiam-se do controle estrangeiro. Estavam cansados do domínio persa. As sementes da revolta contra o Grande Rei foram semeadas no porto de Mileto, perto da foz do rio Menderes, na satrapia de Cária.

Seu líder, Aristágoras, que era vice-governador dos persas, virou a casaca e persuadiu as cidades-estados, bem como Cária e Chipre, a formar uma aliança antipersa. Foi à Grécia buscar mais apoio. Disse ao rei espartano Cleomenes: "É uma vergonha que os jônios sejam escravos em vez de homens livres". Mas não conseguiu convencê-lo, pois, a seu ver, o império persa estava longe demais para ser motivo de preocupação.

Aristágoras se saiu melhor em Atenas, onde conquistou a assembleia, prometendo que sairiam vitoriosos na guerra. Vinte embarcações de guerra foram destinadas para ajudar os jônios. Não foi a oferta mais generosa de todas, mas enfureceu Dario quando ele soube disso. Heródoto comentou: "Esses navios acabaram sendo o começo dos males tanto para os helenos quanto para os bárbaros".

Em 499, os rebeldes – entre eles, os atenienses – marcharam para o norte partindo de Mileto e depois de Éfeso. Voltaram-se para o interior e chegaram a Sárdis, que não resistiu. Embora tivessem tomado a cidade, foram incapazes de pilhá-la. Como muitas casas eram feitas de junco, depois que um soldado ateou fogo a uma delas, as chamas consumiram Sárdis. Um templo dedicado à muito respeitada deusa-mãe, Cibele, foi inteiramente queimado. Além de isso ser considerado sacrilégio, os persas ficaram escandalizados, pois, como vimos, sua política era privilegiar e proteger todas as religiões. Outro motivo de desalento foi que o reino lídio era tecnologicamente muito avançado e Sárdis era seu centro industrial. Seus produtos incluíam a confecção e o tingimento de tecidos e tapetes finos de lã. O rio Pactolo atravessava o mercado da cidade carregando pó de ouro em sua lama. Durante o reinado de Creso descobriu-se como separar o ouro da prata, produzindo-se ambos os metais com pureza jamais vista.

Nesse ponto, os atenienses retiraram-se da guerra e navegaram de volta para Atenas. Não sabemos por que, mas é possível que tenham percebido que a revolta iria fracassar. Isso ocorreu porque seria ganha e perdida no mar. A maioria dos estados participantes era de potências marítimas, mas a frota persa enfrentou os navios fenícios modernos e tinha tripulações bem treinadas. Em qualquer batalha naval, a sorte estava contra os rebeldes.

Com o passar do tempo, a confederação jônica começou a desmoronar. Seus membros podem ter sido aliados, mas simplesmente não suportariam agir em uníssono por um longo tempo. Em 494, um comandante jônio, Dionísio de Foceia, uma cidade-estado grega na costa asiática, ficou consternado com o estado da frota que se reunira na pequena ilha de Lade, não muito longe da sitiada Mileto. Em teoria, era uma força poderosa com mais de 350 navios de guerra, mas era mal disciplinada e o moral estava baixo. Dionísio tentou, mas não conseguiu introduzir um treinamento rigoroso para preparar a frota contra os persas.

O resultado era previsível. Alguns contingentes das ilhas do mar Egeu se foram, e os persas saíram vitoriosos. Vendo que tudo estava perdido, o almirante grego conseguiu fugir. Não retornou a Foceia, sua terra natal, acreditando que os persas vitoriosos iriam se vingar contra seus concidadãos. Navegou para o sul e atacou a frota mercante fenícia. Tendo capturado um espólio valioso, estabeleceu um curso para a Sicília, onde passou a ganhar a vida como pirata que atacava os navios cartagineses e etruscos. Tinha feito o possível pelos jônios, mas sabia reconhecer que havia sido derrotado – não pelo inimigo, e sim pelos fracos aliados jônios.

Mileto caiu e foi saqueada. A maioria dos homens foi morta, e as mulheres e crianças foram vendidas como escravas. Foi um duro golpe para o orgulho jônico. Arqueólogos modernos encontraram evidências da destruição e do abandono de algumas partes da cidade.

Havia uma lição para todos os gregos no fracasso da insurreição. Até que aprendessem a cooperar uns com os outros, jamais derrotariam os persas com suas vastas reservas de riqueza e capital humano.

Os atenienses ficaram consternados. Era escandaloso que as comunidades civilizadas tivessem perdido sua liberdade para uma monarquia bárbara. Um dramaturgo popular, Frínico, encenou uma peça sobre a queda de Mileto. Foi um sucesso, e os espectadores choraram diante da reencenação comovente. Mas isso não foi bom para Frínico. Ele conseguira desnudar as emoções de todos, e eles se enfureceram. Fizeram com que pagasse uma pesada multa por tê-los, lembrado de uma tragédia da vida real com a qual estavam dolorosamente familiarizados. Decretaram que nenhuma peça sobre o assunto poderia ser apresentada novamente.

Dario pensou no destino ardente de Sárdis. Tinha uma considerável reputação para a tolerância religiosa. Ainda existe uma carta a um funcionário, cuja frase inicial desanimadora diz: "Compreendo que não seja inteiramente obediente às minhas ordens". Podemos imaginar o pânico com que o destinatário da missiva a leu. O Grande Rei explica sua raiva. "Você cobra tributo dos jardineiros sagrados de Apolo e ordenou que lavassem terras profanas, desconsiderando a vontade dos meus antepassados em relação ao deus." Acrescentou que, por meio do oráculo recebido em Delfos, Apolo sempre dissera a verdade aos persas.

A história não registra a resposta do funcionário nem o que aconteceu a ele. Mas temos outras provas de que Dario não era um homem misericordioso. A Jônia passara de volta ao seu jugo, mas até então os atenienses haviam saído impunes, apesar de terem participado do incêndio da capital da Lídia e da destruição do templo da Grande Mãe. No seu entender, os gregos não eram nem um pouco civilizados, como gostavam de se gabar; não eram melhores do que os piratas ou os invasores do mar que, até a paz do Grande Rei, haviam infestado o Mediterrâneo Oriental. Um dia, ele prometeu a si mesmo, as chamas consumiriam os deuses *deles*.

Ele começou a fazer planos de invadir a Grécia.

A INVENÇÃO DA DEMOCRACIA

4
O LIVRAMENTO

Aquele era o melhor momento de sua vida.

O jovem nobre ateniense havia ganhado o *diaulos* nos Jogos Olímpicos de 640. Chamava-se Cilón, e o *diaulos*, literalmente uma "flauta dupla" em grego, foi o nome dado a uma corrida a pé de cerca de quatrocentos metros. Os competidores, despojados ao máximo, percorreram toda a extensão do estádio, que naquela época não era muito mais do que uma pista de terra (depois foi reformada e se acrescentaram bancos elevados para os espectadores).

Cilón foi coroado com uma coroa de ramos de oliveira, uma honra sem custo, mas, como vimos, o verdadeiro prêmio era a glória. O grande poeta Píndaro, escrevendo mais de um século depois, era especialista em compor hinos de louvor aos vencedores e, em um deles, resumiu o que era importante sobre a vitória nos jogos. A vida era cheia de dor e terminava com a derrota diante da morte, mas o triunfo de um atleta em seu ápice conferia a ele certo tipo de imortalidade.

> A vida do homem dura só um dia! O que ele é?
> O que ele não é? Nosso ser mortal
> É o sonho de uma sombra. Mas quando os homens ganham
> Um brilho de esplendor dado pelo céu,
> A vida brilha na terra
> E torna-se doce como o mel.

Cilón pretendia acrescentar à sua glória outro grande feito. Em 632, liderou um complô para derrubar a Constituição e se estabelecer como tirano, ou único governante, de Atenas. Ele sabia algo sobre a tirania como forma de governo, pois se casara com a filha do tirano de Mégara, Teágenes. Esta era uma pequena cidade-estado ao norte do istmo de Corinto que reivindicava a estratégica ilha de Salamina – alegação contestada ferozmente por Atenas. Teágenes lidava com o poder de forma simples e direta. Ele venceu e manteve a aprovação dos pobres ao abater o gado dos ricos, que pastavam nas terras bem irrigadas de outras pessoas. Ele entendeu que precisava da confiança do povo e, como disse o arguto filósofo Aristóteles, "a confiança do povo [dependia] da hostilidade aos ricos".

Nessa época, Atenas era governada por uma aristocracia, os chamados eupátridas (literalmente, "homens de bons pais"). Embora fosse um aristocrata, Cilón sabia que seus pares não se interessavam em apoiá-lo. Precisava de apoio popular e deve ter tido alguma prova de que isso estaria por vir.

Ele tomou precauções sensatas. Consultou o Oráculo de Delfos, que o aconselhou a tomar a Acrópole, a cidadela da cidade, durante o "maior festival de Zeus"; então arriscou durante os Jogos Olímpicos daquele ano, certamente a maior celebração da Grécia. Seu sogro lhe forneceu tropas.

Quando se apresentou ao povo, percebeu que seus cuidadosos preparativos haviam sido em vão. Ele tomou a Acrópole, mas não a cidade. Os atenienses comuns não o saudavam. De fato, quando perceberam o que estava acontecendo, vieram do campo onde estavam trabalhando e colocaram Cilón sob um cerco.

Acontece que ele também havia entendido errado a previsão do oráculo. Apolo não se referira aos Jogos Olímpicos, mas à Diasia, um grande festival ateniense fora dos muros da cidade e ao qual todos os cidadãos compareciam. Com a cidade deserta, Cilón e seus homens não teriam encontrado nenhuma resistência.

A única questão que precisava ser decidida era o que fazer com os revolucionários derrotados. O próprio Cilón e seu irmão conseguiram escapar sem serem percebidos, mas o restante buscou refúgio no antigo templo de Atena, na Acrópole. A proteção da deusa seria absoluta enquanto os suplicantes escolhessem permanecer ali.

No entanto, os aristocratas do governo queriam dar uma lição nos traidores, seguindo a letra da lei. O oficial chefe daquele ano, ou o arconte epônimo (mais sobre arcontes, ver página 83), era Mégacles, um homem grandioso, um dos principais membros dos alcmeônidas, um clã fabulosamente rico com conexões estrangeiras influentes.

Ele convenceu os homens de Cilón, que estavam com pouca comida, a serem julgados. Tecnicamente eles permaneceriam no templo, porque todos segurariam um longo fio atado à estátua de Atena no interior do templo. Mégacles prometeu solenemente que eles não seriam feridos.

Passaram pela colina do Areópago e pelo templo das Erínias. Estas eram as Fúrias, punidoras implacáveis e ferozes do juramento de renúncia. Antigas divindades mais velhas que Zeus e os olímpicos, geralmente elas eram imaginadas como bruxas repugnantes; eram descritas com corpos negros como o carvão, asas de morcego, cobras no lugar dos cabelos e cabeças de cachorro. Manejavam cruéis flagelos de metal. Por coincidência maligna, foi exatamente nesse momento que o fio se partiu – e também a promessa de Mégacles.

Ele e seus companheiros arcontes ficaram encantados com a conveniência do acidente. A deusa havia claramente tirado seu dom do templo. Essa foi a justificativa, ele afirmou, para seu passo seguinte. Aqueles que estavam fora dos recintos sagrados foram apedrejados até a morte, e mesmo aqueles que estavam sentados nos altares das "deusas de agosto" (como as Fúrias eram educadamente chamadas), em uma tentativa vã de se salvarem, foram massacrados. Alguns que pediram misericórdia às esposas dos arcontes foram poupados.

Se Cilón calculara mal, nem se comparava ao erro de julgamento apressado de Mégacles. Ele estava contaminado por seus próprios truques. Nada era considerado mais importante do que a pureza do homem ao entrar em relação com o divino. Homero escreveu: "De modo algum [ele] poderá orar a Zeus respingado de sangue e sujeira". As mãos tinham de ser lavadas e limpas, e às vezes se usavam roupas brancas nos sacrifícios. Ao entrar em um templo, um suplicante se borrifava com a água da fonte. Relações sexuais, nascimento, morte e, especialmente, assassinatos maculavam todos os envolvidos.

Atenas fora preservada de um déspota, mas sofrera a mais grave das poluições. O assassinato de alguém que estivesse sob a tutela dos deuses insultava os próprios deuses. Os olímpicos não podiam ser ridicularizados.

Então, como a cidade se purificaria?

Cilón, seu irmão e seus descendentes foram condenados ao banimento perpétuo. Mas Mégacles e todo o clã dos alcmeônidas foram julgados e considerados culpados de sacrilégio. Todos foram perpetuamente exilados, e até mesmo aqueles que morreram entre a data da ofensa e da sentença foram exumados e tiveram seus restos expelidos. O objetivo não era tanto punir os condenados, mas remover a ameaça do descontentamento divino.

Uma curiosa figura que lembrava um xamã, Epimedes, que era vidente, filósofo e poeta cretense, foi trazida para purificar a cidade. Diz-se que ele adormeceu por 57 anos em uma caverna sagrada de Zeus e morreu muito velho. Tatuagens foram encontradas em seu corpo, e sua pele foi preservada na corte dos éforos em Esparta, para quem ele havia profetizado sobre assuntos militares.

O vidente aceitou o pedido ateniense e conduziu os rituais necessários. Ele só cobrava por seus serviços um ramo de oliveira e uma aliança de amizade entre a cidade agora limpa e Cnossos, a capital de sua terra natal.

No século VII, finalmente entramos em uma era que se parece um pouco mais com a história. No mundo micênico, como vimos, a maioria dos estados era de monarquias, mas quando a "Idade das Trevas" acabou e a luz novamente voltou a brilhar, os governantes hereditários como Teseu haviam praticamente desaparecido.

No lugar dos reis, havia uma querela cívica quase contínua entre as aristocracias dominantes e os camponeses empobrecidos. A história de Cílon é prova de algo incerto na política ateniense, e o mesmo aconteceu em outras cidades-estados gregas, ou *poleis*. Houve uma mudança da criação de animais para a agricultura arável e a migração do campo para a cidade. Entre os anos 1000 e 800, a população helênica parece ter permanecido mais ou menos na mesma quantidade de habitantes, mas depois, ao lado de uma revitalização econômica e social geral, ocorreu um rápido crescimento populacional, que se mostrou um importante fator desestabilizador. Ter muitos cidadãos era um problema que só poderia ser parcialmente resolvido com o estabelecimento de colônias fundadas pelos próprios cidadãos. Isso inevitavelmente contribuiu para a agitação sobre a propriedade de terra e a produção de alimentos.

A nobreza sequestrou a palavra grega para bom, *agathos*, que veio a significar "de alto nascimento". Em Atenas, esses eupátridas estavam ligados uns aos outros por casamentos e laços familiares. Eles forjaram ligações com os estrangeiros, muitas vezes viajando pela Grécia e pelo Mediterrâneo, cambiando uma generosa hospitalidade e fartos presentes. Eles se orgulhavam de suas ascendências, competiam entre si e se ressentiam dos antigos heróis obsoletos.

Como era de esperar, os homens nesse estado de espírito opunham-se ao dinheiro novo e resistiam à ascensão social dos novos ricos. O pior era se casar com uma moça rica sem berço. O poeta Teógnis, um grego de Mégara, que viveu em meados do século VI, observou amargamente: "A riqueza misturou a raça".

Os senhores e as senhoras dos épicos de Homero serviram de modelo para os estilos de vida aristocráticos posteriores. Teógnis apresentou o argumento conservador contra a mudança social em tons que foram repetidos ao longo dos tempos pelos que defendiam os privilégios:

Esta cidade ainda é uma cidade, mas as pessoas não são as mesmas.
Elas não sabiam nada sobre a justiça ou as leis,
Mas usavam antigas peles de cabra
E viviam fora da cidade como cervos.
E agora são "nobres"… enquanto os
Que costumavam ser nobres não valem nada.

Os eupátridas estavam satisfeitos com a forma como as coisas se encontravam. Os camponeses, porém, tinham uma visão diferente. Para eles, a situação se tornara inaceitável. Aristóteles resumiu sua condição:

Os pobres eram escravizados pelos ricos – eles, seus filhos e suas esposas. Os pobres eram chamados de dependentes e "sexto-partidores", já que trabalhavam por um sexto do que produziam nos campos dos ricos. A terra estava nas mãos de poucos e, se os pobres deixassem de pagar sua parte, tanto eles quanto seus filhos estariam sujeitos à prisão. Todos os empréstimos eram feitos com a garantia da pessoa.

Muitas pessoas comuns estavam endividadas. Davam seu corpo em garantia e poderiam ser presas por seus credores. Algumas se tornaram escravas domiciliares e outras eram vendidas para países estrangeiros.

Tão grave quanto o problema do endividamento (talvez ainda mais grave) era a crescente revolta dos atenienses comuns quanto à sua subordinação em relação aos ricos, a dependência deles como clientes. Simplesmente queriam se ver livres de seus mestres.

Nos séculos VII e VI, havia duas formas de se resolver esse conflito de classes. A primeira era estabelecer o poder em um homem – em outras palavras, uma tirania. A segunda era pedir a um político experiente que indicasse reformas constitucionais radicais – em outras palavras, passar o problema a um legislador sábio e onisciente.

Um tirano, ou *turannos*, era um déspota que dependia do apoio do povo. Aristóteles escreve: "O tirano é um escolhido entre o povo e a multidão se volta contra os notáveis, para que não sofram nenhum mal que venha deles. Vê-se isso claramente nos fatos históricos".

Carismático e implacável, em geral era um nobre dissidente que assumia o poder por meio de um golpe de Estado. As tiranias tendiam a durar duas ou três gerações, raramente mais tempo. Dos principais estados gregos, apenas Esparta e a ilha de Égina parecem ter escapado de períodos de tirania. A palavra "tirano" não tinha uma conotação pejorativa antes do século V. Muitos desses governantes não eram piores do que os aristocratas que os precederam, e alguns eram um pouco melhores. Acima de tudo, aniquilaram a guerra de classes por uso da força.

O caso de Cílon apenas exacerbou as tensões sociais e políticas em Atenas. Era claro que a tirania não atrairia o apoio, então um legislador confiável chamado Drácon foi nomeado em 622 ou 621 para preparar um código de leis e, pela primeira vez na história de Atenas, este foi colocado por escrito. Talvez quisessem abordar, entre outras coisas, as consequências das acusações dos alcmeônidas. Muito pouco do código sobreviveu, mas ele refletia o mundo de rixas de sangue e dos rituais de purificação. O legislador ganhou a fama de ser rígido. Aparentemente, a pena de morte era aplicada a pessoas condenadas por ociosidade e, de fato, por quase todas as ofensas. De acordo com Dêmades, orador e político ateniense do século IV, Drácon "escreveu suas leis com sangue, não com tinta".

As críticas parecem injustas, pois as únicas leis que escreveu que chegaram até nós são sensatas e humanas sobre o homicídio culposo. Esse tipo de homicídio era punido com exílio, e os parentes do morto tinham o direito de perdoar o ofensor. Se uma pessoa se defendeu contra "alguém que o saqueava injustamente à força" (isto é, um ladrão) e o matou, "esse homem morrerá sem que uma penalidade seja executada".

Seja qual for a verdade sobre as leis de Drácon, uma revisão da legislação ateniense não conseguiu acalmar a atmosfera de rancor político.

Sólon nasceu em uma boa família, por volta de 638, embora tenha passado por situações difíceis. Alegava que descendia de Codro, último dos reis semimíticos de Atenas que existiram no fim do segundo milênio.

Aqueles eram os dias distantes das invasões dóricas na Grécia continental. Os atenienses estavam determinados a resistir aos invasores. Orgulhavam-se de ser autóctones. Não tinham vindo de lugar nenhum e não estavam indo para lugar nenhum.

O Oráculo de Delfos previra que um ataque dório na Ática só seria bem-sucedido se seu rei saísse ileso. Então Codro decidiu dar sua vida por seu país. Disfarçou-se de camponês e foi para o acampamento dório, onde provocou uma briga entre alguns soldados, que o acabaram matando. Quando os dórios perceberam o que tinha acontecido, retiraram-se da Ática e deixaram os atenienses em paz.

Algum tempo após a morte de Codro, a monarquia foi abolida e substituída por três funcionários que eram eleitos anualmente. O basileu (ou rei) detinha o título antigo, mas estava restrito às obrigações religiosas importantes. O arconte eponímico (assim chamado porque dava seu nome ao ano em que ocupava o cargo) era, como vimos, o chefe civil de Estado e de governo; e o polemarco era o comandante-chefe do exército. Esses funcionários com poderes executivos eram posteriormente apoiados por outros seis, perfazendo um total de nove arcontes. Os arcontes eram nomeados com base em seu nascimento e sua riqueza. De acordo com Aristóteles, a princípio ocupavam o cargo por toda a vida, embora isso tenha sido aparentemente reduzido mais tarde para dez anos e, no século VII, para apenas um ano.

O pai de Sólon, Execestides, teve uma longa tradição de serviço público e, se acreditarmos em Plutarco, enfrentou dificuldades financeiras por ter feito um excesso de doações para a caridade. Depois de sua morte, o filho foi orgulhoso demais para pedir emprestado dos amigos; vinha de uma família habituada a *ajudar*, não a receber ajuda.

Apesar do fato de os aristocratas não aprovarem o comércio, Sólon, sem dinheiro, passou a trabalhar como comerciante. Isso demandou uma grande quantidade de viagens, e assim ele pôde conhecer diferentes tipos de governo grego. Depois de enriquecer, entregou-se a uma vida de prazeres. No entanto, insistiu: "Não estou preparado para enriquecer injustamente, pois o retorno é certo".

Sólon era um poeta prolífico. Ao contrário de sua grande contemporânea Safo, da ilha de Lesbos, que escrevia os poemas de amor mais apaixonados, escreveu poemas principalmente por não haver literatura em prosa naquela época. Foi apenas um século e tanto depois que autores como o "pai da história", Heródoto, adotaram a prosa como forma de expressão.

Uma boa parte do trabalho de Sólon ainda sobrevive. Para começar, escreveu sem ter em vista um fim específico, mas com o tempo usou a poesia para expressar opiniões políticas. Paradoxalmente, ao reconstruir a fortuna de sua família, tornou-se mais solidário com os pobres. Certa vez, comparou as riquezas distintas de dois homens. Um deles "possui muita prata e ouro e extensos campos", e o outro tem apenas o bastante para alimentar e vestir sua família. Mas o segundo também tem uma "criança e uma jovem esposa... riqueza suficiente para os mortais".

Enquanto Sólon se preparava para escrever em defesa dos pobres, a situação política em Atenas se deteriorou. Parece que a lei e a ordem se romperam. Aristóteles cita um importante poema sobre Atenas, o território jônico original, que Sólon escreveu nessa época.

> Eu sei, e a dor jaz em meu coração,
> quando vejo a antiga terra da Jônia
> cambalear.

Sólon construiu sua reputação como reconciliador e, a pedido de todas as facções políticas da cidade, foi eleito arconte epônimo em 594-593 e recebeu amplos poderes para reformar o Estado. Acordou-se que aquilo que ele recomendasse seria feito. Sólon afirmou ter aceitado a indicação com relutância, mas, nos bastidores, deu garantias antecipadas a cada lado.

Isso criou muitos problemas para ele. Sem tomar as devidas precauções, segredou a amigos pouco confiáveis que não confiscaria as terras, mas havia decidido cancelar dívidas. Antecipando seu decreto, imediatamente estes emprestaram grandes somas de dinheiro e compraram terrenos; depois que Sólon anunciou o cancelamento das dívidas, como lhes fora assegurado, recusaram-se a pagar seus credores. O constrangimento somente foi aliviado quando, de acordo com legislação que ele mesmo elaborara, perdoou altos valores que lhe eram devidos.

O novo legislador tomou rápidas providências. Um arconte em geral abria seu mandato com uma proclamação rotineira de que protegeria os direitos de propriedade, mas Sólon reconheceu que suas reformas atrairiam uma forte oposição. Precisava criar o ímpeto desde o início se quisesse manter o rumo e fazer o povo concordar.

Declarou que todas as hipotecas e dívidas que comprometiam a pessoa em caso de inadimplência seriam anuladas. Todos os que haviam se tornado escravos por falta de pagamento de seus débitos agora eram homens livres novamente. Todos os que tivessem sido vendidos no exterior seriam recomprados à custa do Estado e devolvidos a Atenas, com sua cidadania restaurada. Esse evento sísmico foi chamado de *seisachtheia*, que significa "livramento dos encargos".

Sólon aprovou uma lei que proibia a servidão por dívida no futuro e fixou uma quantidade máxima de terras que um proprietário poderia ter. No entanto, como mencionamos anteriormente, recusou-se a confiscar e redistribuir as grandes propriedades. Como resultado, não agradou ninguém, e muitos se revoltaram. Os credores ricos ficaram aborrecidos por perderem o que deviam a eles. Os pobres ansiavam ser donos de seus lotes, mas se decepcionaram ao descobrir que ainda teriam de pagar aluguel. Criticado por ambos os lados, tornou-se refém do ataque de todos que estavam insatisfeitos.

Sólon simpatizava secretamente com os pobres, como deixou claro em seus poemas. De fato, apresentou-se, sem imprudência, mesmo de forma imprecisa, como um deles. Ele escreveu:

> Muitos maus são ricos e muitos bons são pobres;
> mas não vamos trocar nossa virtude
> por sua riqueza, já que a virtude é eterna.
> Pois a riqueza pertence hoje a um homem, amanhã a outro.

O papel do legislador, contudo, era ser um árbitro de interesses conflitantes, e Sólon convenceu os concidadãos de que seria imparcial, como de fato o foi. Embora tenha começado como um radical, terminou como moderado.

Sólon não era democrata; queria simplesmente que todas as classes tivessem boa reputação perante o Estado. Foi assim que explicou:

> Dei às massas privilégios suficientes
> nem tirando nem acrescentando à sua honra.
> Quanto aos que tinham poder e eram invejados por sua riqueza,
> tomei cuidado para que não sofressem perdas.

Segurei meu valente escudo para ambos os lados
e não permiti que nenhum deles triunfasse injustamente.

No entanto, suas reformas políticas representaram um passo gigantesco do governo aristocrático em direção à democracia, mesmo sem que Sólon percebesse isso na época.

Sua prioridade era criar um novo tipo de aristocracia – uma aristocracia por riqueza em vez da por nascimento, já vigente. Dividiu a população da Ática em quatro grupos econômicos, mensurados de acordo com o rendimento anual da propriedade fundiária em forma de grãos, vinho ou azeite.

Os mais ricos eram os *pentacosiomedimni*, proprietários de terras cuja renda chegava a quinhentos *medimni* ou alqueires de cereais, somente grãos, ou em combinação com medidas equivalentes de azeite e vinho. Somente esses homens eram elegíveis para o arcanato e o importante cargo financeiro de tesoureiro de Atena. Naturalmente, muitos nobres eram ricos o suficiente para ser *pentacosiomedimni*, mas a questão era que agora apenas o dinheiro os qualificaria para os altos cargos, não sua ascendência. Havia "plebeus" ricos mais que prontos para concorrer com eles.

Em seguida vinham os *hippeis*, cujas propriedades produziam menos de quinhentos e mais de trezentos alqueires. Seu nome significa "homens-cavalo", pois eram considerados ricos o suficiente para custear a manutenção de um cavalo e, portanto, poderiam atuar como cavaleiros em tempos de guerra. A terceira classe eram os *zeugitai* (capazes de manter uma parelha ou *zeugos* de bois), que precisavam produzir duzentos *medimni*. Vários empregos oficiais foram abertos para essas duas classes.

Finalmente, na base da pirâmide estavam os *tetes* (servos), que eram trabalhadores braçais com propriedades que valiam menos de 150 *medimni*. Não podiam ocupar nenhum cargo público e, em tempos de guerra, serviam como infantaria de armamento leve ou remadores da frota.

Cidadãos em uma *polis* como Atenas participavam de reuniões de uma assembleia geral ou *ecclesia*. Sua autoridade e filiação variavam de acordo com o tipo de regime no poder na época. No mínimo, a *ecclesia* decidia sobre a guerra e a paz e formalmente elegia magistrados. Os pobres eram com frequência excluídos ou, na melhor das hipóteses, não se esperava que participassem ativamente dos processos. Em todo caso, tinham pouco tempo livre para participar de reuniões. Em uma decisão inovadora, Sólon abriu a assembleia para os *tetes* como participantes plenos.

Também criou um novo conselho, ou *boulē*,* de quatrocentos membros das quatro tribos, que se reuniam regularmente e preparavam negócios para a assembleia. Um corpo preexistente para todos os fins, o conselho do Areópago (uma colina próxima da Acrópole, em homenagem a Ares, o deus da guerra, onde se encontravam) foi dominado pela nobreza, e seus poderes estavam agora limitados à tutela da Constituição e a julgamentos criminais.

Sólon ainda não se convencera de ter conseguido tirar as alavancas do poder das mãos da aristocracia. Introduziu, então, uma notável inovação para a eleição dos nove arcontes: o princípio da aleatoriedade. Cada uma das quatro tribos de Atenas (ou subdivisões dos grupos de cidadãos) elegia dez homens para a assembleia dos arcontes, somando quarenta no total. Os nove escolhidos eram então selecionados entre os quarenta por sorteio.

O uso do sorteio (o termo técnico é "ordenação") foi um recurso inventado pelos gregos. Tinha dois propósitos – um religioso e outro político. Primeiro, convidavam respeitosamente os deuses para participar da eleição e, dessa forma, os deixavam com a última palavra. Assim o sorteio garantia a igualdade de oportunidades e impedia a corrupção, capaz de prejudicar uma eleição. Para Sólon, era um modo de enfraquecer a influência de facções excessivamente poderosas. Para a nobreza seria mais difícil monopolizar o arcanato.

Para a mente moderna, o sorteio é uma ideia absurda. Mas o processo tirou o peso das disputas eleitorais. Talvez de modo mais significativo, encorajou os cidadãos (pelo menos os mais abastados) a se manterem atualizados sobre os problemas do dia a dia, pois havia a chance de que em algum momento tivessem de desempenhar um papel ativo na vida pública. O exame e a longa lista preliminar evitavam, de certa forma, candidatos totalmente inadequados ou incapazes.

---

* Nas *poleis* da Grécia antiga, a *boulē* (ou *bulé*) era uma assembleia restrita de cidadãos encarregados de deliberar sobre os assuntos correntes da cidade. O nome desse órgão tem por vezes sido traduzido como "conselho", ou mais raramente como "senado". A *bulé* reunia-se quase sempre num edifício especialmente construído ou adaptado para esse efeito, designado por buletério. (N. T.)

Uma das medidas mais curiosas de Sólon ressalta a seriedade com que queria que os atenienses encarassem a política. Decidiu que, em tempos de facções e de grandes debates políticos, um cidadão que não tivesse se envolvido nem tomado partido deveria perder seus direitos civis e não poderia participar do governo da cidade.

E isso não foi tudo o que Sólon determinou. Como um empresário de sucesso, compreendia a contribuição do crescimento econômico para promover a harmonia social e aliviar a pobreza. Os preços dos produtos exportados eram mais altos do que no mercado interno. Assim, o arconte proibiu a exportação de produtos agrícolas, com exceção do azeite de oliva, do qual provavelmente havia excedente. Para encorajar a manufatura, a cidadania foi concedida a artesãos (por exemplo, metalúrgicos e ceramistas) que se instalaram em Atenas com suas famílias. Os pais eram obrigados a ensinar um negócio aos filhos, se quisessem ter apoio na velhice. O rápido aumento da produção e a disseminação da cerâmica ática decorada por volta dessa época não são mera coincidência.

As cerâmicas domésticas eram populares em toda a Hélade. Os utensílios coríntios eram amplamente exportados e traziam silhuetas de figuras escuras sobre um fundo vermelho. O estilo foi copiado em Atenas, onde alcançou altos níveis artísticos por volta de 570. Em torno de 530, ceramistas atenienses desenvolveram uma nova técnica mais realista, com fundo preto e figuras humanas desenhadas com pincel em vermelho. Estudiosos modernos identificaram, de acordo com princípios estilísticos, mais de mil ceramistas.

Vasos, copos e pratos retratam uma ampla gama de atividades sociais – atletas treinando no ginásio; pessoas jantando e bebendo em festas ou *symposia* (simpósios); cenas de batalhas; navios no mar; cerimônias religiosas; belos jovens (geralmente com uma dedicatória apaixonada: "Ao adorável Alexias", ou quem quer que fosse); cenas mitológicas (às vezes mórbidas, como Medeia matando seus filhos); imagens de coito; um folião com uma prostituta; mulheres tocando instrumentos musicais em casa; e muito mais. Pequenos vasos (chamados *lecythoi*) mostram figuras sobre um fundo branco: continham o azeite usado para ungir os cadáveres de rapazes solteiros. A cerâmica ateniense não é apenas esteticamente agradável, como também ajuda a compensar a falta de relatos escritos sobre a vida cotidiana.

Pela primeira vez, Atenas começou a cunhar suas próprias moedas. Até então, usava o dinheiro de sua rival comercial vizinha, a ilha de Égina. O objetivo da atividade era afirmar a chegada da cidade como uma força econômica séria.

Assim como fez com as políticas sociais e econômicas e mudanças constitucionais, Sólon atacou o sistema jurídico de Atenas e revogou o código legal de Drácon, exceto as leis que regulavam os homicídios.

Trouxe duas medidas legais radicais. Em Atenas, não havia polícia nem serviço judicial. Quando um crime era cometido, a vítima deveria processar o suposto criminoso, mas poucos pobres tinham a educação ou a ousadia de levar um nobre perante o tribunal. Sólon determinou que qualquer cidadão, não apenas a vítima, poderia mover uma ação judicial. Um orador experiente agora poderia falar pelo ofendido, aumentando as chances de condenação.

A mais abrangente de todas as medidas de Sólon foi a criação de uma corte de apelação contra as decisões tomadas pelas autoridades eleitas, especialmente os arcontes. Essa era a *heliaea*. Qualquer um poderia se inscrever para ser jurado, mesmo os pobres *tetes*. Esse supremo tribunal pode, de fato, ter sido a própria *ecclesia*, em sessões jurídicas.

Posteriormente, a lista anual do júri consistia de 6 mil cidadãos acima de trinta anos de idade, escolhidos por sorteio. Estes, por vezes, reuniam-se em sessão plenária e, se necessário, podiam ser subdivididos (também por sorteio) em grupos de cem; serviam em diversos tribunais diferentes. Os casos eram resolvidos ao ar livre em praças chamadas ágoras. O grande número de jurados não só encorajava a participação dos cidadãos nos assuntos públicos, mas tornava o suborno menos provável. Como veremos, o poder judicial dos arcontes acabou substituído pelos *heliaea*, e eles apenas preparavam os casos para serem ouvidos por eles.

Se Sólon entendeu ou não as consequências do que estava fazendo, o estabelecimento de seus tribunais de júri serviu de base para a democracia ateniense, pois deram aos cidadãos o controle sobre o braço executivo do governo.

As leis de Sólon foram inscritas nos quatro lados de tábuas de madeira, colocadas em molduras rotativas, para serem consultadas facilmente. Essas tábuas ainda existiam no século III e alguns fragmentos sobreviveram até o tempo de Plutarco, no século I d.C. Estavam escritas em uma língua antiga, um tanto incompreensível, e grafadas "como ara o boi" – isto é, em linhas alternadas da esquerda para a direita e depois da direita para a esquerda –, mas eram um tesouro do remoto passado de Atenas.

Assim que Sólon terminou seu trabalho, o que ele deveria fazer? E, apesar de todas as garantias, como poderia ter certeza de que suas reformas seriam cumpridas adequadamente? A cidade parece ter entrado em tumulto; há poucos detalhes, mas, a partir do fato de que o legislador perdeu um olho, podemos supor uma reação violenta, até mesmo de levantes. Ele também teve de lidar com intermináveis sugestões para melhorar o que escrevera e perguntas sobre o significado exato de uma ou outra lei.

Sólon poderia ter se estabelecido como um tirano e governado por decreto. Mas isso seria contra tudo o que ele defendia – o estado de direito, o governo constitucional e a reconciliação social. Sólon nunca seria um Cílon. Ele escreveu:

> E se poupei minha terra natal
> e me recusei a ceder à tirania
> e à força bruta, manchando e desonrando meu bom nome,
> eu não me envergonho, pois creio que dessa forma superarei
> todos os outros homens.

A tirania, Sólon observou certa vez, era agradável, mas criava uma prisão.

Então, em vez disso, lembrou-se de seus dias como comerciante e partiu em viagem novamente. Conseguiu uma licença de dez anos e aconselhou os concidadãos simplesmente a fazer o que ele escrevera, sem alterar. Ele não tinha arrependimentos e confessou, feliz: "Envelheço, sempre aprendendo muita coisa".

Parece ter visitado o Egito, onde conheceu o faraó Amásis II, um homem de origem humilde que tomou o trono durante uma revolta do exército. Passou algum tempo estudando com sacerdotes. Deles ouviu a história da ilha perdida de Atlântida (mais tarde contada por Platão), que ofendera os deuses e fora engolida pelo Atlântico. Diz-se que Sólon navegou para Chipre, uma ilha com inúmeros pequenos reinos, onde um de seus minimonarcas era seu amigo e teria nomeado uma nova cidade em sua homenagem: Soli.

Muitos anos depois, Sólon, que se tornara uma celebridade no exterior como sábio, foi para Lídia, segundo a lenda. Lá, na capital Sárdis, conheceu o rei Creso, no auge do poder. Plutarco, biógrafo do legislador, duvida da narrativa; as datas são improváveis (embora sejam factíveis), pois o arcanato de Sólon ocorreu em 594 e Creso somente ascendeu ao trono em 560. Mas Plutarco nunca resistiu a uma boa história. Ele observou: "Ela se encaixa tão bem no caráter de Sólon que proponho não a rejeitar por questões cronológicas".

Sólon ficou consternado com a vulgaridade na corte lídia, mas tentou guardar suas impressões para si mesmo. Creso lhe perguntou quem ele julgava ser o mais feliz dos homens, esperando que o sábio o apontasse. Sólon não estava preparado para elogiar o rei e indicou um ateniense que havia morrido gloriosamente em batalha.

"Então, quem seria o segundo homem mais feliz?", perguntou o rei, zangado. O implacável Sólon disse que Cleobis e Bitão seriam os próximos escolhidos. Os dois jovens desmaiaram e morreram após transportar uma carroça com sua mãe por oito quilômetros para que ela pudesse participar de uma festa religiosa. O sábio defendia a ideia de que a vida é tão incerta que ninguém poderia se considerar feliz até o dia em que morresse.

Após Creso ter sido derrotado pelos persas, a história de que Ciro, o Grande, pretendia matar o rei lídio numa pira até uma inesperada tempestade apagar o fogo foi enriquecida ainda mais. Quando as chamas subiram até ele, Creso exclamou "Sólon" três vezes. Quando pediram que explicasse a quem se referia, ele respondeu: "Um homem a quem eu pagaria uma fortuna se ele pudesse conversar com todos os tiranos".

Então contou sobre seu encontro com Sólon. Heródoto escreve:

> Ciro entendeu por meio de intérpretes o que Creso havia dito. Refletiu que ele também era humano e mudou de ideia de queimar um homem vivo, um ser que fora abençoado com a felicidade da mesma forma que ele. Além disso, começou a temer o retorno e a considerar o fato de que nada é realmente seguro e certo para os humanos.

Ciro perdoou Creso por ter feito oposição a ele, poupou sua vida e apontou-o como conselheiro de alta política.

A lenda é uma ficção elaborada, mas mesmo assim expressa uma verdade profunda sobre a mente helênica. Incorpora as máximas de Apolo em Delfos – "Não cometa excessos" e "Conheça a si mesmo" – e era um sombrio lembrete de que o destino dos homens não estava neles mesmos, mas (como Homero descreveu) "nos joelhos dos deuses". O rei lídio os ofendera com sua presunção. Então ele pagou o preço.

Sólon foi um sucesso ou um fracasso? Ele sabia que o que conseguira realizar era algo imperfeito. Certa vez perguntaram a ele: "Você promulgou as melhores leis possíveis para os atenienses?". "O melhor que eles podiam aceitar" foi sua resposta certeira.

Suas reformas sociais, legais e econômicas geraram benefícios indubitáveis. Graças a ele, Atenas tornou-se um estado cada vez mais próspero, progressista e bem administrado, com ênfase na justiça social. Mas a tentativa de diminuir o calor político falhou. Os eupátridas ficaram furiosos por terem perdido tanta riqueza, prestígio e poder. Lutariam com todas as forças para retornar ao velho mundo com privilégios aristocráticos.

Depois de cinco anos do arcanato de Sólon, a lei e a ordem foram quebradas. Em um ano, nenhum arconte foi eleito e, em 582, um arconte epônimo chamado Damásias tentou permanecer indefinidamente no cargo e, de fato, fundou uma tirania: continuou por dois anos até ser expulso.

A luta partidária irrompeu, e três facções reciprocamente hostis surgiram. O partido da costa era liderado pelo alcmeônida Mégacles (Sólon anistiara o clã exilado) e defendia políticas moderadas, enquanto os homens da planície defendiam o retorno do sistema aristocrático que fora desmantelado. Os homens "além das colinas" defendiam a causa dos desprivilegiados, pois apesar do "livramento dos encargos", os pobres continuavam pobres e zangados. Eles eram muito mais numerosos do que os nobres. Foram liderados por um jovem político ambicioso chamado Pisístrato, que viu a oportunidade quando ela surgiu.

Ele ansiava pelo poder e havia se determinado a evitar os erros de Cilón.

5

O AMIGO DOS POBRES

A ilha de Salamina, montanhosa e seca, fica a menos de três quilômetros da costa da Ática. Com 9 mil hectares, é um crescente rochoso, rico em adubo, com poucos acres férteis. Embora improdutiva, seu contorno escuro e enrugado podia ser visto da Acrópole e representava uma ameaça à liberdade de passagem dos navios mercantes de Atenas.

O comércio de exportação de azeite de oliva, com o incentivo de Sólon, crescia, e a cidade sem dúvida prosperava. Mas até os atenienses controlarem a ilha, enfrentavam a ameaça sempre presente de um bloqueio. No século VI, Salamina pertencia a Mégara, a pequena – mas enérgica e nem sempre hospitaleira – *polis* do continente, a oeste da ilha.

Na época tirânica de Teógenes, sogro de Cílon, Mégara era um problema muito complicado para ser resolvido. A assembleia ateniense passou uma lei proibindo qualquer um de apresentar uma proposta para anexar a ilha à força, sob pena de morte. Em algum momento da década de 560, o idoso Sólon decidiu contornar essa proibição.

E escolheu um meio bizarro de fazê-lo, de acordo com Plutarco.

Sua família deixou bem claro que ele havia enlouquecido. Em casa, Sólon escreveu secretamente um poema de cem versos sobre Salamina. Assim que aprendeu a dizê-lo de cor, correu até o mercado e se pôs a declamar:

> Eu vim como um arauto da bela Salamina
> com um poema lindamente escrito, não um discurso político.

A questão de Sólon, do ponto de vista técnico, era que seus versos não eram uma proposta formal. Por sua vez, a mensagem não poderia ser mais clara.

> Vamos a Salamina lutar pela linda ilha
> e afastar essa amarga desgraça sobre nós.

Num movimento pré-planejado, os amigos de Sólon e, em particular, o líder da facção camponesa, Pisístrato, elogiaram o poema e aconselharam o povo a agir de acordo com suas palavras. A lei foi revogada e a guerra foi declarada contra Mégara. Sólon assumiu o comando de uma força expedicionária e partiu com Pisístrato em sua tropa para conquistar a ilha.

Passaram por um promontório na costa sul da Ática e viram um grande número de mulheres atenienses fazendo sacrifícios à deusa da colheita, Deméter. Um homem disfarçado de desertor foi enviado aos mégaros. Disse-lhes que, se eles se apressassem, seriam capazes de capturar as esposas e filhas de várias das principais famílias atenienses. Os mégaros caíram na armadilha e enviaram um grupo para sequestrá-las. Enquanto isso, as mulheres foram mandadas embora e substituídas por belos jovens imberbes trajando túnicas femininas. Os mégaros foram pegos de surpresa e acabaram todos mortos.

Os gregos deleitavam-se em aplicar truques desse tipo. A astúcia era vista como virtude, e seu "santo padroeiro" era Ulisses, criador do cavalo de madeira em Troia, cuja rapidez o salvou de problemas várias vezes a caminho de Ítaca após a queda dos troianos.

A emboscada não garantiu a vitória dos atenienses na guerra, que continuou sangrenta ainda por algum tempo. Os dois lados estavam tão exaustos com as lutas que concordaram em submeter a questão aos espartanos, reconhecidos como líderes informais do mundo grego. Sólon engendrou mais um argumento para ajudar a causa. No século VI, não havia um texto definitivo dos épicos homéricos. O respeitado legislador roubou dois versos da famosa narrativa sobre os navios que os gregos enviaram através do mar Egeu até Troia. Referem-se à flotilha de Ájax, rei de Salamina.

> Ájax levou doze navios de guerra de Salamina
> e ancorou-os próximos à armada de Atenas.

O díptico enfatizava com grande utilidade a estreita relação entre os salamitas e Atenas. E assim foi a Atenas que, após pensarem com cuidado, os espartanos concederam Salamina.

Sólon e Pisístrato eram muito próximos. Sabemos que se apaixonaram quando Pisístrato era um belo adolescente. Embora houvesse uma diferença de trinta anos entre eles, não era improvável. Sólon era muito sensual, se julgarmos por sua poesia, quando escrevia sobre as delícias de amar "um rapaz na flor da juventude/ desejando suas coxas e doce boca".

No entanto, seria errado acreditar que ambos fossem necessariamente gays, no nosso sentido moderno. Isso porque, a partir do século VIII, as classes superiores gregas estabeleceram e mantiveram um sistema de pederastia como forma de ensino superior. Um adulto, em geral com vinte e poucos anos, cuidaria de um adolescente e seria seu guia e protetor. Sua tarefa seria acompanhá-lo desde a adolescência até a idade adulta e agir como um tipo de tutor moral.

O sexo não era obrigatório, mas era permitido sob certas condições estritamente definidas. O mais velho era o amante/parceiro ou *erastes*, e o adolescente era o amado, ou *eromenos*. A sodomia estava fora de questão e envergonharia qualquer rapaz que permitisse que isso fosse feito com ele. Poderia acarretar sérias consequências, como aconteceu com Periandro. Esse famoso tirano de Corinto, no século VII, imprudentemente provocou seu *eromenos* em público perguntando-lhe: "Você ainda não está grávido?". O menino se sentiu tão insultado que matou Periandro.

Uma técnica popular e aceitável para atingir o orgasmo era o sexo interfemoral ou intercrural: os participantes ficavam de pé e o *erastes* inseria o pênis ereto entre as coxas do *eromenos* e o esfregava para frente e para trás. O rapaz não deveria desfrutar da atenção do amante nem mostrar sinais de excitação. Satisfaria de forma desinteressada alguém que ele admirava.

O grande autor ateniense de tragédias, Ésquilo, escreveu uma peça sobre o amor entre os dois heróis gregos Aquiles e Pátroclo. Intitulava-se *Os mirmidões*, a partir da designação dos guerreiros que Aquiles comandou na Guerra de Troia. Aquiles é apresentado como o *erastes* e reprova seu amante, em termos indiretos, por recusar o sexo intercrural.

E rejeitaste minha sagrada reverência por tuas coxas,
desprezaste tantos beijos nossos.

Essas uniões homossexuais eram perfeitamente respeitáveis, desde que as convenções fossem seguidas e o adolescente se transformasse em um bom homem, sem desonrar seu *erastes* – dessa forma a relação teria valido a pena. Os pais abençoariam os casais. Apenas ao norte da Ática, na vizinha Beócia, um homem e um rapaz viviam como casados. Em tempos de guerra, os amantes podiam lutar lado a lado. Uma pedra memorial foi encontrada na zona rural de Atenas, na qual um *eromenos* registra, entristecido, a morte de seu amante.

> Aqui um homem jurou solenemente seu amor por um menino
> a lutar na guerra sofrida e triste.
> Eu [*i.e.*, a pedra memorial] fui sagrada a Gnátios, que perdeu sua vida na batalha.

A fase romântica de um relacionamento homossexual não durava muito: quando o *eromenos* começava a se barbear, as relações sexuais passavam a ser consideradas impróprias.

Os deuses abençoavam a pederastia. Normalmente envolviam-se com jovens seres humanos e frequentemente sentiam-se atraídos por meninos bonitos. Teógnis, poeta lírico de Mégara que viveu no século VI, asseverou que o rei dos deuses aprovava o amor entre pessoas do mesmo sexo ao ter casos com inúmeros belos rapazes.

De fato, ele não era contra o estupro, como no caso de Ganimedes, um pastor troiano por quem Zeus se apaixonou. O deus transformou-se numa águia e desceu, agarrando o homem e levando-o para seu palácio no monte Olimpo, onde Ganimedes passou a ser seu copeiro – na verdade, seu chefe *sommelier*.

> Há certo prazer em amar um garoto, pois até mesmo Zeus,
> o filho de Cronos, reis dos imortais, apaixonou-se por Ganimedes
> e, arrebatando-o, levou-o ao Olimpo e transformou-o
> em um deus, preservando para sempre a flor de sua juventude.

Como esperava-se que os casais se casassem e tivessem filhos, aqueles que não tinham orientação homossexual certamente suspiravam de alívio. Na verdade, a maioria seria heterossexual e não desejava manter relações sexuais com alguém do mesmo gênero. Esses relacionamentos pederásticos eram essencialmente adotados por motivos culturais. Muitas vezes evoluíam para uma longa amizade e, como os casamentos, eram o meio pelo qual as famílias formavam conexões e alianças.

Houve, obviamente, uma disseminação de encontros homossexuais pela população, e encontramos provas de atividades sexuais enérgicas que parecem ter tido pouca associação com a dinâmica *erastes/eromenos*.

No alto de um promontório rochoso na ilha vulcânica de Tera, ao sul do mar Egeu, sobreviveram algumas inscrições curiosas, provavelmente do início ou de meados do século VII. Foram esculpidas na encosta da montanha em letras grandes, deixando marcas profundas. Esse parece ter sido um local de encontro para o sexo na Antiguidade. As mensagens referem-se a um passado erótico distante com apelo imediato. Diz uma delas: "Juro por Apolo de Delfos, bem aqui Crímon fodeu [… falta o nome], o filho de Baticles". Outro rapaz elogia seu parceiro: "Barbax dança bem e deu-me prazer".

Os gregos não compreenderiam a linguagem da psicologia moderna. Em relação ao sexo, pensavam em termos de ações de um homem que não eram da sua essência, do que ele fazia e não do que ele era. Poderia fazer sexo com outro homem, mas isso não o tornava homossexual, pois nem o conceito nem a palavra haviam sido inventados. No entanto, ter relações sexuais apenas com alguém do mesmo gênero provocava comentários severos. Esperava-se que houvesse uma rotatividade.

Reprovava-se a efeminação e havia um nome para isso. O *cinaedus* era um homem-mulher, suave, degenerado e depravado. Ele se permitia ser penetrado e, pior, gostava de sê-lo. Era considerado um prostituto.

Sólon e Pisístrato guardavam a lembrança de seu amor muito depois de sua paixão ter terminado. Isso foi uma sorte, pois chegaram a discordar em questões políticas. Era evidente que as reformas de Sólon não haviam sufocado as perturbações constantes da vida cotidiana em Atenas, e a *intelligentsia* se voltava para a conveniência de uma tirania. Pisístrato, com o sucesso na guerra contra Mégara em seu histórico e como líder de um grande movimento político, acreditava ser o homem certo para esse trabalho.

Apresentou-se como "grande amigo dos pobres", e as *tetes*, a mais baixa e numerosa das quatro classes de Sólon, o viram como um salvador. Um dia, entrou na ágora numa carruagem, como se estivesse ferido, escapando de uma tentativa de assassinato, denunciando uma conspiração contra ele devido às suas políticas em prol dos desfavorecidos. No entanto, o velho Sólon chegou à ágora e disse que aquilo tudo não passava de encenação. Acusou o povo de letargia: "Ouvis do astuto as suas palavras, mas não os seus atos".

O assunto foi levado à *ecclesia*.

A assembleia estava lotada de apoiadores da facção da montanha. Eles desprezaram as objeções de Sólon e decidiram que Pisístrato teria uma guarda de segurança com cinquenta homens armados com porretes. Com essa ajuda, o futuro tirano tomou a Acrópole e tornou-se o dono da cidade.

Ele não tomou providências para silenciar o vociferante Sólon; seu passado amoroso comum provavelmente protegeu o ancião. O legislador manteve sua integridade, mas, se olhasse para trás, pensaria que ele e suas reformas haviam fracassado. Ele, contudo, não se lamentou. Dedicou-se às alegrias do sexo, do vinho e das artes. Escreveu a história que ouvira no Egito sobre a Atlântida perdida. Um ano ou mais após o início da tirania, Sólon morreu.

Mégacles e seus parceiros do clã viram que o jogo estava perdido e imediatamente voltaram à segurança do exílio. Passaram-se cinco anos e as outras duas facções da planície e da costa puseram suas diferenças de lado e juntaram forças para dominar e expulsar Pisístrato. O tirano foi expulso da Ática, mas os vencedores logo caíram.

Os alcmeônidas não eram tolos. Devem ter notado que eles e os outros grandes clãs não tinham apoio popular. Sem ele, teriam dificuldade em manter seu antigo monopólio do poder. Sua melhor opção seria restaurar Pisístrato e governar por meio dele, ser sua eminência parda coletiva. Assim, apesar da hostilidade da família à tirania, outro Mégacles, neto daquele que massacrara os seguidores de Cílon, fez um acordo. Ajudaria Pisístrato a retomar o poder, desde que se casasse com sua filha. O aspirante a déspota concordou, embora já tivesse uma boa esposa e dois filhos saudáveis, Hípias e Hiparco.

Pisístrato entendia o valor da propaganda e do simbolismo. Encenou uma grande entrada em Atenas. Encontrou uma jovem bem alta de uma região rural. Vestiu-a com uma armadura, ensinou-a a apresentar-se como uma deusa e levou-a em procissão até a cidade. Arautos saíram na frente, gritando: "Homens de Atenas, deem calorosas boas-vindas a Pisístrato, pois a própria Atena leva-o para casa em sua própria cidadela. Ela o honra mais do que todos os homens". Que melhor modo de demonstrar que Pisístrato gozava da aprovação divina e tinha o direito legítimo de governar?

Heródoto denomina essa façanha como "a ideia mais tola que já ouvi", e afirma que alguns foram enganados pela representação. Talvez sim, mas numa época em que se assistiu ao nascimento do teatro, a maioria dos atenienses reconhecia um espetáculo teatral quando via um, foi entretida por ele – e aceitou a argumentação política que Pisístrato apresentou.

Não demorou muito para que Pisístrato caísse novamente em desgraça. O problema foi o acordo feito com Mégacles. Ele não queria pôr em risco a sucessão de seus filhos legítimos com os novos rivais; portanto, para evitar a gravidez, não mantinha relações sexuais comuns com sua nova esposa e a penetrava pelo ânus. Esse era um grave insulto, e Mégacles ficou furioso quando descobriu. Retirou seu apoio a Pisístrato e começou a formar uma grande aliança contra ele. O tirano cedeu sem lutar e fugiu.

O segundo exílio durou dez tediosos anos. Pisístrato e seus filhos discutiram o assunto e concordaram em trabalhar para recuperar o poder em Atenas, pelo tempo que fosse necessário. Foram para a Trácia, um vasto território situado entre a Grécia e o Helesponto, habitado em vez de governado por povos brutos e semibárbaros. Evidentemente, Pisístrato não tinha carência de dinheiro ou de contatos estrangeiros – nem de pura energia organizacional.

Primeiro, estabeleceu-se no nordeste da Grécia, saindo do golfo Termaico. O rei dos conhecidos selvagens macedônios entregou-lhe uma cessão de terras e ali estabeleceu um forte avançado ou cidade. Não foi uma conquista significativa, pois, embora houvesse promessas econômicas, a área era perigosa; um quarto de século antes, uma colônia ateniense fora exterminada pelos habitantes locais. Algum tempo depois, Pisístrato deslocou-se ao longo da costa até a cadeia montanhosa de Pangeu, ao norte da ilha de Tasos, onde explorou as abundantes minas de prata e ouro.

Pisístrato tornou-se muito rico e, em 546-545, recrutou um pequeno exército militar. Ganhou o apoio para sua causa das importantes cidades-estados de Argos, no Peloponeso, da vizinha Tebas, da Ática, e também do tirano amigável de Naxos, a maior ilha das Cíclades. Percebendo que seu momento finalmente chegara, mudou-se para a cidade de Erétria, na ilha de Eubeia. A Ática ficava do outro lado do mar. Era óbvio o que iria acontecer em seguida, e o povo de Atenas se uniu em torno do antigo tirano. Assim que soube que seria recebido calorosamente, Pisístrato entrou em ação. Atravessou o estreito e atracou na praia de Maratona.

Cidadãos da cidade e do campo acorreram para cumprimentá-lo. Heródoto comentou sarcasticamente: "Essas pessoas consideravam a tirania mais bem-vinda que a liberdade". Pouco se sabe sobre o governo de Atenas durante a década de ausência de Pisístrato, mas não estaremos errados se presumirmos um desgoverno aristocrático. Um exército da autodefinida melhor classe de pessoas se reuniu para deter o invasor.

As vicissitudes da vida ensinaram a Pisístrato uma lição. Ele sabia que a tirania não seria bem-sucedida por meio de truques, mulheres vestidas como deusas, o uso da força ou alianças engenhosas com antigos inimigos. Se quisesse evitar uma nova viagem, teria de governar por consentimento. Durante a batalha que se seguiria, manteve isso em mente. Não queria que houvesse derramamento de sangue.

Os dois lados se encontraram em um templo de Atena perto do alto monte Himetos. Um vidente deu a Pisístrato uma profecia que dizia:

Lançou-se a rede e abriu-se a armadilha,
os atuns se espalharão à noite sob o luar.

Embora obscuro, o tom da mensagem foi claro, e Pisístrato a compreendeu.

Notou que um grupo otimista de atenienses havia almoçado e dormia ou jogava dados. Liderou os soldados em um ataque surpresa, interrompeu a sesta e os derrotou. Enviou os filhos a cavalo para perseguir o inimigo em fuga e, ao alcançá-los, prometeram que não haveria represálias. Disseram-lhes que não se preocupassem e fossem para casa.

Tirano pela terceira e última vez, Pisístrato queria mostrar, desde o início, que pretendia governar de forma tolerante e perdoar. Ninguém precisava ter medo de ser punido ou perseguido – exceto, talvez, pelos alcmeônidas.

6

OS COCHEIROS DA ALMA

Pisístrato tinha uma dívida a pagar.

Líder dos *tetes*, os pobres sem-terra, ele sabia que seus seguidores tinham grandes expectativas em relação ao seu governo. Se quisesse manter o poder, teria de ajudá-los a mudar de vida. Felizmente, o meio de fazer isso era doar.

A maioria dos aristocratas havia fugido quando a tirania foi restaurada, abandonando suas propriedades. Sólon não ousara nem desejara ameaçar seus títulos de propriedade, mas agora chegara a hora de isso ser feito.

Se havia um grupo de pessoas que Pisístrato não poderia perdoar, eram os alcmeônidas ausentes e os que se pareciam com eles. Assim, confiscou a terra agrícola abandonada, dividiu-a em lotes e distribuiu-a entre os mais necessitados – os trabalhadores sem-terra do campo e os desempregados da cidade. Ofereceu empréstimos iniciais para permitir que os novos proprietários aproveitassem ao máximo aquela oportunidade. O objetivo de Pisístrato não era apenas desenvolver a agricultura, mas também encorajar os cidadãos a se engajar na iniciativa privada (em vez de no ativismo político).

O Estado não perdeu com esses arranjos, pois os pequenos agricultores estavam sujeitos a um imposto sobre a terra que equivalia a um décimo do que produziam. Esse imposto, que deve ter sido introduzido por Pisístrato, aplicava-se a todos os tipos de bens e formava uma parte substancial da receita pública. A isso se pode acrescentar o rendimento das minas de prata de Laurium, na Ática, que estavam sendo mais bem aproveitadas agora do que no passado. A prata era usada principalmente para a cunhagem, e assim aumentava a liquidez da riqueza ateniense e facilitava o comércio.

A reforma agrária não era suficiente, por si só, para sanar os infortúnios do campo. O governo procurou melhorar a eficiência da agricultura e, com base no incentivo de Sólon à exportação de azeite, foram plantadas mais oliveiras.

A criação de uma classe de proprietários camponeses foi uma conquista substancial e respondeu (em parte, ao menos) às queixas dos pobres que ainda atormentavam o grupo político. Muitos atenienses achavam a perda das liberdades civis um preço justo para a reconciliação social e o desenvolvimento econômico. Ninguém sentia muita falta de Mégacles e seus amigos.

O coração de uma *polis* era a ágora. Era onde as pessoas podiam comprar, passear, negociar, inteirar-se das últimas notícias e, acima de tudo, falar sobre política. Uma praça movimentada do mercado era a prova de uma cidadania politicamente engajada, por isso é surpreendente que Pisístrato tenha criado a famosa ágora de Atenas.

É claro que o tirano tomou todas as precauções necessárias para proteger o governo. Ele empregou uma força permanente de mercenários, que incluía arqueiros citas, ferozes povos nômades do nordeste da Europa. No entanto, a partir do momento em que havia cuidado de sua segurança pessoal e afastara qualquer risco de um golpe de Estado, relaxou e passou a confiar no povo.

O espaço que Pisístrato escolheu para a ágora era praticamente triangular. Era contornado pela estrada principal que levava à cidade, o Caminho Panatenaico. Casas particulares foram demolidas, um antigo cemitério foi desocupado e os poços foram fechados. Uma casa da fonte, na qual a água era alimentada por um aqueduto de terracota, foi construída e aberta ao público. Um vestíbulo foi introduzido através de uma colunata e dava acesso a bacias e bicas de água corrente (daí o nome da casa da fonte, "As Nove Bicas").

No canto sudoeste do mercado erguia-se uma grande construção, muito maior que as demais casas atenienses da época, com uma série de cômodos cercados por um pátio. Arqueólogos modernos encontraram resquícios de atividade culinária, e sugeriu-se que tivesse sido a residência de Pisístrato e a sede da tirania.

Estabelecer a ágora pode ter sido apenas uma forma de apoiar superficialmente os direitos do povo. Mas de fato, como disse o autor de *A Constituição ateniense*, Pisístrato era "humano, gentil e compassivo com os criminosos" e governava "mais como um cidadão do que como um tirano". Deixou a Constituição e as instituições de Sólon intocadas. Os arcontes tomavam posse todos os anos, como de costume, embora o nome de um membro da família ou um aliado de confiança aparecesse por vezes na lista. Não sabemos se eram eleitos ou nomeados por ele, mas de um modo ou de outro suas vontades prevaleceram. Gradualmente, a agitação política diminuiu.

Em algum momento, Pisístrato – ou seu sucessor, seu filho Hípias – reconciliou-se com a aristocracia. Nobres da liderança retornaram a Atenas e participaram do governo. Um fragmento de uma inscrição registrando os arcontes epônimos anuais esclarece como a tirania organizara o poder, tornando-a efetiva sem dar na vista.

Onetorides
Hípias
Clístenes
Milcíades
Calíades
Pisístrato

Pisístrato faleceu em 528-527, aos 75 anos de idade. Onetorides, de quem nada sabemos (exceto que provavelmente era o belo jovem cujo nome aparece em vasos pintados de meados do século), foi designado enquanto o ancião ainda estava vivo. Podemos supor que Hípias fosse o filho do governante. Os alcmeônidas gostavam de dizer que viveram no exílio durante toda a tirania; podemos constatar que isso não era verdade, pois Clístenes era um dos membros do clã. Milcíades integrava o poderoso e muito rico clã filaída. Calíades era um nome comum, sem identificação, mas Pisístrato deve ter sido neto do tirano.

Apesar de ser oficialmente inimigo político do tirano, o tio por afinidade do Milcíades na inscrição, também chamado Milcíades, colaborou com Pisístrato em um importante projeto no exterior.

Estava sentado um dia no alpendre de sua casa de campo ao lado da estrada de Atenas para Elêusis quando passou um grupo de homens. Vestiam roupas que pareciam estrangeiras e portavam lanças. Inquisitivo, convidou-os para se hospedar em sua casa e deu-lhes alojamento, comida e bebida – algo que ninguém havia oferecido até então. Descobriu que eles pertenciam à tribo trácia de Quersoneso* (hoje Galípoli) que retornava de Delfos. Haviam consultado o oráculo sobre uma guerra contra um agressivo povo vizinho de quem estavam perdendo. A pítia disse-lhes que tomassem como líder o primeiro homem que lhes fosse hospitaleiro. Então Milcíades foi convidado a assumir a frente da guerra. Confirmou com Delfos para ter certeza de que deveria aceitar a incumbência e, ao receber a confirmação do oráculo, partiu para Quersoneso.

É uma boa história, mas a verdade é que a tribo apelou a Atenas para fundar um assentamento ou uma colônia em seu território. Isso fortaleceria sua capacidade de se defender dos inimigos. Sempre empenhado em apoiar o comércio ateniense, Pisístrato foi destacado para ganhar uma posição estratégica na rota comercial do mar Negro. O arranjo teve o benefício colateral de tirar de cena um concorrente que ameaçava o poder.

Embora Milcíades desaprovasse a tirania doméstica (enquanto colaborava com ela), não tinha escrúpulos de se tornar o governante absoluto dos quersoneses, que de fato se tornaram uma possessão familiar dos filaídas.**

Pisístrato representava muito mais do que um estilo de governo – ele governava com um propósito. Queria transformar Atenas em um centro religioso e cultural internacional, promover a cidade como pátria e liderar moralmente os gregos jônios.

O governo construía sem parar. Em Elêusis, uma cidade a quase vinte quilômetros de Atenas, próxima da fronteira com Mégara, um festival anual foi realizado em homenagem às deusas Deméter, patronesse da agricultura, e sua filha Perséfone, rainha do submundo. Pisístrato havia mandado construir um grande templo onde os iniciados realizavam ritos espetaculares, porém secretos, para encontrarem a felicidade após a morte.

De volta a Atenas, um novo templo a Atena apareceu no terreno acidentado da Acrópole. Não muito longe, ao sul da cidade, começou a construção de um grande templo para Zeus Olímpico. Nesse caso, Pisístrato se excedeu, e passaram muitos séculos até que o edifício fosse concluído.

A pequena ilha de Delos, nas Cíclades, era um centro de peregrinação para fiéis jônios. Foi ali que o deus Apolo e sua irmã gêmea, Ártemis, nasceram de

---

* Quersoneso, também conhecida como Quérson, foi uma colônia grega fundada há aproximadamente 2.500 anos na região sudoeste da Crimeia, então referida como Táurica. (N. T.)

** Família eupátrida aristocrática. (N. T.)

sua mãe Leto; ela era uma das Titãs, a geração de divindades que precederam Zeus e os olímpicos. Um hino a Apolo relata que "os jônios, vestindo mantos longos, se reúnem com suas esposas e filhos" em Delos para um grande festival anual com música, danças e jogos esportivos. Leto fala da ilha como se fosse um ser. Ela pede à ilha que construa um templo a Apolo. Se fizessem isso, ela prometeu, "todos os homens lhe trarão hecatombes* e se reunirão aqui, e o ar rescenderá constantemente a ricos sacrifícios". Para ter certeza de que Delos havia entendido, previu que os visitantes aumentariam a economia, "porque você sabe que seu solo não é rico". Os ilhéus obedeceram. Ergue-se um templo e uma estátua de mármore de seis metros de altura do deus.

Pisístrato assegurara a hegemonia da Jônia ao fazer a purificação da ilha. Desenterrou todos os túmulos à volta do templo e enterrou-os novamente em outro lugar. Prova da presença dos operários atenienses sugerem que também embelezou, de algum modo, o próprio templo.

Pisístrato queria que Atenas se tornasse um destino turístico ativo. Renovou, ou talvez tenha fundado, dois grandes festivais. A Panateneia foi, em essência, uma grande procissão em que grande parte da população subiu à Acrópole e apresentou a Atena um traje tecido por moças virgens. A cada quatro anos havia competições esportivas e musicais.

A Grande ou Cidade Dionísia veio em consequência de um novo templo que Pisístrato mandou construir nas encostas ao sul da Acrópole em homenagem a Dioniso, deus do vinho e das experiências extracorporais. Aqui todos os festivais da primavera eram realizados em homenagem a ele.

Coros cantavam sobre eventos lendários, e o líder dos artistas, que também era o compositor das músicas e das letras, assumiu o papel de protagonista da história e conversava com eles. Em algum momento entre 536 e 533, um homem chamado Téspis é conhecido por ter acrescentado um prólogo e uma fala ao que era uma apresentação de coral. Aqui ocorreram as primeiras manifestações do teatro grego.

Hábil publicista, Pisístrato pediu apoio ao lendário rei de Atenas, Teseu. Durante os anos da tirania, sua imagem é encontrada na cerâmica ática, muitas vezes mostrando-o como o matador do Minotauro de Creta. Ele foi designado para defender os direitos do ateniense comum e para sustentar a permanência

---

* Sacrifício de cem bois. (N. T.)

do governo. Como vimos, o rei reuniu as aldeias da Ática num único estado. Atribuem-se a ele a criação dos festivais da Panateneia e a abertura da cidade para estrangeiros. Era bem qualificado para se tornar o rosto simbólico da nova Atenas bem-ordenada.

O tirano também convocou para sua causa Homero, o pai da poesia épica e incomparável celebrante do grego. O tirano assegurou que durante a Panateneia somente ele teria seus poemas declamados. Não havia um manuscrito oficial do texto de Homero, e diz-se que Pisístrato formou uma comissão especial para reunir e revisar as diferentes versões que tinham se multiplicado ao longo do tempo. Temos prova de que foram feitos acréscimos por questões políticas (como o dístico inventado sobre Atenas e Mégara, do qual Sólon deve ser o autor). De fato, um membro da comissão era culpado pela falsificação: fora convidado por Hípias para editar uma coleção de ditos oraculares e flagrado introduzindo uma falsa profecia.

Se a existência da comissão não foi uma invenção, como estudiosos modernos supõem, obviamente não foi a primeira vez que a *Ilíada* e a *Odisseia* foram transcritas. Mas é plausível que dois séculos depois da composição dos poemas fosse necessário remover passagens forjadas e produzir edições limpas e autênticas.

Para onde quer que se virasse em Atenas, viam-se sinais da tirania – bem-intencionados, mas paternalistas. Por toda a cidade ficavam as hermas, bustos de Hermes, o deus mensageiro, dos limites e das transições, esculpidos em um estilo antiquado, com barba pontuda. Encimavam pilares de pedra quadrados, na frente dos quais se projetava, em altura adequada, um pênis (em geral ereto) e testículos. As hermas eram talismãs contra danos e garantiam sucesso nos empreendimentos.

Inscritas em muitos deles havia pequenas mensagens morais do segundo filho de Pisístrato.

> Um lembrete de Hiparco – quando saíres para andar, leves apenas teus pensamentos

> e

> Um lembrete de Hiparco – não mintas a um amigo.

Após a morte do pai, Hípias e Hiparco assumiram o comando. Eram homens de caráter muito diferente. O primeiro, um político de espírito público que dirigia o governo e estava intelectualmente bem preparado para isso. Hiparco era mais jovem e mais falante. Um tipo de *playboy* que gostava de se divertir. Gastava tempo e energia tendo casos de amor e gostava das artes. Incentivou os poetas mais famosos da Grécia a passar algum tempo em Atenas. Enviou um navio de guerra do Estado para buscar um escritor de verso lírico, Anacreonte, em sua terra natal de Teos, uma cidade grega na costa jônica, e atraiu para Atenas Simônides de Ceos, uma ilha das Cíclades, com grandes subvenções e presentes caros.

Anacreonte, um celebrante de sexo e vinho, era perfeito para seu patrono. Era conhecido por perseguir rapazes nem sempre complacentes.

> Jovem de aparência feminina,
> eu te quero, mas não me ouves,
> sem saber que és o cocheiro da minha alma.

Simônides deve ter servido mais ao gosto de Hípias; era um poeta público custeado pelos estados, cujo trabalho aparecia com frequência nos memoriais. Tinha uma visão desencantada sobre a natureza humana: "Qualquer homem é bom quando a vida o trata bem e ruim quando o trata mal".

Até figuras excêntricas como Lasus de Hermione eram bem-vindas; uma de suas alegações de fama foi o "hino sem chifres", um poema em que a letra "s" nunca era usada.

Aristógito estava perdendo a paciência. Um ateniense de vinte e poucos anos, era apaixonado por um belo adolescente, Harmódio. Incomum em tal caso, ele não era um aristocrata, mas vinha da classe média. O caso estava indo bem, e o casal estava feliz. A relação parece ter sido bastante apaixonada, mas não sexual, pois Aristógito também tinha uma amante chamada Leaena (ou Leoa).

No entanto, tinha um rival poderoso para seu *eromenos*, que não aceitaria uma recusa e simplesmente não o deixaria em paz: Hiparco. Fez uma proposta a Harmódio, que recusou e imediatamente relatou a conversa a seu amante.

Aristógito estava aborrecido, mas o que ele poderia fazer? Temia que o amante desapontado usasse a força para fazer o que queria com Harmódio. Decidiu conspirar a ruína da dinastia livrando-se dos gêmeos tiranos. Enquanto isso, Hiparco tentou novamente seduzir o adolescente, mas não teve melhor sorte e viu que o desprezo era definitivo.

Apesar do medo de Aristógito, Hiparco não tinha intenção de recorrer à violência. Em vez disso, procurou maneira de insultar Harmódio sem revelar os motivos para fazê-lo. Fez com que a irmã do rapaz fosse convidada para levar uma cesta em uma procissão cívica. Quando ela chegou, foi orientada a voltar para casa, alegando que não estava em condições de participar da cerimônia – insinuava-se, assim, que ela não era virgem. Harmódio ficou furioso com a afronta, e isso deixou Aristógito ainda mais irritado.

O casal decidiu ir em frente com a conspiração para assassinar Hípias e Hiparco. A data para a tentativa foi a Panateneia de 514, escolhida por ter sido a única vez no ano em que os cidadãos poderiam portar armas. Para garantir o sigilo, reuniram poucos conspiradores, mas esperavam que, uma vez iniciado o ataque, outros se juntassem espontaneamente. Era um plano muito arriscado, propenso à falha por ser suicida.

Do lado de fora das muralhas da cidade e do Portão Dípilon, de arco duplo, Hípias organizou a procissão panatenaica. Seu guarda-costas estava com ele. Era uma grande ocasião de Estado, e tudo tinha de dar certo.

Os amantes estavam presentes e esperaram a hora de agir. De repente, viram um dos conspiradores ir até Hípias e, rindo, conversar com ele. Estaria a conspiração sendo revelada? Em pânico, os pretensos assassinos invadiram a cidade e atacaram Hiparco, a causa de todos os seus problemas. Caíram sobre ele sem pensar nas consequências e o feriram mortalmente. O guarda-costas do tirano matou Harmódio, mas, na confusão geral, Aristógito conseguiu escapar. Foi preso depois e, observa Tucídides, "não morreu facilmente".

Conta-se que ele foi torturado sob a direção pessoal de Hípias, que queria os nomes dos outros conspiradores. Aparentemente Aristógito tinha o senso de humor um tanto ácido, pois só identificou homens que sabia estarem entre os apoiadores do tirano. Prometeu fornecer mais nomes e quis apertar a mão de Hípias como garantia. Quando o tirano tocou sua mão, Aristógito zombou dele por segurar a mão do assassino de seu irmão. Hípias enfureceu-se e matou o prisioneiro com as próprias mãos.

A principal consequência desse caso foi ter tornado o governo cruel – o que era compreensível, mas imprudente. Após a morte do irmão, Hípias executou inimigos conhecidos e potenciais da tirania. Mandou torturar Leaena até a morte por ter sido amante de Aristógito.

O clima na cidade ficou sombrio. Hípias podia perceber que perdia a aceitação do povo. Foi um erro que seu pai nunca cometeu, mas que ele não conseguiu evitar. Via traição por toda parte e começou a fazer planos para encontrar um refúgio, no caso de ser expulso de Atenas. Mas aonde poderia ir para ficar seguro? Império da Pérsia, talvez? Quatro anos após a morte de seu irmão, fortificou uma colina no Pireu numa costa chamada Muniquia. Se o pior acontecesse, poderia fugir para lá, pegar um navio que ficasse à espera e partir.

Enquanto isso, os alcmeônidas, no exílio mais uma vez, fizeram sucessivas tentativas de derrubar o tirano. Quando lembramos que Pisístrato confiscou suas propriedades na Ática anos antes, sua riqueza contínua é um mistério. Mas, mesmo nos dias de Homero, os aristocratas gregos cultivavam correspondentes em outros estados e reinos. A instabilidade política era endêmica, e devemos supor que muitos nobres exportaram seus recursos; o registro de Pisístrato na Trácia e de Milcíades em Quersoneso indica como o investimento em territórios subdesenvolvidos poderia ser muito lucrativo. E é improvável que Sólon tenha sido o único de sua classe a sujar as mãos no comércio.

Os alcmeônidas construíram sua própria fortaleza em Lipsidrium, um esporão da cordilheira densamente arborizada de Parnes, ao norte de Atenas. Mas Hípias sitiou o local e expulsou os rebeldes. Eles se recusaram a ser intimidados. Em uma canção, bebendo sobre a derrota, eram destemidos. Seus companheiros caídos o eram, conforme cantavam:

Bravos guerreiros e de boas famílias,
que provaram então a raça de onde vieram.

A insurreição falhou não porque Hípias fosse um comandante militar capaz, mas por um motivo mais fundamental. O ateniense médio não via vantagem em afastar a tirania apenas para recolocar uma nobreza sem crédito. Como iriam contornar esse obstáculo?

Os alcmeônidas não foram derrotados. Contavam com uma arma secreta – o Oráculo de Delfos. O templo de Apolo fora queimado em 548, talvez como resultado de descuido durante os sacrifícios ou uma explosão dos gases exalados pela fissura sob o santuário (ver página 57). Um novo templo precisou ser construído, o que custou a enorme soma de trezentos talentos. Uma batalha pan-helênica para obter os fundos levantou um quarto da quantia necessária, e Delfos conseguiu o restante.

Os primeiros construtores não conseguiram completar o templo. Os alcmeônidas, que parecem ter atuado como uma espécie de incorporadora multinacional, assumiram o projeto e, como gesto de boa vontade, construíram, às próprias expensas, uma fachada de mármore pariano de alta qualidade. O novo templo parece ter sido esplêndido. De acordo com Eurípides, seus frontões gêmeos eram "como as sobrancelhas em um rosto sorridente". Belas esculturas retratavam heróis matando monstros, e em um dos frontões os deuses do Olimpo foram representados exterminando a raça dos Gigantes.

O chefe do clã alcmeônida nessa época era Clístenes. Foi o mais notável de todos os estadistas que povoam esta história, embora sua primeira entrada em cena não tenha sido por seu crédito. Infelizmente, sua personalidade não deixou registro; nós o conhecemos apenas por meio de suas ações, o que já basta.

Clístenes e seu clã perceberam que derrubar a tirania era uma tarefa muito grande para eles e que precisariam de ajuda externa. O único estado helênico com o prestígio e o exército para expulsar Hípias era Esparta. Os alcmeônidas estavam agora, evidentemente, muito próximos dos oficiantes de Delfos. O novo templo era "mais belo que o projeto" e, devido ao seu custo, o oráculo estava sem dinheiro. Acredita-se que Clístenes tenha subornado o oráculo para aconselhar os espartanos a depor Hípias. Toda vez que Esparta consultava o deus, a sacerdotisa respondia: "Antes de tudo, liberte Atenas".

Dentro de seus parcos limites geográficos, Esparta, disciplinada e militante, era uma grande potência e, como é hábito de grandes potências ao longo da história, gostava de interferir na política e nos planos de outros países. Em meados do século VI, consolidou seu domínio no Peloponeso. Derrotou a *polis* de Tegea, um importante centro religioso da Arcádia, uma região nas terras altas do Peloponeso central. Argos, um inimigo tradicional no nordeste da península, também ficou sob sua influência.

Nessa época, um de seus dois reis era Cleomenes, general vigoroso e bastante capaz. Era uma pessoa rara, um espartano que realmente se interessava pelo mundo exterior; seus compatriotas achavam que ele sofria de algum desequilíbrio.

Cleomenes era um homem com uma história peculiar. Seu pai se casara com uma sobrinha, mas esta se mostrara infértil. Os éforos espartanos, que supervisionavam as atividades de ambos os reis, aconselharam-no a se casar novamente, a ter filhos com uma segunda esposa e salvar a linhagem. Ele fez isso, e nasceu Cleomenes. Então, para surpresa de todos, a primeira esposa deu à luz um filho: Dorieus. Quem deveria ser o herdeiro – o menino mais velho ou o filho da primeira esposa? Quando o velho rei morreu, decidiu-se que Cleomenes deveria suceder o trono. O infeliz Dorieus deixou Esparta e se estabeleceu como um aventureiro. Planejou fundar uma nova cidade na Sicília, mas morreu em batalha.

Cleomenes teve um papel de liderança na consolidação do domínio do Peloponeso por parte de Esparta e queria que seu estado fosse reconhecido como a principal potência da Grécia. Mas conhecia seus limites: sentiu-se tentado a ajudar os jônios quando se levantaram contra o rei persa. No entanto, ao saber que demoraria três meses para viajar por mar até a capital do Grande Rei, decidiu não colaborar, embora os atenienses incautos tivessem enviado vinte embarcações de guerra para apoiar os rebeldes.

Por fim, os espartanos concordaram em invadir a Ática e depor Hípias. É difícil entender por quê; os tiranos sempre tinham o cuidado de manter boas relações com Esparta, embora também cultivassem relações amigáveis com sua rival Argos. A pressão de Delfos deve ter desempenhado seu papel, assim como a influência do expansionismo de Cleomenes. Mais significativamente, Esparta gostava de fazer negócios com oligarquias aristocráticas.

A primeira expedição de Esparta contra Atenas falhou; os soldados de infantaria foram esmagados pela cavalaria da Tessália, estado de criação de cavalos no norte da Grécia cuja tribo de espírito independente foi em socorro de Hípias. Em 510, o rei Cleomenes foi enviado com uma expedição maior para ajudar na situação. Desta vez, os tessálios foram derrotados e voltaram para casa. Hípias refugiou-se na Acrópole. Suas perspectivas de sobreviver eram muito boas, pois havia bastante comida e bebida, e os espartanos não estavam preparados nem equipados para um longo cerco.

Nesse ponto, a sorte interveio. Hípias mandou seus cinco filhos a um lugar seguro no exterior, mas eles foram capturados pelo inimigo. Isso arruinou seu espírito. Com a condição de que fossem devolvidos, concordou em reunir todos os seus bens e deixar a Ática em cinco dias. A *ecclesia* ateniense aprovou uma lei retirando permanentemente a cidadania do clã dos psistrátidas* – uma condenação que jamais poderia ser suspensa. Colocou-se um pilar na Acrópole com uma lista de seus crimes e foram escritos todos os nomes dos membros da família.

Junto com parentes e sua corte, Hípias estabeleceu-se na *polis* de Sigeum na costa da Ásia Menor, perto de Troia. Esse nome significa "lugar de silêncio". Essa era provavelmente uma expressão antifrástica – ou seja, que significa o oposto de suas características verdadeiras. Dizem que o clima da cidade era selvagem e tempestuoso. O lugar foi uma boa escolha, no entanto, pois Pisístrato anexou o lugar na década de 540 e colocou um filho ilegítimo, Hegístratus, como tirano.

Nos séculos após a queda da tirania, o que Pisístrato fez para o desenvolvimento de Atenas foi subestimado. Tiranos perdiam o prestígio, e não havia interesse em lhes dar crédito. De fato, ele governara bem e melhorara muito a imagem de Atenas diante do mundo. Durante seu longo reinado, proporcionou estabilidade e acalmou a insatisfação social.

Acima de tudo, percebeu a importância de obter o consentimento de seus governados. Ao manter as reformas de Sólon, cidadãos comuns foram encorajados a acreditar que tinham uma participação na comunidade.

Tucídides reconheceu que, por muito tempo, tanto o pai quanto os filhos demonstraram ter "altos princípios e inteligência em sua política". Os impostos eram baixos, o aspecto da cidade melhorara, os sacrifícios religiosos eram devidamente seguidos. Continuou a afirmar que Atenas "ainda era governada pelas leis anteriores, exceto que [Pisístrato e Hípias] preocupavam-se em sempre ter alguém da família no cargo oficial".

Se alguém tivesse de ser governado por um tirano, Pisístrato era o homem a escolher. E ele preparara o terreno para a aventura seguinte na história de Atenas. Como Heródoto observou, "Atenas, que fora grande no passado, tornou-se ainda maior após ter sido libertada dos tiranos".

---

* Descendentes de Pisístrato. (N. T.)

7

INVENTANDO A DEMOCRACIA

Uma luz brilhou sobre os atenienses, quando Aristógito
e Harmódio mataram Hiparco;
ambos trouxeram à sua terra natal a igualdade perante a lei.

Assim diz a inscrição na base de mármore de um conjunto de estátuas de bronze dos amantes que Clístenes, o alcmeônida, encomendou. Foi escrita por aquele célebre contratado, Simônides, uma vez no lugar de Hiparco, perfeitamente feliz em celebrar a tirania. Lá estavam eles, orgulhosos e com razão zangados, feitos por Antenor, um escultor da época. Esses eram os heróis que devolveram aos cidadãos direitos iguais perante a lei – o código para destruir a tirania.

As canções populares sobreviveram, e os rapazes cantavam, bebendo vinho nos jantares.

Querido Harmódio, sabemos que não morreste.
Dizem que estás na Ilha dos Abençoados,
onde vive o veloz Aquiles.

Isso é um enigma. O assassinato de Hiparco, em 514, foi um evento malfeito, apressado e sem motivação idealista. O governo sobreviveu ao golpe por alguns anos e não caiu devido a uma revolta interna. Ao contrário, um rei espartano, instigado pelos alcmeônidas exilados, deu a liberdade aos atenienses. Mas essa generosidade foi de um tipo muito difícil de perdoar.

Daí o avanço pouco histórico de Harmódio e Aristógito ao *status* de heróis nacionais. Seus descendentes receberam isenção de impostos permanente e, ao que parece, outros privilégios concedidos regularmente a cidadãos excepcionais, como o de fazer refeições à custa de dinheiro público na prefeitura, isenção de algumas obrigações religiosas e assentos na primeira fila no teatro.

Clístenes e os alcmeônidas haviam vencido. A tirania acabara, e a família estava de volta para casa, onde deveria estar. Eles e os outros eupátridas tinham todos os motivos para acreditar que poderiam voltar ao poder, como se Sólon e os cinquenta anos de tirania nunca tivessem ocorrido. No entanto, não ficou claro se o povo, os *demos*, muitos dos quais haviam seguido Pisístrato, aceitaria essa reviravolta.

A situação estava prestes a se desfazer. Os detalhes são obscuros, mas Clístenes esperava uma recompensa por todo o gasto e o trabalho duro que ele e sua família investiram durante tantos anos. Ele merecia ser o protagonista na *polis*, mas agora, para seu aborrecimento, descobriu que havia um concorrente. Era Iságoras, um nobre que havia passado os reinos de Pisístrato e Hípias vivendo confortavelmente e em segurança em Atenas. Mantinha uma aliança com os partidários secretos da tirania. Em 508, foi eleito arconte, mas Clístenes respondeu chamando os pobres e sem posses para virem às ruas.

Por sua vez, o arconte convocou o rei Cleomenes de volta de Esparta, que marchou para a Ática com um pequeno exército, expulsou setecentas famílias que se opunham à política de Iságoras e tentou abolir o conselho, ou *boulē*, estabelecido por Sólon. As coisas pareciam ruins para Clístenes, que por algum tempo deixou a Ática.

No entanto, a população enfurecida pegou suas armas e bloqueou os espartanos e Iságoras na Acrópole. O rei entrou no templo de Atena, mas recebeu uma recepção fria da sacerdotisa, que se levantou e disse: "Espartano desconhecido, volte. Não entre neste lugar sagrado". Depois de três dias, o faminto Cleomenes capitulou. Ele, suas tropas e seu protegido receberam autorização para sair, em trégua. Esse caso inglório foi um golpe para o prestígio do rei, que jurou se vingar.

Clístenes decidiu que, enquanto os atenienses não resolvessem suas disputas internas, continuariam fazendo revoluções e ataques externos. Era necessário tomar decisões com urgência.

Quais deveriam ser? Não sobreviveu nenhum registro do que Clístenes pensou sobre isso, mas podemos avaliar a partir do resultado a natureza revolucionária de sua análise. Percebeu que não teria como voltar no tempo, que o momento aristocrático havia passado e que, se os alcmeônidas e seus acólitos sobrevivessem – e, além disso, prosperassem –, eles somente seriam impedidos por meio de uma solução mais radical.

Agindo pelos motivos mais egoístas, Clístenes inventou a democracia.

Planejou um conjunto de medidas constitucionais complicadas e artificiais. Elas poderiam não ter funcionado, mas os atenienses as aceitaram e as colocaram em prática. As medidas serviram de modelo para a primeira democracia absoluta do mundo, que prosperou durante grande parte dos dois séculos seguintes.

De acordo com Heródoto, Clístenes "alistou o povo em seu grupo de apoiadores". E fez mais do que isso. Reconheceu que o cidadão comum não suportaria mais um sistema de governo autoritário de qualquer tipo. Embora parecesse ter se esgotado, a melhor chance de salvar os alcmeônidas do esquecimento era liderar o poder do povo (a palavra *democratia* é formada por *demos*, que significa "povo", e *kratos*, "poder"). Se tudo corresse bem, continuariam a desempenhar um papel de liderança para resolver as questões de uma *polis* agradecida.

Precisamos esclarecer o que Clístenes e seus concidadãos querem dizer com democracia. Não foi o tipo representativo que caracteriza as sociedades modernas. Atenas e as outras cidades-estados gregas tinham populações muito pequenas para nossos padrões, e era possível reunir a maioria, ou pelo menos uma grande fração dos cidadãos, em um ponto de encontro para debater e aprovar todas as leis.

Essa foi uma versão extrema da ideia democrática, mas houve algumas exclusões importantes. Como foi dito, apenas os adultos em Atenas tinham direito de votar na *ecclesia*. As mulheres foram alijadas do processo político. E havia outros dois grupos representativos que também eram vetados. A cidade atraiu muitos estrangeiros que se estabeleceram na Ática e ganhavam a vida como artesãos e comerciantes; eram os metecos locais. Os atenienses também tinham escravos – cativos de guerra ou comprados no mercado – que não contavam com direitos civis. No total, eles representavam mais da metade da população.

Uma das razões para o surgimento do povo como força política era militar. Em algum momento entre 700 e 650, um avanço ocorreu na guerra helênica, com importantes consequências políticas por centenas de anos. Determinou o equilíbrio de poder na *polis* e pôs um fim, de uma vez por todas, na expectativa da aristocracia de retornar ao poder por prazo indeterminado.

Sabemos pouco sobre as táticas militares do passado remoto, mas parecem ter sido formadas em grande parte por grupos de homens liderados por guerreiros e de milícias criadas por cidadãos. De acordo com Homero, Aquiles e seus pares lutariam em duelos e procurariam travar combates um a um, após o que se seguiria a luta geral. Sabemos pouco sobre manobras em campos de batalha, mas ouvimos muito sobre coragem e glória.

Espelhando a retirada dos nobres e o avanço dos cidadãos, novos e bem treinados exércitos de tropas pesadas substituíram gradualmente os antigos heróis. Esses homens eram chamados de "hoplitas". Eram equipados com grevas,* couraças de bronze – duas placas de bronze ligadas por uma dobradiça, que protegia a parte superior do corpo – e capacetes de bronze. Com o braço esquerdo, seguravam um escudo de madeira circular ou convexo ou *hóplon* (daí o nome "hoplita"). Tinham uma espada curta e uma lança longa que media uma vez e meia a altura do soldado.

Todo esse metal reduzia a vulnerabilidade, mas também prejudicava a visibilidade e a mobilidade. No entanto, o hoplita nunca lutava sozinho, mas em uma formação rígida: a famosa falange grega. Os soldados formavam fileiras estreitas de quatro a oito homens. Enquanto permanecesse em fila e não se separasse, a falange era muito difícil de vencer.

O poeta espartano Tirteu, que viveu no século VII, resumiu o *éthos*** hoplita:

Deixe cada homem se aproximar e ferir o inimigo
com sua longa lança e sua espada. Também o deixe pisar

---

* Componentes das armaduras antigas, utilizados como proteção para as canelas e o topo dos joelhos. Podiam ser de bronze, ferro ou mesmo couro. Na Grécia antiga, o par de grevas que equipava o hoplita denominava-se "cnêmide". Era feito de bronze, latão, prata ou ouro e tinha forro de couro ou feltro. (N. T.)

** Palavra de origem grega que significa "caráter moral". Usada para descrever o conjunto de hábitos ou crenças que definem uma comunidade ou nação. No âmbito de sociologia e antropologia, *éthos* são os costumes e os traços comportamentais que distinguem um povo. (N. T.)

ao lado dos companheiros, levantar o escudo com outro escudo,
brasão com brasão, capacete com capacete,
peito com peito.

Esse novo *éthos* tinha dois pontos fracos. Primeiro, exigia terreno plano, caso contrário, os soldados teriam dificuldade em se manter juntos. É um pouco estranho que a falange tenha sido inventada em um lugar tão montanhoso como a Grécia, e uma das restrições ao ataque dos hoplitas era existirem poucos lugares onde pudessem de fato lutar.

Segundo, um hoplita carregava seu escudo no braço esquerdo; assim se protegia e cobria o lado direito do companheiro à esquerda. Quanto mais próximos ficavam, menos provável de serem feridos ou mortos pelo inimigo. Mas os soldados no fim das linhas à direita ficavam parcialmente desprotegidos. Involuntariamente se deslocariam para a direita se vissem algum perigo de serem atingidos pelo inimigo; já os companheiros à esquerda tenderiam a seguir o exemplo para evitar que o lado direito ficasse exposto. O perigo era estreitar a linha e abrir uma lacuna que o inimigo atacaria. Em consequência, a falange seria atacada ou penetrada, e a batalha estaria perdida.

Apesar desses problemas, o exército de hoplitas, se bem treinado e liderado, era quase invencível. Em todo o mundo mediterrâneo, isso era amplamente reconhecido, e soldados gregos bem preparados viram que poderiam ganhar a vida como mercenários se por qualquer motivo deixassem a terra natal. Os espartanos, comprometidos com um treinamento militar permanente, foram bastante eficientes no campo de batalha.

Uma vantagem da imobilidade dos hoplitas era que as mortes em batalha em geral eram baixas, pois eles temiam correr atrás de um inimigo derrotado e arriscar perder a formação. Tropas pesadas não podiam seguir longe ou rápido. Os vencedores permitiam que os vencidos escapassem sem ser atingidos e se restringiam a despojar os mortos e erigir um monumento de vitória.

A cavalaria desempenhou um papel relativamente pequeno na guerra grega; os cavalos eram muito caros de se manter e nem os estribos, nem as ferraduras haviam sido inventados. Os cavaleiros em geral pertenciam à classe alta e eram politicamente suspeitos, em cuja lealdade ao povo não se podia confiar.

Os hoplitas também eram considerados cidadãos. Recrutados entre os civis quando as circunstâncias exigiam, eram de classe média, ricos o bastante para se dar o luxo de comprar as próprias armaduras e armas. Eram homens que participavam da comunidade e do sucesso de sua *polis*. Sua entrada em cena e crescente influência na praça pública significavam que, não importava qual fosse a natureza do governo no poder, seus interesses teriam de ser levados em conta. De fato, esperavam participar das decisões políticas.

A contrapartida de uma *polis* politicamente ativa era o exército hoplita.

Na ágora, próxima à prefeitura, havia um grande monumento. Tinha uma base de mármore com cerca de dezesseis metros de comprimento por dois de largura, e nela havia dez estátuas de bronze em tamanho natural e, em cada extremidade, dois tripés de metal, parecido com aquele em que a sacerdotisa se sentava no Oráculo de Delfos. Em volta do monumento, um corrimão de madeira era sustentado por pilares de pedra. Aqui eram exibidos vários avisos públicos – listas de apresentação para o exército, notificações de ações judiciais, projetos de lei, listas de jovens que atingiram a maioridade (*ephebi*). Deve ter sido um local movimentado, com multidões de pessoas revezando-se em busca de informações e instruções.

As estátuas retratavam dez heróis lendários de Atenas. Eram principalmente reis primitivos, como Teseu, heróis ou semideuses, como Hércules. Seu título coletivo era Heróis Epônimos, porque deram seus nomes a dez novas tribos em que Clístenes dividiu os cidadãos em substituição ao antigo quarteto. Eles eram os guardiões da cidade e adorados como tal.

A razão do reformador para criar novas tribos era eliminar ou pelo menos enfraquecer as principais facções políticas (a da Costa, a da Planície e a das Colinas), que causavam todos os problemas, trazendo discórdia e instabilidade. Também queria reduzir o poder das irmandades, ou *frátrias*, subgrupos hereditários das antigas tribos. Cada cidadão tinha de pertencer a uma delas, e elas podem ter sido exploradas por clãs aristocráticos para exercer influência política.

Clístenes alcançou seu objetivo de forma notável. Cada uma das dez tribos foi escolhida para atrair membros de três regiões diferentes da Ática: da costa, do interior e da própria cidade de Atenas. Chamados de *tritões* (os terços), em geral não eram contíguos. Isso significava que membros da mesma tribo vinham de diferentes regiões. Antigas lealdades locais e territoriais foram dissolvidas.

A unidade política básica de Atenas era o *demo*: essa palavra não significava apenas todo o povo (como já explicado), mas também a aldeia ou a área da cidade. Clístenes dividiu o território da Ática em 139 *demos* (como são geralmente referidos). Cada *demo* foi alocado a um *tritís* e, assim, a uma tribo. Ele entendia que uma democracia no nível estadual não teria sucesso a menos que também houvesse democracia local e o poder fosse transferido para as localidades.

O *demo* era uma versão em miniatura da *polis*. Tinha uma assembleia própria, que aprovava decretos sobre assuntos locais e elegia autoridades ou demarcas. Era encarregada dos inúmeros festivais locais e cerimônias religiosas. Substituiu as *frátrias* na responsabilidade de manter listas de cidadãos atualizadas e endossar novos cidadãos quando os rapazes atingissem a maioridade. Nos documentos oficiais, os homens distinguiam-se por seu *demo* e não (como anteriormente) pelo nome do pai. No primeiro caso, o *demo* de um homem era onde ele vivia, mas mesmo se ele e seus descendentes se mudassem para outra região da Ática, permaneceriam como membros do mesmo *demo*.

Era um trabalho árduo administrar um *demo*, mas a experiência foi útil, pois Clístenes exigia muito do ateniense comum quando se tratava de participar dos assuntos nacionais.

A vida política de Atenas centrava-se na ágora. Era ali, durante os primeiros anos da democracia, que a assembleia geral, a *ecclesia*, costumava se reunir. As bancas do mercado eram guardadas, e o povo se reunia na praça empoeirada para participar dos debates, aprovar leis e cobrar impostos.

Após quase dez anos, a assembleia foi transferida para as encostas de uma montanha rochosa chamada Pnyx, que dava para a ágora e, então, no fim do século V, foi levada para uma plataforma em forma de concha especialmente projetada, no cume da Pnyx. Ali poderiam se acomodar entre 8 mil e 13 mil pessoas (a plataforma foi ampliada no século IV). O grupo de cidadãos chegava a dezenas de milhares – assim, parece que apenas uma minoria, embora representativa, estava disposta ou disponível para participar com regularidade. É claro que, em diversas horas do dia, muitos estariam trabalhando nos campos ou nas manufaturas; outros, viajando a negócios ou servindo ao exército durante as constantes guerras travadas por Atenas.

A *ecclesia* era o corpo soberano da *polis*, e não havia recurso contra suas decisões, exceto (se tivesse muita sorte) para uma reunião posterior. Como observou Aristóteles, "os pobres têm mais poder do que os ricos, pois há uma quantidade maior deles e a decisão da maioria é suprema".

A assembleia se reunia em média a cada nove dias, embora pudessem ser convocadas sessões adicionais de emergência, se necessário. Tinha de haver um quórum de 6 mil cidadãos para tornar a reunião oficial. Não era obrigatório participar, mas envidavam esforços para garantir a casa cheia. Os participantes levavam sua própria comida e uma almofada para sentar-se, pois as reuniões poderiam ir do amanhecer ao anoitecer.

A partir da década de 480, trezentos escravos de propriedade pública, chamados arqueiros citas, passaram a formar a força policial da cidade e, nos dias de assembleia, passavam pelo mercado segurando uma corda recoberta de pó vermelho e retiravam todos dali. Qualquer cidadão que estivesse ausente ou com marcas vermelhas nas roupas poderia ser punido. Os oradores falavam aos cidadãos em cima de uma plataforma especial, ou *bema*. Qualquer cidadão tinha o direito de intervir nos debates. A votação era feita levantando-se a mão, não por meio de votos secretos.

Não muito longe do Monumento dos Heróis Epônimos ficava um prédio de uns 25 metros quadrados, o Buletério. Era aqui que a *boulē* ou o conselho se encontrava. Clístenes aboliu o conselho de Sólon baseado nas antigas quatro tribos e o substituiu por um corpo novo e fluente. Eram quinhentos fortes. Cada uma das dez novas tribos contribuía com cinquenta membros escolhidos anualmente por sorteio, tendo por base uma longa lista preparada a partir de nomeações do *demo*. O conselho examinava aqueles escolhidos por sorteio. Ninguém poderia ser nomeado para o conselho mais de duas vezes ao longo da vida nem mais de uma vez na mesma década.

Clístenes concordou com Sólon que o sorteio tinha sua utilidade – garantindo a igualdade de oportunidade, evitando a corrupção e dando espaço para que os deuses tivessem voz. Talvez, de forma mais significativa, a classificação encorajasse os cidadãos a se manterem atualizados quanto às questões políticas, pois havia chances de que em algum momento viessem a desempenhar um papel ativo na vida pública.

A *boulē* era a autoridade administrativa suprema do Estado e, com vários funcionários, administrava todos os negócios públicos. Sua tarefa mais importante era preparar a agenda para a *ecclesia*, à qual só era permitido discutir os tópicos que havia aprovado.

Um comitê de quinhentos, no entanto, era grande demais para ser eficiente. O ano (360 dias, com meses intercalados, como e quando necessário) foi dividido em dez partes. Os cinquenta conselheiros de cada tribo agiam, por sua vez, como um subcomitê executivo por um décimo do ano ou 36 dias e realizavam o trabalho rotineiro da *boulē*. Viviam num edifício construído na ágora chamado Tolo, ou Casa Redonda, pernoitavam ali e recebiam refeições às expensas de verba pública. Trabalhavam em três turnos por 24 horas, e pelo menos dezessete funcionários estavam sempre à disposição para lidar com assuntos urgentes. Um deles era nomeado presidente ou presidente do dia por sorteio.

No que tange a assuntos militares, cada tribo era obrigada a fornecer uma tropa de hoplitas e um esquadrão de cavalaria, liderados por um general, ou *strategos*.* Esses dez oficiais também atuavam como almirantes da frota, de acordo com a necessidade. Durante grande parte do século V, desempenharam um papel dominante na política interna. Os atenienses tinham bom senso e sabiam que vencer no campo de batalha ou no mar exigia experiência e talento. Evitavam a seleção aleatória para esses postos e permitiam que generais bem-sucedidos mantivessem o comando contínuo de ano para ano, conforme fosse mais apropriado.

Devemos lembrar que Sólon aplicou o método de sorteio à nomeação dos nove arcontes que governavam a *polis*. Incluíam o comandante-chefe, ou polemarco. Sua autoridade executiva declinou e, com o passar dos anos, o *strategoi* assumiu seu lugar como a mais poderosa autoridade executiva, não apenas no exército e na marinha, mas também na ágora.

Outra inovação de Clístenes foi o ostracismo. A *ecclesia* votava uma vez por ano, se precisasse, o exílio por dez anos de um político importante. Os cidadãos poderiam apresentar qualquer pessoa que quisessem. Não havia punição para o crime, mas um desejo, na expressão de Plutarco, de "humilhar e cortar o prestígio e o poder opressivos". Afinal, Pisístrato explorara sua posição de líder popular e comandante militar para se tornar um tirano. Isso deveria ser impedido de acontecer novamente.

Todos os cidadãos eram elegíveis para votar por meio de voto secreto em uma reunião especial da *ecclesia* no mercado. Arranhavam o nome daquele que desejassem banir em um pedaço de cerâmica quebrada (um *ostrakon*,** daí "ostracismo") e o depositavam em uma urna. Era necessário obter um quórum de 6 mil cidadãos para que os votos fossem válidos. Aquele que recebesse o maior número de votos contra si tinha dez dias para deixar a cidade. Se tentasse

---

* Estratego (em grego: στρατηγός, pl. στρατηγοί; em grego dórico: στραταγός, transliteração: *strategós*; literalmente "líder de exército") é um título usado na Grécia antiga para designar o cargo conhecido hoje como general. (N. T.)

** "Óstraco", em português. (N. T.)

voltar, sua pena era a morte. Caso contrário, mantinha todos os direitos civis e de propriedade e, após cumprir sua pena, podia retornar a Atenas e, se quisesse, retomar a carreira pública.

O estranho é que o ostracismo não foi aplicado no início por vinte anos. Ele só era imposto se no mês de janeiro ou fevereiro, a cada ano, a assembleia decidisse aplicá-lo. Ano a ano, rejeitaram a proposta. Difícil explicar essa demora; é provável que os políticos acreditassem que o recurso poderia atingi-los ou, anos depois, ser usado contra o primeiro a fazer a proposição.

Esparta era bem conhecida por preferir as oligarquias como sistema de governo. Cedeu à tentação de intervir novamente nos assuntos de Atenas e pôr fim à perigosa experiência democrática. Cleomenes havia sido humilhado uma vez antes e chegara a hora da vingança. Em 506, liderou um exército numeroso de espartanos e de seus aliados do Peloponeso contra Atenas. Ao mesmo tempo, os beócios atacaram do norte, e uma força de Calcídica, na ilha de Eubeia, cruzou o estreito canal até a Ática. As perspectivas para a nova democracia eram sombrias.

Mas um dos aliados de Esparta hesitou sobre a justiça da expedição e marchou de volta para sua cidade. Cleomenes e seu comonarca, Demarato, brigaram. Nada restava aos espartanos senão engolir seu orgulho e voltar para casa. Os atenienses derrotaram bravamente os beócios e os calcidianos em duas batalhas diferentes no mesmo dia e foram até capazes de anexar alguns dos territórios deste último. Ao todo, foi um bom resultado para os *demos*. Clístenes e sua constituição revolucionária estavam a salvo.

Bastante surpreendentes sobre as reformas de Clístenes e a introdução da democracia em Atenas são a pureza de sua lógica, seu radicalismo radiante e sua artificialidade. Não faziam concessões e, nesse sentido, eram profundamente apolíticos. Parece que não havia negociações. Incorporam o que um estudioso contemporâneo chamou de "racionalidade arcaica" – isto é, uma capacidade de confrontar e repensar fundamentalmente um problema a partir do zero e de chegar a um acordo sobre uma solução lógica, não importando quão exagerada fosse.

Por mais notável que tenha sido a conquista de Clístenes, foi correspondida pelo entusiasmo dos atenienses em relação a mudanças. Sua constituição durou dois séculos, com poucas interrupções.

Sua operação exigia o compromisso positivo de todos os cidadãos. Um princípio-chave, como Aristóteles observou com velada desaprovação, era que "todos são governados e governam a cada vez". Isso pode não ter representado um problema para os ricos com tempo disponível, mas exigia muito dos que trabalhavam – e, na verdade, também dos pobres desempregados ou subempregados, que pareciam ter tempo ocioso, mas, na verdade, passavam grande parte do dia tentando garantir algum sustento.

Décadas depois, o Estado começou a pagar estipêndios aos júris e aos membros da *boulē*. Isso permitiu àqueles que tinham recursos limitados desempenhar o papel integral na vida da *polis* que Clístenes imaginara.

A democracia direta em sua forma mais completa e mais elaborada trouxe consigo uma consequência imprevista. Poderia se pensar que o esforço exigido de todos para fazer o sistema funcionar teria sido desgastante e desanimador. Na verdade, isso parece ter energizado os atenienses. Havia muitas causas, com certeza, para o florescimento da civilização que se seguiu, e uma delas foi a injeção de adrenalina constitucional que Clístenes aplicou em sua cidade natal.

Também na guerra, os hoplitas atenienses pareciam ter sido galvanizados. Heródoto observou que a igualdade teve um impacto benéfico em todos os aspectos da vida civil.

> Agora Atenas ficou mais poderosa. E não há apenas uma, mas há provas em toda parte de que a igualdade perante a lei é excelente. Sob a tirania, o exército não era melhor na guerra do que seus vizinhos, mas, uma vez libertado, tornou-se de longe o melhor de todos.

Os espartanos diriam, e com razão, que isso era exagero, mas não se pode duvidar de que o moral entre as forças armadas tenha sido impulsionado.

Apesar de suas melhores previsões, os alcmeônidas lucraram pouco com a nova dispensa que criaram. O próprio Clístenes desapareceu completa e subitamente, sem explicação. Talvez tenha morrido, talvez tenha sido obrigado por alguma razão a abandonar a cena. Jamais saberemos.

No período de uma geração, o clã passou a ser desfavorecido. Em 486, outro parente chamado Mégacles e, dois anos depois, Xantipo, um alcmeônida por afinidade, foram condenados ao ostracismo. Um *ostrakon* sobreviveu com um dístico, lembrando a culpa da família sobre o caso de Cílon.

Este verso diz que Xantipo, filho de Arífron,
é o pior de todas as famílias líderes amaldiçoadas.

Os atenienses se recusaram a reconhecer a contribuição de Clístenes para a expulsão dos tiranos. Essa foi uma das razões para a absurda evidência dos charmosos, mas incompetentes, Harmódio e Aristógito. Todos pareciam cantar sobre eles quando os atenienses se reuniam para comer, beber e comemorar. Não supreende se na verdade Clístenes apenas pediu licença e saiu do registro histórico.

No entanto, é difícil manter um bom clã tranquilo, e não demorou muito para que os alcmeônidas voltassem. Como já observamos e como Clístenes deve ter previsto, a democracia ateniense tendia a depositar sua confiança nos próprios aristocratas, cujo governo haviam suplantado. Isso se deve à sua adaptabilidade e talvez a uma falta de autoconfiança por parte dos *demos*. De qualquer forma, ao regressar do banimento, Xantipo foi nomeado almirante da frota e, como veremos, dois líderes atenienses do século seguinte, um deles seu filho Péricles, eram alcmeônidas.

A AMEAÇA PERSA

8
OS INVASORES DO ORIENTE

O jovem estava exausto. Arauto profissional e corredor de longa distância, ele se chamava Fidípides. Correra sozinho a noite toda para levar notícias urgentes de Atenas a Esparta, uma distância de 240 quilômetros, por estradas ruins e passando por descampado. Portava uma notícia terrível. Um exército persa havia desembarcado em peso na Ática. A ajuda espartana seria necessária com urgência, se quisessem repelir os invasores e salvar a cidade da destruição.

Era 5 de agosto de 490, e no calor, em meio à escuridão, Fidípides dirigiu-se para o oeste, passando por Elêusis, depois Mégara, e seguindo pelo istmo que dividia o norte da Grécia do Peloponeso. Tinha que tomar cuidado para não tropeçar e cair no chão sombrio e irregular. Contornou a grande cidade comercial de Corinto e se dirigiu ao sul em direção à cidade de Argos. Virou à direita ao longo do caminho que levava ao monte Partênio, ou a Montanha da Virgem, para as terras altas e arborizadas da Arcádia.

A menção de virgindade não era totalmente adequada, pois o local havia sido sagrado ao grande deus Pã, talvez o mais grosseiro dos deuses gregos (que competiam entre si nesse quesito). Protetor de campos, bosques e vales, representava o deserto. Tinha o torso e braços humanos, mas pernas, orelhas e chifres de cabra. As tartarugas, cujas conchas eram adequadas para a produção de harpas de boa qualidade, viviam na montanha, mas os habitantes tiveram o cuidado de deixá-las sós, acreditando estarem sob a proteção de Pã.

Agora o sol estava alto no céu, e Fidípides parou em um templo dedicado a esse deus. E lá teve uma epifania. Pã se mostrou ao exausto corredor, assombrando-o. Um estudioso moderno sugere que possa ter tido uma alucinação provocada pela exaustão e pela falta de sono, mas não era assim que os gregos interpretavam esses acontecimentos. Para eles, a natureza se misturava com a supranatureza de modo direto.

A aparição desgrenhada disse: "Fidípides, pergunte, por favor, aos atenienses por que não me rendem nenhum culto, apesar de tê-los tratado com benevolência, sem mencionar que sempre fui útil a eles no passado e serei novamente no futuro".

O jovem prometeu a si mesmo que passaria a mensagem adiante às autoridades de Atenas quando regressasse e seguiu seu caminho, chegando à noite em Esparta. Ele havia corrido por dois dias. Terminar a jornada em tão pouco tempo fora um feito atlético notável.

Ele encontrou a cidade em festa. Os espartanos estavam celebrando a Carneia, um festival em homenagem a Apolo Carneus (o epíteto parece se referir a uma antiga divindade cuidadora de rebanhos que Apolo incluiu em sua própria identidade). Acontecia do sétimo ao décimo quinto dia do mês de Carneus (agosto, aproximadamente). Durante esses dias, todas as operações militares eram vedadas.

No coração das celebrações havia uma cerimônia supervisionada por quatro rapazes solteiros, escolhidos por sorteio, a cada quatro anos, entre as tribos de Esparta. Tudo começava com um rapaz usando guirlandas que saía correndo. Ele era perseguido por outros adolescentes carregando cachos de uvas. Se conseguissem pegá-lo, representava um presságio de boa sorte para a cidade.

Nove tendas, chamadas "guarda-sóis", estavam armadas no campo. Em cada uma, nove cidadãos, representando frátrias de Esparta, ou irmandades, e *obae*, provenientes de subgrupos populacionais ou aldeias, festejavam juntos em honra ao deus. Fidípides transmitiu-lhes a mensagem. De acordo com Heródoto, disse: "Homens de Esparta, os atenienses pedem-lhes que os ajudem e não fiquem passivos enquanto a cidade mais antiga da Grécia é esmagada e escravizada por um invasor estrangeiro".

Aparentemente, os éforos foram tocados por esse apelo e responderam que, a princípio, Esparta estaria disposta a fornecer tropas, mas não imediatamente. O festival de Carneia os impedia, mas quando as festas acabassem e a lua estivesse cheia, entre 11 e 12 de agosto, eles entrariam em ação.

Os éforos estavam sendo sinceros? Por um lado, os espartanos eram devotos e faziam questão de obedecer aos pedidos dos deuses; por outro, tinham uma forma de transformar fatos em obstáculos de acordo com a conveniência. Talvez não tenham se sentido de todo descontentes por não poderem salvar os atenienses, com toda a sua arrogância displicente. Os espartanos haviam sido humilhados por eles quando o rei Cleomenes tentou intervir nos assuntos da Ática. Eles mereciam a lição.

Não importa qual fosse a verdade, Fidípides não teve opção senão voltar para casa de mãos vazias. Como Atenas iria sobreviver, ele deve ter pensado, e o velho deus caprino viria em seu socorro?

O Grande Rei Dario não havia deixado de lado sua ira contra os atenienses, que haviam enviado vinte navios para se unir aos rebeldes jônios. Ele não podia perdoá-los, nem a um destacamento de Erétria, uma *polis* na ilha de Eubeia com uma longa história de comércio marítimo, por ter incendiado a capital da Lídia, a antiga capital de Creso e joia da coroa aquemênida. Ele tomou a ofensa pelo lado pessoal, e, para não se esquecer disso, ordenou que um de seus servos lhe dissesse três vezes antes do jantar: "Senhor, lembre-se dos atenienses".

Mas ele não tinha pressa. Resolveria a questão quando estivesse pronto. Mais importante, como vimos, era o plano estratégico para recuperar o controle da Trácia, que os persas haviam conquistado por volta de 512.

Faltam detalhes, mas a intenção original de Dario pode ter sido estender seu império até a fronteira defensável do rio Danúbio e controlar – ou, pelo menos, influenciar – o irrequieto reino da Macedônia. Isso teria como consequência útil impedir a venda de grãos ucranianos para a Grécia, especialmente para Atenas, que dependia cada vez mais da importação de alimentos. A batalha foi mais difícil do que ele imaginara. Viu-se obrigado a lutar contra os vizinhos inquietos da Trácia do outro lado do Danúbio. Por fim, foi para casa, entregando o comando a um de seus generais, que completou a conquista.

A conquista mais notável da batalha foi uma ponte de barcos que cruzava o Bósforo, sobre a qual seu exército marchou da Ásia para a Europa. Muito tempo depois de ter sido desmantelada, dois pilares foram erguidos do lado europeu, que registrou todos os nomes dos grupos étnicos que contribuíram com contingentes para o anfitrião persa.

O engenheiro que projetou a ponte era Mandroclés, um grego de Samos. Ele gastou parte de seus honorários em uma pintura de sua notável façanha de construção. Foi exibida em um templo de Hera em sua ilha natal. Uma inscrição dizia:

> Depois de fazer a ponte sobre o piscoso Bósforo,
> mandroclés a dedicou a Hera
> como memorial à sua ponte de barcos,
> coroando a si mesmo e glorificando Samos,
> por sua conquista ter agradado o rei Dario.

Uma segunda ponte foi construída para permitir a investida de Dario além do Danúbio.

Cerca de quinze anos depois, após o sufocamento dos jônios, os indômitos trácios se revoltaram. Em 492, o Grande Rei enviou Mardônio, um de seus generais mais valiosos, para reafirmar o domínio persa. Ele era um nobre que havia ajudado Dario a ascender ao trono e era, ao mesmo tempo, seu genro e sobrinho. Depois de sua confiante vitória, deveria passar pela Macedônia para a Grécia. Lá puniria a Erétria e Atenas de forma severa e inesquecível.

No começo tudo correu bem: a Trácia caiu de joelhos, e o rei Alexandre da Macedônia se submeteu – uma humilhação que seus sucessores não esqueceram. Mas então uma grande tempestade destruiu grande parte da frota persa no perigoso promontório de Atos. Mardônio foi ferido, e o fracasso de sua expedição prejudicou sua reputação. Para permitir que se recuperasse de ambos os ferimentos, o Grande Rei desobrigou-o de seu comando.

Dario não foi facilmente dissuadido e ordenou uma nova expedição contra os gregos. Foi instigado por Hípias, ex-tirano de Atenas. Agora ele estava velho, mas ainda desejava voltar à sua cidade natal. Ele não apenas queria ser restaurado ao poder, mas também morrer e ser enterrado ali. Sigeum era um lugar desagradável, pois o povo de Lesbos hostilizava os atenienses que emigrassem para a região. Então se dirigiu à corte persa, onde pressionou o rei a punir Atenas e reinstalar seu governo.

Em 491, o Grande Rei decidiu testar qual dos estados gregos continentais iria ficar do seu lado – ou, como o termo passou, "medizar" (isto é, favorecer os persas, a quem os gregos por vezes chamavam de medos). Enviou emissários exigindo terra e água, um sinal bem conhecido de submissão. Em algumas áreas receberam respostas contundentes: os atenienses jogaram os persas em um buraco, como faziam com criminosos comuns, e os espartanos, dentro de um poço. Se quisessem terra e água, ali poderiam encontrar. Essas violações eram graves para costumes e práticas estrangeiras, para quem os emissários eram considerados sacrossantos.

Desta vez Dario enviou sua frota, com um exército completo a bordo, em linha reta através do Mediterrâneo, em vez de fazê-lo contornar a costa norte e os soldados marcharem ao lado dela, como Mardônio havia feito. Anunciou que o sagrado Delos seria poupado da ira do Grande Rei, mas, logo após os persas terem passado, um terremoto sacudiu a ilha. Muitos consideraram isso um presságio de futuros males.

A iminente ameaça do leste incendiou uma crise local, na qual encontramos novamente o ambicioso, mas excêntrico, rei Cleomenes de Esparta e testemunhamos seu último suspiro.

As relações entre Atenas e a ilha vizinha de Égina, um rico país comercial, apesar de seu pequeno tamanho e população, eram e sempre foram cronicamente ruins. Separadas por apenas alguns quilômetros cobertos por água, competiam pelo mesmo comércio e, mais cedo ou mais tarde, uma delas teria de ceder. Em 498, Égina entrou em um estado de "guerra permanente". Sua frota navegou ao longo da costa da Ática causando estragos e invadiu Falero. Esse era o porto original de Atenas, embora fosse mais uma praia desprotegida do que um porto propriamente dito, e assim ficou fácil para os inimigos (e o clima) atacarem.

Parecia provável que a *polis* na ilha ficaria do lado persa quando a frota e o exército chegassem. De fato, não hesitou em oferecer terra e água ao representante do Grande Rei quando pediu. O que serviria melhor do que a humilhação final de seu antigo inimigo?

O prestígio dos espartanos aumentava, e eles foram amplamente reconhecidos como um porta-voz internacional informal. Então os atenienses se queixaram a eles dizendo que Égina estava medizando. Estaria disposta, alegaram, a trair a Hélade por causa de sua questão com Atenas. Os ilhéus pretendiam marchar ao lado dos invasores.

Aparentemente, por sua própria iniciativa, o rei Cleomenes foi a Égina e tentou prender alguns dos principais éginos, mas foi repelido. Ele não era conhecido por sua aprovação da democracia ateniense e as pessoas suspeitavam que ele tivesse sido subornado para ceder. De volta a Esparta, seu comonarca Demarato, com quem ainda não se dava muito bem, falou mal dele.

Cleomenes pôs um fim aos constantes ataques de seu colega. Foi apresentada uma proposta para depor Demarato, alegando que ele era ilegítimo. O Oráculo de Delfos foi consultado, e parece que a sacerdotisa foi veladamente persuadida a ser contra Demarato, que fugiu de sua cidade e seguiu, como Hípias antes dele, para a corte do rei Dario, que o recebeu de braços abertos, deu-lhe terra e cidades. Com efeito, foi nomeado sátrapa.

Enquanto isso, Cleomenes conseguiu resgatar seus reféns, e dez éginos foram despachados para Atenas por segurança. Seus problemas, no entanto, só haviam começado. Vazara a informação de que ele tinha subornado a pítia em Delfos e, para escapar da punição, fugiu para a Arcádia, onde encorajou os dissidentes a se levantar contra o domínio espartano no Peloponeso. As autoridades se assustaram com o dano que ele poderia causar aos interesses espartanos e decidiram que o caminho mais sábio seria esquecer e perdoar. Chamaram-no de volta e ele retomou suas funções como rei.

De acordo com Heródoto, por volta de 490, Cleomenes enlouqueceu. Em termos atuais, ele parece ter sofrido um surto paranoico. Para sua própria segurança e a segurança de outras pessoas, sua família o confinou a um pelourinho de madeira, mas ele convenceu um guarda desprevenido a lhe dar uma faca. Ele "começou a se mutilar, iniciando pelas canelas. Cortando sua carne de forma longitudinal, continuou por suas coxas, quadris e flancos, até chegar à barriga, que estraçalhou completamente".

Assim morreu um dos estadistas mais fascinantes de Esparta. Cleomenes era carismático, persuasivo e visionário, mas também impaciente e impulsivo. Apesar dos temores de seus compatriotas, sua política era explorar o crescente prestígio de Esparta e dar à sua terra um papel internacional. Se tivesse vivido mais tempo, poderia ter liderado a resistência ao ataque persa.

Maratona era um bom lugar para desembarcar mercadorias e soldados que vinham em navios de guerra alinhados ao longo da praia. Esse foi o conselho que Hípias deu aos dois comandantes persas, o irmão do Grande Rei, Artafernes, e Dátis, um almirante da Média. O velho tirano estava navegando com a frota e esperava que seus novos amigos lhe devolvessem Atenas.

A palavra "Maratona" significa cheio de plantas de erva-doce. A planície reta, em forma de foice, com mais de cinco quilômetros de extensão, ficava em chamas com suas flores amarelas e folhas aplumadas florescendo entre os arbustos. Se situa entre os montes escarpados e o mar ao longo da costa nordeste da Ática. No extremo norte, uma projeção de cerca de um quilômetro e meio de comprimento chamada Cinosura, ou Cauda do Cão, se projetava no mar e um pântano ocupava metade da planície, cortada por uma torrente que regularmente inundava toda a área. Uma aldeia ficava a mais ou menos um quilômetro e meio da planície. Uma estrada ia de um pequeno porto chamado Ramnous, alguns quilômetros ao norte, através da planície, em direção a Atenas.

No início de agosto de 490 os persas chegaram a Maratona, que estava completamente indefesa, após viajarem pelo mar Egeu. Antes de atracar, passaram uma semana na ilha próxima de Eubeia, sitiando a cidade de Erétria. No fim, foram traídos por dois cidadãos importantes. Como Dario instruíra, os templos foram incendiados em represália por Sárdis, e todos foram escravizados. Estavam assentados no Império Persa Oriental, não distante de Susa, onde havia um poço do qual se extraía betume, sal e petróleo (Heródoto os encontrou muitos anos depois, ainda falando grego). A força expedicionária esperou alguns dias sem fazer nada; era para dar tempo aos atenienses para pensar sobre sua posição.

Estima-se que Dátis e Artafernes comandaram um exército de cerca de 25 mil homens. Seu número total, incluindo remadores e pessoal de apoio encarregado da logística, provavelmente chegou a quase 80 mil pessoas. Eram necessários quatrocentos mercantes para transportar os militares. Os fenícios, os melhores marinheiros da época, forneciam a maior parte dos navios de guerra do Grande Rei.

Durante o dia, a frota persa encalhou em um local seguro entre o grande pântano e Cinosura. Desembarcaram e acamparam, provavelmente do outro lado da estrada que vinha de Ramnous, onde havia uma grande nascente. Era uma posição segura, com acesso mínimo de todas as direções e com uma saída fácil para o mar.

Dátis e Artafernes tinham todos os motivos para estarem satisfeitos. Não apenas alcançaram seu primeiro objetivo, a destruição de Erétria, como estavam prestes a alcançar o segundo. Estavam estabelecidos no solo da Ática. Seu próximo e último objetivo seria Atenas, a apenas 42 quilômetros, ou a um dia de marcha. Afastariam qualquer oposição armada que se apresentasse no caminho, como um batedor. Então saqueariam a cidade e queimariam os templos na Acrópole.

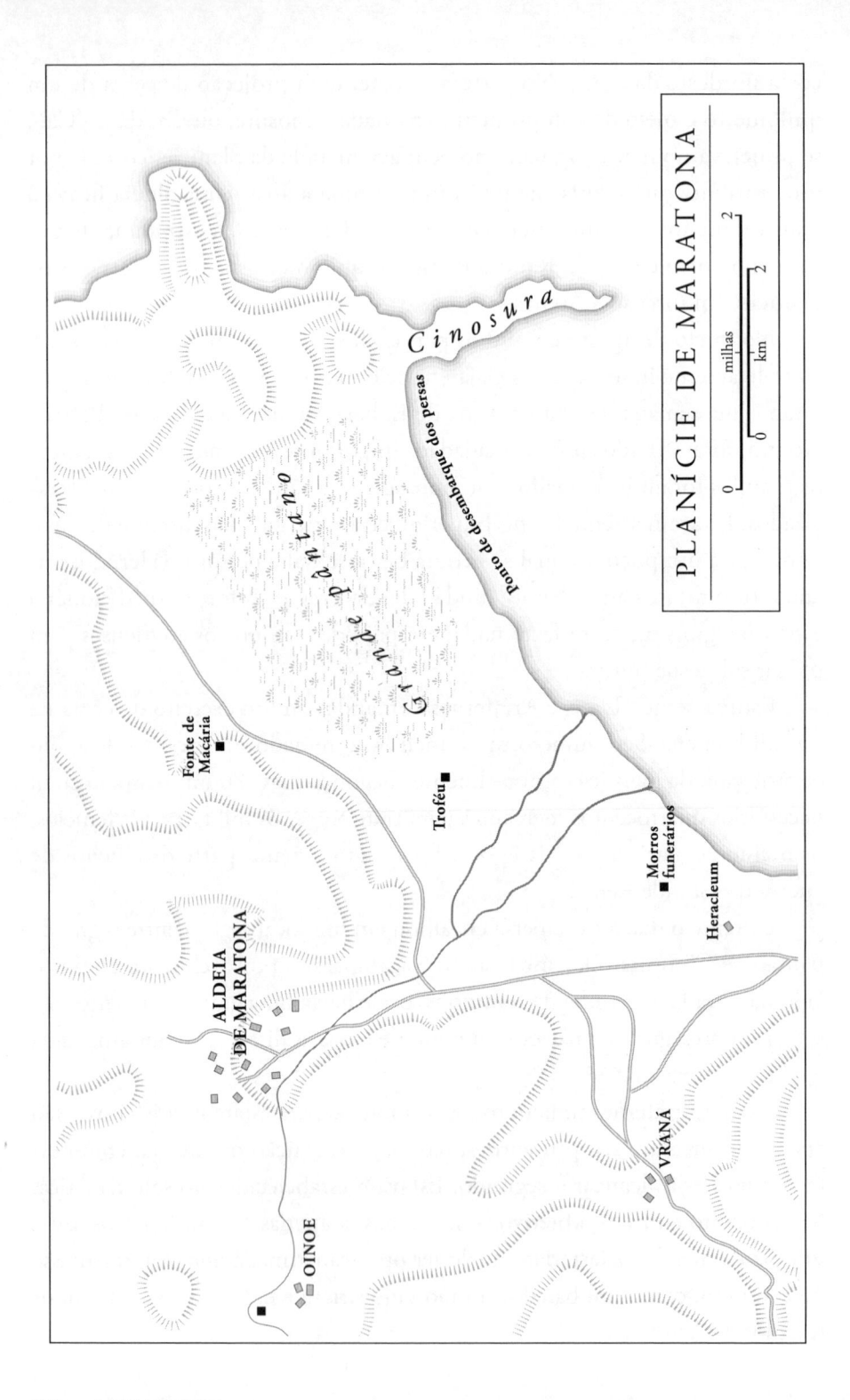

Ao crepúsculo, no alto da encosta da montanha, com vista para a planície de Maratona, acendeu-se uma fogueira. Ela deu aos observadores em Atenas a alarmante notícia de que os persas haviam desembarcado.

Como a cidade deveria reagir? Estavam claramente em desvantagem e precisavam pensar em alguma forma de virar a mesa. Só poderiam reunir um total de 9 mil hoplitas, menos da metade do número de invasores. Além disso, Atenas não dispunha nem de cavalaria nem de arqueiros, ao passo que se estima que os persas haviam levado cerca de mil cavaleiros e um destacamento de arqueiros. A cavalaria era treinada principalmente para lutar contra outras cavalarias, mas poderia causar graves danos aos flancos de uma falange de infantaria. Na Grécia, somente os ricos podiam comprar cavalos, e a cavalaria era identificada com a aristocracia; não seria surpresa se a nova democracia preferisse, ainda que de maneira pouco sábia, confiar exclusivamente nos seus cidadãos hoplitas.

O comando militar estava nas mãos de dez generais Iguais, como Clístenes ordenara, e Calímaco, o polemarco, ou "comandante de guerra". Isso oferecia a perspectiva desagradável de conduzir uma guerra por comissão. O mais duro desses comandantes era Milcíades, herdeiro do rico e poderoso clã aristocrático, os filaídas.

Foi seu tio e homônimo que liderou alguns colonos atenienses nos dias de Pisístrato até o Quersoneso Trácio, a convite de uma tribo local, e ali estabeleceu uma tirania. O pai de Milcíades, Címon, venceu a famosa corrida na biga de quatro cavalos nos Jogos Olímpicos três vezes seguidas, um feito conseguido apenas por outro patrocinador. Dedicou uma de suas vitórias a Pisístrato, que, agradecido, permitiu que retornasse do exílio para Atenas. Mas os filhos de Pisístrato, Hípias e Hiparco, evidentemente não gostaram da notícia nem confiavam em Címon, então mandaram assassiná-lo. Os assassinos esperaram por ele uma noite perto do Buletério e o emboscaram. Címon foi enterrado do lado de fora de um dos portões da cidade, ao lado do túmulo de suas éguas vitoriosas.

Em cerca de 524, Milcíades saiu para recuperar o domínio da família, que havia caído em mãos trácias. Ele se tornou um vassalo do Grande Rei e participou da batalha trácia de Dario. No entanto, sua lealdade foi superficial, e ele aparentemente se juntou à revolta jônica, durante a qual ganhou o controle da ilha vulcânica de Lemnos (apelidada como "ferreiro de Hefesto", deus do fogo e do artesanato). Levou colonos atenienses para morar ali e, com efeito, tornou a ilha e seu pequeno vizinho Imbros uma possessão ateniense.

Após a supressão da revolta, Milcíades achou prudente evitar a ira de Dario e retornar a Atenas. Com sua experiência militar e seu conhecimento dos costumes persas, era um candidato óbvio para o alto-comando militar na emergência atual. Sendo um aristocrata, no entanto, tinha inimigos na Atenas democrática, que o processou por ter executado a tirania sobre os cidadãos atenienses no Quersoneso. Ele foi absolvido. Milcíades teve sorte por dois motivos: ele era de fato culpado e, se fosse condenado, nunca poderia ter sido eleito como general.

Calímaco entendeu que a guerra não seria ganha sob o comando de onze que tomassem a decisão e tinha apenas uma modesta opinião de suas próprias capacidades. Afinal, como um dos arcontes, havia sido designado por sorteio. Por sugestão sua, seus colegas comandantes concordaram em desistir de seu dia de comando, que realizavam em rodízio, um após o outro, para Milcíades.

Mas qual estratégia deveria ser adotada? No intervalo após as terríveis notícias de Erétria, a *ecclesia* debateu a questão provavelmente mais de uma vez. Uma opção era ficar atrás das muralhas da cidade e esperar sobreviver ao cerco. Na outra opção, os hoplitas podiam esperar que o inimigo se aproximasse e combatesse em frente às muralhas. Essas duas alternativas cheiravam a pessimismo e derrota. Um terceiro caminho, mais ousado, era sair e procurar o inimigo. Um objetivo central deveria ser conter a cabeça de praia, onde quer que os persas desembarcassem. Essa foi a política de Milcíades, e ele convenceu os *demos* de que estava certo. Em uma reunião crucial da assembleia, propôs que os hoplitas da cidade "se provessem com rações, partissem" e "encontrassem o inimigo imediatamente". Também foi acordado que um número de escravos deveria receber a liberdade para que pudessem lutar contra os persas.

Quando a mensagem do farol foi recebida naquela noite de agosto, os generais imediatamente enviaram Fidípides em sua viagem infrutífera a Esparta, e uma mensagem de ajuda também foi despachada para a pequena cidade beócia de Plateias, um membro involuntário da confederação beócia no norte da Ática e muito amiga de Atenas. Os hoplitas se prepararam para marchar pela estrada costeira para enfrentar seu destino e podem ter deixado a cidade sob a proteção da escuridão ou esperado o alvorecer do verão. Cada homem tinha um jumento e um escravo para carregar sua armadura, armas e equipamentos para acampar.

O exército hoplita entrou na planície de Maratona e acampou ao lado de um recinto ou templo de Hércules. Era uma posição forte com acesso fácil à água em uma fonte nas colinas e na aldeia de Maratona. Árvores foram derrubadas e amontoadas em ambos os flancos como uma barreira protetora contra os cavalos persas. A primeira fase de uma batalha bem-sucedida já havia sido alcançada, pois a estrada costeira para Atenas estava agora vigiada e os persas estavam confinados na ponta da praia. Não havia nenhum lugar para onde pudessem ir, a não ser que derrotassem os atenienses na batalha.

Uma força de 600 mil platinenses chegou ao acampamento ateniense, resposta oportuna ao apelo da véspera. Mas havia más notícias também. Fidípides havia retornado a Atenas e agora estava certo de que os espartanos não poderiam esperar outros seis dias ou mais.

Neste ponto, ambos os lados tinham boas razões para evitar uma batalha completa. Os atenienses esperavam que os espartanos terminassem suas festividades e se juntassem a eles. Além disso, os generais estavam nervosos para entrar em campo quando a cavalaria persa e os arqueiros estivessem livres para atacar sua infantaria pelos flancos e pela retaguarda.

Dátis e Artafernes se sentiam desconfortáveis com a perspectiva de colocar sua infantaria provavelmente inferior contra os hoplitas fortemente armados, com sua reputação de invulnerabilidade – os "homens de bronze", como eram chamados. Além disso, de forma promissora, estavam em contato com atenienses que apoiavam o retorno da tirania e estavam dispostos a trair a cidade; eles abririam os portões para os persas quando chegasse o momento certo.

Nunca se soube quem eram esses traidores em potencial. Muitos na época acreditavam que seriam os alcmeônidas, mas isso parece improvável. Como Heródoto salienta, o clã foi consistentemente hostil aos tiranos ao longo dos anos. Seu líder, Clístenes, fora o responsável pela introdução da democracia e assim assegurou um lugar contínuo para os alcmeônidas na vida pública de Atenas. É verdade que alguns membros da família seriam vítimas de ostracismo nos anos seguintes, mas a traição nesse momento teria sido uma grande falta de visão.

Então, por vários dias, nada aconteceu. Os exércitos confrontaram-se afastados um ou dois quilômetros de distância e esperaram. Não havia nenhuma mensagem dos espartanos, mas podemos supor que Dátis e Artafernes estavam cientes de sua iminente chegada, fato que desfavorecia os persas. Também não havia notícias dos conspiradores pró-persas de Atenas.

O alto-comando persa decidiu tomar uma atitude. Para todos os efeitos, Atenas estava indefesa; era óbvio que todos os soldados de reserva estavam em Maratona. Na noite de 11 para 12 de agosto, Dátis embarcou em uma força-tarefa com alguma infantaria e a maior parte da cavalaria e partiu para o porto ateniense em Falero. Ele pretendia pegar a cidade de surpresa. Por sorte, os batedores jônicos do lado persa se afastaram de seus postos antes do amanhecer e transmitiram uma mensagem urgente ao acampamento ateniense: "A cavalaria partiu".

De repente, Calímaco e Milcíades tinham pouco tempo. Na ausência da cavalaria persa, as perspectivas de uma vitória hoplita melhoraram muito. Provavelmente, Dátis e sua frota levariam doze horas durante a luz do dia para chegar a Falero e mais uma hora para desembarcar. Seria possível que os atenienses lutassem e vencessem uma rápida batalha pela manhã e depois corressem de volta para defender sua cidade à noite? Para Milcíades, a resposta a essa pergunta era um sonoro "sim", mas os dez generais estavam divididos. Calímaco, como polemarco, lançou seu voto decisivo para o ataque.

Por volta das cinco e meia da manhã, o exército grego foi arrastado pela planície e enfrentou os persas, que haviam deixado o acampamento e o grande pântano atrás deles. Se o plano de Milcíades funcionasse, a batalha precisaria ser terminada e vencida por volta das nove horas. Adivinhava que, seguindo o hábito persa, Artafernes colocaria as melhores tropas de seu exército poliglota no centro da linha, com formações mais fracas nas alas. E assim aconteceu.

Os hoplitas geralmente se juntavam em oito fileiras, mas os persas, numericamente superiores, tinham uma frente muito mais longa que a dos atenienses. Assim, para evitar ser ultrapassado, Milcíades, como comandante operacional, reduziu o centro a três ou quatro fileiras, enquanto fortalecia suas alas.

Ele decidiu fazer da necessidade uma virtude e armou uma armadilha para o inimigo. O centro persa teria permissão para avançar e os hoplitas se retirariam gradualmente. Enquanto isso, as alas gregas, uma das quais incluía os plateanos, derrotariam as forças inimigas à sua frente e, em seguida, girariam para atacar o centro persa dos lados e da retaguarda.

Ao som de uma trombeta, os gregos partiram em marcha acelerada. Eles começaram a correr quando chegaram ao alcance dos arqueiros. A batalha prosseguiu exatamente como Milcíades a projetara. O centro recuou sob a pressão dos persas. As alas desviaram os persas. Os atenienses e os plateanos, como escreveu Heródoto, "tendo dominado a situação, deixaram os bárbaros derrotados fugir e, juntando as duas alas numa única unidade, voltaram a atenção para as tropas inimigas que haviam atravessado o centro".

O último estágio da batalha foi uma carnificina. Os gregos perseguiram o inimigo até o acampamento e seus navios, já prontos para partir. Calímaco foi morto, e o irmão do trágico poeta Ésquilo, que também estava presente, teve a mão decepada enquanto tentava embarcar pela popa do navio. Muitos persas foram abatidos e o mar ficou vermelho de sangue. Dizem que 6.400 deles perderam a vida, e apenas 192 gregos morreram.

O general derrotado pegou seus feridos e partiu. Ele estava esperando havia muito tempo por um sinal dos traidores atenienses, e, por fim, um escudo de bronze brilhou no topo de uma montanha. Presumivelmente essa era uma mensagem acertada, anunciando que os antidemocratas de Atenas estavam agora em condições de entregar sua cidade ao idoso Hípias. Em resposta, Artafernes foi visto virando sua armada ferida em direção ao sul. Um vento forte e a correnteza do mar os levaram ao cabo Sunião. Tudo vai ficar bem, ele esperava.

Não passava muito das nove da manhã. Um mensageiro rápido foi enviado para dar as boas novas a Atenas (talvez os serviços de Fidípides fossem utilizados novamente), e os exaustos vencedores o seguiram tão rápido quanto puderam.

Quando seus navios se afastaram de Falero mais tarde naquele dia, Dátis viu para seu desalento o exército hoplita, exauridos da batalha e da viagem. Estavam do lado de fora da cidade, no Cinosargo, um ginásio ao ar livre e templo de Hércules, na face sul, olhando para o mar e o inimigo. O comandante medo viu que havia perdido a corrida, e também, ele agora sabia, a batalha. Não havia mais nada que pudessem fazer ele e Artafernes, que chegara com a frota principal, estabelecendo um rumo de volta para casa. Com eles fora Hípias, cuja expectativa de retorno ao poder terminara para sempre. Os traidores, quem quer que fossem, mantinham seus pensamentos para si mesmos. Por muitos anos, não haveria mais tiranos em Atenas.

Depois do festival e da chegada da lua cheia, os espartanos enviaram uma força de 2 mil homens para ajudar os atenienses, mas chegaram tarde demais. Eles os cumprimentaram e, melancólicos, percorreram o campo de batalha. Foi uma experiência humilhante.

Maratona tornou-se uma vitória famosa. Mais do que isso, foi uma inspiração, pois provou que a nova Atenas poderia infundir energia a seus cidadãos e que a democracia não era a desordem incompetente que seus críticos previam. O *demo* podia tomar suas decisões e vencer uma guerra. Além disso, o temível exército do Grande Rei tinha pontos fracos. Podia ser derrotado. Homens livres haviam derrotado as hordas de um déspota oriental.

Para Dario, por outro lado, a derrota foi de pouca ou nenhuma consequência estratégica. Foi uma pontada em seu prestígio, seu orgulho e seu império, não uma ferida. No entanto, o contratempo o incomodou, e ele jurou que teria sua vingança quando a ocasião permitisse.

Os gregos aproveitaram tudo ao máximo. Estátuas e odes foram encomendadas. Uma coluna foi erguida para Calímaco, que perecera. Os poucos mortos helênicos foram cremados e enterrados sob um grande monte de terra, que pode ser visto ainda hoje. Todo ano uma cerimônia era realizada para homenagear "aqueles que morreram pela causa da liberdade". Os milhares de persas mortos foram tratados com menos respeito. Os atenienses alegaram que lhes haviam dado um enterro apropriado, mas não havia um túmulo coletivo. Eles foram jogados apressadamente em uma trincheira no extremo norte da planície de Maratona (onde um visitante alemão no século XIX relatou ter encontrado ossos humanos espalhados pelo chão).

Assim como os deuses do Olimpo se juntaram nas batalhas entre gregos e troianos para todos os lados na planície de Troia, inúmeros imortais receberam o crédito de ter combatido os bárbaros no glorioso campo de Maratona. Entre eles estavam Atena, o semideus Hércules e o astuto fundador da cidade, Teseu. Eles e outras divindades que ajudaram foram homenageados de várias maneiras: Atena recebeu uma estátua de bronze na Acrópole e um tesouro foi construído em Delfos com a inscrição: "Para Apolo, os primeiros frutos dos medos de Maratona".

Um quarto de século depois, um afresco da batalha foi feito no Pórtico Pintado, uma colunata na ágora. Representava uma narrativa composta, mostrando em uma única imagem as diferentes fases da batalha. Milcíades recebeu um lugar de destaque entre os dez generais. Um autor de guias chamado Pausânias deixou, no século II d.C., um registro escrito do que ele viu. Os plateanos e os atenienses

> estão enfrentando os bárbaros: estão lutando de igual para igual. Mas no meio da batalha os persas estão fugindo. Eles estão atravessando o pântano.

A pintura conclui com os navios fenícios e os gregos massacrando os bárbaros, enquanto saltam para dentro dos barcos. O herói [homônimo] Maratona… está ali, com Teseu saindo da terra, e Atena e Hércules.

No rescaldo da vitória, os atenienses não esqueceram a epifania de Fidípides, pois foi relatado que o grande deus Pã também fora visto lutando contra os invasores. Era essencial que ele fosse recompensado e recebido pela primeira vez na Ática.

Uma caverna próxima da aldeia de Maratona foi dedicada à sua adoração e à das Ninfas, espíritos femininos do campo, e seus companheiros amorosos. O incansável Pausânias disse que o lugar valia a pena ser visitado.

A entrada para essa caverna é estreita e, à medida que se entra, veem-se "câmaras" e "banhos", e o chamado "rebanho de cabras" de Pã – pedras que se assemelham a cabras.

A caverna foi redescoberta nos tempos modernos, com cavidades que contêm água e estalactites que, com um toque de imaginação, parecem lembrar cabras. As descobertas no templo incluem figuras de Pã e formas femininas, cerâmica ática com figuras vermelhas e joias de ouro, que datam do século V até a época romana.

Pã também recebeu um lar em uma caverna rasa na encosta noroeste da Acrópole, onde todos os anos ele era homenageado com sacrifícios e uma corrida de tochas. Outras cavernas consagradas a ele foram encontradas em várias montanhas na Ática, sendo a mais ornamentada no monte Himetos. Um tal Archedemos descreveu-se como um ninfolético, tomado pelas ninfas em um frenesi extático e erótico, e cobriu as paredes da caverna com relevos e dedicatórias inscritas.

Milcíades mandou erguer uma estátua de Pã no campo de batalha, para a qual Simônides escreveu um breve verso.

Eu sou Pã dos pés de cabra da Arcádia.
Levantei-me contra os persas
e lutei ao lado dos atenienses. Milcíades me erigiu.

Quase se pode ouvir o deus balindo de alegria nas colinas.

9

A RAPOSA COMO PORCO-ESPINHO

O pai levou seu filho adolescente para passear ao longo da praia em Falero, o porto inconvenientemente exposto de Atenas. Apontou para as carcaças podres das trirremes estatais desativadas, abandonadas na areia. Sabia que o filho estava pensando em entrar para a política e queria dissuadi-lo. Então, disse: "É assim que os *demos*, o povo, tratam seus líderes quando perdem a utilidade para eles".

O jovem não ouviu seu bom conselho. Ele se chamava Temístocles. Nascido em torno de 524, era ambicioso, mas tinha duas sérias desvantagens. Era meio estrangeiro, pois a mãe era da Trácia. Também seu pai, Neocles, embora pertencendo a uma boa família, era um "homem sem caráter especial". A democracia ainda era nova, e os melhores empregos em geral caíam nas mãos dos aristocratas e em homens de ascendência ateniense legítima.

O que Temístocles não tinha por nascimento, tinha de sobra em energia e inteligência. Plutarco, seu biógrafo, relata que era "impetuoso, naturalmente perspicaz e atraído por uma vida de ação e assuntos públicos".

Ele sofreu discriminação, pois os meninos de descendência mista com mãe estrangeira eram considerados ilegítimos, ou *nothoi*, embora lhes fosse permitido ter cidadania ateniense. Para o treinamento físico, eram encorajados a se matricular no ginásio de Cinosargo, fora dos muros da cidade. Hércules, a quem esse templo menos nobre havia sido dedicado, era ele mesmo de parentesco misto, filho de Zeus e mãe mortal. Recusando-se a aceitar essa desvantagem social, Temístocles convenceu amigos da alta classe a se juntar a ele para se exercitarem ali.

Como aluno, gostava de improvisar discursos e desenvolver seu talento de orador, essencial para quem quisesse abrir caminho nessa nova, fresca e buliçosa democracia. Ele demonstrava pouco ou nenhum interesse por quaisquer assuntos formadores de caráter ou em que "realizações agradáveis adequadas ao homem livre" fossem ensinadas (afinar a lira ou tocar harpa, cantar, dançar e atividades correlatas). Como resultado, deixou de brilhar em jantares elegantes onde os convidados deveriam ser músicos amadores competentes e tocar ou cantar após a ceia. Aqueles que se julgavam mais instruídos do que Temístocles zombavam dele por sua grosseria.

Seus primeiros anos na política não foram bem-sucedidos, pois ele era impulsivo demais. Quando se tornou mais velho, justificou-se dizendo: "Os potros mais selvagens se tornam os melhores cavalos, desde que sejam adequadamente adestrados".

Se Temístocles queria um exemplo do aviso de seu pai sobre o destino reservado aos políticos atenienses, um logo lhe chegou à mão: a ascensão e a queda quase imediata do vencedor de Maratona, o grande Milcíades.

Já adulto, aos trinta e poucos anos, Temístocles lutou na Maratona em 490. Ele era filoprogenitivo, foi casado duas vezes e teve dez filhos. Parece ter sido um pai de família feliz, senão dependeremos de seus inimigos ao informarem fontes mais antigas.

Temístocles nunca perdeu uma oportunidade de ganhar dinheiro. Vivia com considerável estilo, entretendo-se com abundância e enchendo seus amigos de presentes. Em Olímpia, tentou superar um rapaz, Címon, filho do herói Milcíades, na extravagância dos jantares que oferecia e na magnificência de suas tendas e móveis. Isso causou má impressão. Poderia cair bem para um jovem rico comportar-se dessa maneira, mas não para um estadista.

Temos uma imagem dele esculpida em pedra. Seu pescoço é grosso e, apesar de vermos apenas o busto, dá a impressão de ter um tronco avantajado. Tem cabelos curtos e encaracolados e uma barba curta e também encaracolada, orgulhosamente encimada por um bigode pesado e caído. Os olhos estão bem abertos e sua boca é larga e sensual, dando a impressão de um leve sorriso.

Inteligente, curioso e divertido, é exatamente assim que se pode imaginar um político experiente que já viu de tudo e conhece a todos.

Tornou-se uma personalidade proeminente na *ecclesia* e era popular entre as massas. O primeiro democrata radical da história ateniense, serviu como arconte epônimo em 493. Foi durante seu mandato, ou por volta dessa época, que Milcíades foi julgado de acordo com a legislação antitirânica (ver páginas 135-6). Temístocles pode muito bem ter arquitetado sua absolvição, embora ele e o velho aristocrata não tivessem quase nada em comum. Mas Milcíades era o melhor general vivo e era essencial que estivesse por perto para a iminente invasão persa. Quem se opusesse ao inimigo tornava-se seu amigo.

Mas assim que a batalha de Maratona foi combatida e vencida, Temístocles tornou-se vítima de emoções conflitantes. Quando o gênio de Milcíades era comentado por todos, escreve Plutarco, na maioria das vezes ele

> ficava imerso em seus próprios pensamentos. Tornou-se insone e recusava convites para as festas que costumava frequentar. Quando perguntavam a ele, espantados, qual seria o problema, respondeu que a estátua erigida no campo de batalha em homenagem a Milcíades o impedia de dormir.

Não era apenas a inveja que movia Temístocles. Temia que a ascensão de um nobre forte como Milcíades ameaçasse a democracia. Por sorte, o general vitorioso era seu próprio pior inimigo.

Tal era sua popularidade que o *demo* votou para que tivesse setenta navios a fim de "guerrear nas ilhas que ajudaram os bárbaros" e, mais precisamente, "torná-los todos ricos". Milcíades estava de olho na ilha de Paros, nas Cíclades, famosa por seu mármore branco, que sem saber contribuiu com uma trirreme para a frota persa.

No entanto, primeiro ele disciplinou algumas outras ilhas e assim advertiu os parianos sobre o que estava reservado para eles. Tiveram tempo de fortalecer suas defesas e, quando Milcíades lhes deu o ultimato para entregar cem talentos ou enfrentar a destruição, eles se recusaram firmemente. Os atenienses sitiaram o porto.

Os parianos resistiram. Passou-se um mês, e eles começaram a ceder. Milcíades iniciou conversas secretas com uma sacerdotisa local sobre como a ilha poderia ser tomada. Encontrou-a em um templo a Deméter, deusa da agricultura, sobre uma colina fora da cidade. Ele foi até lá uma noite, mas feriu gravemente o joelho (outros dizem a coxa) ao pular o muro do santuário.

Enquanto isso, os parianos receberam um incentivo moral, quando interpretaram erroneamente um incêndio acidental da floresta em uma ilha vizinha como um sinal luminoso de que a ajuda da frota persa estava próxima – e negaram-se a se render.

O ferido Milcíades não teve escolha a não ser retornar a Atenas de mãos vazias. Seus inimigos – e ele tinha muitos, entre outros clãs aristocráticos e líderes democráticos – se aproximaram para matá-lo. Pela segunda vez, foi levado a julgamento. Xantipo, alcmeônida por casamento, acusou Milcíades de trair o Estado.

O joelho não cicatrizara e estava gangrenando. O general estava tão doente que precisou ser carregado ao tribunal numa maca. Pode ser que muitos de seus soldados e marinheiros não tivessem recebido pagamentos. Se isso de fato aconteceu, deve ter contribuído para uma mudança da opinião pública. Pode-se passar de herói a anti-herói rapidamente.

A acusação pediu a pena de morte, mas em vez disso uma grande multa de cinquenta talentos foi imposta. Milcíades morreu antes de pagá-la. Seu filho de vinte anos, Címon, pagou a dívida, quase falindo seu clã, os filaídas, como consequência.

O general sofreu um fim ingrato. Mas no museu em Olímpia há um capacete com a inscrição dedicada a Milcíades, provavelmente o que ele usou na batalha de Maratona. É uma homenagem adequada.

Mal havia passado um ano após a vitória sobre o Grande Rei.

Muitos atenienses supunham que a derrota dos persas poria um fim ao caso. Os bárbaros saíram feridos e não iriam retornar. Temístocles discordou ferozmente e acreditava que a invasão fora um prelúdio. Como um atleta, escreveu Plutarco, deveria untar seu corpo e entrar na corrida para se tornar campeão de toda a Hélade. Ele deveria treinar a *polis* para disputar jogos maiores. Não havia muito tempo para se prepararem, e Atenas não podia esperar mais do que poucos anos.

Temístocles tinha razão. Dario ficou furioso com Atenas por intervir na revolta jônica. Estava ansioso para se vingar e, em vez disso, sua armada fora facilmente repelida. Ele estava ainda mais enfurecido.

Logo vieram rumores do Oriente de que outra expedição contra a Grécia estava sendo preparada, desta vez muito maior do que a primeira. O Grande Rei enviou mensageiros às principais cidades do seu império com instruções para que fornecessem cavalos, comida, navios de guerra e barcos para transportar tropas. Homens foram alistados no exército. A tributação foi elevada para cobrir os gastos. Heródoto escreveu: "O anúncio dessas ordens tumultuou a Ásia por três anos".

Então o destino lançou duas cartas descabidas. Primeiro, em 486, uma grande revolta causada pelo aumento dos impostos eclodiu no Egito, então uma província persa. O Grande Rei era o faraó, mas um sátrapa foi designado para governar o país. Os egípcios não tinham dúvida sobre sua sujeição. A cópia de uma estátua de Dario toda ornamentada foi encontrada em Susa com inscrições cuneiformes e hieróglifos; a original provavelmente estava em Heliópolis. O texto persa diz, nos tons de Ozymandias: "Esta é a estátua de pedra que o rei Dario mandou ser feita no Egito, de modo que quem a contemplar no futuro saberá que este homem da Pérsia conquistou o Egito".

"Ah, não, você não conquistou", responderam os egípcios, preparando-se para resistir à inevitável invasão como punição. Mas antes que a insurreição pudesse ser anulada, em novembro do mesmo ano o Grande Rei morreu aos 64 anos, depois de governar como Grande Rei por 36 anos. Foi enterrado com toda a pompa em um túmulo esculpido em uma rocha no alto de uma montanha. Em uma inscrição, ele se apresentou da forma mais favorável possível:

> O que é certo, esse é o meu desejo. Não sou amigo daquele que mente. Não tenho temperamento esquentado. Aquilo que causam à minha raiva eu mantenho sob controle com a força do meu pensamento. Governo firmemente meus próprios impulsos.

Essa não é uma descrição do monarca vingativo que os maltratados gregos conheciam, mas um lembrete de que, desde que seus súditos obedecessem, os reis persas respondiam com um governo ordenado, previsível e benevolente.

O herdeiro escolhido de Dario foi seu filho Xerxes, de 32 anos, neto de Ciro pelo lado materno. Sua primeira tarefa foi reconquistar o Egito, o que fez enfrentando alguns problemas. Impôs um regime mais opressor do que seu pai e, como um insulto, recusou-se a aceitar o título de faraó.

Em 484, o novo Grande Rei voltou sua atenção para a Hélade.

O menino arrastou-se pelos claustrofóbicos túneis subterrâneos, alguns com sessenta ou noventa centímetros de diâmetro, estreitos demais para a maioria dos homens já adultos. Ele era um entre centenas, talvez milhares, de mineiros escravos que extraíam o minério de prata de ricos veios em Laurium, no sudeste da Ática.

Havia três camadas de minério separadas por calcário. A mineração ocorria havia séculos ("desde tempos imemoriais", disse Xenofonte), provavelmente aberta. Durante a tirania de Pisístrato começaram a exploração sistemática dos recursos minerais de Atenas. Poços e galerias foram abertos onde os escravos, acorrentados, nus e marcados, trabalhavam nos veios iluminados apenas por lâmpadas de óleo. Um número não registrado de crianças. Era uma vida miserável, perigosa e curta.

As minas pertenciam ao Estado e eram arrendadas a ricos especuladores. Sabemos de um importante estadista ateniense do século V que alugou mil escravos, a um óbolo por cabeça por dia, de um gerente de minas trácio, que provavelmente ele comprara e depois libertara. (Um óbolo pagava por uma jarra com quase três litros de vinho; três óbolos pagavam algumas horas com uma prostituta.)

As minas traziam uma renda muito bem-vinda ao Estado. Então, em 484-483, um poço foi cavado através da segunda crosta calcária para revelar o estrato inferior, uma nova fonte de prata aparentemente inesgotável. Riquezas incontáveis jorraram sobre Atenas e seus cidadãos, como a bela Dânae que Zeus visitou como uma chuva de ouro. Depois de apenas um ano de exploração, a receita anual adicional da Laurium pode ter chegado a cem talentos, ou a cerca de duas toneladas e meia de prata pura.

Foi um milagre, e Temístocles teve toda a intenção de aproveitá-lo ao máximo. Ele sabia exatamente como o dinheiro deveria ser gasto.

Arquíloco, um poeta do século VII da ilha de Paros, que alguns compararam a Homero, escreveu certa vez: "A raposa sabe muitas coisas, mas o porco-espinho sabe algo grande". Temístocles certamente apresentava a inteligência e a astúcia da raposa, mas também era como o porco-espinho. Ao longo de sua carreira política, manteve uma única ideia primordial.

Atenas tinha uma espécie de marinha, mas se orgulhava mais de seu exército terrestre, os hoplitas. Afinal, pouco tempo antes disso haviam vencido o que muitos consideravam a maior batalha terrestre na história helênica. Mas

Temístocles acreditava que tinha boas razões para defender que o futuro de Atenas estava em outro lugar – no mar.

Ele tinha um pensamento estratégico e tático. A população de Atenas ainda aumentava e, como vimos, a paisagem árida e montanhosa da Ática não produzia alimentos suficientes para eles. A *polis* dependia cada vez mais da importação de grãos, que estavam prontamente disponíveis nas terras férteis e aráveis no litoral norte do mar Negro. Os hoplitas não tinham como guardar uma longa costa marítima de suprimentos. Ela teria de ser protegida por uma frota muito mais forte.

Além disso, mais precisaria ser feito para incentivar o comércio. Sólon agiu, mas não foi o suficiente. Se os navios de guerra atenienses patrulhassem o mar Egeu, tornariam a navegação segura e, assim, criariam um clima favorável para que a marinha mercante de Atenas pudesse continuar seus negócios.

E então, claro, havia os persas. Se e quando o Grande Rei voltasse, os hoplitas da cidade estariam em desvantagem numérica e provavelmente não conseguiriam impedi-lo de invadir a Ática e até mesmo capturar a própria Atenas. A julgar por Maratona, não se podia depender de poderes militares como Esparta. Se o pior acontecesse, uma grande frota ateniense poderia evacuar a população para uma ilha vizinha, como Salamina, ou até velejar para a Itália e fundar uma nova Atenas. Se recebessem o reforço dos navios de outras cidades-estados litorâneas no mar Egeu, os gregos seriam capazes de reunir trirremes suficientes para conter a frota de Xerxes.

Como chefe arconte em 493, Temístocles estava em posição de lançar sua grande ideia. O primeiro passo foi construir um porto novo e defensável para substituir Falero, cuja única vantagem era ser visível de Atenas. A frota teve de ser arrastada até a praia, deixando-a à mercê do alto-mar ou de navios hostis. Não tinham se passado quinze anos desde que os ferozes habitantes de Égina atearam fogo à frota ali.

Não muito longe, ao longo da costa de Pireu e a oito quilômetros da cidade, havia três portos rochosos naturais próximos. Hípias já havia visto as vantagens do local, pois era ali que havia construído seu castelo de fuga de emergência. Temístocles persuadiu a *ecclesia* a financiar a fortificação do Pireu e o desenvolvimento do triplo porto. Foi um grande empreendimento que levou dezesseis anos para ser concluído. Paredes sólidas de alvenaria finamente esculpidas foram erguidas do chão, largas o suficiente para permitir que duas carroças passassem uma ao lado da outra.

No entanto, a proposta de Temístocles de transferir a sede do governo de Atenas para o novo porto no caso de a *polis* ser ameaçada por terra recebeu pouco apoio e foi arquivada. Abandonar a Acrópole e os templos dos deuses seria quase um sacrilégio.

O arconte também apresentou um plano para manter uma frota maior. Isso não era apenas caro, mas politicamente frágil, e ele não conseguiu apoio. Se a cavalaria era a onerosa prerrogativa do aristocrata e o armado hoplita era membro da classe média afluente, os navios de guerra eram reservados aos pobres, os *tetes*. Era a turba que tinha a tarefa pouco invejável de remar. Platão, escrevendo um século depois, expressou sua desaprovação nos tons ofendidos dos respeitáveis ricos. Temístocles, ele escreveu, "privou os atenienses da lança e do escudo e os degradou ao banco de remar e ao remo". O *demo* não estava pronto para financiar mais os pobres gananciosos nem para confiar seu próprio futuro às ondas inconstantes.

No entanto, o novo veio de prata em Laurium, quando foi descoberto quase dez anos mais tarde, e a constante luta com seu rival comercial próximo, Égina, fizeram com que mudassem de ideia. A ilha não havia sido perdoada por "medizar" durante a batalha de Maratona.

Uma sugestão popular para despender a renda de Laurium era distribuí-la igualmente entre todos os cidadãos de Atenas. Seria o dividendo de uma empreitada comercial de grande sucesso. Temístocles insistiu na *ecclesia* que isso seria um desperdício imperdoável. Ele disse à assembleia por que essa "fonte de prata", como o trágico Ésquilo a chamara, seria mais bem empregada na marinha. Mas Égina, embora fosse um incômodo real, era apenas sua história aparente; sua preocupação era com a Pérsia. Ele não admitiu isso, em parte porque teve de comprar lenha para suas trirremes da Macedônia, então um protetorado persa, e em parte porque seus concidadãos se recusavam a levar a sério a ameaça de Xerxes.

Apesar da forte oposição, a aprovação foi finalmente dada em 483-482 para a construção de duzentas trirremes. Os atenienses achavam que, se não conseguissem vencer os éginos no mar, poderiam ao menos sobrepujá-los no número de navios de guerra e, dessa forma, conseguiriam intimidá-los.

Estima-se que, em alta velocidade, os construtores de Atenas poderiam construir entre seis e oito trirremes por mês. Égina não tinha recursos para competir e assistiu com consternação à produção em massa de uma marinha que triplicaria de tamanho e à criação de um grande porto onde pudesse se abrigar em segurança. Quanto a Xerxes, provavelmente não foi informado desses fatos, mas, se fosse, não teria se importado. Sua frota ultrapassava em muito o máximo que Atenas podia apresentar e era conduzida pelos marinheiros mais respeitados e temidos no Mediterrâneo, os fenícios.

A trirreme ("triplo remador") era um navio de guerra de três bancos e, embora tivesse duas velas quadradas, era basicamente uma galera movida a remo. Altamente bem construída, era leve, rápida e ágil.

Uma evolução do *pentēkonteros*, embarcação antiga com uma única fileira de 25 remos de cada lado, apareceu por volta do ano 600 e pode ter sido inventada pelos egípcios. Foi projetada exclusivamente para lutar contra outras trirremes, fosse abalroando-as, fosse abordando-as. Sua arma principal era um pesado bico de bronze preso à proa na linha d'água, projetado para perfurar o casco do barco inimigo.

Uma trirreme tinha 37 metros de comprimento por 4,5 metros de largura. Se fosse mais comprida, se tornaria muito pesada e menos manobrável; se fosse mais curta, teria menos remadores e seria mais lenta. Sua tripulação tinha 170 remadores, em geral vindos das classes mais baixas, mas também de recrutas estrangeiros, alguns oficiais e dez marinheiros hoplitas.

Os remadores sentavam-se um em cima do outro em três fileiras; as duas mais baixas dentro do casco e a fileira superior em um cano estabilizador. Aqueles que ficavam nos estabilizadores eram os únicos que viam os remos tocarem a água, supervisionando e administrando os dois remadores abaixo. O termo "trirreme" refere-se a esses grupos de três remadores.

Uma trirreme podia chegar a treze quilômetros por hora, mas navegava melhor a cerca de seis ou quatro quilômetros, se os intervalos para descanso da tripulação fossem feitos em turnos. Tudo dependia do tempo, mas, se tivessem oito horas de marcha, poderiam viajar de oitenta a cem quilômetros por dia. Em uma emergência e com uma tripulação experiente e um navio novo, essa distância podia ser dobrada.

A trirreme tinha algumas deficiências quase fatais. Primeiro, era trabalhosa e muito cara para ser utilizada. Um tripulante podia receber um pagamento diário de uma dracma, e assim poderia custar um talento para pagar apenas uma trirreme por mês. Com isso, uma flotilha de dez galés custaria trinta talentos para uma batalha de três meses. Uma frota de duzentos navios empregava até 40 mil homens e rapidamente levaria à falência o tesouro da maioria das cidades-estados gregas, bem como usaria praticamente toda a sua mão de obra. Uma derrota séria ou a destruição causada por tempestades poderia provocar várias mortes por naufrágio.

Deficiências técnicas enfraqueciam o potencial da trirreme, que exigia uma manutenção cara e demorada. Velas, lemes, cordas, remos e mastros tinham de ser substituídos no meio de uma batalha. Os cascos alagavam se ficassem no mar por muito tempo. Para evitar isso, as embarcações precisavam ser retiradas da água todas as noites para secar. O uso de madeiras leves significava que poderiam ser transportadas sem muita dificuldade, mas as deixava vulneráveis a ataques surpresa.

Além disso, o espaço a bordo era tão comprimido que os remadores precisavam ser autorizados a desembarcar para diversos fins. Havia apenas espaço suficiente para armazenar água (7,5 litros por cabeça por dia), e as tripulações comiam e dormiam em terra. Uma réplica moderna de uma trirreme foi lançada ao mar. Os remadores voluntários acharam o fedor e o calor naquele espaço apertado quase insuportável (claro que temos expectativas de melhores condições do que se fazia há 2 mil anos).

Projetadas para atingir velocidade e não durabilidade, as trirremes eram mais propensas a ser danificadas e afundadas por tempestades do que pelo inimigo. Catabáticos, ou ventos de "outono" que se precipitam verticalmente como um furacão a céu aberto, eram tão letais naquela época quanto hoje são para iates de veraneio. Nenhuma frota grega saía do porto nos meses de inverno.

Com efeito, a trirreme era uma embarcação diurna apropriada apenas para navegar no verão.

A personalidade de Aristides não poderia ser mais diferente do que a de seu rival político, o astuto e imaginativo Temístocles. Aquele era um conservador incorruptível – tanto que foi apelidado como Justo. Era um amigo íntimo e seguidor de Clístenes, mas, se aplaudiu suas reformas democráticas na época, mais tarde mudou de ideia. O homem que ele mais admirava era o (provável) autor mítico da Constituição espartana, Licurgo, e tinha pouca simpatia pelo poder popular.

Aristides fazia questão de se recusar a dar ou receber favores. Certa vez, estava processando um inimigo pessoal no tribunal. O júri se recusou a ouvir a defesa e insistiu em entregar um veredicto imediatamente. Aristides deu um salto e apoiou o direito do réu a uma audiência. Em outra ocasião, quando atuava como árbitro entre dois contendores, um deles observou que seu adversário havia prejudicado Aristides.

"Não me incomode com isso", ele respondeu. "Diga-me que mal ele te fez. Estou aqui para julgar o seu caso, não o meu."

As relações entre Aristides e Temístocles eram frias. Aparentemente, na juventude, se apaixonaram pelo mesmo jovem, chamado Stesilau, da ilha de Céos, e sua rivalidade continuou mesmo muito tempo após o rapaz ter envelhecido.

O fato de que não iam com a cara um do outro não é suficiente para explicar suas divergências. Eles discutiam sobre política também, embora as fontes antigas não explicassem isso. Havia uma distinção de classes, com Aristides defendendo a aristocracia, e Temístocles, as ordens inferiores. É provável que Aristides tenha falado pelos afluentes hoplitas e atacado a nova e cara política marítima que Temístocles promovia.

Aristides não era o único opositor. A política doméstica nos dez anos que se seguiram à batalha de Maratona foi venenosa e, por fim, alguém apreendeu a arma do ostracismo que Clístenes inventara na época de suas reformas, mas que ficara sem uso por quase vinte anos (ver página 121). Votação após votação, fez-se uma limpeza implacável de líderes políticos aristocráticos, em geral com base no fato de eles serem "amigos dos tiranos". Isso é estranho, porque alguns dos ostracizados eram alcmeônidas de sangue ou por casamento. Como isso teria acontecido, alguém pode perguntar, quando o clã sempre se opôs a Pisístrato e a seus filhos por muitos anos e sofreu exílio e perseguição como resultado?

A resposta só pode ser especulada, mas é um palpite razoável. Graças ao fato de o velho Hípias, bem depois de seu auge, ter se estabelecido no tribunal persa esperando ser restaurado ao poder por Dátis e Artafernes durante a batalha de Maratona, ser "amigo dos tiranos" significava ter simpatias pró-persas em vez de realmente querer trazer de volta o sistema antiquado de tirania. Foi por isso que alguns disseram ser um alcmeônida quem mostrou um escudo de bronze das colinas acima do campo de batalha em Maratona. No entanto, é perfeitamente concebível que os alcmeônidas discordassem a fundo da atitude de confronto de Temístocles em relação ao Grande Rei. Não foi traição julgar que Atenas não seria capaz de repelir uma nova invasão em escala maior do que a primeira vez e argumentar que era tolice provocar Xerxes. Na verdade, isso pode ser visto como bom senso.

É provável que Temístocles estivesse por trás dos ostracismos, mas certamente sabia que ele corria um risco terrível. Estava criando uma arma que poderia facilmente se voltar contra quem a tinha empunhado. Mas deve ter sentido que não havia escolha: sabia que sua política de criar uma grande frota estava certa e faria qualquer coisa para garantir que fosse instalada.

Arqueólogos modernos desenterraram um tesouro de mais de 11 mil *ostraka*, ou fragmentos de cerâmica, entre as ruínas da cidade, onde estão gravados os nomes daqueles indicados para o exílio. Alguns fragmentos se encaixam; curiosamente, os nomes dos inimigos políticos aparecem em pedaços adjacentes. À primeira vista isso parece uma farsa, mas, evidentemente, os atenienses mantiveram o *ostrakon* para venda geral aos cidadãos durante as campanhas de ostracismo.

Alguns cacos de cerâmica trazem comentários maledicentes sobre eles, bem como os nomes. Assim, o jovem alcmeônida Mégacles, sobrinho de Clístenes, é acusado de adultério, ganância e estilo de vida ofensivamente pródigo. Foi estigmatizado como "amaldiçoado" (o antigo assassinato dos seguidores de Cilón no templo ainda provocava acirradas emoções). E foi até criticado por criar cavalos. Isso parece injusto, pois em 486, pouco após seu ostracismo, venceu a corrida de bigas nos Jogos Píticos em Delfos – o que conferiu grande prestígio não só ao vencedor, mas também à sua *polis*.

Píndaro, poeta laureado de atletas, homenageou o evento em uma linguagem que o mais feroz patriota ateniense aprovaria. Ele dizia, logo no início:

"Atenas, cidade poderosa!"
Para a forte casa dos alcmeônidas
este é o melhor prelúdio
para assentar como pedra fundamental
da minha música de carruagem.

Píndaro continua apontando os problemas de seu sujeito, escrevendo sobre a "inveja exigindo seus bons feitos", mas a ode implica que Mégacles não sentiu nem vergonha pelo exílio nem ressentimento contra sua cidade.

Em 482, o último e maior dos inimigos de Temístocles caiu em ostracismo. Nessa ocasião, no período que antecedeu à votação, um fazendeiro analfabeto procurou Aristides. Ele lhe entregou seu caco de cerâmica e pediu-lhe que escrevesse ali o nome de Aristides.

O político foi pego de surpresa e perguntou ao homem que mal Aristides lhe havia feito. "Absolutamente nenhum", ele respondeu. "Eu nem o conheço. Estou farto e cansado de ouvir todo mundo chamá-lo de Justo." Aristides rabiscou seu nome no *ostrakon* e devolveu-o sem dizer mais nada.

De longe, o maior número de cacos de cerâmica desenterrados (mais de 4.500) durante esses anos traz o nome de Temístocles. Os cidadãos devem ter votado contra ele em todas as oportunidades, embora nunca fossem a maioria. Ele teria imaginado que sua imunidade não duraria para sempre e que um dia compartilharia o destino das trirremes, apodrecendo na praia de Falero.

Mas, por ora, Temístocles tinha trabalho a fazer se quisesse transformar Atenas na maior potência naval entre os helenos, pois, a partir de 484, surgiram notícias do Oriente: o Grande Rei estava de fato preparando uma vasta expedição militar.

Em todos os estaleiros navais de seus domínios, Chipre, Egito e nos grandes portos da Fenícia, ao longo da costa da Ásia Menor e no litoral sul do mar Negro, foram lançados quilhas, trirremes e transportes militares às centenas. Uma força avançada de engenheiros e de operários estava ocupada cavando um canal de dois quilômetros e meio pela península de Atos. Quando terminado, seria largo o suficiente para deixar passar duas trirremes lado a lado. Dez anos antes, a marinha de Dario sofrera ao tentar contornar o Atos. Desta vez a história não poderia se repetir. Também do Helesponto à Grécia estradas foram construídas ou melhoradas, e rios foram interligados ou equipados com balsas.

Ninguém precisava perguntar que destino Xerxes tinha em mente. Havia pouco tempo para Temístocles entregar *seus* navios.

10

A INVASÃO

Xerxes, o Grande Rei, era uma espécie de esteta e, quando pensou no assunto pela primeira vez, não estava nem um pouco interessado em liderar uma nova invasão da Grécia.

Como todos os persas de classe alta, preferia cultivar seus jardins.

Em outubro de 481, a caminho de Sárdis, onde seu exército se reunia para a batalha, passou por Callatebus, cidade famosa por um doce feito de trigo e xarope de tamargueira. Ao longo da estrada, encontrou um magnífico plátano. Ficou tão impressionado com isso que o decorou com ornamentos de ouro, colares, pulseiras e (segundo relatos) até mesmo uma de suas vestes reais. Destacou um membro do corpo de elite de seu exército, os Imortais, para ficar ali e guardá-lo.

Tratar uma árvore como se fosse uma bela mulher que precisa de proteção parece um comportamento estranho, mas os persas gostavam de administrar a natureza e eram devotados jardineiros. Um príncipe persa no fim do século se gabou de que, toda vez que não estava servindo ao exército, cuidava do jardim antes do jantar. Cada palácio imperial tinha um jardim murado. Irrigado pela água que fluía por estreitos canais, era um oásis fresco e sombreado em meio a paisagens áridas. Uma combinação de um jardim e uma terra aberta bem abastecida com animais era um lugar agradável para se exercitar, caçar usando lanças e flechas atiradas de torres especialmente construídas ou apenas cavalgar.

Mardônio, que perdera sua frota em uma tempestade a caminho de invadir a Grécia e fora dispensado do seu posto militar, retornou em apoio a Xerxes e, muitas vezes, defendia uma nova e mais ambiciosa expedição contra os gregos. Ao típico argumento de vingança contra os atenienses, ele acrescentou: "A Europa é um lugar muito bonito. Produz todos os tipos de árvores de um jardim. A terra ali é tudo o que deveria ser. Em suma, é bom demais para qualquer ser humano, exceto o Grande Rei".

Em outras palavras, Mardônio, indo um pouco além da evidência no que diz respeito à Hélade rochosa, tentava atrair Xerxes com a perspectiva de conquistar um vasto novo *paradeisor*, ou paraíso.

Essas conversas entre monarca e comandante são narradas por Heródoto e podem não passar de uma feliz coincidência. No entanto, pintam a imagem de um governante que considerava seu império um campo de lazer gigantesco, que decidia tudo, mas não se dava ao trabalho de fazer nada sozinho. Essa tarefa era deixada para os servos.

Nessa ocasião, porém, após o fracasso constrangedor em Maratona, o Grande Rei tomou a decisão incomum de liderar ele mesmo a expedição contra os gregos.

Xerxes comprometeu-se em invadir a Grécia no mais tardar em 484, depois da rebelião no Egito. O trabalho de preparação então iniciado foi interrompido por uma insurreição na Babilônia. Mas finalmente, perto do fim de março de 480, o Grande Rei e sua força expedicionária partiram de Sárdis fazendo uma longa marcha até o Helesponto, passando pela Trácia e descendo até a Tessália e a Hélade.

Foi um esplêndido e avassalador espetáculo. Quase todos os homens da família real estavam presentes em uma posição de comando. Se qualquer um se eximisse de servir, arriscaria a desaprovação total. Um multimilionário, doador generoso e favorável à causa aquemênida, disse ao Grande Rei que todos os seus cinco filhos haviam se apresentado.

"Eu sou um velho, Majestade", ele disse, "e peço-lhe para liberar meu filho mais velho para que cuide de mim e de minha propriedade".

Xerxes perdeu a paciência com o que considerou deslealdade hierárquica. Ordenou aos carrascos que encontrassem o filho, talhassem-no ao meio, depositassem cada parte do corpo de um lado da estrada e fizessem o exército marchar entre elas.

A procissão dos homens em colunas deve ter levado horas para passar por essa exibição medonha. Primeiro vieram as bagagens e as unidades técnicas, seguidas por um corpo misto de soldados de todas as nacionalidades. Era uma multidão colorida e multilíngue. Eles representavam mais da metade do exército. Uma lacuna se seguia para separá-los do Grande Rei e sua comitiva.

Duas brigadas de cavalaria e portadores de lanças, com romãs douradas nas pontas, abriam o caminho. Seguiam-se dez cavalos sagrados da Média e oito cavalos cinza puxavam a carruagem sagrada de Ahura Mazda, o senhor do universo. Ninguém tinha autorização para conduzi-lo, por isso o cocheiro andava atrás, segurando as rédeas. Então vinha o Grande Rei, em sua carruagem, acompanhado por um cocheiro. Quando queria descansar e ter um pouco de privacidade, ele descia e se sentava em uma carruagem coberta.

Depois dele, marchavam outros milhares de portadores de lança, com romãs de ouro ou prata nas pontas, e depois outros mil cavaleiros. A escolta real era completada pelos Imortais, 10 mil soldados de infantaria fortemente armados. Eram chamados assim porque seu número não podia ser reduzido; se alguém morria ou abandonava a tropa por motivo de doença, era imediatamente substituído.

Os Imortais eram bem tratados. Vestiam-se magnificamente com luxuosos adornos de ouro. Seu alto *status* lhes dava direito de trazer carroças fechadas para a batalha com suas amantes e ter servos bem-vestidos. Camelos e outras bestas de carga carregavam as rações especiais dos Imortais.

Um intervalo de dois estádios precedia o restante do exército, que levava a retaguarda – outro grande grupo de cavalos e uma coluna de divisões de infantaria.

Surge uma pergunta: quão numeroso era esse grupo? É difícil responder, pois os registros oficiais não sobreviveram e os historiadores clássicos aumentaram incrivelmente os números. Heródoto relata que Xerxes reuniu 1,7 milhão de membros de infantaria e 80 mil de cavalaria. Para isso, acrescentou 20 mil camelos e carruagens e 300 mil trácios e gregos recrutados ao longo do caminho. Quanto à frota, 1.207 trirremes com duzentos remadores por navio somam cerca de 241.400 homens e 36.210 marinheiros, sendo trinta por navio. Os navios de guerra adicionais exigiram uma tripulação no total de 284 mil pessoas. Heródoto, em seguida, dobrou o total para incluir acompanhantes no acampamento, animais e agregados (entre eles, sabe-se, eunucos, cozinheiras, concubinas e cães indianos). Isso soma um total de 5.283.220 almas.

Heródoto deve ter adivinhado que havia algo errado em seus cálculos. Ele se pergunta: "Que fluxo de água as forças de Xerxes não secaram senão os maiores rios?". A logística, especialmente em relação ao suprimento de água, é um forte argumento contra tal multidão. Comer era menos problemático do que beber, pois, durante a longa preparação, grandes depósitos de comida haviam sido colocados em postos equidistantes ao longo da rota entre Ásia Menor e Grécia.

Uma teoria diz que Heródoto confundiu os termos persas para *chiliarch*, comandante de mil homens, e *myriarch*, comandante de 10 mil homens. Remova um zero dos totais fornecidos anteriormente, e os números se tornam muito mais razoáveis.

170.000 soldados de infantaria
8.000 soldados de cavalaria
2.000 camelos e carruagens
30.000 trácios e gregos
210.000

Por diferentes razões, os modernos estudiosos chegaram a estimativas semelhantes. Se estas estão mais ou menos corretas, a alegação de Heródoto serve para explicar que o exército sofreu seriamente de sede apenas três vezes durante a longa marcha até a Grécia.

No que diz respeito à frota, Heródoto fornece números que, por um lado, parecem autênticos e, por outro lado, são altos demais para os navios de guerra que alcançaram as estreitas águas da Hélade. Como se pode observar, ele relata um total geral (excluindo barcos e transportes de comissariado) de 1.207 navios de guerra, mais um adicional de 120 dados pelos colaboradores helênicos de colônias na Trácia e nas ilhas costeiras. Mas sabemos que apenas cerca de seiscentas trirremes chegaram ao destino.

A discrepância é facilmente explicada. Mais ou menos metade da frota estava comprometida com uma façanha de engenharia verdadeiramente surpreendente, que a tirou de vez da linha de batalha. De alguma forma, o Grande Rei e seu exército tiveram de atravessar o Helesponto, um trecho de água que separa a Ásia da Europa. Duas pontes flutuantes foram instaladas, uma com

4 quilômetros de comprimento e a outra com 3,2 quilômetros. Duas linhas de 360 e 314 trirremes e galeras de cinquenta remos, respectivamente, foram ancoradas de uma costa à outra e amarradas juntas.

As lacunas permitiram que navios mercantes navegassem ida e volta para o mar Negro. Cabos de suspensão resistentes, mas flexíveis, seis para cada ponte, feitos de papiro e capim de esparto, foram colocados em cada fila de barcos e apertados por cabrestantes. Pranchas de madeira, mato e terra com telas laterais de madeira foram colocadas nos cabos para criar estradas. Os cabos foram pressionados sobre os barcos, mas levaram um pouco do peso e dividiram a tensão nas âncoras.

A primeira tentativa de construir uma ponte terminou mal. Ela explodiu durante uma tempestade, deixando Xerxes irado. Segundo Heródoto, ele mandou decapitar os funcionários da obra. Também ordenou que o próprio Helesponto fosse punido com trezentas chicotadas e que um par de grilhões fosse jogado ao mar. Os engenheiros tentaram novamente, esperando manter a cabeça em cima dos ombros, e desta vez tiveram sucesso. Foi um caso absurdo de paranoia real.

Em junho de 480, o Grande Rei e seu exército chegaram a Abidos, uma cidade no Helesponto próxima a duas pontes. Era dali que o lendário Leandro, que dispensava engenheiros militares, costumava atravessar o canal todas as noites a nado para passá-las com sua amada, Hero, até certa vez se perder numa tempestade e se afogar.

O Grande Rei fez uma revisão de suas forças terrestres e marítimas – ou pelo menos uma fração representativa, se tivermos em mente que a água potável era limitada. Mandou o povo de Abidos lhe construir um trono de mármore branco e colocá-lo em uma elevação. Ao olhar para baixo, o mar estava praticamente invisível. Uma corrida foi organizada, vencida pelos fenícios da poderosa cidade-estado de Sidon. A costa e a planície estavam lotadas de homens.

Xerxes felicitou-se por ser um homem de sorte. Mas estava sob grande tensão e, pouco depois, caiu no choro.

O tio do Grande Rei, Artabano, perguntou-lhe qual era o problema. Xerxes respondeu: "Eu estava pensando e me dei conta de como lamentavelmente a vida humana é muito curta. Daqui a cem anos nenhuma dessas pessoas que estão aqui estará viva".

O rei mudou de assunto e perguntou a seu tio, que o aconselhara contra a guerra, o que ele pensava hoje. Sua resposta foi bem fundamentada, mesmo que a conversa tenha sido inventada por Heródoto. Artabano disse: "Tenho medo de dois inimigos".

"A quem se refere? Há algo errado com meu exército? Não é grande o suficiente?"

Artabano explicou que temia a terra e o mar. Para onde iriam não havia portos com capacidade para receber a frota, e a terra se tornaria cada vez mais hostil à medida que os persas avançassem. Se os gregos não lutassem, depois de algum tempo a Hélade rochosa não poderia alimentar o exército, que morreria de fome.

O Grande Rei estava muito cansado e mandou seu tio de volta à capital imperial, Susa, em desgraça. Ele deu ordem para marcharem para a Europa. Os primeiros a testar as pontes foram os Imortais, usando guirlandas. Levou sete dias e sete noites para que todos atravessassem para o outro lado.

O exército, sempre à sombra da frota, partiu em sua longa jornada para o oeste.

Os gregos tinham consciência das nuvens negras que se formavam a leste, mas (como estados livres ao longo da história) vacilavam e perdiam tempo. Houve uma única exceção: graças à visão de Temístocles, em 481, Atenas havia completado seu programa de construção naval, planejado primeiro para a guerra contra Égina, e continuou a lançar novas trirremes.

Em agosto do mesmo ano, a *polis* consultou o Oráculo de Delfos sobre a crise iminente. Depois que seus delegados entraram no templo interno e tomaram seus assentos, a pítia, uma mulher chamada Aristonice, transmitiu uma mensagem aterrorizante do deus, segundo Heródoto:

> Vocês estão condenados. Por que esperar sentados? Fujam para o fim do mundo.
> Abandonem suas casas e a cidadela – sua cidade gira como uma roda.

O oráculo favorecia a Pérsia e parecia defender que a resistência a uma grande invasão do Grande Rei seria inútil. Ela não estava sozinha. O deus cuidou de ficar bem informado, e muitos gregos professavam a mesma opinião.

Os atenienses ficaram devastados com o que fora dito, mas mantiveram a presença de espírito. Levaram ramos de oliveira e retornaram para uma segunda consulta. "Senhor, dê-nos um oráculo melhor", eles pediram.

A pítia tentou de novo. Desta vez, ela disse, suas palavras seriam sérias ("adamantinas"). Ofereceu um raio de esperança, embora fosse difícil interpretar o que ela quis dizer.

Zeus, aquele que tudo vê, concede a Atenas um muro de madeira.
Ela não cairá, mas irá ajudar a todos e a seus filhos.

Ela acrescentou, no fim:

Ó, divina Salamina, destruirás os filhos das mulheres
Quando o grão de Deméter for semeado e colhido na colheita.

Embora fosse menos negativo que o primeiro oráculo, era ainda menos compreensível. O que seria o muro de madeira e filhos de que mulheres morreriam em Salamina? Quando os enviados retornaram a Atenas e relataram à *ecclesia*, essas eram as perguntas que precisavam de resposta.

A posição estratégica que os gregos estavam enfrentando era desafiadora. Havia três lugares onde poderiam ser capazes de segurar o invasor enquanto marchava da Trácia.

Primeiro, havia numerosas entradas no norte da Hélade e na ampla planície de criação de cavalos da Tessália. O mais importante era o vale de Tempe, um desfiladeiro de oito quilômetros de extensão, mas seria um desafio deter o avanço persa ali, porque seria fácil transformar essa posição defensiva passando por outro ponto de acesso não muito distante. Como de costume, a maioria dos estados da região não esperava pelos exércitos lutando em sua própria terra. Eles estavam dispostos a capitular perante o Grande Rei e "medizar".

Então, saindo da Tessália e entrando no centro da Grécia, havia um desfiladeiro estreito entre o mar e as montanhas nas Termópilas (que quer dizer "portões quentes", por causa de suas fontes termais). As águas também se estreitavam em Artemísio, cabo setentrional da ilha de Eubeia. Ambos os lugares tinham a vantagem de estar próximos o suficiente para se comunicarem razoavelmente rápido (uma distância de cerca de 64 quilômetros por água).

E, terceiro, uma defesa de última hora poderia ser montada no istmo de Corinto, entre a Grécia continental e a península do Peloponeso. Tinha 6.500 quilômetros de largura e poderia ser fortificada.

Qualquer comandante que planejasse como vencer os persas precisaria ter em mente alguns fatores, tanto positivos quanto negativos. Os homens do Grande Rei precisavam de comida e bebida e, é claro, não tinham estabelecido depósitos de suprimentos no território inimigo. No entanto, enquanto tivesse o comando dos mares, os navios de transporte poderiam trazer suprimentos regularmente. Se algo acontecesse com a frota, o exército se encontraria em sérias dificuldades. Xerxes queria conquistar o mais rápido possível. Se os gregos conseguissem deter os invasores por tempo suficiente, provavelmente forçariam os persas a se retirar.

A frota persa acompanhava as forças terrestres. A menos que pudesse ser impedida de fazê-lo, poderia avançar e desembarcar tropas na retaguarda das posições militares gregas. Não adiantaria defender o istmo de Corinto se os persas simplesmente passassem de navio por ele e abrissem uma ponte no Peloponeso, talvez de uma base na ilha de Citera, na costa meridional. Por outro lado, havia poucos grandes portos na península, e os persas não estavam familiarizados com as peculiaridades da terra. Não devemos esquecer que as pessoas desconheciam a geografia naquela época de lentas, desconfortáveis e, por vezes, perigosas viagens.

Uma consideração final: uma nova frota ateniense ao lado de outras *poleis* gregas podia agora dar um bom espetáculo contra os persas. Eram necessários cerca de 40 mil homens para cuidar das duzentas trirremes da cidade. O número de atenienses adultos do sexo masculino nessa época foi estimado entre 40 mil e 60 mil (provavelmente nesse período, mais próximo do primeiro número). A maioria dos remadores era composta por membros da classe socioeconômica mais baixa. Havia também cerca de 25 mil metecos, ou estrangeiros residentes antigos, que poderiam ser recrutados. Tanto os cidadãos quanto os metecos passavam por treinamento intensivo. Tripular todos os barcos ao mesmo tempo era viável, mas representava uma séria pressão sobre a mão de obra ateniense.

Os gregos, no entanto, ainda estavam em menor número, e seus navios de guerra eram mais pesados e menos manobráveis do que seus correspondentes fenícios. Essas foram boas razões para evitar a batalha em águas abertas. Havia apenas dois trechos de mar onde seria seguro lutar: Artemísio, já mencionado, e nas águas estreitas entre a costa da Ática e a ilha de Salamina.

Era muito fácil se colocar num estado de espírito defensivo. Se a ameaça persa devia ser eliminada, a questão era, antes, como vencer a guerra do que como evitar perdê-la. Era isso o que a mente política e militar mais criativa da época pensava. Essa era a mente de Temístocles.

Esparta era, por consenso, a principal *polis* dos helenos e inigualável no campo de batalha, e Atenas, a vencedora de Maratona, convocou o que chamaram de Congresso de Representantes em Corinto. Encontraram-se no outono de 481, enquanto Xerxes ainda treinava suas forças em Sárdis. Esparta estava no comando, e 31 estados participaram. O objetivo do Congresso era decidir quais medidas deveriam ser adotadas para resistir ao invasor em comum. Foi uma ocasião excepcional, pois era quase inédito para as cidades-estados gregas chegar a um consenso sobre alguma coisa – contudo, sem no mínimo aparentar uma unidade não havia esperança de que elas fossem bem-sucedidas.

Os aliados anunciaram o fim de suas disputas mútuas e endêmicas e, em novembro, Atenas e Égina abandonaram as hostilidades de baixo escalão. Temístocles exerceu influência sobre esse acordo geral, pelo qual Plutarco justamente lhe dá um crédito generoso: "A maior de todas as suas realizações foi o fato de ele ter cessado as guerras entre os gregos e reconciliado as cidades-estados gregas. Persuadiu-os a suspender suas diferenças por causa da guerra contra a Pérsia".

Não é incorreto também atribuir a Temístocles uma decisão da *ecclesia* de Atenas de chamar de volta todos os que haviam sido enviados ao ostracismo: Aristides e Xantipo eram patriotas e deviam desempenhar papéis de liderança na luta iminente. A reconciliação no exterior deveria ser igualada à harmonia em casa.

O Congresso enviou espiões para investigar os preparativos do Grande Rei na Ásia Menor. Eles foram pegos, mas, em vez de executá-los, Xerxes astutamente lhes mostrou seu acampamento para que pudessem descrever a larga escala da força expedicionária (aparentemente, eles não viram a frota, o que significava que os gregos sabiam ainda menos sobre a força naval de Xerxes).

Os embaixadores persas estavam fazendo o possível para convencer as cidades-estados gregas a se apresentarem antecipadamente ao Grande Rei. Em resposta, os aliados votaram em confiscar os territórios de todos os que não aderissem à luta pela sobrevivência. Enviaram seus próprios emissários para trazer todos os que ainda relutavam em se juntar a uma coalizão antipersa, entre eles os tessálios, Argos, a antiga besta negra de Esparta no Peloponeso, e Tebas junto com as outras cidades da Beócia.

Apelos de assistência foram enviados a Creta, Córcira (Corfu) e à rica e poderosa cidade-estado de Siracusa, que dominava o leste da Sicília. Essas iniciativas foram inúteis, e pode ser que Xerxes tenha feito um pacto com a arqui-inimiga de Siracusa, Cartago, que planejava invadir a Sicília. A ideia era que Siracusa fosse atacada ao mesmo tempo que o Grande Rei invadisse a Grécia continental, impedindo-a de enviar ajuda.

O Congresso se reuniu novamente na primavera do ano seguinte. Era hora de decidir a estrutura de comando das forças de coalizão. Todos aceitavam que Esparta devesse ter o comando supremo do exército, mas Atenas, agora a maior potência naval grega, esperava receber o comando da marinha. No entanto, outros delegados ameaçaram deixar a coalizão se tivessem de servir às ordens de um ateniense. Temístocles, a quem a *ecclesia* ateniense elegeu como general (tipicamente, subornou outro provável candidato a renunciar às eleições em fevereiro), renunciou à reivindicação de sua cidade em prol do interesse helênico. Aceitou um espartano, Euribíades, como comandante-geral da frota aliada. Heródoto escreveu que os atenienses cederam pelos melhores motivos:

> Eles consideraram a sobrevivência da Hélade como de suma importância e, se disputassem a liderança, a Grécia enfrentaria a destruição. Eles estavam absolutamente corretos. Assim como a guerra é pior do que a paz, a luta civil é muito pior do que um esforço de guerra unido.

Os espartanos viam a si mesmos como um poder terrestre e desconheciam praticamente tudo sobre questões navais. No entanto, como o historiador Diodoro Sículo disse, Euribíades estava no comando, mas era Temístocles quem dava as ordens.

Os estados do norte deixaram claro que seriam forçados a ceder para os persas, a menos que Esparta mandasse tropas para defender o vale de Tempe. Antes de o Grande Rei atravessar da Ásia para a Europa, uma força de 10 mil homens foi devidamente despachada, mas ficou poucos dias. Os habitantes locais não cooperavam.

Também as tropas logo perceberam que havia outras passagens da Macedônia para a Tessália além de Tempe, que os persas estariam mais propensos a usar. A última coisa que estariam dispostos a arriscar era ter de virar de posição e encontrar o inimigo na retaguarda. Então se retiraram em direção ao sul, para o istmo de Corinto, e todos os gregos do norte e os beócios imediatamente se submeteram a Xerxes, que ainda estava a algumas centenas de quilômetros de distância.

A serpente sagrada havia sumido. Ela habitava um local dentro do templo de Atena, na Acrópole. Todo dia era entregue uma parte das primeiras oferendas à deusa, em geral um bolo de mel. Então os sacerdotes perceberam que a comida continuava intocada. Procuraram, mas não encontraram a serpente em nenhum lugar. Seria um mau presságio para a cidade? Teria a deusa abandonado Atenas diante da invasão persa?

É mais provável que tenha se tratado de um truque de Temístocles. Não seria surpresa descobrir que a serpente havia sido trancada em uma caixa na sua casa. Ele tinha certeza de sua estratégia de guerra; sua questão era convencer os *demos* disso. Ele acreditava que a guerra só poderia ser vencida no mar, e havia uma boa chance de que não conseguisse impedir Xerxes de invadir a Ática. A fuga da serpente serviu de aviso de que a população de Atenas deveria ser evacuada durante as hostilidades, mais provavelmente para a ilha de Salamina e o pequeno estado de Trezena, do outro lado da baía de Sarônica, na Ática. Essa era uma perspectiva traumática que seus compatriotas não conseguiam aceitar.

Temístocles estava perfeitamente disposto a manipular o sobrenatural para apoiar seus argumentos racionais. Então, quando os delegados enviados ao Oráculo de Delfos voltaram para casa com seus misteriosos conselhos, ele tentou voltar os hexâmetros da Pítia a seu favor. Era óbvio, disse ele à *ecclesia*, provavelmente no verão de 481, que os muros de madeira não se referiam, como alguns pensavam, à cerca nas margens da Acrópole. Era uma metáfora para a frota. No mar havia segurança.

E quanto à sinistra alusão de que Salamina destruiria filhos de muitas mães, Temístocles discordou da ideia de que o deus previa uma derrota grega nas águas da ilha. Se esse tivesse sido o significado do oráculo, o verso teria lido "Ó, cruel Salamina…" ou algo desse tipo. A expressão "divina Salamina" claramente apontava para uma vitória grega e pesadas baixas persas.

A assembleia preferiu a análise de Temístocles à dos especialistas oraculares. Por fim, conseguiu vencer, pois, se ele estava certo sobre o oráculo, também estaria certo quanto à sua política de vitória no mar e à evacuação civil.

Embora não haja provas, pode-se detectar sua mão secreta em Delfos. O oráculo estava favorecendo os persas. Num decreto, Dario escreveu: "O deus [Apolo] disse a verdade completa aos persas". Temístocles certamente terá tomado providências para defender o ponto de vista grego, argumentando que as perspectivas gregas foram muito melhoradas após a formação da aliança antipersa. As palmeiras podem ter sido besuntadas de óleo para anular a primeira resposta desastrosa de Apolo às perguntas de Atenas.

O debate que ocorreu em Atenas em 480 foi um dos mais importantes da história da democracia. Heródoto resumiu o ponto com o qual os cidadãos concordaram por ampla maioria.

> Após suas deliberações sobre o oráculo, decidiram confrontar a invasão do bárbaro à Hélade com todo o seu povo e seus navios em obediência ao deus, com aqueles dos helenos que estavam dispostos a se juntar a eles.

"Obediência ao deus" era uma expressão formal que significava lutar no mar e abandonar sua amada cidade. Arranjos detalhados foram feitos e divulgados; anciãos e bens móveis deveriam ser enviados a Salamina, e mulheres e crianças, a Trezena. Cidadãos adultos e estrangeiros residentes (metecos) deveriam se juntar a seus navios "a partir de amanhã". Deve ter sido nesse momento agonizante que a serpente do templo desceu da Acrópole (ou foi contrabandeada em uma caixa). Uma intervenção dramática, fosse divina, fosse humana, tinha uma boa chance de fazer endurecer a vontade comum.

Uma evacuação geral provavelmente começou em junho, com navios de guerra atenienses atuando como balsas. Foi uma operação complicada e demorada. Os abastados que podiam pagar devem ter ido primeiro. Os agricultores devem ter esperado até a colheita antes de sair. Os antigos arcontes do conselho do Areópago fizeram uma lista de doações para aqueles que não tinham mais dinheiro.

Cachorros uivavam ao serem deixados para trás. Xantipo, retornando do exílio, partiu em sua trirreme e seu cão mergulhou na água, nadou ao lado do barco e saiu das ondas em Salamina, apenas para desfalecer e morrer.

Os oponentes políticos se uniram à causa comum. Címon, o belo e jovem filho de Milcíades, com cabelos grossos e cacheados, e um grupo de seus nobres amigos, todos cavaleiros, organizaram uma ato para afirmar a lealdade da aristocracia e seu apoio a Temístocles. Dedicaram os freios de seus cavalos ao templo de Atena, na Acrópole, e depois caminharam até a costa – para simbolizar o fato de que "a cidade precisava agora não de bravos cavaleiros, mas de homens para lutar no mar".

Enquanto a maioria do povo se aprontava para partir, alguns velhos obstinados, que pensavam saber mais sobre oráculos do que Temístocles, se juntaram aos funcionários da Acrópole e se entrincheiraram ali.

Havia outro grupo que Temístocles teve de convencer – seus aliados no Peloponeso. Muitos acreditam que seria melhor fortalecer o istmo de Corinto e defender a península. Isso significaria deixar a Grécia continental, incluindo a Ática, a seu próprio destino. Temístocles deixou claro que seria inaceitável. A frota ateniense de duzentas trirremes deixaria a aliança e provavelmente partiria para a Sicília, onde a cidade seria refundada. Isso era uma séria ameaça, pois a popa da frota grega não seria páreo para os persas, que tinham o domínio incontestável dos mares.

Acordou-se, então, que um posto seria aberto no desfiladeiro das Termópilas e nas águas ao redor de Artemísio, exatamente o que os atenienses queriam. O tempo estava se esgotando, e um pequeno exército, sob o comando do rei espartano Leônidas, de imediato marchou para o norte. Agora estavam em agosto de 480, o festival Carneia havia começado de novo, e nesse ano os Jogos Olímpicos, em teoria, seriam um tempo de trégua. Nessa ocasião, porém, pelo menos algumas tropas receberam autorização para deixar Esparta. Enquanto isso, a frota grega de cerca de 270 navios de guerra também zarpou (uma reserva foi deixada para trás a fim de proteger Ática, Égina e Salamina).

O Grande Rei estava orgulhoso. Com impressionante planejamento e apoio logístico, foram montados um enorme exército e uma frota. Ele não acreditava que encontrariam muita resistência. Viajando com ele estava Demarato, o rei espartano que fora injustamente deposto pelas maquinações de seu comonarca, o falecido Cleomenes. Em 491, fugiu para a Pérsia, onde o pai de Xerxes, Dario, recebeu-o calorosamente. Para o tribunal persa, Demarato era uma mina de informação sobre o mundo helênico.

"Então, me diga", perguntou Xerxes, "os helenos vão usar a força para resistir a mim?".

"Majestade, devo dizer a verdade ou aquilo que irá agradá-lo?"

"Diga-me a verdade."

"Embora elogie todos os gregos, o que vou dizer agora se aplica apenas aos espartanos. Não há como eles aceitarem sua intenção declarada de escravizar toda a Hélade. Mesmo que as outras cidades-estados vejam as coisas do seu jeito, os espartanos certamente se oporão. Mesmo que possam colocar apenas mil hoplitas, lutarão contra você."

"Demarato, como pode dizer uma coisa dessas? Mil homens lutarem contra o *meu* exército?!"

O espartano respondeu que seus compatriotas eram governados pela lei, pelas regras de sua comunidade, e isso os proibia de fugir da batalha. E concluiu:

"Estou muito disposto a fechar a boca, mas me pediu para dizer o que eu penso".

Xerxes riu da conversa e mandou Demarato embora de forma gentil, mas disse a si mesmo que aquele homem estava difundindo bobagens.

11

"UM COMPORTAMENTO DE IDIOTAS"

Havia um estranho cheiro no ar nas Termópilas – uma mistura de cobre e ovo podre, o aroma pesado de plantações de vassoura por toda parte e um leve travo de maresia. No sopé de um penhasco íngreme, fontes de enxofre quente jorravam e corriam ao longo de veios no chão. Elas eram chamadas "Os Potes", e um altar acima delas foi dedicado a Hércules. Um turista que visitou o local no século II d.C. lembrou: "Nunca vi água tão azul quanto nas Termópilas".

Foi ali que os espartanos e os aliados decidiram que seria o melhor lugar para impedir que os persas entrassem na Grécia central. Foi uma avaliação astuta. As Termópilas eram uma passagem costeira; de um lado, as montanhas desciam até uma estreita faixa de terra e, do outro, havia um mar sem ondas, cheio de charcos e pântanos.

No extremo oeste do desfiladeiro, de onde Xerxes se aproximava, a entrada tinha apenas um pouco mais de dois metros de largura. Por cerca de um quilômetro e meio, a terra abria-se então por quase quinze metros de largura e culminava em uma cruzeta antiga e dilapidada de pedra, com um portal (o portão de madeira já havia desaparecido). A muralha corria ao longo de um pequeno esporão até o mar. Mais além, havia um monte com pouco mais de 45 metros de altura. Havia outro trecho de praia com arbustos, levando a uma passagem final a leste com largura suficiente para deixar passar apenas uma carreta.

O rei Leônidas era o filho caçula e, portanto, não havia sido criado para ser rei. Sofreu o temível *agogē*, como qualquer menino espartano, e herdou o trono depois da morte de seu meio-irmão, o capaz, porém mentalmente frágil, Cleomenes. Um "homem muito preocupado com sua coragem", como Diodoro Sículo disse secamente, chegou às Termópilas à frente de uma força de 4 mil homens, entre eles uma guarda real de trezentos espartanos. Provavelmente eram apoiados por novecentos hilotas. Devido à Carneia não era permitido um número maior (e até mesmo esse era demasiado), mas após a lua cheia, em 18 de setembro de 480, e o fim do festival, foi prometido a eles que seriam enviados grandes reforços.

Os espartanos eram acompanhados por mais de 2 mil hoplitas mandados por outros estados do Peloponeso e, no caminho, também capturaram dois contingentes da Beócia, incluindo quatrocentos soldados de Tebas. Leônidas insistiu especialmente no alistamento dos tebanos, pois a cidade estava sob forte suspeita de se aliar ao inimigo, e o pedido de combatentes desfaria sua aliança. De fato, as autoridades de Tebas simplesmente enviaram ao rei todos os revoltosos e oponentes políticos.

Ao chegar às Termópilas, Leônidas decidiu se posicionar junto à muralha, que mandou que seus homens consertassem e fortalecessem. Essa foi uma medida sábia, pois enquanto as passagens oriental e ocidental eram mais estreitas, o terreno em volta elevava-se levemente. Por tudo isso, as Termópilas eram uma posição defensiva excelente. Para seu espanto, porém, o rei descobriu que a passagem poderia ser virada. Havia um caminho pelas colinas que os persas, se o descobrissem, poderiam usar para surpreender os gregos pela retaguarda. Para evitar esse perigo, alguns aliados locais, os fócios, receberam ordens de ocupar um ponto forte no percurso e repelir qualquer força que o Grande Rei enviasse.

Leônidas estava pronto.

Do outro lado do mar em frente às Termópilas, no extremo norte da ilha de Eubeia, estendia-se uma longa praia, ideal para puxar trirremes da água para secar, atrás de colinas baixas. Em um promontório, um pequeno templo ficava defronte ao nascer do sol. Era dedicado a Ártemis, a deusa da natureza, a caçadora, uma virgem que cuidava das mulheres na hora do parto. O clima ali podia ser selvagem, como um velho navio naufragado, descoberto em 1926, faz acreditar; ele transportava uma das obras-primas da arte grega, a famosa estátua de bronze de Zeus (ou possivelmente de Poseidon) em tamanho natural, erigida apenas vinte anos depois da invasão persa. Ao norte, do outro lado do mar, ficava a ilha de Escíato e a península de Magnésia, que circundava o golfo de Págasas.

Foi aqui em Artemísio que a frota grega se reuniu, além da flotilha deixada para trás a fim de proteger as águas costeiras. Afinal, o Grande Rei poderia não corresponder à expectativa dos gregos, mas, ao contorná-los, navegaria pelo mar Egeu até a ilha mais próxima da Ática e, finalmente, chegaria ao Peloponeso.

Por trás de Euribíades e Temístocles e seus navios, ficavam a Eubeia amigável e uma rota de fuga fácil para o sul entre a ilha e o continente. A principal desvantagem era que as águas em Artemísio eram um pouco abertas demais para compensar a superioridade marítima dos persas.

Três trirremes helênicas estavam estacionadas no porto de Escíato, uma pequena ilha ao norte de Artemísio, como vigias. Enquanto a frota de Xerxes avançava pelo litoral exposto do nordeste da Grécia, dez de seus navios de guerra mais rápidos foram enviados à frente para localizar, se possível, a frota grega. Quando os capitães das trirremes os viram se aproximando, fugiram. Mas isso era prova da grande velocidade dos navios persas (ou, melhor dizendo, fenícios), que sem nenhum trabalho alcançaram os três barcos inimigos.

Os persas escolheram o marinheiro mais bonito no primeiro barco que abordaram, levaram-no até a frente e o degolaram, como sacrifício humano. A segunda tripulação teve mais sorte: um de seus marinheiros resistiu até ser praticamente esquartejado. Quando finalmente cedeu, seus captores cobriram suas feridas com mirra e envolveram-nas com bandagens de linho (os outros prisioneiros foram tratados apenas como escravos). O terceiro navio encalhou, mas a tripulação escapou e retornou por terra a Atenas através da Tessália.

Esse sucesso foi revertido por um desastre natural. De acordo com relatórios de seus dez navios de guerra avançados, a frota persa navegou para Escíato e Artemísio. Certa madrugada, provavelmente no dia 11 de setembro, um vento nordeste surgiu no céu limpo. Um litoral tumultuado significava que, embora alguns navios estivessem no seco em praias estreitas, muitos estavam ancorados a oito linhas de profundidade. A tempestade feroz durou quatro dias. Não houve chance de escapar. Os capitães que previram o desastre colocaram seus barcos na praia, mas a maioria foi arrancada das amarras por uma onda gigantesca e arremessada contra os rochedos. Heródoto afirma que quatrocentas trirremes e *pentēkonteros* se perderam, fazendo-se "uma estimativa por baixo". Ele estava exagerando, mas sem dúvida Xerxes sofrera um golpe.

Dizia-se que os gregos apelaram a Bóreas, o deus do vento norte. Se for verdade, o deus atendeu ao pedido.

Nas Termópilas, um cavaleiro persa se aproximou do muro reforçado, atrás do qual Leônidas montara seu acampamento. Alguns espartanos estavam de plantão naquele momento, e o batedor os contou. Notou, para sua surpresa, que alguns estavam nus para fazer exercícios e outros estavam penteando os cabelos (que eram longos). *Que fútil*, ele pensou. Após terminar seu levantamento, saiu galopando e informou o Grande Rei, cujo exército esperava na Tessália.

Aparentemente, Xerxes ficou perplexo com o relato:

> A verdade, quer dizer, que os espartanos estavam se preparando para morrer e matar com todas as suas forças, estava além de sua compreensão, e o que eles faziam lhe parecia o cúmulo da loucura, um comportamento de idiotas.

Xerxes enviou uma carta ao rei de Esparta, propondo-lhe que se rendesse. Ele escreveu: "Entregue as suas armas!". "Venha buscá-las!", foi a resposta lacônica. Em 17 de setembro, depois de quatro dias de espera inútil para os espartanos se retirarem, ou para que todo o seu exército chegasse, Xerxes lançou um ataque em grande escala contra Leônidas e sua minúscula força.

Nenhum ataque contra a defesa grega causava efeito. Nem mesmo os famosos Imortais provocavam resultado. Os gregos tinham lanças mais longas do que os persas – e armaduras mais impenetráveis. Além disso, os espartanos ensaiavam bem suas manobras. Viravam as costas para seus oponentes e fingiam bater em retirada, aparentando confusão. Os persas caíam na armadilha e avançavam com grande estrondo. Então, no último minuto, os espartanos davam meia-volta, surpreendiam seus perseguidores e matavam todos.

Xerxes, sentado em um ponto privilegiado, observou o desenrolar dos combates com desânimo cada vez maior. Depois de uma noite de tempestade, os persas voltaram ao ataque, mas sem melhor sorte. O Grande Rei enfrentou um impasse inquebrantável e não tinha ideia do que fazer em seguida. O outono se aproximava, e a temporada de lutas iria acabar. E não seria possível provisionar seu enorme exército e sua marinha indefinidamente. A menos que a sorte mudasse, seria obrigado a fazer uma retirada humilhante. Então algo, inesperadamente, aconteceu.

Um homem local chamado Efialtes se adiantou, sem dúvida como fruto dos apelos persas, e se ofereceu, por uma considerável soma, para mostrar aos persas uma trilha que percorria pelas colinas até um pouco além do extremo leste do desfiladeiro. Naquela mesma noite, com Efialtes como guia, um destacamento de Imortais foi enviado pelo caminho. A guarda fócia ouviu-os pisar as folhas secas de carvalho no escuro, mas os arqueiros persas flecharam os indecisos guardas e fugiram imediatamente pela encosta da montanha.

Ao amanhecer, vigias desceram às pressas as colinas e informaram Leônidas da derrota dos fócios. Percebeu que não demoraria muito para que ele e suas tropas estivessem cercados e convocou uma reunião do conselho. O fim se aproximava.

Foram expressas diferentes opiniões durante a reunião, mas o rei considerou que seria "impróprio" para ele, seus espartanos e seus hilotas abandonarem o posto. Fim da discussão. Mandou embora a maioria dos demais contingentes, mas manteve os dúbios tebanos e outro grupo de uma cidade da Boêmia, hostil a Tebas. Talvez fosse para demonstrar que a unidade grega poderia sobreviver à certeza da aniquilação. Leônidas disse àqueles que ficaram, com a sombria perspicácia espartana: "Façam um rápido desjejum, pois hoje cearão no submundo, no Hades".

Para dar tempo aos Imortais de descer da montanha e selar o fundo do desfiladeiro, o Grande Rei não retomou a investida até uma hora antes do meio-dia. Quando suas tropas reentraram nas Termópilas, descobriram que os gregos haviam avançado para frente da muralha de defesa. Heródoto conta essa emocionante história.

> Muitos bárbaros morreram; por trás deles, os comandantes do exército os açoitavam sem dó com seus chicotes, incitando os homens à frente. Muitos caíram no mar e se afogaram, e ainda mais foram pisoteados vivos. Ninguém conseguia contar o número de mortos. Os gregos, que sabiam que o inimigo estava a caminho da trilha da montanha e que a morte era inevitável, colocaram toda a sua força e lutaram com fúria e desespero. A essa altura, a maioria das lanças estava partida e matavam os persas com suas espadas.

Leônidas caiu lutando bravamente, e uma luta homérica se seguiu para resgatar seu corpo, relembrando a luta sobre o corpo de Pátroclo na *Ilíada*. Recuperaram-no pouco antes de os Imortais se aproximarem pela retaguarda. Logo completamente cercados, os sobreviventes gregos retiraram-se para o monte por trás do muro, onde lutaram com unhas e dentes até o último homem. Ou seja, todos exceto os tebanos, que, depois de lutar com bravura (temos de admitir), se afastaram e se renderam.

Anedotas realçam atitudes que se opõem à honra dos soldados. Assim que o último grego foi morto, Xerxes percorreu o campo de batalha e abriu caminho entre os cadáveres, entre eles o de Leônidas. Ressentido por todos os problemas que o rei espartano lhe causara, mandou cortar sua cabeça e empalá-la em uma estaca. Temendo que vissem o alto preço que pagara por sua vitória, ordenou que a maioria dos mortos persas fosse enterrada em valas rasas ou cobertos com terra e folhas, deixando apenas mil visíveis.

Duzentos dos trezentos espartanos estavam sofrendo de inflamação aguda nos olhos (doença comum nos tempos clássicos) e, antes do início da luta, haviam sido enviados a uma aldeia próxima para se recuperar. Um deles, quando soube que os persas tinham entrado no desfiladeiro, ordenou ao seu batedor, um hilota, que o conduzisse ao campo de batalha. Ele entrou na luta e foi morto. O outro, chamado Aristodemo, acovardou-se e ficou onde estava. Quando ele retornou a Esparta, caiu em desgraça. Nenhum cidadão lhe ofereceu fogo para acender sua fogueira nem falou com ele. Ficou conhecido como Trêmulo.

Os aliados em Artemísio viram a enorme frota persa navegar até Afetes, uma baía na costa norte do estreito, e viram a terra repleta da infantaria inimiga. Por sorte, treze navios persas confundiram a frota inimiga com a deles e foram aprisionados, mas foi somente um pequeno alento para o moral, que não impediu os gregos de entrar em pânico. *Talvez a expedição para o norte tivesse sido imprudente*, pensaram. Deviam se desculpar agora e sair? Mas mesmo os críticos da estratégia avançada podiam reconhecer o perigo de tal movimento. Se a frota abandonasse Artemísio, Leônidas ficaria isolado para se defender sozinho.

No entanto, segundo Heródoto, Euribíades acovardou-se e decidiu fugir. Os aterrorizados eubeios pediram que esperasse um pouco antes de partir, para deixar mulheres e crianças em local seguro. Quando ele recusou, foram conversar com Temístocles e lhe ofereceram um suborno de trinta talentos para ele convencer o alto-comando a ficar e lutar. Embolsou o dinheiro e foi falar com Euribíades. Aumentou o valor dado pelos espartanos, oferecendo cinco talentos que fingiu ter encontrado em seu bolso (ao longo dessa história, veremos espartanos criados com austeridade que se vendiam por ouro fora de casa). A frota iria ficar. Temístocles nunca viu mal algum em lucrar ao fazer a coisa certa.

Em 17 de setembro, mesmo dia em que o Grande Rei lançou seu primeiro ataque a Leônidas nas Termópilas, a frota persa não foi lutar. Isso apesar do fato de haver se recuperado, ao máximo, dos prejuízos causados pela grande tempestade. Agora seus comandantes também sabiam que, mesmo com todas as perdas, estavam em número maior que os gregos.

Mas havia uma boa razão para a inatividade. Naquela tarde, duzentos navios de guerra persas partiram de Escíato para o norte. Assim que os gregos os perderam de vista, viraram para o leste para alto-mar e, então, navegaram os oitocentos quilômetros de Eubeia. O plano era contornar as pontas ao sul da ilha e prosseguir pelo canal entre Eubeia e o continente. Seu destino era Euripo, um estreito com a largura que permitia apenas a passagem de um único navio de cada vez. Eles iriam esperar ali.

Com a flotilha em posição no dia seguinte, a principal frota do Grande Rei deveria atacar e derrotar os gregos em Artemísio, cuja única rota de fuga seria o canal em direção ao estreito de Euripo, caindo nas garras da armadilha letal.

Essa era a ideia, mas o sigilo era essencial. Felizmente, um mergulhador grego dissidente a serviço do Grande Rei nadou (ou remou) sem ser visto pelos poucos quilômetros de água de Afetes a Artemísio e revelou o estratagema. Depois de considerarem um plano para montar uma emboscada no estreito de Euripo, Euribíades e Temístocles decidiram, de forma corajosa e inteligente, lutar de imediato. Era essencial descobrir as táticas de batalha do inimigo e testar sua eficácia.

Os persas não fizeram nenhum movimento, então os gregos os desafiaram. Remaram em águas abertas a partir da praia em uma linha de mais de três quilômetros de extensão. Os persas responderam formando uma linha ainda maior. Começaram a flanquear e circundar os gregos, que, num sinal, formaram um círculo, com todas as proas dos navios viradas para fora. Isso dificultou para os persas, que gostavam de se aproximar das trirremes inimigas e abordá-las. Por outro lado, os gregos preferiam remar em frente e desarmar os inimigos abalroando-os na lateral ou na popa; por isso seu formato de porco-espinho era ideal.

Foi uma batalha rápida, que terminou ao anoitecer. Os gregos capturaram trinta navios inimigos – uma pequena, mas significativa, vitória e um impulso para o moral.

Naquela noite, Bóreas fez sua segunda intervenção. Uma tempestade se abateu, com chuvas torrenciais e contínuas, e o trovão ecoou pelos picos das montanhas. A principal frota persa no cais aberto de Afetes foi gravemente atingida. Aparentemente, cadáveres e destroços se emaranhavam com proas e remos de navios, tripulações e marinheiros em pânico.

O destacamento de trirremes que navegava em torno de Eubeia foi capturado em mar aberto em frente à perigosa costa sudoeste da ilha. O vento soprou-os na escuridão úmida. Eles não sabiam para onde estavam indo, e a maioria bateu contra a praia árida. Parece que nenhum navio sobreviveu. Se houvesse ainda algum flutuando, teria sido arrastado pela reserva ateniense de 53 navios de guerra. Seu trabalho era o de guardar as águas costeiras, mas, agora que o Grande Rei não pretendia fazer uma súbita investida do sul pelo mar contra a Ática, encaminhava-se para se juntar à frota em Artemísio.

Os persas queriam esperar 24 horas para se recuperar do último ataque, mas, temendo a ira do Grande Rei, saíram de Afetes novamente ao meio-dia do dia seguinte. Ainda em grande número, formaram um arco e, como antes, tentaram flanquear o inimigo. Os gregos os enfrentaram, e seguiu-se uma batalha violenta. Ambos os lados estavam equilibrados e sofreram sérias perdas, mas a frota aliada sob Euribíades e Temístocles parece ter-se saído melhor, pois, depois do fim da batalha, assumiu o controle do local do embate com seus cadáveres e destroços.

Doloridos e exaustos, tinham motivos para se orgulhar do seu desempenho. Mas então, quando o sol se pôs, um barco de trinta remos atracou em Artemísio. Estava estacionado próximo às Termópilas, e sua função era reportar à frota quaisquer movimentos importantes em terra. Trouxe notícias da última posição de Leônidas na véspera, quando, ironicamente, tudo estava calmo no mar.

Não havia mais motivo para ficar. Temístocles ordenou aos homens que deixassem suas fogueiras acesas para enganar o inimigo. Então os navios de guerra aliados se afastaram o mais silenciosamente possível, em meio à escuridão, e desceram o canal de Euripo.

Com um esquadrão das melhores trirremes atenienses, Temístocles fechava a retaguarda. Ele continuava a engendrar seus planos. Os jônios foram forçados a entregar trirremes para a frota do Grande Rei, e o almirante ateniense disse aos colegas comandantes que pensara em uma forma de deslocar o objeto de sua lealdade. Em todos os locais na costa onde houvesse água potável, mandou esculpir uma mensagem nas rochas – ela pedia aos jônios que mudassem de lado e se juntassem aos seus companheiros helênicos. Se não pudessem fazer isso, deveriam ao menos adotar uma posição neutra. "Lutem pelo seu propósito como covardes."

Mesmo que essa tática não tivesse um efeito direto, poderia semear suspeitas nas mentes do alto-comando persa.

A batalha naval em Artemísio não foi decisiva, mas teve a vantagem de reduzir a superioridade numérica dos persas. Ainda mais importante, deu aos gregos, em geral, e aos atenienses, em particular, uma valiosa experiência de combate no mar. Apesar das desvantagens, perceberam que teriam a chance de vencer. Plutarco escreveu:

> Aprenderam com suas próprias conquistas diante do perigo que homens que sabem como se aproximar e têm a vontade de lutar não precisam temer o número de navios, figuras de proa pintadas com cores vivas, gritos arrogantes, ou bárbaros cantos de guerra…
>
> Píndaro sabia disso quando escreveu que Artemísio era "onde os bravos filhos de Atenas erigiram / a radiante pedra angular da liberdade".

12

"Ó, DIVINA SALAMINA"

A guerra tinha acabado.

O Grande Rei varreu a Grécia central no outono de 480, sem encontrar resistência. Apesar de o Oráculo de Delfos ter favorecido a Pérsia, a maioria dos locais achava que seria melhor abandonar a cidade. Os próprios sacerdotes consultaram a pítia sobre o que fazer e foram informados de que o deus sabia como proteger sua propriedade.

E assim ele fez. Embora Xerxes não pretendesse saquear Delfos, enviou tropas para proteger o local. Quando os soldados se aproximaram, uma violenta tempestade irrompeu, provocando uma avalanche de pedras. As tropas rapidamente deixaram o lugar.

Outros lugares não tiveram tanta sorte. O exército não só se serviu das provisões onde as encontrou, como também incendiou e pilhou à medida que avançava. Aqueles que ainda não haviam saído de Atenas em direção a Salamina ou Trezena o faziam agora.

Quando os persas entraram na Ática, eles devastaram o campo, queimando templos e aldeias. Atenas era uma cidade fantasma. Apenas as poucas pessoas da Acrópole permaneceram. Os membros da família de Pisístrato, o tirano já falecido, ainda esperavam, esperançosos, uma restauração do poder. Propuseram uma rendição honrosa, mas sem sucesso. Arqueiros persas ocuparam a colina do Areópago defronte à entrada da cidadela; lançaram flechas flamejantes na paliçada de madeira e a incendiaram. Mas a Acrópole era quase inexpugnável, e os invasores foram incapazes de atacá-la, até que alguns persas notaram um acesso pelo penhasco íngreme onde os sitiados não se preocuparam em colocar guardas.

Quando os atenienses viram que os soldados inimigos haviam escalado a Acrópole, eles perderam as esperanças. Alguns se atiraram do penhasco e morreram, enquanto outros se esconderam no templo interno de Atena, onde foram encontrados e massacrados. Então, todas as construções da cidadela foram incendiadas.

Xerxes cumprira sua missão. Ele destruíra os lugares sagrados de Atenas em vingança pelo ataque aos templos em Sárdis tantos anos antes. Era o objetivo mais importante da guerra, e ele o atingira. Enviou uma mensagem triunfante à corte em Susa e, especialmente, a Artabano, que havia mandado para casa no início do ano como punição por seu pessimismo. A notícia foi recebida com júbilo público. As pessoas encheram as estradas com ramos de murta, queimaram incenso e se entregaram a sacrifícios e prazeres. Xerxes saíra vitorioso e todos saberiam disso.

Mas, se ele fora vitorioso, o Grande Rei ainda tinha de vencer. Ou seja, conseguira derrotar Atenas e devastar grande parte da Hélade, mas ainda não havia derrotado o inimigo em uma luta decisiva em terra ou no mar. *Eles cairiam em si e se renderiam*, ele se perguntava, *ou teria de continuar a enfrentá-los?*

Para os gregos, ainda não haviam perdido a guerra, mas poderiam muito bem fazer isso em uma tarde. Não sabiam qual seria a melhor ação a tomar. Depois de navegar de volta de Artemísio, instalaram-se nos estreitos de Salamina a pedido expresso de Temístocles. Isso deu às suas trirremes tempo para evacuar os concidadãos remanescentes do outro lado do mar na Ática, após o que ele se juntou aos demais.

Um pouco mais tarde, a frota persa chegou à baía de Falero, onde, segundo Heródoto, Xerxes fez uma visita pessoal. Queria encontrar seus oficiais de comando e buscar orientação para seu próximo passo. Pediu a seu comandante-chefe Mardônio, o grande sobrevivente, para presidir a discussão. A maioria, adivinhando o que o Grande Rei queria ouvir, aconselhou um compromisso inicial com os helenos. Uma voz dissidente se levantou. Veio de Artemísia, feroz rainha da cidade-estado grega de Halicarnasso, no sudoeste da Cária. Tomara o poder após a morte do marido e mostrou-se uma governante capaz.

Em sua opinião, Xerxes não deveria lutar no mar. "Os gregos não suportarão por muito tempo", ela disse. "Soube que estão ficando sem comida na ilha." O exército principal marchava de forma ameaçadora em direção ao istmo, e ela previu que os peloponenses iriam mudar de ideia quanto a ficar em Salamina apenas para agradar os atenienses.

Se sua intervenção for histórica, ela tinha razão. Os gregos eram de fato briguentos e sabiam ser difícil manter sua unidade. Alimentar todos os refugiados na ilha de Salamina, toda a *polis* ateniense, era uma tarefa hercúlea.

Mas Xerxes tinha seus próprios problemas. Com setembro chegando ao fim, a temporada de guerra logo terminaria. No mundo antigo, quando o tempo no mar durante os meses de outono e inverno piorava, eles sabiam que os navios de guerra não deveriam sair do porto. Ficar abandonado nas praias frias e ventosas de Falero até a primavera seguinte era uma perspectiva pouco atraente. Não apenas a frota persa corria perigo de sofrer mais destruições nas mãos de Bóreas, como os navios mercantes não mais poderiam trazer comida do exterior. As provisões locais logo se esgotariam, se já não tivessem acabado. As hordas do Grande Rei enfrentariam a fome.

A oposição no istmo, agora totalmente fortificado com uma muralha ao longo de sua extensão de sete quilômetros, seria feroz. As Termópilas ensinaram a Xerxes uma lição sobre a capacidade defensiva do inimigo. Em teoria, a frota poderia virar sua posição desembarcando no Peloponeso, ao sul de Corinto, mas isso seria difícil enquanto a marinha grega permanecesse intacta. As costas eram inóspitas e desconhecidas. A ilha de Citera, ao sul da península, era bem conhecida dos comerciantes fenícios e tinha muitas praias; em teoria, poderia ser uma base persa para operações contra Esparta, mas tanto o clima quanto as águas eram traiçoeiros.

Em suma, Xerxes sentiu que não podia se dar ao luxo de esperar. Uma rápida vitória sobre a frota grega, escondida em Salamina e ainda em grande desvantagem, era mais provável do que uma contra os hoplitas atrás de suas muralhas no istmo. De fato, tornaria desnecessária uma batalha terrestre. Assumindo uma derrota grega, começou a trabalhar em um túnel projetado para se estender da costa da Ática até a ilha; isso permitiria que os soldados de infantaria cruzassem rapidamente para Salamina e matassem os milhares de atenienses que haviam se refugiado ali.

Um debate muito parecido, mas ao contrário, estava acontecendo entre os aliados. Um conselho geral de guerra, assistido por comandantes de todos os contingentes aliados, ficou em sessão quase permanente. Notícias da invasão da Ática e do saque de Atenas foram anunciadas na reunião e provocaram pânico. Todos os que opinaram aconselharam a retirada para o istmo. Euribíades assim decidiu, e a reunião terminou.

Temístocles correu até o navio do almirante e argumentou que a ordem para a retirada quebraria a unidade helênica e, se fosse descartada, as várias flotilhas simplesmente se espalhariam para suas terras. Persuadiu Euribíades a reunir novamente o conselho. Seguiu-se uma discussão acalorada durante a qual Temístocles defendeu a luta contra a frota persa nas águas estreitas de Salamina, onde as trirremes gregas teriam maiores chances de vitória. Disse a seus colegas: "Se não ficarem aqui, será a ruína da Hélade, pois todo o resultado da guerra depende dos navios".

Quando viu que pouco estava progredindo, lançou um ultimato. Se não voltassem atrás na decisão de deixar Salamina, os atenienses renunciariam à aliança e partiriam com suas famílias para a Itália. Lá, fundariam uma nova *polis*. Essa não era uma ideia nova, já estava em sua mente quando argumentou que Atenas deveria investir em uma frota.

Os aliados levaram a ameaça a sério, embora não se saiba a seriedade com que Temístocles tenha dito isso. A frota grega com aproximadamente 380 navios de guerra seria impotente sem o contingente de mais de duzentos atenienses. Não poderia impedir os persas de velejar onde quisessem. Com muro ou sem muro no istmo, o Peloponeso ficaria indefeso perante o inimigo. Euribíades voltou atrás em sua decisão.

Passou-se um dia, e a opinião mudou novamente. O Grande Rei moveu sua frota de Falero para se posicionar do lado de fora dos estreitos de Salamina, onde estavam os helenos. Isso era alarmante, e no fim da tarde outra reunião do conselho foi convocada. Mais uma vez, vozes defenderam a reconsideração e a retirada. Temístocles temia que Euribíades pudesse de novo se ver obrigado a mudar de decisão.

Então, ele decidiu. Enviou um escravo de sua casa, um *paedogogus* que cuidara de seus filhos, chamado Sicinnus, em uma missão especial. Sendo persa, ou que dominava o idioma persa, remou em um barco oculto pela escuridão até a frota inimiga e entregou uma mensagem para Xerxes. Provavelmente deu-a aos oficiais mais próximos que encontrou e saiu depressa, mas pode ter sido levado até a presença do Grande Rei. De qualquer forma, as palavras cuidadosamente elaboradas de Temístocles chegaram ao destinatário pretendido. Na versão de Heródoto, esta foi a mensagem:

Fui aqui enviado pelo comandante de Atenas sem o conhecimento dos demais gregos. Ele quer bem ao seu rei e espera que a vitória seja da Pérsia. Ele me pediu para vos relatar que os gregos estão com medo e que planejam fugir. Tudo o que precisais fazer é evitar que eles escapem por vossos dedos, e agora tendes uma oportunidade de sucesso incomparável. Estão em conflito um contra o outro e não vos oporão resistência.

Como todo espião sabe, a melhor manchete é a mais próxima da verdade. O relato de Temístocles era curiosamente preciso, no entanto, era uma armadilha: o Grande Rei pisou nela, e o laço apertou. Ordenou que sua frota permanecesse no mar a noite toda fora do estreito para evitar que os gregos partissem e enviou um destacamento para proteger o extremo oeste da baía de Salamina. A infantaria persa foi colocada em uma ilha chamada Psitaleia, que bloqueou parcialmente a abertura do canal de Salamina. A fuga não era mais uma opção para Euribíades.

O adversário político de Temístocles, Aristides, de volta do exílio como Xantipo e servindo nas forças armadas, acabara de chegar de Égina e notara trirremes persas se reunindo na costa ocidental de Salamina. Chamou o almirante ateniense do conselho e contou-lhe o que vira. Temístocles pediu-lhe que fosse à reunião e informasse que os gregos estavam cercados – estavam muito mais propensos a acreditar em Aristides do que nele. Isso ele fez, mas os comandantes não estavam convencidos. Somente quando um navio de guerra inimigo desertou e forneceu um relato completo dos movimentos dos persas eles aceitaram o arranjo. A atmosfera no conselho ficou mais leve e construtiva.

A atenção voltou-se à batalha do dia seguinte. Agora os comandantes aliados ouviram Temístocles, para quem os anos de planejamento finalmente estavam valendo a pena. Sua principal preocupação era encontrar uma forma de atrair a armada do Grande Rei até o estreito. Tinha de parecer que os aliados haviam sofrido um golpe catastrófico em seu moral e estavam prontos para serem vencidos.

Como Xerxes mordera a isca, a batalha de fato deveria ser bastante direta. Seria combatido em águas restritas, evitando o cerco e diminuindo a desigualdade em número. Uma formação crescente daria aos helenos espaço para manobras e oportunidades para atacar. As tripulações atenienses haviam treinado para ganhar velocidade fora do alvo e para girar rápido. Suas trirremes eram mais baixas na água do que as dos persas e mais estáveis em mar agitado.

O estreito de Salamina descreve um semicírculo que vai do mar Egeu até a baía de Elêusis. Sua abertura, depois de Psitaleia, tem cerca de dois quilômetros de largura entre a costa da Ática e uma longa e estreita cabeceira à esquerda (do ponto de vista de quem entra), o cabo Cinosura (a cauda de outro cão). O canal se estreita um pouco devido a um segundo promontório mais à esquerda, onde ficava a cidade de Salamina. Embora a água pareça se alargar novamente, a presença de uma pequena ilha hoje chamada São Jorge, mais uma vez à esquerda, reduz efetivamente o estreito a novecentos metros. As águas então se abrem mais uma vez e conduzem à baía de Elêusis. O efeito é de um funil.

Bem conhecido por uma pessoa local como Temístocles, mas não pelos persas, um vento do sul, o siroco, tendia a soprar de manhã, e uma onda elevava o canal a partir do mar aberto. Isso em geral era seguido à tarde por um vento rápido de oeste.

No amanhecer do dia 29 de setembro, os comandantes gregos fizeram discursos de estímulo aos seus marinheiros. Os remadores puxaram os barcos até a água nas praias ao longo da costa de Salamina. Enquanto isso, Xerxes sentou-se num banquinho dourado que fora colocado em uma elevação aos pés do monte Korydallos, na Ática; um guarda-sol dourado o protegia do sol. Desse ponto, tinha uma visão esplêndida e ininterrupta de tudo. Foi escoltado até ali por guardas e um grupo de secretários que anotava exemplos de atos de bravura ou de covardia.

Ele podia ver tudo o que os gregos estavam fazendo, apesar de estarem fora da vista da frota persa, que ainda não havia entrado no funil. E o que o Grande Rei viu confirmou tudo o que ouvira sobre a desunião e o medo entre os gregos. Observou-os lançando seus barcos e, confusamente, seguindo para o norte em direção a Elêusis, como se não tivessem vontade de lutar. Uma flotilha fraca partiu a toda velocidade e se perdeu na distância.

Os persas estavam certos de que teriam pouco trabalho para eliminar um inimigo desorganizado e amedrontado, e sua vasta frota se formou em estreita ordem e tentou se espremer no funil. Fez isso movendo-se de lado. Os marinheiros altamente qualificados da Fenícia mantiveram a ala direita e avançaram obliquamente ao longo da costa da Ática até o ponto em que Xerxes estava sentado; passaram por uma ilhota que os isolou parcialmente do corpo da frota. Os jônios estavam na ala esquerda persa; ao passarem pelo cabo Cinosura, foram apanhados num engarrafamento.

BATALHA DE SALAMINA

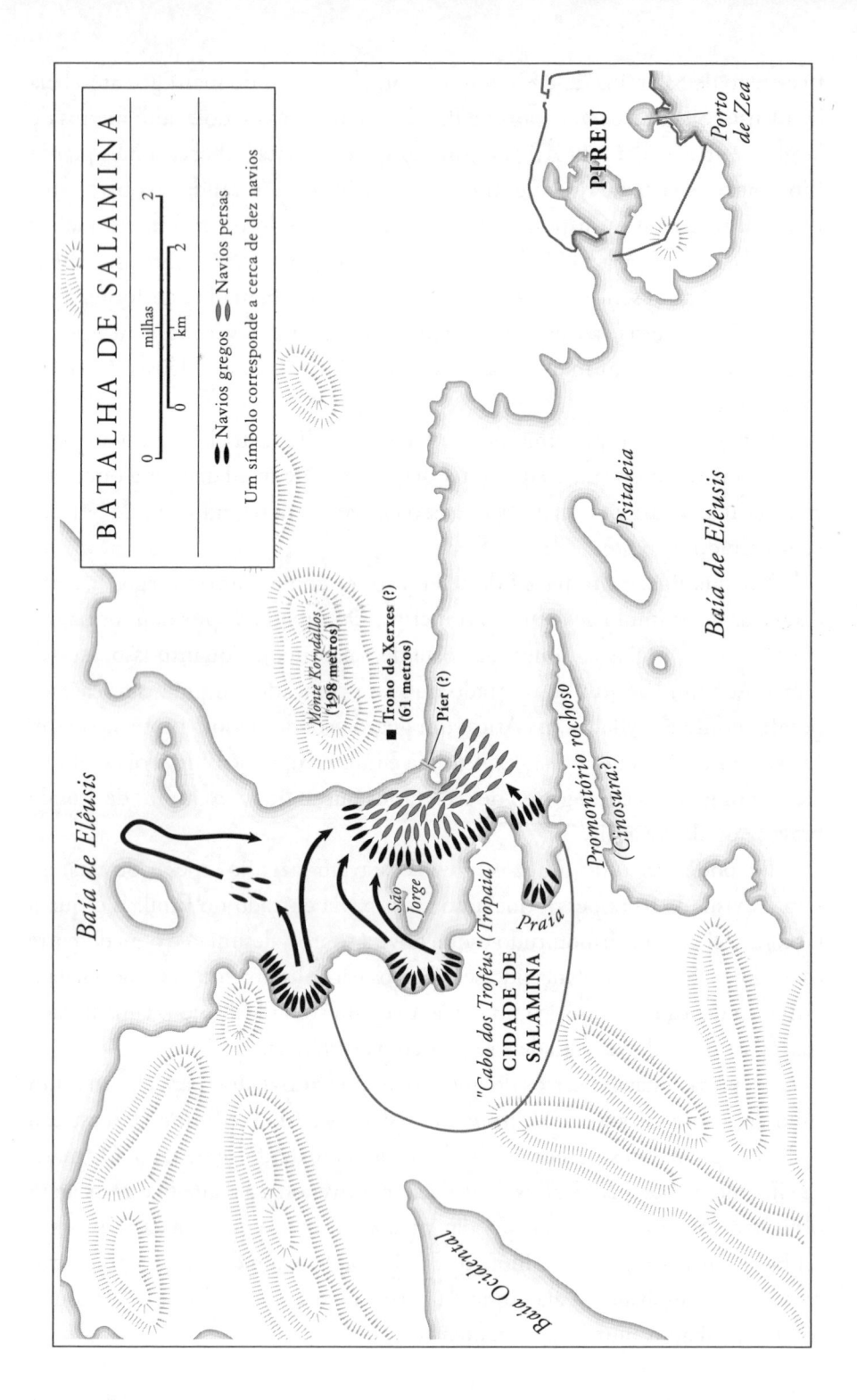

0 — 2 milhas
0 — 2 km

▶▶ Navios gregos   ▶▶ Navios persas

Um símbolo corresponde a cerca de dez navios

PIREU
Porto de Zea

Baía de Eléusis

Psitaleia

Baía de Eléusis

Monte Korydallos (198 metros)

■ Trono de Xerxes (?) (61 metros)

Pier (?)

Promontório rochoso (Cinosura?)

Praia

São Jorge

"Cabo dos Troféus ("Tropaia")
CIDADE DE SALAMINA

Baía Ocidental

184   A AMEAÇA PERSA

Enquanto isso, os gregos alteraram sua disposição. Estavam fora da vista do inimigo, mas em plena vista do Grande Rei, embora fosse tarde demais para ele agora dar novas ordens. A flotilha que parecia fugir estava, de fato, se preparando na baía de Elêusis para proteger a frota principal de um possível ataque do esquadrão persa que bloqueava a extremidade oeste do canal que separava a ilha de Salamina de Mégara e do continente.

Os outros trezentos navios de guerra mudaram de rumo e remavam para o sul, provavelmente em dez colunas. Reposicionaram-se em linha paralelamente e, como planejado, adotaram uma configuração em forma de crescente, mascarando a ilha de São Jorge. Os atenienses na ala esquerda enfrentavam os fenícios ao lado da costa do continente, e as trirremes de Égina ficavam à direita, do outro lado da boca de uma pequena baía ao norte do promontório de Cinosura.

Então algo extraordinário aconteceu. Um canto de guerra ensurdecedor entre os navios gregos avisou Xerxes e seus marinheiros de que eles haviam interpretado mal o humor de seus oponentes. Oito anos depois, o poeta trágico Ésquilo escreveu uma peça, *Os persas*, na qual ele faz um mensageiro chegar à corte do Grande Rei em Susa e descrever o curso do combate. É um relato de uma testemunha ocular, pois, como praticamente todos os cidadãos atenienses, o autor estava lá movendo um dos remos.

> Então, dos navios helenos,
> emergiu, como uma canção de alegria, o forte grito de guerra,
> e dos penhascos da ilha ecoou um brado de resposta.
> Os persas perceberam seu erro; o medo dominou todos os homens.
> Eles não eram fugitivos que cantavam aquele aterrorizante
> hino, mas helenos conclamando, com bravos corações,
> à batalha. A trombeta tocou alto por todas as fileiras,
> de repente, os remos espumantes se moveram num único pulso,
> batendo as ondas salgadas ao som desse canto; e logo
> toda a frota surgiu à vista de todos.

Antes de remar para a batalha, os gregos esperaram a costumeira brisa da manhã. Isso criou uma onda agitada e soprou os navios persas, que eram mais altos e mais pesados que os dos helenos, fora de sua posição e ao largo em direção a seus oponentes ansiosos. Os aliados lutaram de maneira ordenada, atacando navios de guerra inimigos com seus bicos de bronze e cortando bancos de remos. O esquadrão fenício foi empurrado até a costa da Ática, partiu-se e fugiu; as trirremes atenienses passaram pelo espaço aberto. Os navios na linha de frente persa deram meia-volta para seguir a favor do vento, ao se aproximar um vento soprando do oeste. Mas não havia espaço para eles, que se chocaram com os que vinham atrás, que avançavam para se juntar ao combate sob o olhar do Grande Rei. À direita, os éginos começaram a se formar ao longo do flanco persa, de modo que o crescente helênico se fechou em círculo.

Os persas, que estavam com seus remos em guarda durante a noite (enquanto seus inimigos dormiam nos barcos nas praias de Salamina), começavam a cansar. O vento empurrou os destroços para o alto-mar. O almirante e meio-irmão do Grande Rei, Ariamenes, foi atingido por uma lança e jogado na água. Seu corpo foi resgatado por Artemísia, que aproveitava bastante o seu tempo ali. O navio dela estava prestes a ser capturado, então baixou suas velas, arremeteu e afundou uma trirreme aliada. Seu atacante ateniense se afastou, imaginando que ela fosse grega ou que havia desertado. O Grande Rei viu a façanha e elogiou a coragem de Artemísia, entendendo que ela destruíra um navio inimigo. Ele podia constatar que a batalha virava contra os persas, e Heródoto nos diz que ele comentou: "Meus homens viraram mulheres e minhas mulheres viraram homens!".

Declaração injusta, pois os persas lutaram bravamente, mas a confusão virou derrota. O funil esvaziou. O mar estava atapetado com restos de naufrágio e afogados (poucos persas sabiam nadar). O portador de notícias persa de Ésquilo diz:

> Os helenos resgataram pedaços naufragados e remos partidos
> e golpearam e esfaquearam nossos homens lutando no mar
> como pescadores matam o atum e peixes nas redes.

Aristides desembarcou um destacamento de hoplitas em Psitaleia, onde as tropas escolhidas pelo Grande Rei esperavam isoladas e desamparadas. Todos foram mortos. A derrota se generalizou, e a perseguição foi até o anoitecer. A batalha terminara.

A vitória se tornou famosa – tão famosa que facilmente nos esquecemos de que Xerxes ainda tinha uma marinha formidável. Ele perdeu duzentos navios (com um número não especificado de apreensões), e os helenos, somente quarenta, mas ainda tinha sobrado muito mais. Era difícil para os contemporâneos entender o que acabara de acontecer, e o alto-comando aliado temia que os persas fossem capazes de se reorganizar, se reagrupar e lutar novamente. E foi o que eles fizeram. O exército marchou em direção ao istmo e continuou trabalhando na construção de um túnel e uma ponte de barcos até a ilha de Salamina, onde a população evacuada da Ática aguardava ansiosamente seu destino. Xerxes parecia continuar sua batalha.

Mas o espírito da armada havia decaído. O melhor deles, o contingente fenício, fora praticamente eliminado, e uma decisão obstinada do Grande Rei de culpar os comandantes sobreviventes pela derrota e mandar decapitá-los provocou um ressentimento compreensível. Alguns navios podem até ter desertado. No dia 2 de outubro, houve um eclipse solar parcial, que aumentou a atmosfera de inquietação e melancolia.

Os problemas logísticos não haviam desaparecido e a temporada de batalhas, pelo menos no mar, logo acabaria. As razões que, não muitos dias antes, haviam impelido Xerxes a atacar agora o persuadiam a se retirar. Além disso, ele não tinha certeza de que ainda comandava os mares, pois não podia contar com um compromisso renovado. Os gregos podiam ter em mente que navegariam até o Helesponto e destruiriam as pontes dos barcos, caso em que ele e seu exército ficariam isolados. Estariam presos em território hostil à mercê dos helênicos vingativos e dos trácios revoltosos.

O mais sensato seria declarar vitória e retornar rapidamente para Susa. E quem poderia contradizê-lo? O Grande Rei de fato controlava a Grécia continental, o Peloponeso; havia matado um rei de Esparta e incendiado Atenas. Ele havia ampliado substancialmente os limites do império.

Se tivesse havido conluio entre a Pérsia e Cartago para vencer os gregos ocidentais da Sicília, bem como os da Hélade (ver página 164), como pode ter acontecido, isso não adiantaria a nenhum deles. Chegaram notícias durante esses dias de que Gelão, tirano de Siracusa, e seu amigo Terone de Acragas haviam repelido uma grande invasão cartaginesa. Uma batalha decisiva fora travada em Hímera, cidade grega da costa norte da ilha (não muito longe da atual Palermo). Provavelmente, coincidiu com a batalha das Termópilas. Um instinto tanto para as relações públicas quanto para a organização fomentou a crença incorreta de que havia ocorrido no mesmo dia de Salamina.

O Grande Rei voltou para casa. Retornou do jeito que veio, acompanhado por uma escolta de cerca de 40 mil homens. Para seu desalento, as pontes de barcos foram varridas por uma tempestade logo depois de Salamina, mas a frota de retorno levou os persas da Europa para a Ásia. Xerxes descaradamente realizou esplêndidas comemorações de vitória ao chegar a Susa. Deixou Mardônio na Tessália com um exército (estima-se) de cerca de 60 mil cavalos e soldados. Sua tarefa seria manter a ocupação e, na temporada de batalha do ano seguinte, levar um exército helênico para combatê-lo e destruí-lo. Grande parte da horda persa foi desmobilizada, e Mardônio manteve apenas as tropas iranianas e alguns outros destacamentos escolhidos a dedo. No devido tempo, a escolta retornou ao seu comando depois de entregar seu mestre à segurança da Ásia.

Enquanto isso, Xerxes despachou sua frota desalentada para Cime, um porto na costa da Ásia Menor, e a ilha de Samos, onde aguardava novas ordens.

Foi um sinal de perda de autoridade que a carruagem sagrada do deus Ahura Mazda e seus oito cavalos cinza desaparecessem. Xerxes os deixara não muito longe da Macedônia a caminho da Grécia, mas, ao voltar para pegá-los, haviam sumido. A carruagem fora entregue aos habitantes no interior da Trácia e os cavalos foram espantados. Não havia nada que ele pudesse fazer.

Certa manhã, quando os gregos acordaram alguns dias após a batalha no estreito, enviaram batedores para localizar a marinha inimiga. O ancoradouro de Falero estava deserto. Os navios do Grande Rei haviam desaparecido. Euribíades e Temístocles, o herói do momento, lideraram sua frota em perseguição, embora não se apressassem e não fossem longe. Sitiaram a ilha meda de Andros, ao sul de Eubeia, mas sem sucesso.

Temístocles argumentou que deveriam navegar até o Helesponto e interceptar Xerxes antes que ele deixasse a Europa. Euribíades sabiamente discordou: já era tarde demais na temporada de navegação e, apesar de Salamina, os aliados ainda estavam em grande desvantagem e quase todas as ilhas do mar Egeu estavam do lado persa. Temístocles cedeu. Sem pudores e sem saber do destino das pontes, enviou uma mensagem a Xerxes alegando tê-lo prevenido de sua destruição.

Os aliados decidiram encerrar a disputa e retornaram para Salamina, onde passaram o inverno. Com a chegada da primavera de 479, a unidade helênica ficou sob nova tensão. A frota, ainda comandada por um espartano, mas com um almirante ateniense, o ex-exilado Xantipo, navegou para leste até Delos. Estranhamente, contavam apenas 110 navios. Talvez os aliados quisessem poupar dinheiro, pois as marinhas eram muito trabalhosas e caras demais para manter. É mais provável que Atenas tenha retido temporariamente seu próprio contingente por questões políticas.

Não seria de admirar que eles o fizessem. Paradoxalmente, Salamina tinha segurado Esparta, uma potência terrestre, e seus aliados no Peloponeso, mas não tinha feito nada por Atenas, potência marítima que precisava de uma vitória em terra antes que estivesse segura para seus evacuados retornarem à Ática. Parecia que Esparta não estava inclinada a arriscar seus hoplitas em uma batalha militar para expulsar Mardônio do centro e do norte da Grécia. O istmo estava agora bem fortificado, e essa posição defensiva não podia mais ser revertida agora que a frota persa havia partido.

A única carta na mão dos atenienses eram suas trirremes. Mardônio tentou persuadi-los com termos generosos a mudar de lado; ele iria reconstruir a cidade e os templos queimados, dar-lhes território adicional e permitir que governassem a si mesmos. Responderam com um "não" firme, e um homem que teve a audácia de sugerir que a *ecclesia* deveria ao menos considerar a proposta foi apedrejado até a morte, junto com esposa e filhos. Destacaram aos espartanos que não poderiam resistir à Pérsia para sempre, exilados como ainda estavam de sua própria terra. Se o resto da Hélade estivesse em suas mãos, poderiam ser obrigados a aceitar os termos de Mardônio. Não era necessário acrescentar que 110 navios seria um número ínfimo para resistir a Xerxes, se sua frota retornasse à Grécia. Não haveria uma segunda Salamina.

Esparta foi atrasada para tomar uma ação militar por outro festival religioso, mas, eventualmente e com aparente relutância, cedeu. Um exército substancial, composto por 10 mil hoplitas, dos quais 5 mil eram Iguais (talvez dois terços de todos os cidadãos em idade adulta), além de 35 mil hilotas armados, foi enviado para o norte sob o comando de Pausânias, sobrinho de Leônidas e regente do filho do rei morto, que ainda era menor de idade. Pegou contingentes de outras cidades-estados enquanto seguia em frente. Em Elêusis, os aliados unidos fizeram um juramento de fidelidade e camaradagem: "Lutarei enquanto viver e não considerarei mais importante estar vivo do que ser livre".

Mardônio assolou Atenas pela segunda vez em retaliação à recusa de suas propostas. Arqueólogos modernos são testemunhas da total destruição provocada pelos persas: na ágora foram descobertos dezessete poços cheios de escombros das casas particulares que uma vez receberam água deles. Na Acrópole, dezenas de estátuas quebradas e escurecidas pela fumaça foram desenterradas, e o predecessor inacabado do Partenon foi demolido (as bases caneladas de suas colunas ainda podem ser vistas).

O general persa ficou encantado por Esparta e seus aliados terem sido tentados a sair de trás da muralha no istmo, agora mais ou menos inexpugnável. Imediatamente retirou suas forças da Ática e escolheu um local de batalha na Beócia, onde a terra era bastante plana e adequada para manobras de cavalaria. Arranjou suas tropas em uma linha de oito quilômetros ao longo da margem norte do rio Asopo e construiu um grande acampamento quadrado na parte traseira, protegido por uma paliçada de madeira. Esperou ansiosamente que o inimigo chegasse. Essa seria a disputa decisiva da guerra.

No lado sul do rio, uma cordilheira fazia fronteira com uma planície levemente ondulante, que se estendia até o sopé de uma montanha dominada pelo monte Citerão. Desfiladeiros levavam à planície do istmo e de Ática. Mardônio ordenou que seus homens retirassem as árvores e os arbustos que atrapalhariam os cavaleiros. Ao sudeste ficava a pequena cidade antipersa e pró-Atenas de Plateias.

Pausânias comandava uma força de 38.700 soldados de infantaria pesada e 70 mil escaramuçadores de infantaria leve com contingentes que chegavam diariamente de várias *poleis* patrióticas. Ele acampou em ordem de batalha nas encostas mais baixas do monte Citerão. Esparta manteve o lugar de honra à direita e Atenas, com Plateias à esquerda. Aqui os aliados tinham esperança de escapar da atenção da cavalaria persa.

Alguma esperança. Após alguns dias de inatividade, Mardônio jogou sua cavalaria perigosa e eficiente sobre eles. O comandante Masistius cavalgou à frente da linha, esplendidamente vestido com um colete de escamas douradas e uma túnica carmesim por cima. Infelizmente, seu cavalo recebeu uma flechada no flanco e ergueu-se de dor, derrubando o cavaleiro. Os atenienses avançaram sobre Masistius, que lutou bravamente. Ele estava protegido pela sua armadura, mas alguém cravou um dardo pelo buraco do capacete; depois disso, ele desabou e morreu. Seu corpo foi colocado sobre uma carroça e desfilou para cima e para baixo pelas linhas gregas. Heródoto comenta: "Valia a pena ver pelo tamanho e pela beleza".

Pausânias, então, moveu seu exército do sopé do Citerão para a crista do outro lado do Asopo dos persas. Essa não era uma posição ideal. Sua principal vantagem era a abundância de água, especialmente na fonte Gargáfia, um pouco ao sul. Mas, ao avançar tão longe, os gregos não conseguiam mais proteger os desfiladeiros pelos quais os suprimentos de alimentos essenciais eram transportados. Também os persas podiam flanquear a crista, entrar na planície sem encontrar oposição e cortar a linha de comunicações de Pausânias. Em teoria, Mardônio poderia interpor toda a sua força entre os gregos e as colinas.

Nenhum dos lados fez nenhum movimento por mais de uma semana, e então o pior aconteceu. Os persas destruíram uma manada de quinhentos animais de carga que levavam provisões enquanto desciam um desfiladeiro de Mégara para Plateias e bloquearam futuros comboios. Mardônio lançou outro grande ataque de cavalaria contra o cume e fez com que a fonte se contaminasse e secasse. Os hoplitas não podiam responder aos arqueiros montados, e os gregos não tinham cavalos para enfrentar a cavalaria inimiga. Se quisessem comer e beber, as forças aliadas precisariam abandonar a cordilheira.

Mardônio contava com seus próprios problemas. Sob o manto da noite, Alexandre, rei da Macedônia, cavalgou das linhas persas para dizer aos gregos que seus oponentes também sofriam com a escassez. Queria assegurar que, quem quer que vencesse a batalha iminente, ele estaria do lado vencedor.

Pausânias decidiu mudar de posição pela segunda vez indo para o alto, três quilômetros ao sul, em frente a Plateia. Cercada por riachos, foi apelidada de Ilha, e a água era abundante. Para evitar a cavalaria inimiga, essa complicada manobra foi conduzida à noite, um feito difícil.

Logicamente, as coisas deram errado. O centro (composto por pequenos contingentes de muitas *poleis*) parece ter se perdido no escuro e acabou se encontrando do lado de fora das muralhas de Plateia. Não sabemos se esse era o local exato, mas era capaz de proteger o trânsito que vinha dos desfiladeiros, o que não era ruim.

Por alguma razão, os espartanos e os atenienses nas duas alas não se moveram e, à primeira luz, ainda estavam no cume. Heródoto explica que, por questões de honra, o comandante de um batalhão espartano recusou-se a obedecer à ordem de recuar. Pausânias passou a noite tentando fazê-lo mudar de ideia. Mais provavelmente, soube que o centro havia se desviado e não tinha certeza de onde estava. Muito mais sensato esperar a clareza do amanhecer. Depois de localizar as tropas perdidas, deu a ordem tardia para atenienses e espartanos marcharem, com o insubordinado batalhão espartano atuando bravamente como retaguarda para afastar qualquer tentativa persa de interferência.

Mardônio estava de bom humor. Como o Grande Rei em Salamina, interpretou mal o que vira como desunião, baixo moral e incompetência e ordenou um avanço geral imediato através do rio Asopo. As confusões no lado grego teriam sido um acidente ou um truque? Nunca saberemos, mas é possível que Pausânias quisesse dar a impressão de desordem. Isso encorajaria Mardônio a arriscar e atacar o inimigo estabelecido em um terreno elevado.

Pausânias era devoto e, em todas as etapas da batalha, fazia sacrifícios aos deuses e se movia apenas quando os presságios permitiam. Agora, enquanto as tropas persas marchavam em direção à sua linha, os presságios continuavam desfavoráveis. Seus homens haviam recebido instruções para ficar sentados em silêncio com os escudos à frente e esperar a ordem de avançar. O sacerdote matou oferenda após oferenda, sem nenhum efeito. Pausânias virou o rosto coberto de lágrimas para um templo ali perto, de Hera, a rainha do céu, implorando-lhe por sua intercessão. No momento oportuno os sacrifícios se tornaram propícios, e o general espartano liberou seus homens pouco antes da invasão.

As linhas se encontraram e entraram em confronto, e os espartanos logo se viram pressionados. Mandaram mensagem pedindo ajuda aos atenienses. Esses teriam ido, mas haviam sido atacados pela divisão jônica de Mardônio (entre eles, tebanos medizados que sabiam que destino os esperava, se perdessem a batalha). Os espartanos, com o apoio dos soldados de Tégea, uma cidade-estado agressiva do Peloponeso, lutaram bravamente. Os persas lançaram inúmeras flechas de trás de uma barricada de escudos feitos de vime.

Aos poucos, ficou claro que os persas com blindagem leve não seriam páreo para os hoplitas envolvidos em armaduras de bronze. O terreno descia até eles, e (ao que parece) não foi possível lançar a cavalaria. Os escudos de vime foram derrubados e, embora lutassem com bravura, foram empurrados para trás. Mardônio, sobre um cavalo cinza, estava visivelmente empenhado, mas foi atingido por uma pedra. Sua ala deu meia-volta e fugiu em massa até o acampamento da paliçada. À esquerda, os atenienses sofreram um feroz ataque de seus oponentes gregos, mas no fim, após uma amarga resistência, também cederam e correram direto para Tebas. As tropas fora de Plateias, que originalmente tinha sido o centro grego, não entraram na batalha antes de sua fase final.

O cauteloso Artabano, que escoltara Xerxes até o Helesponto e retornara a Mardônio, manteve sua força de 40 mil homens em reserva na cordilheira de Asopo, de onde podia observar todo o campo de operações. Quando viu que tudo estava perdido, deu meia-volta e marchou sem parar até chegar à Ásia. Ele superou a notícia de sua derrota, e ninguém o atacou em sua jornada até em casa.

Os gregos capturaram o campo onde dezenas de milhares de soldados estavam aprisionados em um espaço confinado e levaram horas para matá-los de forma metódica. Eles não faziam prisioneiros e, ao fim do dia, asseguraram que nove décimos das tropas inimigas estavam mortos. As baixas helênicas totalizavam modestos 1.360 homens, com um número não declarado de feridos.

Pausânias ordenou que seus escravos coletassem tudo de valor que encontrassem dentro da paliçada e no campo. De acordo com Heródoto, eles

> se espalharam por todo o acampamento. Havia tesouros em profusão – barracas adornadas com ouro e prata; sofás dourados com os mesmos metais preciosos; vasilhas, taças e copos, todos de ouro; e vagões carregados com sacos cheios de bacias de ouro e prata. Dos cadáveres, retiraram tornozeleiras, correntes e punhais de cabo dourado, mas não davam a menor atenção às roupas ricamente bordadas que, entre tantas outras coisas de maior valor, pareciam não valer nada.

Alguém sugeriu que o corpo de Mardônio recebesse o mesmo tratamento dispensado ao de Leônidas, ou seja, que sua cabeça fosse cortada e empalada num mastro. Pausânias respondeu, com raiva: "Esse é um ato mais apropriado aos bárbaros do que aos helenos. Nunca mais faça uma sugestão como essa e agradeça por sair daqui sem ser punido".

O general espartano visitou uma tenda ricamente mobiliada que Xerxes deixara para Mardônio, talvez como sinal de seu pretendido retorno. Ordenou aos cozinheiros persas que preparassem uma refeição e ficou surpreso com o banquete produzido. Comparou com a comida simples que sua equipe lhe preparava. "Que tolo esse Mardônio", teria dito. "Este era seu estilo de vida, e veio *nos* privar do nosso pobre modo de vida."

O rei Leotíquides de Esparta aguardava na ilha de Delos com seus 110 navios. Finalmente, juntou-se ao restante da frota – as duzentas e poucas trirremes atenienses, sob o comando do alcmeônida Xantipo. Elas ficaram retidas até que Esparta e seus aliados tivessem saído do Peloponeso com destino à Beócia para vencer em Plateias.

Alguns enviados da ilha grega de Samos foram secretamente falar com o rei para persuadi-lo a "libertar os jônios da escravidão e expulsar os bárbaros". Depois de pensar um pouco, concordou e partiu em direção à Ásia Menor.

A frota persa era muito menor do que em Salamina. O moral entre as tripulações, que incluíam um grande número de jônios pouco leais, estava muito baixo. Os sobreviventes do contingente fenício estavam tão desanimados que foram mandados para casa. Quando os comandantes persas na ilha de Samos souberam que os helenos estavam em movimento, decidiram que não eram páreo para eles e retiraram-se para se abrigar no promontório Mícale, que ficava próximo. Lá uniram forças com uma divisão de infantaria que Xerxes ordenou que vigiasse a Jônia durante a ausência do exército na Grécia. Arremeteram os navios contra a praia e ergueram em volta uma paliçada de pedras e madeira.

Os gregos navegaram perto do acampamento persa e fizeram um arauto gritar aos jônios para "se lembrarem da liberdade em primeiro lugar" e do motim. Então, desembarcaram próximo dali. Marinheiros atenienses e de outras *poleis* marcharam pela praia em direção à paliçada. Enquanto isso, fora da vista do inimigo, os espartanos conduziram cerca de metade de seus homens por um barranco até as colinas e ao longo de uma cordilheira para descer sobre os persas a partir do interior. A ideia não era simplesmente fazer um ataque surpresa, mas dar a impressão de que os gregos eram menos numerosos a fim de persuadir os persas a atacar.

O comandante persa confiscou nervosamente as armas dos sâmios e enviou um contingente também pouco confiável de Mileto para proteger os desfiladeiros que iam da posição persa até o promontório, mas não podia dispensar todos os seus jônios.

De repente, um boato se espalhou entre a frota grega de que Mardônio fora derrotado em uma grande batalha. Essa pode ter sido uma parábola inventada por Leotíquides ou, possivelmente, uma notícia genuína da derrota de Masístio poucos dias antes. Mas também é plausível que a informação tenha sido transmitida por uma cadeia de balizas por todo o mar Egeu, pois a batalha de Plateias e esse evento em Mícale parecem ter ocorrido no mesmo dia.

Os persas engoliram a isca e deixaram o acampamento para lutar, esperando obter vitória rápida e fácil. Ergueram um muro de proteção de vime, como em Plateias, e atacaram os inimigos que se aproximavam com flechas. Houve lutas penosas, com graves baixas, mas, quando os atenienses e os demais começaram a ganhar vantagem, os sâmios desarmados e outros jônios mudaram de lado. Quando os espartanos surgiram no alto da cordilheira, não havia mais nada a fazer.

A vitória foi total. O acampamento foi invadido, e todos os navios de guerra, queimados. O Grande Rei não tinha mais uma frota; quando ouviu o que acontecera, entrou em estado de choque. As tropas persas de elite haviam sido praticamente exterminadas, e os jônios voltaram para suas cidades sem intenção de serem recrutados novamente.

Leotíquides navegou para o norte até o Helesponto para destruir as pontes de Xerxes, caso tivessem sido reconstruídas. Mesmo se não tivessem, poderia confiscar o material de construção da ponte e capturar os cabos maciços feitos de papiro e linho.

A derrota de Xerxes agora era completa. Esse foi o melhor momento da Grécia. Apesar de todas as disputas e da miséria moral, os aliados permaneceram juntos. Com o tempo surgiu a ideia de uma luta histórica pela liberdade, travada por poucos e felizes contra todos os bárbaros. Foi um mito que brilhou cada vez mais intensamente. Mas estava mais próximo do que a maioria dos mitos está da realidade dos fatos. O Império Persa *defendia* um despotismo expansionista (relativamente civilizado) e os gregos *queriam* atingir um ideal de liberdade. Para Atenas, a vitória era a prova de que sua democracia funcionava.

Os gregos demonstraram que um exército hoplita, mesmo sem cavalaria, superava o melhor que os aquemênidas poderiam usar para atacá-los. Eles demoraram a se esquecer dessa lição. O brilhante oportunismo de Temístocles e sua decisão de transformar Atenas em uma potência marítima mudaram a geopolítica da região. Os gregos agora governavam o mar. Enquanto o fracasso do ataque de Dario em 490 pudesse ser considerado apenas uma ofensa à bela figura do Grande Rei, Xerxes perdeu o mar Egeu e a maioria de suas ilhas e poderia antecipar uma nova e ainda mais bem-sucedida revolta jônica ao longo do litoral da Ásia Menor.

Por fim os atenienses puderam agradecer a seus anfitriões em Trezena e Salamina e, depois de longos meses como refugiados indigentes, ir para casa. Tucídides escreveu:

> O povo ateniense, após a partida dos bárbaros de seu país, imediatamente tratou de trazer seus filhos e esposas e as posses que tinham salvado dos lugares onde as haviam depositado. Prepararam-se para reconstruir sua cidade

e suas muralhas. Apenas partes isoladas do seu perímetro ficaram em pé, e a maioria das casas estava em ruínas, embora restassem poucas nas quais os chefes persas haviam se alojado.

De fato, os espartanos temiam que Atenas se superasse e tivesse aproveitado a oportunidade para interferir militarmente em seus assuntos locais. Sua própria cidade era conhecida por não ser murada e, assim, pediram à *ecclesia* ateniense que não construísse os muros e se juntasse a eles para derrubar as muralhas de outras cidades-estados. Sua meta declarada era garantir que, se os persas invadissem pela terceira vez, não haveria fortalezas a capturar e usar como base.

Uma história provável, pensou Temístocles; apenas queriam manter os atenienses mais fracos. Antes que fosse impedido, pôs toda a população masculina em ação para a construção urgente dos muros e para melhorar as defesas do Pireu. O perímetro da cidade foi ampliado para acomodar uma população crescente. Lápides, bases de colunas de um templo que não fora construído e outros materiais foram utilizados. Apenas quando a construção atingiu a menor altura possível de defesa, de acordo com o desejo de Atenas, informou aos espartanos o que havia sido feito. Pessoalmente os espartanos ficaram muito irritados, mas nada disseram.

Vinte anos mais tarde, muito no espírito de Temístocles, que (na metáfora de Plutarco) "ligava a cidade ao Pireu e tornava a terra dependente do mar", duas novas muralhas maciças foram construídas para ir de Atenas ao novo porto a oito quilômetros de distância, para a baía de Falero e, assim, literalmente ligar a cidade ao mar. Mais tarde uma terceira muralha, paralela à primeira, foi adicionada, criando um corredor de 180 metros de largura. Enquanto os lucros mercantis e a prata de Laurium permitissem manter sua frota, a *polis* se tornaria uma ilha invencível. Não precisaria mais se preocupar com as potências terrestres, como Esparta ou Argos, ou com a desgraça de Tebas. As Longas Muralhas, como ficaram conhecidas, foram, muito provavelmente, a ideia original do astuto estadista – mesmo que tivesse de se passar uma geração para que se concretizassem.

Houve uma exceção à renovação geral da cidade saqueada. Quando os aliados prestaram juramento antes da batalha de Plateias, todos os atenienses prometeram: "Não reconstruirei nenhum dos templos que os bárbaros queimaram e destruíram, mas permitirei que permaneçam para as gerações futuras como um memorial de sua impiedade".

A Acrópole, então, continuou como uma ruína carbonizada. "Para que não esqueçamos" foi a mensagem que pairou sobre a cidade. Isso era pouco provável, como o Grande Rei logo viria a descobrir.

Os atenienses ainda não haviam dado cabo dele.

OS CONSTRUTORES DO IMPÉRIO

13
A LIGA DAS NAÇÕES

Ninguém subestimou a ressonância da vitória. Ela ecoava e ecoava. Monumentos, templos, odes e elegias proliferavam.

Simônides de Ceos se especializou em poesia pública e era tão requisitado que, apesar de seu obscuro histórico como celebrante da tirania de Pisístrato em Atenas, tornou-se o poeta extraoficial das Guerras Persas. Ele (provavelmente) escreveu o mais célebre dos epitáfios em honra do rei espartano e dos famosos Trezentos. Leônidas e seus companheiros foram enterrados em 480, no local onde caíram no monte atrás da antiga muralha nas Termópilas. Um leão de pedra homenageava o rei. A concisão do poema pode, paradoxalmente, emocionar o leitor ainda hoje.

> Diga aos espartanos, transeunte,
> que aqui continuamos obedientes às suas leis.

Um memorial às Termópilas foi erigido em Esparta, com o nome de todos os espartanos mortos (claro, nenhum reconhecimento dado à bravura dos hilotas recrutados, uma decisão insensata, como se mostrou mais tarde). Estátuas de Leônidas e Pausânias ficavam próximas (arqueólogos modernos descobriram a cabeça e o torso de um guerreiro grego, quase certamente do rei espartano).

Os gêmeos semideuses Castor e Pólux eram os irmãos de Helena de Troia, a bela esposa do rei de Esparta Menelau. Suas estátuas tradicionalmente acompanhavam exércitos em campanha, como o poeta insinuou em uma elegia na batalha de Plateias. Os homens de Esparta, ele escreveu,

> não esqueceram a sua coragem...
> E a sua glória entre os homens será imortal.
> Deixando o rio Eurotas e a cidade de Esparta,
> eles se apressaram, acompanhados pelos filhos domadores de cavalos de Zeus,
> os heróis Castor e Pólux e o poderoso Menelau...
> liderado pelo nobre filho do rei Cleômbroto...
> Pausânias.

Para Salamina, Apolo recebeu uma estátua sua segurando na mão o ornamento de uma trirreme. Templos em Salamina, Sunião, no extremo sul da Ática, e o Istmo foram alocados cada qual com um navio de guerra capturado. Pausânias doou bronzes de Zeus, rei dos deuses, e de seu irmão Poseidon, o deus do mar.

Sua doação mais generosa, embora arrogante, foi a Coluna da Serpente em Delfos. Três cobras entrelaçadas, trabalhadas em bronze, tinham cerca de seis metros de altura, com um tripé de ouro no topo. Os nomes dos 31 estados gregos que haviam combatido contra os persas estavam inscritos nas dobras. Originalmente, uma inscrição no tripé dizia: "Pausânias, comandante em chefe dos helenos, dedicou este monumento a Apolo, quando destruiu o exército dos medos". Quem destruiu? O comandante ou o deus? A ambiguidade gramatical foi intencional. As autoridades espartanas mandaram apagar a inscrição.

Simônides não deixou de fora os atenienses que morreram:

> Se a maior parte da virtude é morrer com nobreza,
> então a Fortuna nos concedeu isto acima dos demais,
> pois após lutar para coroar a Grécia com a liberdade
> aqui jazemos com os louros que nunca envelhecerão.

Ninguém deveria se surpreender que Temístocles se gabasse, mas estranhos foram o ressentimento e o aborrecimento que isso causou. Como homem célebre, que arquitetara a derrota da frota persa em Salamina, foi convidado por Esparta para participar das celebrações da vitória. Enquanto Euribíades, o herói local, recebeu o prêmio por bravura, concederam a Temístocles um por sabedoria. Em ambos os casos, consistia em nada além de uma coroa de ramos de oliveira. Porém, mais importante, ganhou a melhor biga da cidade e, ao voltar para casa, trezentos jovens o escoltaram até a saída de Esparta. Essas honras eram excepcionais para um estrangeiro.

Tais elogios irritaram os atenienses, para os quais Salamina beneficiara pessoas no Peloponeso mais do que a eles mesmos. Temístocles piorou as coisas ao construir um pequeno templo e altar a oeste da Acrópole, não muito longe de sua casa, em um bairro residencial popular. Dentro, mandou colocar uma estátua sua. Sem a menor vergonha, dedicou-o a Ártemis do Bom Conselho. A opinião pública censurou a arrogância.

A popularidade de Temístocles entre os espartanos logo se desfez também. Ele se opunha à opinião de que todos os estados que tivessem defendido o lado persa deveriam ser excluídos da aliança grega, pois percebeu que isso daria a eles e a seus aliados no Peloponeso uma maioria de votos automáticos em seus conselhos. Parece também que ele extorquiu dinheiro de várias ilhas no mar Egeu.

Um poeta de Rodes escreveu alguns versos contundentes sobre a atração do líder ateniense por dinheiro. Chamado Timocréon, fora banido por defender os persas. Suas chances de voltar para casa foram anuladas quando, ele alegou, Temístocles, então navegando com a frota, recebeu um suborno pesado para vetar seu retorno do exílio. O que tornou essa traição particularmente escandalosa foi o fato de os dois homens serem amigos. Ele rezou a Leto, mãe dos deuses Apolo e Ártemis e protetora dos juramentos, pela reparação. Ela

> não suporta Temístocles,
> mentiroso, trapaceiro e traidor, que, embora tivesse Timocréon como anfitrião,
> com o mau lucro foi persuadido a não o trazer de volta
> para Ialysus [em Rodes], sua terra natal,
> mas pegou três talentos de prata e se foi.

Temístocles podia perceber a ingratidão dos *demos*, assim como seu pai previra. Aprendeu o que era ser uma trirreme desnecessária. Exceto uma vez em 478, nunca mais foi eleito como estratego; sua política naval ainda era seguida, mas novos políticos estavam se apresentando. Temístocles estava ultrapassado.

Por fim, ele foi vítima do dispositivo político do qual tinha feito bom uso por algum tempo. Em 472 ou 471, foi banido e exilado de Atenas por dez anos. Os cacos de cerâmica revelam várias opiniões sobre o grande homem: um cidadão o condenou "por causa de sua estima", ou de sua grande reputação. Outro simplesmente adicionou "Cuzão" (a palavra grega implica uma preferência vergonhosa pela sodomia) após seu nome, e um terceiro disse que ele representava uma "poluição para a terra".

Outro herói da guerra, Pausânias, o vencedor de Plateias, também se meteu em confusão. Como outros compatriotas, apagou seus rastros durante sua estada no exterior e por algum tempo se libertou das restrições férreas da sociedade espartana.

Foi nomeado almirante de um esquadrão aliado com Aristides no comando do contingente ateniense. Sua tarefa era libertar os ilhéus gregos e os jônios da costa asiática do controle persa e, depois de Mícale, fazer o possível para manter o Grande Rei em fuga. Fez um bom progresso, expulsando uma guarnição persa da cidade-estado de Bizâncio, estrategicamente situada às margens do Bósforo, o estreito que leva ao mar Negro. Quem controlasse Bizâncio controlaria o comércio de grãos. Também fez uma campanha bem-sucedida em Chipre e libertou a maior parte dessa grande ilha do domínio persa, ao menos por ora.

Infelizmente, Pausânias, jovem, enérgico e narcisista, começou a se comportar mal. Acidentalmente, matou uma bizantina que tomara como escrava sexual. Agia de forma insolente e opressiva. Quando Aristides questionou sua conduta, ele fez uma careta, disse que estava ocupado e recusou-se a ouvir. Vestia trajes persas e comia alimentos persas – sinais estranhos de insegurança ideológica do ponto de vista grego. Suspeitavam que Pausânias, como se comprovou, se aliasse ao inimigo. Alegou-se que ele havia secretamente devolvido alguns amigos e parentes de Xerxes que prendera em Bizâncio. Enviou ao Grande Rei uma carta particular prometendo "fazer Esparta e o resto da Hélade" se sujeitarem a ele, se a Pérsia o ajudasse. O rei respondeu com entusiasmo, prometendo apoio financeiro ilimitado.

Cresceu um sentimento generalizado entre os jônios de que estariam melhor se fossem conduzidos por Atenas em vez de Esparta. Afinal, foi a primeira que assumiu o importantíssimo compromisso com o poder marítimo. Foram suas trirremes que serviram de sustentáculo à frota. Como vimos, a cidade foi amplamente divulgada como a originadora da "raça" jônica. Os jônios admiravam Atenas, e o fraco desempenho de Pausânias era a deixa para que procurassem uma mudança de comando.

Pensou-se também que Pausânias estivesse se aliando aos hilotas, prometendo-lhes liberdade caso o ajudassem a se tornar o único monarca de Esparta. Se sua contribuição para o esforço de guerra não tivesse sido reconhecida, teria relaxado qualquer lealdade que tivessem pelos seus senhores. Uma coisa que assustava as autoridades era a perspectiva de os escravos da Messênia se revoltarem outra vez.

Ao ouvir esses relatos sobre a má conduta de seu almirante, os éforos o chamaram de volta, mas não tinham provas suficientes para acusá-lo. Pausânias fugiu em uma trirreme para o Bósforo e assumiu o comando em Bizâncio, onde ainda tinha algum apoio. Irados, os atenienses o expulsaram e, em 470, os éforos novamente chamaram seu regente errante. Mas ainda tinham muito poucas provas para condená-lo – até que um de seus antigos amantes se apresentou. Esse homem lhes mostrou uma carta comprometedora que havia recebido com ordens para entregar ao Grande Rei. Ele reparara que todos os mensageiros anteriores de Pausânias a Xerxes nunca regressavam. Abriu a última carta e encontrou o pós-escrito que ele esperava: uma ordem para matar o mensageiro.

Mesmo assim, os éforos hesitaram. Nenhum contemporâneo nos diz isso, mas podemos supor que Pausânias era popular tanto entre os hilotas quanto entre os hoplitas espartanos com quem lutara em Plateias – ou entre ambos. O poder espartano não quis arriscar uma revolta popular.

Então uma artimanha foi criada. O mensageiro foi como um consulente para Tênaro (hoje cabo Matapão), promontório na costa sul de Esparta, a cerca de noventa quilômetros da capital. Lá um célebre templo de Poseidon foi construído dentro de uma caverna que, segundo dizem, leva ao submundo. Um oráculo permitia a consulentes invocar e consultar os mortos. Tênaro era o principal lugar sagrado para hilotas e *perioeci*, onde podiam procurar proteção. Um bom refúgio para quem estivesse em apuros com as autoridades.

O ex-namorado de Pausânias se instalou em uma cabana. O regente, sem dúvida um pouco alarmado, ao saber disso saiu de Esparta, foi até a cabana, onde alguns éforos haviam se escondido atrás de uma divisória, e perguntou ao homem o que pretendia. Na conversa, Pausânias admitiu sua culpa. Garantiu segurança ao mensageiro e mandou-o embora.

De volta a Esparta, os éforos agora tinham todas as provas de que precisavam e se movimentaram para prender Pausânias na rua. No entanto, quando os viu se aproximar, imaginou, pela expressão no rosto de um éforo, qual seria sua missão; outro lhe fez um sinal de alerta secreto. Correu para um templo de Atena, deusa da Casa de Bronze, que ficava próximo e refugiou-se lá.

As autoridades o mantiveram preso no templo, e ele acabou morrendo de inanição. Pouco antes de exalar o último suspiro, o retiraram, para não poluir o espaço sagrado com uma morte. Ficaram decepcionados, pois Apolo, em Delfos, decidiu o contrário e jogou uma maldição sobre os espartanos. Por terem roubado um corpo da proteção da deusa, disse-lhes para expiar seu pecado dando-lhe dois em troca – em forma de ricas estátuas de bronze.

Temístocles logo se viu em apuros com a queda de Pausânias. Documentos comprometedores foram encontrados entre os pertences do regente, e os éforos os entregaram aos atenienses. A *ecclesia* convocou seu salvador para ser julgado por traição e emitiu um mandado de prisão. Na época ele estava em Argos, onde parece que causava problemas aos espartanos, viajando pela península e muito provavelmente fomentando a discórdia.

Bem informado como sempre, Temístocles soube com antecedência o que estava acontecendo e fugiu para a Córcira (Corfu). Ainda sem se sentir seguro, viajou para o norte, para o reino dos Molossos, onde a vida não mudara muito desde os dias de Agamenon e onde, como em Homero, os convidados eram sacrossantos. Lá recebeu asilo, apesar de, no passado, ter irritado o governante Admeto por não ter atendido a algum favor que lhe pedira. Sua esposa e seus filhos saíram de Atenas para se unir a ele, embora quem organizou a fuga tenha sido executado por seu ato.

Temístocles tinha de seguir em frente, pois o longo braço de Atenas acabaria por alcançá-lo onde quer que estivesse nos Bálcãs. A única solução realista era se dirigir ao Império Persa, mas que tipo de recepção o inimigo do Grande Rei poderia esperar? Seguiu para leste cruzando o país até o porto macedônico de Pidna, ao norte do monte Olimpo, onde embarcou para a Ásia. Mal escapando de um esquadrão ateniense de Naxos, chegou a Éfeso. Conseguiu que algum dinheiro fosse enviado a ele de amigos em Atenas e de "tesouros secretos" em Argos. O dinheiro grudava nele como cola, e parece que nunca ficou desprovido de fundos.

Temístocles escreveu uma carta ao Grande Rei em Susa. Ele agora era Artaxerxes I, terceiro filho de Xerxes, pois, em agosto de 465, seu pai fora assassinado em circunstâncias estranhas e obscuras. Aparentemente, o comandante da guarda real enforcara o príncipe herdeiro sob as ordens de Xerxes. Tendo matado o filho, o assassino temeu ser acusado, então matou o pai.

De acordo com Tucídides, Temístocles não se importava com nada disso. Referindo-se às mensagens supostamente úteis que enviara a Xerxes pouco antes e depois de Salamina, afirmou: "Para o passado, me deves uma boa reviravolta. Por enquanto, [eu] posso prestar um ótimo serviço. É graças à minha amizade por ti que estou aqui, perseguido pelos helenos".

Artaxerxes mordeu a isca e recebeu o estadista ateniense em sua corte. Sua deserção foi um golpe de relações públicas e seus informes sobre assuntos gregos provavelmente foram úteis, embora ele tivesse ficado fora do governo por tempo demais para contar com algum segredo "útil" para contar. Foi nomeado governador da rica cidade de Magnésia, na costa jônica, não muito longe de Éfeso, onde morreu em 459. Um destino surpreendente. Quem teria previsto que o arquiteto de Salamina terminaria como alto funcionário da Pérsia?

Tidas como verdadeiras, as histórias de como os dois heróis inquestionáveis das Guerras Persas, Pausânias e Temístocles, atingiram seus objetivos são bizarras. Esses políticos racionais parecem ter enlouquecido, cometido graves erros e ações suicidas (ou, pelo menos, excêntricas). Mas uma grande ideia, reconhecidamente tácita, os uniu e poderia fornecer uma solução para o mistério.

Se havia uma lição a ser aprendida com as Guerras Persas, essa era que a Grécia tinha tido muita sorte. A multiplicidade de estados minúsculos, propensos a disputas incessantes, impediu os helenos de perseguir um objetivo comum. Apenas no último instante uma unidade precária foi alcançada em Salamina. Não seria surpreendente se homens inteligentes começassem a se perguntar como a Grécia se integraria a um único Estado poderoso – o que seria alcançado encorajando uma ou outra das principais potências, Atenas e Esparta, a criar uma hegemonia.

Pausânias achava que a reforma constitucional era essencial para que Esparta desempenhasse um papel internacional efetivo, e Temístocles previu a criação de um império ateniense entre as ilhas do mar Egeu e o litoral asiático. Ambos entenderam as dificuldades à frente e perceberam que o apoio financeiro e militar persa poderia ser um atalho útil para atingir seus objetivos. Ao mesmo tempo, subestimaram a oposição que despertariam entre os reacionários. Jogaram os dados e perderam.

O espartano era de longe uma figura menos importante. Seus contemporâneos reconheceram que Temístocles era o maior homem de sua época. Não era um traidor, apesar de corrupto e disposto a fazer negócios com qualquer um.

O historiador Tucídides era um juiz imparcial, mas acreditava que o estadista ateniense superava suas falhas, mesmo sendo tão visíveis. Ele era

> um homem que apresentou os sinais mais inconfundíveis de genialidade; de fato, nesse aspecto, ele era excepcional e tem nossa inquebrantável admiração. [...] Quer consideremos a extensão de seus poderes naturais, ou a sua velocidade de ação, este homem extraordinário superou todos os demais em sua capacidade intuitiva de enfrentar emergências.

Para os atenienses, no entanto, ele *foi* um traidor e, como tal, de acordo com a lei, não podia ser enterrado na cidade-estado. Em Magnésia, porém, continuou popular mesmo após sua morte, e um magnífico memorial foi construído em sua homenagem na praça principal. Mesmo no século I d.C., seus descendentes diretos ainda recebiam uma pensão de fundos públicos. Soube-se que a família removeu seus ossos para Atenas e enterrou-os secretamente.

Em algum momento, um monumento a ele, conhecido como a Tumba de Temístocles, foi erguido em um promontório perto do Grande Porto de Pireu. Parecia um altar e ficava sobre um pedestal de pedra. Com uma devoção tocante pelo pai da marinha ateniense, os marinheiros alinhavam o curso junto à tumba quando esta aparecia no horizonte. O poeta cômico Platão* escreveu, no fim do século V, dirigindo-se diretamente a ele:

> Então olhamos para baixo,
> de fora e por dentro,
> e as galeras se reúnem, seguindo para casa.

A guerra contra a Pérsia não terminara em Plateias e Mícale. Os gregos da época celebraram sua vitória, mas não se sentiam seguros. O coração helênico tinha sido salvo, mas por quanto tempo? A invasão custou ao Grande Rei uma

---

* Platão (também Platão Comicus; em grego antigo: Πλάτων Κωμικός) foi um poeta cômico ateniense contemporâneo de Aristófanes. Nenhuma de suas peças sobrevive intacta, mas os títulos de trinta delas são conhecidos, incluindo *Hyperbolus* (c. 420-16 a.C.), *Vitórias* (após 421 a.C.), *Cleofonte* (405 a.C.) e *Faonte* (provavelmente em 391 a.C.). Os títulos sugerem que seus temas eram em geral políticos. Em 410 a.C., uma de suas peças recebeu o primeiro prêmio na Dionísia. (N. T.)

enorme quantidade de tesouros, mas seu império era abastado e ele poderia construir outra frota e equipar outro exército, se quisesse.

Além disso, toda a história havia começado quinze anos antes, na época de Dario, com a revolta das cidades jônicas da Ásia Menor – mas elas ainda estavam escravizadas e esperavam ser libertadas. Será que um dia elas seriam livres? Finalmente, os gregos *não* eram ricos e, agora que tinham a vantagem, procuravam oportunidades para compensar o custo da guerra pilhando as terras do Grande Rei.

Assim, a ideia de uma liga marítima para continuar os combates marítimos (uma vez que o irritante Pausânias estava fora do caminho) liderada pela principal potência jônica, Atenas, recebeu apoio de todos. Os estados em todo o Egeu pressionaram a cidade a aceitar o desafio, mas, na verdade, não precisou de muita persuasão. Que outro uso haveria para suas duzentas trirremes?

Até Esparta, tirada de seu papel de liderança, havia concordado em deixar que as questões se resolvessem. Reconheceu que a Pérsia precisava ser tratada com firmeza e aquiesceu ao surgimento de uma frota aliada, embora participasse pouco de suas operações. Os atenienses agiram com bravura e, para uma *polis* grega, mais ou menos de forma desinteressada. Poderiam também assumir o comando, mesmo que alguns nacionalistas do Peloponeso estivessem preocupados com as consequências no longo prazo.

Fundados em 478, a sede administrativa e o tesouro da Liga foram estabelecidos na ilha sagrada de Delos, nas Cíclades – daí o nome pelo qual essa associação de estados gregos é conhecida, a Liga de Delos. Foi uma escolha apropriada, pois ali era o local de nascimento de Apolo, patrono divino dos jônios, para quem era um centro de culto. Representantes se reuniam no templo do deus ali, e cada um deles, independentemente do tamanho e da riqueza do Estado que representava, tinha apenas um voto. Os membros eram autônomos, e Atenas garantia sua independência. Não sabemos quantos ingressaram na Liga no início, mas no auge, no fim do século, podem ter chegado a duzentos.

A Liga foi uma aliança ofensiva e defensiva completa. Alguns membros forneciam navios para a frota, e outros – especialmente os estados insulares pequenos que não podiam pagar por uma única trirreme – contribuíam financeiramente com Atenas. Para começar, foi acordado que os membros que pagassem em dinheiro, não em bens, deveriam, no total, cobrir os custos de cem trirremes, estimadas em 460 talentos anualmente. Com os anos, cada vez mais membros da Liga descobriam que os cidadãos não gostavam de prestar o serviço militar e de se ausentar. Preferiam, escreve Plutarco, "ficar em casa e ser fazendeiros e mercadores amantes da paz, em vez de combatentes, devido ao seu amor míope pelo conforto". Deixaram de fornecer navios e passaram a pagar em dinheiro. Isso interessava a Atenas, pois as trirremes que a renda de seus membros financiava ficavam sob seu controle direto e eram, de fato, um acréscimo à sua frota. Com o tempo, apenas três membros, as grandes e ricas ilhas de Lesbos, Quíos e Samos, insistiram em contribuir com seus pequenos, mas eficientes, navios.

Aristides, o estadista ateniense e antigo rival de Temístocles, foi indicado para apurar as avaliações de cada membro. Fixou-as de acordo com seus ativos e sua capacidade de pagamento. Parece ter feito o trabalho de forma justa, como seu epíteto, "o Justo", assegura. Não era um homem rico quando começou o processo nem quando o terminou. Aristides, certa vez, disse a Temístocles que "a qualidade que faz um verdadeiro general é a capacidade de manter as mãos limpas". Sem dúvida irritado por não ter sido escolhido para fazer a avaliação, por sua vez, desdenhou que a reputação de Aristides "cabia numa caixa de dinheiro, não em um ser humano".

Atenas liderou expedições e nomeou seus próprios tesoureiros para registrar e administrar a renda da Liga. Provavelmente, o conselho se reunia para chegar a um acordo sobre um plano de campanha para o ano seguinte, mas depois de algum tempo essas sessões foram descontinuadas, e a cidade tomou todas as principais decisões militares sozinha.

Outro método de controle, indireto, mas poderoso, reside na administração da justiça. Cada *polis*, por menor que fosse, tinha seu próprio sistema judicial, com diferentes tipos de corte, provisão de crimes e punições. O que deveria ser feito quando cidadãos de uma jurisdição fossem processados ou julgados em outra? Normalmente, estados assinavam acordos bilaterais. Como líderes da aliança, os atenienses insistiram que os processos comerciais envolvendo seus cidadãos deveriam ser julgados em seus próprios tribunais. Parece que os jurados agiam de forma justa, e houve poucas reclamações, mas o arranjo apenas contribuiu para uma mudança de poder da periferia para o centro.

Um crítico da democracia, feroz, mas perspicaz, escreveu que "se considera que o povo ateniense aja mal nesse assunto ao forçar os aliados a navegar até Atenas em busca de litígio". Mas havia vantagens para esse arranjo. Ele mantinha os tribunais ocupados, enchia as pensões, aumentava a renda das taxas portuárias e garantia os honorários do júri. E continuou: "Sentados no conforto de casa, sem precisar navegar, controlam as cidades aliadas".

Já vimos que uma das características marcantes da democracia ateniense era a indestrutibilidade da classe superior. Em outros estados gregos, a chegada do governo popular em geral significava a extinção ou, ao menos, a expulsão das antigas famílias. Em Atenas, o inventor da democracia, Clístenes, era um alcmeônida, e esse clã rico e ambicioso, chamado "amaldiçoado" por causa de seu papel no caso de Cílon, 250 anos antes, ainda existia. Outro clã, o dos filaídas, era de ricos proprietários de terras conservadores, e o célebre Milcíades, vencedor em Maratona, pertencia a essa classe. Agora seu filho Címon, o novo chefe dos filaídas, ocupava o centro das atenções na política de Atenas. Casou-se com uma alcmeônida, neta de Mégacles, suspeito de apoiar o Império Persa após a batalha de Maratona, exilado em 486. As "melhores pessoas" ("os belos e os bons") sabiam que era de seu interesse que ficassem juntos.

Durante a década de 470, os atenienses continuaram em escala ascendente, mas a *dramatis personae* mudou. Temístocles não estava mais na ativa e, como vimos, no fim da década ele foi exilado. O fim do governo de Xantipo ocorreu em 479 e o de Aristides, no ano seguinte. Parece que eles simplesmente envelheceram. Não sabemos as datas das mortes, embora Aristides tenha vivido para ver a expulsão de seu grande rival.

Surgiram novas personalidades, e Címon era a figura dominante. Nascido em 510, sua mãe era da Trácia, e ele teve uma herança miserável. Sendo apenas metade heleno, era considerado um cidadão de segunda classe. Seu pai fora multado com a enorme soma de cinquenta talentos por uma corte ateniense (para detalhes, ver página 145) e morreu logo depois. Seu filho, recém-saído da infância, pagou a multa e praticamente faliu. Por algum tempo, sua irmã Elpinice e ele se esconderam. Não tinham dinheiro para casá-la com um bom dote, e os irmãos viviam todos juntos na casa da família.

O jovem Címon teve uma adolescência complicada. De acordo com Plutarco,

> ele tinha má reputação por delinquência e embriaguez. Diziam que ele havia puxado seu avô Címon, que, segundo eles, era tão estúpido que recebeu o apelido de Idiota. Estesímbroto de Tasos, contemporâneo de Címon, diz que ele não recebeu uma educação avançada e não alcançou nenhuma das

outras realizações liberais tipicamente gregas. Ele não demonstrava nenhum traço de inteligência ateniense nem fluência de fala.

No entanto, acrescenta que seu comportamento público era digno e direto. De fato, a essência do homem era mais peloponense que ateniense. Como Eurípides escreveu sobre Hércules, ele foi

simples e sem adorno,
nas grandes crises, bravo e verdadeiro.

Címon era altamente sexual. Diziam que cometera incesto com Elpinice, mas poderia parecer que vivessem como um casal por morarem na mesma casa. De qualquer modo, casou a irmã com um dos homens mais ricos de Atenas, Cálias, que fornecia escravos para trabalhar nas minas de prata do Estado em Laurium.

Címon recuperou a fortuna da família, talvez a partir dos negócios em Quersoneso, embora tenha sido dito que Cálias concordara em restaurar sua riqueza em troca de Elpinice. Címon recebeu elogios por sua bravura na batalha de Salamina. Também gastou parte de sua fortuna em obras públicas: transformou um bosque ressequido de oliveiras fora dos muros da cidade, chamado Academia, em um ginásio bem abastecido de água, equipado com pistas de corrida e jardins sombreados.

Do lado norte da ágora, mandou erigir uma bonita colunata como um marco cívico e deu-lhe o nome de seu cunhado. A extensa parede de trás foi decorada com pinturas dos melhores artistas da época. Representavam façanhas militares atenienses desde a Guerra de Troia até o presente. O Pórtico Pintado,* como ficou conhecido, assemelhava-se a um moderno museu de guerra e, além de pinturas históricas, exibiam-se lembranças de vitórias, como escudos de bronze resgatados. Tornou-se um ponto de encontro popular, e malabaristas, engolidores de espadas, mendigos e peixeiros se reuniam ali.

---

* Pórtico Pintado, Estoa Pintada ou Estoa Pecile (em grego: Στοά Ποικίλη, transliteração: *Stoá Poikíle*), originalmente chamado de Pórtico de Peisianax (em grego: Στοά Πεισιανάκτειος, transliteração: *Stoá Peisianákteios*). Antiga construção da ágora em Atenas, erguida durante o século V a.C., do lado norte. Ali o filósofo Zenão de Cítio se reunia com seus seguidores e fazia palestras, dando origem à escola filosófica que passou a ser chamada estoicismo. (N. T.)

Com o tempo Címon tornou-se muito popular, talvez por causa da simplicidade de seus gostos. Seu registro como *playboy* contradiz sua admiração pelo austero modo de vida espartano. Até um poeta cômico como Eupólide era carinhosamente escarnecedor:

Ele não era tão patife quanto dizem,
apenas muito preguiçoso e gostava de beber,
e muitas vezes passava a noite em Esparta
e deixava Elpinice dormir sozinha.

Com o tempo, cansaram-se da guerra. Os estados aliados começaram a reclamar dos altos padrões de eficiência esperados, e alguns tentaram abandonar a aliança – ou, do ponto de vista dos atenienses, se revoltaram. Tucídides relata que as principais razões para essas deserções foram a falha em produzir o montante certo de tributos ou o número adequado de navios e, às vezes, a recusa em produzir embarcações. Os atenienses insistiam que as obrigações fossem cumpridas com exatidão e provocavam ódio ao pressionar homens que não estavam habituados a trabalhar continuamente e que não tinham disposição para assumir essa função.

Depois que os rebeldes foram controlados, eles se deram conta, para sua consternação, de que tinham perdido toda a liberdade de agir e de que, a partir de então, teriam de fazer o que lhes fosse mandado. A partir disso, surgiu uma aliança de estados independentes que gradualmente se transformou em um império.

O primeiro aliado a anunciar unilateralmente sua saída foi a poderosa ilha de Naxos. Os atenienses deixaram claro que uma *polis* podia se juntar à Liga, mas não a deixar. Eles sitiaram a ilha e forçaram-na a voltar à Liga. Com efeito, Naxos tornou-se um estado vassalo. Tucídides observou severamente: "Foi a primeira vez que a Liga foi forçada a escravizar [extinguir a independência de] uma *polis* aliada. O precedente foi seguido em casos posteriores conforme as circunstâncias previam".

A secessão foi também uma reação contra uma política ateniense de enviar pequenos destacamentos de colonos (a palavra grega era *cleruchy*) a diferentes partes do Mediterrâneo Oriental. Difeririam das colônias comuns, pois os colonos permaneciam como cidadãos atenienses e não eram totalmente independentes do país de origem. Atuavam como guarnições militares e costumavam competir economicamente com as cidades-estados locais.

(As *cleruchies* nem sempre prosperavam. Uma quantidade considerável de cidadãos atenienses foi enviada para Anfípolis, na Trácia, por volta da mesma época; ao se mudarem para o interior, foram atacados por habitantes locais e eliminados.)

A arrogância ateniense causou mal-estar. Por volta de 465, quando os atenienses procuravam estabelecer um assentamento na Trácia, a próspera ilha *polis* de Tasos, que tinha interesses comerciais e de mineração de metais preciosos na região, ficou furiosa e revoltada. Contava com uma frota considerável e acreditava ser bem capaz de se defender. Depois de um cerco de três anos, contudo, a ilha se rendeu a Atenas. Suas muralhas foram demolidas, sua frota, confiscada, e suas minas também. Em vez de fornecer os navios que agora não tinham mais, os habitantes foram obrigados a pagar a taxa anual de associação à Liga. Seu destino foi o exemplo mais visível de Atenas agindo de forma egoísta em nome da política da Liga.

Embora tivessem abdicado do comando dos mares, os espartanos achavam difícil aceitar o crescimento do poder ateniense. Tentaram dissimular sua amargura, mas em 464, secreta – e maliciosamente – concordaram em ajudar Tasos organizando uma invasão da Ática para desviar a atenção de Atenas. No entanto, os terremotos no Peloponeso desviaram o foco (para mais informações, veja o capítulo seguinte).

Mesmo os estados que se recusaram a aderir à Liga poderiam ser transformados em membros: foi o que aconteceu em 472 a Caristo, pequena *polis* no sul da Eubeia. Ficava a apenas alguns quilômetros da costa da Ática, e sua recusa foi vista como um insulto inaceitável.

A Liga não gastou tempo perseguindo membros inadimplentes; também fez seu trabalho e atormentou os persas até que, de acordo com Plutarco, o Quersoneso caiu em mãos aliadas, e não havia "um único soldado persa ao longo da costa sul da Ásia Menor, da Jônia à Panfília". Para operar de forma anfíbia, Címon, então no comando da marinha, redesenhou a tradicional trirreme ateniense, dando-lhe um feixe mais amplo e criando mais espaço para transportar hoplitas armados. Em data desconhecida, na primeira metade da década, os persas reuniram um grande exército e uma frota de 340 navios de guerra na foz do rio Eurimedonte (sul da Turquia); em resposta, Címon partiu para encontrá-los.

Com apenas 250 trirremes da Liga, derrotou os persas, capturando duzentos navios e 20 mil prisioneiros de guerra e destruindo outros. O remanescente fugiu para Chipre, onde abandonaram seus navios e fugiram para o interior. A noite se aproximava, mas Címon não havia acabado. Colocou alguns navios persas na vanguarda, vestiu a tripulação com uniformes persas e navegou até o Eurimedonte, onde o inimigo estava acampado à margem do rio. O truque funcionou. Os gregos desembarcaram sem oposição, e seus hoplitas caíram sobre os persas desavisados. Não havia lua; a noite estava muito escura. Muitos não sabiam quem estava atacando e, de fato, não sabiam que a frota da Liga carregava a infantaria. Foi um imenso massacre.

Essa impressionante dupla vitória em torno de 466 retirou qualquer ameaça à Hélade e a suas liberdades. Como de costume, Simônides foi convidado a elogiar os mortos com um poema comovente:

> Esses homens perderam o esplendor de sua juventude no Eurimedonte.
> Lanceiros lutaram contra a vanguarda dos arqueiros persas
> não só a pé, mas em seus velozes navios.
> Ao morrer, deixaram a mais bela lembrança de seu valor.

No entanto, mais como símbolo do que por qualquer necessidade premente, os atenienses decidiram fortificar a Acrópole, e os despojos do Eurimedonte pagaram o trabalho. Os templos incendiados, porém, foram deixados como estavam, ainda intocados.

Durante essas triunfantes décadas do pós-guerra, Teseu, o herói nacional de Atenas, reapareceu. Ele era homenageado havia muito tempo como semideus e os hoplitas que lutaram em Maratona acreditavam vê-lo de armadura completa, liderando a investida contra os bárbaros.

Então houve um novo acontecimento. Em 476, as autoridades consultaram o Oráculo de Delfos. A pítia exigia que os ossos de Teseu fossem encontrados e reenterrados em Atenas. Sua localização aproximada era conhecida: a ilha de Esquiro, perto de Eubeia, no mar Egeu. De acordo com o mito, o velho Teseu decidiu se estabelecer ali, e seu governante, vendo-o como rival, empurrou-o do alto de um penhasco para a morte. Contudo, onde exatamente o corpo fora enterrado, isso era um mistério.

Címon entendeu a importância de Teseu para a estirpe ateniense e, após uma campanha bem-sucedida na Trácia no mesmo ano do pedido da Pítia, restaurou seu templo em Atenas. Nesse momento, a Liga decidiu invadir Esquiro e expulsar seus habitantes.

O motivo era este: a ilha era em grande parte estéril e seus habitantes eram agricultores ineficientes, então, em vez disso, ganhavam a vida com a pirataria e interrompiam o comércio pacífico. O alto-mar não era um lugar seguro, e o banditismo marítimo era comum e quase respeitável. Ser pirata era ser alguém no mundo; sempre que um navio chegava ao porto, a primeira pergunta que se fazia ao capitão era: "Vocês são piratas?". Se fossem, esperava-se que ele reconhecesse o fato. Como Tucídides observou, "não havia nenhum sentimento de vergonha na profissão, e sim uma glorificação".

A última gota veio quando os piratas confiscaram os bens de alguns comerciantes da Tessália, que tinham ancorado no porto de Esquiro, e os jogaram na prisão. Os mercadores conseguiram escapar e, furiosos com o tratamento, reclamaram com a Anfictionia de Delfos,* uma associação de estados do centro e do norte da Grécia – na verdade, uma federação de povos vizinhos.

O julgamento foi dado a seu favor, e as autoridades de Esquiro, ansiosas por evitar a retaliação, apontaram os verdadeiros culpados e os instruíram a devolver sua pilhagem. Em pânico, os ladrões escreveram a Címon e prometeram trair a ilha e entregá-la a ele, provavelmente em troca de perdão.

Era uma oferta boa demais para ser recusada. Címon chegou com a frota aliada, capturou Esquiro sem problemas e removeu a população (trocando-a por atenienses e assim, na verdade, anexando o lugar). Agora que estava lá, e atento ao mandamento de Apolo, o almirante começou a procurar o túmulo do rei perdido. Era difícil saber por onde começar, até que (ou contam assim) viu uma águia ciscar no topo de um monte. De imediato, foi até lá cavar e desenterrou um caixão contendo os ossos de um guerreiro excepcionalmente alto, uma lança de bronze e uma espada que estava ao lado.

---

* Anfictionia – do grego αμφικτιονία, por sua vez com origem em αμφί (ambos) e κτίζω (construir), pelo que etimologicamente significa "fundação conjunta" – era uma liga religiosa que agrupava doze povos (não cidades), quase todos da Grécia central, durante o período Arcaico, antes do surgimento da *polis*, e em períodos seguintes da Grécia antiga. Ao longo da história houve várias anfictionias. As mais importantes foram a de Argos, junto ao templo de Hera; a das Termópilas, junto ao templo de Deméter; e a de Delfos, junto ao templo de Apolo. (N. T.)

Evidentemente Címon encontrara o homem e, com a carga sagrada a bordo de sua trirreme, partiu para Atenas. Seus concidadãos ficaram emocionados. Houve enormes celebrações, procissões esplêndidas e sacrifícios, como se o antigo e futuro rei tivesse voltado a viver. Um monumento foi construído onde seus restos mortais receberam o culto devido a um herói ou um semideus. Plutarco escreve:

> E agora ele está enterrado no coração da cidade... e seu túmulo é um santuário e local de refúgio para os escravos fugitivos e todos os pobres que temem os homens no poder, uma vez que Teseu foi seu defensor durante toda a sua vida e ouviu gentilmente as súplicas dos necessitados e oprimidos.

Quanto dessa história devemos levar em conta? Podemos suspeitar que Címon tivesse Teseu em mente ao planejar o ataque aos piratas. Não há dúvida de que encontrou uma antiga arca com os restos fossilizados de uma criatura pré-histórica, facilmente tidos como o esqueleto desmesurado de um herói. Ele sabia o valor de manter as relações públicas.

Teseu era um talismã para os *demos* e para a nova filosofia do governo. Sua lenda mostrou que ele era indomável, imaginativo, popular, implacável e perspicaz. Esses eram os valores do ateniense contemporâneo. Era uma metáfora em forma humana da democracia. Por meio dele, o passado glorioso e mítico abençoou o presente imperial.

14

A DESAVENÇA

Pode-se pensar que nada seria capaz de tornar Esparta, aquele conjunto aleatório e não murado de aldeias poeirentas, um lugar ainda mais inexpressivo do que já era. No entanto, provavelmente em 465, tudo mudou.

O local foi arrasado por uma série de terremotos terríveis. Os picos do monte Taigeto, próximo a Esparta, se separaram. A cidade inteira foi destruída, com exceção de cinco casas. Onde havia pouco passou a não haver nada. Alguns jovens e meninos estavam se exercitando juntos na época, sob a colunata de um ginásio; pouco antes do terremoto, uma lebre chamou a atenção dos rapazes, que, ainda nus e besuntados de óleo, correram atrás dela pelo campo. Mas todos morreram quando o ginásio caiu sobre eles.

Houve muitas mortes – 20 mil, de acordo com uma fonte, e, segundo Plutarco, "todos os efebos ou cadetes militares". Cidadãos espartanos adultos, os invencíveis Iguais, tornaram-se escassos.

Para os hilotas – a população escrava do sul do Peloponeso –, a catástrofe era uma oportunidade enviada pelos deuses. Imediatamente levantaram-se em revolta. Aqueles que estavam na zona rural próxima dirigiram-se até a cidade, onde os sobreviventes tentavam resgatar os que estavam sob os escombros e a alvenaria ou recuperar seus pertences. O rei Arquídamo, de 24 anos, previu astutamente os problemas e mandou que tocassem a trombeta para anunciar um iminente ataque inimigo. Quando os hilotas chegaram, enfrentaram uma força armada e se retiraram.

A rebelião, no entanto, se espalhou, e muitos *perioeci*, homens livres sem direitos civis e sob o domínio espartano, se juntaram. Os espartanos não conseguiam apagar as chamas e pediram ajuda aos aliados. O apelo foi estendido aos atenienses, apesar de recentemente terem planejado invadir a Ática. Sorte que os homens da ilha de Tasos ficaram de boca fechada.

O autor de comédias Aristófanes faz um de seus personagens se lembrar, divertido, do dia em que "Pericleidas, o espartano, veio aqui e se sentou diante dos altares pedindo, com a face branca e um manto escarlate, um exército aos atenienses". A *ecclesia* debateu ardorosamente, e alguns disseram que seria bom que Esparta perdesse sua posição. Mas Címon, escreve Plutarco, "colocou os interesses de Esparta à frente da grandeza de seu próprio país" e persuadiu a assembleia a enviar uma força expedicionária sob seu comando.

Nesse ponto, tudo aconteceu de forma misteriosa e equivocada.

Os insurgentes foram aos poucos empurrados de volta à sua posição defensiva final, o monte Itome, no fundo da Messênia, onde construíram paliçadas e se prepararam para fazer uma última parada. Os atenienses tinham a reputação de serem bons em operações de cerco, e essa era a principal razão para pedir sua ajuda. Eles chegaram em força com 4 mil hoplitas, mas antes que pudessem fazer qualquer coisa os espartanos tiveram uma surpreendente mudança de posição.

Enviaram abruptamente os atenienses para casa, sem as tropas estrangeiras que tinham aparecido para ajudá-los. Foram bastante educados e apenas disseram que não precisavam mais deles. De acordo com Tucídides, "ficaram com medo do ataque e da falta de ortodoxia dos atenienses e […] temiam, se permanecessem no Peloponeso, ouvir a população de Itome e se tornar patrocinadores de algumas mudanças revolucionárias".

Pode ter havido alguma verdade nisso. O objetivo da política ateniense e de sua liga marítima era libertar os gregos, não os oprimir. Os hilotas da Messênia eram gregos. Por que os hoplitas de Címon estavam ajudando Esparta a escravizá-los de novo? É bem possível que estivessem em contato com os rebeldes, mesmo que por vergonha. É difícil explicar a aparente estupidez da atitude de Esparta.

Como previsto, os atenienses sentiram-se profundamente ofendidos, e, também previsivelmente, as consequências caíram sobre o estadista mais associado à sua política pró-espartana.

Tratava-se de Címon. Ele acreditava na dupla liderança da Grécia, uma parceria entre iguais, na qual os espartanos dominavam por terra, e Atenas, por mar. Como já vimos, ele admirava muito o modo de vida lacedemônio (espartano) – e até nomeou um de seus filhos de Lacedaemonius. Um oligarca natural (lembre-se de sua origem familiar), ele se sentia desconfortável com a extrema democracia de sua terra natal. Ele era impopular entre os políticos populistas. Em seu retorno vitorioso de Tasos, em 462, foi atacado por vingança perante os tribunais nos quais era julgado por suborno. Ele se defendeu com vigor e franqueza:

> Eu não sou, como outros atenienses, o porta-voz dos jônios ou dos tessálios ricos para ser cortejado ou pago pelos meus serviços. Em vez disso, represento os espartanos, cuja simplicidade e moderação eu adoro imitar – e faço isso de graça.

Címon foi absolvido.

Agora ele estava com problemas mais sérios. Sua demissão no monte Itome desacreditou sua política favorável a Esparta e ajudou a dar um fim à sua carreira política. "Com um leve pretexto", de acordo com Plutarco, o *demo* se vingou publicamente de Címon. Ele foi condenado ao ostracismo e obrigado a deixar a Ática por dez anos. Foi encontrado um *ostrakon* que aponta uma velha calúnia: "Deixe Címon pegar sua irmã Elpinice e ir embora". Era uma ironia típica da política democrática de que a ausência aumenta a afeição. No exílio, o ex-líder logo foi perdoado.

Já Esparta pagou um preço por sua incivilidade. Atenas revogou a aliança que fora aceita durante as Guerras Persas e fez pactos com seus inimigos. Embora o exército espartano tenha acabado com a revolta messênia, a fortaleza em Itome nunca caiu. Os defensores saíram orgulhosos graças a um armistício. Os atenienses os colocaram sob sua asa e maliciosamente os levaram de volta a Lepanto,* sua base naval na costa norte do golfo de Corinto; desse ponto vantajoso, os ex-servos mantinham o Peloponeso sob seu olhar atento.

A onda criada pelas Guerras Persas ainda estava rolando. Empurrou os democratas entusiasmados em Atenas para outros extremos lógicos. Um novo líder

---

* Também conhecida como Naupaktus. (N. T.)

emergia, determinado a fazer com que todos os cidadãos se tornassem politicamente ativos e com que a democracia fosse ainda mais democrática. Ele se tornaria o maior estadista da cidade.

Como esperado, era mais um aristocrata e, mais uma vez, um membro do "clã amaldiçoado". Era o filho de Xantipo, o alcmeônida por afinidade que fora trazido de volta de um período de ostracismo para ajudar a combater os persas, havia deslocado Temístocles como comandante do contingente ateniense da frota aliada grega e lutara pela misericórdia reservada a Mícale. A mãe do menino, Agariste, também era de uma boa família. Era sobrinha de Clístenes, que apresentara a primeira Constituição democrática da cidade (e do mundo).

Péricles, esse era seu nome, nasceu em torno de 495. Era bonito, porém sua cabeça era muito alongada e desproporcional. Parecia o bulbo de uma planta perene, *drimia maritima*, ou cebola-albarrã, comum na Europa e no Oriente Médio, e os satíricos apelidaram-no de "cabeça de cebola".

Com essa malformação, teve sorte de ter sobrevivido aos primeiros dias de vida, pois os pais gregos levavam crianças portadoras de deficiência (ou, por qualquer motivo, indesejadas) para fora dos limites da cidade e as deixavam morrer em um lugar deserto. No quinto dia depois de seu nascimento, o recém-nascido Péricles foi recebido em casa e colocado sob a proteção dos deuses domésticos. Em um ritual especial chamado anfidromia, que quer dizer "correr ao redor", seu pai teve de dar uma volta em torno da lareira doméstica segurando o filho nos braços e consagrando-o a Héstia, a deusa do lar.

Como outras crianças atenienses, Péricles seria levado à Antesteria, um festival de flores e vinhos, no início da primavera do quarto ano de sua vida. Ali recebeu uma coroa de flores, um pequeno jarro do qual bebeu seu primeiro gole de vinho e um carrinho de brinquedo. Essa cerimônia era um rito de passagem que o levava da privacidade da família à comunidade aberta dos cidadãos.

Para que isso funcionasse, a democracia dependia de uma população que pudesse ler e, por esse motivo, os atenienses davam grande atenção à educação das crianças. A partir dos sete anos, Péricles provavelmente foi tutelado em casa, embora pequenas escolas atendessem de dez a quinze alunos. O currículo concentrava-se em leitura e escrita, atletismo, música e artes. Os alunos usavam tabuletas enceradas nas quais rabiscavam letras e textos com um estilete. Fragmentos de cerâmica também serviam como rascunho. A literatura era ensinada, e Péricles deve ter aprendido trechos substanciais de clássicos de poesia, peças de teatro e versos épicos gregos, especialmente de Homero. Mas pelo menos Xantipo não o forçou a memorizar toda a *Ilíada* e a *Odisseia*, cerca de 27 mil linhas, como o pai de um infeliz aluno insistiu que fizesse.

A partir dos sete, meninos atenienses iam para o campo de esportes ou uma *palaestra* (literalmente, "escola de luta livre"), onde um treinador profissional ou *paidotribes* cuidava de sua saúde física e os introduzia ao atletismo competitivo. Ali corriam e arremessavam discos e dardos, treinavam boxe e luta livre. Os melhores iam para os Jogos Olímpicos e outros festivais de atletismo.

A educação do jovem Péricles foi interrompida aos dez anos de idade, quando ele e sua família acompanharam o pai ao ostracismo. Logo voltou para casa, em 481, depois do exílio abreviado de Xantipo. Aos catorze ele foi introduzido em uma frátria, ou irmandade, uma das trinta sociedades ou associações. Os membros se reuniam para oficiar cerimônias religiosas e prestavam assistência quando fosse preciso.

Aos dezoito, Péricles foi registrado em seu *demo*, ou conselho local, que funcionava como uma *polis* em miniatura, como cidadão pleno, filho de pai e mãe atenienses. Entrou no mundo adulto com entusiasmo. Durante a adolescência, foi muito influenciado por seu professor de música e artes, Damon, que discretamente também o apresentou ao mundo político. Permaneceu como conselheiro próximo do Péricles já adulto e, escreve Plutarco, "desempenhou o papel de massagista e de treinador desse atleta político".

Péricles era um intelectual e nutria um interesse vivo por questões filosóficas. Estudou com o pensador italiano Zenão de Eleia, uma colônia grega na costa sul da Itália. Acredita-se que Zenão tenha inventado a dialética – isto é, um método de investigação baseado em perguntas e respostas. Um observador cínico comentou:

> Ele tem uma língua que defende, com a mesma fúria,
> os dois lados de uma questão.

Também criou vários "paradoxos" sutis e profundos, nos quais a lógica contradiz a evidência dos sentidos. O mais famoso deles fala de Aquiles, o grande guerreiro, e uma tartaruga.

Aquiles aposta corrida com uma tartaruga. Ele lhe dá uma vantagem de cem metros. Quando ele atinge cem metros, a tartaruga avança (digamos) um metro.

Aquiles leva mais algum tempo para correr os metros seguintes, e a tartaruga avança um pouco mais. Assim, a cada ponto que Aquiles chega, a tartaruga avançou e, como há um número infinito de pontos, ele nunca ultrapassará a tartaruga. (Mas na vida real, evidentemente, ele a ultrapassa. O paradoxo, que testou as melhores mentes filosóficas por 2 mil anos, revela um descompasso entre a forma como pensamos sobre o mundo e como o mundo realmente é.)

Com atrativos como esse, Péricles exercitava sua mente. Embora admirasse Zenão, também se tornou amigo íntimo de Anaxágoras, um filósofo de Clazômenas, *polis* na Ásia Menor. Ele é conhecido por ter introduzido a filosofia em Atenas, onde se estabeleceu em meados da década de 460. Estava mais interessado em investigações científicas do que no propósito da razão ou da especulação metafísica. Acreditava que tudo na natureza era infinitamente divisível e que a mente era uma substância que entra na composição das coisas vivas, fonte tanto de qualquer mudança quanto do movimento. Foi o primeiro a entender que o luar é um reflexo da luz do sol.

Péricles desfrutou de longas discussões com outro dos grandes pensadores da época, Protágoras, nascido em Abdera, importante *polis* grega na costa da Trácia. Suas ideias eram polêmicas e ofendiam profundamente os atenienses de direita. Era cético em relação ao sobrenatural e um relativista moral. "Sobre os deuses", escreveu ele, "não tenho como saber se existem ou não nem que forma podem ter: o assunto é muito difícil de entender e a vida é breve". Também fez a afirmação ousada de que "o homem é a medida de todas as coisas: daquelas que são o que são e daquelas que não são o que não são". Isso deixava pouco espaço para os olímpicos.

Sentado aos pés de homens como Anaxágoras e Protágoras, Péricles aprendeu a abandonar as explicações mágicas de fatos naturais por racionais. Certa vez, um eclipse solar ocorreu quando estava navegando. O timoneiro entrou em pânico, como todos os outros a bordo, e não sabia o que fazer. Depois que o eclipse passou, Péricles segurou o manto diante dos olhos do timoneiro e perguntou: "Este é um presságio terrível?".

"Não, não é", respondeu ele.

"Bem, então, qual é a diferença entre isto e o eclipse – exceto que o eclipse foi causado por algo maior do que o meu manto?"

Péricles tinha vinte e poucos anos quando entrou pela primeira vez no cenário político. Na primavera de 472, foi escolhido para ser um *choregos* (corego), ou investidor e produtor teatral, para o dramaturgo trágico Ésquilo. Nessa época, seu pai já havia morrido, e ele administrava a fortuna da família.

Como outros cidadãos ricos, esperava-se que Péricles empreendesse uma *liturgia* (o termo grego para "trabalho para o povo"). Isso implicava empreender uma tarefa cara para o Estado às próprias custas. Havia dois tipos de liturgia – a responsabilidade de administrar uma trirreme na marinha por um ano e financiar alguma atividade em um festival (um banquete ou uma equipe atlética ou, como neste caso, um coro para uma apresentação musical ou dramática). Esse era um meio engenhoso de encorajar gastos públicos em vez de cobrar um imposto impopular.

Péricles era o corego do festival de teatro da Grande Dionísia e foi patrocinador e produtor de três peças de Ésquilo, uma das quais sobreviveu, *Os persas*. A maioria das peças gregas transcorria no passado lendário, mas, nesse caso, Ésquilo escolheu como tema a vitória em Salamina, ocorrida apenas oito anos antes. A ação ocorre na corte imperial de Susa, uma das capitais do Império Persa, e a peça central é uma longa descrição da batalha por meio de uma testemunha ocular (ver páginas 185-7). Era um espetáculo esplêndido e bárbaro. Podemos imaginar que o jovem alcmeônida não tenha poupado gastos.

Foi por volta desse ano que Temístocles foi condenado ao ostracismo, e pode ser que Péricles tenha usado a peça para lembrar aos *demos* as conquistas do grande homem e restaurar sua popularidade. Se assim foi, foi um movimento político ousado para um recém-chegado – e, como sabemos, falhou. Temístocles logo foi banido de Atenas e obrigado a deixar sua terra natal.

Quando jovem, Péricles era a esperança vindoura da nobreza, mas assumiu a causa do povo por motivos de autopreservação e ambição. Veio para atuar como ajudante da personalidade democrática líder da época, um homem chamado Efialtes. Pouco se sabe sobre ele, mas (excepcionalmente) é provável que não tivesse raízes aristocráticas. Ao contrário da maioria das figuras públicas desse tempo, era incorruptível. Era o espírito guia por trás do julgamento de Címon. Péricles foi apontado como um dos dez promotores, embora ele não parecesse tão empenhado na tarefa. A irmã de Címon implorou a Péricles que fosse gentil com seu irmão. Ele respondeu, com um sorriso: "Elpinice, você é muito velha, velha demais para esse tipo de negócio". Em frente ao júri, não pressionou muito as acusações contra Címon.

Para os dois democratas, havia falhas graves na forma como a Constituição funcionava. A primeira dizia respeito ao papel do antigo conselho do Areópago. Seus membros eram velhos arcontes, funcionários públicos nomeados das duas classes sociais mais ricas da *polis*. Não era eleito diretamente, e os menos abastados foram excluídos de participar. Isso era contra o espírito da época e pedia que fossem tomadas medidas a respeito. O conselho deveria ser abolido ou modificado.

Efialtes abriu a campanha contra o Areópago, levando membros para serem julgados pelo tribunal por corrupção e fraude. Tendo enfraquecido a autoconfiança do conselho, partiu para o ataque. Escolheu o momento com cuidado. Em 462, quando seu principal oponente, Címon, estava ausente em Messênia em sua missão malsucedida para ajudar os espartanos, Efialtes convenceu a *ecclesia* a aprovar um pacote de leis que tirava do Areópago todos os seus poderes de peso político. Elas incluíam seu direito de punir os funcionários eleitos quando violassem qualquer lei no exercício do cargo, de supervisionar a administração do governo e de assegurar que as leis fossem obedecidas. Seu poder de investigar a vida privada dos cidadãos também foi abolido.

As funções do Areópago foram transferidas para a *ecclesia*, a *boulē*, ou para os tribunais do júri. O próprio conselho foi colocado de lado, mas sua única função real e restante era julgar casos de homicídio. Para acrescentar insulto à injúria, foi encarregado de cuidar das oliveiras sagradas de Atena e ajudar a salvaguardar a propriedade das deusas Deméter e Perséfone em Elêusis, no oeste da Ática, onde se realizavam os Mistérios anuais em honra das divindades.

A vitória foi gratificante, porém breve. Em 461, não muito depois da reforma do Areópago, Efialtes foi sequestrado certa noite e assassinado. De acordo com Diodoro, nunca ficou claro "como sua morte aconteceu" – uma frase misteriosa, implicando que o corpo não foi encontrado ou que a causa da morte não era clara. Em qualquer caso, seu assassino, ou seus assassinos, nunca foi pego. Plutarco relatou que certo Aristódico de Tanagra seria o culpado, mas nada se sabe sobre ele. É justo supor que Efialtes tenha sido vítima de amargos oligarcas que queriam vingar a emasculação do Areópago.

Mas e se aplicarmos o teste *cui bono*? Quem ganhou com o assassinato? A resposta óbvia era Péricles, que herdou a liderança da facção democrática. Um boato malicioso sugeria que ele organizara o homicídio. Plutarco descartou-o como uma "acusação venenosa"– e estava correto em fazê-lo. Péricles era um homem que respeitava a lei.

Aos 33 anos, Péricles pegou o bastão que fora tomado de Efialtes. Ano após ano, em grande parte das três décadas seguintes, ele foi eleito um dos dez generais da cidade. Embora não fosse de nenhuma maneira um déspota, era a figura política mais influente na *ecclesia*, além de ser um comandante militar capaz e agressivo. Em última análise, porém, operou em uma democracia direta e aconselhou em vez de governar.

Péricles prosseguiu imediatamente com as novas reformas. Havia três áreas nas quais sabia que poderiam ser feitas melhorias.

Primeiro, introduziu uma lei de cidadania. A franquia era restrita àqueles cujos pais fossem atenienses. Antes, a mãe estrangeira não era obstáculo para o *status* civil; Clístenes, Temístocles e Címon tinham mães estrangeiras. A *polis* era o lar de um grande número de estrangeiros residentes, e o objetivo de Péricles era limitar o acesso aos benefícios da cidadania. Atenas era internacionalmente influente, e havia vantagens práticas em transformar os cidadãos em um grupo fechado e mais exclusivo. Também é possível que a imigração tenha sido impopular (estrangeiros que roubam empregos é uma queixa comum ao longo da história).

Doravante, a maioria dos funcionários públicos seria nomeada anualmente por sorteio, não por eleição. Com isso vinham as enormes vantagens de assegurar oportunidades iguais para todos e desencorajar a criação de facções políticas ou grupos de pressão. Mas quando Sólon introduziu a classificação para os arcontes (ver páginas 88 e 120), só foi aplicada a uma lista longa eleita diretamente. Ele queria garantir a qualidade dos candidatos e a disposição de servir, mas para Péricles esses fatores eram menos importantes do que assegurar a todos os cidadãos a chance de participar da vida pública. A lealdade superou a competência por uma larga vantagem. Assim, as eleições preliminares foram abolidas e as nomeações para a *boulē* e para arcontes eram feitas apenas por sorteio.

Esse novo arranjo só funcionaria bem se os titulares dos cargos fossem remunerados, pois, de outra forma, os trabalhadores pobres nunca teriam o tempo necessário para cumprir suas obrigações públicas. Então, Péricles decidiu pagar aos que serviam como arcontes e membros da *boulē*.

Qualquer homem que fosse um cidadão com mais de trinta anos poderia se apresentar como jurado nos tribunais. Seis mil desses voluntários eram nomeados por sorteio no início de cada ano (seiscentos de cada tribo), dos quais os jurados estavam inscritos para casos individuais. Os júris eram grandes – 1.501 para os julgamentos mais importantes e entre 201 e 401 para os processos pessoais. Péricles introduziu o pagamento ao júri com o salário de dois óbolos por dia (mais tarde, no século V, foi aumentado para três óbolos).

Vários outros funcionários, que recebiam salários do Estado ou sentavam-se em comissões, eram nomeados por sorteio. Entre eles estavam os tesoureiros de Atena, que eram responsáveis pelo tesouro imperial, com seus vastos fluxos de renda; os vendedores, que faziam contratos públicos para trabalhar nas minas de prata em Laurium; os receptores, que coletavam as receitas públicas e as distribuíam aos funcionários apropriados; os contadores, que verificavam todas as contas públicas; os examinadores, que se sentavam na ágora para receber denúncias contra detentores de cargos; e os comissários, que mantinham os santuários públicos. A *polis* também empregava inspetores de mercado, que monitoravam a qualidade dos produtos colocados à venda, comissários de pesos e medidas e inspetores de grãos. Apenas as responsabilidades militares e algumas responsabilidades financeiras técnicas, em que a competência era absolutamente essencial, não estavam sujeitas à nomeação por sorteio.

O alfabeto grego entrou em vigor pela primeira vez durante o século VIII, quando a leitura e a escrita eram habilidades relativamente novas. Os espartanos usavam registros escritos o mínimo possível para a chacota e o desprezo de outros gregos. Sem altos níveis de alfabetização, contudo, não teria sido possível que a democracia ateniense funcionasse. Uma Constituição complicada que priorizava abertura, participação, responsabilidade e uma economia movimentada, dependente do comércio internacional, exigiam sistemas confiáveis de relatórios e documentação. Os cidadãos tinham de ser capazes de somar, subtrair e entender o que estava escrito. Devemos supor que até mesmo muitos pobres de Atenas eram, ou sob a força das circunstâncias se tornaram, basicamente alfabetizados.

A democracia era muito cara para ser administrada. Estima-se que em 440 até 20 mil cidadãos, cerca de um terço do total ou mais, recebiam alguma forma de remuneração do Estado. Isso tornou improvável uma mudança constitucional, pois havia muitos cidadãos que mantinham seu interesse no sistema democrático. Esse aspecto não escapou de um crítico cáustico da nova ordem: "Os pobres, os homens do povo e a classe trabalhadora estão indo muito bem e em grande número e, assim, aumentarão o apoio à democracia".

Isso foi importante, pois os democratas atenienses se sentiam em apuros. Tinham um medo constante de que a Constituição fosse derrubada. Os "melhores cidadãos" achavam que a democracia era uma inovação completamente desnecessária; era injusta, incompetente e aberta ao pior tipo de demagogos. O mesmo crítico (alguns dizem, talvez erroneamente, ser Xenofonte) apresenta o argumento:

> ... em todo o mundo, o melhor elemento da sociedade é o oposto da democracia. Pois entre as melhores pessoas existe o mínimo de devassidão e injustiça, mas um máximo de atenção escrupulosa ao que é bom. No entanto, entre as pessoas, há um máximo de ignorância, desordem e maldade. Isso ocorre porque a pobreza as leva a um comportamento vergonhoso e, graças à falta de dinheiro, alguns homens são iletrados e ignorantes.

Os antigos nobres dos clãs dominantes gostariam de um retorno à oligarquia, ao governo por uma minoria bem-educada, mas em geral mantinham suas opiniões para si e, como o aristocrata Címon, serviam ao Estado sem reclamar.

Há fragmentos de uma inscrição que cataloga os mortos de uma das dez tribos atenienses, a de Erecteu, no ano 460 ou 459. Em geral, os mortos de todas as dez tribos eram registrados em uma placa de pedra ou estela, mas o grande número de vítimas provavelmente explica o uso de estelas separadas. A inscrição abre com uma lista das várias campanhas que Atenas lutou simultaneamente; a frase final está em letras maiúsculas espaçadas dando uma ênfase inesperada.

> [Da tribo de] Erecteu
> Os que morreram na guerra: em Chipre,
> no Egito, na Fenícia, em Halieis, em Égina, em Mégara
> N O M E S M O A N O.

Seguiam-se, então, os nomes de oito generais e 179 soldados em três colunas. Halieis refere-se a uma incursão malsucedida no território de Argos, no Peloponeso. Em meados do século V, o número de cidadãos (homens adultos) pode ter chegado a 60 mil, mas a *polis* não hesitava em arriscar uma superextensão.

Mais ou menos na mesma data, há um pequeno relevo de mármore lindamente esculpido que mostra a deusa Atena melancólica e enlutada (ver imagem). Talvez ela esteja lendo uma lista de mortos em uma estela ou contemplando a lápide de um hoplita. De qualquer forma, a imagem parece refletir o lamento em relação à guerra.

ATENAS, PIREU E AS LONGAS MURALHAS

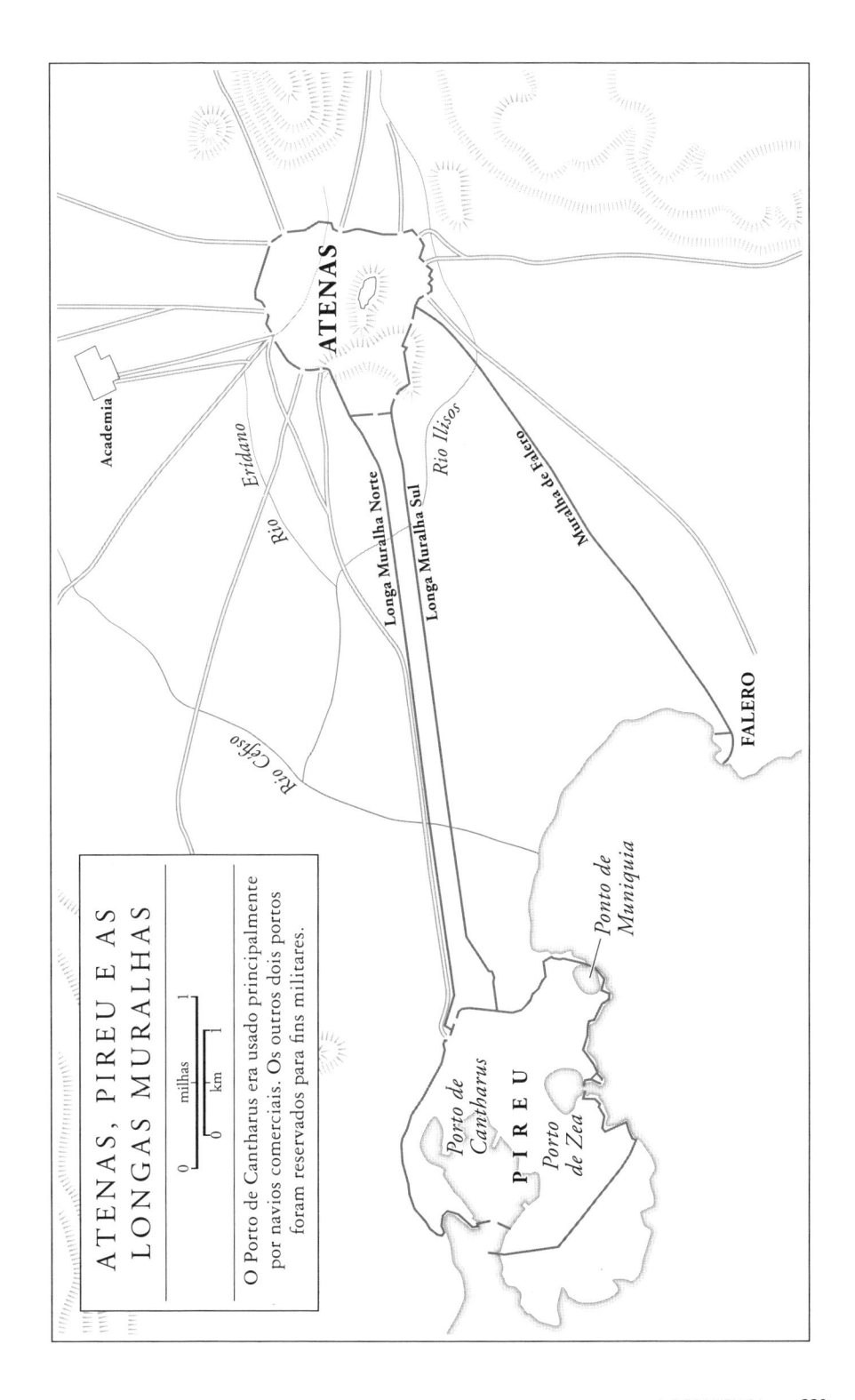

O Porto de Cantharus era usado principalmente por navios comerciais. Os outros dois portos foram reservados para fins militares.

A DESAVENÇA

Apesar de toda a dor pelas baixas, à medida que a Liga de Delos gradualmente se transformava em um império os atenienses tornavam-se extraordinariamente autoconfiantes e agressivos. Não havia como lutar em uma única frente, mas em tantas frentes quanto possível.

Surgiu quase por acaso uma oportunidade irresistível de reduzir a quantidade de persas. Os egípcios sempre se ressentiram de ser uma colônia do Império Aquemênida e, quando souberam do assassinato de Xerxes, no verão de 465, e da confusão que isso poderia provocar em Susa, levantou-se a bandeira da revolta sob a liderança de Inaros, um jovem príncipe líbio. A decisão foi tomada no outono de 464, e o inverno foi dedicado ao planejamento cuidadoso e ao levantamento de uma força militar preliminar. A administração persa no Egito foi deposta no verão ou no outono do ano seguinte.

Uma grande frota aliada de duzentas trirremes fazia campanha em Chipre e, quando souberam da revolta, abandonaram o que estavam fazendo e navegaram rumo ao Egito para apoiar a rebelião. Essa não foi uma decisão totalmente oportunista. Enfiar um dedo no olho do Grande Rei sempre foi um prazer. Mas a crescente população de Atenas dependia dos grãos importados, e o Egito era o celeiro do mundo antigo. Se fosse tirada do domínio persa, a terra dos, faraós poderia se tornar um fornecedor valioso e suplementar o comércio do mar Negro.

Para começar, a sorte estava do lado dos gregos. A frota navegou até o Nilo, ganhou o controle do rio e da antiga capital de Mênfis, ao sul do Delta, com exceção da guarnição persa em uma fortificação chamada Torre Branca.

O Grande Rei tentou subornar os peloponenses para invadir a Ática, mas, para seu crédito, eles recusaram, enquanto embolsavam um adiantamento. A Liga de Delos ajudou a repelir uma força expedicionária persa, mas Artaxerxes enviou outra a tempo. Os egípcios e seus aliados foram expulsos de Mênfis e sitiados em uma ilha fluvial no delta do Nilo por um ano e meio. Por fim, os persas drenaram as águas dos pântanos e capturaram a ilha usando a infantaria. A maior parte da frota da Liga se perdeu, e depois de seis anos a expedição grega fracassou.

Apesar da evidência de Tucídides, parece que muitos atenienses escaparam – embora não com seus barcos, pois de outro modo 50 mil vidas teriam sido sacrificadas (como vimos, uma trirreme precisava de uma equipe de duzentos homens). Embora alguns dos remadores pudessem ser de estados aliados, perdas em tal escala teriam impedido a *polis* de seguir a política militar ativa dos próximos anos. Contudo, o desastre foi de fato um golpe no moral da Liga.

Sempre resiliente, Atenas resolveu tornar-se uma potência terrestre na Grécia, bem como uma potência marítima no mar Egeu. O objetivo estratégico era controlar o gargalo do istmo e, assim, evitar invasões da Ática lideradas por Esparta. Por algum tempo, baseou uma força hoplita em Mégara e construiu as Longas Muralhas para conectá-la ao seu porto, Nísia. Com portos nas costas norte e sul de Mégara, Atenas controlava agora o golfo de Corinto. Derrotou sua antiga rival, a ilha de Égina, confiscou sua marinha e obrigou-a a se juntar à Liga como membro pagante. Esse foi o último refrão de uma música antiga.

Finalmente Atenas conquistara toda a Beócia, exceto por sua poderosa *polis*, Tebas. Esparta observou esses desenvolvimentos com crescente fúria. Entre 460 e 445, a cidade e seus aliados peloponenses se engajaram em uma luta contra o novo poderio prepotente do império (chamado generosamente de Primeira Guerra do Peloponeso). Os atenienses não mantiveram suas aquisições no continente por muito mais de uma década. Em 447, uma batalha importante foi perdida em Coroneia, na Beócia, com pesadas baixas entre os aristocratas, incluindo Clinia, um alcmeônida. A hegemonia ateniense na Grécia continental tivera um fim abrupto. Por sorte, uma revolta na importante e próxima dependência da ilha de Eubeia foi rapidamente derrubada.

Com astuta antecipação do fracasso, os atenienses se asseguraram de que poderiam se proteger. As Longas Muralhas que ligavam Atenas a Pireu e Falero foram concluídas em 457. A partir de então, enquanto sua frota governasse o mar, Atenas seria invulnerável. A visão de Temístocles de sua cidade transformada em uma potência marítima foi finalmente realizada. Na década de 440 foi construída a chamada Muralha do Meio, que criava um corredor estreito e provavelmente mais defensável para o porto.

Enquanto isso, do outro lado do mar Egeu, Címon, de volta dos dez anos de ostracismo, provou mais uma vez que, embora nunca tivesse sido democrata convicto, sempre foi o orgulhoso servo da democracia. Foi-lhe dado o comando de uma expedição anfíbia contra os persas em Chipre, mas em 450 adoeceu ou foi ferido e morreu. Por sugestão sua, no leito de morte, a notícia foi mantida em segredo para dar tempo aos gregos de se libertar e abandonar a campanha sem impedimento.

Um epitáfio para os mortos, à maneira do falecido Simônides, exalta o último alento de Címon.

> Desde que o mar dividiu a Europa da Ásia
> e Ares selvagem dominou as cidades dos mortais,
> nunca houve um ato humano nesta terra como esse
> fosse no mar, fosse na terra ao mesmo tempo.

Esses versos se referem à campanha de Chipre, mas seriam adequados (ainda que um pouco exagerados) a toda essa era de expansão ateniense. Com toda a bravura e toda a glória nesses anos intermediários do século V, quanto foi realmente alcançado? A resposta é ambígua.

De fato, Atenas atingira os limites de sua capacidade. A certa altura, a *polis* tinha tão pouca mão de obra que homens de dezoito a sessenta anos precisavam ser chamados como reforço. Em 456, por despeito, enviaram uma frota para navegar pelo Peloponeso e atear fogo nos pátios navais de Esparta, no porto de Gitéo. No entanto, em 451, Atenas concordou com uma trégua de cinco anos com Esparta. Dois anos depois, um acordo vantajoso foi feito com o Grande Rei, a Paz de Cálias (assim chamada em homenagem ao político que a negociara, o cunhado multimilionário de Címon). As cidades gregas da Ásia Menor deveriam ser livres e sujeitas às suas próprias leis, exceto Chipre, permanentemente sob o domínio persa – um eterno inconveniente. Com efeito, Atenas abandonou suas ambições no Mediterrâneo Oriental.

Do lado positivo, as forças militares persas não foram autorizadas a chegar mais perto da costa do Mediterrâneo do que um dia de viagem a cavalo, não deveriam passar pelas montanhas Azuis na entrada do mar Negro (protegendo, assim, o comércio de grãos) nem passar pelas ilhas que ficavam entre Lícia e Panfília (excluindo, com isso, a marinha persa do Egeu). Ou seja, Artaxerxes concordou em se manter fora do mundo helênico.

Nenhum beligerante poderia reivindicar vitória total, mas a sorte em geral favorecera os gregos. Cinquenta anos haviam se passado desde que os atenienses invadiram Sárdis e despertaram a ira do rei Dario, mas finalmente as Guerras Persas tinham acabado. O contentamento ainda não era geral, pois a paz levou a Atenas uma nova ameaça. Em ilha após ilha, do outro lado do mar Egeu, perguntavam-se qual seria o objetivo de sua dispendiosa aliança marítima, uma vez que o Grande Rei não era mais uma séria ameaça. Por que deveriam continuar pagando grandes somas a Atenas por uma frota que não era mais necessária?

Em 446, a trégua entre Atenas e Esparta foi convertida em Trinta Anos de Paz, baseada no reconhecimento do *status quo*. As duas grandes potências da Grécia seguiam caminhos muito diferentes. Uma vez parceiras, até mesmo amigas, Atenas e Esparta não confiavam uma na outra havia anos. Agora estavam novamente em condições de tolerância, mas não precisavam de um vidente para enxergar problemas à frente.

Esparta era muito admirada em todo o mundo helênico por sua autodisciplina e sua austeridade. Mas era introvertida e obsessivamente resistente a mudanças. Seu sistema era a expressão do medo mal disfarçado. Os povos dominantes do Peloponeso estavam sempre em ebulição; a qualquer momento poderiam transbordar, e a Lacedemônia ficaria sobrecarregada. Foi esse pesadelo constante que subjugou suas virtudes.

O terremoto no Peloponeso expôs as falhas de seu sistema, mas os espartanos sobreviveram. Com um esforço inesgotável, venceram os hilotas e os escravizaram novamente. Mas então enfrentaram outro súbito tremor violento, enquanto a energia revolucionária da democracia ateniense perturbava o equilíbrio do mundo helênico. Atenas não apenas controlava os mares, como por um tempo estabelecera um império de terras na Grécia central que bloqueava Esparta em sua península meridional. E o gigante faminto do Império Persa havia sido domado. Atenas estava a caminho de unificar a Grécia.

Não admira que, em algum momento da década de 440, Péricles tenha proposto um congresso pan-helênico. Todos os gregos, europeus ou asiáticos, foram convidados. A proposta era abordar o futuro dos templos gregos queimados pelos persas, o cumprimento dos votos feitos aos deuses durante as Guerras Persas e, o mais importante, a segurança dos mares. O propósito subjacente do congresso era óbvio – obter o consentimento para a hegemonia ateniense. Sem surpresas, Esparta sabotou o plano, e o congresso nunca aconteceu.

As constituições da maioria dos estados custam tempo e esforço apenas de uma minoria de cidadãos, uma classe política, para ser feitas. A democracia completa que Péricles e seus antecessores haviam instalado exigia a participação total de todos os membros da sociedade. Mesmo o cidadão mais mesquinho e estúpido poderia se ver, pelo funcionamento desordenado do sorteio, no comando do governo. Não tinha escolha senão ficar atento.

A energia liberada por esse envolvimento da massa na esfera pública mostrou-se não apenas por meio de um imperialismo agressivo, mas também na vida urbana. As artes e a cultura prosperaram como nunca antes.

15

AS GENTIS

É madrugada, um pouco antes do amanhecer. Um vigia está no alto do palácio de Argos, no Peloponeso, cansado e entediado. Ele faz sua prece: "Ó, deuses! Libertem-me desse longo e cansativo dever de guardar. Ó, deuses! É o que vos peço".

Ele passou um ano, noite após noite, escrutinando os céus – o que ele chama (pois sabe usar as palavras) de "conferência noturna das estrelas". Está esperando um sinal, algo que poderia ser confundido com uma nova estrela, mas, na verdade, seria uma luz em uma colina distante.

A guerra em Troia está em seu décimo ano e foi combinado que, se a cidade cair nas mãos dos gregos, uma série de faróis deverá ser acesa. Atravessarão de ilha em ilha pelo mar Egeu e trarão quase instantaneamente as boas novas à rainha Clitemnestra, esposa do líder da expedição, Agamenon.

Então, de repente, ele vê uma chama cortar o horizonte. É a vitória. A rainha é despertada para ver o farol. Ela se alegra ou não?

Assim se inicia a *Oréstia*, um dos maiores e mais antigos dramas da história da civilização ocidental. Escrita por Ésquilo, foi uma trilogia que contou a saga manchada de sangue da família governante de Argos. Sua primeira apresentação ocorreu em 458, no festival anual dedicado ao deus Dioniso, a Grande Dionísia. É a única trilogia completa a sobreviver.

As origens do festival são obscuras, mas a história parece abrir em Eleutera, uma cidade pequena e bem fortificada na fronteira entre a Ática e a Beócia. Seu povo era sempre intimidado pelos tebanos, que ao longo de sua história trabalharam incansavelmente para unificar a Beócia sob o seu governo.

Em meados do século VI eles tentaram se unir à Ática e, ao fim, conseguiram, tornando-se cidadãos atenienses. Sua deidade tutelar era Dioniso, o patrono do vinho e da embriaguez. Como parte da assimilação de Eleutera ao Estado ateniense, o deus, em forma de uma antiga estátua de madeira, foi transportado até Atenas. Foi levado em procissão em uma jornada de 45 quilômetros e instalado em um pequeno templo especialmente construído, na encosta sul da Acrópole.

Em expiação por uma relutância inicial em absorver Eleutera, foi criado um festival anual chamado Grande Dionísia (como já foi dito, pode ter sido iniciado ou ampliado pelo tirano Pisístrato). A procissão original era parcialmente repetida todos os anos, em março. A estátua era escoltada a partir da Academia, o bosque sagrado de oliveiras dedicadas a Atena e os campos de atletismo, não muito longe das muralhas da cidade. Os rapazes se vestiam como sátiros, os míticos seguidores masculinos de Dioniso; em parte animais, com rabo de cavalo ou pés de cabra, os sátiros apenas se interessavam em beber e copular sem restrições. Usando peles de cabra, os rapazes dançavam ao lado da carreta que levava a estátua. Falos de madeira ou de metal eram transportados em bastões. Os animais eram sacrificados, assados e comidos. O vinho jorrava. A noite passava em folia e danças ao som de harpas e flautas.

No dia seguinte, Dioniso, em sua encarnação como estátua, era levado ao teatro para assistir às atividades, que incluíam performances corais. Os falsos sátiros dançavam em volta do altar cantando o que chamavam de "canção do bode" (de *tragos*, ou cabra, e *oide*, ou canção, *tragoidia*; daí a palavra "tragédia"). Com o tempo, o líder dos dançarinos, que também compunha a música, falava ou cantava para o coral, que por sua vez cantava de volta para ele. Ele assumia a identidade de uma personagem associada aos eventos celebrados e usava um traje apropriado.

Como explicado, a introdução do diálogo ao coral foi atribuída a Téspis. Esses protodramas eram feitos para caracterizar Dioniso, mas com o tempo os mitos de outros deuses e heróis passaram a ser representados. Em raras ocasiões, eventos contemporâneos eram escolhidos como tema. A impressão geral, nesses primeiros anos, era a de um oratório encenado.

E assim a tragédia foi inventada. À medida que a forma se desenvolveu e se tornou mais sutil e sofisticada, os pensadores gregos tentaram definir sua essência. De acordo com Aristóteles,

> a tragédia, então, é uma imitação de uma ação de grande importância, completa e de alguma amplitude... atuada, não narrada; por meio de piedade e medo, efetivando a purgação dessas emoções. [Mostra] o tipo de homem que não se distingue por excelência e virtude e que se lamenta, não devido à baixeza e ao vício, mas devido a algum erro; um homem de grande reputação e prosperidade... Não deve passar do infortúnio para a sorte, mas somente o contrário.

Por volta do ano 500, dois atores trabalhavam junto com o coro, cada um desempenhando vários papéis; mais tarde, no século seguinte, um terceiro ator foi adicionado à companhia. Um coro de doze ou quinze homens cantava e dançava e permanecia no palco durante toda a peça. Três autores apresentavam três tragédias e uma comédia cada um. As tragédias eram, em geral, trilogias ligadas pelo tema, realizadas uma em seguida à outra. Depois vinha a comédia, e então Sileno, chefe dos comediantes, supervisionava uma farsa ou um espetáculo burlesco barulhento. Cinco comédias também eram apresentadas durante o festival, todas atuais e fortemente satíricas. Líderes políticos e figuras públicas, como o filósofo Sócrates, tiveram de suportar caricaturas grosseiras, mas muito engraçadas, deles mesmos e sobre suas opiniões. Nas mãos de um gênio literário, como as comédias de Aristófanes, também havia fantasias imaginativas e quase surreais. O diálogo aproveitava ao máximo as expressões corporais e era, sem dúvida, obsceno.

Os atores atuavam a maior parte do dia. Não havia intervalos, e a paciência do público era normalmente colocada à prova.

Artistas e membros do coro, todos eles homens, usavam máscaras que tinham a boca ligeiramente aberta e sugeriam a personalidade do personagem na peça. As máscaras eram feitas de tiras de linho colado, moldadas no rosto do ator e depois pintadas. As máscaras das mulheres eram em geral brancas. Para a tragédia, os trajes assemelhavam-se aos da vida cotidiana, uma túnica e um manto; para a comédia, a túnica cobria ou revelava barrigas, nádegas e falos enormes.

A Grande Dionísia era um festival de cinco dias, e as tragédias eram apresentadas em três dias. Homens e meninos também cantavam obras corais. As produções eram competitivas, e dez juízes (ou *crites*, daí a palavra críticos) premiavam: para reduzir o risco de corrupção e deixar que o deus tivesse a palavra, eram contados apenas os votos de cinco juízes, escolhidos aleatoriamente. Os espetáculos eram muito populares e os turistas invadiam a cidade (os embarques recomeçavam em março, após os modorrentos meses de inverno, quando a navegação era muito perigosa).

Durante o século V, no auge do poder e do prestígio ateniense, as peças eram apresentadas apenas uma vez. Toda Grande Dionísia era uma sequência de estreias: se você não assistisse, perderia, embora os textos ficassem disponíveis para os literatos.

Um festival de inverno em homenagem a Dioniso era encenado todo janeiro com prêmios para as comédias e, após 432, para as tragédias. Tratavam-se das Leneanas ou Dionísias Rurais;* serviam apenas ao público ateniense local.

Homens ricos e de espírito público, como Péricles em *Os persas*, eram nomeados *choregoi*, ou "líderes do coro", pelo chefe arconte. Cada um financiava e produzia uma trilogia trágica e uma comédia, ou uma comédia, ou um concerto coral e uma dança. Eles disputavam as produções mais luxuosas, e alguns diziam que Atenas gastava mais com teatro do que com sua frota (um exagero compreensível).

Um corego recebia um dramaturgo e até três atores. Ele contratava um maestro profissional para o coro, pagava pelos figurinos dos atores e do coro e encomendava a decoração e os acessórios. O Estado pagava os salários dos atores. Os atores principais se profissionalizavam cada vez mais e atuavam em festivais de arte em todo o mundo grego. Recebiam honorários altos e tinham *status*. Como viajavam bastante, por vezes eram empregados como embaixadores do Estado. O ofício do teatro – escrita, produção e atuação – em geral era realizado por famílias.

O teatro também tinha uma importante dimensão comunitária. Estima-se que cerca de 1.500 indivíduos participavam, de um modo ou de outro, da produção e da apresentação das peças teatrais em um único ano na Grande Dionísia.

---

* Leneanas (em grego antigo: Λήναια), Leneias ou Lêneas eram festivais anuais com competição dramática, um dos menores de Atenas e Jônia, na Grécia antiga. As Leneanas ocorriam em Atenas no mês de Gamelion, que corresponde aproximadamente a janeiro. A festa era celebrada em honra a Dioniso Lenaio. Lenaia provavelmente vem de *lenai*, outro nome para as mênades, mulheres adoradoras de Dioniso. (N. T.)

Ser um corego não era uma honra passageira. Se ganhasse um prêmio, era coroado com uma guirlanda e recebia um tripé de bronze. Colocaria isso sobre uma coluna ou em uma miniatura de templo circular na longa rua dos Tripés, que ia do teatro até o leste em torno da Acrópole. Uma inscrição que sobreviveu registra o nome de um orgulhoso premiado e os nomes de sua equipe de criação.

> Lisícrates, filho de Lisíteides, do *demo* Kikynna, patrocinou. A tribo de Akamantis venceu o coro dos meninos. Téon tocou flauta. Lisíades, o ateniense, dirigiu. Euaenetus foi o chefe aronte.

Desse modo, a generosidade e o gosto artístico de um corego eram colocados em exibição permanente. Sua memória viveria para sempre.

Um grande número de cidadãos – talvez até 20 mil – assistia às apresentações na Grande Dionísia. Originalmente, as peças eram apresentadas na ágora, mas em algum momento durante o século V foram transferidas para um lugar ao norte do templo de Dioniso. Aqui, a encosta que descia da Acrópole formava um auditório natural, semicircular e ao ar livre (um *theatron* ou um "espaço para ver"). Localizava-se em uma área circular chamada *orchestra*, que lembrava uma eira ou um terreiro circular. Era aí que o coro cantava e dançava.

Nos primeiros anos, pode ter havido bancos de madeira na frente para dignitários, mas a maioria dos espectadores sentava-se no chão. Mais tarde, parece, foi instalado um assento de madeira fixo. O primeiro teatro totalmente de pedra não foi construído até o século IV. O ingresso custava uma boa soma de dois óbolos, o equivalente à féria de um trabalhador. Em geral o público era masculino, embora as mulheres tivessem permissão para assistir aos espetáculos no século IV. Vinho e confeitos eram postos à venda, e o público comia e bebia durante as apresentações. Consumiam mais quando estavam entediados.

Além da orquestra, havia um palco elevado e, atrás, uma *skene* (de onde vem a palavra "cena", que quer dizer "cabine"), uma estrutura de madeira na qual se podia pendurar um cenário pintado. Normalmente, uma ou mais construções eram representadas, com duas ou três portas pelas quais os atores entravam ou saíam. Eles também podiam aparecer no teto. Era instalado um guindaste para descer deuses do alto e subi-los de novo (ainda usamos a expressão *deus ex machina*, em latim, "o deus da máquina", para uma conclusão abrupta e surpreendente em uma narrativa). Era um equipamento bastante elaborado: em *Medeia*, de Eurípides, a heroína homônima encerrava a peça de modo espetacular voando em uma carruagem, provavelmente puxada por serpentes aladas e acompanhada pelo corpo de seus filhos assassinados.

A morte violenta nunca era mostrada no palco. Assim, por exemplo, Agamenon e Clitemnestra encontravam seus respectivos destinos dentro de seu palácio, então a *skene* se abria, e uma plataforma, a *eccyclema*, onde os corpos eram exibidos, era empurrada para fora.

Dizem que Ésquilo chamava suas peças de teatro de "fatias do grande banquete de Homero". Sua obra-prima, *Oréstia*,* se baseia na lenda da Casa de Atreu, mas recontada de forma a chamar a atenção do espectador de teatro contemporâneo.

A família vive sob uma maldição, e crimes terríveis foram cometidos a cada geração. O rei Agamenon é o último a viver o padrão amaldiçoado e repetitivo de pecado e castigo. A frota grega se reúne sob seu comando em Áulide, um porto na Beócia, mas as tempestades o impedem de partir para Troia.

> ... navios e cordas apodreciam, cabos se partiam,
> Os homens vagavam a esmo.

O vidente grego Calcas diz ao rei que ele ofendeu a deusa Ártemis e que ele deve sacrificar sua filha Ifigênia se quiser ventos favoráveis. Assustado com o destino da expedição, ele monta o "arnês da necessidade". No altar, Agamenon pede que alguém lhe traga uma mordaça para que a filha não grite qualquer coisa que possa lançar culpa à Casa de Atreu. A garganta dela é cortada, a deusa o perdoa, a tempestade cede e os navios zarpam.

Apesar da passagem de dez anos, Clitemnestra não esqueceu nem perdoou o terrível destino de sua querida filha nas mãos do pai. Vários dias se passam depois que a notícia é trazida pelo farol e Agamenon retorna ao palácio em

---

* *Oresteia* (em grego: Ὀρέστεια, transliteração: *Oresteia*), também conhecida como *Orésta*, *Orestíada* ou *A trilogia de Orestes*, é uma trilogia de peças teatrais de autoria do dramaturgo grego Ésquilo. É composta pelas tragédias *Agamenon*, *Coéforas* e *Eumênides*. Trata da maldição da tragédia sobre a família de Atreu após o retorno da Guerra de Troia. É a única trilogia que sobreviveu até nossos dias. Foi representada pela primeira vez em 458 a.C. nas Festas Dionisíacas de Atenas, onde recebeu o primeiro prêmio. (N. T.)

pompa. Clitemnestra fez todos os arranjos necessários: aquele que chega deve ser servido, nas palavras de uma dama atemorizante.

Seu marido se banha, e a rainha se apresenta para ajudá-lo. Como um pescador com uma rede, ela o envolve em um manto esplêndido e volumoso e apunhala o homem várias vezes. Ifigênia finalmente foi vingada.

Clitemnestra tem um amante, Egisto, primo de Agamenon que o ressente. Após o assassinato de Agamenon, o casal passa a viver junto e reina em Argos. Assim termina a primeira parte da trilogia; a segunda chama-se *Coéforas*.

Sete anos se passam. Os dois filhos de Agamenon já estão crescidos. Electra, que adorava o pai, vive miseravelmente em Argos. Seu irmão Orestes, o herdeiro legítimo, é uma ameaça para os usurpadores, mas depois da morte de Agamenon foi levado clandestinamente para fora do país, para um lugar seguro.

Ele enfrenta o mais doloroso dos dilemas morais. Como filho, é obrigado a vingar seu pai, matando o assassino dele. Mas esta é sua mãe, Clitemnestra, e o matricídio quebra o mais grave dos tabus. Não importa o que faça, então, será um pecado. Essa escolha impossível é um exemplo de como o destino tropeça e aprisiona as pessoas, mesmo que elas tenham as melhores intenções.

Orestes recebe a ordem do deus Apolo, em Delfos, de matar sua mãe e Egisto como vingança pelo assassinato de Agamenon. Sente-se horrorizado com o que tem de enfrentar, mas obedece e retorna a Argos, acompanhado por seu amigo Pilades. Ele encontra a irmã, e, então, planejam o que deve ser feito.

Os dois rapazes se apresentam no palácio, disfarçados de mercadores estrangeiros simulando um sotaque de Delfos. Obedecendo à habitual etiqueta de oferecer hospitalidade a estranhos, a rainha os recebe. "Como nosso convidado, considere-se em casa", diz Clitemnestra, com uma ironia inesperada. Orestes anuncia sua própria (suposta) morte na Fócida. "Ó, miséria!", diz a rainha enlutada, inconsciente de sua profecia. "Sua história significa nossa total destruição."

Sentindo-se indefesa, ela conduz os convidados para dentro de casa. Orestes primeiro mata Egisto. Clitemnestra, ouvindo o barulho, sai dos aposentos das mulheres para ver o que está acontecendo. Ela implora ao filho por sua vida. Pressionado, Orestes pergunta, desesperado: "Como vou escapar da maldição de meu pai, se eu me arrepender?". Ela cede a seu destino. "Estás certo. Estou desperdiçando meu fôlego."

Assim que a mata, Orestes decide retornar a Delfos para implorar ao deus que o purifique, pois, mesmo inocente, ele está contaminado pelo que fez.

Quando a peça termina, Orestes foge, perseguido pelas Fúrias pré-olímpicas. Essas bruxas, vestidas de preto e cobertas de serpentes, vingam impiedosamente os erros cometidos em família. Apesar da idade, parecem nunca crescer, pois desconhecem os compromissos e as incertezas da vida adulta. Não importa o que Apolo diga, querem caçar Orestes e não deixar que ele escape.

Na última peça da trilogia, a cena muda para o templo de Apolo em Delfos. Por ora, Orestes superou as exaustas Fúrias, que se deitam nos degraus do templo roncando durante o sono, como cães. Apolo chega e, quando elas acordam, ele discute com elas inutilmente sobre o destino do fugitivo. O deus afirma tê-lo purificado, mas concorda que a corte do Areópago em Atenas deve decidir se eximirá Orestes de culpa ou se o condenará por assassinato. (O público sabia que um dos poucos poderes remanescentes do Areópago reformulado era julgar casos de homicídio.)

Agora vamos para Atenas, onde um júri de dez cidadãos atenienses ouve o caso. Atena preside. Um coro de Fúrias acusa; Apolo defende. Os jurados votam colocando um seixo branco ou negro em uma das duas urnas. Os votos são contados: empate. O voto de Atena absolve Orestes.

As Fúrias ficam iradas. "O velho é pisoteado pelo novo!", elas gritam. "Uma maldição sobre vocês, deuses mais jovens, que se sobrepõem às leis antigas."

Atena as acalma e as convence a se estabelecer como convidadas de honra em Atenas. "Compartilhem minha casa comigo", diz ela, dando-lhes uma caverna na Acrópole onde poderão viver.

Ao mesmo tempo, ela as adverte solenemente para não

> provocar derramamento de sangue em minha terra. Danifica os corações jovens, enlouquecendo-os com uma raiva que supera a embriaguez. Não transplantem os corações de galos de briga em meu povo, o espírito de guerra tribal e ousadia de uns contra os outros. Deixem-nos, em vez disso, lutar contra inimigos estrangeiros.

Depois de tanto sangue derramado, finalmente chegamos a um fim feliz. A maldição da Casa de Atreu encerrou seu ciclo graças à nova democracia de Atenas. Em uma esperança plena e confiante, as Fúrias foram rebatizadas de Gentis (em grego, *Eumênides*, também é o título da peça).

Durante a cerimônia de abertura da Grande Dionísia, os dez generais, ou *strategoi*, derramavam libações e, de acordo com uma inscrição do século IV, eram feitas oferendas a abstrações políticas como Democracia, Paz e Boa Fortuna. As prioridades do Estado ateniense recebiam expressões visuais memoráveis. Era nessa data que os pagamentos anuais para a manutenção da frota aliada venciam. O dinheiro era levado para o teatro e exibido ao público. Vimos que não demorou muito para que a Liga de Delos se transformasse no Império Ateniense. Essa exibição, diante de representantes de membros da Liga e de outros visitantes internacionais, além de metecos e cidadãos, mostrava claramente quem estava no comando.

Filhos órfãos de atenienses que haviam morrido em combate eram custeados pelo Estado e, ao atingir a idade adulta, recebiam um conjunto caro de armaduras hoplitas. Agora, eram formalmente apresentados ao público, como uma lembrança marcante do poder militar da *polis*. Assim Atenas se renovou.

Antes de as tragédias se iniciarem, os nomes daqueles que haviam de algum modo beneficiado o Estado ateniense eram lidos em voz alta, e eles recebiam coroas ou guirlandas. Essa homenagem pública enfatizava o valor que a *polis* depositava na lealdade e no patriotismo.

Tomada como um todo, a Grande Dionísia era um evento político de grande importância. Claro que, em primeiro lugar, era um serviço religioso em honra aos deuses. Não por acaso, porém, a invenção do teatro ocorreu mais ou menos ao mesmo tempo que a invenção da democracia. A tragédia e a comédia eram meios para que os *demos* pudessem pensar sobre as grandes questões sociais e éticas do dia, sem ter de tomar decisões políticas simultaneamente. Em resumo, era o lazer da *ecclesia*.

Ésquilo é um exemplo disso. Devemos lembrar que ele conhecia bem Péricles. Era um democrata, como deixou claro na *Oréstia*. Desviou o curso do antigo mito para que terminasse em Atenas. O que o dramaturgo fez foi endossar a polêmica reforma do conselho do Areópago, fingindo que seu papel principal *sempre* fora ouvir casos de homicídio.

Ele coloca estas palavras na boca de Atena:

Como é este o fim de tudo,
escolherei jurados para os homicídios e
estabelecerei este tribunal para todos os tempos.
Convoquem suas testemunhas e provas

> Que apoiam o seu caso; vou escolher os melhores
> entre meus cidadãos, para decidirem este assunto.

Para além do caso específico do Areópago, Ésquilo enfatiza repetidamente a importância da reconciliação. Uma ordem antiga sai para ser substituída pela nova. A violência e o despotismo deram lugar à justiça feita pelo povo. O antiquado princípio de vingança, do olho por olho, foi ultrapassado pela luz da razão. As antigas Fúrias foram persuadidas a abraçar uma natureza leal e a boa índole, e a noite foi ofuscada pela claridade do sol de Apolo.

Atenas não era a única *polis* na qual os democratas estavam competindo com aristocratas e tiranos. As emoções se acirravam em todo o mundo grego. Revoluções foram sufocadas, e a reação se instalou. O resultado costumava ser guerra civil e derramamento de sangue.

Nas *Eumênides*, ponto culminante de sua trilogia, Ésquilo faz com que as Fúrias voltem atrás em suas atitudes e preguem a paz.

> Nunca deixem a guerra civil, que devora os homens,
> se espalhar em Atenas; nunca deixem seu solo
> absorver o sangue do seu povo
> e paixão assassina por vingança
> destruir o Estado. Que seu povo encontre alegria
> no outro, um desejo comum por amor.
> E, quando odiarem, que o façam com um único desejo.

O espetáculo termina com uma procissão. Ouve-se música, e as tochas brilham. As Fúrias trajam as vestes cerimoniais escarlates dos metecos, os estrangeiros residentes na cidade. Todos entoam uma canção final de boas-vindas, enquanto as divindades Apolo e Atena levam esses "filhos antigos" para cuidar deles e os conduzem com alegria a sua nova casa.

16

"COROADA DE VIOLETAS"

Péricles era uma contradição: um aristocrata por temperamento, mas um democrata por convicção – ou, talvez, por interesse próprio. Desde a morte de Efialtes, em 461, até sua morte, trinta anos depois, ele dominou a política ateniense.

Como conseguiu essa façanha? Parte da resposta está em sua personalidade ou, pelo menos, em como ele se mostrou a seus concidadãos. Depois de entrar na política, adotou um estilo de vida austero, como escreve seu biógrafo Plutarco.

> Ele era visto caminhando apenas por uma rua, a que levava [de sua casa] até a ágora e a câmara do Conselho. Ele recusava convites para jantares e qualquer outro tipo de reuniões sociais. Durante o longo período em que esteve no comando, nunca fez uma refeição na casa de um amigo – exceto quando seu parente Euryptolemus fazia um banquete de casamento. Mesmo assim, só ficava até terminar a refeição e, quando começavam a beber, ele se levantava e saía.

Ele cultivava a imagem de funcionário público exemplar. Era conhecido por sua polidez, a qual mantinha mesmo quando era maltratado e insultado. Corrupção e suborno eram abundantes no sistema político ateniense, mas Péricles fazia questão de ser incorruptível. Teve o cuidado de não se tornar uma figura muito familiar na vida pública. Não falava na assembleia em todas as ocasiões, como alguns políticos faziam, mas somente após longos intervalos. Assim não se cansavam dele e, ainda por cima, não era responsabilizado por qualquer coisa que desse errado.

O poder estava em suas mãos, mas não havia nada inconstitucional no comportamento de Péricles. Não mostrava sinais de querer ser um novo Pisístrato. Todo ano tinha de ser reeleito como um dos dez generais, ou *strategoi*. Esses eram os únicos cargos importantes a não ser sorteados e eram escolhidos por mérito. Os executivos da democracia mais velhos eram iguais em sua autoridade e não havia nenhum chefe estratego. A competição pela posição era acirrada. A *ecclesia* comandava e podia dispensar os serviços de qualquer um quando quisesse. O poder era emprestado.

Péricles era um orador hábil e, de acordo com Plutarco, adotava um estilo formal de fala que "se harmonizava com seu modo de vida e a grandeza de seus ideais". Lançava mão de ideias filosóficas e científicas extraídas dos pensadores e cientistas que conhecia pessoalmente. Seus discursos para o povo eram marcados pela seriedade e tinham a mesma qualidade das palestras proferidas por um especialista no assunto. Recusava-se a ficar calado diante de sua plateia. Isso lhe dava crédito e, mesmo quando tinha algo impopular ou desagradável a dizer, os atenienses o ouviam com atenção.

Ele era muito cuidadoso com o uso das palavras e não deixou nenhum de seus discursos escritos. Raramente usava frases memoráveis, embora tenha apelado uma vez aos *demos* para remover "aquela coisa desagradável do Pireu", a ilha de Égina, e em outra ocasião disse que já podia ver "a guerra se aproximar do Peloponeso".

Péricles não tinha um temperamento imprevisível como o de Temístocles, aberto a fraquezas humanas, e os atenienses o respeitavam em vez de apenas tolerá-lo. Foi apelidado "Olímpio" e, quando falava na *ecclesia*, os poetas cômicos da época zombavam dizendo que ele lançava relâmpagos e trovões como Zeus, o rei dos deuses.

Depois da catástrofe no Egito e o fim de sua breve dominação da Grécia central, os atenienses fizeram um balanço. O número de baixas era muito elevado, e não havia mão de obra para sustentar planos navais e militares ambiciosos. Agora reconheciam o fato e se concentraram em manter o que ainda tinham – a Liga de Delos, que na verdade se tornara seu império. O tesouro da Liga foi levado para Atenas da ilha de Delos em 454, o mesmo ano em que a Pérsia recuperou sua província egípcia. O pretexto era que o Grande Rei tinha se fortalecido e suas frotas poderiam tentar a sorte mais uma vez no mar Egeu. Mas não passava de pretexto, porque Péricles mantinha os olhos no dinheiro.

Em teoria, a Paz de Cálias significava que a Liga não seria mais necessária. Sobreviveram inscrições que mostram as contribuições financeiras anuais que os membros fizeram para a manutenção da poderosa frota aliada, mas desapareceu a lista de cotas para 448 e talvez tenha havido uma suspensão temporária das taxas. É tentador entender isso como uma consequência do fim da guerra contra a Pérsia.

A partir de 447, Atenas trabalhou arduamente para recapturar a renda proveniente da Liga. Isso foi feito, mas à custa de muito ressentimento. Na verdade, teria sido tolice terminar com a Liga, pois a frota aliada assegurava a liberdade dos mares, algo valioso e lucrativo para todos os estados mercantis. Também, no longo prazo, a Pérsia continuava a ser uma ameaça em potencial, e era bom que estivessem preparados para enfrentar problemas. Péricles não se arrependeu. A resposta que deu aos seus críticos, escreveu Plutarco, foi que "os atenienses não tinham a obrigação de dizer como o dinheiro dos aliados era despendido, contanto que lutassem na guerra para eles e mantivessem os persas afastados. 'Eles não nos dão um único cavalo, nem um soldado, nem um navio', disse ele. 'Tudo o que nos dão é dinheiro'".

Um decreto foi aprovado em 448, regulando os pagamentos ao tesouro ateniense. O proponente era Clinia, um membro do clã alcmeônida e, portanto, parente de Péricles. Ele lutou bravamente em Artemísio em 480, comandando um navio que havia encomendado e pago, e logo perderia a vida na batalha de Coroneia, em 447 (ver página 231). Clinia queria endurecer a administração financeira da Liga. Não se tratava apenas de garantir que as cotas avaliadas estivessem corretas, mas também de que as oportunidades de fraude fossem reduzidas. A gestão eficiente beneficiou os devedores, bem como o grande credor.

Até certo ponto, o império se apoiava no consenso, por mais doloroso que fosse para os estados insulares do mar Egeu. O fato era que a frota aliada (ou, mais precisamente, a ateniense) mantinha as vias navegáveis abertas para o comércio e garantia a paz e a estabilidade nos mares Egeu e Negro. As cidades-estados da Ásia Menor sabiam bem que os persas, ainda que imóveis agora, continuavam esperando, e suas liberdades dependiam da hegemonia ateniense. Poucos duvidavam que, na ausência de Atenas, o Grande Rei voltaria.

Em última instância, porém, o império foi mantido em vigor pela implícita aplicação da força. Ela foi exercida não apenas pela frota, mas também pelo estabelecimento de pequenas colônias atenienses, os *cleruchies*. Já os vimos ligados à revolta de Tasos, mas Péricles os usava constantemente como mecanismo de controle, prestando especial atenção à proteção da rota dos grãos. Há evidências de pelo menos 24 assentamentos, e estima-se que até 10 mil cidadãos emigraram como *cleruchies* (ou colonos em cidades novas ou já existentes). Plutarco comenta: "Dessa forma, ele aliviou a cidade de intrometidos preguiçosos ou agitadores, ajudou a aliviar a pobreza e, exigindo guarnições, debelou a rebelião".

Em 436, Péricles encenou uma ambiciosa demonstração de força no mar Negro. Navegou até lá com uma frota imensa esplendidamente equipada. Seu objetivo era mostrar "o tamanho das forças atenienses, sua confiança para ir exatamente onde queriam e o fato de comandarem as ondas". Fez acordos úteis com estados locais e reinos bárbaros em nome das *poleis* gregas ao longo da costa.

Péricles deixou uma lembrança permanente de sua visita. Uma força de infantaria e treze navios de guerra ajudavam um grupo de exilados democráticos a expulsar um tirano do importante porto de Sinope, no mar Negro; quando isso foi feito, seiscentos voluntários atenienses se juntaram aos habitantes e dividiram entre eles casas e terras que haviam pertencido ao antigo regime.

Em 440, a ameaça da violência imperial foi renovada. Nessa ocasião, a *polis* culpada era a ilha de Samos, a um quilômetro e meio da costa da Anatólia e da densa cordilheira do monte Mícale. Era um dos poucos membros da Liga que ainda forneciam navios para a frota aliada, em vez de pagar em dinheiro.

Samos era um rico e poderoso Estado jônico, conhecido por sua cultura e seu luxo. Seu vinho era muito apreciado, assim como sua cerâmica sâmia vermelha. No século VI a ilha era governada por um tirano ambicioso, Polícrates, responsável pela construção de um aqueduto de mais de oitocentos metros de comprimento, escavado através de uma montanha e que abastecia a capital com água fresca. Sendo subterrâneo, não podia ser detectado pelo inimigo e ter o fluxo interrompido. Alguns sâmios famosos são o filósofo Pitágoras e o contador de fábulas Esopo.

A ilha estava em disputa acirrada com o rico porto de Mileto, que ficava a poucos quilômetros de distância, perto de onde o rio Menderes desembocava no mar. O objeto da disputa era a pequena *polis* de Priene, na encosta do monte Mícale.

Os milesianos fizeram o pior dos combates e foram a Atenas para se queixar contra os sâmios. Todos os partidos eram membros da Liga e, como acontece nas brigas de família, o ressentimento era grande. A causa milesiana foi apoiada por alguns habitantes de Samos que queriam derrubar a forma oligárquica de governo. O caso pedia uma resposta rápida para impedir uma possível insurreição, que, se não fosse controlada, poderia se espalhar por todo o império: Bizâncio, uma *polis* no lado europeu do Bósforo, aproveitou a chance e se rebelou contra a Liga.

Os atenienses imediatamente despacharam Péricles com quarenta navios para Samos, expulsaram os aristocratas do governo e estabeleceram uma democracia, à qual ordenaram que abandonassem as hostilidades com Mileto. Para garantir a obediência, levaram cinquenta meninos e cinquenta adultos como reféns e os enviaram para a ilha de Lemnos. Antes de voltar para casa, Péricles deixou para trás uma guarnição de atenienses para abafar os encrenqueiros.

Alguns sâmios conseguiram fugir para o continente e foram até o governador persa de Sárdis, que prometeu ajudá-los. O pedido muito provavelmente veio em forma de dinheiro à vista, pois imediatamente levantaram uma força de setecentos mercenários e cruzaram o apertado estreito de Samos na calada da noite. Resgataram seus reféns e entregaram a guarnição ateniense aos persas. Então retomaram a guerra contra Mileto.

Ao saber da notícia, Péricles retornou entediado a Samos. Descobriu que os ilhéus haviam levantado suas guardas e estavam decididos a tomar o comando dos mares de Atenas. Mas foram derrotados num enfrentamento naval, e Péricles cercou a capital, o porto de Samos. Os ilhéus eram destemidos. Saíram e lutaram sob as muralhas da cidade. Mas quando os reforços de Atenas chegaram, a cidade estava totalmente cercada.

Os persas pareciam ainda apoiar os rebeldes. Ao saber que uma frota fenícia estava a caminho para libertar a ilha, Péricles reuniu sessenta navios e partiu para lá. Essa foi uma medida imprudente, pois os sâmios, comandados (à verdadeira maneira grega) por um filósofo, se aproveitaram de sua ausência e dos poucos navios atenienses e lançaram-se ao mar em um ataque surpresa, com grande sucesso. Capturaram o acampamento ateniense, que não era fortificado, e fizeram vários prisioneiros, cujas frontes marcaram com o símbolo de Atena, a coruja, e destruíram muitos dos navios inimigos.

Péricles voltou apressado para ajudar e, mais uma vez, derrotou a frota de Samos. Para evitar o aumento de baixas, construiu um muro em volta da cidade e se estabeleceu com seus homens em um longo cerco. Por fim, após nove meses, os sâmios se renderam. Receberam uma multa pesada: sua frota foi confiscada, e as muralhas da cidade foram demolidas. Bizâncio, então, capitulou também. Plutarco menciona um relatório, apenas para descartá-lo, de que os atenienses agiram com grande brutalidade e crucificaram capitães e fuzileiros de Samos na praça principal de Mileto. Contudo, grandes traumas às vezes fazem homens se comportar muito mal.

Tucídides acreditava que Samos estava a ponto de tirar Atenas do comando do mar, mas aparentemente a vitória aumentou a autoestima de Péricles. Agamenon levou dez anos para derrotar Troia, mas (pensou ele) derrotara a maior cidade da Jônia em menos de um ano. É difícil concordar, pois a batalha foi marcada por erros de cálculo sucessivos.

De volta para casa, Péricles presidiu as honras funerárias para todos os que haviam perdido a vida na guerra. Recebeu elogios pelo discurso que fez. Pela primeira vez cunhou uma frase memorável, que até hoje emociona. Com a morte desses jovens, ele disse, foi "como se a primavera tivesse sido arrancada do ano".

Quando desceu da tribuna, foi cercado pelas mulheres. Apertaram sua mão e o coroaram com guirlandas e fitas de cabelo, como se fosse um atleta que tivesse ganhado um prêmio nos Jogos.

Uma sentinela corre até o governante de Tebas levando más notícias. Um desconhecido havia coberto um corpo com poeira diante das muralhas da cidade. Era dever de um bom grego enterrar os mortos, e um pouco de terra era o mínimo que se obrigava a fazer. Sem esse ritual, o espírito infeliz ficaria preso para sempre entre o céu e o submundo.

Na lenda, o rei Creonte havia proibido uma cerimônia desse tipo e ficou furioso com o morto. Era seu sobrinho Polinices, que liderara uma invasão contra sua cidade natal. Seu irmão Etéocles comandara patrioticamente a defesa. A invasão foi repelida, mas os dois príncipes se encontraram em um combate único e, por fim, se mataram. Etéocles recebeu um enterro completo, mas seu irmão foi deixado para pássaros e cães.

Acontece que a coveira ilegal era sua irmã Antígona. Ela foi levada ao rei, que lhe pediu explicações. A conversa define o tema de uma memorável tragédia de Sófocles, sucessor de Ésquilo e o principal dramaturgo ateniense de meados do século V.

Apenas sete de suas peças sobreviveram, e *Antígona*, apresentada pela primeira vez na época da revolta de Samos, é uma obra-prima. Sófocles era uma figura pública e também um artista. Foi tesoureiro nacional e lutou como general durante a batalha de Samos. Seu trabalho exibe um otimismo, uma curiosidade intelectual e uma honestidade típicos da época de Péricles. Só poderia ter sido escrito durante uma democracia.

O coro canta um hino famoso sobre a vitalidade da humanidade:

> Há muitas maravilhas na terra, e a maior delas
> é o homem que anda pelo oceano e segue seu caminho
> pelas profundezas...
> O uso da linguagem, o movimento veloz da mente
> ele aprendeu; descobriu as leis da convivência
> nas cidades...
> Nada há além do seu poder.

Sófocles deixa claro que a humanidade é capaz tanto de praticar o mal quanto o bem. Em geral, o retrato que ele pinta tem uma notável semelhança com seus colegas atenienses em sua pompa.

O debate entre Creonte e sua sobrinha explora os limites do poder político e dos direitos individuais. Levanta questões para os *demos* que tinham de ser respondidas de verdade.

O rei pergunta se Antígona conhecia sua ordem que a proibia de enterrar Polinices. Ela responde que sim.

> Creonte
> E mesmo assim ousou contrariá-la?
>
> Antígona
> Sim.
> Essa ordem não veio dos deuses. A justiça,
> que vive entre os deuses abaixo, desconhece essa lei.
> Não creio que seus éditos sejam fortes o suficiente
> para anular o que não está escrito, as leis inalteráveis
> dos deuses e dos céus.

Creonte insiste que as necessidades do Estado têm prioridade sobre as leis da consciência e condena a sobrinha a ser enterrada viva em uma caverna. Depois, ele é persuadido a voltar atrás, porém era tarde demais. Antígona se enforca. O filho de Creonte, que era noivo da moça, e a rainha cometem suicídio. O alquebrado monarca cambaleia de volta para o seu palácio vazio.

Creonte agira tomado pela *hubris* ("arrogância"), ofensa considerada grave crime em Atenas. Significava um dano gratuito infligido por alguém que é, ou pensa ser, superior e mais poderoso do que sua vítima.

Sófocles não faz comparação direta com o seu tempo, mas o comportamento de Creonte mostra o orgulho e a violência de alguns imperialistas atenienses. Seu destino, como o dramaturgo quer que interpretemos, era uma lição que aqueles que venceram Samos deveriam aprender.

Uma mulher em especial ficou satisfeita com o fim da crise com Samos. Era a linda Aspásia. Ela era, conforme fontes antigas, uma prostituta de alta classe, ou uma *hetaira* – "companheira". As mulheres *hetairai* em geral eram educadas, e esperava-se que oferecessem apoio intelectual e emocional a seus patronos, bem como serviços sexuais.

A denominação era injusta ou, pelo menos, exagerada, pois Aspásia parece ter nascido de uma "boa" família na poderosa *polis* de Mileto, na costa da Ásia Menor. No entanto, não há dúvida de que tenha vivido com Péricles como sua amante.

A opinião pública culpava Aspásia por incitar Péricles a tomar o lado milesiano contra os sâmios. Não temos provas conclusivas, mas seria surpreendente se Aspásia não abordasse o assunto com seu amante. Por outro lado, Péricles não era o tipo de homem que misturava política com sua vida íntima. Se Aspásia usou sua influência ou não, a derrota de Samos significou uma liberação das imputações do escândalo.

Mistério e calúnia cercam Aspásia, e quanto mais olhamos, menos vemos. Nada é como parece. Provavelmente ela não nasceu antes de 470 – era, assim, pelo menos 25 anos mais nova que Péricles. Ela deve ter ido morar com ele em 452 ou 451. Tudo isso era altamente irregular e não condizia com o comportamento de um aristocrata.

Para o grego convencional, a fêmea era letal para o macho. Ela era sexualmente voraz e precisava ser mantida sob estrito controle. De acordo com o poeta Hesíodo, do século VIII, a primeira mulher foi inventada pelos deuses como uma punição viva.

> Dela vem toda a raça das mulheres,
> a raça feminina mortal e tribo de esposas
> que vivem com homens mortais e lhes causam dano,
> não os ajudam na terrível pobreza,
> mas estão prontas para compartilhar com eles sua riqueza.
> ... As mulheres são más para os homens, e elas conspiram
> no erro.

É verdade que as mulheres tinham autoridade para administrar suas próprias famílias e que havia relacionamentos heterossexuais felizes, sendo Aspásia e Péricles um exemplo. Para cada bruxa assassina, como Medeia, que matou os filhos para punir o marido, havia uma Penélope, a esposa fiel, corajosa e inteligente de Ulisses, que esperou vinte anos até que o marido voltasse de Troia; ou uma Alceste, que se ofereceu para morrer no lugar do companheiro. Ao mesmo tempo, a misoginia era generalizada. A sociedade grega era indelevelmente sexista.

Os casamentos eram, em geral, organizados e planejados para promover as condições da família ou comprar propriedades. Para preservar a propriedade, a herdeira e filha única se casava com um parente próximo (chamava-se *epikleros*, ou "mulher ligada ao *kleros* ou propriedade"). A noiva vinha com um dote, que era devolvido em caso de divórcio. Os homens normalmente esperavam ter mais de trinta anos para se casar. As esposas podiam ter doze anos.

A castidade de uma mulher de classe alta era cuidadosamente vigiada. Ela passava a maior parte do tempo em casa, cuidando da família. Fiava lá e fazia suas roupas e as do marido. Quando saía às compras, tomava o cuidado de ser acompanhada por criados e escravos. Comparecia a festivais religiosos e enterros, que estavam entre as poucas ocasiões em que podia encontrar homens que não estivessem dentro do círculo familiar próximo (a indisponibilidade dessas mulheres pode explicar a prevalência da pederastia entre os rapazes).

Nos diálogos em *Econômico*, de Xenofonte,* um marido dá instruções à nova esposa:

---

* *Oeconomicus* (em grego: Οἰκονομικός), de Xenofonte, é um diálogo socrático principalmente sobre administração doméstica e agricultura. O diálogo trata das qualidades e dos relacionamentos entre homens e mulheres, vida rural *versus* vida urbana, escravidão, religião e educação. Pode ter sido escrito tardiamente na vida de Xenofonte, talvez depois de 362 a.C. Cícero traduziu-a para o latim, e a obra ganhou popularidade durante o Renascimento em diversas traduções. (N. T.)

... teu dever é ficar em casa. Deves mandar os servos que trabalham fora e supervisionar os que trabalham na casa. Deves receber os produtos que vêm de fora e distribuí-los ou armazená-los, conforme o necessário. Quando a lã for entregue, veja quem precisa de roupas para obtê-las e que os grãos sejam usados para preparar a comida.

Apesar do fato de Péricles ter levado uma vida pessoal não convencional, ele resumiu o *status* subordinado das mulheres atenienses em um discurso fúnebre para mortos na guerra que proferiu em 431. Aconselhando as viúvas, ele disse: "Talvez eu deva dizer algumas palavras sobre os deveres das mulheres... A maior glória para uma mulher é ser menos comentada entre os homens, seja para elogiar-vos ou criticar-vos".

Os homens não insistiam em buscar satisfação sexual com suas esposas. Como disse o grande orador ateniense Demóstenes, no século IV:

> Temos as *hetairai* ou amantes para o prazer, uma prostituta comum para atender às necessidades diárias de nossos corpos, e as esposas para que possamos criar filhos legítimos e ter guardiões confiáveis de nossas posses domésticas.

O casamento era um assunto particular e nem sacerdotes ou funcionários do Estado participavam dele. Os casamentos eram muitas vezes celebrados no árduo inverno, durante o mês grego de Gamelion (de janeiro a fevereiro). A noiva dedicava uma mecha de seus cabelos aos protetores do casamento, Zeus e Hera, e entregava seus brinquedos de infância à virgem deusa Ártemis (que desaprovava o sexo e o casamento e precisava ser aplacada).

No dia do matrimônio, a noiva tomava um banho ritual em água benta e depois comparecia a um banquete que seu pai oferecia para familiares dos noivos e amigos. Ela se sentava separada dos homens, ao lado de uma dama de companhia, que a conduzia pela cerimônia. Distribuíam pequenos bolos cobertos com sementes de gergelim, que acreditavam ter o poder de tornar as mulheres férteis. Ao pôr do sol, o noivo levava a noiva para seu novo lar numa carroça puxada por bois ou mulas. Seguiam precedidos por uma procissão segurando tochas. Hinos de casamento barulhentos eram acompanhados por flautas e liras. Ao chegar à casa do noivo, o feliz casal recebia uma chuva de nozes e figos secos. Entravam na câmara nupcial, e só então a nova esposa tirava o véu. Do outro lado da porta, moças e rapazes entoavam uma canção de louvor nupcial, ou *epithalamium** (epitalâmio, que significa "no quarto"), alto o suficiente para encobrir o choro e os gritos da mulher – ou, mais frequentemente, da menina – enquanto o marido a penetrava.

O jovem Péricles obedeceu à convenção, casando-se com uma parenta alcmeônida (possivelmente uma mulher chamada Dinômaca, que mais tarde se casou com Clinia, que morreu em Coroneia). No entanto, não formavam um casal amoroso e, embora tenham tido dois filhos, Xantipo e Páralo, o casamento acabou no fim da segunda metade da década de 450.

Os filhos não parecem ter puxado ao pai. Platão, por meio de Sócrates, sugere que eram simplórios, e Xantipo, o primogênito, tinha desavenças com seu pai. Achava que sua mesada era insuficiente (sua esposa tinha gostos caros). Péricles não nutria interesse por dinheiro e, para evitar ter de pensar sobre isso por estar atarefado com os negócios públicos, contratou um agente para administrar seus bens. Preferia pagar suas despesas a auferir grandes lucros.

Xantipo pegou emprestada uma alta quantia de dinheiro de um amigo de Péricles, fingindo ser para seu pai. Péricles não sabia de nada até o amigo pedir que lhe pagasse de volta o dinheiro. O grande homem não apenas se negou a pagar, como processou o próprio filho. Um Xantipo irado contou histórias inacreditáveis sobre sua vida em casa, tornando o pai uma figura risível.

O verdadeiro motivo para seu divórcio foi Péricles ter se apaixonado por Aspásia. A história de um homem de meia-idade, em torno dos cinquenta, vivendo com uma mulher atraente e jovem tinha potencial satírico. As fofocas em Atenas e os poetas cômicos da cidade aproveitaram isso ao máximo.

Alegavam que a amante do general fora uma prostituta. O famoso autor de comédias Crátinos escreveu:

> Se a Zeus coube uma Hera, a deusa do Vício,
> a ele coube Aspásia, a rameira de olhos de cadela, como esposa.

"Olhos de cadela" era uma paródia cruel do epíteto homérico sobre Hera, de "olhos de vaca". Dizia-se que Aspásia era a dona de um bordel fora da cidade e

---

* Epitalâmio (do grego *epithalámion*: *epi*, "sobre"; *thalamium*, "tálamo" ou quarto nupcial) é um cântico nupcial de natureza religiosa, destinado a chamar aos noivos a bênção dos deuses – em especial de Himeneu, a divindade protetora dos enlaces matrimoniais. (N. T.)

procurava mulheres atenienses que tivessem nascido livres para Péricles (o sexo fora do casamento com uma ateniense livre de nascimento era ilegal e um tabu).

No entanto, há outra possibilidade. Sabemos que o pai de Aspásia em Mileto se chamava Axíoco, um nome grego raro. Acontece que houve outro Axíoco em um ramo da família alcmeônida. Era filho de um homem chamado Alcibíades. É provável que este Alcibíades, condenado ao ostracismo em 460, tenha passado parte de seu exílio em Mileto, onde (podemos supor) teria entrado para a família de Aspásia. De fato, deve ter se casado com uma filha de Axíoco, e uma das irmãs de nossa Aspásia. Um filho, é provável, nasceu dessa união, chamado Axíoco, em homenagem ao seu avô de Mileto, como era o costume grego.

Era pouco provável que um alcmeônida se casasse com uma prostituta, mesmo que fosse muito educada. Portanto, devemos supor que Aspásia era uma aristocrata de Mileto ou que, na pior das hipóteses, pertencia a uma família respeitável. Do ponto de vista de Péricles, era uma amiga da família, e todas as histórias sobre sua má reputação sexual eram difamações feitas por seus inimigos ou invenções do palco ateniense.

Independentemente de sua origem, havia algo ousado e fora do comum sobre Aspásia. Sendo estrangeira, estava livre das restrições sociais impostas às mulheres de Atenas e podia ter uma espécie de vida pública. Era inteligente, e Plutarco apontou a "grande arte e poder dessa mulher, que lhe permitia administrar como quisesse os principais estadistas da época, dando até mesmo aos filósofos um tema para debates longos e elevados".

Isso é a pura verdade. Sócrates a conhecia bem e, aparentemente, indicou a um amigo rico que enviasse seu filho para estudar política sob a orientação de Aspásia (talvez tenhamos aqui o fato que deu origem à calúnia sobre o bordel). Platão relata que o filósofo deu crédito a ela de escrever os discursos de Péricles:

> Ontem ouvi Aspásia compondo uma oração fúnebre pelos mortos. Pois lhe disseram, como disseste, que os atenienses iriam escolher um orador, e ela me repetiu o tipo de discurso que ele deveria proferir, em parte improvisando e em parte decorado, juntando fragmentos da oração fúnebre que Péricles proferiu, mas que, como acredito, ela compôs.

Fontes antigas apresentam-na como um Sócrates feminino, que aplicava a célebre técnica socrática de falar por meio de perguntas e respostas a seus amigos.

Essas histórias podem conter muitos exageros e piadas, nunca saberemos. Ainda assim, Aspásia foi certamente uma personalidade notável. Exibições de afeto entre homens e mulheres eram vistas como embaraçosas e pouco masculinas, mas sabemos que Péricles a amava e desejava que todos soubessem disso. Dizia-se que, todos os dias quando ele saía para trabalhar na ágora e quando voltava para casa, ele lhe dava um beijo. Para um ateniense, isso era impróprio e beirava o ridículo. Mesmo Aspásia sendo uma mulher muito inteligente, podemos supor que o relacionamento deles fosse basicamente erótico e emocional.

Outra pessoa inesperada, dessa vez um bebê de três anos, juntou-se à casa de Péricles. Era um neto da família Alcibíades que se casou (imagino) com a família de Mileto de Aspásia. O filho mais velho, Clinia, como vimos, perdera a vida em Coroneia em 447, deixando um órfão menor de idade, chamado Alcibíades, o mesmo nome de seu avô paterno. Os membros do clã alcmeônida se socorriam quando acontecia algum problema; Péricles e seu irmão foram indicados como guardiões do menino, e o estadista o acolheu e o criou.

O pequeno Alcibíades mostrou-se um problema. Era muito bonito. De acordo com Plutarco, "em relação à sua beleza, basta dizer que florescia a cada etapa de seu crescimento físico, dando-lhe graça e charme, como menino, rapaz e homem".

Ele era muito mimado e acostumado a conseguir o que queria. Certa vez, ainda menino, estava jogando dados numa rua estreita com amigos. No exato momento em que ia jogar, uma carroça carregada se aproximou. Alcibíades ordenou ao condutor que parasse ao lançar os dados diante da carroça. O condutor não lhe deu atenção e avançou com os animais. Os outros garotos se afastaram, mas Alcibíades se jogou na frente dos cavalos, estendendo o corpo, e disse ao homem que poderia passar por cima dele se quisesse. O condutor se amedrontou e parou. Os que assistiram à cena ficaram chocados e correram para pegar o menino.

Ao entrar na adolescência, Alcibíades tornou-se um exemplo escandaloso para seus contemporâneos. Embora fosse um aluno cuidadoso, recusava-se a aprender a tocar flauta. Afirmava que, ao contrário da lira, a flauta o fazia torcer o rosto, deixando-o feio. "Deixe a flauta para os tebanos", ele disse, fazendo referência a uma *polis* de estrangeiros estúpidos. "Eles mal sabem manter uma conversa."

Alcibíades era atlético, mas muito competitivo para evitar trapacear. Quando pressionado na luta livre, mordeu o braço do adversário com tanta força que quase arrancou um pedaço. O rapaz se soltou e reclamou dizendo que ele trapaceara porque era fraco: "Alcibíades, mordes como uma mulher". Ele respondeu: "Não, como um leão".

Um relato malicioso, mas não exatamente falso, sugere que a chegada à puberdade e o encontro com inúmeros amantes masculinos tornou as coisas piores. Alcibíades fugiu de casa para ficar com um de seus admiradores. Sugeriam que o arauto da cidade anunciasse seu desaparecimento. Péricles não quis. "Se estiver morto, apenas anteciparemos as notícias em um dia. Se estiver vivo, terá perdido sua reputação para sempre." O rapaz não respeitava ninguém. Certa vez, deparou com seu guardião com ar preocupado e perguntou-lhe qual era o problema. Péricles respondeu: "Quero descobrir como fazer uma declaração das contas públicas". Alcibíades respondeu: "Não deverias pensar em como fazer essa declaração, mas em como *não* a fazer".

Sócrates apadrinhou Alcibíades e apresentou-o à filosofia. De vida simples e feio, ele era um amigo impiedoso. Disse ao jovem duras verdades, ao contrário dos aduladores que o rodeavam, e apontava constantemente suas fraquezas morais. Ninguém tratara Alcibíades daquele modo antes, e ele estava transtornado. Sócrates não fazia concessões, e suas críticas muitas vezes levavam o rapaz às lágrimas.

Adolescentes bonitos atraíam muita atenção, e de um jovem como Alcibíades se esperava que desempenhasse um papel de destaque nos festivais da cidade.

Todo dia 4 de dezembro, durante o inverno, as sacerdotisas de Atena e quatro meninas bem-nascidas montavam um tear sobre o qual uma nova túnica, ou *peplos*, deveria ser tecida – um presente para Atena, a onisciente protetora da cidade. Elas trabalhavam com a ajuda de tecelãs, ou *ergastinae*. O material, um retângulo simples de dois metros por um e meio, era bordado representando os esplêndidos e corajosos feitos da deusa e, em especial, contava a grande guerra dos Gigantes que lutaram contra Zeus e as novas divindades do Olimpo para controlar o universo.

Nove meses depois, no calor de agosto, a peça estava pronta para ser entregue. Esta era a época da Grande Panateneia, o festival quadrienal em homenagem à deusa. Primeiro, havia concursos de poesia e de música, introduzidos por Péricles. Homens e meninos cantavam acompanhados por liras e flautas. Competições atléticas, no modelo dos Jogos Olímpicos, seguiam-se na ágora, onde Címon plantara plátanos para oferecer sombra aos espectadores.

Os primeiros quatro dias do festival eram abertos aos estrangeiros, mas o quinto era restrito às dez tribos atenienses. Um evento popular era um concurso de beleza masculina, a *euandria*, no qual as tribos competiam por um generoso prêmio de cem dracmas e um boi (a maioria dos atletas que venciam os jogos ganhava apenas uma ânfora, ou jarra grande com dois braços, repleta de azeite). A beleza masculina era altamente valorizada na Grécia antiga não apenas entre meninos e rapazes, mas também entre os homens maduros. Os idosos eram escolhidos por sua bela aparência e selecionados para carregar um ramo de oliveira, sagrado para Atena, na cerimônia de encerramento da Panateneia. Outro evento coletivo era a Dança Pírrica; neste os jovens nus, usando apenas capacetes, escudos e espadas, imitavam os movimentos ofensivos e defensivos da batalha – e, às vezes, cortavam-se acidentalmente.

Realizavam-se festas noturnas, com coros de meninos e meninas, e grupos de corredores faziam revezamentos de tocha. No último dia, uma longa procissão se formava para levar a nova túnica até a Acrópole e vestir a antiga estátua de madeira da deusa. Multidões se reuniam antes do amanhecer no Portão de Dois Arcos ou Dípilon. A *peplos* era transportada em um navio em tamanho natural, empurrado sobre rodas à frente da cavalgada. Uma longa fila de mulheres carregava presentes. Os vencedores gregos de vários jogos estavam presentes, bem como os ganhadores dos concursos de beleza masculina. Cidadãos, sacerdotes e sacerdotisas, músicos, anciãos barbados e comandantes do exército com ramos de oliveira, jovens cavaleiros em seus cavalos, condutores de bigas, metecos com seus mantos escarlates carregando bandejas com bolos e mel como oferendas, todos seguiam entoando hinos a Atena ao longo da Via Panatenaica, uma rua larga que ia de um dos portões da cidade passando pela ágora até a Acrópole. Cidadãos comuns se reuniam em seus *demos* e seguiam na retaguarda.

Sacrifícios eram oferecidos ao longo do caminho. A *peplos* era levada do navio pela encosta íngreme até a Acrópole. Ali as meninas entregavam a túnica às tecelãs, que conduziam a divindade de madeira até a praia, onde lavavam a estátua e a túnica. Depois de mais alguns sacrifícios, as *ergastinae* vestiam a estátua com a nova *peplos*. O evento terminava com um banquete, com a presença de convidados escolhidos por sorteio de cada *demo* da Ática. Comiam a carne cozida dos animais que haviam sido sacrificados com pães e bolos.

A cada ano, durante o período trianual entre os festivais, uma celebração menor era encenada apenas para os cidadãos, mas a Grande Panateneia, com suas competições atléticas e artísticas abertas a todos, disseminou o nome de Atenas por todo o mundo grego.

Era uma pena que a cidade parecesse tão bagunçada. As construções do Estado no mercado eram adequadas à sua finalidade, mas ninguém diria que eram grandes ou adequadas à capital de um império. Os atenienses cumpriram sua palavra quando eles e os outros aliados fizeram seu juramento antes de vencer os persas em Plateias, trinta anos antes.

De acordo com uma de suas cláusulas, juraram não reconstruir nenhum dos templos queimados e demolidos, para deixá-los como um memorial. O único novo monumento à guerra era uma colossal estátua de bronze de Atena Promacos ("ela que luta na linha de frente"), que ficava na Acrópole, com cerca de nove metros de altura, e podia ser vista pelos marinheiros do mar. Foi criada pelo famoso escultor, pintor e arquiteto Fídias. Por outro lado, a cidadela de Atenas continuava a ser um planalto com restos de mármore quebrados e escurecidos.

O tratado de paz com os persas de 449 mudou o clima. Péricles pedia que o juramento de Plateias fosse rescindido. Uma vez que os membros da Liga de Delos foram intimidados e persuadidos a obedecer de novo e retomaram os pagamentos anuais pela proteção marítima, Atenas descobriu que estava se tornando cada vez mais rica. O fundo de reserva foi do nada, em 478, para 9,7 mil talentos, quando foi transferido da ilha de Delos para Atenas em 454. O fim da guerra impulsionou o comércio, a prata de Laurium continuou a fluir para o tesouro e, na ausência de um inimigo, já não era necessário despachar grandes frotas para o mar. Nos anos de paz, os atenienses só haviam enviado uma flotilha de sessenta navios.

O *demo*, guiado pelos Olímpicos, decidiu aumentar os gastos. Reconstruiriam todos os templos não apenas na cidade, mas em toda a Ática. O fim da guerra havia ocasionado desemprego, e esse programa de construção maciça não apenas embelezaria a cidade, como criaria muitos postos de trabalho. No entanto, houve oposição. Tucídides, filho de Melésias (não o historiador), aristocrata e parente de Címon, liderou a facção conservadora na *ecclesia*. Desenvolveu uma tática inteligente para conseguir que seus partidários se sentassem juntos nas assembleias formando um bloco e reagissem e aplaudissem em uníssono – o primeiro passo em direção à criação de um partido político. De acordo com Plutarco, eles argumentavam:

> … os gregos devem estar indignados. Devem considerar isso um ato de tirania descarada. Podem ver que, com seu dinheiro, extorquido para a guerra

contra os persas, estamos dourando e adornando nossa cidade, como uma mulher vaidosa, enfeitando-se com pedras preciosas, estátuas e templos que valem milhões.

Tucídides percebeu que Péricles moldara sua política para subornar os cidadãos com benefícios, promovendo constantes concursos, banquetes e procissões e "entretendo as pessoas com delícias culturais".

Péricles agiu com decisão. Usando sua maioria armada na *ecclesia*, em 443, ordenou que Tucídides fosse condenado ao ostracismo. Por enquanto, isso acabava com as críticas aos grandes projetos que ocupariam a atenção dos olímpicos pelos vinte anos seguintes. A história não registra mais nada de Tucídides, que teria se estabelecido em uma cidade grega no sul da Itália.

Fídias foi colocado como responsável geral pelo programa de construção ateniense, e Péricles parece ter colaborado com ele. Arquitetos renomados foram contratados para construções específicas, bem como uma grande equipe de escultores de primeira linha. O trabalho seguiu em grande velocidade, e tipos diferentes de negócios e de habilidades artesanais passaram a ser solicitados, como relata Plutarco:

> Os materiais a ser usados eram a pedra, o bronze, o marfim, o ouro, o ébano e o cipreste, enquanto a mão de obra necessária para trabalhar com esses materiais eram carpinteiros, moldadores, lapeiros, pedreiros, tintureiros, ourives e artesãos de marfim, pintores, bordadores e gravadores, além de transportadores e fornecedores dos materiais, como mercadores, marinheiros e pilotos de tráfego marítimo, carroceiros, treinadores de animais de tração e condutores de tudo o que andasse por terra. Havia também fabricantes de cordas, tecelões, curtidores de couro, construtores de estradas e mineradores.

De um jeito ou de outro, grande parte da mão de obra da cidade estava envolvida.

Sobrevive uma inscrição que lista os escultores do Erecteion e seus vencimentos. Construída entre 421 e 406, essa pequena estrutura intrincada, também situada na Acrópole, substituiu um templo arcaico de Atena que fora destruído, com santuários a várias divindades e heróis divinos, e passou a ser o lar da estátua de madeira de Atena. Nela se lê:

Para Práxias, residente em Mélite [uma cidade], para o cavalo e o homem atrás dele, a conduzi-lo – 120 dracmas.

Para Minion, morador de Agrile [*demo* no monte Himetos], para o cavalo e o homem que o chicoteia. Depois, ele acrescentou o pilar (pelo qual recebeu um pouco mais) – 127 dracmas.

A Acrópole foi transformada. Destinado a rivalizar com os templos de Ártemis de Éfeso e de Hera em Samos, o Partenon, uma enorme e nova construção, foi um dos primeiros projetos, concluído em 443-442. Foi feito no estilo dórico inteiramente com o mármore do monte Pentélico próximo, que adquire tom dourado à luz do sol. As colunas com caneluras largas foram erigidas sem uma base diretamente colocada na plataforma plana (*stylobate*) sobre a qual o templo foi construído, encimadas por lajes de mármore simples. O templo foi decorado com esculturas pintadas com cores brilhantes. O objetivo era tanto educacional quanto estético, pois homenageava o embate entre os lápitas e os centauros, os gregos e as amazonas, os deuses e os Gigantes, todos símbolos do triunfo da civilização sobre a barbárie. Nos frontões triangulares, nas extremidades do templo, estava representado o nascimento de Atena e a luta entre a deusa e seu tio Poseidon pelo direito de ser a divindade protetora da cidade.

Dentro da colunata, havia duas grandes câmaras interiores sem janelas. Bem no alto do lado externo das paredes, um longo friso, representando a procissão panatenaica, circundava o templo; santuários sagrados eram em geral reservados a deuses e heróis, mas ali atenienses comuns eram representados. O maior dos cômodos, a *cella*, era o lar de uma estátua de doze metros de altura de Atena Partenos, a deusa virgem, criada por Fídias. Seu corpo era feito de marfim (devido ao ar seco, precisava ser sempre umedecida), e a longa túnica, formada por placas de ouro (no total, o ouro pesava um pouco mais do que uma tonelada e pertencia ao tesouro ateniense; podia ser removido em caso de crise financeira). Reluzindo na penumbra, Atena era uma visão deslumbrante.

O templo foi lindamente construído, com refinamentos muitas vezes invisíveis a olho nu. Suas linhas horizontais se curvam levemente para cima a fim de evitar uma ilusão de ótica de flacidez, as colunas curvas se inclinam para dentro, criando uma sensação de altura e grandeza, e as dos cantos engrossam para se destacar ao serem vistas contra o céu. Essas modificações são pouco perceptíveis, mas tornam o templo ainda mais impressionante.

Deve-se lembrar que as esculturas gregas não se pareciam com o que são hoje, de mármore liso ou de bronze sem verniz. Eram pintadas em cores brilhantes. Traços de tinta vermelha, azul e amarela foram encontrados no Partenon. Assim, por exemplo, o fundo das *metopes* (espaços quadrados deixados nos lintéis de mármore em cima dos pilares do templo, onde havia relevos esculpidos) parece ter sido um dia azul ou vermelho. A cor da pele dos homens em geral era marrom avermelhado, e a das mulheres, branca. O efeito geral era brilhante, até mesmo extravagante.

O Partenon não era apenas um monumento à vitória; era também um depósito de objetos de valor do Estado. Na câmara menor, nos fundos, a renda da Liga era armazenada, e todos os tipos de troféu e artigos de valor eram guardados na *cella*. Entre eles havia uma coroa de ouro, cinco taças de ouro, dois pregos de prata brilhante, seis adagas persas, uma máscara de Górgona, doze talos de trigo dourado, 31 escudos de bronze, sete sofás de Quíos, dez sofás de Mileto, diversas espadas, peitorais, seis tronos e vários instrumentos musicais. Os tesoureiros que forneceram esse inventário em 434-433 também anotaram, sem comentários, "oito caixas e meia de flechas podres e inúteis".

A construção seguinte a ser erigida na Acrópole foi uma nova entrada monumental, o Propileu (*Propylaea*, literalmente "o que está antes do portão", ou, de modo geral, "o portão"). O visitante subia largos degraus até uma fachada de pedra que parecia uma réplica do Partenon, com seis colunas e um frontão. Entrava num grande alpendre coberto, por onde dava na Acrópole. Um pouco mais à direita, elevava-se o Partenon.

Outros templos novos dignos de nota incluem o minúsculo templo de Niké, ou Vitória, empoleirado na orla da Acrópole, ao lado do Propileu (era cuidado por uma sacerdotisa que recebia cinquenta dracmas por ano por serviços de meio período). Tem estilo jônico com elegantes e finos pilares canelados, encimados por um capitel esculpido que lembra chifres de carneiro. Também construído no século V, há um templo muito bem preservado na beira da ágora em homenagem a Hefesto, o deus dos ferreiros, artesãos e escultores, onde ele e sua meia-irmã Atena eram adorados, e o de Poseidon no promontório de Sunião. Como o Partenon, ambos apresentavam um estilo dórico mais destacado.

Nem todos os gastos públicos foram dedicados a templos e estátuas de deuses. A *polis* também apoiou projetos seculares e sociais. Era natural, nos dias de Címon, buscar apadrinhamento entre as grandes famílias aristocráticas, mas os governantes democráticos da cidade acreditavam que agora era seu papel facilitar a vida dos cidadãos à custa do Estado. Novas comodidades, como ginásios e banhos, foram abertas a todos. Talvez a mais impressionante delas tenha sido uma sala de concertos para eventos musicais: o Odeum, ou Odeon, ao lado do teatro de Dioniso, projetado para acomodar as competições de música durante a Panateneia. Uma grande construção quadrada com telhado inclinado elevando-se até um único ponto e sustentado por noventa colunas lembrava o contorno da grande tenda de guerra de Xerxes, levada até Atenas após a batalha de Plateias.

Desconhece-se o gasto total exato dessas obras públicas por toda a Ática, mas era um valor considerável. A maior parte foi tirada da reserva da Liga. Algumas inscrições de contas mal fragmentadas sobreviveram, e nelas descobrimos que a estátua de ouro e marfim de Atena custou entre setecentos e mil talentos. O Partenon, que a abrigou, pode ter custado cerca de quinhentos talentos. Para oferecer uma comparação militar, a guerra contra Samos e Bizâncio custou 1.400 talentos.

Tanto o *demo* quanto seu líder estavam orgulhosos do que haviam conquistado. No fim da década de 430, Atenas desfrutou de um esplendor visual que a diferenciava do resto da Grécia continental – especialmente de sua grande concorrente, Esparta – e da coleção de pequenas aldeias sem destaque que compunham a capital. Seus impotentes "aliados" só podiam assistir passivamente, enquanto Atenas gastava seu dinheiro em sua magnificência.

Péricles entendia bem a importância do "poder brando" e de Atenas como destino de turismo. Ele defendia uma sociedade aberta. Diferentemente da rigidez introvertida do sistema espartano e do labirinto impenetrável da corte persa, sua cidade fez questão de ser prontamente acessível a todos. O sigilo era desencorajado tanto quanto possível, mesmo em questões de guerra e paz, nas quais um inimigo poderia obter vantagem por antecipação. Espiões eram bem-vindos.

Tucídides coloca na boca de Péricles opiniões que o grande homem tinha como se o historiador lhe desse as palavras. "Poderosas de fato são as marcas e os monumentos do nosso império que deixamos. As eras futuras se maravilharão conosco, pois nossa era atual nos maravilha agora." A retórica de um político em geral tem vida útil muito curta, mas a posteridade julgou que, nessa ocasião, o orador tinha revelado a verdade. A cidade se tornara uma obra-prima.

O grande poeta do século V Píndaro evocou o *glamour* de Atenas a seus companheiros gregos em termos menos abstratos. Ele o teria feito com alguma relutância, pois era um homem de Tebas residente na Beócia e, assim, devia ser um inimigo inveterado da ambiciosa nova potência imperial. Mas cunhou uma frase inesquecível, embora misteriosa, ao escrever em louvor à *polis* extraordinária de Péricles:

> Toda brilhante e coroada de violetas e amada pelos poetas,
> o bastião da Grécia, a famosa Atenas, a cidade protegida pelos deuses.

O que ele quis dizer com "coroada de violetas"? Píndaro morreu antes do renascimento arquitetônico da cidade e talvez tenha se inspirado nas espetaculares alvoradas e nos entardeceres com o ar seco e poeirento da Ática. A pintura brilhante das esculturas do templo apenas realçava as glórias atmosféricas da Acrópole. Atenas era a *ville lumière*, ou a "cidade luz", do mundo antigo.

A GRANDE GUERRA

17
OS PRISIONEIROS DA ILHA

Na década de 430, a política de Atenas começou a mudar. Por enquanto, não ouvimos mais nobres insatisfeitos que estavam sempre reclamando da democracia. Um novo tipo de político emergiu, e Péricles descobriu que, para usar o jargão da política moderna, ele tinha inimigos à esquerda, não, como de costume, à direita.

Esses eram homens de classe média, que fizeram fortuna como comerciantes ou fabricantes. Haviam se destacado por mérito próprio e por discursar bem na *ecclesia* ou nos tribunais. Eram totalmente comprometidos com a democracia, mas queriam mais. Eram extravagantes nos assuntos estrangeiros e criticavam Péricles por ser cauteloso em sua política em relação a Esparta e aos peloponenses. Um deles era Cléon, provavelmente filho de um rico comerciante curtidor de couro. Era um improvisador político agressivo, capaz e afortunado, a quem Tucídides descreveu como notável "pela violência de seu caráter". As opiniões respeitáveis da época o desaprovaram, e a história também foi indelicada. Aristóteles (ou um de seus alunos) comentou:

> Mais do que qualquer outro, corrompeu o povo com seus impulsos selvagens. Foi o primeiro que, na plataforma de orador [nas reuniões da *ecclesia* no Pnyx], gritou, proferiu obscenidades e fez discursos com as roupas suspensas [para se mover mais facilmente], enquanto todos os demais falavam de modo mais ordeiro.

Durante essa década, uma série de ações foi movida contra os associados de Péricles. O propósito era desestabilizar sua posição, e é possível supor que tais ações tenham se originado nessa nova oposição. De acordo com Plutarco, um dos escultores que trabalhava para Fídias acusou-o de peculato em relação à estátua de Atena no Partenon. Péricles ordenou que as placas de ouro colocadas na escultura fossem removidas e pesadas. Verificou-se que o peso estava correto, que não faltava ouro. Fídias também foi acusado de sacrilégio por ter impropriamente esculpido um autorretrato entre as figuras do escudo da deusa e, meio camuflado, colocado uma imagem de Péricles.

Parece que Fídias foi absolvido ou fugiu da cidade. Sabe-se que esteve em Olímpia, onde criou para o templo de Zeus uma estátua criselefantina* colossal do deus em seu trono. Constava entre as Sete Maravilhas do Mundo em guias turísticos dos séculos I e II a.C. Por uma sorte notável, foram encontrados os restos da oficina de Fídias em Olímpia. Lascas de marfim, ferramentas e moldes de terracota foram recuperados, assim como uma caneca com a inscrição "Eu pertenço a Fídias". A área da oficina tem o mesmo tamanho da *cella* do templo, onde a estátua foi montada.

Os opositores de Péricles chegavam cada vez mais próximo em suas provocações. Atacaram Aspásia. Embora desconheçamos os detalhes, ela enfrentou duas acusações: obscenidade e prostituição de mulheres livres para Péricles (a menos que a última ofensa fosse qualificada como obscenidade). O preconceito contra ela, especialmente à luz dos rumores sobre seu papel durante a revolta em Samos, significava que um julgamento justo seria difícil. Péricles ficou tão alarmado que foi pessoalmente ao tribunal e, se desmanchando em lágrimas, implorou, com sucesso, pela absolvição da amante.

Como vimos, o olímpico e seu círculo eram conhecidos por seu pensamento avançado, o que ofendia os conservadores religiosos. Em 438, certo Diopites, cuja cabeça estava cheia de antigas profecias, introduziu uma lei no sentido de que "qualquer um que não acreditasse nos deuses ou ensinasse teorias sobre fenômenos celestes" deveria ser processado. Provavelmente ele tinha Péricles em mente.

---

* Criselefantina (de grego χρυσός,' *chrysos*, "ouro", e ελεφάντινος, *elephántinos*, "marfim") é um termo que se refere à técnica escultural de ouro e marfim. As estátuas de culto criselefantinas gozavam de *status* elevado na Grécia antiga, como a estátua da Atena Partenos no Partenon, em Atenas, com treze metros de altura, e a estátua de Zeus em Olímpia, no templo de Olímpia, com doze metros. (N. T.)

Por volta de 437-436, um amigo de Péricles, o cientista Anaxágoras, foi acusado de obscenidade por Cléon, e parece que Péricles o defendeu. Escapou por pouco da pena de morte, foi multado em cinco talentos e expulso de Atenas. Terminou seus dias lecionando na cidade de Lámpsaco, no Helesponto.

O alvo agora estava sob fogo direto. A *ecclesia* aprovou um projeto de lei instruindo Péricles a disponibilizar suas contas financeiras públicas à *boulē* (sorte de não ter dado atenção ao conselho do jovem Alcibíades sobre prestação de contas) e, sob um procedimento religioso incomum, que provavelmente garantiria sua condenação, a responder a uma acusação de roubo de propriedade sagrada. Foi aprovada, contudo, uma emenda para que o caso fosse ouvido perante um júri popular, composto por cidadãos comuns, que havia muito admiravam Péricles e confiavam nele. Ele foi absolvido, e nada mais se ouviu sobre a acusação.

Foi assim que Péricles eliminou os ataques à sua liderança. Tendo seguido sua condução por mais de duas décadas, o *demo* não iria abandoná-lo agora. Mas essas divergências domésticas coincidiram com (e podem ter sido causadas por) uma deterioração da situação externa. Esparta e seus aliados peloponenses observavam alardeados o poder crescente de Atenas. Durante muito tempo, não sabiam como combatê-la, mas a tendência à guerra era cada vez mais evidente – embora, como um era uma potência terrestre e o outro era uma potência marítima, fosse difícil prever como a luta poderia ser travada.

Tucídides não duvidava de que um colapso nas relações fosse inevitável. Nos cinquenta anos desde as Guerras Persas, ele escreve, os atenienses

> conseguiram firmar o império e acrescentaram muito ao próprio poder. Os espartanos tinham plena consciência dos fatos, mas só se opuseram por algum tempo e permaneceram inativos durante quase todo esse período. Sempre demoravam a pegar em armas e, de qualquer forma, eram prejudicados por guerras internas. No fim, o aumento do poder ateniense não podia ser ignorado ao começar a invadir seus aliados. Nesse momento, não mais suportavam a situação.

Péricles não queria a guerra, mas sabia que ela estava se aproximando e tinha um plano para combatê-la. Desde o desastre no Egito e o colapso do império em terra, desencorajara qualquer nova aventura estrangeira. No conflito que se aproximava com Esparta e seus aliados do Peloponeso, queria evitar riscos desnecessários e fez o que pôde para retardar as hostilidades. Administrava um fundo secreto de dez talentos por ano, oficialmente "para vários fins", mas na verdade gastou-o na Lacedemônia (Esparta) para aplacar personalidades-chave.

Olhando à frente, desenvolveu uma estratégia que, segundo ele, lhes asseguraria a vitória. Esparta poderia reunir um grande exército confederado de 30 mil hoplitas de primeira classe, sem contar as reservas, às quais Atenas só poderia responder com 13 mil (mais 16 mil foram necessários para várias guarnições e a defesa da própria cidade). Então, não havia sentido combater em terra. Os espartanos provavelmente invadiriam a Ática e seria muito difícil resistir. Os fazendeiros e suas famílias teriam de abandonar o campo e se retirar por trás das defesas da cidade, que incluíam as Longas Muralhas até o Pireu e poderiam facilmente resistir a qualquer cerco. O comando dos mares garantiria a importação de alimentos. A cidade não passaria fome. De certo modo, Péricles replicava a política de Temístocles durante as Guerras Persas: abandonar a terra e confiar na frota marítima.

A força de Atenas estava de fato em seus navios e em seus remadores bem treinados. Além de flotilhas cedidas pelos membros da Liga de Lesbos e Quíos, tinha trezentas trirremes. A maioria dos tripulantes era provavelmente de cidadãos atenienses, mas não havia o suficiente para tripular a frota, e muitos eram recrutados nas ilhas gregas. Da aliança do Peloponeso, apenas Corinto contava com uma frota, mas era pequena, inexperiente e ultrapassada.

Péricles comentou sobre seus concidadãos: "Se eles puderem esperar, se cuidarem de sua marinha, se se abstiverem de aumentar o império durante a guerra e não fizerem nada para colocar a cidade em risco, eles prevalecerão". Em 434-433, foram fixados limites aos gastos públicos e as finanças da cidade foram colocadas em pé de guerra. No tesouro do Partenon havia reservas substanciais de prata cunhada. "Se o pior acontecer", ele acrescentou, "poderão até mesmo usar o ouro da estátua de Atena".

Segundo Péricles, Esparta desistiria da guerra muito antes de Atenas ficar sem dinheiro. Se o *demo* fosse paciente, a vitória (ou ao menos um empate com poucas baixas) seria praticamente garantida.

Epidamnos era um lugar sem importância, mas acendeu a maior conflagração militar de sua época.

Construída na encosta de uma colina que desce até um vale pitoresco, a *polis* desfrutava de um cenário soberbo e comandava um dos maiores portos na costa leste do mar Jônico (chama-se hoje Durres, na Albânia). Muros altos de pedra protegiam a cidade. No entanto, ficava fora de mão, no meio do nada. Seus moradores negociavam com as tribos nativas da Ilíria do interior. Faziam escambo de mercadorias gregas, como cerâmicas, armas, tecidos e móveis, em troca de alimentos, madeira, resina, cobre e escravos. Epidamnos prosperava lentamente.

Ou teria prosperado, não fosse politicamente instável. A cidade perdeu uma guerra contra os ilírios e entrou em um período de declínio político e econômico. Então, pouco antes de 335, houve uma revolução democrática, e as famílias aristocráticas governantes foram expulsas. Uniram-se a uma causa comum com as tribos vizinhas e fizeram uma série de ataques piratas à sua própria terra natal. Parecia que uma guerra civil acabaria por destruir a cidade.

Epidamnos fora fundada, ou, como os gregos diziam, "colonizada", pela ilha de Córcira (ou Corfu), *polis* marítima mais abaixo na costa. Ostentava uma frota de 120 trirremes que, inusitadamente, mantinha em tempos de paz. Foi a potência marítima mais formidável da região depois de Atenas. Como vimos, a partir do século VIII estabeleceu-se um grande número de novas comunidades helênicas ao redor do Mediterrâneo. Ao contrário das colônias modernas, eram independentes de sua metrópole, mas se esperava que fossem amigáveis, que respeitassem e cooperassem. Poderiam pedir ajuda em tempos de necessidade.

Foi o que os cidadãos de Epidamnos fizeram. Enviaram uma embaixada a Córcira para implorar que os apoiassem na negociação de paz com o antigo regime no exterior. Mas os córciros se recusaram até mesmo a ouvir os emissários. Sem saber o que fazer, os habitantes de Epidamnos pediram conselho ao Oráculo de Delfos. O deus os aconselhou a procurar o rico estado mercantil de Corinto, fundador da Córcira e, portanto, terra "avó" de Epidamnos.

Esse conselho foi totalmente irresponsável, pois os especialistas em Delfos deviam saber que Corinto e Córcira haviam rompido relações. Os ilhéus desprezaram Corinto, alegando serem muito mais fortes militarmente e tão ricos quanto os maiores estados helênicos.

Os coríntios fizeram questão de contrariar sua colônia e enviaram uma força de soldados e colonos voluntários de várias *poleis*, que resgataram o regime democrático de Epidamnos de seus atacantes. Eles não tinham interesses estratégicos em jogo, e sua motivação era apenas incomodar a Córcira. Nisso tiveram até muito sucesso.

Em uma reação furiosa, a *polis* da ilha enviou quarenta navios de guerra para sitiar Epidamnos e propôs que a disputa fosse submetida a uma arbitragem. Os coríntios se recusaram e, com a ajuda de seus aliados, reuniram 75 navios de guerra e 2 mil hoplitas. Com suas oitenta trirremes remanescentes, os córciros foram ao encontro da frota coríntia e a expulsaram do promontório de Actium. Epidamnos se rendeu, e a aristocracia foi restaurada.

Não houve misericórdia pelos derrotados: todos os soldados e os colonos enviados por Corinto foram executados, exceto os cidadãos coríntios, que foram mantidos como prisioneiros para fins de barganha. A Córcira agora comandava o mar Jônico e navegava atacando os aliados de Corinto.

Os ânimos se acirraram em Corinto, e as autoridades não podiam deixar o assunto de lado. Passaram os dois anos seguintes construindo navios de guerra e recrutando marinheiros no Peloponeso. Os córciros souberam disso e entraram em pânico. Não tinham aliados e, ao contrário de Corinto, não eram membros da formidável confederação do Peloponeso. Onde poderiam encontrar um amigo poderoso? Havia apenas uma resposta viável: Atenas.

Assim, em 433, uma embaixada da Córcira se dirigiu a Atenas para buscar apoio. Os coríntios souberam disso e se alarmaram. Imediatamente enviaram uma embaixada também. Ambos submeteram seus casos à *ecclesia*. Não seria fácil decidir. De acordo com os termos dos Trinta Anos de Paz, um signatário tinha o direito de se aliar a qualquer estado que não estivesse afiliado aos espartanos ou aos atenienses. Mas o senso comum argumentou que seria contra o espírito do tratado, senão da letra, que um lado se aliasse a um estado, como a Córcira, já em guerra com um membro do outro lado.

À primeira vista, o caso era local e pouco interessava a Atenas. O *demo* não queria uma briga, e os coríntios esperavam uma abstenção. No fim, a *ecclesia* votou a favor de ajudar a Córcira. Pensando bem, havia uma boa razão para esse resultado inesperado. Atenas não poderia permitir uma mudança no equilíbrio de poder marítimo, e era isso o que uma grande e nova frota coríntia significava.

A *ecclesia*, no entanto, não aprovou tudo. Depois de dois debates, decidiu-se por uma política de dissuasão mínima e ofereceu apenas uma aliança defensiva. Atenas só lutaria contra Corinto se este atacasse a Córcira e ordenasse que um esquadrão de dez trirremes fosse até a ilha. Para tranquilizar os peloponenses,

Lacedemônio, filho do Címon pró-espartano, foi nomeado seu comandante. Essa foi uma tentativa de evitar a violação do tratado, e podemos detectar a mão de Péricles por trás dessas disposições. Ele faria o possível para evitar a guerra ou, pelo menos, para evitar ser o culpado pela guerra.

Os fatos, então, tomaram o seu curso. Uma grande frota coríntia de 150 trirremes, resultado de toda aquela preparação, navegou contra 110 embarcações córciras. Os córciros foram derrotados, por isso a flotilha ateniense interveio. Misteriosamente, os coríntios se retiraram. Logo houve uma explicação: a *ecclesia* repensara, e vinte trirremes atenienses adicionais apareceram no horizonte como reforço. Por serem discretos, os coríntios voltaram para casa no dia seguinte. No caminho, capturaram uma colônia córcira, Anactório, no golfo Ambraciano, e instalaram seus colonos.

A crise internacional se aprofundou. Corinto mudou seu objeto de raiva da Córcira para Atenas, e Péricles decidiu que precisava tomar medidas cautelares na península de Calcídica, no noroeste do mar Egeu. Esse era um importante ponto de parada no caminho para o mar Negro, e todas as suas cidades eram membros da Liga de Delos.

Infelizmente, uma delas era uma colônia coríntia chamada Potideia. Atenas ordenou que derrubassem algumas de suas fortificações e abolissem a prática de nomear oficiais coríntios. Ela se recusou e se revoltou. Alertados pelo vizinho rei da Macedônia, todos os calcídicos seguiram o exemplo. Corinto, para não ser acusado de quebrar a paz, recrutou um grupo de voluntários internacional para ajudar os rebeldes. Atenas enviou uma força expedicionária, venceu a batalha contra os potideios e os voluntários e sitiou a cidade.

A situação era delicada. Péricles tomou o que considerou um passo diplomático que, sem a ameaça de violência, alertaria os aliados de Corinto e de Esparta para não interferir nos negócios de Atenas. O pequeno estado de Mégara, amigo de Corinto em sua fronteira ocidental, esteve durante muitos anos em desacordo com seu vizinho oriental e muito maior, Atenas. A *ecclesia* aprovou um decreto que excluía navios e mercadorias de todos os portos do Império Ateniense. Para um exportador de produtos de lã baratos em todo o Mediterrâneo, o embargo geraria o colapso econômico.

Péricles provavelmente pretendia que sua medida acalmasse a situação, mas na verdade o efeito foi incendiário. Dez anos depois, o autor de comédias Aristófanes expôs a opinião comum de como começara a guerra entre Atenas e

Esparta. Em sua peça *A paz*, perguntam ao deus Hermes quem causara a guerra. Ele responde que Péricles temia seguir os amigos e associados e enfrentar ações judiciais nos tribunais.

> Antes que qualquer coisa lhe acontecesse, lançou uma pequena faísca na Cidade chamada "Decreto de Mégara" e num instante tudo se acendeu, com ele incitando as chamas, e a fumaça fez verter lágrimas dos olhos de todos os gregos, interna e externamente... Ninguém podia impedir o desastre, e a paz desapareceu.

A noção de que Péricles tenha começado a guerra apenas por motivos pessoais é pouco plausível. No entanto, é verdade que os políticos são conhecidos por usar motivos pessoais e públicos para agir. O declínio de sua popularidade pode ter sido o pano de fundo para o endurecimento da política externa de Péricles. Aventuras no exterior costumam ser populares entre os eleitores.

Os cautelosos espartanos não eram belicosos e, para evitar dúvidas, foram a Delfos para perguntar ao deus se seria prudente entrarem em guerra. Apolo respondeu que, se lutassem com todas as forças, venceriam e ele ficaria do lado deles – uma previsão surpreendentemente firme (o dinheiro teria mudado de mãos?). Então, no outono de 432, convocaram uma reunião para discutir a piora da situação externa e decidir se Atenas havia quebrado os Trinta Anos de Paz. Embora Corinto e Mégara se queixassem amargamente de como eram tratados, não ficou claro se esse era o caso. Se alguém era culpado de uma violação, era Corinto, que se intrometera de forma mais ou menos aberta em Calcídica.

Mas o fato é que ambos os lados estavam de modo negligente se aproximando do estado de guerra, independente de quais fossem os desejos dos políticos. Alguns atenienses estavam em Esparta a trabalho e tiveram permissão para falar. Não fizeram concessões ao público. Tucídides relata: "Não fizemos nada demais, nada contra o mundo, aceitando um império quando ele nos foi oferecido – e depois nos recusamos a abrir mão dele".

Os espartanos pediram a todos que se retirassem e ponderaram sobre o assunto entre eles. O rei Arquídamo, amigo de Péricles e moderado, pediu cautela, mas um éforo linha-dura, Sthenilaidas, discordou: "Outros podem ter muito dinheiro, navios e cavalos, mas temos bons aliados e não devemos entregá-los aos atenienses". Tal como nas eleições, várias decisões sérias eram tomadas em Esparta por meio de aclamação em assembleias. Aqueles que gritavam mais alto venciam. Nesse caso, o ruído foi em favor da guerra.

Os espartanos então fizeram um ultimato que sabiam ser inaceitável. Lembrando que Péricles era um alcmeônida, pediram a Atenas que expulsasse a "poluição de Cílon". Em outras palavras, deveriam exilar a família de Mégacles, que havia massacrado os partidários de Cílon no século VII (ver página 79). Os atenienses devolveram a proposta conclamando os espartanos a expelir a "maldição de Tênaro", quando alguns hilotas foram forçados a sair do templo de Poseidon, no cabo Tênaro, no sul do Peloponeso, e foram executados.

Nenhum lado cedeu. O mundo helênico reuniu forças para enfrentar o derramamento de sangue. Catorze anos se passaram desde que os Trinta Anos de Paz haviam sido acordados.

Continuaram fazendo preparativos contra a invasão da Ática por um exército do Peloponeso. Valiosos artefatos de templos rurais foram transferidos para a Acrópole, e ovelhas e gado foram transferidos para Eubeia e outras ilhas ao largo da costa. Os habitantes levaram seus bens móveis para a cidade. A ruptura foi impopular, de acordo com Tucídides:

> A maioria dos atenienses ainda vivia no campo com sua família e, como resultado, eles não estavam inclinados a se mudar, especialmente por terem acabado de se restabelecer depois da invasão persa. Foi com ansiedade e ressentimento que abandonaram suas casas e os antigos templos consagrados de seu passado histórico e se prepararam para mudar tudo em seu modo de vida.

Alguns moradores do campo tinham residência na cidade e outros podiam se hospedar com amigos. Mas a maioria precisava ficar em terrenos ainda não construídos ou em templos e santuários (embora não na Acrópole, que não podia ser ocupada). Houve uma efetiva superlotação.

As primeiras hostilidades – e outra flagrante violação da paz – foram o cerco da valente cidade de Plateias por Tebas. Como vimos, esse antigo aliado de Atenas distinguiu-se na batalha do mesmo nome, que derrotara os persas em 479. Os habitantes de Plateias resistiram aos tebanos, mas em 427, após um ataque dos peloponenses, renderam-se, não sem antes lembrar aos seus conquistadores que, no rescaldo da batalha, o general espartano Pausânias havia decretado que Plateias era uma terra sagrada e jamais deveria ser atacada.

"Espartanos, não tereis nenhuma glória com tal comportamento – não por quebrar a lei comum dos helenos, nem por pecar contra vossos ancestrais, nem por matar a nós, que vos prestaram um bom serviço", Tucídides faz um porta-voz de Plateias dizer aos espartanos. Apesar disso, seu comandante mandou executar todos os prisioneiros. Cerca de duzentos platinos escaparam antes e receberam a cidadania ateniense como compensação pela perda de sua *polis*.

Para a maioria dos atenienses, a realidade da guerra só os atingiu nos últimos dias de maio de 431, durante a colheita do milho. O rei Arquídamo liderou um enorme exército de cerca de 60 mil soldados de infantaria pesada até a Ática, embora sem muito entusiasmo. Se Arquídamo poupou seus bens, por genuína amizade ou por maldade, Péricles passou-os para a *polis*. Enquanto isso, uma frota ateniense navegava em torno dos assentamentos costeiros no Peloponeso. A antiga rival, Égina, foi etnicamente limpa. Os habitantes foram expulsos e substituídos por colonos atenienses. A ilha foi anexada.

Essas foram vitórias menores, se comparadas com o impacto psicológico da invasão da Ática. Foi muito maior do que o dano real causado. Os cidadãos ficaram indignados ao ver suas fazendas incendiadas, sem poderem demonstrar qualquer resistência (embora alguns cavaleiros da Tessália tivessem sido enviados para atacar o inimigo).

Péricles continuou acreditando em sua estratégia de guerra, mas viu que o *demo* estava furioso com ele por não deixar que lutassem contra os peloponenses. Então teve o cuidado de não convocar a *ecclesia* no caso de "uma discussão geral fazer com que fossem tomadas decisões equivocadas".

Num dia de inverno, todo ano, realizava-se uma cerimônia em homenagem aos mortos gloriosos. O ritual deve ter tido um significado especial em 431, o primeiro ano da guerra. Os ossos daqueles que morreram foram levados até uma tenda, onde os parentes podiam entregar oferendas em sua honra. Eram, então, colocados em caixões de cipreste, um para cada uma das dez tribos. Para aqueles cujos restos não haviam sido recuperados, havia um esquife vazio.

Dois dias depois, uma procissão de carroças levando um caixão cada seguiu até o subúrbio de Cerameicus, do lado de fora do Dípilon ou Portão de Dois Arcos. Ali ficava o cemitério público, onde todos os militares da cidade eram enterrados, com exceção dos que haviam morrido em Maratona: sua conquista fora tão grande que eles foram enterrados com todas as honras no próprio campo de batalha.

Uma vez que os ossos eram enterrados para seu definitivo repouso, um ilustre cidadão era convidado a fazer uma oração em louvor aos mortos. Nesse ano, Péricles foi escolhido e, por causa da crise na cidade, fez um elogio ressaltando a própria Atenas e os seus valores. Deve ter levantado seu moral e, pelas mãos de Tucídides, o discurso que chegou a nós é uma obra-prima literária.

No coração da conquista ateniense, disse Péricles, jazia sua Constituição democrática.

> Quando se trata de resolver disputas pessoais, todos são iguais perante a lei; quanto à posição social, o que conta não é ser membro de determinada classe, mas a capacidade pessoal. A classe não pode interferir no mérito nem a pobreza é um obstáculo. Se um homem é qualificado para o serviço público, sua origem humilde não deporá contra ele.

Péricles estendeu o princípio da meritocracia à vida privada do ateniense. Contanto que obedecesse à lei, poderia fazer o que quisesse. A cidade também era culturalmente e comercialmente rica, pois importava produtos do exterior.

> Somos amantes da beleza com economia e das coisas da mente sem esmorecer... Para nós, a riqueza serve para ser usada, não para ser ostentada, e a pobreza não é uma desgraça, a não ser que não façamos nada a respeito.

Segundo sua mensagem, da democracia surgia a vitalidade que levava ao império, à riqueza e aos benefícios da civilização.

> Declaro que nossa cidade é uma experiência liberal para a Grécia, e cada um dos nossos cidadãos supera todos os homens em versatilidade, desenvoltura, brilho e autoconfiança. Que isso não é uma vanglória de ocasião, mas a pura verdade, o poder de nossa cidade serve de testemunha.

A retórica de Péricles se transformou em uma extraordinária metáfora do desejo sexual; ele via a cidade como um *eromenos* e os cidadãos como um *erastes* coletivo. "Pensem na grandeza de Atenas, como realmente a veem no dia a dia, até se apaixonarem por sua *polis*." O discurso encobria certas características desagradáveis e algumas inconveniências, mas seu tema, de que Atenas passava por uma Idade de Ouro graças à sua Constituição democrática, parece ser bastante verdadeiro.

No entanto, havia outra verdade, muito menos palatável, prestes a atacar os atenienses. No verão de 430, durante a segunda invasão do Peloponeso, quando os egressos do campo lotavam a cidade e estavam vivendo amontoados em barracas sufocantes, as pessoas começaram a adoecer e a morrer. Os sintomas da epidemia eram terríveis, como Tucídides, que foi infectado e sobreviveu, descreveu em detalhes. Homens e mulheres saudáveis de repente começaram a sentir a cabeça arder; seus olhos ficavam vermelhos e inflamados; dentro da boca, a garganta e a língua sangravam, e o hálito ficava desagradável.

Em seguida vinham espirros e rouquidão e, em pouco tempo, as vítimas sentiam dores no peito e tosse, seguidas por dor de estômago. Vomitavam bile.

A pele avermelhava e explodia em pústulas. Parecia fria ao toque, mas por dentro os doentes sentiam arder. Após sete ou oito dias, uma diarreia grave se instalava e costumava ser fatal. Tucídides escreve: "Nada prejudicou tanto os atenienses quanto isso, reduzindo suas forças para a guerra".

Não sabemos ao certo que infecção foi essa. Parece ter-se originado no Egito e se espalhado pelo Império Persa. Os sintomas se assemelhavam aos de peste pneumônica, sarampo, febre tifoide, entre outras doenças, mas não se encaixavam exatamente em nenhuma delas. Uma coisa é certa: a "peste", como a chamaram, era frequentemente letal. O número de mortos é incerto. Tucídides dá totais entre os membros da cavalaria e de infantaria – 4.400 da infantaria entre os 13 mil do exército de campo. Além disso, em Potideia, 1.050 homens morreram em quarenta dias. Trezentos cavaleiros morreram de um total ativo de 1.200 homens. Os pobres provavelmente sofreram mais, e para eles não há contagem. Estima-se que entre um quarto e um terço da população tenha morrido. Foi um golpe terrível.

"Foi a única coisa que eu não previ", observou Péricles, desolado. A praga assolou durante dois verões, fez uma pausa e depois retomou em 427, antes de finalmente seguir adiante.

Poucos duvidavam de que a guerra e a peste estivessem interligadas e de que os deuses estavam punindo Atenas por algum crime. Todos se lembravam da ira de Apolo na *Ilíada* de Homero e da praga punitiva que ele infligira com suas flechas sobre o exército grego diante de Troia.

A nova tragédia de Sófocles, *Édipo rei*, foi apresentada na Grande Dionísia de 429, quando a peste estava no auge. Não é por acaso que abre com Apolo em sua sanha assassina novamente. A peça não recebeu o primeiro prêmio, mas muitos a veem como a obra-prima do autor. Aristóteles escreveu, em seu estudo sobre a arte da ficção, *Poética*, que a peça ia ao encontro da sua descrição de como uma peça de teatro deveria ser.

Seu herói, Édipo, torna-se o rei de Tebas que, sem saber, assassina seu pai e se casa com a própria mãe. Por causa do mal que traz sobre seu reino, uma peste terrível cai sobre a cidade. A plateia compreende muito bem os horrores a que o Coro se refere quando canta:

> Para além das palavras, a cidade
> rescende com a morte nas ruas, com mais mortes.
> Ninguém chora e os filhos morrem.
> Não há ninguém para lamentar.
> As mães se ajoelham em todos os altares,
> Atena dourada, ouvi nosso pranto!
> Apolo, ouvi e nos cure!

Somente quando o mal foi rastreado até Édipo e ele se cegou e foi expulso da cidade a peste pôde cessar.

Todos conhecem uma antiga profecia que dizia: "A guerra contra os dórios [espartanos eram dórios] e a morte virão juntas". Também foi lembrado que, antes de decidir sobre a guerra, Esparta recebera uma resposta favorável do Oráculo de Delfos. Suas palavras pareciam se tornar realidade, e percebeu-se que a praga nem chegava ao Peloponeso. No inverno de 426, Atenas realizou cerimônias de purificação na ilha de Delos, berço de Apolo. Todos os corpos dos túmulos de quem morrera em Delos foram exumados, e proclamou-se que, no futuro, não seriam permitidos nascimentos nem mortes, ambos contagiosos, na ilha. Um festival de cinco anos foi reaberto, os Jogos de Delos, e as corridas de cavalo foram acrescentadas como nova competição.

Não surpreende que, nesse momento, a vontade do *demo* tenha se agitado. Pedidos de paz foram estendidos a Esparta, embora não tenha adiantado nada. Provavelmente em setembro de 430, Péricles foi suspenso do posto de estratego para o qual fora eleito na primavera e acusado de apropriação indébita de fundos públicos. Foi considerado culpado e multado em cinquenta talentos. Ficou deprimido e passou o tempo da condenação deitado, sem fazer nada, em casa. O jovem Alcibíades e outros tiveram que persuadi-lo a retomar o trabalho político. Na primavera, foi reeleito, "como acontece com as multidões", observou Tucídides em tom azedo. Péricles estava de volta ao cargo no início do novo ano executivo, em meados do verão de 429.

O olímpico era considerado indispensável e se insurgia contra a inconstância. Como sempre, disse a verdade sobre o poder – isto é, para o *demo*. "Vosso império é, sem meias palavras, uma tirania", ele alertou. "Pode ter sido errado aceitá-lo, mas o abandonar agora seria pouco seguro."

Péricles não fora apenas injustamente responsabilizado pela peste: ele também a contraiu. Superou a crise, mas a doença se prolongou e, no outono de 429, ele faleceu. Seus dois filhos também foram infectados e morreram um ano antes dele. Para que sua descendência direta sobrevivesse, convenceu as autoridades a reconhecer Péricles, seu filho natural com Aspásia, como cidadão ateniense (o jovem foi contemplado pela lei de nacionalidade que seu pai introduzira anos antes, que concedia a cidadania apenas a filhos cujos pais fossem ambos atenienses).

Péricles era um excelente homem. Tucídides, que era difícil de agradar, o admirava e fez-lhe um grande elogio.

> Sendo poderoso devido à sua posição, cuja integridade era reconhecida, exercia um controle independente sobre as massas e não era tão conduzido por elas quanto ele as conduzia. Como não conquistara o poder por meios ilícitos, não precisava bajulá-las… Em suma, o que era nominalmente uma democracia tornou-se uma regra para o primeiro cidadão. Seus sucessores eram do mesmo nível, e cada um se esforçou para se tornar um líder.

No entanto, como o próprio Péricles deve ter reconhecido, sua carreira fracassou. Isso teve menos a ver com a peste do que com sua estratégia de guerra. Era defensiva, e as guerras raramente se vencem sem ataque, sem encontrar o inimigo e combatê-lo. Ele subestimou o impacto devastador sobre o moral público das invasões anuais do país. Quando assegurou ao *demo*, antes da guerra, que Atenas tinha enormes reservas financeiras, ele estava de fato correto. Mas aqui há um quebra-cabeça. A cidade era realmente muito mais rica do que seus oponentes, porém Péricles sabia tão bem quanto qualquer um que a guerra marítima era muito cara. Quando morreu, as reservas já estavam baixas e as hostilidades ainda não tinham ocorrido.

Péricles era cauteloso por natureza, e só há uma explicação plausível para o seu prognóstico equivocado. Sua estratégia era de que não haveria guerra – ou melhor, uma guerra com muito pouca luta, que terminaria rapidamente, assim que Esparta percebesse que não havia uma medida prática a tomar para prejudicar o Império Ateniense. Em suma, Péricles apostou num empate.

Parecia que ele iria perder sua aposta.

O cerco aparentemente infindável e ruinoso de Potideia não terminou até sua captura, em 430. Expedições navais caras eram necessárias para neutralizar o efeito sobre o moral da invasão anual na Ática. Deveria ser concedido subsídio para futuras incógnitas, tanto conhecidas quanto desconhecidas – nesse caso foi a praga, mas outras surpresas poderiam ser previstas. Era quase certo que incluiriam mais rebeliões esbanjadoras das reservas do império. Pior de tudo, o inimigo não dava sinais de submissão. Então, como conseguiriam vencer a guerra?

Péricles podia ser um falcão em política externa, porém, era cauteloso. Evitava correr riscos. Não fazia nada a menos que tivesse certeza do resultado de antemão. Uma vez que ele morrera, um novo falcão alçaria os céus sem essas inibições. Esse predador constatou que Atenas precisava demonstrar uma agressão real, até impetuosa, se quisesse derrotar o inimigo. E tinha de aproveitar as oportunidades como elas se dessem; em vez de eliminar a sorte, eles iriam provocá-la. Seu nome era Cléon, sucessor de Péricles como personagem principal dentro do Estado.

Até agora a guerra havia sido irrelevante, uma série de pequenos embates e escaramuças em terra e mar. Ao perceberem que sua estratégia – que consistia basicamente de invadir uma Ática já totalmente devastada – gerava menos retorno a cada ano, os peloponenses decidiram construir uma marinha para conquistar aliados no oeste da Grécia e desafiar o domínio marítimo de Atenas no golfo de Corinto. Um dos principais aliados de Esparta, a cidade mercantil de Corinto, estava sofrendo gravemente com o bloqueio.

No entanto, um brilhante almirante ateniense chamado Formíon superou e derrotou uma frota muito maior (seus vinte navios combateram 47 na Guerra do Peloponeso). As trirremes atenienses não eram apenas bem construídas; também tinham tripulações bem treinadas e experientes e oficiais taticamente inteligentes. Esparta foi forçada a reconhecer que competir no mar exigia muito mais do que investimento em madeira e lona.

Ambos os lados precisavam recuperar seus recursos. Esparta, sempre com pouco dinheiro, ponderou se o Grande Rei poderia financiar quem estava lutando contra seu pior inimigo, Atenas, e enviou uma embaixada para sondá-lo. O próprio fato de fazer isso revela até onde Esparta poderia ir. Havia se passado apenas meio século da invasão de Xerxes, e trair a causa grega em prol dos persas havia se tornado uma política aceitável.

As enormes reservas financeiras de Atenas estavam diminuindo a um ritmo alarmante. Em 428, a *polis* imperial mantinha no mar, ao mesmo tempo, o maior número de navios de guerra até então, 250 no total. Como vimos, milhares de tripulantes, marinheiros e hoplitas tinham de receber uma dracma por dia (ou duas, se tivessem um criado). Não havia sinal de que a guerra fosse terminar logo, e com a morte de Péricles surgiu um método novo e mais enxuto de continuar a luta. Isso implicou uma severidade absoluta na cobrança de cotas da Liga, impostos adicionais e expedições militares mais cuidadosa e economicamente planejadas.

Tais medidas podiam evitar a falência, mas não venceriam a guerra. Então os generais atenienses tornaram-se mais agressivos e oportunistas. Ao contrário de Péricles, não desejavam um empate, mas uma vitória. Eles eram ágeis e procuravam aplicar uma força mínima (e muito acessível) para alcançar um objetivo definido. Apostavam em riscos bem definidos, que trariam ganhos reais, se bem-sucedidos, e causariam pouco dano real ou despesas, se falhassem.

"A guerra é um mestre severo", observou Tucídides. Padrões de decência estavam em declínio por todo o mundo grego, e os homens se voltavam cada vez mais para a violência e o terror como métodos políticos de rotina. Os enviados espartanos ao Grande Rei caíram em mãos atenienses e foram enviados de volta a Atenas. Assim que chegaram, foram sumariamente executados, sem chance de se defender. Seus corpos não receberam um enterro adequado, mas foram enterrados em vala comum. A justificativa oficial para esse ato criminoso era ser uma retaliação à prática espartana de matar tripulações de navios mercantes atenienses capturados na costa do Peloponeso. De fato, no início da guerra, os espartanos mataram como inimigos todos os que haviam capturado no mar, fossem atenienses, fossem neutros.

As políticas das *poleis* gregas entraram em colapso. O primeiro e melhor exemplo dessa tendência foi a ilha de Córcira. A luta de classes que começara ali e desencadeara inadvertidamente a guerra generalizada continuou com reveses vertiginosos e sanguinolentos, vigiados pelas frotas peloponenses e atenienses, cujas manobras no mar empurravam o pêndulo na terra de um lado para o outro. No fim, os democratas córciros prevaleceram. Quatrocentos aristocratas e seus partidários buscaram refúgio no templo de Hera, na cidade da Córcira, e Tucídides relatou que os democratas

> persuadiram cerca de cinquenta deles a se submeter a um julgamento. Eles, então, condenaram cada um à morte. Vendo o que estava acontecendo, a maioria dos outros requerentes, que se recusaram a ser julgados, matou-se entre si no templo de Hera; alguns se enforcaram em árvores, e outros se suicidaram como puderam.

Cerca de quinhentos aristocratas conseguiram escapar da carnificina e estabeleceram um forte no norte da ilha, de onde lançaram ataques contra os democratas. Alguns anos depois foram derrotados, com a ajuda de uma força ateniense. Os sobreviventes se renderam depois de receber garantias de segurança. Foram, então, trancados num grande edifício, separados em grupos de vinte, e caminharam entre duas fileiras de soldados armados, que os espancaram e esfaquearam. Por fim, e compreensivelmente, aqueles que ainda estavam dentro do edifício se recusaram a sair. Então os democratas subiram no telhado, lançaram as telhas nos prisioneiros embaixo e atiraram neles com flechas.

A história se repetiu. A maioria das vítimas começou

> a se matar, espetando em sua garganta as flechas lançadas pelo inimigo e enforcando-se com as cordas tiradas das camas que estavam ali e as tiras de suas roupas. Anoitecia enquanto esses horrores se desenrolavam, e grande parte aconteceu antes que impedissem.

A guerra civil em Córcira terminou apenas porque um dos lados foi eliminado.

> Em teoria, o crime foi a tentativa de derrubar a democracia, mas, na prática, aproveitaram para fazer um acerto de contas pessoais ou se apropriar de bens ou propriedades de outras pessoas. A morte vinha de todas as formas possíveis. A brutalidade não via limites. Pais matavam filhos, requerentes que pediam abrigo em um altar eram arrastados ou até assassinados sobre

ele como animais de sacrifício. Alguns chegaram a ser emparedados em um templo de Dioniso e morreram ali.

O que aconteceu em Córcira se repetiu em outros lugares. Com o tempo, praticamente todo o mundo grego foi contaminado, com facções rivais em cada *polis*. Como regra, os líderes democráticos pediam apoio aos atenienses, e oligarcas ou aristocratas pediam ajuda aos espartanos. Tornou-se natural para aqueles que pretendiam mudar o governo buscar alianças externas. Revoluções irrompiam em cada cidade.

Tucídides observa o efeito que esses levantes tiveram sobre a linguagem e mostra como o significado comum das palavras foi transformado.

> A agressão imprudente agora era considerada uma demonstração de coragem de um partidário leal; ponderar sobre o futuro e esperar para ver era apenas outra forma de acusar alguém de covardia; qualquer sugestão de moderação era um disfarce para a ingenuidade; a capacidade de ver todos os lados de uma questão significava não estar apto para agir. O entusiasmo fanático era a marca de um homem de verdade.

Os gregos não compreendiam o conceito de oposição leal. A política era um jogo no qual o vencedor levava tudo. Os perdedores eram massacrados ou exilados. Um grande número de patriotas banidos estava espalhado por todo o mundo grego e tramava se vingar de seus oponentes políticos. A unidade helênica, sempre frágil, tornou-se uma causa perdida.

Atenas não estava, de modo algum, imune a esse declínio generalizado de padrões morais. Em 428, quarto ano da guerra, a *polis* de Mitilene e grande parte do resto de Lesbos, a terceira maior ilha grega, rebelaram-se contra a Liga. Não era um estado submisso, mas um "aliado livre" que contribuía com seus próprios navios.

Os habitantes de Lesbos havia muito planejavam se insurgir e assistiram à queda de Samos com desalento. A aristocracia dirigente de Mitilene não tinha nenhuma queixa em especial, mas lutava pelo princípio da liberdade. Esperavam até que tivessem estreitado as entradas de seus portos, completado algumas fortificações e construído mais navios de guerra, mas foram traídos antes de se verem prontos para se insurgir.

Do ponto de vista ateniense, essa revolta foi um desafio a toda a lógica do império. Ocorreu no pior momento, quando a cidade fora devastada pela peste e o tesouro começara a ficar baixo. Para piorar, Lesbos se aliou a Esparta.

No entanto, os atenienses se esforçaram muito. Um imposto de propriedade de emergência foi criado. Uma considerável força expedicionária navegou para Lesbos e colocou Mitilene sob cerco. Os espartanos (muito ousado para eles) enviaram uma frota para ajudar os habitantes de Lesbos, mas seu comandante, ansioso e retardatário, chegou tarde demais para salvar a cidade.

Os aristocratas armaram os cidadãos comuns para ajudar na defesa de Mitilene. No entanto, eram na maioria democratas e, ao receber as armas, se amotinaram e insistiram em se render aos atenienses. Os termos do acordo eram difíceis. Atenas recebeu o "direito de agir como fosse melhor em relação ao povo de Mitilene", mas eles, em troca, podiam enviar representantes a Atenas para defender suas questões.

O *demo* de Atenas estava com péssimo humor. Em uma moção de Cléon, "o mais violento de seus cidadãos", decidiu-se que toda a população masculina de Mitilene deveria ser executada imediatamente e que as mulheres e as crianças seriam escravizadas. Uma trirreme foi enviada para transmitir a terrível ordem ao general ateniense em Lesbos.

Durante a noite, repensou-se o assunto. Temeram que a decisão fosse inédita e terminasse por punir culpados e inocentes. Era injusto matar os democratas, que, de fato, haviam se oposto à revolta e cuja resistência ao governo causara seu colapso. Os representantes de Mitilene ainda estavam na cidade e notaram a mudança de opinião. Junto com alguns aliados atenienses, foram até as autoridades e perguntaram se o assunto poderia ser debatido novamente. Conseguiram convencê-los e convocaram uma reunião imediata da *ecclesia*.

Cléon repetiu sua proposta original. Ele não havia se arrependido. Segundo Tucídides, ele disse ao *demo*:

> Ao ceder aos sentimentos de compaixão, vos colocais em perigo, e vossa fraqueza não vos renderá nenhuma compensação. O que não percebeis é que vosso império é uma tirania exercida sobre súditos que os detestam e estão sempre conspirando contra vós.

É interessante notar que, quaisquer que fossem suas divergências, Cléon e Péricles tinham a mesma opinião sobre o império: que era injusto e que seus concidadãos deveriam reconhecer esse fato e aceitá-lo. O poder estava certo. No entanto, Péricles teria apoiado o massacre ordenado por Cléon?

Ele provavelmente teria compartilhado a opinião de um tal Diódoto, cuja única aparição na história foi ter contribuído para este debate. Ele não apelou para a compaixão de seu público, mas para seu próprio interesse. Aquela não era uma questão de justiça, ele argumentou, mas de política. Cléon tinha pressa e estava raivoso. A pena de morte não era um impedimento confiável, pois apenas desesperava os futuros rebeldes e tornava-os menos propensos a se render.

"O modo certo de lidar com as pessoas livres é este: não lhes infligir uma tremenda punição após a revolta, mas cuidar muito bem delas antes de chegarem a esse ponto – para evitar até mesmo que contemplem a ideia de revolta."

Por uma pequena maioria, reverteu-se a decisão da véspera. Um segundo navio de guerra foi enviado com toda a urgência. Os enviados de Lesbos encheram a tripulação com vinho e comida e prometeram uma grande recompensa se chegassem a tempo de impedir que a sentença de morte fosse executada. Os homens foram alimentados enquanto remavam, com cevada misturada com óleo e vinho, e dormiam em revezamento, enquanto o restante remava. Felizmente não houve ventos contrários.

A primeira trirreme demorou em sua tarefa desagradável e chegou a Mitilene um pouco à frente da segunda. O comandante só teve tempo de ler o decreto original e começar a tomar as providências necessárias para uma execução em massa antes de saber que a ordem havia sido revogada. Tucídides comentou secamente: "Mitilene escapou por pouco".

O mesmo não pôde ser dito de uma antiga *polis* grega em Calcídica chamada Scione. Seus cidadãos costumavam dizer que seus ancestrais haviam se estabelecido ali depois de serem levados por uma tempestade ao retornar de Troia. Seis anos depois do caso ocorrido em Mitilene, revoltaram-se contra Atenas e acabaram morrendo de fome.

Desta vez, ninguém na *ecclesia* fez objeção quando todos os homens em idade adulta de Scione foram decapitados à espada, e mulheres e crianças foram vendidas como escravas. Talvez para lembrar ao mundo que Esparta fora a primeira a praticar esse tipo de atrocidade, a cidade vazia foi entregue aos sobreviventes desabrigados de Plateias.

Os valores decaíram mais ainda, e não ouvimos mais falar de Diódoto.

Um lobo faminto encontrou um cão de guarda que ele conhecia.

"Eu sabia o que ia acontecer, disse o cão." "Seu estilo de vida irregular logo o matará. Por que não consegue um emprego estável como eu e faz refeições regulares?"

"Eu não faria nenhuma objeção", disse o lobo, "se eu tivesse alguma".

"Eu vou consertar isso", respondeu o cão. "Venha comigo até meu mestre e compartilhará meu trabalho."

No caminho até a casa do cão, o lobo notou que o pelo no pescoço do outro estava gasto, então perguntou como aquilo havia acontecido.

"Ó, não é nada", disse o cão. "É onde se coloca a coleira à noite para me manter acorrentado. Irrita um pouco, mas logo se habitua."

"Ah, é?", respondeu o lobo. "Então até logo para você, mestre cão."

Essa fábula é de Esopo, que viveu no século VI (se ele não for uma lenda). Era escravo na Trácia e viveu na ilha de Samos. Seus contos exemplares apresentavam principalmente animais falantes e eram muito populares. A maioria dos gregos endossaria com vigor a moral do encontro entre o cão e o lobo: morrer de fome e ser livre era melhor do que ser gordo e escravizado."

Eles sabiam do que estavam falando, pois a escravidão existia por todo o mundo helênico. De Homero em diante, fazia parte da vida cotidiana. Aristóteles chamou um escravo de "parte viva da propriedade". Houve alguma discussão sobre se um escravo deveria ser tratado como animal doméstico ou como criança.

Um conservador antiquado como o autor anônimo de *A Constituição de Atenas* definiu opiniões sobre o assunto. Os donos eram muito condescendentes com seus escravos. Tinham "permissão de desfrutar das maiores liberdades em Atenas. Não se pode bater em nenhum deles ali, e eles não lhes dão passagem… Colocamos os escravos em termos de igualdade com os homens livres".

Poucos escravos concordariam com a precisão dessa observação. A maioria, que trabalhava nos campos ou (pior) nas minas, levava uma vida difícil e amarga. Meninos e meninas de boa aparência podiam acabar num bordel ou, na melhor das hipóteses, ser obrigados a manter relações sexuais com seus donos.

Até mesmo os cidadãos pobres podiam comprar um escravo. Hesíodo, no século VIII, aconselhou um camponês a "arrumar uma casa, comprar uma mulher e um boi para o arado". O ateniense emergente provavelmente tinha dois ou três escravos, e os ricos podiam comprar de dez a vinte. Ao encorajar a procriação, os donos podiam aumentar seus bens sem ter de comprar outro escravo.

Uma minoria, com boa educação e sorte, conseguia melhorar de vida. Escultores escravos trabalhavam ao lado de colegas livres nos novos templos da Acrópole. Os donos permitiam a escravos confiáveis gerenciar empresas e morar em suas próprias casas. Às vezes, laços estreitos de afeto cresciam entre eles (principalmente entre a escrava e a amante). Os escravos por vezes eram libertados, mas não sabemos com que frequência isso acontecia.

O Estado tinha vários escravos. Entre eles estavam arqueiros citas responsáveis por manter a ordem pública, escreventes, funcionários do tribunal, testadores de moedas e carrascos. Esses eram os afortunados, tratados com respeito e com certo grau de independência.

Não há registros, mas no século V os atenienses tinham coletivamente milhares de escravos (alguns estimam até 150 mil, não muito longe do número da população livre). Eles vinham de todo o Mediterrâneo Oriental; alguns eram gregos infelizes que tinham sido vendidos como escravos por seus inimigos na guerra (Scione, por exemplo) ou sequestrados por piratas. Muitos não eram helenos; eram principalmente "bárbaros" da Trácia e de lugares como Ilíria, e até mesmo da distante Cítia, e podem muito bem ter sido vendidos por seus pais. Outros eram da Cária e da Lídia.

Uma lista de venda em leilão de 415 sobreviveu. Se seus números eram costumeiros, nota-se que os escravos não eram baratos. Um homem sírio foi vendido por 301 dracmas e um "pequeno menino de Cária" custou 240 dracmas. O valor de mercado de um escravo oscilava entre cinquenta e, excepcionalmente, mil dracmas; a média era de cerca de duzentas dracmas.

A maioria dos gregos acreditava que a escravidão era eticamente aceitável, mas Aristóteles relata que alguns argumentavam que

> é contrário à natureza governar como senhor sobre um escravo, porque a distinção entre o escravo e o homem livre é apenas uma convenção e, na natureza, não há diferença. Essa forma de regra está baseada na força e, portanto, não é justa.

Poucos davam atenção a essas críticas desagradáveis. O coração de um heleno podia pertencer ao lobo, mas sua mente lhe dizia que os cães eram aquisições muito úteis.

A ilha de Esfactéria era um lugar remoto e solitário na costa sudoeste da Messênia, no Peloponeso, a terra escravizada dos hilotas de Esparta.

HERÓIS DE HOMERO

A *Ilíada*, poema épico escrito no fim do século VIII a.C., era um manual que apresentava ideais de coragem, honra, lealdade e a busca competitiva pela perfeição que, geração após geração, os gregos tentaram alcançar. O herói da *Ilíada*, Aquiles, escolheu ser um guerreiro, ganhar a glória e morrer jovem, em vez de ter uma vida longa e pacífica, mas ignóbil. Aqui ele enfaixa o braço de seu amigo e amante Pátroclo, ferido por uma flecha. *Vaso ático com figuras vermelhas, pintor de Sosias, c. 500 a.C., Altes Museum, Berlim.*

ATENAS EM SUA GLÓRIA

Uma reconstrução da Acrópole, a cidadela de Atenas, como era no início do século IV, após a conclusão do Partenon e dos outros grandes edifícios da época de Péricles. A. Parthenon; B. Erecteion; C. Propileia ou portal monumental; D. Galeria de arte; E. Templo de Atena Niké (Vitória); F. Rampa; G. Casa das Arrephoroi; H. Fonte da Clepsidra; I. Eleusínio, santuário para os Mistérios de Elêusis; J. Ágora, ou praça do mercado; K. Areópago, ou o "monte de Ares", uma colina onde o conselho do Areópago se reunia; L. Teatro de Dioniso; M. Templo inacabado de Zeus Olímpico. *Akg-images, Peter Connolly.*

CASA DA VIRGEM

Atena era a deusa da sabedoria e da guerra. Era a padroeira da cidade de Atenas, e o Partenon era o templo dedicado a ela. É uma obra-prima da arquitetura ateniense. Desgastado e destruído após muitos séculos de negligência e maus-tratos, continua a impressionar quem o vê.

As esculturas na Grécia antiga eram pintadas com cores brilhantes, como o artista vitoriano Lawrence Alma-Tadema demonstra em seu *Fídias mostrando o friso do Partenon a seus amigos*. Os visitantes estão em andaimes para observar os relevos; entre eles estão o jovem Alcibíades e Sócrates (à esquerda), Péricles e sua amante Aspásia (no centro, à direita). *Museu e Galeria de Arte de Birmingham.*

Dentro do salão principal, ou *cella*, do Partenon, havia uma estátua colossal feita de ouro e marfim de Athena Parthenos (a Donzela) esculpida por Fídias. Ela desapareceu no século V d.C. e provavelmente foi destruída logo após. No entanto, uma recriação feita em 1990 por Alan LeQuire dentro de uma réplica em escala real do Partenon, no Centennial Park, em Nashville, dá uma amostra do impacto causado pela estátua original.

GRANDES HOMENS

Com lábios atraentes, uma aparência misteriosamente sagaz e aparência rústica, este busto de Temístocles evoca as qualidades do estadista mais bem-sucedido de Atenas. Sempre disposto a aceitar um suborno, porém não necessariamente para cumprir seu lado no trato, teve astúcia, ousadia e premeditação estratégica para vencer a luta contra os invasores persas em 480 e 479 a.C. *Reprodução romana de um original grego do século V, Museu Ostiense, Óstia, Itália.*

Apelidado "Olímpico" por seu domínio como orador na assembleia dos cidadãos, Péricles governou Atenas durante a Idade de Ouro, entre as Guerras Persas e a do Peloponeso – apesar do fato de o povo poder dispensá-lo do cargo a qualquer momento. Sua política militar defensiva contra Esparta e seus aliados fracassou, e ele morreu decepcionado, em 429 a.C. *Reprodução romana de um original grego, Museu Pio Clementino, Vaticano.*

Demóstenes foi o orador público mais famoso do mundo grego. Ele se via como um seguidor de Péricles. Mas um século havia passado desde a era gloriosa de Atenas, e suas ambições excederam a capacidade da cidade. A potência crescente da época era a Macedônia, mas, em vez de aliar Atenas ao recém-chegado, Demóstenes fez de tudo para barrar o rei, Filipe, e seu filho e sucessor, Alexandre. Em 338 a.C. Filipe derrotou as cidades-estados gregas na Batalha de Queroneia, e Atenas perdeu sua independência. Demóstenes foi o maior responsável por isso. *Reprodução romana feita em mármore a partir de um original em bronze, c. 200 a.C., de Polieucto. Glyptotek, Copenhague.*

O ostracismo foi um notável recurso político inventado pela democracia ateniense no século VI a.C. As pessoas votavam pelo banimento ou não de um cidadão proeminente por dez anos. Se fosse condenado, poderia retornar após cumprir a pena e retomar a carreira. O ostracismo afastou políticos impopulares ou aqueles que supostamente ameaçavam a Constituição. Os votos eram dados riscando-se o nome do cidadão em um caco de cerâmica, depositado em uma urna de votação. Mais de 11 mil desses cacos, ou *ostrakon*, foram encontrados. Alguns, como nesses exemplos (à direita), têm o nome de Mégacles, filho de Hipócrates, um aristocrata controvertido. Em 486 a.C., ele foi condenado ao ostracismo. No entanto, não se deixou abalar, pois no mesmo ano venceu a famosa corrida de bigas nos Jogos Píticos, em Delfos. O *ostrakon* à esquerda mostra o nome de Temístocles, filho de Néocles. Em 472 ou 471 a.C., o salvador de sua pátria foi eliminado e terminou seus dias como hóspede de um antigo inimigo, o Grande Rei persa. *Museu Stoa de Átalo, Atenas.*

AS ARMAS E O HOMEM

Apenas os aristocratas ricos andavam a cavalo, e era o soldado de infantaria fortemente armado, o hoplita, que lutava e representava o povo. Ele era, de fato, o cidadão democrático armado. Comprava seu próprio equipamento: capacete com crista de crina de cavalo; armadura de bronze; lança e espada; e escudo redondo feito de bronze, madeira e couro. Aqui vemos um guerreiro equipado derramando uma libação aos deuses antes de partir para a batalha (ou, talvez, celebrando sua morte). *Jarro de óleo ático com figuras vermelhas, c. 480 a 460 a.C., Museu Arqueológico Regional, Palermo.*

Os gregos se orgulhavam de suas vitórias sobre os exércitos do Grande Rei persa e representavam o inimigo derrotado como fraco, decadente e extravagantemente vestido, não nu, como nesta taça de cerâmica de cerca de 480 a.C. *Pintor de Triptolemus, Museu Arqueológico Nacional, Atenas.*

Duas grandes batalhas representam a ascensão e a queda de Atenas. Depois da famosa vitória em Maratona, em 490 a.C., os atenienses mortos foram enterrados no campo; o *tumulus*, ou morro funerário, sobrevive até hoje. O triunfante general ateniense Milcíades dedicou seu capacete, que quase certamente usou naquele dia, a Zeus, em Olímpia, com seu nome inscrito. *Museu de Olímpia, Grécia.*

A segunda batalha, desta vez em Queroneia, na Grécia central, aproximou as ferozes cidades-estados da Hélade. Em 338 a.C., Filipe, rei da Macedônia, derrotou um exército grego aliado. A estátua de um leão foi erigida no campo de batalha em honra ao Batalhão Sagrado, formado por casais masculinos de soldados da cidade de Tebas, que praticamente foram exterminados durante o combate.

As intermináveis guerras entre as cidades-estados gregas exterminaram a população masculina adulta. Aqui uma lápide, erigida por volta de 460 a.C., no auge do poder ateniense, mostra a deusa e patrona da cidade, Atena, diante de uma lápide, venerando o túmulo de um soldado morto em combate.

O IMPÉRIO DA MENTE

Três atenienses antigos ainda exercem uma vívida influência sobre o mundo. Sócrates, um dos maiores criadores do pensamento ocidental, disse antes de ser condenado à morte: "Não vale a pena viver sem examinar a vida". Para ele, a ética estava no centro da investigação filosófica. Ele não escrevia nada; perguntava e respondia oralmente a perguntas de quem estivesse disposto a conversar com ele pelas ruas da cidade e na ágora. Foi um crítico da democracia. *Reprodução romana de um original grego perdido, Museu Britânico.*

Platão foi o mais famoso discípulo de Sócrates. Em uma série de diálogos escritos, dedicou-se a registrar e divulgar o método filosófico de seu mestre. Com o tempo, desenvolveu suas próprias ideias, e é difícil saber onde o Sócrates histórico termina e o pensamento independente de Platão começa. Um célebre pensador do século XX observou: "A característica geral mais correta da tradição filosófica europeia é que ela consiste em uma série de notas de rodapé sobre Platão". *Reprodução romana a partir de um original grego, Glyptotek, Munique.*

No século IV a.C., Atenas tornou-se a base de vários filósofos e pensadores. Aristóteles estudou na Academia de Platão antes de montar sua própria escola no Liceu. Ele e seu grupo conduziam pesquisas acadêmicas sobre ética, metafísica e ciências naturais. Seus trabalhos sobre a lógica permaneceram atuais e válidos até o século XIX. Como muitos filósofos de seu tempo, Aristóteles interveio na política. Foi tutor do adolescente Alexandre, o Grande, durante alguns anos. *Reprodução romana de um bronze perdido de Lísipo, Museu Nacional de Roma.*

RONDA DIÁRIA

A cerâmica é uma fonte sobre o que era ser um ateniense comum na Antiguidade. Artesãos pintavam vasos, garrafas, tigelas e pratos com cenas cotidianas. Milhares sobreviveram e até mesmo uma seleção aleatória mostra um pouco do que era esse mundo desaparecido. Todo jovem treinava suas habilidades físicas no ginásio ao ar livre. Nesta cena, um rapaz se prepara para lançar um disco. A vara será usada para um salto em distância. Um par de halteres ajuda o atleta a se equilibrar durante o salto. Legenda: "Kleomelos é belo". *Taça ática com figuras vermelhas, pintor de Kleomelos, entre 510 e 500 a.C., Museu do Louvre.*

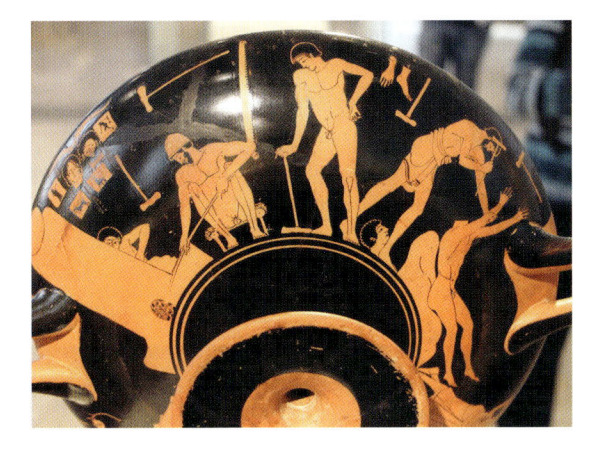

Uma estátua de bronze em tamanho natural está sendo forjada em uma movimentada fundição. Enquanto a maioria dos atenienses trabalhava em fazendas, pequenas oficinas fabricavam bens de vários tipos, incluindo ferramentas de metal, armas e armaduras, artigos de couro (entre eles, sapatos e botas), cerâmica pintada e alvenaria. Os trabalhadores eram altamente qualificados, e muitos de seus produtos eram exportados para o mercado estrangeiro. *Artigos áticos com figuras vermelhas,* c. 490 a 480 a.C., Staatliche Museen, Berlim.

A maioria das mulheres passava a vida em reclusão, cuidando da casa e dos filhos. Elas não podiam votar ou participar da vida pública. Aqui, uma escrava entrega um bebê à sua mãe. *Garrafa de azeite com figuras vermelhas de Eretria,* c. 470 a 460 a.C., Museu Nacional de Arqueologia, Atenas.

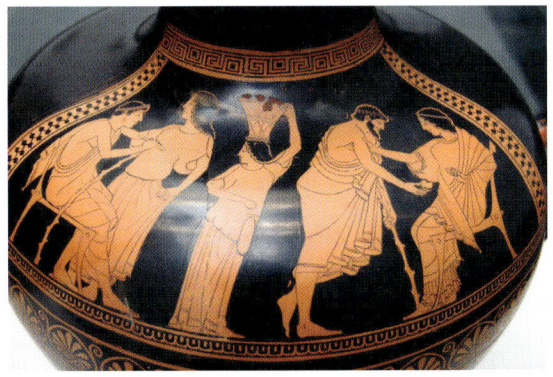

Houve um tipo de mulher que quebrou a regra de reclusão. A *hetaira* era uma cortesã de alta classe de quem se esperava companhia e conversas inteligentes, além de sexo. Como mostra esta representação de clientes, as relações eram essencialmente financeiras. *Vaso do pintor de Kleophrades,* c. 490 a 480 a.C., Staatliche Antikensammlungen, Munique.

Um sacerdote com uma coroa de flores e um menino se preparam para sacrificar um javali em um altar. Os gregos eram muito religiosos. Seus deuses eram humanos tanto na aparência quanto no comportamento. Como as forças da natureza, eram perigosos. Precisavam ser aplacados a toda hora com oferendas e sacrifícios no fogo. *Copo de autoria do pintor de Epidromos, c. 510 a 500 a.C., Museu do Louvre.*

O convidado de um jantar ou *symposium* ouve um músico tocar seu instrumento. Sua bolsa está pendurada ao lado do bastão e uma taça de vinho está na mesa ao lado do sofá. Reuniões desse tipo eram populares entre os atenienses de classe alta. Conversas sérias e bebedeiras vinham em geral após uma refeição; se houvesse belos garçons e dançarinas, o encontro poderia virar praticamente uma orgia. *Taça ática com figuras vermelhas do pintor de Colmar, c. 490 a.C., Museu do Louvre.*

A ALDEIA
Por muitos séculos após a era clássica, Atenas não passou de uma aldeia sombria atulhada de ruínas. Foi negligenciada durante o Império Otomano até a Grécia conquistar sua independência, em 1832. Um ano depois, o artista alemão Johann Michael Wittmer pintou a Acrópole vista do Templo de Zeus Olímpico. A paisagem poeirenta que ele evoca acabara de começar sua nova vida como a capital helênica. Hoje, Atenas é uma metrópole com mais de 4 milhões de habitantes. *Museu Benaki, Atenas.*

Uma grande porção estreita de terra rochosa tinha quase cinco quilômetros de extensão e em torno de 140 metros de largura. As ruínas de uma antiga fortificação pré-histórica podiam ser encontradas em uma colina alta no extremo norte, mas, apenas com uma nascente, o lugar era inabitável e refúgio exclusivo de aves de rapina. O solo era vermelho. O terreno pedregoso era arborizado, e não havia trilhas ou caminhos. Do lado do terreno, uma encosta de falésias se precipitava nas águas de um magnífico porto natural, que Esfactéria protegia do mar aberto.

Dois canais levavam a esse porto. O que ficava ao norte da ilha era muito estreito, com menos de 140 metros de largura e, do outro lado, havia um promontório alto e mais ou menos inexpugnável chamado Pilos. No sul, a passagem tinha quase 1,3 quilômetro de largura.

Um dia de primavera, em 425, uma frota ateniense de quarenta trirremes passou para o norte com ordens de navegar até a Córcira e a Sicília (para mais informações sobre a expedição, ver páginas 317-8). Mais inusitado ainda, transportava um cidadão em especial que tinha um plano secreto em mente.

Era Demóstenes, parceiro ou protegido de Cléon, que pertencia a uma nova geração de comandantes militares. Como o almirante Formíon, era um improvisador arrojado e criativo. Enquanto fazia campanha no oeste da Grécia um ano antes, elaborara um plano para lançar um ataque surpresa à Beócia vindo do norte, principalmente usando tropas recrutadas no local. Era uma ideia brilhante, mas foi mal executada. Isso levou a uma derrota vergonhosa, e 120 hoplitas atenienses foram mortos. Demóstenes não ousou voltar a Atenas para enfrentar a fúria do *demo*, mas permaneceu na região, onde obteve vitórias contra uma força do Peloponeso e uma colônia de Corinto. Isso fez com que recuperasse sua reputação em casa.

Foi reeleito como estratego, mas seu mandato só começaria no verão, e nesse meio-tempo concebeu outro esquema brilhante. Se Atenas pudesse ganhar uma posição na costa do Peloponeso, isso iria, de alguma forma, contrabalançar as invasões regulares à Ática.

Os dois comandantes da frota receberam instruções misteriosas para permitir que Demóstenes "fizesse o uso que quisesse da frota pelo Peloponeso". Ao passarem por Pilos, ele os alertou de que precisava ser fortificada; seria uma base útil da qual os messênios da região e os que tinham sido assentados em Naupaktus (Lepanto), no golfo de Corinto, poderiam atormentar os espartanos.

Os comandantes não se impressionaram, mas, por sorte, uma tempestade obrigou-os a ficar no porto. Pilos era uma fortaleza natural e, para passar o tempo, as equipes foram autorizadas a reforçar seus pontos fracos. Quando o tempo melhorou, depois de uma semana, Demóstenes ficou para trás com cinco trirremes.

Quando a notícia da captura de Pilos chegou à Lacedemônia (Esparta), as autoridades ficaram alarmadas. Navios e tropas foram enviados para expulsar os atenienses. Foram realizados ataques em Pilos, e 420 hoplitas espartanos junto com servos hilotas desembarcaram em Esfactéria para evitar que os atenienses a usassem como base permanente. Demóstenes não encontrou dificuldade para repelir os espartanos, mas despachou duas trirremes para trazer a frota de volta. Quando chegou, derrotou os navios espartanos em pouco tempo.

Isso significava que, na verdade, os espartanos da ilha estavam cercados. Somavam menos de mil no total, se presumirmos que cada um dos hoplitas estava acompanhado por um criado. Dos próprios hoplitas, pelo menos 180 eram cidadãos de elite ou Iguais. Dois navios de guerra atenienses navegando em torno de Esfactéria em direções opostas ficaram em patrulha permanente para impedir qualquer tentativa de resgate do continente.

Perder tantos Iguais era inconcebível, e alguns éforos foram pessoalmente avaliar a situação. Era vergonhosamente claro que os hoplitas e os hilotas da ilha não poderiam ser libertados. Esparta ofereceu uma trégua durante a qual suspenderia as hostilidades e entregaria temporariamente sua frota aos atenienses. Uma trirreme levou uma delegação espartana a Atenas, onde foi proposta uma paz permanente que poria fim à guerra.

Cléon convenceu a *ecclesia* a insistir em termos inadmissíveis. Eram, com efeito, a reintegração do "império da terra" abandonado sob as cláusulas dos Trinta Anos de Paz. Os enviados sugeriram conversas fechadas, mas Cléon vetou a ideia. A delegação desistiu e deixou a cidade. A trégua terminou, mas Demóstenes recusou-se a devolver a frota espartana como prometera, alegando alguma infração menor. O bloqueio a Esfactéria continuou.

Trigo, vinho e queijo eram contrabandeados por via marítima para os soldados espartanos por nadadores submarinos e em pequenos barcos. Começou a parecer que poderiam sobreviver ao cerco indefinidamente. Em contraste, o suprimento de comida começava a ser um problema logístico para os atenienses. A chegada do inverno poderia acabar com o bloqueio.

Então finalmente houve um fato importante, embora acidental. Havia tantos soldados e tão pouco espaço em Pilos que os marinheiros dos navios-patrulha atenienses costumavam desembarcar no extremo sul de Esfactéria e preparar ali as refeições do meio-dia. Um dia, por acidente, incendiaram parte da madeira. O vento se ergueu, e as chamas se espalharam rapidamente. Logo a ilha inteira estava em chamas.

Sem a proteção das árvores, agora era possível saber a quantidade de espartanos e onde estavam acampados no centro da ilha, perto do único poço. Demóstenes estava pensando em um ataque, mas agora poderia preparar um plano detalhado.

O tempo passou, e nada parecia acontecer. Em Atenas, o *demo* se impacientou. Os cidadãos comuns queriam ter aceitado as condições de paz, que foram convencidos a rejeitar. Cléon se sentiu pressionado e culpou um rival político, o comerciante multimilionário Nícias, um dos generais da cidade-estado.

Nascido por volta de 470, Nícias veio da classe média empreendedora. Herdara uma grande fortuna de seu pai. Sua propriedade era avaliada com a enorme soma de cem talentos e incluía a mão de obra de escravos que trabalhavam em suas minas de prata em Laurium, o que lhe proporcionava uma bela renda. Ele não tinha charme e costumava ficar em cima do muro. Era profundamente religioso e evitava tomar decisões até consultar um oráculo. Um pobre orador, muitos o consideravam um tédio. No entanto, tinha espírito público e se tornou popular devido ao seu generoso apoio a causas públicas. Fazia questão de ser um trabalhador esforçado. Sua falta de carisma o mantinha em bom lugar se comparado com o oportunismo e a desonestidade de um demagogo como Cléon.

Os poetas cômicos gostavam de caçoar de Nícias. Em *Os cavaleiros*, Aristófanes faz seu "Cléon" dizer: "Vou falar mais alto que todos os oradores e fazer Nícias se calar".

Frínico, outro autor popular de comédias, escreve, sobre um de seus personagens:

Ele é o melhor cidadão, disso eu sei.
Ele não se encolhe e rasteja como Nícias.

Nícias herdou a política defensiva e cautelosa de Péricles. No debate, Cléon culpou-o pela falta de ação.

"Se nossos generais fossem homens de verdade", gritou ele, "seria fácil retirar uma força e capturar os espartanos da ilha".

Nícias retrucou: "No que diz respeito aos generais, Cléon pode pegar quem quiser e ver o que conseguirá fazer sozinho".

Cléon pensou que isso fosse apenas uma manobra do rival e disse que estava perfeitamente disposto a aceitar o comando. Mas logo percebeu que Nícias não estava brincando e fez o possível para se livrar do compromisso. Ao descobrir que a *ecclesia* insistira, entretanto, mudou de ideia e aceitou o comando. Dobrando as probabilidades descaradamente, alegou que traria de volta os prisioneiros em vinte dias ou os mataria.

Todos riram ao ver que Cléon, no fim, poderia virar vítima de seu próprio esquema, mas ele levou a missão a sério e logo partiu para Polos com uma força considerável. Seus críticos ficaram extasiados. Ou Cléon falharia – o que todos esperavam – e se livrariam dele, ou, se errassem, teriam de volta os espartanos. Cara, eu ganho; coroa, você perde.

Quando chegou a Pilos, Cléon concordou imediatamente com o plano de Demóstenes (os dois homens eram próximos e ele poderia já ter sido informado antes do debate em Atenas). Esperaram por um dia e, logo antes do amanhecer, pousaram oitocentos hoplitas em Esfactéria. Rapidamente eles invadiram um posto avançado. Uma vez estabelecida uma cabeça de ponte, o resto do exército chegou – até 13 mil hoplitas, escaramuçadores levemente armados (chamados *peltasts*) e arqueiros.

Os atenienses marcharam contra os espartanos em seu acampamento no centro da ilha. Escaramuçadores e arqueiros venceram pelo cansaço os hoplitas fortemente armados e relativamente imóveis. Nuvens de terra vermelha e cinzas negras criaram um nevoeiro artificial e cegaram os defensores, que finalmente se retiraram para o forte em ruínas sobre a colina.

Um pequeno grupo de exilados messênios de Naupaktus conhecia o terreno e cercara os espartanos. Sua posição era desesperadora. Depois de consultar as autoridades no continente, eles capitularam. Dos 420 soldados originais, 128 estavam mortos. Os 292 sobreviventes, dos quais 120 eram Iguais, foram enviados para Atenas como prisioneiros.

Os atenienses montaram um troféu. Isso era rotineiro para um exército vitorioso encarregado do campo de batalha. Os troféus eram geralmente uma seleção de armas inimigas – capacetes, couraças e similares – presas a uma haste de madeira, fixada no chão em uma colina ou uma elevação. Alguns escudos capturados foram enviados de volta a Atenas para exibição permanente. A fim de evitar a ferrugem, foram revestidos com piche. Ainda estavam em exibição no século II d.C., e um deles foi desenterrado na ágora. Os messênios de Naupaktus encomendaram uma estátua da Vitória alada em Olímpia, que ainda pode ser vista ali hoje.

Cléon cumpriu sua tresloucada promessa. O impacto da notícia foi colossal. A questão dos Iguais era que eles nunca se rendiam. Tucídides comentou: "Nada do que aconteceu na guerra surpreendeu tanto os gregos quanto este fato".

Havia um desejo generalizado de paz, mas dois anos se passaram antes que um tratado fosse assinado.

Um furioso Aristófanes escreveu duas sátiras ferozes em 425 e 424: *Os acarnânios*, em que o protagonista negocia uma paz pessoal com Esparta e desfruta de seus benefícios; e *Os cavaleiros*, uma amarga caricatura do sistema político ateniense. Cléon aparece na última como um monstro cômico que pode ser responsabilizado por tudo de errado na *polis*. O coro de cavaleiros canta para o *demo* reunido:

> Todos que aqui estão
> concordarão com uma coisa:
> saudarão cheios de alegria
> a derrubada de Cléon!

No Peloponeso, Atenas melhorou ainda mais sua posição, conquistando o controle da ilha de Citera, o suposto local de nascimento da deusa do amor, Afrodite, e Metone, um porto na costa de Messênia. Esparta estava sob uma ameaça real em sua base, e a possibilidade de outra revolta messênia crescia. Foi quando os 2 mil hilotas capazes e insubordinados foram notoriamente enganados com uma promessa de liberdade e liquidados em sigilo. Cautelosa, pessimista e irritada com seus aliados, Esparta perdera o gosto pela guerra.

Atenas, entretanto, não se deu bem em tudo. Os ataques a Corinto e Mégara tiveram sucesso apenas parcial, e uma tentativa fracassada de invadir a Beócia culminou em uma derrota na cidade de Délio. Mil atenienses morreram. O evento foi notável pela participação de Sócrates, o famoso filósofo ateniense – aos 45 anos, quase velho demais para lutar –, e seu aluno Alcibíades, o belo e jovem aristocrata, agora com vinte e poucos anos. Alcibíades, que fora companheiro de espionagem de Sócrates em uma campanha anterior, lembrou o valor do filósofo sob fogo: "Ele observava silenciosamente os movimentos de amigos e inimigos e deixava perfeitamente claro, mesmo a distância, que estava preparado para suportar uma forte resistência a qualquer ataque. Foi assim que ele e seu companheiro saíram em segurança". Alcibíades estava a cavalo nessa ocasião e cavalgou ao lado do mestre até que ele estivesse fora de perigo.

Cléon não durou muito. Foi obrigado a capitalizar sua reputação militar recém-descoberta, liderando uma força expedicionária para um canto estrategicamente importante do Império Ateniense, Calcídica. Ali confrontou um espartano atípico: o empreendedor, imaginativo e charmoso Brásidas. A única qualidade que compartilhava com seus compatriotas era a coragem.

Com alguns hilotas enfurecidos e mercenários do Peloponeso, ele marchou tão rapidamente até a Grécia que ninguém teve tempo de detê-lo. Uma vez em Calcídica, ele elevou o nível de revolta e, para grande alarme de Atenas, conquistou a importante cidade de Anfípolis para seu lado.

Cléon não era tolo, mas era inexperiente e, depois de Pilos, excessivamente confiante. Para reconhecer o terreno, chegou muito perto das muralhas da cidade. Previu o que aconteceria a seguir, pois viu pés de homens e patas de cavalos sob um dos portões, mas Brásidas era rápido demais para ele. Ele saiu rapidamente e pegou os atenienses antes que pudessem escapar.

Cléon foi morto. Havia muitos outros demagogos para ocupar seu lugar durante esse período – entre eles, Hipérbolo, que aparentemente era um fabricante de candeeiros antes de entrar para a política; Ândrocles; e Cleofonte, um fabricante de liras. Todos causaram má impressão sobre os historiadores antigos, que esnobavam políticos de classe média. Cléon, contudo, era uma figura imponente. Embora nunca tenha atingido o auge do poder a que Péricles chegara, sua abordagem mais vigorosa e enérgica em relação à guerra foi uma resposta inteligente ao plano de guerra fracassado do olímpico.

A derrota ateniense diante de Anfípolis foi um desastre para Atenas, mas, para azar de Esparta, Brásidas também morreu. O simbolismo das mortes simultâneas dos generais inimigos não passou despercebido pelos pacificadores. Uma vez que os dois defensores mais ativos da guerra haviam partido, o problema de se chegar a um acordo foi praticamente resolvido.

Os contratempos em Délio e Anfípolis desarmaram o partido da guerra em Atenas, e o clima geral favoreceu um acordo. Quanto aos espartanos, estavam desesperados para ver o fim da guerra e concordariam com quase qualquer coisa para fazer com que seus homens regressassem da ilha.

As discussões continuaram durante o inverno de 422. Nícias, chefe do Estado após a morte de Cléon, liderou as negociações e buscou uma paz duradoura. Um acordo final válido por cinco décadas foi anunciado após a Grande Dionísia no ano seguinte.

A base do tratado era o *status quo ante*. Cada lado deveria devolver seus ganhos obtidos durante a guerra. Houve algumas exceções estranhas à regra que foram discretamente encobertas. Esparta devolveria Anfípolis, o maior prêmio, e uma série de *poleis* rebeldes no norte. Os beócios entregariam uma fortaleza de fronteira. Mégara teria de suportar Atenas, sua antiga inimiga, mantendo o porto de Nísia. Corinto perdeu algumas posses no noroeste, agora nas mãos de Atenas. Por sua vez, Nícias concordou em abrir mão de Pilos, Esfactéria e seus outros pontos de apoio ao longo do litoral do Peloponeso. Todos os prisioneiros de guerra seriam devolvidos.

O tratado atendeu muito bem às necessidades de Esparta, mas enfureceu seus aliados. Eles protestaram e se recusaram a aceitá-lo. Os espartanos eram vivos; confiavam em Atenas para não se intrometer e estavam convencidos de que, com o tempo, Corinto e Mégara entenderiam que não teriam a quem pedir apoio senão Esparta. Mais cedo ou mais tarde, parariam de reclamar e se juntariam a eles.

Se Péricles, nos Campos Elíseos, soubesse do acordo, ficaria satisfeito – e com razão. Teria se oposto às políticas agressivas de Cléon e de outros como ele, mas elas haviam produzido o resultado que ele almejara. O inimigo perdera a vontade de continuar.

Atenas venceu por pontos.

18
O HOMEM QUE NADA SABIA

A vida e o lazer na cidade continuaram, apesar dos efeitos da guerra e da peste. Os grandes festivais anuais iam e vinham, os cidadãos ricos entretinham-se em casa, e os compradores negociavam na ágora. A paz gerou um bem-vindo dividendo, o comércio floresceu, e turistas de todos os cantos do Mediterrâneo Oriental se reuniam na cidade luz. O tempo passava de forma agradável.

Numa tarde de janeiro de 416, o jovem dramaturgo ateniense Agaton ofereceu um jantar seguido de bebidas. Ele havia vencido o festival de teatro Leneanas, ou Dionísia Campestre, com sua primeira tragédia e queria celebrar o feito. Na véspera ele dera uma festa de arromba para o elenco; desta vez, embora estivesse de ressaca, convidou alguns amigos íntimos para se juntarem em sua casa.

Agaton era admiravelmente bonito, e "adorável Agaton" tornou-se uma espécie de epíteto. Sempre bem-vestido, tinha uma figura esbelta. Vivia com seu parceiro, Pausânias, e parecem ter formado algo raro na antiga Atenas, um casal homossexual adulto (mais tarde, teria sido parceiro do velho Eurípides). Nenhuma de suas peças sobreviveu, exceto citações esparsas.

Entre seus convidados estavam o comediante Aristófanes e um dos destaques das comédias, Sócrates. Os fatos da noite e a conversa que se desenrolou foram descritos em um pequeno livro intitulado *O banquete* (em grego, *Symposium*, que significa "beber juntos"), de Platão, discípulo de Sócrates e um filósofo ainda maior do que ele.

Diz-se que Platão (talvez erroneamente, mas é difícil saber) escreveu um epigrama erótico sobre Agaton.

Ao beijar Agaton, minha alma estava em seus lábios.
Tentei, que tolice, alcançar o seu íntimo.

O banquete foi escrito por volta de 385 e é uma obra-prima da literatura mundial. É uma obra de ficção, mas Platão inclui em seu relato tantos detalhes plausíveis que talvez "facção" (ação + ficção) seja a melhor palavra. A vitória do dramaturgo é histórica e é bem provável que ele a tenha celebrado com uma festa. A lista de convidados de Agaton pode ter sido outra, mas a descrição de Platão da hospitalidade da classe alta no século V é fiel à realidade. Os participantes eram, na maioria, personalidades conhecidas, e podemos supor que as opiniões expressas por seus substitutos literários sejam semelhantes às dos personagens na vida real.

Não havia *pubs* nem bares na antiga Atenas, pelo que se sabe. Além de festivais públicos, as bebidas alcoólicas eram fornecidas em encontros fechados. Nas casas de famílias ricas e bem-nascidas, havia um banheiro masculino (ou *andrōn*). Aqui, num *symposium*, escritores, políticos, pensadores e jovens atraentes podiam comer, beber vinho e conversar; era uma oportunidade para partilhar valores tradicionais e criar ligações homossexuais.

Os participantes usavam guirlandas e se reclinavam nos sofás, um ou dois de cada vez, apoiando-se no cotovelo esquerdo. Feitos de madeira ou de pedra, havia pelo menos quatro sofás – ou espaços para o anfitrião e sete ou mais convidados (as mulheres raramente compareciam e, se estivessem presentes, sentavam-se em cadeiras não reclináveis). Diante de cada um deles havia uma mesa sobre um tripé na qual se colocavam os copos e a comida.

A comida, na antiga Atenas, era simples. Azeitona, cebola e alho eram comuns. Os gregos comiam muito pão com mel, queijo e azeite; o pão era em geral feito de cevada, mais abundante do que o trigo; o de trigo branco era reservado aos ricos. O leite era usado na culinária, mas raramente era bebido. Havia frutas e nozes em abundância.

Produtos familiares para nós ainda não haviam sido descobertos e explorados – batata, arroz, laranja e limão (embora haja registro de que judeus tenham atirado limões em um sumo sacerdote no século I a.C.), banana e tomate.

Platão não nos oferece o cardápio do jantar de Agaton, mas pode ter incluído enguias do lago Copaide ou Copais, na Beócia. Há outras possibilidades:

atum seco ou salgado, cavala e esturjão do mar Negro assados com azeite e ervas. Anchovas e sardinhas pescadas próximo ao litoral da Ática. Caçarolas de aves e carne de caça também eram servidas, mas como para ter carne assada o ateniense precisava esperar um sacrifício religioso, raramente havia no cardápio. Todos os que participavam de um sacrifício recebiam uma porção de carne (as partes menos comestíveis de um animal eram reservadas aos deuses, que pareciam não se importar).

Um poeta e gastrônomo da Sicília no século IV, Arquéstrato, gostava de porco e aves assadas. Ele observou:

> Enquanto saboreia seu vinho, deixe que essas iguarias sejam trazidas até você, entranhas de porco e o útero da porca temperado com cominho e vinagre e sílfio [*silphium*, provavelmente uma variedade de erva-doce usada como contraceptivo, bem como tempero], juntamente com as espécies tenras de aves assadas, conforme a estação.

Beber vinho era uma atividade séria, até mesmo religiosa, para o ateniense sensato. Era quase sempre misturado com água e podia ser adoçado artificialmente (como não havia açúcar, usavam-se mel ou figos secos). Um *symposium* não era uma reunião informal em que todos se dispunham a se embebedar; era, antes, dirigido por um ritual estrito.

Cada etapa era marcada por um reconhecimento do poder dos deuses. Depois de todos terem comido e os pratos terem sido retirados, e antes de misturarem o vinho e a água, os presentes tomavam alguns goles em honra a *agathos daimon*, um poder sobrenatural gentil, ou espírito do bem. Rezavam ao *daimon* para não cometerem nenhuma indecência e não beberem demais. Então derramavam três libações* de vinho – para Zeus e os outros deuses do Olimpo, para os heróis (homens excepcionais considerados divinos) e para *Zeus Soter*, ou Salvador e Libertador do Mal. Seguia-se um hino a Hígia, a deusa ou personificação da saúde, limpeza e higiene. "Rezo para que sejas uma graciosa prisioneira em minha casa."

Um dos participantes de um simpósio poderia ser nomeado Mestre da Bebida, ou *symposiarch*. Ele era escolhido por meio de um lance de dados e normalmente

---

* Libação é o ato de derramar água, vinho, sangue ou outros líquidos com finalidade religiosa ou ritual, em honra a um deus ou uma divindade. (N. T.)

não era o anfitrião. Era alguém que determinava as regras, e não o desregramento, pois estabelecia o regulamento da noite. Determinava a quantidade de água a ser misturada no vinho e o número de taças a ser consumidas. Sua decisão obviamente influenciava o tom da festa. Podia ser um grupo de discussão sério que debateria as questões do dia e, de fato, os simpósios aristocráticos ganharam reputação de ativismo antidemocrático. Cantavam-se músicas com letras tomadas de poemas bem conhecidos. A ocasião poderia ser um divertimento para relaxar; o entretenimento era apresentado por meio de uma ou duas flautas tocadas por moças ou podia haver uma dança. Os escravos, às vezes escolhidos por sua boa aparência, serviam o vinho de uma grande tigela usada para fazer a mistura. Em ocasiões mais picantes, as roupas eram alargadas ou descartadas.

Por vezes havia jogos. Um deles, o *kottabos*, exigia uma habilidade considerável. As regras diferiam, mas em uma versão popular, um poste de madeira era erguido com uma pequena figura no alto. Na metade do caminho havia um prato ou uma panela; para brindar um jovem atraente, um jogador derramava um pouco do vinho de sua taça e tentava derrubar a estatueta para que caísse dentro da panela e fizesse um som musical.

Outro jogo exigia um bom conhecimento da literatura grega e lançava luz sobre o alto nível de consciência cultural entre os atenienses da alta classe. O primeiro jogador recitava um verso famoso de um poema, e o segundo tinha de continuar citando o verso seguinte. O terceiro devia citar uma passagem de um tema semelhante escrito por outro poeta.

Sócrates era, independentemente da nossa generosidade, o mais imprevisível dos convidados. Nessa ocasião, ele deu-se o trabalho de tomar banho e calçar os sapatos, ambos eventos bastante raros para ele. Então, começou a divagar e pediu a um amigo que encontrou no caminho que fosse à festa na frente dele e dissesse ao anfitrião que "Sócrates chegaria mais tarde".

Agaton aceitou tudo de bom grado e recebeu o visitante não convidado. Depois de esperar algum tempo, enviou um servo para procurar Sócrates. O filósofo estava de pé debaixo da varanda de um vizinho, mas não ouvia os pedidos para que entrasse. Por fim todos se assentaram para jantar e, lá pelo meio, chegou Sócrates, sem nenhuma palavra de desculpas. Então as libações habituais foram derramadas, e os hinos, entoados.

Havia um acordo geral de que, após os excessos da véspera, ninguém teria a intenção de beber muito, então um *symposiarch* não era chamado.

Concordava-se que cada um deveria beber pouco ou tanto quanto quisesse. Sócrates foi excluído desse parâmetro, pois tinha uma constituição de ferro e era bastante resistente ao álcool.

Uma tocadora de flauta especialmente contratada foi dispensada. "Vamos nos divertir hoje conversando", disse um médico chamado Erixímaco. "Minha proposta é que cada um de nós, da esquerda para a direita, faça o melhor discurso que puder em louvor ao amor."

Sócrates concordou. "O amor", ele disse, "é o único assunto do qual eu entendo".

Um a um, os convidados emitiram suas opiniões. *Eros* era a palavra grega para a ligação passional, principalmente sexual, entre duas pessoas. Como deus, era a divindade mais antiga e inspirava os amantes a grandes sacrifícios. O amor, em sua melhor definição, ocorria entre o homem e o jovem, semididático, semierótico. Ninguém falou sobre o amor entre homem e mulher. Segundo o bom médico, o amor era um espírito ou uma força que permeava e guiava tudo no universo.

A contribuição de Aristófanes foi um *tour de force*. Platão permitiu que ele inventasse um mito cômico para explicar o poder do amor – o que combinava perfeitamente com a mente lúdica e fantástica desse histórico dramaturgo.

No início dos tempos, ele disse, havia três sexos: masculino, feminino e hermafrodita. Os seres humanos naquela época primitiva tinham a forma de um círculo com duas costas, quatro mãos e quatro pernas, e duas faces em uma cabeça olhando nas duas direções. Podiam andar para frente ou para trás, mas, quando queriam correr, Aristófanes disse que "usavam todos os seus oito membros e viravam rapidamente em círculo, como ginastas girando como uma roda de carroça".

Esses excêntricos hominídeos atacaram os deuses, e Zeus não sabia o que fazer com eles. Depois de pensar muito, decidiu não os exterminar nem os deixar como eram, mas os enfraquecer, cortando-os ao meio. Ele proclamou: "Eles andarão eretos sobre duas pernas. E, se continuarem a dar problemas e não ficarem quietos, irei cortá-los novamente e terão de pular com uma perna".

Homens e mulheres anseiam retornar à condição primitiva de quando eram completos, pois, de acordo com Aristófanes, "o amor é apenas o nome para o desejo e a busca do todo". Apaixonam-se por suas outras metades quando as encontram ou seus equivalentes. Aqueles que são metades de um todo masculino buscam outros homens, enquanto mulheres que são metades de um todo feminino são lésbicas e se apaixonam por outras mulheres. Os homens que buscam mulheres – e vice-versa – vêm de um todo hermafrodita.

Sob a fantasia e a brincadeira, Aristófanes levanta um argumento sério. Todos amam o que lhes é semelhante e praticamente restaura sua unidade original. O amor é uma necessidade que transcende a atração sexual. É um anseio por completude, por um retorno à felicidade perdida. Esses são os temas que Sócrates aborda no decorrer da noite.

Talvez o aspecto mais surpreendente do discurso de Aristófanes tenha sido a chance que ele teve para fazê-lo. Alguém poderia imaginar que Sócrates e ele estavam brigados e provavelmente não estariam presentes no mesmo evento social. Como escritor de sátiras, havia atacado o filósofo em uma de suas comédias políticas, *As nuvens*. O dramaturgo não apenas destruiu seu personagem, como o descreveu totalmente errado. Um santo teria se sentido ofendido.

Alguns anos antes, em 423, *As nuvens*, de Aristófanes, estreou na Grande Dionísia. Ela fracassou, mas o autor gostava da peça e a revisou. A versão final foi concluída a tempo do jantar na casa de Agaton.

O protagonista é Strepsíades, um fazendeiro fraudulento de idade avançada. Ele faliu por causa da esposa pródiga e de um filho nefasto, Fidípides, que gasta todo o seu dinheiro apostando em cavalos. Ele acredita que Sócrates, bem conhecido por "fazer a pior causa parecer a melhor", mostraria ao filho como enganar seus credores.

Sócrates tem uma escola, a *Phrontisterion*, ou Loja do Pensamento, e se sente feliz em ajudar. Mas Fidípides recusa-se a se inscrever, então seu pai toma o seu lugar. Strepsíades ouve sobre as conquistas científicas de Sócrates: uma nova unidade de medida para calcular a distância do salto de uma pulga, a causa do zumbido de um mosquito e um novo uso para um grande compasso (para retirar capas de pregos nas paredes do ginásio).

Strepsíades implora para ser apresentado ao grande homem, que aparece como um deus em uma tragédia, suspenso em uma cesta presa por uma corda – o melhor para investigar fenômenos meteorológicos. "Estou andando no ar", diz ele, "e enfrentando o mistério do sol".

A comédia contém algumas alegações perigosas. Sócrates, na peça, afirma que as nuvens carregadas de chuva são divinas. Ele diz a Strepsíades:

— As nuvens são as únicas deusas, todas as outras são pura tolice.

O velho responde:

— Mas, Zeus, veja só! O deus olímpico não existe?

— Quem é Zeus?, pergunta Sócrates. — Você está dizendo bobagens, Zeus não existe.

Uma piada é uma piada, mas os atenienses, como outros gregos, eram crentes e se ressentiam de inovações religiosas. Se era nisso que Sócrates realmente acreditava, ele era um malfeitor e quebrador de tabus.

Depois de várias idas e vindas que envolvem pai e filho, a peça termina com Strepsíades perdendo a fé em Sócrates e culpando a Loja do Pensamento por seus problemas. Ele arma seus escravos com tochas e espadas e lidera um ataque frenético à escola. Sócrates e seus alunos fogem.

Aonde Aristófanes queria chegar? Cientistas e filósofos se tornaram impopulares entre os cidadãos comuns, como homens como Anaxágoras foram durante a época de Péricles.

Em todo o mundo grego, a vida intelectual estava em ebulição. Professores itinerantes chamados sofistas perambulavam pela região e testavam os valores tradicionais. A palavra *sophistes*, em grego, originalmente significava um mestre artesão e, portanto, alguém que tinha um conhecimento especializado. Os novos sofistas afirmavam que podiam transmitir sabedoria, em sentido geral, a seus alunos. Górgias, um famoso sofista, afirmou saber a resposta para qualquer pergunta que lhe fosse feita.

Esses intelectuais públicos incorporavam três disciplinas diferentes. Em primeiro lugar, ensinavam a seus alunos adolescentes a arte da oratória. Em democracias diretas como a de Atenas, persuadir a *ecclesia* a adotar determinada ação ou não era um talento essencial. Além disso, não havia advogados profissionais, força policial nem serviço profissional de promotoria. Os cidadãos apresentavam acusações ou defendiam-se no tribunal individualmente. Era evidente o interesse pessoal em aprender os princípios da advocacia. Os sofistas passavam a impressão de serem cínicos que ensinavam jovens a desenvolver técnicas retóricas a fim de obter a concordância para as propostas mais desonrosas.

A melhor turma de sofistas rejeitou essa crítica, dizendo que um bom orador era um bom homem. A maioria se ofereceu para ensinar a virtude ou o *aretē*.

A virtude era uma prerrogativa do nascimento, mas agora poderia ser inculcada por meio de treino. É verdade que, em geral, os sofistas equipavam jovens com as habilidades necessárias para escalar o pau de sebo do poder. Estavam, entretanto, interessados na moralidade, mesmo se deixassem de promovê-la.

A visão tradicional dizia que os deuses eram justos e que a virtude consistia em estabelecer a vontade deles e obedecê-la. Mas os gregos perguntavam agora como a justiça divina poderia ser reconciliada com o mal no mundo. Além disso, como os olímpicos poderiam assegurar que eram moralmente bons? Xenófanes, um crítico da teologia convencional do século V, ressaltou: "Tanto Homero quanto Hesíodo atribuíram aos deuses todo tipo de coisa vergonhosa e um opróbrio entre os homens: roubo, adultério e engano mútuo". Leitores de Homero dificilmente concordariam com essa afirmação, pois seus deuses e deusas se comportam como crianças mimadas.

Muitos pensadores gregos foram os primeiros cientistas dispostos a compreender os fenômenos naturais. Faziam perguntas sobre a natureza do universo e pesquisavam seus princípios. Tales de Mileto, que encontramos planejando resistir a Ciro, o Grande (ver páginas 62-3), era geômetra, astrônomo, conselheiro político e homem de negócios; viveu na primeira metade do século VI e foi um dos primeiros a rejeitar explicações sobrenaturais em que entravam deuses e deusas. Propôs princípios gerais e desenvolveu hipóteses. Usou a geometria para calcular a altura das pirâmides e a distância dos navios do litoral. Perguntou de qual substância ou de quais substâncias todas as coisas eram feitas. De acordo com Aristóteles, ele adivinhou que a "entidade permanente era a água". O fato de estar errado não deve obscurecer sua pretensão de ser o pai das ciências racionais.

Havia várias teorias. Outros pensadores defendiam o ar, o fogo e a terra ou todos os quatro elementos. Pitágoras, que também viveu no século VI e cujos seguidores "se dedicaram à matemática e foram os primeiros a desenvolver essa ciência; e, através do estudo, passaram a acreditar que seus princípios são os princípios de tudo".

Heráclito, um contemporâneo mais novo e membro da família real de Éfeso, postulou uma ordem de coisas em constante mutação. "Não se pode entrar no mesmo rio duas vezes", ele disse, sabiamente. Como metáfora da necessidade de mudança, ele acrescentou: "A bebida de cevada se separa se não for mexida". Seus escritos eram notoriamente obscuros; quando perguntaram a Eurípides sua opinião sobre eles, ele respondeu: "O que entendo é excelente, e assim também, ouso dizer, aquilo que não entendo, mas é preciso ser um mergulhador de Delos para chegar ao fundo". (A ilha era famosa pelos nadadores experientes na pesca de peixes.)

Heráclito também parece ter antecipado uma versão atualizada da teoria do Big Bang. Ele acreditava que o universo "é gerado a partir do fogo e consumido no fogo novamente, alternando-se em períodos fixos ao longo de toda a eternidade".

Em contraste, a escola eleática (assim chamada a partir da cidade de Élea,[*] no sul da Itália, hoje chamada Vélia) foi encabeçada por Parmênides no século V e sustentava que a mudança era apenas uma ilusão e que uma unidade divina e invariável permeia o universo.

Por outro lado, os atomistas liderados pelo pensador do século V Demócrito de Abdera, na Trácia, apresentaram uma hipótese que também (notavelmente) antecipou a física do século XX. Argumentavam que as únicas coisas imutáveis eram unidades pequenas e indivisíveis chamadas átomos, que se juntavam aleatoriamente para formar a variedade dos fenômenos no mundo.

Havia tão pouca concordância entre os filósofos gregos quanto entre os políticos.

O Sócrates de *As nuvens* é obviamente uma paródia do típico sofista versátil – um sabe-tudo amoral e falso. Sócrates, como ele realmente era, não era um sofista, exceto no sentido de que ensinava os jovens por meio de debates. Aristófanes fora perigosamente injusto.

Os sofistas eram viajantes incansáveis, mas Sócrates era caseiro e nunca viajava para fora da cidade, exceto quando fazia campanhas militares. Nasceu na Ática, não muito longe de Atenas, em 469 – tinha, portanto, 53 anos na suposta data de *O banquete*. Seu pai, Sofrônisco, era escultor ou pedreiro, e sua mãe, Fainarete, parteira. Parece que ele mesmo trabalhou em algum momento de sua vida como pedreiro. Casou-se com Xantipa e diz-se que era dominado pela mulher. O casal teve três filhos que não se destacaram em nada.

Sua situação econômica é incerta. Como vimos, serviu como hoplita e assim deve ter tido meios, mas vivia de modo simples e passava seu tempo falando sobre filosofia. Talvez devêssemos supor que vivesse da poupança familiar obtida com o negócio de alvenaria.

Sócrates era famoso por sua feiura. Tinha nariz largo e achatado, olhos esbugalhados, lábios grossos e uma barriga proeminente. Raramente trocava de roupa ou se lavava e tinha o hábito de andar descalço.

---

[*] Eleia, Elea ou Élea (em grego clássico: Ελαία), antiga cidade da Magna Grécia. (N. T.)

Seu estilo de vida e suas ideias não eram os mesmos dos sofistas. Um professor como Górgias cobrava valores elevados de seus alunos e era tratado como uma estrela. Em contraste, Sócrates passava a maior parte do tempo fora de casa conversando com quem quer que encontrasse. Fazia questão de não cobrar honorários, embora seus seguidores – ou, talvez mais verdadeiramente, seus discípulos – tendessem a ser jovens aristocratas ricos que podiam facilmente pagar por eles. Gostava de belos garotos (ou ao menos deixava que pensassem assim) e, na terminologia de hoje, poderia muito bem ter sido bissexual; no entanto, parece não ter feito sexo com eles.

Sócrates não se interessava muito por investigações científicas e se restringia à discussão sobre questões éticas. "Não vale a pena levar a vida sem examiná-la", disse, por meio de Platão. Ao contrário da versão de Aristófanes, era um religioso tradicional e respeitava os deuses (em especial Apolo) sem questioná-los. No entanto, excepcionalmente, afirmou que o certo e o errado são estabelecidos independentemente do panteão. Além disso, o pensador parece ter mantido a crença um tanto excêntrica de que os deuses nunca poderiam prejudicar um ao outro ou aos seres humanos – ou seja, não eram capazes de praticar o mal. Pode-se imaginar a gargalhada que se ouviu quando essa notícia chegou ao Olimpo.

Sócrates não era totalmente racionalista; falava de um "sinal divino" ou espírito, um *daimonion* enviado pelos deuses. Essa era uma voz interior que o afastava de determinada direção, mas nunca aprovou nenhuma. Graças ao seu *daimonion*, ele costumava dizer, evitava a política ativa.

O primeiro encontro entre Xenofonte e Sócrates ilustra bem a técnica de captação do filósofo. Nascido por volta de 430, aquele era um jovem bem-nascido, modesto e (isso sempre o ajudou com Sócrates) muito bonito. Um dia, o pensador o encontrou em uma passagem estreita, andando em direção oposta. Ele estendeu seu bastão para bloquear o caminho e perguntou a Xenofonte onde todo tipo de comida era vendida. Ao receber a resposta, colocou outra questão: "E onde os homens se tornam bons e honrados?".

Xenofonte ficou perplexo. Ele admitiu que não fazia ideia. "Então, siga-me", replicou Sócrates, "e aprenda".

O rapaz se convenceu. Daquele momento em diante, tornou-se aluno de Sócrates e o foi pelo resto da vida. Nos últimos anos, Xenofonte escreveu um livro de memórias sobre seu mentor e fez um esboço sobre ele trabalhando:

Sócrates estava sempre à vista do público. De manhã cedo, costumava ir até as passarelas cobertas e ao ginásio ao ar livre e, quando o mercado se enchia de gente, lá estava ele, à vista de todos; e passava o resto do dia onde esperava encontrar mais pessoas. Falava a maior parte do tempo, e quem gostasse podia ouvi-lo.

Uma figura familiar caminhando entre os plátanos na ágora, o filósofo costumava visitar um sapateiro chamado Simão, que tinha uma loja logo após o limite da praça. Os rapazes não podiam se reunir ali, então em geral se encontravam em lojas desse tipo. Simão escrevia os dizeres de Sócrates e foi um dos primeiros a publicá-los como diálogos (infelizmente, eles se perderam).

Os restos de uma construção foram encontrados próximo do Tholos, o prédio circular em que o Prytaneum, o comitê executivo da *boulē*, se reunia e trabalhava; o chão estava coberto de cravos de sola de sapato, e uma base de xícara foi encontrada com a inscrição "Pertence a Simão". Péricles ouvira falar de seus escritos e se ofereceu para pagar a manutenção de Simão, caso ele fosse morar em sua casa. O sapateiro se recusou, alegando que não estava disposto a vender sua liberdade de expressão.

O método de pesquisa filosófica de Sócrates era altamente original. Ao contrário de Górgias, que afirmava saber tudo, ele insistia que nada sabia. Não escreveu nada, embora muitos de seus seguidores o fizessem, mas prosseguiu com perguntas e respostas ditas em voz alta, a chamada dialética. Enquanto o sofista estudava a virtude por meio da arte da oratória, Sócrates insistia em justificar proposições por meio da razão. Ele raramente oferecia uma opinião, mas se concentrava em buscar definições e demonstrar o erro das visões de seu interlocutor. "O que é coragem?", ele perguntava. "E o que é justiça?" Ele fazia uma distinção nítida entre opinião (ruim) e conhecimento (bom, mas difícil de alcançar).

O pensador parece ter acreditado que a virtude, ou *aretē*, era necessária para uma vida plena e feliz. Mas sempre negou que soubesse o que era, sabia apenas o que não era. Entender a natureza da *aretē* era uma função do divino, ele disse algumas vezes, e o máximo que os humanos podem alcançar é reconhecer a própria ignorância.

Sócrates equiparou a virtude ao conhecimento. O bem leva à felicidade ou faz parte da felicidade. Mais do que qualquer coisa, todos nós queremos ser felizes, de modo que qualquer um que saiba o que é o bem inevitavelmente escolherá abraçá-lo. É impossível saber o que é o melhor e seguir o pior.

Sócrates teve pouca dificuldade em dispensar os outros oradores no jantar de comemoração de Agaton, mas quando chegou sua vez de discursar sobre o amor, evitou modestamente dar sua opinião. Em vez disso, relatou uma conversa sobre o mesmo assunto que teve com uma misteriosa personagem chamada Diotima.

Era uma mulher de Mantineia, uma cidade no Peloponeso. Não se sabe se ela existia de fato ou se era uma invenção. Todos os demais oradores em vários diálogos filosóficos de Platão existiam na vida real, então talvez Diotima tenha existido também. Alguns estudiosos modernos costumavam especular que se tratava de um pseudônimo de Aspásia, companheira de Péricles. Não é um pensamento muito plausível, pois Diotima parece ser uma espécie de vidente, cuja intercessão conseguiu adiar a praga ateniense em dez anos.

Como recordado por Sócrates, ela afirmou que o amor "é a perpétua possessão do bem". É uma escada entre o mundo sensível e o mundo eterno. Pela procriação, um homem pode ter filhos e ganhar uma espécie de imortalidade. Contudo, se ele puder se elevar acima do sexo, o próximo nível é considerar a beleza da alma mais valiosa que a beleza física. Ele irá procriar com seu amante (um *eromenos* masculino, é claro) em um sentido espiritual, "trazendo noções que sirvam para engrandecer os jovens".

Em uma progressão contínua, ele reconhecerá que a paixão por um ser humano é menos do que ele merece e se apaixonará por toda a beleza. Ele a discernirá nas atividades e instituições e perceberá que o amor por alguém belo é um passatempo superestimado.

> Contemplando o vasto oceano de beleza para o qual sua atenção agora se volta, [ele] pode produzir, ou procriar, na abundância de seu amor pela sabedoria, muitos belos sentimentos e ideias.

Finalmente, aquele que procura a sabedoria encontra uma beleza, cuja natureza é maravilhosa, na verdade, o objetivo final, Sócrates, de todos os seus esforços anteriores. Essa beleza é, antes de tudo, eterna; nem vem a ser, nem passa, nem aumenta, nem diminui; em seguida, não é bonita em parte e feia em parte, nem bonita em um momento e feia em outro, nem bonita nesta relação e feia naquela, nem bonita aqui e feia ali, variando de acordo com seus espectadores; tampouco esta beleza lhe parecerá como a beleza de um rosto, ou de mãos, ou de qualquer coisa física, ou como a beleza de um pensamento ou de uma ciência, ou como a beleza que tem sua sede em algo diferente de si mesma, seja algo vivo, ou a terra, ou o céu, seja qualquer outra coisa; ele a verá como absoluta, existindo por si mesma, única, eterna e todas as outras coisas que fazem parte dela, no entanto, de tal modo que, enquanto elas surgem e passam, não sofre nenhum aumento ou redução, nem qualquer mudança.

Quanto disso é Sócrates e quanto é o pensamento de seu grande discípulo? Não erraremos se concordarmos que Platão tinha uma fala semelhante à de seu mestre, que copiou com precisão seu método de perguntas e respostas e repetiu seu interesse pela correta definição de termos éticos. O Sócrates histórico provavelmente também defendia a sublimação do desejo sexual em algum tipo de amor espiritual, ou (como respeitosamente o nomeamos) "platônico".

Mas a noção, esboçada em *O banquete*, de que o mundo comum, que nos parece tão real, consiste somente de sombras, é apenas uma aparência, pode quase certamente ser atribuída a Platão. Em *A república*, ele deixa claro seu pensamento com uma alegoria famosa. Alguns homens são mantidos como prisioneiros em uma caverna desde a infância. Suas cabeças estão fixas de forma a apenas olhar a parede da caverna. Atrás deles há uma fogueira e, entre as chamas e os prisioneiros, há vários objetos que lançam suas sombras sobre a parede. Para os prisioneiros, essas sombras são a realidade; mas, se um deles se libertar e se virar, ficará cego com a luz do fogo e do sol fora da caverna. Ele tentará voltar ao mundo das sombras. Mas, na verdade, os objetos, que Platão chama de "formas", são a verdadeira realidade, e o sol representa o conhecimento perfeito. As sombras bruxuleantes são apenas cópias imperfeitas. Nós, os seres humanos, somos os prisioneiros, e nossa tarefa é ao menos vislumbrar a verdade que está atrás de nós.

Ouviu-se um barulho na porta de entrada acompanhado de batidas fortes. Um momento depois, Agaton e seus convidados distinguiram a voz de Alcibíades, o antigo pupilo de Péricles, gritando de forma melancólica do pátio. Aos 34 anos de idade, se tanto, era agora um dos principais políticos da cidade. Mas ainda era um homem mimado e insistia em ver Agaton.

Ele foi conduzido até a sala de jantar por uma das flautistas e alguns companheiros. Ficou na porta da sala com uma grossa guirlanda de hera e violetas na cabeça, da qual desciam algumas fitas. Em geral, usava cabelos longos e, como a maioria dos homens, tinha barba – uma curiosa combinação de masculinidade e feminilidade.

"Boa noite, senhores", ele disse. "Vocês receberão como companhia um homem que já está bêbado, completamente troncho, ou devemos dar uma guirlanda a Agaton, que é o motivo por que viemos, e vamos embora?"

Todos gritaram para que ele ficasse. Ele se deitou ao lado de Agaton, a quem beijou e coroou com a guirlanda de flores. Só então percebeu que Sócrates estava no mesmo sofá. Fazendo de conta que o filósofo o perseguia, ele disse: "Meu Deus, o que temos aqui? Sócrates? Continua no meu encalço?".

Alcibíades foi convidado a fazer de improviso um discurso em louvor ao amor, mas se desculpou por estar bêbado. Em vez disso, se lhe fosse permitido, queria fazer um elogio a Sócrates, seu mentor e *erastes*. "Se eu elogiar outra pessoa senão ele, ele não conseguirá manter suas mãos longe de mim!" "Fique quieto", disse Sócrates.

Depois de obter permissão para prosseguir, Alcibíades asseverou que Sócrates era um orador mais tocante que Péricles e pediu que o aceitasse por ainda ser uma "massa de imperfeições". Narrou uma longa anedota de como um dia tentara a virtude de Sócrates. Servira-lhe o jantar e o persuadira a passar a noite com ele. Quando as luzes foram apagadas e ficaram sozinhos, Alcibíades abraçou Sócrates, mas não obteve resposta. Em outras palavras, o filósofo fez cumprir as belas aspirações de seu discurso sobre elevar-se acima do desejo sexual.

Alcibíades continuou falando sobre a bravura de Sócrates em batalha – não apenas na batalha de Délio, mas em outro combate, quando ele foi ferido e Sócrates resgatou a ele e suas armas.

Quando Alcibíades terminou, todos riram. A piada era que ele havia invertido a ordem normal das coisas em casos amorosos homossexuais. Ele era o jovem *eromenos*, mas em vez de ser discreto e despojado de desejos, como era o certo, ele avançou e ficou excitado. Por outro lado, Sócrates era um dos mais passivos e desestimulados *erastes*.

Uma turba de foliões viu a porta da casa de Agaton aberta e se juntou à festa na sala de jantar. Toda a ordem se foi, e o restante da noite foi de completa bebedeira. Antes do amanhecer todos já haviam caído no sono, exceto o anfitrião, Aristófanes e, é claro, Sócrates, que ainda estavam de pé. Agaton e Aristófanes finalmente aceitaram os argumentos de Sócrates e, então, adormeceram.

Amanheceu, e o filósofo se levantou e foi embora. Caminhou até um ginásio chamado Liceu, onde se lavou, passou o dia normalmente e, à noite, foi para casa dormir.

19

A QUEDA

Numa bela manhã de junho de 415, quase toda a população de Atenas saiu da cidade e caminhou entre as Longas Muralhas até o grande porto de Pireu e o mar. Eles foram ver a frota antes da partida. Cem navios de guerra estavam ancorados no porto, uma visão esplêndida. Embora o Estado pagasse pela construção, os capitães de navios bancavam com seu próprio dinheiro cabeças de proa esculpidas e pintadas e os acessórios gerais. Se fossem ricos o suficiente, poderiam pagar pela construção do navio, como um presente para sua cidade. Aumentavam o salário dos marinheiros de uma dracma por dia para recrutar as melhores tripulações. Cada um queria que seu barco se destacasse dos outros por ser ágil e veloz. Por toda parte, armaduras polidas reluziam sob a luz da manhã.

Sessenta trirremes foram tripuladas para lutar no mar e quarenta para transportar pelo menos 5 mil hoplitas ou infantaria pesada (dos quais cerca de um terço era de atenienses e demais aliados), bem como arqueiros e fundibulários. Até 17 mil homens puxaram os remos. Havia também um grande número de embarcações para transportar trigo e cevada e demais itens. Surpreendentemente, só um navio era reservado para a cavalaria e levava apenas trinta montarias; a falta de cavalaria deveria ser compensada pelos aliados na Sicília. (Outras embarcações menores e navios de guerra aliados haviam sido previamente instruídos a se encontrar na ilha de Córcira.)

Tucídides observou: "Esta expedição… era, de longe, a força mais valiosa e esplêndida das tropas helênicas que haviam sido enviadas por uma única cidade até então". Era um empreendimento militar muito caro, mas alguns anos de relativa paz haviam reabastecido o tesouro da cidade. O capital humano perdido com a peste havia mais de dez anos foi reabastecido, pelo menos em parte, com uma nova geração de rapazes.

Assim que as tripulações e os homens estavam a bordo, uma trombeta pediu silêncio. Todos recitaram as costumeiras orações pelos que estavam em perigo no mar, seguindo as palavras de um pregoeiro, e entoaram hinos. Então o vinho foi servido em tigelas e os oficiais e os homens ofereceram libações de suas taças de ouro ou prata.

Depois de tudo isso, a frota zarpou em coluna e as trirremes seguiram até a ilha de Égina. A expedição navegou ao redor do Peloponeso para seu destino – a Sicília.

O que esperava Atenas ao abandonar o foco principal da guerra, as ilhas da Grécia e o mar Egeu, para se aventurar no longínquo oeste?

Antes que essa pergunta seja respondida, outra mais premente se apresenta. O que aconteceu com a paz geral que Atenas e Esparta haviam negociado com tantos poréns em 421?

A exuberante comédia de Aristófanes, *A paz*, captou um clima de entusiasmo: agora os cidadãos poderiam voltar em segurança para o campo e cuidar de suas fazendas novamente, e especuladores e comerciantes da cidade iriam à falência. A certa altura seu herói, um fazendeiro, diz:

> Agora podemos nos masturbar e cantar juntos ao meio-dia, como fez o velho general persa, quando cantou: "Que alegria! Que felicidade! Que prazer!".

Mas, como foi dito, um problema havia surgido desde o início. Esparta prometeu mais do que poderia cumprir. Seus aliados – Corinto, Mégara e Beócia – recusaram-se a cooperar e a devolver os lugares de Atenas, então sob seu controle, conforme estipulado.

Em particular, a cidade de Anfípolis, onde Brásidas e Cléon haviam morrido, recusou-se a ser transferida; o exército espartano não queria forçá-la e partiu para casa. Assim, não sem razão, a *ecclesia* negou-se a devolver os prisioneiros de guerra capturados em Esfactéria.

À inscrição na pedra do tratado esta frase foi acrescentada: "Os espartanos não cumpriram seus juramentos". Eles também estavam desesperados. Não apenas porque queriam seus homens de volta, mas porque um tratado de trinta anos com seu velho inimigo no Peloponeso, a poderosa *polis* de Argos – ao sul de Corinto, lado nordeste da península –, estava prestes a expirar. Havia um risco alarmante de que Argos, libertada por fim de seu acordo, pudesse se juntar a Atenas contra Esparta. Para evitar essa perspectiva, a Lacedemônia (Esparta) propôs uma aliança defensiva de cinquenta anos com Atenas. Nícias, que liderou a facção de paz e queria uma amizade duradoura com o antigo inimigo, prontamente concordou. Por fim, os prisioneiros foram enviados de volta, mas Pilos e Citera foram mantidas até a entrega de Anfípolis.

Esse estado de coisas era insatisfatório, e as diversas partes tramaram umas contra as outras sem cessar. Certa vez, um plano foi apresentado a certos aliados de Esparta no Peloponeso para criar uma nova liga liderada por Argos e incluir qualquer um que quisesse aderir (desde que não fossem, é claro, Esparta nem Atenas). Então Argos, cujo histórico de traiçoeira neutralidade durante as Guerras Persas nunca fora esquecido, aquiesceu e enviou uma embaixada a Esparta para negociar um novo tratado de longo prazo.

Enquanto isso, Atenas estava furiosa com Esparta por compensar os beócios, que não só não haviam devolvido o forte na fronteira (conforme o que fora determinado), como também o demoliram.

Nesse momento conturbado, uma personalidade familiar interveio, determinada a causar o máximo possível de problemas – Alcibíades. Em 420 ele foi eleito estratego pela primeira vez, aos trinta anos (idade legal mínima) ou um pouco mais velho; após a morte de Cléon, em 422, tornou-se um líder no Estado.

Ele era proeminente entre os políticos radicais que se opunham à paz com Esparta e trabalhou duro para desacreditá-la. Tendo passado a infância em uma casa política, estava bem conectado e familiarizado com todos os problemas. Também era charmoso, muito inteligente e um orador público brilhante; tirou vantagem até mesmo de sua língua presa, dando ao som dela um efeito agradável.

Alcibíades apresentou ao povo de Argos (ou argivinos) a ideia de uma aliança com Atenas. Eles prontamente abandonaram os espartanos e escolheram a melhor oferta. Uma delegação plenipotenciária de Esparta correu a Atenas para tentar repelir a nova aliança de inimigos. Alcibíades arranjou uma armadilha: disse aos enviados em particular que, se deixassem de mencionar seus plenos poderes, faria com que Pilos fosse devolvida a eles. Eles caíram na conversa e, em uma reunião da *ecclesia*, responderam que tinham vindo sem plenos poderes.

O impaciente *demo* estava a ponto de escolher a aliança com Argos, quando a sessão foi interrompida por um terremoto. Quando voltaram a se reunir, no dia seguinte, os conselhos mais sábios prevaleceram. Nícias venceu o debate e foi instruído a negociar um acordo com Esparta.

Infelizmente as discussões fracassaram, e, afinal, Atenas concordou em fazer um pacto com Argos e um número de estados peloponenses menores. Não demorou muito para que Esparta, sentindo-se ameaçada em seu território natal, marchasse com força total sob o comando de seu rei Ágis e encontrasse um exército aliado fora de Mantineia, uma *polis* na Arcádia. Em 418, venceram uma grande batalha. O contingente ateniense desembarcou relativamente incólume, mas seus dois generais foram mortos.

O embate teve duas consequências. A tentativa incerta de Argos de se tornar a potência líder no Peloponeso cessou, e a *polis* não encontrou outra opção senão submeter-se aos espartanos. Foi uma vitória bem-vinda para Esparta, que restaurou parte de seu prestígio combalido após o desastre de Pilos.

Quanto a Atenas, pode-se dizer que o saldo da aventura em Argos não foi nem bom nem ruim. Alcibíades se mostrou mais um oportunista do que um estadista.

O divertido e afável bêbado do jantar de Agaton pode ter se tornado um político experiente, mas não era mais respeitável do que antes. Gastou a fortuna da família com descaso. Vestia-se de modo extravagante, arrastando escandalosamente longas túnicas roxas pela poeira do mercado. Era bem conhecido por financiar produções teatrais. Em 416, mesmo ano em que Platão o fez entrar de penetra no jantar de Agaton, quebrou um recorde com sete equipes de cavalos nos Jogos Olímpicos, que ficaram em primeiro, segundo e quarto lugares na corrida de bigas. Essa conquista extraordinária – e ridiculamente cara – tornou-se uma discussão em todo o mundo grego. "A vitória é algo maravilhoso", escreveu Eurípides em uma ode comemorativa, e o vencedor concordou inteiramente.

Alcibíades alegava ser mais do que um *playboy* com talento para se divertir e que promover sua imagem era bom tanto para Atenas quanto para ele. De acordo com Tucídides, ele disse à *ecclesia*:

> Os helenos esperavam ver nossa cidade arruinada pela guerra, mas concluíram que ela é ainda maior do que parece ser por causa do esplêndido espetáculo

que fiz como representante nos jogos. […] É um tipo muito útil de loucura quando um homem gasta seu dinheiro não apenas consigo mesmo, mas também com sua cidade.

Diz-se que Alcibíades agia de forma ávida e arrogante e que abria o caminho usando ameaças. Era popular, mas também temido por ser um valentão. Casou-se bem – ou seja, ganhou uma fortuna. Sua esposa, Hiparete, era irmã de Cálias, um dos homens mais ricos da cidade, e com ela veio um belo dote de dez talentos.

Alcibíades a tratava mal e, aparentemente, levava suas agregadas para casa – fossem mulheres livres, fossem escravas. Esse era, de fato, um comportamento inaceitável, pois a casa de uma esposa era seu domínio.

Ele parece ter sido viciado em sexo. Um poeta do século III comentou maliciosamente que, como rapaz, Alcibíades tirava os maridos das esposas; como homem feito, tirava as esposas dos maridos.

Hiparete perdeu a paciência, saiu de casa e se hospedou com um parente. Quase certamente acompanhada por um parente masculino, foi falar com o chefe arconte em sua sala na prefeitura, ou Pritaneu, na ágora, para pedir o divórcio. Divórcios parecem ter sido incomuns na antiga Atenas, embora pouca informação tenha chegado até nós; quando iniciado por uma mulher, era um processo público supostamente planejado para salvaguardar sua reputação.

Alcibíades não queria nada disso; a última coisa que faria seria devolver o dote, como o divórcio exigiria. Com a ajuda de alguns amigos, tirou sua esposa da ágora à força e a levou de volta para casa. Evidente que o medo que ele causava fez com que ninguém na praça tentasse impedi-lo. Não sabemos se agia dentro de seus direitos ou não, mas seu comportamento foi, no mínimo, arrogante e brutal. Aparentemente, Hiparete morreu logo depois. As relações com o irmão de Hiparete esfriaram, e Cálias acusou Alcibíades de planejar matá-lo.

De tempos em tempos, os assuntos públicos e a vida privada de Alcibíades se sobrepunham. Melos é uma pequena ilha vulcânica no arquipélago das Cíclades, famosa pela mineração de obsidiana (e, alguns séculos depois, pela estátua de Afrodite, a deusa do amor, que conhecemos como Vênus de Milo). Os habitantes alegam ser descendentes dos espartanos, mas permaneceram cuidadosamente neutros durante a guerra.

Os atenienses tentaram, sem sucesso, forçar a ilha a se juntar à sua liga marítima. Agora, também no mesmo ano do banquete de Agaton, invadiram Melos e sitiaram sua cidade principal. Prometeram um perdão geral se a ilha concordasse em se juntar ao Império Ateniense. Mais uma vez, os ilhéus rejeitaram. Tucídides escreveu (talvez tenha inventado) um debate entre os porta-vozes de ambos os lados. Um ateniense justificou o imperialismo com uma franqueza fria.

"É uma lei necessária da natureza governar onde se pode", disse ele. "Não fizemos esta lei nem fomos os primeiros a impô-la. [...] Tudo o que fazemos é usá-la."

Quando o inverno chegou, os habitantes de Melos se renderam. Não havia perdão para o transtorno que haviam causado. Todos os homens adultos foram mortos, e as mulheres e as crianças, vendidas como escravas. Uma atrocidade que chocou o mundo grego.

Alcibíades não só aprovou a expedição e sua cruel conclusão, como lucrou pessoalmente com isso. Comprou uma bela mulher de Melos como escrava e teve um filho com ela.

Poucos meses depois, na Grande Dionísia, na primavera de 415, o dramaturgo Eurípides apresentou sua tragédia *As troianas*. Ele era um racionalista desencantado e conhecido por suas personagens femininas fortes. Como Ésquilo e Sófocles, abordou as questões da época com disfarces míticos. A peça quase não tem enredo, mas é uma obra-prima sobre o luto. Troia acabara de cair, e Eurípides dirige sua atenção para o sofrimento de um grupo de mulheres entre as ruínas da cidade saqueada. Lideradas pela esposa do rei Príamo, Hécuba, esperam ser distribuídas entre os vencedores e não veem nada em seu futuro além de uma vida de escravidão. Uma das filhas da rainha é sacrificada sobre o túmulo de Aquiles, e seu querido netinho, Astíanax,[*] também é massacrado pelos gregos. Hécuba geme sobre seu cadáver:

---

[*] Na mitologia grega, Astíanax era o filho de Heitor e Andrômaca. Seu nome real era Escamândrio, numa alusão ao rio que passava por Troia, mas os troianos o chamavam de Astíanax, que em grego arcaico significa "príncipe da cidade". Embora Eurípides em sua peça alegue que ele foi atirado do alto da muralha de Troia por Pirro, filho de Aquiles, uma versão mais recente conta que ele sobreviveu e fundou com Ascânio, filho de Eneias, uma nova Troia. (N. T.)

Querido, cujos lábios estão sem vida, lembras de tuas promessas? Te inclinaste sobre minha cama e prometeste: quando morreres, minha avó, cortarei um longo cacho do meu cabelo para ti e te trarei todos os meus amigos para honrar teu túmulo com presentes e palavras sagradas. Mas quebraste tua promessa, meu jovem.

Eurípides tocou em um ponto sensível. Talvez porque a plateia tenha reconhecido os ecos de Melos, mas se recusava a admitir a culpa pelo que fora feito em seu nome, naquele ano o primeiro prêmio de tragédia foi para um poeta execrável (na opinião de Aristófanes, que era um bom juiz) chamado Xenocles.

O pagamento pelo crime teria de esperar.

A política na Sicília se mostrava complicada. Os cartagineses, de uma cidade mercantil agressiva localizada no norte da África, estavam bem estabelecidos na parte oeste da ilha; os assentamentos gregos, por sua vez, ocupavam o extremo leste (bem como a bota italiana); e os povos nativos, os sículos, ocupavam o interior. Os atenienses nutriram por muito tempo um interesse intermitente pela Sicília e faziam tratados bilaterais com cada cidade-estado de tempos em tempos. Entre 427 e 424, nos primeiros estágios da Guerra do Peloponeso, enviaram expedições à Sicília com o objetivo de conquistar aliados; temiam que as *poleis* pró-espartanas, como a grande cidade de Siracusa, fundada por Corinto, pudessem ajudar e estimular seus inimigos na Grécia continental.

Essas intervenções, porém, não levaram a nada, e o medo de Atenas foi dissipado. Questões mais prementes pediam atenção na Grécia continental. Então, em 416 a *polis* de Segesta, a oeste na Sicília, pediu a Atenas, com quem tinha feito uma aliança havia pouco tempo, assistência em uma guerra que estava perdendo contra seu vizinho Selinus, apoiado por Siracusa. A *ecclesia* não estava especialmente interessada nos detalhes, mas se preocupou em atender ao apelo. De acordo com Tucídides, seu objetivo secreto era "conquistar toda a ilha e, ao mesmo tempo, dar a impressão de que seu objetivo seria simplesmente ajudar... seus aliados recém-adquiridos".

O conselho de Péricles para não expandir o império durante uma guerra fora esquecido. No entanto, houve paz (de certa forma) e não houve ameaças imediatas aos atenienses vindas de Esparta ou de seus aliados. A situação na cidade era mais complicada, mas por fim chegou-se a um consenso político.

Uma facção de guerra liderada por Alcibíades queria continuar a se intrometer no Peloponeso, apesar do revés em Mantineia; e o menos agressivo Nícias tomou como prioridade a reconquista de Anfípolis. A *ecclesia* não chegava a um consenso de uma política consistente.

Por volta de 416, um radical chamado Hipérbolo (por ser uma versão exagerada de Cléon, foi apelidado de "Cléon em hipérbole") acreditou ter vislumbrado um caminho. Pensava que resolveria o impasse propondo um ostracismo, que (calculou ele) removeria o principal defensor da facção pacífica, Nícias, ou (de preferência) Alcibíades. Embora se opusessem, os dois candidatos ao ostracismo uniram as forças para afastar a ameaça. Os partidários dos dois lados escreveram o nome de Hipérbolo em seus cacos de cerâmica e, para espanto deste, o autor do pedido de ostracismo se viu no exílio. (Em retrospectiva, embora tenha sido um resultado divertido, todos pensaram que ele havia sido vítima de um golpe sujo, e parece que o instrumento constitucional do ostracismo nunca mais foi usado.)

Assim, o problema de duas políticas antagônicas – uma de paz e outra de guerra – que se equivaliam em número de apoiadores continuou sem solução. No entanto, o plano de invadir a Sicília era tão ambicioso que a união foi alcançada. O *demo* não hesitou em votar e encomendar uma frota de sessenta trirremes. Nícias fez o melhor que pôde para dissuadi-los. Tentou assustar as pessoas ao exagerar as despesas e disse que sessenta navios seria muito pouco. Pressionado para indicar seus números, arriscou pelo menos cem trirremes. A *ecclesia* concordou imediatamente com o aumento e concedeu, por voto, plenos poderes aos três generais que escolhera para liderar a expedição.

Numa tentativa óbvia de abranger todas as opiniões, nomeou Alcibíades, Nícias e Lâmaco. Os dois primeiros eram corajosos no campo de batalha e tinham vasta experiência militar, mas eram, antes de tudo, líderes de facções políticas opostas; o terceiro era um comandante não político de "carreira". Em princípio, era um bom grupo, embora executar uma campanha militar por comitê corresse o risco de atrasos e de comprometimento quando precisassem tomar decisões imediatas. Mesmo assim, os augúrios para uma campanha bem-sucedida eram favoráveis.

Um homem se destacou na oposição. Foi Sócrates, que disse não ter "grande expectativa de que algum bem viria da expedição para a cidade".

Espalhadas por toda Atenas ficavam as hermas. Essas curiosas esculturas ofereciam proteção contra perigos (ver página 106). Eram veneradas e, em épocas festivas, untadas com azeite de oliva e adornadas. Todos os bairros da cidade tinham as suas; ficavam em divisões de terrenos e em esquinas, diante de templos, ginásios, pórticos e varandas das casas. Havia uma fileira delas ao lado da Stoa Real (ou Colunata) na ágora.

Numa manhã de maio, um pouco antes da planejada partida da frota para a Sicília, os atenienses acordaram com notícias de sacrilégio. Os rostos de muitas dessas estátuas tinham sido desfigurados e lascados durante a noite. Desconhecia-se a identidade dos vândalos.

O pior estava por vir. Uma investigação imediata extraiu depoimentos de funcionários e metecos sobre ofensas ainda piores. Embora não tivessem nada a dizer sobre as hermas, relataram que rapazes embriagados haviam atacado as estátuas e realizado uma pseudocelebração dos Mistérios em Elêusis; estas eram cerimônias de iniciação altamente secretas que envolviam "visões" e promessa de uma vida após a morte. Testemunhas afirmaram que a paródia blasfema fora encenada na casa de Alcibíades.

De acordo com Tucídides, aqueles que não gostavam de Alcibíades "exageravam tudo e faziam tanto estardalhaço quanto podiam em relação a isso. Alegavam que a questão com os Mistérios e a profanação das hermas faziam parte de uma trama para derrubar a democracia e que Alcibíades estava por trás de tudo".

Como discípulo de um Sócrates supostamente não religioso, Alcibíades foi condenado no júri popular, apesar de negar furiosamente. No que dizia respeito às hermas, seu envolvimento era, na verdade, muito improvável. Cometer tal ultraje público na véspera de sua partida para a Sicília teria sido o auge da estupidez – e não importa o que Alcibíades fosse, burro ele não era. As circunstâncias sugerem que o objetivo dos perpetradores era retardar ou impedir a expedição à Sicília. Os vândalos poderiam ser mercenários de Siracusa ou possivelmente ativistas mais ousados, que apoiavam o viés pacifista de Nícias.

Não está claro quando a farsa dos Mistérios ocorreu, mas, se tivesse acontecido há mais tempo, poderíamos imaginar um Alcibíades adolescente se juntando à blasfêmia por diversão. No caso de um adulto empenhado em construir uma reputação política, o veredicto deve ser, na pior das hipóteses, não provado.

Alcibíades protestou pela sua inocência e exigiu um julgamento imediato para se descobrir a verdade. Seus inimigos se recusaram a morder a isca. Queriam prosseguir suas investigações durante a ausência do exército, que tinha seu jovem general em alta conta. Ele recebeu ordens de partir com a frota junto com seus dois colegas, Nícias e Lâmaco. E não teve escolha senão obedecer.

Mesmo se livrarmos Alcibíades desse envolvimento, o escândalo levantou questões fundamentais sobre suas crenças políticas. Ele seria um verdadeiro democrata? Teria o objetivo de estabelecer uma tirania, como alguns temiam? Um contemporâneo que mais tarde admitiu ter ajudado a mutilar as hermas disse sobre Alcibíades que ele falava "como um amigo do povo" e "um guardião da Constituição", mas ao mesmo tempo favorecia a oligarquia. Sócrates não aprovava a democracia ateniense, então sua associação a Alcibíades não era favorável a nenhum dos dois frente à opinião popular.

Talvez Alcibíades estivesse satisfeito em fazer o jogo político de acordo com as regras estabelecidas por Clístenes, mas intimamente guardou seu julgamento e esperou pelos fatos. As suspeitas sobre seus reais motivos podem ter sido bem fundamentadas. Mas, por enquanto, ele era um homem do povo. É muito improvável que tivesse planos para fomentar uma revolução.

A grande armada navegou via Córcira até a Sicília. Os generais não sabiam muito bem o que fariam quando chegassem. Nícias, que não concordava com a campanha, queria apenas pressionar as duas *poleis* oponentes a chegar a um acordo, navegar por algum tempo para demonstrar força e depois voltar para casa. Alcibíades argumentou que a expedição deveria, antes de tudo, recrutar aliados entre as cidades-estados da Sicília. Lâmaco, um homem idoso, mas soldado de primeira e disposto a se arriscar, queria marchar sobre Siracusa de imediato, antes que estivessem prontos para se defender. Mesmo que não conseguissem invadir a cidade, poderiam cercá-la por terra e por mar e, assim, forçar uma capitulação. Contrariado, concordou em apoiar o plano de Alcibíades para derrotar Nícias, cuja opinião ele considerava menos. No fim, porém, a campanha de recrutamento fracassou, pois viram que os sicilianos estavam sendo cautelosos e preferiam a neutralidade. Perdeu-se um verão sem que nada fosse alcançado.

De volta a Atenas, o ar estava contaminado. Falsas provas deram origem a uma caça às bruxas. Jovens aristocratas foram culpados pelos escândalos sacrílegos. O sentimento contra Alcibíades cresceu. Alegou-se que ele tinha desempenhado o papel do sumo sacerdote de Elêusis durante as comemorações regadas a álcool. A *ecclesia* o chamou de volta para enfrentar seus acusadores, o que acabou se mostrando um erro.

A ata de impedimento contra o general ainda existia na época de Plutarco. Podia-se ler a seguinte parte:

> Tessalos, filho de Címon, do *demo* de Laciade, invoca informações sobre Alcibíades, filho de Clínia, do *demo* dos Scambonide, que cometeu um sacrilégio contra as deusas de Elêusis, Deméter e Koré [outro nome de Perséfone]. Ele zombou dos Mistérios e exibiu-as em sua própria casa.

É digno de nota que o pai do acusador era o grande Címon, que perdeu o poder por ser pró-espartano. Se ele mantivesse a tradição da família, o filho teria desejado a paz permanente com Esparta tão fervorosamente quanto Nícias. Livrar-se do braço direito de Péricles seria um avanço para alcançar esse intento.

O barco do Estado, o *Salaminia*, foi enviado para trazer Alcibíades e outros acusados para casa. No entanto, ele não foi preso, pois era benquisto e sentiu-se que os marinheiros poderiam se amotinar. Em Turios, na costa italiana, ele desembarcou, conseguiu se livrar de seus guardas e se escondeu. Quando o *Salaminia* retornou a Atenas sem seu prêmio, o *demo* ficou enfurecido. Alcibíades foi condenado à morte à revelia, e seus bens foram confiscados. A lista de venda da mobília de seu quarto sobreviveu: doze sofás de Mileto (ou seja, de alta qualidade) foram leiloados juntamente com colchas, roupas de cama e "seis frascos de perfume".

Ainda se decretou que seu nome deveria ser amaldiçoado por todos os sacerdotes e sacerdotisas da cidade. Quando soube da sentença de morte, Alcibíades comentou: "Vou lhes mostrar que ainda estou vivo".

Ele sabia manter sua palavra. Depois de sair de Turios, atravessou o mar Jônico para a Grécia continental e estabeleceu-se em Argos, onde tinha amigos. Então, temendo por sua segurança, decidiu renunciar de vez à sua cidade. Escreveu para Esparta pedindo asilo. Ele prometeu: "Prestarei serviços maiores do que todo o mal que vos fiz quando fui vosso inimigo".

Seu pedido foi aceito, embora os espartanos fossem cautelosos antes de confiar em vira-casacas. Alcibíades chegou lá e, como um camaleão, rapidamente se transformou em um espartano disciplinado. Os nativos se sentiram cativados. De acordo com Plutarco,

> quando o viram com o cabelo sem corte, tomando banhos frios, comendo pão grosso e tomando caldo preto, mal conseguiram acreditar em seus olhos e

duvidaram que o homem que agora viam já tivesse tido um cozinheiro em sua casa, tivesse visto um perfumista ou tivesse sentido o toque da lã de Mileto.

A traição de Alcibíades foi um presente inestimável para seus anfitriões, à medida que a meia paz aos poucos se encaminhava para a guerra. Como líder político, ele conhecia todos os segredos de Atenas, as políticas não declaradas, as futuras ambições encobertas. Ao que parece, ele contou tudo aos espartanos. Abriu o jogo que estava nas mãos do outro jogador.

Em particular, ele lhes deu dois conselhos valiosos. Primeiro, convenceu-os a enviar um general espartano competente para liderar a defesa de Siracusa. Rapidamente, foi apontado certo Gilipo; sua mãe pode ter sido uma hilota e, portanto, provavelmente ele não era um Igual. No entanto, durante a infância fora treinado de acordo com a tradicional forma espartana. Quando cresceu, foi autorizado a participar de um acampamento militar e, como não tinha dinheiro, um patrono abastado pagou suas despesas.

Segundo, Alcibíades propôs que os espartanos retomassem as invasões à Ática e, acima de tudo, construíssem uma fortaleza permanente em Deceleia, uma vila que servia de ponto forte próximo à fronteira norte com a Beócia. Sem quererem ser os primeiros a romper a paz, esperaram por um ano antes de fazer o que ele dissera, mas quando entraram em ação o efeito foi dramático. A partir de agora, em vez de fazer breves visitas anuais, um destacamento espartano estava sempre presente em solo ateniense. As consequências econômicas foram severas. As importações de alimentos da Eubeia foram interrompidas. A agricultura teve de ser em grande parte abandonada e, para se abastecer de alimentos, a população dependia agora exclusivamente de grãos do mar Negro. A produção de prata proveniente de Laurium foi interrompida. Nos anos seguintes, mais de 20 mil escravos, principalmente trabalhadores qualificados, fugiram para Deceleia (isso os prejudicou: esperavam conseguir liberdade, mas eram cruelmente revendidos como escravos a preços baixíssimos).

Tucídides resumiu a situação:

Tudo de que a cidade precisava tinha de ser importado, então a cidade se tornou uma fortaleza. Durante o verão e o inverno, os atenienses ficavam exaustos por terem de vigiar as fortificações. [...] Mas o que mais os oprimia era terem agora duas guerras ao mesmo tempo.

Alcibíades mostrara a que tinha vindo, e aqueles que suspeitavam de que ele fosse instável e imaturo tiveram, então, seus medos confirmados. Essa foi uma lição cara, pois ele fez tudo o que estava ao alcance para que Atenas perdesse a guerra. Como uma criança zangada, arquitetou a pior vingança possível pelo tratamento que recebera, dizendo a si mesmo: "Então eles irão se arrepender". Ele ainda não tinha percebido que podia estar cuspindo para cima.

Na Sicília, os atenienses estavam colhendo tão pouco quanto plantavam. A vitória em uma batalha campal não era seguida, talvez por falta de cavalaria. O inverno passou sem novidades. Nícias "continuou sentado, navegando e pensando sobre as coisas", e assim se perdeu a vantagem da surpresa.

Por fim, com a chegada da primavera de 414, Nícias se mexeu. Seu plano era bloquear a cidade e, para isso, seria necessário assumir o controle de Epipolae, um terreno íngreme que se estendia a partir do noroeste da cidade até um platô imponente. Os siracusanos pretendiam estacionar seiscentas tropas escolhidas nessas alturas, mas os atenienses colocaram toda a força ao norte de Siracusa e atacaram Epipolae. Então começaram a construir uma muralha ao norte a toda velocidade.

Nesse ritmo, os siracusanos logo seriam bloqueados por terra e por mar. Então construíram um contramuro, projetado para atravessar a circunvalação* ateniense. No entanto, os atenienses atacaram e o destruíram; depois construíram fortificações para o sul em direção ao Grande Porto. Mais uma vez um contramuro foi construído e mais uma vez, em uma batalha feroz, ele foi destruído. A vitória teve um preço alto, pois o general Lâmaco foi morto em combate. Agora Nícias, o guerreiro relutante, era o comandante-chefe e estava sozinho.

A vitória, no entanto, estava próxima. Tudo o que restava a ser feito era estender a muralha norte até o mar. Tucídides escreve: "Os siracusanos não

---

* Circunvalação (em latim: *circumvallatio*) é uma técnica militar de cerco, utilizada em guerras históricas e modernas, que consiste na construção de uma rede dupla de fortificações: uma interior, que bloqueia a fortificação inimiga alvo do cerco (linhas de circunvalação); e uma exterior, que protege o exército atacante de possíveis reforços (linhas de contravalação). (N. T.)

acreditavam mais que pudessem ganhar a guerra sem nenhum tipo de ajuda vinda do Peloponeso e começaram a discutir os termos de rendição entre eles".

Mais uma vez, Nícias hesitou. Fortificou Plemmirio, um promontório no extremo sul do Grande Porto de Siracusa, uma base conveniente para a frota. Inexplicavelmente, não se incomodou em completar o muro de Epipolae. Esse foi outro grave erro, pois permitiu ao general espartano Gilipo entrar na cidade e assumir o comando. Ele inflamou os siracusanos e restaurou seu moral.

Ele percebeu que sua prioridade era recuperar o controle da Epipolae e começar a trabalhar em um novo contramuro. Após alguns compromissos, os siracusanos conseguiram atravessar a muralha ateniense com um dos seus homens. Por fim, mesmo que os atenienses vencessem batalhas, a cidade estava a salvo do cerco completo. Enquanto isso, chegaram reforços para fortalecer os defensores. Os atenienses descobriram que estavam em menor número e que a perspectiva de vitória de repente recuou.

Nícias constatou que a cada dia que passava o inimigo se fortalecia e suas dificuldades aumentavam. Preocupou-se especialmente com as condições da frota; os navios estavam encharcados e os remadores não estavam mais em forma. Ele contraíra uma doença renal e se encontrava em má forma física. A tensão de comandar sozinho após a morte de Lâmaco pesava sobre ele. Escreveu uma carta para a *ecclesia* em que explicava a situação. "Pensamos que seríamos os sitiantes, mas, na verdade, nos tornamos os sitiados."

Relatou que chegara a hora de recolher a expedição ou de enviar outra frota e um exército tão grande quando os primeiros. Também devido à sua doença, pediu permissão para renunciar ao seu comando e que indicassem um comandante substituto. Nícias esperava que seu despacho convencesse a *ecclesia* a recolher toda a expedição; porém, mais uma vez, ele se desapontou com a belicosidade ateniense.

O fracasso na Sicília foi um choque para a democracia, mas, em vez de desistir, resolveram redobrar os reforços. Outra força expedicionária foi reunida, e Nícias não foi dispensado de seu comando. Ele era conhecido por sua sorte, e mais cedo ou mais tarde, sabia-se, o destino cederia e os ventos soprariam a favor. Sua incompetência e sua falta de entusiasmo foram desprezadas. No entanto, dois novos generais, Eurimedonte e o herói de Pilos, Demóstenes, foram indicados para se juntar a ele.

O equilíbrio de poder estava mudando. No verão de 414, Atenas decretou o fim da paz ao invadir a Lacônia, a pátria de Esparta, mas surpreendentemente perdeu uma batalha naval no golfo de Corinto. Os espartanos, enfim, se sentiram livres para retomar as hostilidades e foi na primavera seguinte que, como vimos, fortificaram Deceleia.

Enquanto isso, no Grande Porto, a frota de Nícias perdeu uma batalha marítima contra os inexperientes siracusanos, cujo exército capturou o forte e o depósito de suprimentos em Plemmirio.

A trirreme ateniense não era mais invulnerável. A situação tornou-se de fato desconfortável, pois Nícias e seus homens corriam o risco de serem presos.

Em julho de 413 houve um forte caso de *déjà-vu*. Uma segunda frota soberbamente equipada, quase tão grande quanto a primeira, zarpou de Pireu com destino à Sicília. Sob o comando de Demóstenes, 73 navios de guerra transportavam 5 mil hoplitas e 3 mil lançadores de dardos, arqueiros e atiradores. Nessa ocasião, os historiadores não registraram multidões de espectadores entusiasmados, e os que estavam presentes devem ter temido por seu futuro.

No entanto, a impressão que a armada causou sobre os siracusanos, ao ser avistada ao largo do Porto Grande, foi de puro horror. Plutarco descreve a cena.

> O brilho das armaduras, as cores vivas dos estandartes dos navios e a cacofonia de barcos e flautistas marcando o tempo para os remadores criaram uma exibição espetacular, que desanimou o inimigo. Como era de esperar, os siracusanos mergulharam no desespero. Viram à frente um mar de problemas, que traria um sofrimento fútil e uma perda de vidas despropositada.

Demóstenes sabia que, na verdade, o *glamour* visual da nova frota era um engano. Foi um bom exemplo de *psyops*,* um jogo mental tencionado a influenciar o inimigo com o uso de informações selecionadas, sem revelar a realidade. Demóstenes estudara a campanha ateniense até então e concluíra que, a menos que os atenienses recuperassem o controle de Epipolae e investissem inteiramente na cidade, Siracusa jamais seria derrotada.

Parecia mais fácil na teoria do que na prática. Gilipo havia assegurado fortes defesas no alto, e a primeira tentativa de Demóstenes de capturar o contramuro

---

* *Psyops* (*psychological operations*): operações psicológicas planejadas para transmitir informações e indicadores específicos ao público com o intuito de influenciar suas emoções. (N. T.)

foi malsucedida. Vendo que qualquer assalto à luz do dia estaria fadado ao fracasso, planejou um ataque noturno ousado.

Em uma meia-noite, no início de agosto, Demóstenes liderou cerca de 10 mil hoplitas e o mesmo número de escaramuçadores levemente armados pela montanha íngreme até Epipolae. A lua ainda não havia surgido, e os atenienses surpreenderam a guarnição de Siracusa e capturaram o forte. Algumas guarnições pereceram, mas o restante escapou e espalhou a notícia sobre o ataque ateniense. A guarda de elite de Epipolae correu para combater o inimigo, mas também foi rapidamente derrotada.

Os atenienses pressionaram, ansiosos para não perder o ímpeto antes de atingir seus objetivos. Alguns começaram a derrubar o contramuro. Gilipo, tomado de surpresa, chegou com as tropas da pequena fortificação, mas os atenienses os fizeram voltar.

Então, algo deu errado. Os atenienses presumiram que haviam vencido e começaram a relaxar. Encontraram um bando de beócios fortes, que haviam cruzado o mar para socorrer Siracusa e, pela primeira vez naquela noite, foram rechaçados.

A lua agora brilhava no alto, mas, mesmo conseguindo divisar o contorno dos soldados, era impossível reconhecê-los. Além disso, os hoplitas derrotados não sabiam onde eles estavam. Inúmeros soldados de ambos os lados se amontoaram no platô sem conseguirem distinguir quem era amigo ou inimigo. Soldados que ainda estavam subindo até Epipolae não receberam ordens ao chegar e deram com seus compatriotas batendo em retirada. Os sons eram confusos, com grupos diversos cantando seus peãs, ou cantos de graças, bem alto, gritando palavras de ordem.

Tucídides escreve:

> Depois de serem jogados nessa confusão, os atenienses colidiram entre si por todo o campo, amigo contra amigo e cidadão contra cidadão. Eles não só entraram em pânico, como chegaram a se agredir e só foram separados com muita dificuldade.

Muitos homens perderam a vida tentando escapar de Epipolae; a descida era estreita, e vários se atiraram do penhasco. Quando amanheceu, cerca de 2.500 soldados da infantaria ateniense estavam mortos.

O embate noturno sempre foi uma tática perigosa na guerra antiga. Mesmo à luz do dia, o campo de batalha era um lugar confuso, e a maioria dos soldados sabia apenas o que se passava ao redor. Podia-se muitas vezes atacar de surpresa, mas, se uma batalha noturna durasse muito tempo, os soldados poderiam se perder. A comunicação entre o alto-comando e os soldados em geral era inoperante.

Demóstenes era um general talentoso, mas, como vimos antes em sua carreira, o excesso de otimismo poderia torná-lo descuidado. Ele não tinha familiaridade com o terreno (embora Nícias pudesse ter-lhe explicado em detalhes) e não deu ordens totalmente claras. Deveria ter estabelecido estações ao longo do caminho para gerenciar o fluxo – ou outro sistema confiável para a troca de informações.

Não fazia sentido lamentar o ocorrido. Um conselho de guerra foi convocado no dia seguinte para discutir o que deveriam fazer – não apenas diante da derrota, mas também diante do baixo moral dos soldados. O acampamento havia sido montado sobre um terreno pantanoso, e muitos combatentes estavam doentes.

Demóstenes constatou, corretamente, que a campanha tinha sido perdida e aconselhou uma retirada imediata, enquanto Atenas ainda tinha o domínio dos mares. Disse na reunião: "É melhor para Atenas lutarmos contra aqueles que estão construindo fortificações em Deceleia, na Ática, do que contra os siracusanos, que não podem mais ser facilmente conquistados".

Nícias discordou. Aceitou que a expedição corria grave perigo, mas tinha fontes em Siracusa que sugeriam que o inimigo estaria ainda pior. Estava certo de que a *ecclesia* em Atenas desaprovaria uma retirada e se recusou a debandar com o exército da Sicília. Pessoalmente, sua mente estava dividida, mas temia um *demo* furioso e sabia que puniriam o fracasso. Disse preferir morrer nas mãos do inimigo a uma condenação injusta por seus concidadãos. Demóstenes e Eurimedonte poderiam ter vencido o velho Nícias por voto, mas permitiram que fizesse o que ele queria.

Indecisão significava atraso. As doenças no campo pioraram. Enquanto isso, Gilipo recrutou um grande exército de sículos locais, e reforços hoplitas chegaram do Peloponeso. A resolução de Nícias de ficar enfraqueceu. Agora ele endossava a proposta de Demóstenes de que a expedição deveria partir de Siracusa para o campo aberto, onde o exército estaria livre para manobrar e angariar suprimentos, que estavam acabando. As ordens para a retirada precisavam ser dadas o mais secretamente possível.

Na noite de 27 de agosto, entre 21h41 e 22h30, a lua ficou totalmente eclipsada. Já no século VII, os pensadores e cientistas gregos colocavam de lado os mitos e procuravam explicações racionais para os fenômenos naturais: Heródoto relata que Tales de Mileto previra um eclipse solar em 28 de maio de 585. No entanto, muitos atenienses eram supersticiosos e riram com as piadas sobre pretensões científicas em *As nuvens*, de Aristófanes. Em pânico, viram o eclipse como uma advertência dos deuses contra seu plano de retirada de Siracusa, não como um evento astronômico.

De acordo com Tucídides, Nícias era "muito viciado em adivinhação e coisas semelhantes". Ele consultou um adivinho que recomendara que os atenienses esperassem "três vezes nove dias" antes de partir. Não só foi um conselho militar catastrófico, foi também desnecessário. Um vidente do século III chamado Filocoro julgou que um eclipse "não era desfavorável para os homens que estivessem fugindo, mas, ao contrário, era muito favorável, pois a ocultação é exatamente o que as ações medrosas precisam, enquanto a luz é sua inimiga".

Se Nícias fosse mentalmente mais ágil, teria feito uma interpretação como Filocoro que permitiria que o exército partisse. Mas o fato é que, no fundo, o comandante-chefe preferia ficar inativo e temia se tornar responsável, como fizera desde que a invasão da Sicília fora discutida pela primeira vez.

Os siracusanos logo souberam com os desertores que Nícias pretendia partir, mas fora retardado pelo eclipse. Sentindo o moral do inimigo colapsar, decidiram forçar uma batalha marítima no Grande Porto. Após alguns dias treinando as tripulações, enviaram 76 trirremes e, ao mesmo tempo, lançaram um ataque terrestre às muralhas do campo. Os atenienses enviaram uma frota de 86 navios de guerra. A aposta valeu muito a pena. Embora os hoplitas inimigos tivessem sido repelidos, os atenienses não tinham espaço de manobra no Grande Porto e foram derrotados. Algumas de suas trirremes voltaram à costa pantanosa a noroeste do porto, e os siracusanos levaram dezoito delas embora. Eurimedonte, que estava no comando, foi morto.

O eclipse foi esquecido, e agora todos queriam fugir o mais rápido possível. Se os atenienses não saíssem de imediato, seriam encurralados.

Contudo, os jubilantes siracusanos não queriam deixar os invasores simplesmente irem embora. Estavam determinados a capturar e destruir toda a força expedicionária. *Conquistar os atenienses por terra e por mar*, eles pensaram, *nos daria uma grande glória na Hélade.*

Começaram a bloquear a entrada do porto com uma fila de trirremes do lado de fora, bem como outras embarcações e barcos ancorados. Acorrentaram todos juntos e colocaram tábuas sobre eles. Assim que os atenienses perceberam o que estava acontecendo, decidiram deixar uma guarnição em terra, defendendo o menor espaço possível, e tripularam sua frota de 110 navios com todos os remadores aptos e um grande número de arqueiros e lanceiros.

Esse foi o melhor momento de Nícias. Embora um pouco perturbado pela crise na sorte dos atenienses, comportou-se como um líder. Pegou um barco atravessando a frota e falou com cada capitão de trirreme individualmente, fazendo o possível para animar todos eles. Também fez com que a infantaria se alinhasse na costa e gritasse como pudessem em apoio à frota. Enquanto isso, em outro lugar na extremidade do porto, soldados siracusanos também se reuniram para assistir à batalha que se aproximava. Mulheres e idosos observavam do alto das muralhas da cidade. Ambos os lados gritavam e aplaudiam como espectadores em algum grande evento esportivo nos Jogos Olímpicos.

Os peãs soaram, e os atenienses remaram pela baía para atacar a barreira. Com a força de seu número, os navios se juntaram e começaram a romper as correntes e a passar. Os siracusanos investiram contra eles e os empurraram para o centro do porto, e a batalha se transformou em uma série de duelos. Havia pouco espaço para os ataques ou as táticas de movimento que deram a Atenas o domínio dos mares. Os combates eram mano a mano, enquanto os marinheiros tentavam avançar e abordar as trirremes inimigas.

Tucídides deixou uma descrição famosa da luta, tão vívida que deve ter se baseado em uma testemunha ocular:

> Ambos os exércitos na praia, enquanto a vitória pendia na balança, eram presas das emoções mais agonizantes e conflituosas. Os siracusanos ansiavam por mais glória do que já haviam conquistado, enquanto os invasores temiam estar piores do que já estiveram. [...] Enquanto o resultado da batalha não se definia, todos os tipos de som podiam ser ouvidos ao mesmo tempo do exército ateniense, gritos, aplausos de "Estamos vencendo", "Estamos perdendo", e todos os demais gritos diferentes que se ouvem de um grande exército em grande perigo.

Por fim, a frota de Siracusa levou a melhor e fez o inimigo atravessar o porto e retornar à terra, sob gritos e aplausos. Foi um revés decisivo. Os atenienses, em pânico, correram o mais rápido que puderam de seus navios encalhados. Viram que não poderiam escapar por terra, a não ser que acontecesse algum milagre, mas se recusaram a embarcar nas sessenta trirremes que restavam para retomar a luta. Esse movimento teria surpreendido os siracusanos e poderia ter sido bem-sucedido.

Escapar por terra era agora, de fato, a única esperança, mesmo que desesperada. Os atenienses ainda representavam perigo, e os siracusanos temiam, com razão, que o inimigo partisse à noite e marchasse sobre eles. Então enviaram alguns cavaleiros que fingiram ser desertores; gritaram pelo acampamento inimigo avisando-os para não marcharem naquela noite, porque as estradas já estavam guardadas. Acreditando que a informação fosse correta, os generais adiaram a partida por alguns dias.

Esse foi mais um erro, agravado quando os atenienses decidiram ficar um terceiro dia para dar tempo aos seus homens de colocar na bagagem tudo o que fosse essencial. Queimaram alguns dos navios, mas deixaram o restante para o inimigo carregar à vontade. Enquanto isso, os siracusanos usaram esse intervalo para construir barreiras nas prováveis rotas de fuga. Finalmente, em 11 de setembro, a desordenada força expedicionária partiu para o interior no terceiro dia após a luta marítima. Ao todo, somavam não menos que 40 mil almas, aliados atenienses, remadores e hoplitas.

Os generais pretendiam marchar para dentro, rumo à região nativa dos sículos, antes de virar para o norte, em direção ao porto de Catânia, onde poderiam esperar encontrar boas-vindas e suprimentos.

Nícias, doente e com dores, fez o que pôde para levantar o ânimo dos soldados. Mas eles estavam tão amedrontados e deprimidos que deixaram seus mortos insepultos (grave pecado de omissão) e abandonaram os companheiros seriamente feridos, apesar de seus pedidos para que os levassem embora. Os dois generais comandavam cada um deles um retângulo vazio de tropas cercando civis, acompanhantes de campo e assemelhados.

O exército lutou bem atravessando a oposição inimiga, mas foi constantemente atacado pela cavalaria e pelos lanceiros. Comida e água eram escassas. Oito quilômetros a noroeste de Siracusa, havia um obstáculo: o penhasco Acreão, um grande planalto acessível por meio de uma ravina. O inimigo já havia construído uma parede do outro lado imune a ataques. Um aguaceiro torrencial encharcou os atenienses. Os siracusanos começaram a construir outra muralha atrás deles, ameaçando prendê-los, de modo que os atenienses deram meia-volta, impediram a conclusão e chegaram ao nível do solo, onde acamparam.

Desistiram do plano original de ir para Catânia e decidiram marchar para o sul. Acenderam muitas fogueiras e fugiram escondendo-se na escuridão. Infelizmente, durante a noite, o contingente de Demóstenes se confundiu e ficou para trás. Os siracusanos os alcançaram ao meio-dia e os cercaram, agrupados num olival cercado por um muro. Atiraram dardos sobre os atenienses de todos os lados. Não havia nada que pudessem fazer para reagir e, em 16 de setembro, Demóstenes se rendeu, com a condição de que nenhum de seus homens fosse morto. Depois que os detalhes foram aceitos, ele tentou se matar, mas só se feriu com a espada antes que fosse tirada dele. Dos 20 mil homens que partiam de Siracusa sob seu comando, restaram apenas 6 mil.

Enquanto isso, Nícias, dez ou doze quilômetros à frente, mantinha-se alerta. Um arauto de Siracusa deu-lhe a notícia sobre o que acontecera a Demóstenes; a princípio, Nícias recusou-se a acreditar. Propôs condições para uma rendição, mas não foram aceitas. No dia seguinte, o oitavo de sua marcha, os atenienses avançaram sob ataques constantes de Siracusa, até chegarem ao rio Asinaro (atual rio Falconara). Os homens estavam exaustos e sedentos.

Muitos deles romperam as fileiras e correram para o rio para matar a sede. Ficaram tão juntos que alguns foram pisoteados ou mortos por suas próprias lanças. A água encheu-se de lama e sangue, mas eles continuaram bebendo. As tropas de Siracusa e dos aliados estavam estacionadas na margem oposta e lançavam dardos sobre a massa confusa de atenienses e seus aliados. Alguns então desceram e mataram todos os que encontraram.

Nícias viu que esse era o fim. Entregou-se pessoalmente a Gilipo, em quem ele confiava mais que nos siracusanos. De suas tropas somente mil sobreviveram ao rio Asinaro. Cidadãos atenienses ficaram presos durante o inverno nas pedreiras da cidade. Nesse campo de concentração primitivo, eram "forçados a fazer tudo no mesmo lugar". A maioria deles morreu de doenças e de má alimentação (meia ração de comida e água de um escravo). Alguns prisioneiros foram vendidos e marcados com o sinal de um cavalo na testa.

Contra a vontade de Gilipo, que queria exibi-los em Esparta, o adoentado Nícias e o semivivo Demóstenes foram poupados de sua miséria e executados.

Seus corpos foram jogados para fora dos portões da cidade e ficaram à vista de todos.

Os sicilianos eram amantes da poesia. Gostavam principalmente de Eurípides e costumavam valorizar qualquer trecho de poemas que os visitantes da Grécia continental declamassem para eles de cor. Aparentemente, os poucos atenienses que retornaram com segurança fizeram questão de visitar o autor de *As troianas* para lhe agradecer. Disseram que foram libertados depois de ensinar a seus mestres tudo o que se lembravam de sua poesia. Outros, após a batalha final, receberam comida e bebida em troca da declamação de alguns de seus poemas.

Em meados de setembro de 413, um estrangeiro chegou a Pireu e se sentou em uma barbearia. Começou a falar sobre a derrota na Sicília como se todos soubessem. Na verdade, a notícia ainda não havia chegado à Ática, e o barbeiro, chocado, correu a toda até a cidade. Foi até os arcontes e espalhou a novidade pela ágora. Iniciou-se um tumulto e foi convocada uma reunião de emergência da *ecclesia*.

O barbeiro foi interrogado, mas não soube explicar quem lhe contara a notícia (sem dúvida, o estrangeiro sumira de vista). Foi condenado como agitador e torturado na roda até que os mensageiros chegaram e deram parte do desastre. Mesmo assim, por algum tempo, as pessoas não acreditaram no que ouviram. Tinha de ser exagero. Não podia ser verdade.

Sentimo-nos tentados a considerar a expedição siciliana um exemplo de orgulho antes de uma queda, de ambição excessiva justamente punida. Mas, por mais terrível que seja a narrativa até para o leitor casual, não havia nada de inevitável ou mesmo de provável a respeito da catástrofe. Na verdade, ela foi uma série de condicionais. Se Alcibíades tivesse recebido permissão para manter seu comando; se Nícias tivesse se empenhado, não tentado fugir à responsabilidade, se não tivesse demorado, não fosse tolamente supersticioso; acima de tudo, se o velho Lâmaco tivesse recebido autorização para atacar Siracusa logo após sua chegada, como ele desejava – com um razoável grau de diligência, tudo teria corrido bem.

Dito isso, havia algo imensamente irresponsável nesse plano. Por causa dele, energia e riqueza foram desviadas para uma política que era, estritamente falando, desnecessária. A derrota de Siracusa não ajudaria Atenas, de uma forma ou de outra, a resolver as más relações com Esparta e seus aliados. Além disso, mesmo que o *demo* pudesse assumir a vitória, como se iria governar a Sicília depois de conquistá-la? É improvável que Atenas fosse capaz de manter uma Siracusa humilhada de modo permanente. Os atenienses certamente entrariam em atrito com a rica força marítima de Cartago, que tinha uma posição segura no oeste da ilha e decerto a comandava com seu dinheiro.

Subjacente à expedição siciliana, havia uma ambição de unir toda a Hélade sob uma bandeira ateniense. O fato é que Atenas não tinha uma população tão grande nem dispunha de riquezas suficientes e sustentáveis para conquistar e controlar o mundo grego, as terras que se estendiam de Segesta, a oeste, até Mileto, a leste; de Cirene, no norte da África (atual Líbia), à Trácia, ou as fronteiras da Macedônia. O fracasso da campanha do Egito nos longínquos dias de Péricles demonstrou de modo convincente que Atenas excedera seu alcance. Seus sucessores no poder esqueceram a lição. Tiveram de aprendê-la novamente na Sicília.

É arriscado adivinhar, mas, se tivesse vencido em Siracusa, Atenas poderia ter alcançado o domínio do mundo grego, ainda que certamente não por muito tempo. Haveria uma instabilidade endêmica e muitas revoltas. Então, talvez a incapacidade de Nícias tenha poupado Atenas de uma série de problemas no longo prazo.

Atenas estava, então, encurralada. Tucídides não tinha dúvidas da dimensão do desastre. Ele escreveu:

> Esta foi a maior conquista durante esta guerra, ou, em minha opinião, a maior que conhecemos na história grega. Para os vencedores, foi o sucesso mais brilhante. Para os vencidos, a perda mais desastrosa, pois foram derrotados de forma extensa e em todos os sentidos. Seu sofrimento foi em grande escala. Sua destruição foi, se diz, total. Sua frota, seu exército, tudo foi destruído, e poucos voltaram para casa.

20

O FIM DA DEMOCRACIA?

Depois de tantos tropeços, os atenienses finalmente tiveram a vitória diante deles.

Em março ou abril de 410, chegou a Atenas a notícia de uma gloriosa batalha no mar ao largo de Cízico, *polis* na costa meridional do mar de Mármara. Uma frota espartana completa fora eliminada. Os almirantes atenienses haviam capturado todos os navios de guerra do inimigo e levado muitos prisioneiros (resquícios de Esfactéria) e um grande espólio.

Embora o comandante espartano, Míndaro, fosse audaz e experiente, essa foi sua terceira grande derrota marítima consecutiva, na qual acabou morrendo. No espaço de poucos meses, os peloponenses perderam entre 135 e 155 trirremes. Atenas estava com o controle total sobre os mares e assegurara as rotas marítimas para as importações de alimentos da Ucrânia e da Crimeia, o trigo que, após Deceleia, era vital para a sobrevivência da cidade.

O vice-almirante espartano escrevera com lacônica brevidade para a Lacedemônia, implorando por ajuda, por ordens, por qualquer coisa: "Navios desaparecidos, Míndaro morto, homens famintos, não sei o que fazer". Como um golpe final de má sorte, a carta foi interceptada pelos atenienses e divertiu muito o *demo*.

Foram feitos sacrifícios aos deuses em comemoração e realizaram-se várias festividades. Então uma alta delegação chegou a Esparta. Era encabeçada por um antigo éforo, Endius, que falou à *ecclesia* em termos simples e diretos.

Queria que a longa guerra, que se prolongava havia mais de duas décadas, terminasse. Argumentou que ambos os lados estavam sofrendo, Atenas ainda mais do que Esparta, e que já era hora de parar aquela luta autodestrutiva para as duas cidades. Propôs um tratado a Atenas.

> Homens de Atenas, queremos selar a paz com vocês, nestes termos; que mantenhamos as cidades que possuímos agora; que as fortalezas que temos nos territórios um do outro [Pilos, por exemplo, e Deceleia] sejam abandonadas; e que nossos prisioneiros de guerra sejam trocados, um espartano por um ateniense.

Como isso podia acontecer, apenas dois anos após a expedição siciliana? Tão grande e tão devastadora fora a destruição da mão de obra em 413 que a maioria esperava que Atenas admitisse a derrota.

De fato, essa enorme calamidade histórica não acabou com a guerra, mas a transformou. Assim que as notícias da Sicília chegaram, a primeira reação dos atenienses foi abandonar a esperança. Os milhares de hoplitas, soldados da cavalaria e militares que perderam a vida não poderiam ser substituídos até que viesse uma nova geração. Os melhores e mais experientes generais haviam morrido. Quase não havia mais navios nos píeres de Pireu, e grande parte das tripulações perecera. O tesouro estava quase no fim. Temiam que uma frota siciliana com sede de vingança já estivesse no mar se dirigindo para o porto de Pireu. Os aliados se revoltariam, e o Império Ateniense entraria em colapso.

Depois desse susto, o *demo* recuperou a calma com grande esforço. Apesar de seus recursos limitados, decidiu não desistir da luta. De uma forma ou de outra, juntou os recursos e a madeira que restavam para construir uma nova frota. Levantou o dinheiro e fez o possível para manter seus "aliados" leais.

O antigo sistema de uma taxa anual para os membros da Liga de Delos foi substituído por um imposto de 5% sobre importações e exportações entrando ou saindo de todos os portos do império; acreditava-se que isso levantaria mais dinheiro e seria um sistema de pagamento mais equitativo. Ressaltava o fato de que a "paz" ateniense por todo o Mediterrâneo alimentava o comércio e o crescimento econômico, mesmo em tempos de guerra. Na cidade, o povo tomou medidas de economia e reformas, nomeando um comitê de "sábios" para aconselhar a *ecclesia* sobre a situação. Tucídides resumiu o estado de espírito secamente: "Como acontece com as democracias, agora que haviam entrado em pânico, estavam prontos para colocar tudo em ordem".

E isso foi surpreendente. Embora houvesse grandes revoltas, grande parte do império permaneceu firme ao lado de seus senhores. Houve uma boa razão para isso. A Pérsia não havia desaparecido. Os atenienses podem ter sido arbitrários e arrogantes, mas forneceram proteção contra a ameaça que vinha do leste. Também agora tomavam mais cuidado para tratar bem de seus assuntos; quando expulsaram uma guarnição espartana da *polis* rebelde de Bizâncio, não a substituíram por uma sua – um exemplo do que um historiador contemporâneo chamou de "nova política de justiça e conciliação adotada como meio de recuperar o império".

Dito isso, Quíos, ao largo da costa da Anatólia, revoltou-se, e outros membros da Liga na costa asiática seguiram o exemplo. A frota ateniense devastou o campo fértil da ilha e sitiou a cidade principal. Na primavera de 411, a situação era tal que, no norte do mar Egeu e do Helesponto, o império estava intacto, mas um bom número das *poleis* jônicas havia se separado.

Os espartanos reagiram aos infortúnios de Atenas. Sempre se culparam pela eclosão da guerra em 431 e por não aceitarem uma oferta ateniense de arbitragem de antemão, mas com a renovação das hostilidades após a paz de Nícias perceberam que fora Atenas a responsável por quebrar o tratado de paz.

Sempre afirmaram que seu objetivo estratégico original era libertar os gregos, mas agora uma vitória fácil parecia aguardá-los, após o que, nas palavras de Tucídides, "a derrubada dos atenienses iria deixá-los em silencioso desfrute da supremacia sobre toda a Hélade".

Isso não era apenas questão de alta política. Os espartanos previam uma chance de enriquecer. Segundo a tradição, 9 mil Iguais ou cidadãos em idade adulta recebiam de bens rurais, cuja renda pagava o treinamento e a educação e a manutenção de seus acampamentos comunitários. Apenas cerca de 5 mil Iguais lutaram na batalha de Plateias contra o invasor persa em 479, e não mais do que 3.500 lutaram em Mantineia em 418 contra a coalizão de Argos.

As razões para esse declínio são obscuras e variadas, mas é claro que cada vez menos espartanos eram capazes de arcar com os altos custos da cidadania e que a pobreza excluía muitos homens que, de outra forma, poderiam se juntar aos Iguais.

Os espartanos esperavam, escreve Diodoro Sículo, que, se eles vencessem a guerra, "desfrutariam de grande riqueza, Esparta como um todo se tornaria maior e mais poderosa, e os bens dos cidadãos teriam grande prosperidade".

A pobreza não era apenas um problema individual; o Estado espartano não tinha recursos suficientes para manter a guerra, por mais que agora quisesse fazer isso. Não podia se dar o luxo de enfrentar os atenienses no mar. No entanto, havia uma fonte quase ilimitada de dinheiro: o Império Persa. Ao mesmo tempo, se Esparta aceitasse o dinheiro do Grande Rei, como manteria seu orgulho como libertadora dos gregos?

Como em todos os pactos com o diabo, só poderiam ter acesso a essas riquezas se aceitassem vender a alma.

Até o desastre siciliano, Atenas governara o mar Egeu de forma despreocupada, e, por muitos anos, os Grandes Reis viram pouco sentido em contestar sua supremacia. Mas não haviam se esquecido das humilhações de Salamina e Plateias que seu predecessor, Xerxes, sofrera e ainda estavam de olho nas cidades agora independentes no litoral jônico.

O monarca nessa época era Dario II, que ascendeu ao trono sobre os cadáveres de vários outros contendores de sangue real – um deles foi encharcado com álcool e jogado em um poço com brasas incandescentes. O rei queria que a Jônia retornasse ao seu domínio, e a fraqueza ateniense após a derrota na Sicília foi a oportunidade ideal.

Embora um Grande Rei fosse um governante absoluto, seus domínios eram extensos demais para governá-los pessoalmente, e vimos que, no centro de uma teia feudal de alianças mútuas, ele passava a autoridade executiva aos governadores das províncias, ou sátrapas. Nessa época, os dois governadores encarregados do extremo ocidente do Império Persa eram Farnabazo e Tissafernes. A província da Frígia, no Helesponto, era, para todos os efeitos, uma possessão familiar; Farnabazo herdara a satrapia de seu pai e iria passá-la a seu filho. Ele provavelmente descendia de um dos conspiradores de Dario, o Grande. Era um governante enérgico e honrado.

Ele não se dava bem com o dissimulado Tissafernes, neto de um general no comando da elite dos Imortais durante a invasão da Grécia por Xerxes. Tissafernes era o sátrapa da Lídia e da Cária. Era leal ao seu mestre, mas era um operador político insondável e inescrupuloso.

Dario II fez saber aos seus sátrapas que ele desejava que coletassem tributos e os atrasados das *poleis* da costa da Ásia Menor que a Pérsia perdera depois de 479. Isso significaria reintegrá-las ao seu domínio. A maneira mais simples e econômica de conseguir isso seria apoiar Esparta em sua guerra contra uma Atenas bastante enfraquecida.

Delegações rivais de Farnabazo e Tissafernes chegaram a Esparta quase ao mesmo tempo. Disseram que o Grande Rei estava pronto para se juntar à guerra contra Atenas. Cada sátrapa queria o apoio espartano para uma rebelião dos membros da Liga de Delos em sua região.

Durante toda a Guerra do Peloponeso, como vimos, Esparta sempre esteve sem dinheiro; não possuía minas de prata, não se dedicava ao comércio e não tinha nada de útil para exportar, a não ser soldados. Os éforos havia muito acreditavam que jamais derrotariam Atenas, a menos que construíssem uma frota poderosa e a destruíssem como potência marítima. Porém, descobriram que os navios de guerra eram caros e terríveis para se manter como força de combate. No entanto, se a Pérsia entrasse agora para pagar a conta, Esparta voltaria a enfrentá-la no mar.

Os espartanos decidiram fechar negócio com Tissafernes. Em 412, abriram negociações cuidadosas. Um rascunho preliminar sobreviveu e mostra claramente as intenções do Grande Rei. Lê-se:

> Todos os territórios e as cidades agora em poder do rei ou anteriormente na posse de seus antepassados pertencerão ao rei. [...] A guerra será realizada em conjunto pelo rei e os espartanos e seus aliados. [...] Qualquer povo que se revoltar contra o rei será tratado como inimigo pelos espartanos e seus aliados.

O texto final foi mais discreto, mas a mensagem era clara. Esparta, a libertadora da Grécia contra os bárbaros invasores, se voluntariou para ajudar aqueles mesmos bárbaros a reconquistar as terras que havia perdido. Em troca, Dario iria subsidiar uma frota espartana. Todos podiam ver que, uma vez que a proteção de Atenas fosse retirada, as *poleis* jônicas voltariam a cair em suas mãos. O tratado evidenciava a amargura e a corrupção de valores que a longa guerra havia engendrado.

Os espartanos aceitaram ajudar os homens de Quíos, que estavam no centro de operações do sátrapa, em sua insurreição. Enviaram sua nova frota para essa cena de guerra do sul – com eles navegava Alcibíades, ainda causando problemas para Atenas.

Sua carreira surpreendente agora avançava em uma nova direção. Enquanto esteve em Esparta, Alcibíades aparentemente tivera um caso com Timea, esposa do rei Ágis, durante sua campanha em Deceleia. Descobriu-se isso provavelmente em fevereiro de 412, para grande aborrecimento do marido. Alega-se que tenham tido um filho, Leotíquidas, a quem Ágis renegou, embora anos depois, em seu leito de morte, tenha mudado de ideia e o reconhecesse como seu. De acordo com Plutarco, Alcibíades "disse, no seu modo zombeteiro, que não fizera isso apenas como um insulto nem somente para satisfazer sua luxúria, mas para assegurar que seus descendentes um dia governassem Esparta".

Suas esperanças foram em vão, pois o menino nunca subiu ao trono. De qualquer forma, Ágis ficou muito descontente e voltou-se contra o renegado ateniense. De fato, os espartanos jamais confiaram totalmente nele e agora estavam cansados dele. O mandato como éforo de Endius, filho de Alcibíades, chegou ao fim no outono seguinte e removeu um defensor-chave. Alcibíades pressionara pela nova política marítima de Esparta, financiada pelos persas, e havia arquitetado ou ajudado revoltas contra o governo ateniense. Isso começava a parecer má ideia, pois Atenas estava adotando medidas enérgicas e bem--sucedidas para proteger suas possessões estrangeiras. Quíos não era o centro de uma revolta geral, como esperado, mas estava sitiada e consumia recursos peloponenses. Os marinheiros atenienses eram taticamente mais experientes e criativos; os espartanos os admiravam e tendiam a evitar lutar contra eles sempre que podiam. A noção de que o império estava pronto para cair de vez provou ser uma ilusão.

Uma carta foi enviada ao almirante espartano ordenando-lhe que matasse o indisciplinado ateniense. Alcibíades soube disso de antemão e, sem qualquer alarde, retirou-se para a corte de Tissafernes. De forma ostensiva, continuou a trabalhar para Esparta, mas de fato se tornou o conselheiro confidencial do sátrapa.

Como sempre, ele logo se adaptou ao seu novo ambiente. Apontou seu charme irresistível para Tissafernes, que, apesar de nutrir um antigo ódio pelos gregos, foi seduzido. Plutarco escreveu que ele

> se rendeu completamente aos elogios de Alcibíades, a ponto de superá-lo em lisonjas recíprocas. Decretou que o mais belo parque [ou *paradeisos*] que

possuía, famoso por seus refrescantes riachos e gramados e que continha pavilhões e retiros decorados em estilo majestoso e extravagante, deveria receber o nome de Alcibíades. Todos sempre o chamavam por esse nome.

De fato, Alcibíades estava em uma posição muito complicada. Suas opções estavam acabando. Poderia seguir o exemplo de Temístocles, que terminara sua carreira como oficial persa, mas e se ele deixasse de receber os favores do sátrapa? Além disso, estava com saudades de casa. Agora que deixara de ser *persona grata* na Lacedemônia, não tinha interesse em apoiar uma vitória espartana. Começou a pensar em como negociar seu retorno, apesar do terrível dano que causara aos interesses de sua terra natal.

Alguns atenienses pensavam o mesmo.

As mulheres de Atenas estão cansadas da longa guerra e anseiam pela paz. A inspirada e persuasiva Lisístrata as convence a assumir o governo da cidade. Fazem isso ao negarem se deitar com os maridos e ao tomarem o tesouro na Acrópole. Descobrimos que elas decidem não mais praticar uma posição sexual popular chamada "leoa sobre o ralador de queijo". Os homens logo se sentem desesperados por sexo e passam a ter enormes ereções. Surge um arauto espartano, aparentemente incomodado, propondo conversações de paz. Logo fazem um acordo. Os maridos recebem as esposas de volta. Espartanos e atenienses celebram com danças e um banquete comemorativo.

Nada disso aconteceu, é claro, pois esse era o enredo da mais nova comédia de Aristófanes, *Lisístrata* (seu nome significa "desmanteladora do exército"), que estreou em 411. Contudo, muitos atenienses na plateia gostariam que tivesse *mesmo* acontecido.

De fato, havia uma dissensão aguda na cidade, mas não entre os sexos. A briga era entre classes. Os aristocratas da cidade haviam tolerado a democracia, porém não gostavam dela, apesar de muitos terem sido eleitos generais e funcionários do governo. Ainda acreditavam em sua primazia hereditária – o que Píndaro chamava de "esplendor que corre no sangue". Agora surgira a oportunidade de abolir a democracia e retornar à velha ordem. O *demo* merecia ser culpado pelo desastre na Sicília, e cidadãos respeitáveis de opinião moderada achavam que a regra popular deveria ser refreada. Estavam dispostos a apoiar algum tipo de oligarquia.

Em Atenas, a atmosfera era sombria. Um grupo de jovens bandidos de sangue azul assassinara políticos democráticos importantes e aterrorizara a população. Em maio, um século após sua criação, a *ecclesia* deixou-se intimidar para anular a Constituição. A assembleia se dissolveu e foi substituída por um conselho de quatrocentos oligarcas, que tomou posse em junho de 411. Seus líderes prometeram estabelecer, no devido tempo, uma assembleia de 5 mil cidadãos votantes. Nesse meio-tempo, a autoridade executiva estaria em suas mãos. O pagamento pelos serviços em quase todos os órgãos públicos foi abolido.

O novo regime era mais instável do que parecia à primeira vista. Muitos suspeitavam que sua intenção era assinar um tratado de paz revoltante com Esparta. Apesar de sua exaustão, a maioria dos atenienses via isso como traição, pois não haviam perdido a esperança de vitória ou de, pelo menos, um empate. Acima de tudo, a revolução tinha poucos líderes, que dependiam do apoio dos moderados.

Um deles era Terâmenes, político capaz e ágil, filho de um general de Péricles. Devido à sua natureza, fora apelidado de Coturnus, uma bota usada por atores que se encaixa em qualquer pé. Rapidamente desencantou-se com seus colegas mais radicais e inflexíveis. Notou que estavam adiando a publicação da lista dos Cinco Mil, como haviam prometido, e suspeitou que fosse enrolação, por saber que seu poder terminaria quando a nova assembleia começasse a se reunir. Os Quatrocentos dividiram-se em dois grupos, em extremistas e moderados como Terâmenes, que defendiam uma democracia qualificada.

Os oligarcas só conseguiram alterar a Constituição de Atenas porque um grande número de cidadãos estava com a frota em Samos. Os capitães das trirremes podiam ter preferido uma oligarquia, mas os remadores comuns, como cidadãos, eram recrutados em sua maioria da classe mais pobre, os *tetes*, e continuavam sendo democratas arraigados. Uma *ecclesia* alternativa instalou-se na ilha.

Os oligarcas de Atenas lançaram mensagens de paz a Esparta, que as rejeitou. Quando começaram a construir uma fortaleza na entrada do porto principal de Pireu, o povo imediatamente temeu que planejassem deixar uma frota do Peloponeso acabar com a guerra. A oposição cresceu, e um líder dos oligarcas foi morto por assassinos estrangeiros na ágora. Uma multidão demoliu o forte, e uma assembleia improvisada foi realizada em uma colina íngreme em Pireu. Ironicamente, um comandante chamado Aristócrates foi o primeiro a prender um oligarca idoso.

No mundo exterior, tudo ia de mal a pior. Uma frota inimiga foi avistada saindo de Salamina; a importante ilha de Eubeia, às portas de Atenas, rebelou-se;

e um pequeno esquadrão local de 36 trirremes foi derrotado pelos espartanos, rara vitória para os marinheiros inexperientes. A maioria dos Quatrocentos perdeu a simpatia de seus líderes radicais e odiava a situação em que se encontravam. A frota de Samos insistiu que eles fossem abolidos.

Em setembro, uma assembleia geral se reuniu no Pnyx[*] e dissolveu os Quatrocentos apenas quatro meses depois de eles tomarem o poder. Assim como Terâmenes havia desejado, foram substituídos por um grupo soberano não de todos os cidadãos, mas de todos os homens adultos que pudessem comprar as próprias armaduras. Com efeito, essa nova *ecclesia* governante equivalia à assembleia dos Cinco Mil, que por fim fora criada.

O novo sistema foi um grande sucesso, permitindo que Atenas restaurasse não apenas o governo efetivo, mas também sua sorte na guerra. Um ano depois e sem uma gota de sangue ter sido derramada, a democracia completa foi restabelecida, e seu primeiro documento conhecido começa com a fórmula costumeira: "Promulgada pela *boulē* e pelo *demo*". Tudo retornou ao *status quo ante* (incluindo a reintegração do pagamento pelos serviços públicos). Tucídides escreveu que,

> durante o primeiro período desse novo governo, os atenienses parecem ter desfrutado do melhor sistema já criado, pelo menos no meu tempo. Havia uma combinação razoável e moderada entre a minoria e a maioria, e isso permitiu à cidade se recuperar de seus múltiplos desastres.

O traidor estava de volta. Uma das decisões mais controversas tomadas pela *ecclesia* alternativa em Samos foi destituir todos os generais eleitos em Atenas e substituí-los por nomes indicados por eles.

Entre eles estava Alcibíades, que acreditavam que ajudaria Atenas a vencer a guerra. A nova assembleia dos Cinco Mil confirmou a votação. Isso não queria dizer que tudo fora esquecido e perdoado. Alcibíades tinha muitos inimigos temerosos de que ele pretendesse instalar uma tirania, mas, por enquanto, não tinham escolha senão se calar.

A idade e as vicissitudes da carreira lapidaram Alcibíades, que agora estava com quase quarenta anos. Ele se tornara um líder mais forte e maduro e deixara

---

[*] Pnyx era uma colina na Atenas antiga, com cerca de quatrocentos metros de altura. Ficava a sudoeste da ágora e era ponto de encontro da assembleia ou *ecclesia*. (N. T.)

para trás sua fraqueza por triunfos fáceis e truques espertos. Sabia também que esse seria seu último lance de dados; se fracassasse, sua carreira política e provavelmente sua vida terminariam.

Como conselheiro de Tissafernes, recomendara uma abordagem imparcial aos dois beligerantes. Isso teria a vantagem de cansar a ambos, de acordo com o ponto de vista persa. Embora não confiasse totalmente em Alcibíades (quem confiaria?), o sátrapa concordou. Reduziu o subsídio da frota peloponense e assegurou que um reforço prometido, a frota fenícia, nunca chegaria. No entanto, não concordou com uma reaproximação com Atenas.

Entrementes, Alcibíades abrira negociações com a frota de Samos, prometendo levar Tissafernes para o lado deles. Primeiro tinha feito contato com os oligarcas, mas logo voltou sua atenção aos democratas. Um líder de marinheiros influente, inteligente e independente, Trasíbulo, defendeu seu retorno.

O sátrapa soube dessa iniciativa secreta e começou a se distanciar de seu conselheiro. Nessa mesma época foi feita a revisão de um acordo entre Esparta e Pérsia.

Trasíbulo persuadiu as tropas e tripulações reunidas em Samos a evocar Alcibíades e conceder-lhe imunidade judicial. Pegou o antigo renegado no continente e levou-o para Samos. Logo ficou claro que Alcibíades perdera o crédito com Tissafernes, mas sua liderança enérgica e sua habilidade em levantar fundos para pagar os combatentes logo fizeram o persa esquecer essa decepção.

Os atenienses haviam obtido uma série de vitórias ultimamente.

Cansados de Tissafernes e de suas meias promessas, os peloponenses navegaram para o norte rumo ao Helesponto e abriram um novo campo de guerra. Ali estava a satrapia do mais direto Farnabazo, com quem logo se entenderam, e ele se tornou o melhor amigo persa de Esparta. Temendo pelo seu suprimento de grãos, os atenienses não tiveram escolha senão seguir o exemplo, liderados por Trasíbulo e outro almirante.

O ano tumultuado de 411 terminou no outono com duas impressionantes vitórias atenienses no Helesponto. Então, como vimos, veio a primorosa misericórdia de Cízico na primavera seguinte. Os três comandantes atenienses eram Trasíbulo, Terâmenes e Alcibíades, que merecia muito do crédito pela vitória. As únicas decepções foram a perda de Nísia, o porto de Mégara e a captura espartana naquele inverno de Pilos, a fortaleza rochosa na costa da Messênia que Atenas havia tomado em 425.

Para a surpresa de todos, os atenienses agora detinham uma posição muito forte.

Viram, para seu alívio, que ainda representavam um grande poder, e uma nova onda de autoconfiança se espalhou pela frota. Foi exagero. A recuperação era um crédito deles, mas Atenas não era mais a cidade de Péricles. Suas reservas, tanto de metais preciosos quanto de capital humano, estavam quase esgotadas, assim como sua resiliência. Não poderiam mais produzir uma nova frota após a outra indefinidamente. Teria sido mais sábio aceitar as ofertas de paz de uma Esparta desanimada e demorar alguns anos para se recuperar. Mas a velha arrogância ática estava mais feroz do que nunca. O *demo* queria a vitória total e imediata.

Quando o ilustre espartano Endius encabeçou sua delegação a Atenas e ofereceu paz à *ecclesia*, ele deve ter previsto uma recepção mais calorosa de um povo cansado de guerra do que aquela que recebeu. A democracia restaurada perdera pouco de sua agressividade tradicional. O líder popular mais proeminente de sua época, Cleofonte, enfatizou a magnitude dos recentes sucessos da cidade. "Vou usar um punhal para cortar a garganta de quem propuser a paz", relataram como sua ameaça.

Críticos zombaram dele como um bêbado depravado e sem origem, mas seu pai fora um estratego eleito, então certamente deve ter pertencido a uma família abastada e respeitável. O *demo* concordou com Cleofonte, e Endius foi dispensado. Com Alcibíades na liderança, tudo terminaria bem.

É uma prova da confiança de Cleofonte no futuro ele ter continuado a construção do Erecteion, o elaborado e pequeno complexo de templos com as Cariátides, na Acrópole, que fora abandonado durante a expedição siciliana para economizar recursos. Embora esse fosse um projeto comparativamente pequeno, ele seguia os passos do grande Péricles. Um novo templo na colina sagrada devia aumentar o moral público. Além disso, em homenagem a Cízico, um parapeito foi construído para o minúsculo templo de Atena Niké.

Por algum tempo, tudo correu bem. Os atenienses nunca recuperaram Quíos e Eubeia, mas a ilha de Tasos, ao largo da costa da Trácia, foi perdida e recuperada. Em geral neutra durante a guerra, apesar de membro da Liga, Rodes finalmente seguiu seu caminho independente. Com essas exceções, o império permaneceu mais ou menos unido.

Em 407, após quatro anos no campo, Alcibíades finalmente decidiu que poderia voltar para casa. Ele havia provado seu valor, e seus amigos na cidade lhe garantiram uma recepção calorosa – e, mais importante ainda, segura. Quando entrou no Pireu, uma multidão de simpatizantes esperava por ele – como na última vez em que o viram, liderando a frota ao partir para a Sicília naquele dia esplendoroso de 415.

Ele ancorou longe do porto, mas, temendo uma emboscada de seus inimigos, não desembarcou imediatamente. Em vez disso, ficou no convés, procurando reconhecer seus parentes no cais. Apenas quando avistou um primo decidiu descer à terra e caminhar até a cidade, cercado por guarda-costas informais.

Com lágrimas nos olhos, Alcibíades disse o que pôde na *boulē* e na *ecclesia* para explicar o que tinha feito, mas a maioria estava mais interessada no futuro brilhante do que no passado. Uma coroa de ouro foi colocada em sua cabeça, e o nomearam comandante em chefe, como disse Xenofonte, "com base no fato de que ele era o homem que restauraria o antigo poder de Atenas". Os registros de seu julgamento e a sentença foram jogados no mar, seus bens foram devolvidos, e os sacerdotes receberam ordens de retirar sua maldição.

Desde a ocupação espartana de Deceleia, a procissão anual de Atenas a Elêusis para celebrar os Mistérios teve de viajar por mar. Naquele ano Alcibíades levou-a ao longo da sua rota terrestre tradicional, escoltado por tropas. Os espartanos não reagiram. Foi um gesto duplamente simbólico: mostrou desprezo pelo rei Ágis e seus homens e deu a Alcibíades a oportunidade de demonstrar sua reverência pelos Mistérios, dos quais fora acusado (falsamente, ele ainda alegava) de zombar. Esse seria o momento ideal para se estabelecer como tirano, mas talvez ele achasse melhor vencer a guerra primeiro.

Dois acontecimentos lançaram uma sombra sobre as perspectivas atenienses. Um novo e inteligente almirante espartano foi nomeado para a frota do Peloponeso: seu nome era Lisandro. Vinha de família pobre e era um *mothax* (grego dórico para "meio-irmão"), termo usado para designar um espartano pobre demais para pagar por sua filiação a uma *syssitia*, ou acampamento do soldado, e que era obrigado a encontrar um patrocinador rico. Embora não fosse um dos Iguais, um *mothax* podia lutar ao lado deles.

Lisandro era imperialista e queria que Esparta substituísse Atenas como liderança do mundo grego. Conheceu Ciro, irmão do rei persa Artaxerxes. Queixou-se ao jovem príncipe que Tissafernes era indiferente ao seu apoio à frota do Peloponeso e persuadiu-o a aumentar o subsídio para o soldo dos marinheiros de três para quatro óbolos por cabeça. Artaxerxes nomeou Ciro para assumir o comando da guerra no lugar de Tissafernes. Ele estava no fim da adolescência, era hiperativo e pró-espartano. Lisandro podia ser arrogante, mas nessa ocasião obedeceu às regras da lisonja e da deferência na corte. O espartano e o persa tornaram-se bons amigos.

Nesse momento desfavorável, Alcibíades perdeu a concentração. Seus inimigos em casa, que esperavam pacientemente por um erro seu que pudessem explorar, atacaram.

Uma frota ateniense estava próxima a Éfeso, perto do porto de Notium. Alcibíades queria levar Lisandro e sua frota para a batalha o mais rápido possível, mas estes ficaram em seu posto dentro do porto de Éfeso. O almirante espartano, generosamente financiado por Ciro e capaz de pagar salários mais altos do que os atenienses, tinha tempo para gastar e não via motivos para arriscar uma luta. Isso deixou Alcibíades ansioso, pois o público ateniense imaginou que ele poderia alcançar o que quisesse. Além disso, tentados pelo ouro persa, seus remadores estavam desertando aos poucos para o lado inimigo.

Alcibíades zarpou com suas tropas em uma breve expedição para procurar dinheiro e rações, deixando suas trirremes em guarda contra qualquer movimento de Lisandro. Colocou seu timoneiro no comando da frota, um homem chamado Antíoco – um bom piloto, mas (de acordo com Plutarco) dotado de pouco raciocínio. Podia ter qualidades como companheiro de bebedeira, não como almirante.

Alcibíades deu-lhe instruções estritas para evitar a luta a todo custo, mas Antíoco ignorou o que ele lhe disse. Atravessou a entrada do porto de Éfeso com algumas trirremes, xingando e fazendo gestos obscenos. Lisandro enviou alguns barcos para afastá-lo, e gradualmente ambas as frotas saíram para a batalha. Antíoco foi morto, e os atenienses perderam 22 navios. Foi um revés menor, mas completamente desnecessário. Alcibíades voltou assim que soube da notícia e chamou Lisandro para a batalha, mas o espartano declinou. Já havia se saído bem o suficiente e não via necessidade de correr mais riscos.

A escaramuça em Notium foi o primeiro grande revés desde Cízico, e a *ecclesia* ficou consternada. Um orador culpou Alcibíades por nomear homens "que haviam conquistado sua confiança simplesmente por sua capacidade de beber e contar histórias de marinheiro". Tratava a guerra no mar como um cruzeiro de luxo. Todos os seus velhos erros, a ajuda que dera a Esparta e seu conluio com os persas, haviam sido calculados. Ele foi destituído do cargo.

Parece uma decisão tola, o *demo* em seu momento mais fútil, mas a derrocada em Notium só fez realçar os duros contornos de um estado de coisas já conhecido: a dubiedade de Alcibíades. Os muitos ressentimentos contra ele ressurgiam de tempos em tempos, e ele não conseguiu obter consenso amplo o suficiente para apoiá-lo no longo prazo. Sabia que seu retorno a Atenas fora uma aposta enorme e perigosa. Logo percebeu que perdera em seu último lance de dados. Não estava mais em segurança. Deixou a frota e foi para um castelo no Quersoneso Trácio,* um esconderijo que antecipadamente preparara para essa eventualidade.

Irreprimível como sempre, Alcibíades pagou alguns mercenários e liderou uma tropa na Trácia, resgatando seus cativos por grandes somas de dinheiro. Mas isso não era nada diante do que ele havia perdido.

Dois anos depois da desgraça de Alcibíades, Aristófanes escreveu em *As rãs* os sentimentos conflitantes de seus compatriotas sobre o líder que haviam perdido. Atenas "anseia por ele, mas o odeia, e ainda assim quer tê-lo de volta". Já era tarde demais para isso.

O *demo* continuou a agir de forma raivosa, cruel e imprevisível.

O mandato de Lisandro expirou após um ano, em 406, e ele foi obrigado a entregar o cargo a um novo e jovem comandante, Calicrátidas, que era um tipo raro – um espartano tradicional e charmoso, que lembrava um pouco Brásidas. Seu predecessor ficou tão irritado por ser substituído que difamou a reputação de Calicrátidas junto a Ciro e devolveu ao príncipe o remanescente dos subsídios fornecidos por ele que não haviam sido gastos.

O almirante discordava da política expansionista de Lisandro. Considerava a aliança persa uma desgraça e ficou furioso quando Ciro se recusou a reunir-se com ele. Em uma visita a Mileto, *polis* antipersa, onde estabeleceu a sede

---

* Península de Galípoli (em turco: Gelibolu Yarımadası; em grego: Καλλίπολη, transliteração: Kallípolē; em latim: Chersonesus Thracica) é uma península situada na Trácia Oriental, noroeste da Turquia. O nome deriva do topônimo grego e significa "cidade bonita". É banhada e limitada pelo mar Egeu a oeste e pelo estreito de Dardanelos e o mar de Mármara a leste. Na Antiguidade, era conhecida como Quersoneso da Trácia ou Quersoneso Trácio (em grego: Θρακική Χερσόνησος, transliteração: Thrakikḗ Chersónēsos), nome partilhado com uma cidade. χερσόνησος (Chersónēsos) significa "península", em grego. (N. T.)

de sua campanha, disse na assembleia geral: "É um dia triste para os gregos quando precisam lisonjear estrangeiros para obter dinheiro. Se eu conseguir voltar para casa em segurança, me empenharei, ao máximo possível, para selar a paz entre Atenas e Esparta".

Levantou o dinheiro de que precisava para pagar sua enorme frota de 140 navios das cidades jônicas, que apreciaram sua aversão pelos persas. Perseguiu a frota ateniense, agora liderada por um almirante chamado Conão, e a capturou na foz do porto de Mitilene, a capital da ilha de Lesbos. Capturou trinta trirremes atenienses, deixando Conão com apenas quarenta barcos bloqueados dentro do porto. Se tivesse destruído toda a frota, a guerra teria terminado. Ciro não queria que Esparta fosse vitoriosa sem a ajuda persa e imediatamente enviou dinheiro a Calicrátidas para pagar os remadores.

Conão conseguiu sair com um navio para se reportar a Atenas e pedir mais embarcações. Um tremendo esforço foi feito para responder à crise. Os escravos foram libertados para remar na frota, e até aristocratas da cavalaria sentaram-se ao lado dos remadores. Cento e dez navios de guerra foram construídos e tripulados. Os aliados contribuíram com mais quarenta, incluindo dez da ainda leal ilha de Samos. Como sinal de gratidão, encomendaram um baixo-relevo de mármore com a imagem de Hera, a deusa protetora de Samos, apertando as mãos de uma Atena armada.

A força de socorro chegou de Lesbos, e Calicrátidas perdeu sua superioridade numérica. Uma batalha aconteceu perto das ilhas Arginusas, a leste de Mitilene. Era um dia tempestuoso. Os atenienses, que haviam formado duas filas contra o inimigo, começaram a flanquear os espartanos à esquerda. Em resposta, Calicrátidas dividiu sua frota em dois esquadrões separados. Isso abriu uma lacuna no meio, por onde os atenienses remaram. Calicrátidas caiu ao mar quando sua trirreme arremessou contra um navio inimigo, desapareceu e nunca mais foi visto, e a direita ateniense tomou os peloponenses de volta. Algumas trirremes escaparam, mas os espartanos e seus aliados perderam 77 navios de guerra, ou seja, bem mais da metade da frota. Os atenienses perderam apenas 25. Foi um resultado extraordinário, e Diodoro escreve que a batalha de Arginusas foi "o maior embate naval na história dos gregos contra os gregos".

Quando a longa batalha terminou, começou uma tempestade. Era dever dos almirantes vitoriosos resgatar os tripulantes sobreviventes, agarrados aos destroços dos navios naufragados ou nadando ao redor, bem como os cadáveres boiando na água. Em Arginusas, eram 5 mil homens.

Os oito almirantes (para evitar uma batalha por meio de comitê, um almirante diferente assumia o comando geral a cada dia) decidiram que até cinquenta trirremes seriam comandadas por Terâmenes e Trasíbulo, ambos capitães de navio então, para resgatar os sobreviventes. Mas o tempo estava muito ruim, e os dois chegaram à conclusão de que não seria possível obedecer a essas ordens. Enquanto isso, o resto da frota partiu para enfrentar a flotilha espartana que ainda bloqueava o porto de Mitilene. Os 5 mil se perderam.

Esse era um número alto e, embora a *ecclesia* se entusiasmasse com a vitória, ficou furiosa com as baixas. Terâmenes e Trasíbulo rapidamente colocaram a culpa nos almirantes, que foram destituídos e levados a julgamento. Seus casos foram ouvidos em conjunto, e todos foram condenados à morte em uma única votação.

Processar homens acusados em conjunto violava um decreto que garantia julgamentos separados. Por uma sorte incrível, Sócrates estava na *boulé* nesse ano (a única vez que ocupou cargo público). Nesse mês, ele também fazia parte do subcomitê, ou *prítane*, que preparava os trabalhos para a *boulé* diante da *ecclesia*. Mais coincidentemente ainda, nesse mesmo dia ele atuava como presidente da *ecclesia*. Recusou-se a apresentar a moção perante a assembleia, alegando sua ilegalidade.

A autoridade do filósofo durou apenas 24 horas. A audiência seguiu, e os almirantes foram executados. Entre eles estava Péricles, filho de Péricles e Aspásia. Um dos condenados parou antes de ser levado embora. Com sarcasmo cortante, pediu à assembleia que se lembrassem de livrar a ele e seus colegas dos votos que haviam feito aos deuses antes de sua vitória, pois eles mesmos não teriam mais tempo de fazê-lo.

Apenas o filósofo impopular saiu-se bem desse episódio inconstitucional.

A perda de vidas em Arginusas de fato fora substancial, mas teria Atenas talentos suficientes para se dar o luxo de eliminar tantos comandantes num acesso de raiva? Como reconheceram mais tarde, porém tarde demais, a *ecclesia* agira de modo cruel e insensato. Sua conduta fez com que se perdesse o governo racional dos Cinco Mil. Teriam eles perdido o autocontrole tão completamente quanto o *demo* recém-devolvido ao poder?

Os espartanos mais uma vez insistiram pela paz, cada lado mantendo o que tinha proposto. Até ofereceram desistir de Deceleia. Parece que Cleofonte interveio novamente, de forma desastrosa. De acordo com o autor do século IV de um estudo da *Constituição de Atenas*, ele impediu "as massas… de selar a paz entrando na assembleia embriagado e usando seu peitoral e dizendo que não iria permiti-la a menos que os espartanos entregassem todas as cidades que haviam tomado".

A recusa ateniense foi mais uma decisão insensata. Os navios que venceram em Arginusas foram os últimos que Atenas conseguiu, quase milagrosamente, construir a partir do nada. Eles rasparam o fundo das reservas para levantar pessoal, material e dinheiro. Se algo acontecesse com a frota atual, seria o fim. Seria impossível realizar outros prodígios.

Como o *demo* não havia percebido isso? Talvez a única resposta seja a exaustão. Como um pugilista cambaleante, não teve a perspicácia necessária para poder parar.

Um cavaleiro trotou ao longo do litoral até onde os navios atenienses estavam encalhados e pediu para falar com os seis almirantes no comando. Supomos que ele não tenha esperado muito tempo, pois o visitante era ninguém menos que Alcibíades, que viera especialmente para lhes dar alguns conselhos.

O local chamava-se Egospótamo (ou "riacho da cabra"), um pequeno rio que desemboca no Helesponto que vem da costa setentrional. O castelo de retiro de Alcibíades ficava próximo, onde hoje é a península de Galípoli, e dali ele podia observar tudo o que acontecia.

Em face disso, Egospótamo tinha pouco a oferecer. Não havia porto, e a cidade mais próxima, Sestos, onde podiam encontrar provisões, ficava a mais de dez quilômetros de distância. Sua única vantagem era ficar em frente ao porto de Lâmpsaco, onde Lisandro, novamente no comando, e uma frota de duzentos navios de guerra se instalaram.

Os atenienses, com 180 trirremes, queriam lutar o mais rápido possível enquanto ainda tinham dinheiro para pagar suas tripulações, cerca de 35 mil homens ao todo. Se fizessem isso, precisavam estar em posição para desafiar os espartanos. Durante quatro dias, remaram os mais de três quilômetros pelo canal de Egospótamo, procurando começar uma batalha. Em cada ocasião, Lisandro manteve sua frota imóvel dentro do porto, sem sair. Era perigoso demais atacá-lo ali, e, à tarde, os atenienses retornavam para a praia e puxavam os barcos no seco para jantar em terra firme.

A visita de Alcibíades ocorreu no quarto dia. Pediu aos almirantes que mudassem sua frota para o sul, para Sestos, onde havia um porto e uma cidade.

Acrescentou que, se lhe dessem uma parte do comando, ele formaria um exército de trácios para atacar os espartanos por terra. Alcibíades estava certo em advertir os almirantes de que sua posição atual era arriscada, e uma força formada por trácios, se realmente existisse, seria de fato útil.

No entanto, eles não poderiam compartilhar o comando com um homem condenado duas vezes pela *ecclesia*. Além disso, como aponta Diodoro, achavam que "eles seriam culpados no caso de derrota, enquanto dariam o crédito por um eventual sucesso a Alcibíades". Disseram-lhe para cair fora. "Somos os almirantes agora", fizeram questão de lembrá-lo.

Na manhã seguinte, trinta trirremes atenienses partiram à frente da frota principal. O almirante responsável era Fílocles. Seu objetivo era provavelmente tentar Lisandro a destruir um alvo tentadoramente fácil e depois ser dominado pela frota principal que se aproximaria em seguida. O plano fracassou por dois motivos: os desertores os traíram e a disciplina entre os atenienses tornou-se frouxa.

Prevenido, Lisandro saiu imediatamente com sua frota, espalhou a guarda avançada ateniense e avançou sobre as trirremes encalhadas antes que as tripulações tivessem a chance de lançá-las. Também desembarcou um pouco da infantaria para atacar o acampamento inimigo, enquanto os atenienses estavam ocupados tentando resgatar seus navios. A maioria se espalhou, fugindo em todas as direções, e seguiu para Sestos.

Da marinha ateniense, apenas dez embarcações não tinham sido naufragadas nem tomadas. De 3 mil a 4 mil prisioneiros foram capturados. Decidiram matar todos os que fossem cidadãos atenienses. Os responsáveis por atrocidades anteriormente receberam atenção especial, entre eles, Fílocles: ele conseguiu aprovar uma moção na *ecclesia* segundo a qual, após uma vitória, todos os prisioneiros teriam o polegar ou a mão direita cortada. Também, em certa ocasião, ordenou que as tripulações de duas trirremes capturadas fossem jogadas ao mar para se afogar. Xenofonte escreve: "Lisandro primeiro lhe perguntou o que ele pensava que merecia por ter iniciado ações tão incomuns e criminosas contra os gregos. Então, cortaram sua garganta".

Uma das trirremes do Estado, *Paralos*, chegou a Atenas durante a noite com notícias da catástrofe em Egospótamo. Xenofonte descreve a cena de forma memorável.

Um som de lamento emergiu do Pireu, percorreu as Longas Muralhas e entrou na cidade, à medida que um homem passava a notícia a outro. Como resultado, ninguém dormiu naquela noite, chorando não só pelos mortos, mas por si mesmos, acreditando que sofreriam o mesmo tratamento que infligiram aos outros – o povo de Melos... e muitos outros gregos.

A grande guerra entre Atenas e Esparta estava quase acabando.

Atenas preparou-se para um cerco. A cidade era inexpugnável, então teria de morrer de fome para se render. Lisandro ameaçou de morte qualquer ateniense que fosse preso do lado de fora da cidade, e um fluxo de refugiados multiplicou o número de bocas a ser alimentadas. Um bloqueio do Pireu suspendeu a importação de alimentos. Lisandro esperou. Passou o inverno e, na primavera, pessoas começaram a morrer pelas ruas.

Quais termos seriam impostos por Esparta? O destino de Melos não fora esquecido – nem outras atrocidades da guerra. O que os atenienses impuseram aos outros agora deveria ser imposto a eles. Os coríntios e os beócios queriam ver Atenas destruída, "raízes e ramos", a cidade arrasada e o povo vendido como escravo. A proposta foi apoiada pelo rei Ágis e por Lisandro. Mas a reflexão mostrou que isso seria contra os interesses de Esparta. Se Atenas desaparecesse do mapa, haveria um vácuo de poder que tanto os coríntios quanto os beócios, ambos problemáticos durante a guerra, seriam os primeiros a preencher. Haveria pouca vantagem em perder uma rival que fosse uma superpotência apenas para criar outra.

O melhor para Esparta seria uma Atenas domada. E isso foi o que acordaram ao final. Atenas permaneceu um estado independente, mas sem suas Longas Muralhas, as fortificações do Pireu e seu império. Ficou presa a um tratado de amizade com seu antigo inimigo que a impedia de ter uma política externa. Todos os exilados (na maioria, oligarcas) deveriam voltar.

O principal negociador de Atenas foi o moderado Terâmenes. O democrata radical Cleofonte, irreprimível como sempre, tentou resistir ao acordo, mas a cruel necessidade foi contra ele. Foi acusado de desertar do serviço militar, considerado culpado e executado. Lisandro atracou em triunfo no Pireu, e os atenienses e seus conquistadores espartanos trabalharam lado a lado para derrubar as Longas Muralhas. Assombrada pela presença do comandante espartano na cidade, a *ecclesia* fez o que lhe foi dito. Votou contra a democracia e nomeou uma comissão de Trinta Tiranos, liderada por um exilado que retornara, um autor e oligarca chamado Crítias, para preparar uma nova Constituição. Esses reacionários se tornaram o governo de fato.

E o que aconteceu ao homem que mais fez para destruir e, depois, para tentar salvar sua terra natal – o homem cuja personalidade volátil e carismática encarnou o espírito do imperialismo ateniense?

Depois de Egospótamo, Alcibíades sabia que ele não tinha futuro. As autoridades de Esparta queriam seu fim. Como disse o orador e cronista do século IV, Isócrates: "Não tinham certeza da lealdade de Atenas se demolissem seus muros, a não ser que também destruíssem o homem que poderia reconstruí-los". Em outras palavras, era muito perigoso deixá-lo vivo.

Alcibíades ficou em seu palácio no Helesponto, mas, quando invasores trácios o emboscaram e roubaram-lhe seu dinheiro, ele escapou pelo mar para a Frígia. Aqui o incorruptível Farnabazo deixou-o ficar em uma casa em uma aldeia. Como última aposta, Alcibíades persuadiu o sátrapa a conseguir uma reunião com o Grande Rei Artaxerxes, em Susa. Tentaria persuadi-lo a agir contra Esparta e a ajudar Atenas a se recuperar de sua derrota: argumentaria ser, como sempre, do interesse persa manter um equilíbrio de poder na Hélade. De qualquer forma, ele ofereceria seus serviços a Artaxerxes, a quem ele seria tão útil quanto Temístocles fora em seu tempo.

Crítias uma vez se vangloriou em um poema de ter feito uma moção perante a *ecclesia* para chamar Alcibíades de volta, mas, como novo governante de Atenas, ele mudou de tom. Enviou uma mensagem para Lisandro na Ásia: "A menos que mate Alcibíades, nenhum dos arranjos que fez em Atenas prevalecerá. Então, se quiser que suas decisões continuem inalteradas, deve matá-lo". Quando adolescentes, Crítias e Alcibíades foram discípulos de Sócrates, e deve ter ocorrido ao mestre que nenhum dos dois tinha se tornado um exemplo de estudo e prática da virtude.

A princípio Lisandro se recusou a agir, mas, sob pressão das autoridades locais, disse ao sátrapa que as relações com Esparta seriam rompidas, a menos que apresentasse Alcibíades vivo ou morto. Farnabazo obedeceu, relutante, e pediu a dois parentes que tratassem do assunto.

Plutarco relata que uma *hetaira*, ou cortesã, chamada Timandra, vivia com Alcibíades na época. Uma noite, sonhou que estava vestido como Timandra. Ela segurava a cabeça de Alcibíades e o maquiava com cosméticos, como se fosse uma mulher.

Não muito depois, os homens que foram enviados para matar Alcibíades chegaram à sua casa à noite. Sem ousar entrar, puseram lenha contra as paredes e a incendiaram. Despertado pelo crepitar das chamas, Alcibíades tentou abafar o fogo com roupas e lençóis. Então envolveu um manto em torno do braço esquerdo e com a espada na mão direita correu através do fogo sem se queimar. Os atacantes recuaram, ficando fora do seu alcance, e dispararam dardos e flechas de longe até ele cair e morrer.

Mais tarde, depois que os assassinos se foram, Timandra pegou o corpo e envolveu-o em suas próprias roupas. Ela o cremou no fogo que fora aceso para consumir Alcibíades ainda vivo.

E assim um dos últimos alcmeônidas saiu de cena. O clã desaparece de registro e, se morreu ou sobreviveu anônimo, esperamos que, com este clímax manchado de sangue, a maldição de Cilón tenha sido expiada.

A LONGA DESPEDIDA

21

A VEZ DE ESPARTA

Um ateniense que voltasse à sua cidade natal em 403, após uma longa ausência, notaria como as ruas estavam calmas e vazias. Onde estavam todos?

A resposta rápida é que estavam todos mortos. Ao fim da guerra, a população de homens atenienses havia caído pela metade em relação ao começo do conflito – com isso havia lugar para as novas coortes de cidadãos masculinos que nasciam aos longo dos anos e para o retorno forçado de cidadãos-colonos, ou *cleruchs* (muito provavelmente, não havia mais do que 10 mil deles). As causas não foram apenas as baixas em batalhas, principalmente na expedição siciliana, mas também a mortalidade em massa devido à peste na década de 420. Estima-se que o número de hoplitas tenha diminuído de 22 mil, em 431, para cerca de 9.250 em 394. As batalhas navais nos últimos anos da guerra geraram perdas ainda maiores entre os *tetes*, ou a classe econômica mais baixa. Havia cerca de 15 mil deles em 415, mas apenas entre 5 mil e 7 mil em 394. Devido ao grande número de remadores necessários para impulsionar uma trirreme, as baixas poderiam exceder em muito as de uma batalha em terra.

Em suma, o número de cidadãos masculinos em idade adulta em Atenas após a Guerra do Peloponeso é estimado entre 14 mil e 16.250. Havia mais de 40 mil em 434. O número de cidadãos havia diminuído cerca de 60%.

Depois de uma derrota tão grande, Atenas poderia recuperar sua posição como uma grande potência no mundo grego? Isso parecia pouco provável.

A economia da cidade entrara em colapso. Em seu apogeu, a agricultura estava em seu cerne, e cerca de dois terços da população masculina adulta possuíam alguma terra, embora não necessariamente o suficiente para se sustentar. Em muitos casos, os pequenos agricultores poderiam suplementar seus ganhos servindo como jurados ou recebendo pagamentos estatais pela posse de cargos públicos. Podiam remar na frota ou trabalhar nos estaleiros de Pireu. Como alternativa, podiam emigrar e se juntar a uma *cleruchy*, aqui e ali, por todo o império. Os pobres sem-terra dependiam ainda mais da renda derivada da guerra e das oportunidades de serviço público pago. A política pública se sobrepôs ao financiamento do bem-estar social.

Mas agora o império havia desaparecido e a frota também. A diferença entre os que tinham e os que não tinham aumentou. Fluxos de dinheiro costumeiros secaram abruptamente. Como vimos, mais de 20 mil escravos fugiram. Muitos vieram das minas de Laurium, e só em meados do século seguinte a extração de prata se aproximou dos níveis antigos. Além disso, muitos escravos receberam sua liberdade em troca de lutar em Arginusas. Quando o dinheiro era curto, eles não podiam ser substituídos de forma fácil ou rápida. Enquanto houvesse risco de novas invasões militares, os investidores em larga escala podiam considerar empréstimos para mercadores e comerciantes marítimos mais seguros do que a mineração ou a renovação agrícola.

Os pagamentos dos membros da Liga (ou, mais exatamente, o tributo imperial) acabaram. A taxa de associação e outras quantias coletadas dos aliados haviam fornecido ao Estado ateniense seiscentos talentos em 431; 1.300 talentos, após revisões de aumento, em 425; cerca de novecentos talentos em 413; e, em 403, nada. Do lado do crédito, agora que o império tinha acabado, Atenas não era mais obrigada a manter as rotas marítimas seguras para os mercadores (uma consequência imprevisível foi o crescimento da pirataria). A receita caiu, mas do mesmo modo, até certo ponto, também caiu a despesa.

Atenas nunca fora prioritariamente um centro de produção, e a maior parte de sua indústria leve atendia o mercado interno. Durante a guerra, muitas áreas como a metalurgia, carpintaria, curtumes e estaleiros, que produziam armas, navios e equipamentos, armaduras e similares, tinham faturado bem, e a chegada da paz trouxe desemprego e um período de difícil reajuste. Não havia mais uma frota para construir ou um exército para equipar.

Havia algumas compensações. Os atenienses retomaram a vida no campo em segurança e recomeçaram a agricultura em tempo integral. O exército espartano deixara a fortaleza em Deceleia, e três décadas de invasões inimigas chegaram ao fim. Os campos da Ática foram queimados e escavados; casas em fazendas foram desmontadas, e a madeira, as telhas, as ferramentas e os móveis foram retirados. A terra perdeu seu valor e, em 389 ou 388, o redator de discursos Lísias refere-se a um homem cuja propriedade desvalorizou-se de setenta para vinte talentos.

A destruição não foi tão ruim quanto parece. O grão é replantado todo ano, as videiras não são facilmente destruídas, e as oliveiras resistem ao machado e às chamas (embora as novas levem anos para crescer). A renovação da agricultura reduziu a dispendiosa dependência de alimentos importados do mar Negro. Os proprietários de terras mais ricos se recuperaram mais rapidamente que os demais, e sabemos de vários fazendeiros bem posicionados que se deram bem no pós-guerra – entre eles, surpreendentemente, Platão, o filósofo e discípulo de Sócrates.

Quando tudo se acalmou, Atenas (ou melhor, Pireu) reafirmou sua posição como um entreposto para os comerciantes do Mediterrâneo Oriental, onde os bens eram importados e reexportados. Portos de Cartago até a Crimeia enviavam navios a Atenas para comprar e vender. No entanto, não há como negar um declínio acentuado nos negócios. O valor anual total do comércio marítimo imperial chegara, um dia, a mais de 18 mil talentos, dos quais a participação do Pireu era de pelo menos 25%, ou 4.500 talentos. Em 402-401, porém, os ganhos do porto podem ter caído para 1.800 talentos, embora essa ainda fosse uma soma substanciosa.

O comércio era apoiado por banqueiros e fazendeiros fiscais, frequentemente estrangeiros residentes (metecos) e escravos bem treinados (o Estado não possuía um tesouro ou um serviço de receita). Os estrangeiros também iam a Atenas por questões culturais, em particular para assistir à Grande Dionísia. Com o fim das hostilidades, os turistas retornaram. No longo prazo, a prestação de serviços para os estrangeiros se tornaria a indústria mais lucrativa da cidade.

Um jovem do estreito de Bósforo visitou Atenas em meados da década de 390. Sua narrativa não era atípica.

> Quando ouvi histórias sobre Atenas e as outras partes do mundo grego, quis viajar para o exterior. E assim meu pai carregou dois navios com grãos [para vender aqui na cidade], me deu dinheiro e me enviou em uma expedição comercial e, ao mesmo tempo, para ver o mundo.

Assim, a vida cotidiana em Atenas retomou algo parecido com a normalidade. Pequenos brotos de crescimento econômico podiam ser detectados. Mas a recuperação foi inevitavelmente limitada pelo colapso da população, e uma sombra projetou-se no futuro. Em parte, os desastres da guerra haviam destruído a autoconfiança; em parte, havia apenas poucas pessoas e muito pouco dinheiro para sustentar uma guerra, um renascimento econômico, um império ou um renascimento cultural.

Certa tarde, em 404, Lísias, um abastado meteco, estava oferecendo um jantar em sua casa em Pireu quando as autoridades o visitaram.

Dois membros dos Trinta Tiranos, o regime oligárquico estabelecido por Lisandro, entraram. Estavam acompanhados por um grupo de homens armados. Expulsaram os convidados e depois foram até a fábrica de armas ao lado, que Lísias e seu irmão mais velho, Polemarco, possuíam. Fizeram um inventário dos 120 escravos que fabricavam escudos. Enquanto isso, um dos oligarcas, Peison, ficou com Lísias na casa.

Os Trinta tinham pouco dinheiro e suspeitavam de traição entre a comunidade de estrangeiros residentes. Decidiram resolver os dois problemas de uma só vez. Identificaram dez metecos prósperos, cujos bens seriam confiscados e cujas vidas seriam perdidas devido a acusações criminais espúrias (pelo bem das aparências, dois deles seriam pobres). Lísias e Polemarco estavam entre esses selecionados. Eram de uma família de imigrantes ricos, respeitáveis e cuidadosamente não políticos, cujo pai siracusano fora convidado por Péricles a se estabelecer em Atenas. Polemarco interessava-se por filosofia, e Platão usou sua casa como cenário para seu grande diálogo filosófico de *A república*.

Lísias pediu a Peison que o libertasse em troca de um talento de prata, e Peison aceitou. Ele entrou em seu quarto e abriu um cofre onde havia três talentos e outras moedas de ouro. Infelizmente Peison o seguiu, viu a caixa e ordenou que seus homens a levassem embora. Então, Lísias perdeu tudo. Ele foi entregue a um segundo oligarca e levado até a casa de um vizinho. Suas perspectivas pareciam sombrias; enquanto seus visitantes indesejados conversavam, Lísias aproveitou para escapar por três portas, que, por sorte, estavam destrancadas. Foi até a casa de um capitão de navio que ele conhecia, que foi até Atenas para descobrir o que havia acontecido com Polemarco. Voltou com a notícia de que ele havia sido preso e levado para a cadeia. Então, Lísias embarcou em um navio na noite seguinte e seguiu até Mégara.

Recordando esses fatos um ano depois, falou amargamente sobre o destino do irmão. "Para Polemarco, os Trinta deram sua ordem costumeira, de beber cicuta [um veneno usado como pena capital], sem lhe dizer o motivo de sua execução. Nem permitiram um julgamento em que pudesse se defender." A propriedade de Polemarco foi saqueada (levaram até os brincos de sua esposa), e seus parentes tiveram de pedir emprestado o valor necessário para seu funeral.

Crítias, líder dos Trinta, não era um reacionário comum. Esse antigo aluno de Sócrates escreveu poemas e tragédias. No exílio de Atenas, no fim da guerra, ajudou a estabelecer uma democracia na Tessália. Suspeito de envolvimento na mutilação das hermas, era um pensador avançado: num fragmento de uma de suas tragédias sobreviventes, um orador explica que os deuses eram uma invenção necessária para controlar os seres humanos.

> Primeiro, um homem astuto, sábio em seu julgamento,
> inventou para os mortais o temor aos deuses,
> desse modo, assustando os ímpios, iriam
> até mesmo agir, ou falar, ou conspirar em segredo.

Ele acreditava que a virtude deveria ser imposta pela força, e essa era de fato a sua política quando assumiu o poder. No entanto, a força logo veio a ser aplicada sem o menor traço de virtude, como conta a história de Lísias.

Uma vez firmemente assentados, os Trinta abandonaram qualquer ideia de preparar uma nova Constituição, como foram instruídos a fazer. Confiscaram todas as armas e armaduras da cidade e criaram um reino de terror. Começaram por executar informantes conhecidos, mas arquitetaram a morte de 1.500 homens apenas pelo dinheiro ou pela reputação como cidadãos cumpridores da lei e politicamente moderados.

Eles fizeram uma tentativa de implicar atenienses comuns nesses assassinatos judiciais. Sócrates recebeu a ordem, junto com quatro concidadãos, de prender um respeitável ex-oficial militar, Leon de Salamina. Correndo grande risco pessoal, o filósofo recusou-se a cumprir a ordem e apenas foi para casa. De acordo com Platão, admitiu mais tarde que poderia ter sido condenado à morte por isso, mas acrescentou: "Se não for rude da minha parte dizer isso, a morte é algo com que eu não me importo; minha preocupação é não fazer nada injusto ou ímpio". Os outros não foram tão corajosos assim: prenderam Leon, que foi morto. Os Trinta eram sensatos o suficiente para deixar Sócrates impune.

Terâmenes esperava que os Trinta estabelecessem sua ideia de uma oligarquia limitada, como na época dos Cinco Mil. Juntou-se a eles, mas logo mudou de ideia. Para ampliar a base do seu governo, Crítias emitiu um registro de três mil apoiadores e anunciou que todos os demais cidadãos estavam sujeitos à pena de morte sem julgamento e a ter seus bens confiscados. Terâmenes criticou o regime por sua crueldade e ameaçou desertar. Era errado, ele disse, matar pessoas simplesmente porque foram populares durante a democracia. Por fim, esse homem apelidado Coturnus fez sua escolha.

Crítias agiu. Convocou a *boulē* e chegou à reunião com uma escolta de jovens apoiadores, armados com adagas ocultas em suas axilas. Depois de um debate irado, riscou o nome de Terâmenes da lista dos Três Mil, pois sua filiação garantia-lhe um julgamento, e ordenou prisão e execução imediatas. Terâmenes correu para um altar e reivindicou a proteção do santuário. No entanto, foi tirado dali e, protestando em alto e bom som, foi arrastado através da ágora.

Na pequena prisão à beira da ágora, recebeu uma taça letal de cicuta para beber. Como se fosse um *erastes* jogando *kottabos* (ver página 299) em uma festa cheia de bebidas, jogou fora o resto como um brinde ao seu *eromenos* assassino: "Esta é para o adorável Crítias!".

A remoção de um político experiente de maneira tão arbitrária e violenta era mais um sinal de fraqueza do que de força, e o governo vacilou. Dois importantes democratas em exílio em Tebas decidiram intervir. Um deles foi Trasíbulo, o almirante sediado em Samos na última fase da guerra; e, o outro, Ânito, político influente e dono de um bem-sucedido negócio de tingimento. Tinha uma carreira irregular: muitos anos antes, caíra de amores pelo adolescente Alcibíades. Era um democrata moderado e, em 409, foi eleito como um dos dez generais para aquele ano. Teve a infelicidade de estar no comando quando Pilos foi perdida para os espartanos. Foi julgado por esse fracasso, mas aparentemente pagou o júri para receber a absolvição.

Em dezembro de 404, os dois homens foram de Tebas à Ática com setenta seguidores e ocuparam uma colina chamada Filé, a dezesseis quilômetros de Atenas. Os Trinta enviaram uma força para fazer um bloqueio, mas uma tempestade de neve os impediu. Os homens deixaram a cidade, se juntaram a Trasíbulo e logo conseguiram setecentos seguidores. Pouco antes do amanhecer, atacaram e dispersaram alguns cavaleiros e membros de uma guarnição espartana estacionada na Acrópole que fora despachada para vigiar Filé.

O moral entre os Trinta caiu drasticamente, e eles deixaram a cidade. Tomaram a cidade fronteiriça de Elêusis como retiro de emergência, no caso de necessidade, e massacraram a população local. Trasíbulo então marchou à noite para o Pireu, e Crítias o seguiu até o porto com suas tropas e homens da guarnição espartana. Os combatentes de Filé retiraram-se em ordem para um terreno elevado e, embora em menor número, repeliram o ataque inimigo. Crítias e setenta outros morreram.

Seguiu-se uma pausa turbulenta. Os Trinta Tiranos foram abolidos, mas os oligarcas se apegaram ao poder. Os espartanos interviriam e salvariam sua causa? Era o desejo de Lisandro, mas seu comportamento arrogante depois de Egospótamo tinha desanimado seu próprio governo. Ele havia permitido que cidades gregas oferecessem sacrifícios em sua homenagem como se fosse um deus. Havia uma estátua sua em Delfos; na base, uma inscrição arrogante dizia que "ele havia destruído o poder dos filhos de Cécrope [um lendário rei de Atenas], Lisandro que coroara Esparta, que nunca fora saqueada". Talvez, seus inimigos sussurraram, ele estivesse premeditando uma revolução e quisesse estabelecer-se como rei ou tirano.

Esse era um comportamento não espartano, e o monarca ágida, Pausânias, que estava em campo com um exército, desconfiou. Não queria fazer nada que melhorasse o *status* de Lisandro. Apoiado pelos éforos, negociou a paz entre as partes em conflito em Atenas. Uma anistia foi acordada para todas as ações passadas, com exceção apenas dos Trinta Tiranos e seus oficiais. Uma comissão constitucional restaurou a democracia. A guarnição estrangeira se retirou. Homens de todas as convicções políticas fizeram o possível para que houvesse reconciliação.

Apenas dois anos haviam se passado desde a catástrofe em Egospótamo. Atenas não estava mais sujeita aos espartanos e começara a caminhar para recuperar suas antigas liberdades. Mas poderia recuperar seu antigo poder? Mesmo para alimentar essa esperança tão vertiginosa, seria necessário mais tempo.

Os sinais das mudanças no clima político são ilustrados pelas carreiras de dois atenienses nobres, porém desiludidos: Conão e Xenofonte. Com o fim da guerra, muitos homens que amadureceram como soldados ou marinheiros se viram sem trabalho. Para eles, voltar para uma cidade derrotada e desolada era uma perspectiva muito pouco atraente, mesmo que seus compatriotas lhes permitissem voltar. Acabaram por procurar trabalho como mercenários.

Tropas mercenárias haviam sido usadas no passado (por exemplo, como tripulações de trirreme), mas eram cada vez mais empregadas como hoplitas no século IV. A paz deixou um grande número de jovens em boa forma sem ter o que fazer. Atenas não foi a única *polis* a registrar pesadas baixas e, nos anos seguintes, os estados que precisavam de um exército precisaram procurar combatentes suplementares vindos do estrangeiro.

Além disso, a miséria da Guerra do Peloponeso parece ter exercido um impacto moral. A mobilização de forças nativas para impulsionar a política externa, um patriotismo tranquilo e uma disposição de sacrificar a vida dos cidadãos não faziam mais parte da mentalidade ateniense. A energia feroz e autossacrificante que a invenção da democracia parece ter liberado terminara. O *demo* não mais obedeceria a um novo Címon ou a um novo Péricles, se ele quisesse espalhar milhares de cidadãos hoplitas pelo Mediterrâneo Oriental. O povo ainda amava sua cidade, mas não tinha mais a velha paixão. A lealdade ao Estado deu lugar a um novo individualismo.

Conão e Xenofonte, de diferentes modos, voltaram seus olhos para a Pérsia, que estava ansiosa para usar o que a Grécia podia oferecer em termos de habilidades militares e homens. O primeiro fora um almirante em Egospótamo e foi o único a manter a calma naquele dia sombrio. Sua trirreme, sete outras e o navio de guerra estatal, o *Paralus*, rapidamente embarcaram todos os seus remadores e navegaram pelo mar estreito até Lâmpsaco, a base espartana. Aqui, com grande presença de espírito, capturaram as velas principais da frota de Lisandro (as velas em geral eram deixadas no campo antes de uma batalha para economizar espaço). Isso significava que sua flotilha não poderia ser perseguida.

Temendo a ira do *demo*, não sem motivo, Conão fugiu para Chipre, onde se colocou sob a proteção do rei Evágoras de Salamina, cidade-estado situada na ilha. Evágoras, que pertencia a uma longa dinastia governante, era um líder competente. Ele assumiu toda a ilha de Chipre e se afastou do domínio persa. A cultura grega local floresceu. Ali, Conão, que estava com quarenta e poucos anos, viveu recolhido, deixando passar o tempo, mas aguardando uma oportunidade.

O poder preenche um vácuo. Esparta herdou a hegemonia de Atenas no mar Egeu. Cinicamente, aquela apresentou-se como libertadora da Grécia, mas rapidamente se tornou ainda mais repressiva do que sua antecessora. Lisandro extinguiu as democracias e nomeou governadores militares, chamados harmostas, onde quer que fosse. Como a maioria dos espartanos, quando foram libertados e autorizados a viajar para fora, ele se comportava com uma mistura nauseabunda de autojustificação, corrupção e prepotência.

Pior, para derrotar Atenas, Esparta sentiu-se obrigada a procurar a ajuda persa e, acima de tudo, o dinheiro persa. O preço sem princípios para isso era o sacrifício da independência helênica no litoral jônico. Ambas as potências reconheceram a dificuldade de apresentação que isso criaria para a "libertadora", e o Grande Rei não se importava em permitir aos jônios uma demonstração de autonomia em troca do pagamento de tributo ao Grande Rei. Mas o fato é que Maratona, Salamina e Plateias não haviam servido para nada.

No entanto, as relações com Esparta logo seriam transformadas. Em 405, o Grande Rei Dario II morreu, e a corte persa mergulhou em uma de suas fases de intrigas assassinas no palácio. Ele teve quatro filhos com sua meia-irmã, Parisátide. Um deles sucedeu ao trono como Artaxerxes II, mas a rainha-mãe tinha outros planos. Seu filho favorito era o amigo e aliado de Lisandro – Ciro, o Moço. Foi por sua influência que, em 408, o nomearam comandante das forças persas no oeste, embora estivesse apenas no fim da adolescência. Ela tentou, mas não conseguiu convencer seu marido doente a tornar Ciro seu herdeiro.

Tissafernes descobriu que o príncipe estava envolvido em um plano para assassinar o novo Grande Rei. Artaxerxes, que era tão fraco quanto seu irmão era teimoso, perdoou-o a pedido da mãe. Sua clemência provou-se imprudente.

O impenitente Ciro começou a criar um exército secreto, ou pelo menos de forma discreta, que pretendia conduzir contra Artaxerxes e substituí-lo no trono. Levantou suas dívidas com os espartanos e exigiu seu apoio. A mensagem foi simples: "Ajudei-os a vencer sua guerra; agora me ajudem a vencer a minha". Os peloponenses concordaram, colocaram sua frota à disposição dele e indicaram um general espartano para liderar um regimento com mais de 10 mil mercenários gregos, que Ciro havia recrutado para seu exército.

Xenofonte, em seus vinte e tantos anos, fora um cavaleiro dos Trinta, mas ficou enojado com sua crueldade, especialmente com o banho de sangue em Elêusis, que ele testemunhara. No entanto, era um oligarca pró-espartano convicto e, para escapar da democracia restaurada em Atenas, juntou-se a Ciro, de quem se tornou um grande admirador.

Ele deixou um relato vívido de sua grande aventura. Em uma manhã de primavera em 401, os exércitos de Ciro e do Grande Rei se encontraram perto de uma aldeia no Eufrates, chamada Cunaxa.

Agora era meio-dia e o inimigo ainda não estava à vista, mas quando a tarde se aproximou, viu-se uma poeira crescente, que surgiu como uma nuvem branca, que pouco tempo depois parecia uma espécie de escuridão sobre a planície, estendendo-se por uma grande distância. À medida que o inimigo se aproximava, havia brilhos de torsos de bronze aqui e ali, e lanças e fileiras hostis começaram a aparecer. Havia cavaleiros com couraças brancas na ala esquerda do inimigo, sob o comando, informava-se, de Tissafernes; ao lado deles estavam tropas com escudos de vime e, adiante, hoplitas com escudos de madeira que alcançavam seus pés, sendo estes últimos egípcios, diziam, e depois havia mais cavaleiros e mais arqueiros.

O número exato de combatentes na batalha não se sabe, mas o anfitrião de Artaxerxes era tão grande que o centro de sua linha de batalha, onde o Grande Rei era colocado pela tradição, se estendia além da borda da ala esquerda de Ciro. Os mercenários gregos estavam na ala direita do pretendente e seu flanco encostado contra um rio. Eles eram de longe as melhores tropas no campo e a ala esquerda de Artaxerxes sabia o que esperar. Eles se viraram e fugiram antes que os gregos chegassem ao raio de alcance das flechas. Encorajado por essa derrota e gritando repetidamente "Saiam do caminho", Ciro atacou em ângulo oblíquo da posição central de seu exército em direção ao Grande Rei. No corpo a corpo, Artaxerxes foi ferido e derrubado do cavalo. Retirou-se a pé até uma colina próxima, mas Ciro foi atingido, e com ele morto não havia sentido continuar a luta. A batalha terminou.

Os gregos tinham lutado bem e ainda eram uma boa força de combate. Os comandantes, imprudentemente, aceitaram o convite para jantar com o astuto Tissafernes. Eles foram prontamente presos e executados. Os mercenários elegeram novos generais, um dos quais era Xenofonte, e escaparam da melhor forma possível. Marcharam centenas de quilômetros por desertos e montanhas cobertas de neve e sofreram ataques frequentes de tropas persas e moradores locais enfurecidos. Por fim chegaram ao mar Negro, onde embarcaram no navio que os conduziu ao mar Egeu em segurança.

O apoio de Esparta a Ciro gerou consequências desagradáveis. Artaxerxes suspendeu a relação de autonomia mediante o pagamento de tributo, e Tissafernes começou a agir agressivamente em relação às cidades jônicas. Os espartanos tinham um novo e ambicioso rei, Agesilau, manco de nascimento que, quando jovem, fora o *eromenos* de Lisandro. Tinha um humor bastante lacônico. Certa vez foi convidado a ouvir um homem que sabia imitar o canto do rouxinol. "Não, obrigado", ele respondeu. "Já ouvi o próprio pássaro cantar."

Agora com cerca de quarenta anos de idade, o rei decidira recuperar o bom nome de Esparta e, entre 399 e 395, liderou uma campanha bem-sucedida contra os persas na Ásia Menor. Tendo em mente a experiência de Xenofonte, pretendia vencer "o Grande Rei e a riqueza de Ecbátana e Susa e, acima de tudo, tirar o rei do poder para se sentar à vontade em seu trono, jogando com os gregos em suas guerras e corrompendo seus líderes populares". Agesilau foi tão bem-sucedido que seu adversário Tissafernes perdeu a primazia em Susa. A rainha-mãe, que parece ter levado uma vida encantada, não o perdoou por sua hostilidade com seu filho favorito e persuadiu Artaxerxes a decapitá-lo por não ter conseguido repelir o invasor. Seu destino serviu para lembrar que é possível ser inteligente demais.

De volta à Grécia continental, os aliados de Esparta estavam perdendo a paciência. Eles não haviam recebido nenhum dos espólios de guerra após a queda de Atenas e estavam irritados com a intromissão de Esparta no norte da Grécia. Farnabazo pôs lenha na fogueira, oferecendo cinquenta talentos em subornos. Em 395, Argos, Tebas, Corinto e uma Atenas um pouco nervosa iniciaram uma guerra contra Esparta (a conhecida Guerra de Corinto). Suas fortunas se reduziram e escoaram. Os dois resultados mais importantes foram: primeiro, a morte de Lisandro na batalha da Beócia; segundo, o retorno de Agesilau, pelo que ficou furioso – era exatamente o que o Grande Rei havia calculado.

Enquanto isso, os persas passaram alguns anos montando uma grande frota no mar Egeu. Conão foi apontado como comandante e, com o ouro do Grande Rei, contribuiu com um esquadrão próprio, tripulado por emigrados helênicos e mercenários. Em agosto de 394, Conão destruiu a frota espartana da ilha de Cnido.

Foi um momento de triunfo para os atenienses. Conão percorreu as ilhas do mar Egeu expulsando os harmostas de Esparta e suas guarnições. Ele então navegou de volta para o Pireu, onde recebeu as boas-vindas como herói. Com grande custo (Farnabazo pagou a conta), empregou a tripulação de suas oitenta trirremes, cerca de 16 mil homens, para refortificar o porto e reconstruir as Longas Muralhas.

Um pouco mais de uma década havia se passado desde Egospótamo, e da perda do império, e a cidade coroada de violetas tornou-se outra vez uma grande potência. Começou a investir em navios de guerra. Como o patriota

Isócrates observou: "Os espartanos... perderam sua supremacia; os gregos foram libertados, e nossa cidade recuperou parte de sua antiga glória".

As carreiras de Conão e Xenofonte permitiram aos filósofos tirar duas conclusões importantes. Primeiro, as pretensões de Esparta, perigosamente desprovida de cidadãos, mostraram-se vazias. A batalha de Cnido aconteceu, antes, por causa da ambição de substituir Atenas como a governante de um grande império marítimo. Segundo, a experiência de Xenofonte e de seus companheiros mercenários extinguiu outra reputação – a do Grande Rei. Soldados persas não conseguiam competir com a habilidade profissional do hoplita helênico (embora a cavalaria persa tivesse de ser levada em conta).

Um general talentoso, com bastantes hoplitas treinados e muito dinheiro, teria uma boa chance de derrubar o vasto e aparentemente invulnerável reino que um dia teve o mundo grego a seus pés. Agesilau poderia ter sido esse homem, se os deuses não tivessem decidido o contrário.

Durante os anos após a queda de Atenas, o *demo* restaurado recuperou grande parte de sua autoconfiança e sua belicosidade. Crítias e seus oligarcas vieram e se foram, mas o *demo* não tinha perdoado (mesmo que oficialmente tenha esquecido) os crimes de seus inimigos locais. No exterior, tentou explorar os infortúnios de Esparta e, em casa, apesar da anistia após a deposição dos Trinta, buscou vingança. Em 399, encontrou um alvo importante em Sócrates, que foi levado a julgamento por sérias acusações.

"Não sei que efeito meus acusadores causaram sobre vós, homens de Atenas", disse ele aos 501 jurados durante seu julgamento. "Mas, no que me dizia respeito, quase esqueci quem eu era, de tal forma que seus argumentos foram convincentes. Por outro lado, não há uma palavra de verdade em tudo o que eles disseram."

Sócrates poderia ter sido perdoado por sua perplexidade. As acusações contra ele eram sérias o suficiente para justificar a pena de morte, mas, em uma primeira análise, pareciam contradizer tudo o que sabemos sobre ele. O que tinha acontecido?

Um político chamado Meleto, apoiado por dois outros, Ânito e Licó, apresentou as acusações contra o filósofo.

> Esta acusação e declaração é jurada por Meleto, filho de Meleto de Pithus, contra Sócrates, filho de Sofrônisco de Alopece: Sócrates é culpado de se

recusar a reconhecer os deuses aceitos pelo Estado e de introduzir outras novas divindades [em grego, *daimonia*]. Também é culpado por corromper os jovens. A penalidade exigida é a morte.

Pouco se sabe sobre Meleto. Ele era jovem e, segundo Platão, tinha "nariz adunco, cabelos longos e lisos e uma barba mal crescida". Ele era um poeta trágico a quem Aristófanes atacava ou talvez o filho de um poeta.

Já conhecemos Ânito, herói da restauração democrática. Estava familiarizado com Sócrates e aparece como personagem em um dos diálogos de Platão, *Meno*, em que é apresentado como hostil aos sofistas. Licó era um democrata e orador. Sócrates era amigo dos filhos de Ânito e (talvez) de Licó, e os dois pais podem ter se ressentido de sua influência sobre eles.

O que é curioso sobre as acusações é que Sócrates era um homem religioso e conhecido por sua fé. Ele era meticuloso ao observar todos os rituais importantes; participou de muitos festivais da cidade e seguia as formas comuns de culto, tanto público quanto privado. Embora tenha criticado algumas lendas sagradas, não rejeitou a existência dos deuses olímpicos, como o fizeram alguns racionalistas científicos – entre eles Anaxágoras, amigo de Péricles.

Parece que Meleto e seus amigos estavam atacando o "Sócrates" de *As nuvens*, que Aristófanes pinta com o mesmo pincel daqueles intelectuais nômades, os sofistas. De fato, o verdadeiro Sócrates era conhecido por criticá-los como qualquer ateniense comum. É difícil compreender como essa acusação acabou aceita.

Ele então introduzira novos deuses, como fora alegado? Questões de crença precisa não interessavam muito aos gregos, e muitos cultos novos eram trazidos para Atenas sem suspeitas ou gritos de heresia. No entanto, Sócrates frequentemente se referia ao seu *daimonion*, seu próprio espírito sobrenatural, que lhe dava acesso pessoal à vontade dos deuses. Mais uma vez, não havia nada de tão incomum para um grego em consultar oráculos ou outros presságios.

Por outro lado, a religião grega tratava essencialmente da comunidade, não do indivíduo. De fato, era uma forma de o indivíduo participar do coletivo. Mas o *daimonion* de Sócrates não falava com mais ninguém e era, de fato, sua propriedade particular. Esta deve ter sido a ofensa: nenhum cidadão de bom senso deveria se gabar de ter uma linha direta com o sobrenatural, pois isso dava muito peso à consciência individual.

A terceira e última acusação era a mais fácil de entender. Todos sabiam que, embora não se interessasse por dinheiro, Sócrates era intelectual atraente para aristocratas jovens e ricos. Entre eles estavam homens como Xenofonte e seu contemporâneo Platão, que passou sua longa vida preservando, glorificando e guardando a memória do mestre e suas ideias. Mas, muito pior que isso, entre seus discípulos estavam Crítias, líder dos Trinta, e seu sobrinho e protegido Cármides, um defensor ativo da oligarquia que morreu com ele durante o combate no Pireu, em 403. Ambos aparecem nos diálogos socráticos de Platão.

Acreditava-se que Sócrates fosse um *misodemos*, um opositor da democracia, e podia-se argumentar que seu círculo era um terreno fértil para reações políticas. Isso era injusto, como demonstrou o corajoso filósofo contra o comportamento tirânico dos Trinta, pondo em risco sua própria vida; e, diante da dúvida, até os democratas respeitaram sua recusa em submeter a moção a uma enfurecida *ecclesia* para julgar os generais de Arginusas juntos. No entanto, muitos o culparam – indiretamente, ao menos – pela derrubada da Constituição em vigor. Esse era o cerne da questão.

Como não havia promotor público nem força policial para prever crimes, qualquer cidadão podia fazer acusações contra qualquer pessoa (os arqueiros citas só precisavam manter a ordem pública); ele podia mesmo anunciar uma prisão (se fosse incapaz, um magistrado ou um arconte assumiria). O processo não era isento de riscos, pois, no caso de prisão ilegal, cobrava-se uma multa de mil dracmas. O requerente fazia a acusação e podia pagar redatores profissionais pelos discursos.

Em uma audiência preliminar, o requerente jurava que a acusação era genuína, e o requerido, que era inocente (ele tinha o direito de fazer uma reconvenção, se assim o desejasse). Todos os julgamentos ocorriam ao ar livre e em diferentes lugares da cidade (por exemplo, na Stoa Pintada na ágora ou no Odeon), dependendo do tipo do suposto crime. Duravam apenas um dia. O arconte que presidia o julgamento não tinha poderes para dar instruções legais e simplesmente supervisionava o devido processo. Os júris, como já dissemos, eram numerosos para desencorajar o suborno. Depois que cada lado tivesse apresentado sua argumentação, eles votavam em segredo e sem discutir. A acusação exigia 50% mais um dos votos para obter uma condenação.

Não temos uma cópia da defesa de Sócrates, e aparentemente ele falou de improviso e de modo bastante livre. Ele foi inflexível, e parece ter desafiado o júri a condená-lo. Tanto Platão quanto Xenofonte escreveram versões do discurso e, embora se sobreponham em algumas partes, são bem diferentes entre si. Nenhum dos dois esteve presente, e devem ter confiado em vários depoimentos de testemunhas oculares e em sua imaginação. Independentemente dos termos usados por Sócrates, Platão deve ter captado seu espírito quando ele diz:

> Homens de Atenas, eu vos respeito e vos amo, mas devo obedecer a deus, não a vós. Enquanto eu puder continuar vivo, jamais desistirei da filosofia, nem deixarei de tentar convencer-vos, e de dizer a verdade a qualquer um de vós que eu venha a encontrar.

Sócrates foi considerado culpado por uma maioria de sessenta votos. Para alguns crimes, havia punições fixas, mas quando, como nesse caso, não havia pena fixada por lei, o promotor recomendava uma e a defesa, outra. O júri foi convidado a escolher entre eles. Meleto pediu a pena de morte, como na acusação. Sócrates provocou a audiência dizendo que queria propor uma pensão vitalícia à custa do Estado como um benfeitor público; mas em deferência aos seus amigos, incluindo Platão, a quem ele consultara, sugeriu uma multa de 3 mil dracmas. O júri, irritado com sua atitude, optou pela morte com mais votos do que para considerá-lo culpado.

Os acusadores de Sócrates não queriam de fato a sua execução. O banimento teria sido suficiente. Mas o filósofo recusou-se a fugir para o exterior, como se esperava. Ele sempre obedeceu à lei e negou-se a escapar das sanções agora. Em todo caso, ele vivera o suficiente. Quando sua esposa protestou que ele havia sido condenado injustamente, Sócrates respondeu: "Bem, preferiria que eu tivesse sido condenado com justiça?".

Sócrates passou algumas semanas na pequena prisão de doze celas em Atenas (os arqueólogos a encontraram) para que um festival religioso não fosse manchado por sua morte. Então lhe ordenaram que bebesse uma mistura de cicuta. Ele bebeu toda a taça com calma, sem fazer qualquer sinal de desgosto, e o pequeno grupo de amigos íntimos na sala esvaiu-se em lágrimas.

Platão faltou à ocasião por estar doente, mas seu relato dos minutos finais de Sócrates como narrados a um amigo por uma testemunha ocular, um discípulo chamado Fédon, é bem famoso. Sócrates reclamou:

"Ora, meus amigos, que comportamento é esse? Vejam, este era meu principal motivo de mandar as mulheres embora, para evitar esse tipo de comoção, pois me disseram que se deve chegar ao fim com a mente em paz. Acalmem-se e tentem ser corajosos."

Isso fez-nos sentir vergonha e controlamos nossas lágrimas. Sócrates se aproximou e logo, dizendo que as pernas estavam pesadas, deitou-se de costas – era o que o diretor da prisão recomendara. O homem (o mesmo que administrara o veneno) manteve a mão sobre Sócrates e, pouco depois, avaliou os pés e as pernas; em seguida, apertou um pé com força e perguntou se ele o sentia. Sócrates disse que não. Então, fez o mesmo com as pernas; e movendo-se gradualmente para cima do mesmo modo mostrou-nos que estava ficando inerte e entorpecido. Logo o tocou novamente e disse que, quando atingisse o coração, Sócrates estaria morto.

A dormência estava chegando à sua virilha quando Sócrates descobriu o rosto – pois ele o cobrira – e disse (estas foram suas últimas palavras): "Críton, devemos sacrificar um galo a Asclépio.* Faça com que seja feito. Não esqueça".

"Não, será feito", disse Críton. "Tem certeza de que não quer mais nada?" Sócrates não respondeu à pergunta, mas logo depois ele se mexeu; quando o homem o descobriu, seus olhos estavam fixos. Ao ver isso, Críton fechou sua boca e seus olhos.

Tal, Equécrates, foi o fim do nosso camarada, que foi, podemos dizer, de todos aqueles que conhecíamos no nosso tempo, o homem mais corajoso e também o mais sábio e justo.

Asclépio era o deus da cura, e Sócrates supostamente quis dizer com suas últimas palavras que estava grato por ter sido curado da doença da vida.

Alguns anos mais tarde, um *demo* arrependido executou o promotor principal, Meleto, e exilou Ânito e os outros acusadores por terem participado do assédio a Sócrates. Dizem que Ânito foi apedrejado até a morte ao visitar a

---

* Asclépio (em grego: Ἀσκληπιός, transliteração: Asklēpiós) ou Esculápio (em latim: Aesculapius), na mitologia grega e na romana, é o deus da medicina e da cura. Existem variadas versões de seu mito, mas na mais corrente ele é filho de Apolo e da mortal Corônis. Sua mãe morreu em seu parto, de cesariana, e ele foi levado por Quíron, um centauro, que o ensinou sobre a caça e as artes da cura. Aprendeu a curar com ervas e a fazer cirurgias e podia ressuscitar os mortos – pelo que Zeus o puniu, matando-o com um raio. (N. T.)

polis de Heracleia, no mar Negro; os viajantes ainda podiam visitar seu túmulo durante o Império Romano. Em Atenas, no fim do século IV, uma estátua do filósofo foi encomendada ao grande escultor Lísipo. Com efeito, Sócrates fora canonizado.

A Guerra de Corinto, que começou em 395, continuou mal para Esparta. Tiveram alguns triunfos, mas, em 390, os atenienses aniquilaram um regimento espartano. O embate não teve consequências estratégicas, mas 250 hoplitas morreram no campo de batalha. Esparta não poderia suportar perdas nessa escala.

Todas as potências estrangeiras estavam sob pressão. A Pérsia estava voltada às revoltas no Egito e em Chipre, enquanto os espartanos haviam adquirido uma nova frota que Atenas temia que interrompesse as importações de alimentos do mar Negro. Argos e Corinto também enfrentavam dificuldades.

Alertado por Esparta, o Grande Rei propôs uma paz geral. Seu tema era a independência das cidades-estados, mas importantes concessões foram feitas para atender a interesses especiais. De acordo com o tratado, que foi feito em 386, "o rei Artaxerxes acredita ser justo que as cidades da Ásia sejam dele, bem como… Chipre". Todas as outras cidades do mar Egeu e da Grécia continental seriam independentes – com exceção das ilhas Lemnos, Imbros e Esquiro: essa reserva assegurava o cumprimento de Atenas, que relutava em perder essas novas aquisições insulares.

Aqui testemunhamos Esparta (e Artaxerxes) tendo um intervalo para respirar; Atenas foi obrigada a descontinuar sua expansão imperial, e uma relutante Tebas teve de permitir a autonomia das cidades da Beócia. Tudo o que Esparta precisou fazer para obter esses ganhos foi parar de lutar contra os persas e mais uma vez abandonar seus primos jônios, como disse Plutarco, "da forma mais vergonhosa e ilegal".

Esparta agora tinha a vantagem de resolver várias questões pendentes no Peloponeso e também, em 382, enviou uma grande expedição terrestre ao norte da Grécia contra Olinto, que liderava uma crescente liga de mais de trinta *poleis* em Calcídica. A cidade estava começando a ameaçar a supremacia espartana naquela parte do mar Egeu e precisava ser colocada no seu devido lugar. Após três anos de combates indecisos, Olinto, pressionada pela fome, admitiu a derrota.

Nessa viagem ao norte, os espartanos pediram permissão para atravessar o território de Tebas, que lhes concedeu. No entanto, um comandante do regimento chamado Febidas – que, diz Xenofonte, "não era considerado um homem ponderado ou muito brilhante" – foi levado à cidade de Tebas por um oligarca dissidente. Ele e seus homens ocuparam a cidadela, chamada Cadmeia, e o governo democrático foi extinto.

O golpe foi uma violação flagrante do tratado de paz, e por toda a Hélade houve uma reação muito negativa. Agesilau apoiou, ao mesmo tempo que mantinha-se sorrateiramente distante. Febidas foi multado, mas Esparta manteve a Cadmeia.

Atenas e Tebas eram vizinhos amargos e hostis, mas ambos estavam aborrecidos com Esparta. Eles rapidamente se aliaram e entraram em guerra contra o inimigo em comum.

Isócrates foi o mais célebre intelectual e educador do século IV. Quando ele falava, muitos sentiam que falava pela Grécia. E era exatamente essa a sua intenção.

Nascido em Atenas em 436, alguns anos antes do início da Guerra do Peloponeso, tornou-se uma de suas vítimas. Sua família era rica, e seu pai, Teodoro, deu-lhe uma educação de primeira linha. Foi aluno dos sofistas mais conhecidos, entre eles Górgias, que equivalia a uma universidade itinerante – e a quem Platão ridicularizou em um de seus diálogos, por argumentar que seria desnecessário saber a verdade se tivesse aprendido a arte da persuasão.

Isócrates também sofreu a influência de Sócrates, e em *Fedro* Platão faz o mestre prever, com um toque típico de sarcasmo socrático, a futura fama do jovem como orador ou filósofo.

Nos estágios finais da Guerra do Peloponeso, a família perdeu sua fortuna, e Isócrates teve de buscar uma forma de ganhar a vida. Começou sua carreira escrevendo discursos para o tribunal. Deixou Atenas durante o tempo dos Trinta Tiranos e ensinou retórica na ilha de Quíos. Retornou a Atenas após a restauração da democracia e, pouco antes de 390, abriu uma escola de retórica. O currículo era bem amplo e dava maior ênfase à importância da moralidade do que a maioria dos professores com quem ele concorria.

A escola tornou-se famosa em todo o mundo helênico como um lugar no qual os jovens capazes podiam ser "esculpidos". Seus ganhos eram altos, e aceitava somente nove alunos de cada vez. Isócrates era um bom homem de negócios e recebia muito dinheiro. Sua única fraqueza era ter uma voz fraca e não ter confiança para falar em público. Por isso tendia a escrever ensaios em forma de discursos, que publicava em vez de dizê-los.

Isócrates tornou-se um grande formador de opinião. Tinha convicção de que a Hélade seria enfraquecida, até mesmo destruída, pela incapacidade de suas *poleis* de concordar sobre qualquer coisa entre si ou entre seus cidadãos. Em 380 publicou um panfleto célebre, *Panegírico*, ou Festival de Discursos, no qual pintou uma imagem sombria de uma comunidade helênica arrasada.

> Quem desejaria um estado de coisas onde os piratas comandam os mares e os mercenários ocupam nossas cidades? Os compatriotas, em vez de guerrear em defesa de seus territórios contra os estrangeiros, estão lutando entre si dentro das muralhas de sua própria cidade? [...] E assim são as *poleis* "livres" e "autônomas", vivendo sob a tirania, algumas controladas por governantes espartanos, algumas saqueadas e arrasadas, e algumas sob governantes bárbaros – os mesmos que já punimos por sua audácia de invadir a Grécia.

Isócrates admirava o Império Ateniense em sua forma mais inabalável e até defendeu sua brutalidade em Melos. Concordou com Péricles que sua cidade servia de exemplo para a Grécia. Ele alegou:

> E tanto nossa cidade se distanciou do resto da humanidade em modo de pensamento e de fala que seus alunos passaram a ensinar o resto do mundo. Sugeriu que a designação de heleno não é mais uma raça, mas uma inteligência, uma forma de pensar, e que a palavra se aplica àqueles que compartilham nossa cultura, mais do que àqueles que têm o mesmo sangue.

O choque de civilizações entre a Europa e a Ásia fora uma fixação grega desde a Guerra de Troia. Isócrates propôs a unificação da Grécia sob duas grandes potências – Atenas por mar, Esparta por terra – que juntas lutariam pela libertação contra os bárbaros persas.

Havia muita coisa nessa proposta para agradar os atenienses. Por algum tempo, eles se perguntaram se poderiam reconstituir sua liga marítima e descobriram que por todo o mar Egeu muitos pequenos estados aceitariam seu retorno. Os mares estavam indisciplinados, a pirataria se generalizou e o retorno à ordem era mais que desejável. No entanto, os concidadãos de Isócrates fizeram uma ressalva. Embora, no longo prazo, uma cruzada contra o Grande Rei exercesse um grande apelo, um inimigo mais imediato precisava ser combatido primeiro: Esparta, cujo comportamento como estado dominante grego era opressivo.

Em 378-377, a *ecclesia* aprovou um decreto estabelecendo o princípio de uma nova liga. A inscrição original em pedra sobreviveu (em muitos fragmentos), dizendo que o objetivo seria "obrigar os espartanos a permitir que os gregos desfrutassem da paz com liberdade e independência, em suas terras não violadas". A esfera de operações da Liga eram a Grécia continental e as ilhas, e os persas foram discretamente postos de lado, embora ainda assombrassem o pensamento de todos. Tropas foram recrutadas, e navios, encomendados e tripulados.

Os atenienses entenderam que tinham de mostrar respeito pelo antigo império que haviam perdido. Os aliados deveriam ter sua própria assembleia, paralela, mas separada da *ecclesia* ateniense. Reuniam-se em Atenas, mas a cidade não tomaria parte dessas deliberações. Uma medida passada por um órgão só seria válida se aprovada pelo outro. Essa dupla trava significava que, ao contrário do primeiro império, os aliados poderiam vetar as decisões atenienses.

Obviamente, precisava haver um fundo comum para pagar pela frota, da qual Atenas seria a tesoureira, mas os pagamentos eram educadamente chamados "contribuições" no lugar da odiosa palavra *phoros*, ou tributo. *Cleruchies*, ou assentamentos atenienses na terra dos membros da Liga, não eram permitidos, e nenhum ateniense tinha permissão para comprar ou hipotecar qualquer propriedade ali.

A nova Liga tornou-se muito popular. Os primeiros membros já eram aliados e entre eles estavam Quíos, Bizâncio, Mitilene, Metímna e a poderosa ilha de Rodes. A maioria das *poleis* na Eubeia se juntou, bem como (extraordinariamente) Tebas. Entre outros membros estavam a Córcira, no oeste da Grécia, e Feras, na Tessália, comandada pelo tirano enérgico Jasão. O número total de membros aumentou para cerca de setenta.

A Liga foi crucial para Atenas. Em parte, isso era uma questão de orgulho, pois dava a impressão de que o império havia voltado. Até certo ponto, porém, era uma ilusão, pois os dias de Péricles haviam terminado. Onde Atenas costumava comandar, agora precisava consultar. No entanto, foi capaz de pagar por uma grande frota que poderia proteger a rota comercial do mar Negro, sua prioridade estratégica.

Sem dúvida Isócrates ficou satisfeito com a ascensão de Atenas e a unificação das cidades-estados marítimas. Mas isso pouco significava para ele enquanto Esparta continuasse a ser inimiga (não importa quão mal tivesse agido) e enquanto as cidades jônicas permanecessem sob o governo do Grande Rei.

Era o inverno de 379. Fazia muito frio e ventava, sinais de que logo nevaria. Sete exilados, incluindo certo Pelópidas, planejavam derrubar uma oligarquia pró-espartana em Tebas e remover a guarnição espartana de sua cidadela, Cadmeia. Vestidos como camponeses, atravessaram o território tebano à noite e passaram o dia seguinte quietos em algum lugar despovoado. Então, fingindo terem saído do campo, juntaram-se a outros lavradores que passavam pelo portão da cidade após o dia de trabalho.

Com os rostos cobertos por causa do mau tempo, o grupo seguiu para uma "casa segura", onde outros conspiradores locais já estavam reunidos. Seu plano era entrar naquela noite na casa de dois dos principais generais ou polemarcos, Árquias e Filipos, e assassiná-los. Isso seria suficiente, eles calcularam, para derrubar o regime e substituí-lo por uma democracia.

Um banquete estava sendo realizado em homenagem aos polemarcos, que deixavam o cargo naquele dia. A celebração foi organizada pelo escriba Filidas, que, por acaso, se encontrava entre os conspiradores. A pedido dos polemarcos, ele prometeu deitar-se com algumas mulheres atraentes (como Xenofonte observou amargamente, "eram desse tipo de homem"). Comeram o banquete e logo, com uma pequena ajuda de Filidas, acabaram embriagados.

Chegou uma carta para Árquias revelando detalhes da trama. Colocou-a de lado, dizendo que a leria no dia seguinte. Na festa, as mulheres o chamaram, e Filidas saiu para ir ao encontro delas. Voltou com três dos conspiradores mais atraentes vestidos como mulheres e usando véus e guirlandas de flores. Estavam acompanhados por alguns servos também travestidos. Insistiram que os servos saíssem antes de se juntarem ao grupo. Feito isso, os conspiradores entraram na sala de jantar e se deitaram ao lado dos polemarcos, tiraram seus disfarces, sacaram suas adagas e os massacraram. Eles estavam por demais confusos para se defender.

Depois, outro homem culpado, o oligarca tebano que permitira que Febidas entrasse na cidade três anos antes, foi atacado e morto em sua casa nas proximidades. Agora era alta madrugada e todos na cidade dormiam. Os conspiradores triunfantes tentaram acordá-los, gritando que os tiranos haviam morrido. Enquanto estivesse escuro, ninguém se atrevia a sair, mas ao raiar do dia todos encheram as ruas e aplaudiram a revolução.

Em Cadmeia, a nervosa guarnição espartana não sabia o que fazer, mas acabou persuadida a deixar a cidade em silêncio. Assim terminou um escândalo que prejudicou seriamente a reputação de Esparta.

Quando souberam o que aconteceu, os espartanos se enfureceram, sinal clássico de culpa. Executaram dois dos três comandantes da guarnição e baniram o terceiro por capitularem sem lutar. Queixaram-se a Atenas sobre os voluntários que foram a Tebas para ajudar.

E então, para somar à ofensa de Febidas, um espartano chamado Esfódrias pensou que compensaria a perda de Tebas conquistando o Pireu. Decidiu marchar durante a noite para a Ática e capturar o porto de Atenas, atacando-o a partir do lado terrestre (apesar dos muros reconstruídos, o Pireu ainda não tinha portões). Parece que ele não era mais brilhante do que Febidas; ao nascer do sol, havia chegado apenas a Elêusis e ainda tinha muitos quilômetros a percorrer. Foi forçado a uma retirada humilhante, mas não antes de mostrar ao mundo o que pretendia fazer.

Enquanto a estrela de Atenas estava em ascensão, a de Esparta estava encoberta pelas nuvens. Uma tempestade se aproximava.

Durante a década de 370, Tebas resistiu ao poder do exército espartano e fortaleceu-se. Aumentou o controle sobre as *poleis* da Beócia, independentemente do que os atenienses e sua nova liga pensassem sobre liberdade. No mar, a marinha ateniense obteve grandes sucessos contra os espartanos e seus aliados, cujo prestígio diminuía lentamente.

O rei Agesilau parece ter alimentado um ódio obsessivo pelos tebanos; um exército espartano invadiu Tebas repetidas vezes nessa década, embora evitasse o risco de ter muitas baixas e não fizesse cercos. Enquanto isso, os tebanos construíram uma muralha defensiva em volta de uma parte do território beócio.

Em resposta ao contínuo ataque espartano, um general tebano chamado Epaminondas, com seu grande amigo (e possivelmente amante) Pelópidas, desenvolveu táticas inovadoras para batalhas hoplitas. Trezentos casais masculinos, cada *erastes* com seu *eromenos* (adulto), formaram um novo regimento de elite, o Batalhão Sagrado. Em teoria, não agiriam vergonhosamente um diante do outro. Parece ter funcionado, pois logo conquistaram uma reputação de grande coragem sob ataque.

Em 375 ocorreu um pequeno, porém feroz, encontro, durante o qual o Batalhão Sagrado e alguns cavaleiros derrotaram uma força espartana de mais de mil hoplitas e mataram dois de seus comandantes. Essa foi a primeira vez na história que um exército espartano foi derrotado por um inimigo de igual tamanho ou menor. O vento estava mudando de direção.

A formação regular dos hoplitas era a falange, em que os homens se posicionavam em oito ou mais fileiras em uma longa fila (ver páginas 116-7). Epaminondas fez sua própria versão, enfileirando até cinquenta hoplitas e colocando-os em um dos seus lados. O restante do exército era reduzido e recuava em formação oblíqua. A falange, com longas lanças em punho, ia de encontro aos oponentes com força terrível.

Em 371, uma conferência de paz foi realizada em Esparta e um acordo geral foi celebrado com base no conhecido princípio da autonomia das cidades-estados. A questão da Liga da Beócia surgiu. Tebas deveria ser excluída do tratado, por dominar as outras *poleis* na Beócia? Epaminondas, o tebano, jurou endossando a paz em nome de todos os beócios. Sua opinião era de que, como a Beócia era uma unidade geográfica, também era, por direito, uma unidade política – assim como a Lacônia, governada pela *polis* espartana.

Agesilau, que se recuperava de uma longa doença, enfureceu-se. Perguntou a Epaminondas se, à luz do princípio da autonomia, achava justo e equitativo que as cidades da Beócia fossem independentes. O tebano respondeu com outra pergunta: "Agesilau acha justo e equitativo que as cidades da Lacônia sejam independentes?". O rei apagou furiosamente o nome de Tebas do tratado e fez uma declaração de guerra.

De acordo com os termos do acordo, todas as partes deveriam retirar ou dispersar suas forças, mas Esparta pensava de outro modo e um exército aliado de 10 mil hoplitas e mil cavalos sob o comando do rei Cleômbroto, comonarca de Agesilau, recebeu ordens de marchar contra os tebanos e libertar as cidades da Beócia. Encontraram Epaminondas e uma força de oposição de cerca de 6 mil homens em uma aldeia chamada Leuctra, onze quilômetros a sudoeste de Tebas.

Sete beotarcas, ou generais da Liga da Beócia, estavam no comando da campanha tebana (era típico dos exércitos e das marinhas gregos terem vários comandantes). Epaminondas e dois outros generais defendiam entrar em confronto imediato, mas outros três foram a favor de recuar e encontrar uma posição mais vantajosa. O sétimo beotarca estava ausente, de guarda em uma passagem na montanha. Quando retornou ao acampamento, apoiou Epaminondas, que agora tinha a maioria a favor do combate. Preparou um plano original para compensar seu exército inferior em número.

Cleômbroto realizou um conselho de guerra após o café da manhã em 6 de julho de 371, quando decidiram aceitar o confronto (disseram que vinho foi servido na ocasião). Ele teve uma surpresa quando os exércitos começaram a tomar suas posições. Como era costume, os hoplitas espartanos, incluindo setecentos Iguais, formaram-se na ala direita sob o comando do rei. Postaram-se em uma falange de doze fileiras. À frente deles havia um fraco esquadrão de cavalaria espartana.

Surpreendentemente, porém, a direita espartana foi enfrentada por uma falange tebana massiva, com cinquenta fileiras, também coberta por cavalaria. O restante do exército tebano foi escalonado de volta a partir dessa formidável massa de homens e, evidentemente, não se esperava que desempenhasse um papel importante na batalha seguinte.

A cavalaria beócia estava bem treinada e, no início da batalha, logo retirou a cavalaria espartana do campo. Cleômbroto estendeu sua falange mais para a direita a fim de flanquear os beócios. Mas enquanto estava fazendo essa manobra a enorme falange tebana, liderada por Pelópidas e pelo Batalhão Sagrado, correu em direção ao rei espartano e sua comitiva.

O impacto quando se chocaram com os hoplitas espartanos foi terrível. Cleômbroto caiu mortalmente ferido quase de imediato, e seus hoplitas foram esmagados. Quando metade dos espartanos, incluindo quatrocentos Iguais, foi derrubada, o restante partiu e fugiu para o acampamento. Os Iguais que ainda estavam vivos queriam retomar a luta, mas os aliados estavam esgotados.

O poder espartano fora destruído em um único dia. O massacre dos Iguais reduziu seu número a tal ponto que Esparta não podia mais recolocar um exército em campo. Uma derrota nessa escala surpreendeu o mundo grego. À medida que a notícia se espalhava, harmostas remanescentes foram expulsos e as democracias reinstaladas em todo o continente e no mar Egeu – e até mesmo no Peloponeso, domínio de Esparta.

Imediatamente após a batalha, um arauto de Tebas coroado com uma guirlanda foi enviado a Atenas para levar as boas novas à *boulē* ateniense, que, por acaso, estava em sessão naquele momento na Acrópole. Pediu seu apoio e disse: "Agora é possível vingar-nos dos espartanos por todas as coisas que fizeram conosco". Mas essa era a última coisa na mente do conselho. Estavam consternados pelo fato de Tebas agora ser a força dominante na Grécia continental, o que perturbava o equilíbrio de poder que durara séculos. Não responderam ao arauto nem lhe serviram a costumeira refeição de hospitalidade. Ele voltou sem ser agradecido.

Em Esparta, era celebrado o Festival dos Jovens Nus (Gymnopaedia). Adolescentes e homens nus participavam de competições esportivas e corais e exibiam sua habilidade militar realizando danças de combate simulado. Um mensageiro chegou para anunciar o desastre durante uma apresentação do coro dos homens. Os éforos se afligiram ao saber da notícia, mas permitiram que o concerto continuasse antes de revelar os nomes dos que haviam morrido às suas famílias. Os espartanos reagiram com sua serenidade característica. Xenofonte escreve:

> ... ordenaram às mulheres que não chorassem, mas que suportassem a calamidade em silêncio. No dia seguinte, aqueles que tinham perdido seus familiares podiam ser vistos alegres e sorrindo. Havia poucos cujos familiares ainda estavam vivos, e esses poucos andavam com o rosto triste e pesaroso.

Agesilau esfriou sua raiva. Sabendo que precisava de todos os soldados, revogou a lei que retirava a cidadania daqueles que haviam fugido diante do inimigo. Em 370, lançou uma incursão na Arcádia para aumentar o moral, mas teve o cuidado de não perder nenhum homem.

Epaminondas e Pelópidas determinaram que Esparta deveria cair para nunca mais se levantar. O meio mais simples de conseguir isso era livrar o Peloponeso de seu jugo. Isso significaria libertar os hilotas e estabelecer a Messênia como estado independente e fazer o mesmo com os árcades no norte. No inverno de 370, Epaminondas liderou um grande exército no Peloponeso. Foi a primeira das quatro invasões que ocorreram nos anos seguintes.

Os tebanos e seus aliados partiram para Esparta, saqueando e queimando o campo à medida que avançavam. Por meio milênio nenhum inimigo estrangeiro havia penetrado no Peloponeso, e o choque no orgulho lacedemônio foi tremendo. Mulheres que nunca haviam visto estrangeiros não suportavam ver a fumaça dos incêndios nas aldeias. Periecos se libertaram dos seus mestres. Meros oitocentos Iguais guardavam a cidade sem muros. Como um último e arriscado recurso, o idoso Agesilau recrutou 6 mil hilotas para se juntarem à defesa. Alguns aliados antigos, como Corinto, enviaram ajuda. Enquanto viam os seus campos serem devastados, os espartanos, como os atenienses em 431, queriam atacar, mas o rei não lhes permitiu. Um tebano cantou: "Onde estão os espartanos agora?".

Uma defesa feroz fez os tebanos recuarem. Contornaram Esparta e marcharam para o sul até o porto, Gytheio, destruindo tudo o que encontravam. Então foram para o oeste e libertaram Messênia. Finalmente, os hilotas estavam livres. Para garantir seu futuro, Epaminondas decidiu lhes construir uma capital bem fortificada, Messene, e como localização selecionou as encostas do monte Itome, foco de antigas revoltas e símbolo de resistência. Os presságios eram auspiciosos; pedras foram pedidas; e planejadores urbanos e construtores especializados na construção de casas, templos e fortificações foram contratados. Em cerimônias solenes, imploraram aos antigos heróis, ou semideuses, da Messênia que retornassem à sua terra natal. A mais alta convocação foi para uma personalidade histórica, Aristômene, líder rebelde e rei eleito durante a Segunda Guerra Messênia no século VII. Os exilados, que tinham conservado seus costumes e ainda falavam um dialeto dórico puro, foram readmitidos após séculos de ausência.

Em 85 dias, os tebanos e seus aliados, guiados pelos especialistas, construíram um enorme muro de pedra maciça no perímetro, com nove quilômetros de comprimento, torres de vigia e dois portões principais, cujas ruínas ainda podem ser vistas. Também construíram casas e templos. Os homens trabalhavam ouvindo música de flautas. Os ossos de Aristômene foram recuperados de seu lugar de descanso no exterior e reenterrados; diziam que seu fantasma estivera presente na batalha de Leuctra e guiara os tebanos à vitória.

Em 368 uma cidade fortificada, Megalópolis, também foi fundada para guardar uma recém-independente confederação da Arcádia. Assim, tanto ao norte quanto a oeste, os povos antes sujeitados e os aliados compulsórios de Esparta receberam a liberdade, bem como os meios para se defender.

Os gregos estavam habituados a cidades-estados perderem temporariamente autoridade e influência, mas as recuperavam após algum tempo. Entretanto, desta vez estava claro que Esparta não poderia se recuperar da decisão de Leuctra. Reduziu-se a um poder local no Peloponeso e nunca mais subiria no palco helênico.

Por fim, depois de três meses, os aliados peloponenses de Tebas começaram a sair, saqueando tanto quanto puderam carregar. Os hoplitas tebanos também começaram a pensar em voltar para casa. Depois de mudar o curso da história, Epaminondas deu-se por satisfeito.

22

QUERONEIA – "FATAL PARA A LIBERDADE"

Isócrates estava decepcionado.

Ele defendera a unificação grega e a invasão do Império Persa. Propusera em seu *Panegírico* que Atenas, sua própria cidade, e Esparta deveriam unir forças, como fizeram antes durante a invasão comandada por Xerxes, e dar ao Grande Rei a resposta que ele merecia.

Mas os anos se passaram sem que nada fosse feito. Enfim, escrevendo em 346, admitiu que Atenas havia se mostrado uma decepção.

> Voltei-me a Atenas, primeiro, e tentei convencê-la sobre esta causa com toda a seriedade de que minha natureza é capaz, mas quando percebi que se importavam menos com o que eu dizia do que com os delírios dos oradores na *ecclesia*, desisti de defendê-la, embora sem abandonar meus esforços.

Em vários momentos de sua longa carreira, identificou outros candidatos para serem líderes da Grécia. Entre eles estava o rei de Esparta Agesilau, que fizera campanha contra os persas na Ásia Menor com algum sucesso. Também havia Jasão, tirano de Feras, cidade da Tessália, na década de 370. Ele comandava um exército mercenário eficiente e bem treinado com o qual dominou a Tessália e até planejou uma guerra contra os persas. Xenofonte escreve que, segundo um tessálio conhecido seu, Jasão é um general tão inteligente que, seja lá o que ele pretenda alcançar, por cautela, antecipação ou força bruta, ele não deixa de conseguir. [...] De todos os homens que conheço, é o mais capaz de controlar os desejos físicos, de modo que não é impedido por eles de alcançar o que precisa ser feito.

Qualquer esperança em relação a ele se extinguiu, entretanto, quando Jasão foi assassinado em 370.

O olhar do sábio octogenário voltou-se para Dionísio I, tirano de Siracusa, a quem ele saudou como o "primeiro de nossa raça e possuidor do maior poder". Mas também Dionísio morreu, para seu grande desapontamento. Depois Isócrates voltou-se a Arquídamo, filho e sucessor de Agesilau. Ele sondou o rapaz em carta aberta: "Homens que ouvem bons conselhos não devem guerrear contra o rei da Pérsia, até que alguém antes tenha reconciliado os gregos entre si e nos tenha feito cessar nossa loucura e contendas". Mas era óbvio que Esparta estava quebrada e via-se obrigada a gastar a maior parte de suas energias tentando, sem sucesso, recuperar sua posição no Peloponeso.

Por fim, Isócrates encontrou um líder que poderia de fato cessar as brigas dentro da Grécia e atacar o império do mal. Ele era Filipe, governante da Macedônia, ao norte, a quem escreveu outra de suas cartas abertas: "Escolhi desafiá-lo para a tarefa de liderar a expedição contra os bárbaros e de tomar a Hélade sob seus cuidados, enquanto passava pela minha cidade". Desta vez Isócrates atingiu o alvo, pois Filipe de fato sonhava em dominar a Grécia e ficou seriamente tentado pela fabulosa riqueza do Grande Rei.

Então, quem era Filipe? Ele era verdadeiramente grego? E quanto tempo duraria? Em 359, aos 22 anos de idade, foi aclamado rei da Macedônia pelo seu exército, o modo tradicional de confirmar a sucessão. Sua herança era, para dizer o mínimo, insegura.

O reino ficava a nordeste do continente grego, acima da península de três pontas da Calcídica. Povoado por camponeses resistentes e escudeiros, foi dividido em duas partes: a planície e o planalto. A Baixa Macedônia consistia de uma planície plana e fértil através da qual dois rios desaguavam no golfo Termaico. A terra era predominantemente pastoril. O clima era quente, a madeira e os minerais eram abundantes, e Heródoto elogia os "jardins de Midas [com esse nome por conta do mítico rei da Frígia, cujo toque transformava tudo em ouro], onde as rosas crescem selvagens, cada uma com sessenta flores e com mais perfume do que quaisquer outras no mundo".

Esse era o coração do reino, cercado de colinas. Além delas, ficavam os platôs da Alta Macedônia, a oeste, circundados por montanhas. Os barões feudais dominavam essa remota solidez. Ao contrário dos habitantes das terras baixas, preferiam as divindades trácias aos deuses do Olimpo e se entregavam a práticas de cultos orgiásticos, não muito diferentes daqueles da obra-prima de Eurípides, *As bacantes*,* escrita na Macedônia e encenada pela primeira vez em Atenas em 405.

A oeste e ao norte viviam as tribos de Epiro, Ilíria e Peônia, e, adiante, na costa oriental, a costa da Trácia. Esses povos incontroláveis estavam constantemente em ataque e colocaram a Macedônia sob forte pressão. Por volta de 700, os governantes da região passaram a vir da dinastia argéada,** mas eles exerciam pouco controle fora das planícies.

Os gregos das cidades-estados consideravam-se civilizados e menosprezavam os macedônios como bárbaros e grosseiros. Estes falavam um dialeto que alegavam ser grego, mas ninguém mais entendia. De fato, embora não tivessem literatura local, desfrutavam de uma cultura visual sofisticada. Seus artesãos criavam obras de arte finíssimas em ouro, prata e bronze. Também pintavam murais em seus túmulos e encomendavam mosaicos soberbos retratando histórias da mitologia grega, ou cenas cotidianas, como a caça ao veado. Seus guerreiros feudais tinham algo de homérico; tinham sede de superação e davam grande valor à glória militar. Viviam como se fossem Aquiles ou Heitor.

---

* *As bacantes* (em grego antigo: Βάκχαι, transliteração: Bakchai), ou *As mênades*, é uma tragédia grega de Eurípedes, de Salamina, que passou a maior parte da vida em Atenas. Estreou postumamente no Teatro de Dioniso em 405 a.C., numa tetralogia que incluía *Ifigênia em Áulis*, provavelmente dirigida pelo filho ou sobrinho de Eurípedes. A obra recebeu o primeiro lugar na competição teatral durante a Grande Dionísia. Baseia-se na história mitológica do rei Penteu, de Tebas, e sua mãe, Agave. Ambos foram punidos por Dioniso, primo de Penteu, por se recusarem a venerá-lo, e pelo descrédito de sua mãe, Sêmele. (N. T.)

** A dinastia argéada (em grego: Ἀργεάδαι, transliteração: Argeádai) era uma antiga casa real grega macedônia. Foram os fundadores da dinastia governante da Macedônia de cerca de 700 a 310 a.C. Sua tradição traçou suas origens de Argos, no Peloponeso, daí o nome argéada ou argivo. Os governantes da tribo homônima, na época de Filipe II, expandiram o reinado para incluir todos os estados da Alta Macedônia. Os membros mais famosos da família foram Filipe II da Macedônia e Alexandre, o Grande, cuja liderança fez com que gradualmente ganhasse a predominância em toda a Grécia, derrotando o Império Aquemênida e expandindo seus domínios até o Egito e a Índia. O mítico fundador da dinastia argéada é o rei Caranus. (N. T.)

Os macedônios insistiam no seu pertencimento à comunidade helênica, competiam nos vários jogos entre as cidades e faziam o possível para adotar o melhor da cultura grega. Tanto Agatão quanto o octogenário Eurípides emigraram de Atenas para a corte do rei Arquelau. O rei tinha a reputação de ser um homossexual degenerado, mas era um administrador atarefado e um helênico no melhor sentido; fundou o Festival Olímpico, dedicado às Nove Musas, que incluía competições atléticas e musicais. Convidou Sócrates para ir à Macedônia, mas o filósofo estava muito ligado à sua cidade natal e recusou educadamente a oferta. Explicou que preferia não aceitar favores que jamais poderia pagar.

Arquelau fez o que pôde para unificar a Alta e a Baixa Macedônia. Empreendeu grandes reformas militares, melhorou o fornecimento de armas, cavalos e outros recursos militares, construiu uma malha de estradas e ainda transferiu a capital para o porto estratégico de Pella.

Se tivessem sido outras as circunstâncias, a Macedônia teria se transformado em uma grande potência. Mas seus monarcas estavam sempre ocupados ou em resistir aos inimigos que se aglomeravam ao longo das fronteiras ou em enfrentar pretendentes traidores ao trono. Por que competiam por um trono tão contestado e encharcado de sangue, isso não se sabe. Quanto às potências helênicas, a Macedônia era uma participante marginal no grande jogo da política externa.

Após o assassinato de Arquelau, em 399, sobreveio um período de anarquia. Cinco monarcas se seguiram no trono no espaço de seis anos. Todo o bom trabalho do monarca aparentemente se perdeu. A paz foi restaurada com o pai de Filipe, Amintas III, mas convulsões sociais e ilegalidades recomeçaram com sua morte, em 369. O reino entrou em novo período de caos dinástico.

Por dez anos depois de Leuctra Tebas teve o papel de potência líder na Grécia, mas sua predominância foi apenas temporária.

Logo após a batalha, Pelópidas foi convidado a arbitrar entre dois candidatos ao trono macedônico. O escolhido foi rapidamente assassinado pelo seu rival, que decidiu que seria aconselhável fazer um tratado com Tebas.

Para demonstrar sua sinceridade, o usurpador enviou alguns nobres reféns a Tebas. Entre eles estava Filipe, então com apenas quinze anos, e um filho mais novo do monarca morto. Ele era um adolescente brilhante e atraente que parece ter chamado a atenção de Pelópidas. Filipe aprendeu com ele a ter um bom comportamento. Seus anfitriões tebanos também eram intelectuais, e foi provavelmente com eles que (surpreendentemente, tendo em vista sua violenta carreira posterior) desenvolveu seu interesse pela filosofia do matemático e místico Pitágoras.

No campo mais prático, Filipe observou Epaminondas em assuntos relativos ao exército e ouviu-o com atenção. Recebeu conselhos militares de outro general, Pammenes, com quem se hospedou e com quem supostamente também se envolveu. Filipe era um jovem popular. Pammenes admirava o Batalhão Sagrado, cuja autodisciplina ele contrastava à indisciplina dos povos e das tribos de Homero. Filipe guardou na mente tudo o que ouvira em Tebas antes de voltar para casa, em 364.

Epaminondas invadiu o Peloponeso várias vezes nos dez anos seguintes a Leuctra. Ele se determinara a impedir um ressurgimento espartano. Tebas também voltara sua atenção para o centro e o norte da Grécia. Construiu uma frota para rivalizar com a dos atenienses e fomentou o descontentamento entre os aliados, Rodes, Quíos e Bizâncio. Pelópidas interveio na Tessália, onde o filho e sucessor de Jasão de Feras se comportava de forma agressiva com seus vizinhos; embora a campanha tenha sido bem-sucedida, o comandante tebano perdeu a vida.

As pessoas começaram a se cansar de Tebas – tanto que houve uma tratativa no Peloponeso sobre algo implausível: uma aliança contra Tebas entre a Lacedemônia e seu antigo inimigo, a Arcádia. Em 362, temendo perder influência, Epaminondas viu-se obrigado a lançar sua quarta expedição ao sul da Grécia. Mais uma vez, ameaçou Esparta diretamente. Xenofonte comparou a cidade a filhotes indefesos sozinhos num ninho, mas, por sorte, Agesilau fora avisado a tempo e interveio em socorro.

Em Mantineia, Epaminondas enfrentou o exército de uma grande aliança liderada por Atenas e Esparta. Em termos numéricos, essa seria a maior batalha já travada entre os helenos: os tebanos e seus aliados apareceram com 30 mil soldados de infantaria e 3 mil homens de cavalaria; contra eles, 20 mil soldados de infantaria e 2 mil cavaleiros. O dia foi longo, mas a cavalaria tebana e depois a grande falange acabaram por expulsar os espartanos.

O inimigo atacou Epaminondas, que estava avançando um pouco à frente de sua linha, e um espartano o feriu com uma lança. Levaram-no para sua tenda. Ele vencera a batalha, mas sabia que fora mortalmente ferido. Pediu que um de seus melhores generais assumisse o comando e soube que este havia sido morto; depois a outro, mas ele também estava morto. "Nesse caso", disse Epaminondas, antes de expirar, "selem a paz".

A morte de Epaminondas e a de Pelópidas foram um duro golpe para Tebas. Sua influência diminuiu. No longo prazo, porém, importavam menos as vitórias ou derrotas em batalha do que o fato de nunca terem conseguido unir a Beócia. Uma *polis* média não tinha os recursos para liderar no cenário internacional.

O declínio de Tebas fez de Atenas o poder helênico mais forte. Mas não tinham mais a velha energia. De algum modo, a vida se esvaía da *polis*, a cidade-estado que, no século V, afirmara ser um exemplo para a Grécia e que não apenas exigia, mas recebia a lealdade de seus cidadãos nos campos de batalha. O orador Ésquines fez uma revelação quando disse que

> o povo, desencorajado por suas experiências, como se sofresse de demência ou fosse declarado louco, reivindica apenas o nome da democracia e entrega sua substância a outros. E, então, voltamos para casa das reuniões da *ecclesia*, não saindo de um debate sério, mas depois de repartir os lucros como meros investidores.

A cidade estava se tornando um museu ao ar livre. Os visitantes iam conferir os monumentos da era de Péricles. À parte de restaurar suas fortificações, os atenienses só começaram a fazer grandes obras e reformas antes do último quarto do século, incluindo galpões de navios, o arsenal, o grande teatro de pedra de Dioniso e um estádio panatenaico em um vale a sudeste da cidade – projetos importantes, mas não grandiosos como antes. Esculturas maravilhosas continuavam a ser esculpidas ou modeladas, mas com uma diferença. Onde Fídias expressava a majestade dos deuses antropomórficos, Praxiteles, o principal escultor ateniense da época, retratava em mármore seres sobrenaturais, mas que pareciam homens e mulheres normais, apenas muito mais bonitos. Sua célebre Afrodite de Cnido era bastante sensual: tanto que se diz que um jovem admirador se trancava à noite no templo em que ela ficava e deixava vestígios de sêmen sobre o mármore.

Ainda escreviam tragédias, embora sem muita inspiração; nenhuma sobreviveu. Até onde se sabe, gradualmente passaram a meros exercícios literários, impossíveis de ser encenados. Surgiu uma tradição de reviver as obras-primas do passado, especialmente as peças de Eurípides. Nascera o conceito de "clássico".

As escabrosas comédias políticas de Aristófanes, que oxigenaram a democracia do século V (chamadas pelos estudiosos de comédia antiga), tornaram-se mais suaves; nelas, a insinuação suplantava a obscenidade (comédia média). Estas, por sua vez, foram substituídas por um novo estilo de humor – sutil, otimista e focado nas pessoas, não na política (comédia nova). Um expoente dessa prática foi Menandro, que viveu na segunda metade do século IV.

Suas peças em geral se passam em Atenas ou no interior da Ática e envolvem a vida particular de famílias abastadas da classe média. As tramas são artificiais e dependem de coincidências implausíveis. Descrevem os obstáculos ao amor verdadeiro e centram-se no jovem da casa. As crianças são abandonadas ou raptadas e finalmente reconhecidas, muitos anos depois, graças a um amuleto ou bugiganga. Os personagens são estereotipados: o soldado prepotente; o pai irado; o chefe tagarela; o escravo inteligente, porém covarde; a moça boazinha, com coração de ouro. Histórias que nunca aconteceriam na vida real se tornavam convincentes por meio de diálogos coloquiais e espirituosos em versos. Nos tempos antigos, Menandro era considerado um realista.

Seu trabalho só sobreviveu em fragmentos de papiro que arqueólogos encontraram em latas de lixo do antigo Egito – provas convincentes de que seu trabalho não era apenas encenado em teatros, mas também lido por todo o mundo grego.

Em um processo similar, os temas das cerâmicas figurativas vermelhas passaram a dar menos atenção ao corpo masculino, cenas de sexo e comemorações alcoólicas, imagens militares e lendas mitológicas e mais aos incidentes domésticos e à vida privada das mulheres. A última cerâmica figurativa foi produzida na cidade, no mais tardar, por volta de 320.

Uma modesta prosperidade retornou a Atenas, embora nunca houvesse dinheiro suficiente para sustentar suas ambições.

O rendimento do Estado era suficiente para pagar a administração da democracia e dos tribunais. A nova Liga queria que suas assinaturas permitissem à cidade administrar uma frota em tempos de paz. No entanto, apesar de toda a engenhosidade de seus políticos, Atenas foi incapaz de ter reservas suficientes para cobrir os custos proibitivos de uma grande campanha militar ou manter longas hostilidades. Essas pressões tiveram o efeito benéfico de fazer a cidade melhorar seus sistemas financeiros (especialmente sob seus principais estadistas, Calícrates e Eubulo, durante meados do século), e meios criativos para arrancar dinheiro dos ricos foram encontrados.

Eubulo também inventou uma forma inteligente e barata de ajudar os pobres. Criou (ou restabeleceu) um fundo de festival. Atenas teve mais festivais do que qualquer outra *polis* grega. Antes o público entrava de graça, mas agora eram cobradas entradas; o novo fundo pagava pela admissão dos cidadãos mais pobres. Estima-se que essa medida popular tenha custado no máximo trinta talentos por ano. No entanto, o orçamento do fundo logo subiu bastante. Além da renda regular, recebia todos os excedentes anuais de impostos e tornara-se uma agência poderosa que ofuscava as instituições financeiras oficiais, inclusive a *boulē*, e fornecia subsídios a todo tipo de propósito público.

Em um panfleto sobre a economia ateniense, Xenofonte reconheceu a fraqueza financeira do Estado e recomendou sensatamente medidas para fomentar o comércio e, acima de tudo, pôr "um fim completo à guerra, na terra ou no mar". Em face disso, Atenas parecia ter recuperado seu *status* do século V, mas, na verdade, sua supremacia era frágil.

A falta de dinheiro, contudo, não impediu a cidade de se ocupar militarmente em toda parte, embora gastando o mínimo possível e sem causar grandes efeitos. Durante a década após a batalha de Leuctra, as forças terrestres lutaram no Peloponeso com diversos aliados; o objetivo final era minar o domínio de Tebas. Também tentou deter a atividade dos tebanos na Tessália e interveio na Macedônia. Os generais atenienses venceram campanhas em Samos, em 365; no Quersoneso, de 365 em diante; em grande parte da Calcídica, em 364; e na Eubeia, em 357. Entre eles estava a imponente figura de Timóteo, filho do grande almirante ateniense Conão. Comandante e político capaz durante a era da nova Liga marítima ateniense, trabalhou duro para reviver o poder imperial de sua cidade.

A principal prioridade de defesa da cidade continuava sendo abrir a rota marítima do mar Negro até o Pireu. Havia dois obstáculos perigosos ao longo do caminho: as cidades-estados da península de Calcídica precisavam estar sob o controle ateniense ou serem ao menos amigáveis; e as estreitas águas do

Helesponto, a Propôntida,* e o Bósforo tinham de estar abertos para os barcos atenienses.

Em 364, uma tempestade surgiu em um céu aparentemente claro. Os atenienses parecem não ter percebido que suas atitudes excessivamente rígidas estavam aborrecendo os aliados no mar Egeu; embora tivessem prometido não criar *cleruchies*, na verdade fizeram isso, e as atividades indisciplinadas dos mercenários, a quem deixavam de pagar regularmente, geraram muitas queixas. O descontentamento fora fomentado pelo governante enérgico da Cária,** Mausolo. Sucessor de Tissafernes, era nominalmente um sátrapa persa, mas, para todos os efeitos, tornara-se um poder independente. Sob sua influência, alguns aliados de Atenas se afastaram da Liga. Estes eram as grandes ilhas de Rodes, Cós e Quíos, que Mausolo queria introduzir em sua esfera de influência, junto com Bizâncio, no Bósforo.

Atenas abriu uma campanha vigorosa contra os insurgentes na chamada Guerra dos Aliados, mas perdeu decisivamente dois grandes embates navais. Um de seus melhores almirantes foi morto, e outros dois, que evitaram a batalha por causa do tempo tempestuoso, foram injustamente levados a julgamento sob a acusação de traição (um foi Timóteo, que se exilou para evitar uma multa colossal de duzentos talentos e morreu logo depois disso). Para levantar dinheiro a fim de pagar as tropas, um general ateniense pediu auxílio a um sátrapa rebelde – para a fúria do Grande Rei, que ameaçou guerra. Mas o tesouro estava vazio (a cidade gastara mil talentos apenas com mercenários) e, em 355, Atenas foi obrigada a aceitar a paz. Os três rebeldes insulares foram autorizados a deixar a Liga e reconheceram a independência de Bizâncio. A confederação desmembrada lutou, mas o sonho renovado do império acabara.

O velho coxo ainda trabalhava incansavelmente servindo sua cidade. Em 361, Agesilau, agora com oitenta anos (uma idade muito avançada pelos padrões da época), concordou em liderar uma força espartana até o Egito. Tinha

---

* Propôntida (Προποντίς, -ίδος, transliteração: Propontis) era o antigo nome grego do mar de Mármara. O nome deriva de *pro* ("antes") e *pont-* ("mar"). O nome se dá em razão de os gregos terem navegado frequentemente pela Propôntida para alcançar o mar Negro (o Pontus Euxinus). (N. T.)

** Cária (do luvita Karuwa, "terra íngreme"; em grego antigo: Καρία, transliteração: Karia) era o nome de uma região no oeste da antiga Ásia Menor (Anatólia) que se estendia ao longo da costa da Jônia, de Mícale (Mykale) ao sul até a Lícia e ao leste até a Frígia. (N. T.)

conquistado sua independência da Pérsia, cerca de quarenta anos antes, e seu faraó estava indo agora para a ofensiva contra o Grande Rei. Ele precisava de mercenários gregos para ajudá-lo.

Uma justificativa pouco convincente para Agesilau aceitar a empreitada era que ela avançaria "na nobre causa para restaurar o domínio livre dos gregos" na Ásia Menor combatendo os persas onde eles estivessem. A verdade, contudo, era mais simples: o governo espartano estava sem dinheiro vivo e fora obrigado a contratar um rei e alguns de seus parcos pares de Iguais para aumentar a receita. O constrangimento era palpável.

Quando Agesilau chegou ao Egito, os principais comandantes do faraó lhe fazeram uma visita de cortesia. Ele era famoso no exterior, e ficaram impressionados com o que encontraram. Plutarco descreve a cena:

> Todos se aproximaram para vê-lo. O espetáculo não era nada brilhante, apenas um velho patético, de constituição pequena, envolto em um manto grosseiro e gasto, deitado na grama junto ao mar. Eles começaram a rir e a zombar dele.

A longa carreira de Agesilau – mais de 41 anos no trono – tem uma dimensão trágica. Embora fosse um homem com alguma habilidade, via o mundo como um míope. Permitiu que seus valores se distorcessem por ser agressivamente fiel à sua terra natal. O que fosse do interesse de sua cidade, em sentido estrito, estava certo; o que não fosse estava errado.

Ele se recusava a aceitar, por exemplo, que a tomada ilegal da cidadela de Tebas tivesse sido contraproducente. Seu preconceito de longa data contra os tebanos os encorajara a fazer reformas militares e, assim, contribuíra para o desastre em Leuctra. Ele nunca aceitou a perda da Messênia e o rebaixamento do *status* de grande potência.

No auge do seu sucesso, acreditava estar destinado a liderar uma invasão do Império Persa e vingar a agressão criminosa de Dario e Xerxes. Representou Esparta em sua época de suma autoridade, mas viveu o bastante para vê-la reduzida a uma impotência enlouquecida.

O relacionamento com os egípcios era complicado e insatisfatório, mas Agesilau precisou engolir seu orgulho e cumprir o acertado. Em 360, um faraó rival, para quem havia transferido sua lealdade, deixou-o partir. Recebeu uma condição formal excelente – e a soma de 250 talentos.

Agesilau nunca voltou para casa. Como estavam no inverno, fez com que a frota seguisse o litoral. Num local deserto, na costa da Líbia, chamado Porto de Menelau, ele morreu. Em geral, os espartanos que morriam no exterior eram enterrados onde estivessem, mas os reis eram levados para casa. O costume era mergulhar os corpos em mel, mas nesse momento não tinham disponível. Então seus companheiros embalsamaram o líder com cera.

Pouco antes de morrer Agesilau deu instruções a seus assessores, segundo Plutarco, de que não deveriam fazer uma estátua com sua imagem: "Se eu realizei algum ato glorioso, esse será o meu legado. Se não fiz, nem todas as estátuas do mundo – produtos de homens vulgares e sem valor – farão diferença".

Em qual categoria, nos perguntamos, o rei trágico se colocou?

Como seu poder diminuíra, Atenas tornou-se o equivalente antigo a uma cidade universitária, onde os jovens ricos pós-adolescentes poderiam concluir seus estudos.

Os sofistas costumavam ser itinerantes, mas a partir do fim do século V alguns se estabeleceram e fundaram escolas de ensino superior, especialmente em Atenas. Grupos de professores, alunos e pesquisadores reuniam-se em um só lugar para um propósito em comum. Vinham de todas as partes do mundo grego, e Atenas logo se tornou mais do que uma *polis* entre muitas – era um centro genuinamente pan-helênico. Por fim, o sonho de Péricles se tornara realidade, culturalmente, senão politicamente falando.

Na maioria desses estabelecimentos, a proposta básica para o estudante, como Platão colocou na boca de Protágoras, era promover "julgamento sadio na vida pessoal, mostrando-lhe a melhor forma de administrar sua casa e, na vida pública, contribuir da melhor forma em ações e discursos".

O primeiro a abrir sua escola em Atenas, pouco depois de 399, foi Antístenes, um devoto de Sócrates (embora colocasse mais ênfase na palavra escrita do que Sócrates e esperasse que os participantes de suas aulas fizessem anotações). Então poucos anos depois veio a escola de Isócrates, cujos estudantes eram de fora. Um de seus favoritos era o então jovem e promissor Timóteo.

Platão (um apelido que talvez significasse "testa larga", sendo Arístocles seu nome de fato) era de longe o mais capaz dos discípulos de Sócrates. Passou por maus momentos durante os primeiros anos do pós-guerra. Nasceu em torno de 429 em uma família de classe alta, e esperava-se que tivesse uma carreira pública. Crítias, líder dos Trinta, era seu tio, bem como de um de seus companheiros no poder, Cármides. A violência do governo o desiludiu com a política e "logo mostrou que o regime precedente fora uma era de ouro". A democracia restaurada levara Sócrates à morte; portanto, não podia ser considerada uma evolução.

O entristecido Platão e outros discípulos refugiaram-se em Mégara. Passou os doze anos seguintes em viagem – primeiro para Cirene, no norte da África, depois para o sul da Itália e na Sicília, onde conheceu seguidores do polímata e místico Pitágoras, do século VI. Visitou a corte de Dionísio, tirano de Siracusa, mas não aprovou seu ambiente hedonista. (Fez mais duas visitas à cidade com a vã esperança de treinar o filho e sucessor para se tornar um governante virtuoso.)

Em 387, Platão comprou uma pequena propriedade ao lado da Academia, um parque público e ginásio fora da cidade. Ali abriu uma escola de filosofia e matemática que dirigiu até sua morte, em 347. Ao contrário da maioria de seus concorrentes, proibiu o ensino da retórica, a arte de fazer a pior causa parecer a melhor.

Platão escreveu cerca de 25 diálogos filosóficos, que sobreviveram (a autenticidade de alguns foi contestada). Ele não aparece em nenhum deles e nunca anuncia as suas doutrinas platônicas. Esse desapego é um alerta para o buscador da verdade: nunca se deve aceitar uma proposição filosófica sem testá-la. O conhecimento só pode ser adquirido por meio de um esforço intelectual.

No entanto, alguns temas primordiais surgem no trabalho de Platão. Os valores são absolutos, e a virtude é essencial para a vida do indivíduo. O verdadeiro conhecimento (o que Sócrates nos diálogos chama de sabedoria) permite, a quem o tiver, ver que as impressões sensoriais são ilusórias e compreender suas "formas" ideais ou perfeitas (ver página 308). Essas formas são entidades reais, mas só podem ser compreendidas por meio da reflexão e da investigação abstratas, não pela experiência. O erro vem da ignorância; aqueles que realmente conhecem o bem inevitavelmente praticarão o bem. Em *A república*, Platão, que não era democrata, descreve um Estado ideal governado por guardiões sábios ou reis-filósofos.

O Sócrates histórico usou sua técnica de perguntas e respostas – o *elenchus*, ou dialética – para testar definições de, digamos, amor ou justiça. No entanto, a técnica tem um ponto fraco na medida em que tende a mostrar o que essas coisas não são, em vez de mostrar o que são. Nos diálogos posteriores de Platão, "seu" Sócrates desempenha um papel menor, ou desaparece completamente. Teorias positivas ou ensinamentos são apresentados (por exemplo, a crença na reencarnação, de modo que o novo conhecimento é, na verdade, o ato de lembrar o que sabíamos antes de ter nascido), e podemos supor que o que lemos deriva do discípulo, não do mestre.

Platão foi uma inspiração para seus contemporâneos (incluindo aquele conhecido intelectual, o rei Filipe da Macedônia, que lhe prestou homenagens quando ele morreu), e continua assim até hoje. Um importante pensador britânico do século XX escreveu: "A característica geral mais correta da tradição filosófica europeia é que ela consiste em uma série de notas de rodapé sobre Platão".

Um dos melhores alunos de Platão era um rapaz de dezessete anos chamado Aristóteles, nascido em Calcídica. Era filho do médico da corte do rei da Macedônia e poderia muito bem ter se tornado um cidadão do reino. Matriculou-se na Academia em 367 e foi logo reconhecido como um excelente aluno. Parece que, embora respeitasse Platão, não demorou a criticá-lo. Diz-se que Platão comentou sobre ele: "Aristóteles me chuta como um potro chuta a mãe".

Aristóteles permaneceu na Academia até a morte de Platão e, na época, deixou Atenas, provavelmente por causa de sua associação com os impopulares macedônios. Estabeleceu-se por um tempo com outros filósofos em uma pequena cidade-estado na Trôade, sob a proteção de Hérmias de Atarneu, um tirano com tendências intelectuais que estudara na Academia com Platão. Aristóteles casou-se com Pítia, sobrinha e filha adotiva do tirano.

Hérmias conspirou com Filipe da Macedônia e se levantou contra o Grande Rei, mas foi enganado e participou de uma reunião com o general persa encarregado de exterminar a revolta. Enviado acorrentado para Susa, foi torturado, mutilado e empalado. Morreu dizendo: "Eu não fiz nada que não fosse digno de filosofia".

O triste fim desse aspirante a déspota lança uma luz sobre a seriedade com que os gregos instruídos buscavam o conhecimento intelectual. A filosofia era uma nova disciplina que propunha transformar o mundo, desvendar os segredos do universo e solucionar o mistério da vida. Como qualquer ser humano racional resistiria ao seu fascínio?

Aristóteles refugiou-se para ter maior segurança em Mitilene, na ilha de Lesbos, e escreveu uma ode em memória de Hérmias. Então, após alguns anos, foi chamado à Macedônia para ser o tutor de Alexandre, filho adolescente de Filipe. Em 335, retornou a Atenas e começou a lecionar no ginásio do Liceu, um bosque consagrado a Apolo Liceu ("pertencente a um lobo"). Aparentemente, dava palestras a seus alunos pela manhã e para o público em geral à noite. O local era uma alameda coberta, ou *peripatos*, e desse termo veio o nome de seu estilo de filosofia – o peripatético.

Aristóteles discordava de Platão ao favorecer a observação sobre a especulação abstrata. Em seu pioneiro *A história dos animais*, procurou catalogar, descrever e explicar o mundo biológico. Incluiu os seres humanos, tanto suas características físicas quanto, em outros livros, suas facetas sociais e políticas.

Ele era muito produtivo, e quatrocentas obras foram atribuídas a ele, das quais cerca de um quinto sobreviveu. Separam-se em três categorias: compreendem, primeiro, livros populares de filosofia para um público geral, muitas vezes em forma de diálogos, que foram todos perdidos; coleções de informações históricas e científicas, muitas vezes reunidas em parceria com assistentes de pesquisa, como listas de vencedores em Jogos Olímpicos ou Píticos, registros de produções teatrais em Atenas e análises de 158 estados gregos, dos quais apenas um estudo da Constituição de Atenas sobrevive; e, finalmente, textos filosóficos e científicos, com frequência em forma de anotações de aula que não foram planejadas para publicação e sobreviveram em grande parte.

Esses textos abrangem retórica (de novo em oposição a Platão, incluiu-a no currículo de sua escola no Liceu); um conjunto de obras (chamado *Organon*) sobre lógica e a ciência do raciocínio; metafísica (ele discordava da doutrina das formas de Platão, acreditando que fossem imanentes a objetos e sem uma realidade externa); ciência natural, ética e política; teoria dramática e literária (*Poética*, em dois volumes, tendo se perdido o segundo).

A influência de Aristóteles durante a Idade Média em quase todos os campos de pesquisa era absoluta; seu trabalho sobre lógica manteve sua validade até o desenvolvimento da lógica matemática, no século XIX.

As escolas de Atenas foram a principal conquista cultural da cidade no século IV.

Enquanto os gregos se entregavam às suas costumeiras lutas internas, o jovem Filipe retornou à sua terra natal, a Macedônia, deixando de ser refém em Tebas. Seus dois irmãos mais velhos haviam sofrido mortes violentas (um assassinado e o outro em batalha), e em 359 ele assumiu a regência de seu sobrinho Amintas IV, então com menos de dez anos de idade e filho de seu irmão mais novo.

Não havia por que supor que o padrão tradicional de incompetência assassina da monarquia seria rompido ou que Filipe se sairia melhor do que seus antecessores naquele trono instável, mas ele se mostrou brilhante, determinado e implacável.

O reino teve a sorte de contar com ele, pois os inimigos estavam à espreita. Os ilírios, a oeste, planejavam uma invasão; os de Peônia atacavam a fronteira ao norte; os trácios, a leste, conspiravam para substituir Filipe com um aspirante ao trono; e, como sempre, os atenienses ansiavam fortalecer sua posição em Calcídica e tinham seu próprio pretendente.

Filipe era um mestre na arte de dividir para governar. Com uma mistura de governo habilidoso e força militar, confrontou, enganou e finalmente derrotou em batalha cada um de seus inimigos, um por um. Em 356 ele foi eleito rei por seu próprio direito. Tomou a cruel precaução de perseguir e liquidar três meios-irmãos, alegando serem rivais em potencial para o trono – embora mantivesse seu antecessor pré-púbere na corte e o tratasse bem. Era impiedoso, mas se não se sentisse ameaçado não era um sanguinário.

Agora que havia assegurado o reino e pacificado os barões indomáveis da Alta Macedônia, deu à Baixa Macedônia o acesso ao mar, tomando o controle das *poleis* do golfo Termaico. Isso o colocou em conflito com Atenas, que queria o livre fluxo do tráfego marítimo do mar Negro ao Pireu, ao longo do litoral grego e trácio. Uma a uma, contudo, as grandes cidades-estados independentes da região – entre elas, Metone – caíram nas mãos do rei ou se alinharam a ele, como fez Olinto. Atenas perdera Anfípolis para o comandante espartano Brásidas em 422 e, mais tarde, desejava recuperá-la. Mas Filipe conquistou-a combinando força e enganação.

Começou uma discussão com o governo e cercou a cidade. Quando pediram ajuda aos atenienses, prometeu entregá-la em troca de Pidna, no golfo Termaico, que era membro da Liga Ateniense. Mas uma vez tomada Anfípolis, em 357, guardou-a para si. Para somar insulto à injúria, também capturou Pidna. Para reduzir a influência de Atenas na região, avançou para a Liga Calcídica, uma ameaça potencial aos interesses macedônios, que não sabia de que lado deveria ficar.

Os atenienses declararam guerra a Filipe, mas não podiam fazer muito, pois estavam ocupados com a Guerra dos Aliados. De qualquer forma, o tesouro estava liso e não havia dinheiro para enviar uma grande força a fim de reaver os ganhos ilícitos de Filipe. As hostilidades, porém, continuaram por vários anos.

Filipe agora era o monarca mais bem-sucedido e popular que a Macedônia já vira. Tudo o que lhe faltava era ter uma renda confiável para pagar seus soldados. Olhou para a Trácia e, aproveitando um pretexto para intervir, marchou para leste; em 356 fundou a cidade de Filipos, no interior da ilha de Tasos. Não por acaso ficava próxima a minas de ouro altamente lucrativas. Filipe as expropriou, e eles pagavam ao seu tesouro a enorme soma anual de mil talentos. Agora tinha a sua correspondente das minas de prata em Laurium.

Nunca satisfeito, o rei da Macedônia saiu em busca de novas conquistas: agora o excitava a perspectiva estonteante de unir a Hélade sob sua liderança. Como primeiro passo, aceitou um convite para intervir ao norte da Grécia, em nome dos barões feudais da Tessália, contra os tiranos de Feras. Eles amavam cavalos como os macedônios e consideraram-no um aliado perfeito; então, já em 352 o elegeram como arconte, ou comandante-chefe vitalício.

Havia duas partes na Constituição macedônica: o rei guerreiro e uma assembleia de cidadãos-soldados. Na maior parte do tempo, o primeiro governava e incorporava o Estado; possuía todas as terras, comandava o exército, era o supremo tribunal de apelação e, como sumo sacerdote, presidia os sacrifícios diários que asseguravam o bem-estar do reino. No entanto, era a assembleia que escolhia os reis. Ela elegia o monarca por aclamação (também presidia julgamentos de traição): os homens usavam armadura completa e batiam suas lanças contra seus escudos para demonstrar aprovação.

Filipe sabia que essa aprovação poderia ser retirada e que a popularidade contínua dependia do sucesso em batalha. Ele se interessava pelo poder e não por suas armadilhas; nunca assinou como rei em nenhum documento oficial. As pessoas o chamavam de Filipe, e ele não usava insígnias reais.

Tinha um grande charme pessoal e um humor seco. Frequentemente usava essas qualidades para enganar. Mentia e iludia seus opositores com um sorriso nos lábios.

Filipe preferia a diplomacia à guerra, embora adotasse um estilo original. Polígamo, casou-se sete vezes e nunca se divorciou de nenhuma das esposas. O motivo dessas uniões era invariavelmente uma questão de Estado. A luxúria parece tê-lo conduzido, nunca o amor. Como um antigo cronista observou claramente, ele "guerreou por meio do casamento". Sua terceira esposa foi a arguta e feroz Olímpia, princesa de Epiro (além de tê-la desposado, Filipe teria também seduzido o irmão dela, um belo rapaz). Em 356, deu-lhe um filho e herdeiro, Alexandre, cujos interesses ela promoveu e aos quais se dedicou pelo restante de sua vida.

A outra técnica de negociação de Filipe era o suborno. Nenhuma cidade era inexpugnável, ele dizia, se tivesse um portão dos fundos suficientemente grande para deixar entrar um burro carregado de ouro.

Quando a diplomacia falhava, Filipe recorria à guerra sem hesitar. Foi corajoso em batalha, como suas cicatrizes atestavam, e dava um forte exemplo a seus homens. Sua concepção de guerra devia algo ao heroísmo pessoal dos heróis homéricos. No cerco de Metone, uma *polis* no litoral do golfo Termaico, ele estava inspecionando suas fileiras quando um atirador nas muralhas lançou uma flecha em seu olho direito e o cegou. Apesar dessa ferida perigosa, permaneceu ativo em comando e, quando a cidade cedeu poucos dias depois, foi generoso nos termos de rendição. Outros ferimentos deixaram uma das mãos e uma perna permanentemente danificadas e uma clavícula quebrada.

Sua coragem, no entanto, não foi suficiente para garantir a vitória. Inspirado por Epaminondas e Pelópidas, Filipe introduziu reformas militares radicais. Profissionalizou o exército introduzindo o pagamento regular, fornecendo armaduras às suas custas e estabelecendo um sistema de promoção. Fez seus soldados carregarem suas armaduras, armas e comida, reduzindo a necessidade de carretas para transportar bagagem. Não eram mais camponeses sazonais, mas soldados de carreira em tempo integral.

Filipe inspirou-se na falange primitiva da *Ilíada* de Homero. Os gregos confrontam os troianos em batalha com

> uma sebe impenetrável de lanças e escudos inclinados, de broquel a broquel, de elmo a elmo, de homem a homem. Tão perto estavam as fileiras que, quando moviam a cabeça, os picos cintilantes de seus capacetes emplumados se encontravam, e as lanças se sobrepunham, enquanto as balançavam para frente com as mãos fortes.

Mas Filipe também era um inovador. Levou o conceito de falange à sua conclusão lógica. Introduziu uma lança muito longa, a *sarissa*: tinha entre 4,2 e 5,5 metros de comprimento e precisava ser segurada com ambas as mãos. Era carregada em pé e, quando se aproximavam do inimigo, as primeiras cinco fileiras da falange baixavam suas *sarissas*, criando o efeito de um grande porco-espinho, e atacavam. A parede de escudos da falange grega comum via-se diante de uma muralha de lanças. Os hoplitas antiquados eram incapazes de alcançar os combatentes inimigos e de lutar corpo a corpo com suas espadas curtas.

Filipe lançava sua nova falange associada à cavalaria pesada. Como Epaminondas, ordenava que esta atacasse no início da batalha em vez de esperar que a infantaria entrasse na luta. Enquanto a falange acertava o meio do inimigo, a cavalaria, montada em esquadrões em forma de cunha, atacava, cortando e golpeando, para desbaratar a linha oposta e, principalmente, para cavalgar contra os flancos ou retaguarda.

Os exércitos gregos não tinham a tecnologia para capturar as cidades fortificadas com facilidade, e quando caíam era em geral por causa de traição. Por volta de 350, Filipe estabeleceu uma equipe de engenharia. Seu comandante projetou novas máquinas de cerco, como um aríete coberto, e parece ter inventado a catapulta de torção, cujos mísseis tinham maior alcance e velocidade de deslocamento do que a catapulta mecânica tradicional.

Os reis da Macedônia reuniram em torno deles uma força de elite, os Companheiros, formada por amigos e conselheiros e que conduzia a cavalaria ao campo de batalha. Funcionavam como guarda-costas reais. Filipe expandiu esse número para oitocentos e escolhia pessoalmente cada um deles.

Com suas novas provisões de ouro, Filipe poderia dar-se o luxo de adicionar mercenários às tropas nativas da Macedônia. Esses homens tinham de ser leais somente a ele e, além de fortalecer sua capacidade militar, tornava mais difícil para os cidadãos exercerem pressão política sobre ele.

Em campanha, a disciplina era feroz e o treinamento era implacável. Em certa ocasião, o rei demitiu um oficial por tomar um banho quente no acampamento, e outro foi açoitado quando saiu das fileiras para beber. No entanto, se Teopompo,* historiador do século IV, estiver correto, muitos eram baderneiros nas horas de folga.

Segundo ele, eram alcoolistas, com uma propensão ao vinho não misturado (o antigo equivalente a destilados) e ao jogo. E havia mais.

---

* Teopompo (Quíos, *c.* 378 a.C.-Egito, 323 a.C.), historiador e retórico da Grécia antiga contemporâneo de Alexandre, o Grande. Devido a suas opções políticas e críticas à democracia de Atenas, bem como por preferir o imperialismo espartano, foi obrigado a se exilar com frequência de sua ilha natal de Quíos. Por influência de Alexandre pôde retornar à sua cidade, mas, após a morte deste, abrigou-se sob Ptolomeu no Egito, onde faleceu. (N. T.)

Alguns costumavam raspar e depilar o corpo, embora fossem homens, enquanto outros faziam sexo com seus companheiros, embora tivessem barba [em outras palavras, eram homossexuais adultos em nosso sentido moderno, algo que os gregos consideravam detestável]. Em geral, levavam dois ou três rapazes pagos com eles e forneciam o mesmo serviço para os outros. Seria correto chamá-los de "cortesãs", em vez de cortesãos, acompanhantes em vez de guarda-costas.

Mesmo que isso seja exagero, sabemos que Filipe admirava o Batalhão Sagrado de Tebas e podemos inferir que ele tivesse estimulado o vínculo masculino sexual entre suas forças especiais como método para controlar o moral.

Ele não era um rapaz com um potencial óbvio. Era delicado e subdesenvolvido. Magro e doente desde criança. Tinha a voz fraca e não conseguia pronunciar direito a letra "r". Seus modos talvez fossem femininos, pois os outros meninos o apelidaram de Battalus, a partir do nome de um flautista bem conhecido e efeminado. (Já adulto, foi acusado de frequentar tabernas vestido como mulher e criticado por sua suposta homossexualidade; porém, também se casou e teve três filhos. Não sabemos a verdade.)

Nascido em 385, o bebê chamava-se Demóstenes em homenagem ao pai, que era um empresário bem-sucedido e possuía uma fábrica de espadas e talheres; ele também fazia sofás. Infelizmente, morreu quando o filho tinha apenas sete anos. Os parentes indicados como guardiões no testamento administraram tão mal seus bens que quando Demóstenes chegou à maioridade, aos dezoito anos, sua herança havia quase se dissipado.

Ele era adolescente quando ouviu um destacado estadista da época, Calístrato, falar durante um julgamento e ficou tão impressionado que escolheu a oratória como futura atividade. Desistiu de seus outros estudos, matriculou-se com professores de retórica e leu sobre como falar em público.

Os tribunais no século IV fervilhavam mais do que nunca e os litígios prosperavam. Havia carreiras e dinheiro a ser ganhos. A prestação de assessoria jurídica e a redação e a fala de discursos em nome dos acusadores e réus era profissionalizada. Havia defensores honrados e verdadeiros criminosos para processar, mas inimigos rancorosos, rivais comerciais e políticos inundavam os tribunais com acusações falsas ou fúteis. Não havia serviço de acusação pública, embora um funcionário do Estado pudesse abrir uma ação se ela se referisse à comunidade. Qualquer cidadão podia entrar com uma ação, e surgiu uma classe de litigantes habituais, apelidados de *sicofantas* ("aquele que colhe figos ao sacudir a árvore"). Ostensivamente, trabalhavam pelo interesse público, mas na verdade era pelos ganhos financeiros. Chantageavam cidadãos inocentes, ameaçando-os com processos judiciais. Em alguns casos, o Estado pagava por condenações. Era nesse mundo sombrio que Demóstenes queria entrar.

O jovem orador submeteu-se a um rigoroso treinamento. Se acreditarmos nas histórias que contam, ele passava o dia inteiro praticando declamação e adquiriu um espelho de corpo inteiro para observar seu desempenho. Gostava de ir até o litoral em Falero, onde gritava acima do barulho das ondas, e, como tinha pouco fôlego, contratou um ator para lhe ensinar a dizer frases longas controlando a respiração. Corrigiu sua articulação, recitando discursos com pedregulhos na boca, e desenvolveu sua força vocal ao falar enquanto caminhava subindo um monte.

Apesar de todo o trabalho duro, o discurso inaugural de Demóstenes foi um desastre. Ele foi interrompido e riram dele. No entanto, passou três anos processando seus ex-guardiões por negligência e fraude, quando se aperfeiçoou no ofício. Por fim, venceu a ação, mas provavelmente recuperou apenas parte de sua fortuna familiar. No entanto, sua reputação cresceu e passou a auferir um bom rendimento como escritor de discursos para o tribunal. Graças à força de vontade, Demóstenes conquistou seu sonho.

Voltou sua atenção para a política e discursou várias vezes na *ecclesia*, muito preocupado com a ameaça que viria do norte. Logo se tornou o mais temido e odiado crítico de Filipe da Macedônia.

A Fócida era um dos menores estados da Grécia, mas tinha em seu território o requisitado Oráculo de Delfos. O oráculo garantia sua independência por meio de um comitê de potências vizinhas, chamado Anfictionia, que tinha autoridade para punir os atos de sacrilégio de qualquer estado. A Fócida fora forçada a se juntar contra sua vontade à aliança beócia após a batalha de Leuctra, mas agora que o poder de Tebas estava diminuindo e Epaminondas morrera em Mantineia, começara a agir de forma independente.

Os tebanos se ofenderam e acusaram a Fócida de não pagar uma multa ao oráculo por sacrilégio; aparentemente os fócios estavam lavrando a terra na planície abaixo de Delfos, que era sagrada para os animais sacrificados ao deus. Eles foram desafiados, com a recusa a entregarem o dinheiro, com uma citação da *Ilíada* para justificar uma reivindicação antiga do terreno em questão.

Aqui estão as origens do que os gregos passaram a chamar de Guerra Sagrada. Os fócios tinham muitos inimigos na Anfictionia – os tessálios, os lócrios e, os piores, os tebanos. Se não agissem agora, estariam sob o controle deles um futuro próximo. Ao contrário dos atenienses e do rei Filipe, não tinham minas de prata nem de ouro. No entanto, em Delfos havia algo quase tão bom: os tesouros de prata e ouro que os estados gregos haviam dado como presente a Apolo. Em 356, os fócios tomaram Delfos e "pegaram emprestado" os presentes do deus, usando-os para pagar um exército de mercenários. Chegaram a cavar sob o templo de Apolo à procura de tesouros secretos, sem encontrar nada.

Invadiram o tesouro do antigo rei de Lídia, Creso, rico em artefatos e lingotes de ouro e prata. Tudo isso foi derretido para fazer moedas que valiam 4 mil talentos de ouro. A prata de Creso também foi derretida para produzir dinheiro em espécie, totalizando 6 mil talentos de prata.

Durante os anos seguintes, vastas somas foram extraídas dos tesouros de Delfos e os fócios desfrutaram de um breve auge de glória militar. Na opinião deles, Delfos não era apenas uma instituição internacional, mas uma posse nacional. Da mesma forma como os atenienses usaram os metais preciosos de seus templos para tentar vencer a Guerra do Peloponeso, eles acreditavam ter o direito de explorar as riquezas de Delfos. Pelo menos de início, tinham a intenção de devolver o que haviam tomado como empréstimo. No entanto, após algum tempo, sua dívida era tão grande que levaria muitos anos para conseguirem pagar todo o débito. De mutuários passaram indiferentemente a ladrões.

Esparta também devia ao deus uma multa alta por ter capturado a cidadela de Tebas durante uma época de paz (ver página 374), e Atenas apoiava discretamente a Fócida, em grande parte porque um inimigo de Tebas seria amigo deles.

O rei da Macedônia foi atraído para a questão quando o general fócio Onomarchus marchou para a Tessália para ajudar Feras, que reclamara do tratamento grosseiro de Filipe para com eles. Filipe foi derrotado por Onomarchus e retirou-se para a Macedônia. Ele estava habituado a vencer as batalhas e rosnou: "Estou recuando como um carneiro, para bater mais forte".

Filipe tinha razão. Em 353 ou 352, retornou e expulsou os fócios da Tessália. Em uma planície junto ao mar, onde havia um campo de açafrão, empurrou o exército inimigo até as ondas. Um terço das forças foi destruído.

Uma frota ateniense aliada ajudou a resgatar os sobreviventes. Onomarchus foi empurrado para o mar sobre seu cavalo e se afogou. Filipe insultou seu cadáver expondo-o em uma cruz.

O macedônio preparou-se para marchar para o sul a fim de resgatar Apolo e seu templo em Delfos dos ladrões da Fócida. Atenas, preocupada com a ascensão da Macedônia, avançou rapidamente. Eubulo, em geral parcimonioso e pacífico, enviou uma grande força para guardar a passagem nas Termópilas e, assim, deteve o rei em seu caminho. Ele se retirou e seguiu em campanha na Trácia, onde ameaçou os interesses de Atenas no Quersoneso. Enquanto isso, continuou esperando uma nova oportunidade para combater a Fócida.

A próxima etapa do crescimento da Macedônia foi a anexação da península de Calcídica. Olinto provou ser um aliado pouco confiável e abrigou um pretendente ao trono de Filipe (um de seus meios-irmãos, ver página 397). Temendo as intenções de Filipe, fizeram uma aliança com Atenas. Em 348, isso foi o suficiente para persuadir o rei a intervir e sitiar a cidade. Distraiu Atenas fomentando problemas em Eubeia e, quando chegou uma força de socorro de 2 mil hoplitas atenienses e um esquadrão de cavalaria, Olinto havia caído. Presume-se que o infeliz pretendente tenha sido capturado e morto.

Filipe sempre puniu a deslealdade; ele arrasou a cidade e mandou os sobreviventes para a Macedônia, onde foram obrigados a trabalhar como escravos nas minas ou nos campos.

A *ecclesia* ficou furiosa, e o sentimento contra Filipe aumentou, mas Atenas estava falida. Precisava de paz. O mesmo aconteceu com o rei, pois, agora que tinha conseguido chegar a Calcídica, tinha outro projeto em mente. Os tebanos o convidaram para marchar para o sul em nome da Anfictionia e esmagar os fócios. Isso era muito tentador, pois a vitória faria a Macedônia dominar a Grécia continental. Antes de embarcar nessa nova aventura militar, porém, ele precisava resolver antigas questões.

Em 346, abriram-se as negociações de paz. Demóstenes juntou-se a uma delegação para ir até Filipe em um encontro em Pella, capital da Macedônia. O encontro parece ter sido um desastre, de acordo com o relato de Ésquines, um embaixador que não era seu amigo. Aparentemente, quando chegou sua vez de se dirigir ao rei, Demóstenes teve um branco. Esqueceu o que tinha que dizer e de repente parou de falar. Filipe reagiu bem, encorajando o orador a se acalmar e tentar novamente, mas ele não conseguiu fazer o discurso.

Foi assinado um tratado em que cada parte deveria manter os territórios dos quais tivessem a posse naquele momento. Os aliados da Macedônia e de Atenas foram incluídos no pacto – com a maior exceção da Fócida, que agora havia esvaziado os tesouros de Delfos e não representava mais uma séria ameaça militar. Filipe esperava que o tratado conduzisse a uma amigável parceria com Atenas, mas Demóstenes fez com que o sentimento antimacedônio reacendesse.

Filipe não tinha nenhuma queixa em especial contra a Fócida, mas seu sacrilégio deu-lhe o meio ideal para fortalecer sua posição política intervindo na Grécia central. Seu exército recebeu autorização para passar pelas Termópilas graças a um traiçoeiro general fócio. Para surpresa geral, o governo da Fócida se rendeu a Filipe sem hesitação ou demora, e suspeita-se que o rei tenha aceitado ouro para facilitar o caminho do macedônio. Os membros da Anfictionia agradeceram a queda da Fócida e pediram que fosse aplicada a pena máxima legal pelo sacrilégio ao deus – ou seja, todos os fócios deveriam ser atirados do alto de um penhasco.

Filipe, nomeado presidente dos Jogos Píticos em Delfos, uma grande honra, convenceu o conselho a ser mais brando. A Fócida perdeu seu lugar no conselho e seus dois votos foram dados à Macedônia. Não era mais permitido consultar o oráculo em Delfos. Eles teriam de pagar em dinheiro o valor dos tesouros roubados em parcelas anuais.

Como de costume, no entanto, foram as pessoas comuns que sofreram os estragos da guerra. Demóstenes lembra-se de atravessar uma paisagem devastada.

> Quando fomos recentemente a Delfos, vimos tudo isso – casas arrasadas, fortificações demolidas, campos sem homens, um punhado de mulheres e crianças, pessoas idosas e infelizes. Não havia palavras para descrever o problema que [os fócios] enfrentam agora.

O vencedor desses procedimentos foi, sem dúvida, Filipe. Agora ele era membro de uma antiga e respeitada instituição pan-helênica e tinha uma posição na política da Grécia continental. As botas de seu exército estavam firmes no chão. Ninguém mais poderia dizer que ele não era grego, como ele sempre afirmara.

O povo de Atenas foi uma grande decepção para Demóstenes. No primeiro de uma série de grandes discursos proferidos contra a ameaça que Filipe representava para o mundo helênico, comparou a falta de espírito dos atenienses a um boxeador que cobre o lugar em que foi atingido em vez de contra-atacar.

> Guerreamos contra Filipe do mesmo modo como o bárbaro boxeia. Quando atingido, cobre o ponto batido; se acertado do outro lado, ali colocará as mãos. Não sabe nem se importa em desviar de um golpe ou em observar seu adversário. Então, se ouvirmos falar de Filipe no Quersoneso, enviamos uma força de socorro até lá; se for nas Termópilas, votamos para enviar uma força até lá. Se ele estiver em outro lugar, ainda correremos em círculos para acompanhá-lo.

Se os atenienses estavam menos ansiosos para guerrear contra Filipe, ele não esperava enfrentá-los. Ele respeitava muito a cidade, o centro cultural e intelectual do mundo grego. Da mesma foram que gostava de beber com seus companheiros, gostava de se associar de igual para igual com os filósofos e escritores atenienses. Em 343, escolheu Aristóteles, ex-discípulo de Platão, como tutor de Alexandre, seu filho adolescente, a quem queria transformar em um verdadeiro heleno. O rapaz estudou literatura e filosofia como um jovem ateniense.

Muitos gregos aprovaram o rei Filipe. Um leitor dos discursos de Demóstenes pode ter a impressão de que toda a Hélade o odiava e temia. Mas isso está longe da verdade. Não foram apenas intelectuais como Isócrates que, de forma grandiosa, viram em Filipe um pacificador havia muito esperado das *poleis* venenosas da Grécia. Pequenos estados do Peloponeso se sentiam ameaçados por uma Esparta furiosa, desesperada para restaurar seu poder na península. A fraqueza de Tebas e a incapacidade de protegê-los como na época de Epaminondas significavam que a chegada de Filipe era uma dádiva divina. Em muitos lugares, o rei da Macedônia era genuinamente bem-vindo.

Este era um fenômeno curioso: um inimigo popular que a maioria não desejava combater; um agressor que admirava a civilização que desejava conquistar. E, no entanto, a lógica dos fatos provocou uma renovação das hostilidades.

Demóstenes protagonizou um profundo ressentimento pelo lado de Atenas. A seu pedido, a cidade fez um protesto implícito contra a adesão da Macedônia à Anfictionia, decidindo não comparecer aos Jogos Píticos, mas recuou depois que Filipe enviou um ultimato educado, porém firme. Tendo marchado o *demo* colina acima, o orador foi forçado a marchar de volta, envergonhado, admitindo que seria loucura "ir à guerra atrás da sombra em Delfos".

Com o passar do tempo, porém, a propaganda antimacedônica teve seu efeito. O estado de espírito do público oscilou decisivamente contra a paz. Seu principal negociador ateniense foi acusado de traição e fugiu da cidade. Foi condenado à morte à revelia por desacato ao tribunal. Em 343, Demóstenes então impugnou Ésquines, seu grande rival em oratória e defensor do tratado com Filipe. O réu precisaria usar todas as suas habilidades como orador público para conseguir sua absolvição.

O rei enfureceu-se com um Estado que, por um lado, se mostrava seu amigo e aliado e, por outro, parecia ter financiado uma tentativa fracassada de incendiar os estaleiros em Pireu. Provavelmente ele queria neutralizar a ainda poderosa frota ateniense antes de prosseguir com seu próximo grande empreendimento – a conquista final e permanente da Trácia. Depois de uma campanha de dez meses em 342 e 341, ele saiu vitorioso. Dobrou o tamanho do seu reino e estendeu a fronteira da Macedônia até os limites do Quersoneso.

Atenas considerou isso uma ameaça à passagem ininterrupta das importações de grãos das quais sua população dependia. Enviou para a região navios e mercenários, que romperam imprudentemente os termos de paz atacando um conhecido aliado de Filipe. Isso provocou a ira do rei.

Os atenienses estavam errados, mas Demóstenes entendia de modo diferente. Fez um discurso no qual afirmava que o rei da Macedônia havia quebrado o tratado de paz.

Agora ninguém mais duvidava que Filipe estivesse procurando uma oportunidade de aumentar o poder da Macedônia. Sua presença no Quersoneso era, de fato, perigosa, e ele estava provocando ao encorajar as *poleis* na ilha de Eubeia a estabelecer oligarquias com apoio macedônio.

No entanto, embora a frota ateniense governasse o mar Egeu, a superioridade militar de Filipe por terra era acintosa. A Macedônia era rica e populosa. No longo prazo, quase pobre e desmilitarizada como havia se tornado, Atenas não conseguiria competir com a nova grande potência. Seu interesse estava na aliança amigável que Filipe procurava. De fato, ele propôs que o tratado entre a Macedônia e Atenas deveria ser ampliado para se tornar uma paz comum a todos que desejassem participar.

Demóstenes acreditava, no entanto, que o principal objetivo do rei não era fazer uma parceria com Atenas, mas provocar sua ruína. O ódio superava a razão na mente do orador. Não havia como duvidar de sua sinceridade. Ele resistiu ao suborno da Macedônia, embora, escreve Plutarco, tivesse sido "dominado pelo ouro persa, que descia de Susa e Ecbátana como uma torrente". Demóstenes ofereceu ao *demo* um conselho sincero, ainda que péssimo.

Os esforços atenienses para armar uma frente helênica comum contra o rei começavam a dar sinais de sucesso. Em casa, a *ecclesia* cobrava impostos, e as verbas do fundo dos festivais eram desviadas para os preparativos de guerra. O Grande Rei, temeroso dos planos de invasão de Filipe, concordou em oferecer seu apoio. Em 340, dois aliados da Macedônia a nordeste, Perinto e a bem fortificada *polis* de Bizâncio, mudaram de lado. Filipe colocou ambas sob cerco, mas nem mesmo sua nova catapulta de torção rompeu suas defesas.

Em compensação, Filipe conseguiu uma vitória no mar. Sua pequena frota atacou e capturou um comboio ateniense de 230 embarcações carregando grãos perto da entrada da Propôntida (mar de Mármara), que tinham sido vendidos pela enorme soma de setecentos talentos. Todos os 180 navios atenienses foram destruídos.

O rei marchou para casa pela Trácia, onde realizou uma breve campanha e feriu-se seriamente na coxa. Ele mancou pelo resto da vida, mas assegurou a Trácia e poderia com segurança (e certo arrependimento) voltar sua atenção à Grécia.

As agressões de Filipe no Quersoneso foram uma grave ameaça para Atenas. A perda do comboio foi a última gota. A *ecclesia* declarou guerra à Macedônia, e a coluna de mármore onde os termos da paz tinham sido inscritos foi formalmente destruída. A política de Demóstenes triunfara e votaram para que ele recebesse uma coroa de ouro em sinal de gratidão pelos seus serviços ao Estado.

Mais uma vez, uma disputa na Anfictionia deu a Filipe a oportunidade de que ele precisava.

Após a batalha de Plateias, no século anterior, os atenienses dedicaram a Delfos um conjunto de escudos de ouro com uma inscrição que dizia: "Do espólio de persas e tebanos que lutaram juntos contra os gregos". Recentemente, eles haviam reformado e reapresentado o troféu. Os tebanos sempre acharam essa referência à antiga aliança com Xerxes ofensiva, e essa nova exibição abriu uma velha ferida.

Na primavera de 339, motivado por Tebas ou por sua própria vontade, o povo de Amfissa, cidade na vizinha Lócrida, denunciou Atenas a Anfictionia por sacrilégio. Isso porque o trabalho no troféu tinha sido feito enquanto a Fócida esteve ilegal e impiamente no controle de Delfos e do Oráculo de Apolo. A questão era correta, mas apenas técnica. Atenas foi ameaçada com uma multa de cinquenta talentos.

O orador Ésquines era um membro da delegação ateniense no conselho e conseguiu virar a mesa brilhantemente sobre a questão de Amfissa. Descobriu-se que eles haviam cometido um sacrilégio muito pior, pois estavam cultivando as terras sagradas na planície abaixo e tinham até mesmo construído prédios. Se fosse verdade, isso seria uma grave ofensa. A alegação foi investigada e confirmada.

Como explicar o palpite inspirado de Ésquines? As fontes antigas não dizem, mas supomos que ao longo dos anos o seguimento das regras tinha se tornado frouxo; todos sabiam disso, mas fechavam os olhos.

Em todo caso, nada mais se disse sobre a queixa contra Atenas, e Amfissa foi instruída a remover as construções e sair da terra. Certamente esperando receber apoio de Tebas (o qual nunca veio), os delegados se recusaram.

Em uma reunião de emergência, Filipe foi nomeado comandante do exército de Anfictionia com o objetivo de tratar de Amfissa. Embora Ésquines tivesse conseguido afastar a acusação de sacrilégio, custou muito permitir que Filipe interviesse mais uma vez nos assuntos do continente grego.

O que ninguém sabia na época era que o rei finalmente desistira de Atenas e seus aliados gregos. Ele oferecera a mão em amizade, porém fora rejeitado. A única alternativa era a guerra. O rei compreendeu que as armas mais afiadas do arsenal de um general eram a decepção e a surpresa. Ele esperou pelo momento certo.

Poucos ficaram preocupados com a perspectiva de uma nova Guerra Sagrada, e nada foi feito a respeito, em grande parte porque Filipe ainda estava se recuperando do ferimento que adquirira na Trácia. Mas, no outono de 339, marchou para a Grécia de forma ostensiva para cumprir sua missão junto a Anfictionia. Então, ignorando Amfissa, de repente virou para leste e capturou de surpresa a cidade de Elateia, um ponto-chave na estrada para Tebas e a Ática. A notícia, que chegou à noite, surpreendeu os atenienses. Uma reunião de emergência da *ecclesia* aconteceu logo depois do amanhecer. Plutarco descreve o ambiente: "Ninguém se atreveu a subir na plataforma dos oradores, ninguém sabia o que deveria ser dito, a assembleia estava estupefata e parecia totalmente perdida".

O arauto perguntou: "Quem deseja falar?". Ninguém se prontificou. Ele repetiu a pergunta várias vezes para uma assembleia silenciosa. Então, Demóstenes se aproximou da plataforma e dominou a situação. Anunciou uma "luta pela liberdade". A *ecclesia* aprovou uma proposta de aliança com os tebanos.

Demóstenes liderou uma delegação para dobrar o antigo inimigo. Quando chegaram a Tebas, os enviados de Filipe já estavam lá. Após um debate acalorado, os tebanos concordaram em unir forças com Atenas contra os macedônios. Isso aconteceu apesar de estarem em dívida com Filipe por aniquilar a Fócida. No entanto, sabiam que não havia escolha, pois, se ele conquistasse Atenas, ficariam sozinhos e estariam muito fracos para resistir às suas exigências. Só poderiam se conciliar com Filipe se Atenas fosse seu inimigo.

Os tebanos barganharam de forma dura. Atenas deveria pagar dois terços dos custos da guerra e aceitar um comandante-chefe tebano das forças terrestres. Atenas também teria de reconhecer a supremacia tebana na Beócia.

Os novos aliados defenderam os desfiladeiros que levavam à Beócia e à Ática, e o inverno passou sem incidentes. Os antigos historiadores silenciam sobre esse intervalo, mas parece que na última hora Filipe ainda estava ansioso para evitar a guerra, se pudesse, e teria negociado. Se esse for o caso, ele foi rejeitado. Demóstenes recebeu uma segunda coroa de ouro. Quando chegou o verão de 338, Filipe se moveu. Forçou um dos desfiladeiros defendidos, e a coalizão recuou para uma posição de retaguarda na planície de Queroneia, cidade na Beócia.

Os macedônios seguiram e, na madrugada de 4 de agosto de 338, a batalha começou. Os dois exércitos eram mais ou menos iguais em número, com 30 mil de infantaria de cada lado. Os 2 mil cavaleiros de Filipe estavam em menor número em relação aos 3.800 da coalizão. Mas havia uma diferença real. Os macedônios eram bem treinados e experientes; os soldados-cidadãos de Atenas e Tebas mal tinham empunhado uma lança por raiva nas duas décadas anteriores.

As linhas opostas de batalha se estendiam por quase três quilômetros entre a elevação abaixo da cidadela de Queroneia e um rio cercado de pântano. Filipe conduziu a infantaria de elite, os *hipaspistas*, em sua ala direita, com uma leve inclinação por trás dele. Seu filho Alexandre, agora com dezoito anos, mas já um soldado experiente, comandava a cavalaria à esquerda.

Os hoplitas atenienses formaram contra Filipe; vários aliados gregos estavam ao centro, e os beócios, à direita. O Batalhão Sagrado foi colocado na extremidade mais afastada, ao lado do terreno pantanoso.

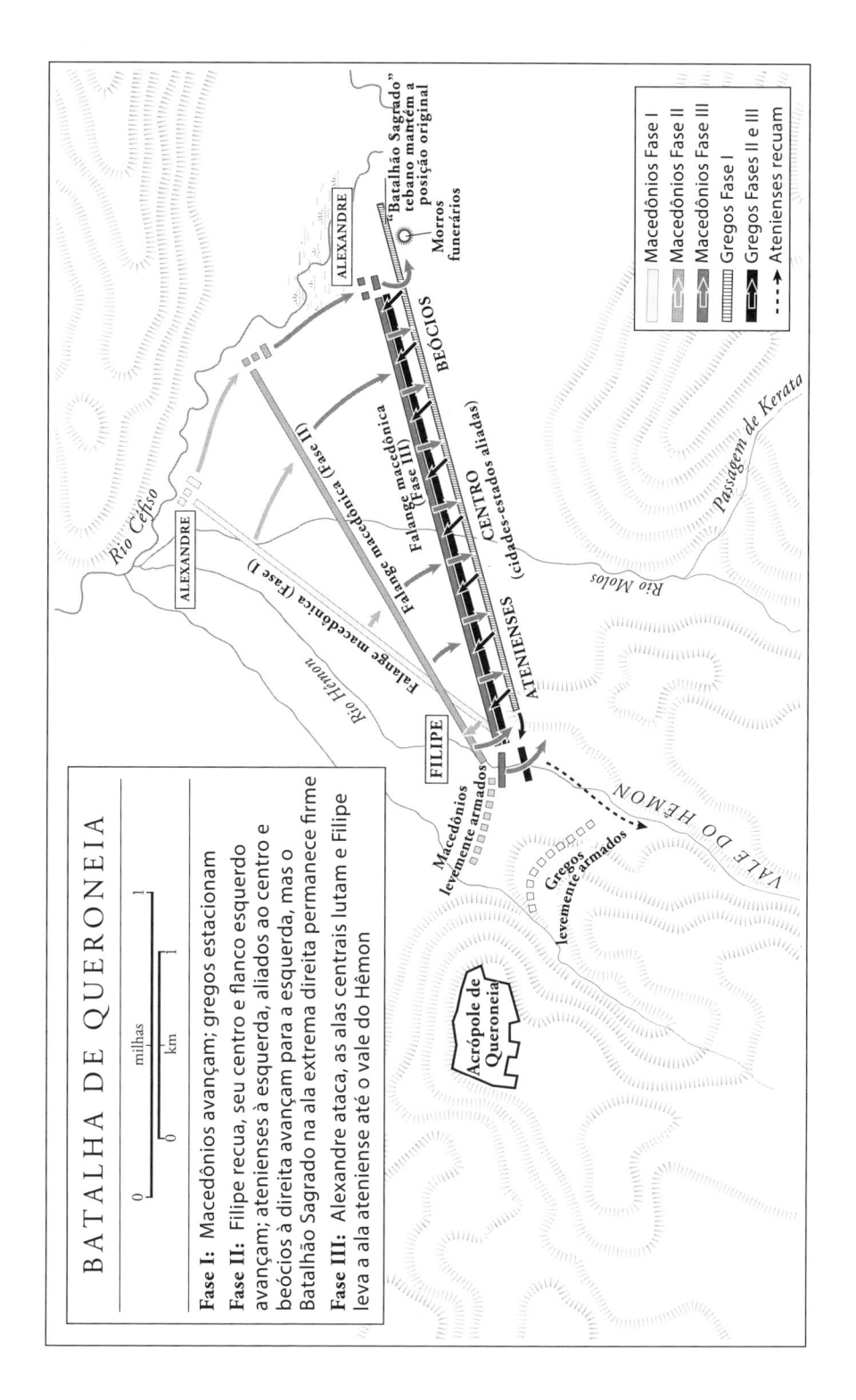

BATALHA DE QUERONEIA

Fase I: Macedônios avançam; gregos estacionam

Fase II: Filipe recua, seu centro e flanco esquerdo avançam; atenienses à esquerda, aliados ao centro e beócios à direita avançam para a esquerda, mas o Batalhão Sagrado na ala extrema direita permanece firme

Fase III: Alexandre ataca, as alas centrais lutam e Filipe leva a ala ateniense até o vale do Hêmon

Legenda:
- Macedônios Fase I
- Macedônios Fase II
- Macedônios Fase III
- Gregos Fase I
- Gregos Fases II e III
- Atenienses recuam

QUERONEIA – "FATAL PARA A LIBERDADE"

A linha de Filipe foi escalonada de volta em um ângulo a partir de sua posição. De acordo com seu plano, as tropas sob seu comando direto deveriam fazer contato com a inexperiente falange ateniense. Eles então se retirariam lentamente em ordem, subindo a encosta atrás deles à direita, forçando os atenienses a segui-los.

Isso era uma armadilha. Os gregos automaticamente atravessariam para preencher a abertura deixada pelos atenienses à medida que avançavam. A linha grega seria estendida e acabaria abrindo uma brecha através da qual a cavalaria macedônica poderia passar a galope.

O truque funcionou. Como a ala direita de Filipe recuou em ângulo em direção a Queroneia, sua ala esquerda avançou como se a linha girasse em torno de um pivô. À medida que os atenienses seguiam atrás de Filipe, a linha grega se estreitava como previsto, exceto pelo Batalhão Sagrado no outro lado do campo de batalha, junto ao rio, que tinha recebido ordens de não se mover. Como resultado, logo apareceu um espaço à sua esquerda. Alexandre aproveitou a chance e atacou por ela com os cavalos macedônicos. O Batalhão Sagrado estava cercado. Eles se enfrentaram, e a maioria morreu lutando.

Enquanto isso, os atenienses corriam atrás dos *hipaspistas* de Filipe. Seu comandante gritou: "Vamos empurrá-los de volta até a Macedônia!". Ao subirem a encosta, saíram de formação. Filipe ordenou que seus homens contra-atacassem. Os atenienses, atordoados, se dispersaram. Foram perseguidos nos sopés das montanhas. Mil homens morreram, e 2 mil foram capturados.

O restante escapou, incluindo Demóstenes. Ele não era um general e tomara seu lugar nas fileiras dos hoplitas, mas, quando a maré virou em favor dos macedônios, ele fugiu "da maneira mais vergonhosa" (escreve Plutarco). Seu manto se prendeu num espinheiro atrás dele e ele gritou, em pânico: "Leve-me vivo". Era uma cruel ironia que a inscrição em seu escudo dizia: "Boa sorte".

Duas histórias são contadas sobre a reação de Filipe diante de sua vitória. Como refletem aspectos contraditórios de sua personalidade, ambas podem ser verdadeiras. Após a batalha, o rei presidiu um banquete comemorativo no qual bebeu uma grande quantidade de vinho puro, sem mistura. Depois de comer, vagou pelo campo de batalha com alguns companheiros. Viram os cadáveres e começaram a zombar deles. O rei comportou-se infantilmente repetindo os preâmbulos dos éditos afixados diante da *ecclesia* na [colina] Pnyx, batendo com o pé para acompanhar a leitura: "Demóstenes, filho de Demóstenes, de Peônia, propõe…".

Um ateniense prisioneiro de guerra, um importante político chamado Dêmades, reprovou Filipe referindo-se a dois personagens da *Ilíada* – o rei micênio que liderou os gregos até Troia e um soldado feio, sem educação e língua-suja. Ele disse: "A sorte te forjou como Agamenon. Não tens vergonha de agir como Térsites?". Filipe ficou sóbrio instantaneamente.

Deve ter sido na mesma ocasião em que o rei se deparou com os corpos de membros do Batalhão Sagrado e, talvez se lembrando dos que conhecera como reféns em Tebas, desatou a chorar. Ele disse: "Pereça aquele que suspeitar que estes homens tenham feito ou sofrido qualquer vergonha". Foram, então, enterrados em uma vala no campo onde tinham morrido. Filipe ordenou que erguessem a estátua de um leão ali para marcar o lugar.

O leão ainda está ali de guarda e, bem próximo do local, arqueólogos modernos escavaram a sepultura dos soldados tebanos. Deitados em sete filas ordenadas havia 254 esqueletos, tristes relíquias da brigada de amantes.

Como de costume, Filipe foi gentil com Atenas. Isso não era apenas uma questão de sentimento, mas também porque a cidade ainda poderia lhe causar muitos problemas. Dispunha de uma frota grande e poderosa, e mesmo suas novas catapultas de torção dificilmente deixariam uma marca em suas altas paredes de pedra. Era essencial que a *polis* líder da Grécia estivesse pacificada antes de o rei lançar sua invasão à Pérsia, cujos planos estavam em preparação.

Alexandre escoltou os corpos dos atenienses mortos de volta à cidade e fez uma oferta de devolver os prisioneiros de guerra sem condenação. A Liga marítima foi finalmente dissolvida, embora várias ilhas, incluindo Samos e Delos, continuassem sob o controle ateniense. Em tese, Atenas ainda era livre e não regulamentada, ao menos em casa e não no exterior (Tebas, por sua vez, foi obrigada a aceitar uma guarnição macedônica e a substituir sua democracia por uma oligarquia).

A cidade demonstrou sua gratidão, mas de má vontade. A *ecclesia* ergueu uma estátua equestre de Filipe e concedeu a ele e a Alexandre a cidadania ateniense, mas também concedeu franquia aos refugiados tebanos. Escolheu Demóstenes, entre todos os atenienses, para dizer a oração fúnebre pelos mortos na guerra. Filipe ignorou os ares de desprezo.

Grandes mudanças nem sempre são sentidas ou observadas logo quando acontecem. Queroneia foi decisiva na medida em que pôs fim à independência das *poleis*. A Macedônia mostrou ser a superpotência da região, e as cidades estavam muito enfraquecidas, mesmo quando unidas, para se opor a ela. Pequenas cidades autogovernadas continuaram a existir, é claro, mas agora eram membros obedientes sob uma entidade maior.

O sonho de Isócrates finalmente se realizara, mas não de acordo com seus planos. Ele imaginara uma aproximação livre entre os gregos e uma decisão coletiva de enviar outro exército para saquear outra Troia. Ele estava habituado à política democrática e, do seu ponto de vista, uma combinação imposta pela força não seria a mesma coisa.

No outono de 338, no enterro anual dos mortos de guerra, o ancião, agora com quase cem anos, fez greve de fome e morreu.

No inverno ou na primavera, 337 delegados de todos os estados gregos foram convocados para uma conferência em Corinto, na qual Filipe anunciou uma paz comum. Ela seria garantida com força militar, se necessário, e um grande comitê dos signatários iria supervisioná-la. Por toda parte, políticos pró-Macedônia foram levados ao poder. Para aqueles cansados das intermináveis brigas e pequenas guerras sem sentido, esse era um novo mundo. Apenas os espartanos, impotentes e amargurados, recusaram-se a participar. Foi um gesto contraproducente, pois Filipe aceitou um convite para marchar até o Peloponeso, onde reajustou as fronteiras de forma desvantajosa para Esparta.

O gesto foi muito bem recebido. O historiador grego Políbio escreveu que os líderes que induziram

> Filipe a entrar no Peloponeso e humilhar os espartanos permitiram que todos os seus habitantes respirassem fundo e pensassem na liberdade, e recuperassem o território e as cidades de que Esparta, em sua prosperidade, havia privado os habitantes de Messênia, Megalópolis, Tégea e Argos. Dessa forma, sem dúvida, aumentavam o poder de seus próprios estados.

No fim do ano, no segundo encontro do comitê, Filipe anunciou a intenção de punir os medos e os persas por sua profanação dos santuários gregos, um século e meio antes, e libertar os gregos da Ásia Menor. Mesmo com todas as campanhas triunfantes e minas de ouro na Trácia, Filipe estava com saldo devedor de quinhentos talentos. Não era apenas pela glória que pretendia invadir a Pérsia, mas também para reabastecer seu tesouro.

A expedição seria um projeto adequado para ativar a nova liga de nações de Filipe. Não se sabe se havia um apetite real por um empreendimento tão distante e perigoso, mas muitos jovens hoplitas por toda a Hélade estavam ociosos. Todos ouviram falar das aventuras de Xenofonte em terras bárbaras e se entusiasmaram com a perspectiva de seguir seus passos.

O rei pediu ao Oráculo de Delfos a aprovação de Apolo para seu plano de "libertar as cidades gregas" na Jônia. A pítia deu-lhe uma resposta como sempre ambígua, ou, pelo menos, neutra. "Colocaram a guirlanda no touro. Tudo está feito. O sacerdote está aqui para oficiar o sacrifício."

Filipe ficou um pouco confuso, mas aceitou o oráculo como uma promessa de vitória.

Neste ponto, as fiandeiras intervieram e cortaram o fio de uma vida humana.

Uma briga familiar de causas incertas irrompeu na corte de Pella. Aparentemente, Filipe repudiou Olímpia acusando-a de adultério e fomentou rumores de que seu jovem herdeiro era ilegítimo. No fim de 338, Filipe anunciou seu casamento com uma bela jovem de um clã aristocrático da Baixa Macedônia.

Insultos foram trocados na festa de casamento. Todos beberam demais. O tio da noiva, um general importante chamado Átalo, que desfrutava da preferência do rei, fez um discurso conclamando os macedônios a suplicar aos deuses que a união entre Filipe sua nova esposa gerasse um legítimo herdeiro ao trono.

Isso foi demais para o príncipe de vinte anos, presente entre os convidados. Ele gritou para Átalo: "Seu lixo, quer dizer que eu sou um bastardo, então?". E atirou uma taça nele. O rei, enfurecido, levantou-se cambaleante e puxou a espada, decidido a atacar o filho. A bebida e sua perna manca o fizeram tropeçar e cair de cabeça no chão.

Alexandre disse, com desdém: "Aqui está o homem que planeja atravessar da Europa para a Ásia. Nem consegue passar de um sofá a outro!". E saiu correndo da sala. Levou a mãe embora para sua Epiro natal e retirou-se para a segurança da Ilíria selvagem.

O que isso queria dizer? Não sabemos, mas podemos afastar com certeza a ideia dos antigos de que o comportamento de Filipe fosse guiado por uma paixão sexual. O rei era realista demais para perturbar seus cálculos políticos por causa de um rostinho bonito. A explicação mais provável é que, com ou sem razão, ele suspeitava que seu filho e Olímpia estivessem planejando destroná-lo. Não poderia haver outra explicação para a total destruição de seus planos dinásticos na véspera de sua expedição à Pérsia.

Se o rei esperava por um novo herdeiro, ele se desapontou, pois sua mulher deu à luz uma menina. Ele seria um tolo se deixasse seu reino sem ter um sucessor, mesmo que simbólico. Uma guarda avançada já havia cruzado para a Ásia e não havia tempo a perder. Foi obrigado a ponderar e reintegrar Alexandre, embora não em sua antiga posição de confiança, e a reafirmar sua legitimidade. As relações entre os dois estavam gélidas.

No entanto, em junho de 336, Filipe tinha todos os motivos para estar satisfeito com sua vida. Os preparativos para invasão da Pérsia iam bem. O Grande Rei e todos os seus filhos haviam sido envenenados pelo grão-vizir, um eunuco chamado Bagoas que escolheu um primo para sucedê-lo como Dario III. O novo governante era um homem de sua confiança, e imediatamente forçou o "fazedor de reis" a provar seu próprio veneno. Porém, embora fosse determinado e capaz, não tinha experiência.

A nova rainha de Filipe finalmente teve um menino. O equilíbrio de poder na corte mudou novamente, agora que havia uma alternativa a Alexandre, embora fosse um recém-nascido. O evento coincidiu com celebrações para marcar o casamento dinástico de sua filha com Olímpia e Alexandre, rei de Epiro – irmão de Olímpia (e, portanto, tio da moça) e antiga paixão de Filipe.

Todas as personalidades importantes na Hélade estavam presentes. Atenas mostrou que já havia dominado as artes da deferência e da lisonja. Foi uma das muitas cidades que deu ao rei uma coroa de ouro e anunciou que denunciaria quem conspirasse contra o rei e procurasse asilo na cidade. Realizaram-se cerimônias religiosas em honra dos deuses; concursos musicais e refeições suntuosas foram fornecidas aos convidados. Grandes multidões acorreram para as festividades.

Um ator de destaque cantou árias em um banquete estadual, e na manhã seguinte no teatro em Egas, a antiga capital, estavam agendados jogos esplêndidos. Os espectadores ocuparam seus assentos ainda de madrugada, e ao nascer do sol uma magnífica procissão entrou, encabeçada por estátuas dos doze deuses olímpicos e acompanhada por uma de Filipe, "digna de um deus".

Por fim, o rei entrou com um manto branco. Ele dispensara o guarda-costas real, pois queria mostrar que não era um déspota que precisasse se proteger de seu povo. Os gregos o haviam escolhido como seu líder e ele era protegido por sua boa vontade.

Um jovem saltou à frente com uma espada, atingindo o lado do rei. Filipe morreu imediatamente, e Pausânias (esse era o nome do assassino) fugiu. Infelizmente para ele, tropeçou na raiz de uma videira, e três jovens macedônios, todos eles íntimos de Alexandre, o alcançaram e o mataram. Ele não poderia, então, ser interrogado e contar o que sabia.

Mais tarde, contou-se que Pausânias seria um dos amantes que Filipe rejeitara; quando se queixou de como estava sendo tratado, foi estuprado por uma gangue por ordem de Átalo. Por isso, decidiu se vingar.

Pode haver outra explicação para o fato. A posição política do príncipe herdeiro e a de sua mãe eram precárias. Vontade e oportunidade apontam para o envolvimento deles no caso. Se acreditarmos nos relatos que chegaram a nós, Pausânias era amigo de Alexandre e havia conversado com ele sobre o estupro. Além disso, o comportamento de Olímpia após o assassinato foi suspeito. O corpo de Pausânias foi pendurado em uma cruz e ela colocou uma coroa de ouro em sua cabeça. Quando baixaram seu corpo, Olímpia providenciou que ele fosse cremado.

Tal conto tem uma moral que todo sábio buscador da verdade teria compreendido. Ao pedir um conselho em Delfos, nunca se deve interpretar uma resposta ambígua a seu favor. Filipe deveria ter se lembrado da história de Creso na Lídia.

O Grande Rei não era o touro adornado com uma guirlanda. Era o próprio rei da Macedônia a vítima a ser sacrificada aos deuses.

O grande oponente do rei, Demóstenes, também sofreu uma morte violenta, mas por suicídio.

O orador recebeu com prazer a notícia do assassinato de Filipe: apareceu em público trajando uma magnífica fantasia, com uma coroa de flores na cabeça. Convenceu a *boulē* que votassem a concessão de uma coroa para Pausânias. Ele tinha certeza de que a hegemonia macedônica havia terminado.

Nada poderia estar mais longe da verdade. Alexandre sucedeu seu pai e deixou claro que pretendia manter a Grécia sob seu controle. Acabou por se tornar um comandante de campo excepcional. Em 335, Tebas se revoltou, mas em uma expedição relâmpago ele capturou a cidade e arrasou-a como "um alerta terrível". A atrocidade chocou todos os bons helenos. Jamais o perdoaram, mas desistiram de qualquer ideia de resistência.

Demóstenes manteve-se discreto, embora estivesse envolvido em um escândalo financeiro massivo que o levou ao exílio. Quando Alexandre invadiu o Império Persa, o orador escreveu cartas aos generais persas encorajando-os a derrotar Alexandre. Em público, porém, silenciava sobre questões políticas. Mais de dez anos se passaram, durante os quais o jovem e invencível rei obteve vitória após vitória sobre os persas e tornou-se o próprio Grande Rei.

Então, em 323, Alexandre, esgotado pelas feridas e pela bebida, sucumbiu inesperadamente após poucos dias de febre. Quando as notícias chegaram a Atenas, Dêmades aconselhou à *ecclesia* que não acreditasse em nenhuma palavra. "Se Alexandre realmente estivesse morto, o fedor de seu cadáver teria se espalhado pelo mundo muito antes."

Uma nova Liga Helênica anti-Macedônia se formou imediatamente. Foi encabeçada por Atenas. Demóstenes foi chamado de volta e chegou ao Pireu, sendo recebido por uma multidão a aplaudi-lo. Foi como o retorno de Alcibíades, ele observou complacente, "mas com maior honra". A tentativa de recuperar a liberdade foi o último e fracassado lance de dados. A frota macedônica foi vitoriosa no mar e Antípatro, que fora o regente de Alexandre na Macedônia, sufocou a revolta por terra. Levou seu exército para Atenas, e a cidade logo se rendeu.

Alexandre compartilhava o ponto fraco do pai por Atenas, mas Antípatro não era sentimental. Estava determinado a evitar que Atenas lhe causasse problemas novamente. Então insistiu que a frota ateniense não deveria ser reconstruída. Instalou uma guarnição no Pireu e substituiu a democracia plena por um governo fantoche. Exigiu a rendição de Demóstenes e de outros políticos antimacedônicos. Eles acabaram por fugir da Ática.

Aonde quer que fosse, Demóstenes sabia que era famoso demais para não chamar atenção – então, não foi para muito longe. Foi para a ilha pequena, montanhosa e muito arborizada de Calauria (hoje Poros), no golfo Sarônico. Fica a cerca de 58 quilômetros do Pireu. Numa colina com vista para a cidade principal havia um templo de Poseidon, famoso por oferecer abrigo a quem estivesse fugindo, e lá o orador encontrou refúgio. Suas ruínas ainda estão de pé.

Levou poucos dias para que descobrissem seu paradeiro. Um oficial macedônio chamado Árquias, acompanhado de alguns soldados, chegou ao templo à frente de um destacamento militar. As ordens de Antípatro eram de caçar todos os políticos da oposição ateniense e levá-los para execução. Como antigo ator, fazia bem seu trabalho e o apelidaram de caça-exilados.

Demóstenes saiu do santuário para conversar com Árquias, que lhe garantiu que ele não seria maltratado. Ele não foi preso. "Sua atuação no palco nunca me convenceu", disse o orador, "e seu conselho agora não me convence". Quando Árquias ameaçou levá-lo à força, moradores locais o impediram.

O orador entrou novamente no templo. Pegou suas tabuletas de escrita, colocou na boca uma haste de junco que usava para escrever e mordeu-a, seu hábito quando pensava o que iria escrever. Após algum tempo, cobriu a cabeça com um manto e se deitou.

Alguns soldados macedônios se juntaram na porta do templo e zombaram dele por temer o suicídio. Na verdade, o junco continha um veneno que ele sugou. Assim que começou a fazer efeito, Demóstenes se descobriu. Para não poluir o santuário com sua morte, pediu que o ajudassem do lado de fora. Ao passar pelo altar, ele caiu e morreu. Tinha 62 anos.

Demóstenes era um homem fora de seu tempo. Ele deveria ter vivido no século V, quando os cidadãos de Atenas eram enérgicos, ambiciosos e estavam prontos para lutar pela liderança da Grécia. A Guerra do Peloponeso reduziu a população, e a perda do império reduziu sua riqueza. Ainda podia reunir uma frota poderosa, mas não poderia sustentar uma guerra por um longo tempo.

Como um orador brilhante, cujos discursos defendiam a causa da liberdade, Demóstenes dominou a *ecclesia*, mas sua política externa se baseava em uma falsa premissa – de que ele era um Péricles de seu tempo. Contra as provas, ele acreditava que Atenas ainda era uma potência de primeira grandeza.

Entre seus companheiros, era uma figura contenciosa. Nacionalista de visão estreita, Demóstenes não sabia responder à verdadeira questão de como os gregos deveriam se unir para combater a ascensão de um poder agressivo, cujos recursos superavam em muito os dos múltiplos miniestados que compunham a Hélade. Atenas havia triunfado brevemente durante as Guerras Persas, mas o truque não podia ser repetido numa era sem heróis. Outra solução precisaria ser encontrada.

Os adversários de Demóstenes, como seu grande rival, Ésquines, também eram patriotas – apesar de seus esforços para subverter suas reputações de honestidade e lealdade. Defenderam uma cooperação genuína com a Macedônia sob a égide de uma paz comum. Essa foi uma alternativa superior à abordagem abrasiva e inflexível de Demóstenes e seu partido bélico. Era muito mais provável do que o confronto para manter a independência e a influência de Atenas no mundo.

Podia ser uma verdade amarga, mas Demóstenes era politicamente responsável pela Queroneia e pela perda (permanente, como se viu) da liberdade. Não se pode imaginar uma falha política maior. Mas o orador não se arrependeu. Mesmo que os esforços de Atenas estivessem condenados, ainda estava certa em resistir a Filipe. Em um discurso em 330, ele afirmou:

> Não, não estávamos errados, homens de Atenas, não estávamos errados quando aceitamos os riscos da guerra pela redenção e liberdades da humanidade. Juro pelos nossos patriarcas que suportaram o peso da batalha de Maratona, que estavam na linha da falange em Plateias, que lutaram nas batalhas marítimas em Salamina e em Artemísio, e todos os bravos que jazem em nossos cemitérios.

Isso era mais do que nostalgia. Nunca mais retornariam aos áureos tempos da Antiguidade.

23
POSFÁCIO – "UM BURACO ESQUECIDO POR DEUS"

Para Alexandre da Macedônia, ser grego era um assunto muito sério. Afinal, ele era o novo Aquiles, cujos Companheiros eram os sucessores dos mirmidões fiéis ao guerreiro mítico. Ele uniu metáfora e fato.

Xerxes via sua invasão da Grécia como uma vingança pela Guerra de Troia, e o jovem macedônio devolveu o elogio. Praticamente a primeira coisa que Alexandre fez após atravessar o Helesponto, passando da Europa para a Ásia, em 334, foi se afastar de seu exército por alguns dias e cavalgar até as ruínas de Troia.

Tudo o que restava da antiga cidade era um grande monte e uma aldeia arrasada com um pequeno templo sem valor. Os turistas viam uma coleção de falsas relíquias. Como o rei persa que o precedeu, Alexandre fez um sacrifício a Atena, a deusa protetora de Troia. Recebeu guirlandas de ouro de um grupo de gregos locais e fez uma oferenda nos supostos túmulos dos heróis gregos Ájax e Aquiles.

O rei e Heféstion, seu melhor amigo de infância e provavelmente seu amante, colocaram coroas de flores no túmulo de Aquiles e de *seu* melhor amigo ou amante, Pátroclo, cuja celebrada relação está no cerne do épico de Homero, *Ilíada*. Então, bizarramente, eles se despiram, untaram o corpo (como sempre faziam os atletas gregos) e correram em torno dos túmulos.

Alexandre ofereceu sua própria armadura e pegou em troca um escudo e uma panóplia, supostamente preservada desde a Guerra de Troia, pendurada na parede do templo (em sua primeira vitória contra os persas no rio Grânico, em maio de 334, ele se vestiu com as peças e, em batalhas posteriores, pedia que as carregassem diante dele).

Alexandre continuou a imitar o papel de Aquiles durante a campanha na Ásia. Ao ir para o sul, em direção ao Egito, o oficial persa encarregado da grande cidade e do porto de Gaza recusou-se a se curvar diante do rei, mesmo derrotado. Alexandre amarrou-o à sua carruagem e arrastou-o, ainda vivo, pela cidade, assim como Aquiles fez com o cadáver de Heitor na *Ilíada*.

Os anos em que foi aluno de Aristóteles, com quem estudou ética e política, deixaram fortes marcas no jovem príncipe. Dedicava-se à filosofia e, quando se tornou rei, financiava os principais pensadores de sua época. Também se entusiasmou com as pesquisas de seu tutor no campo da ciência e levou para a Pérsia um grupo de arquitetos, geógrafos, botânicos, astrônomos, matemáticos e zoólogos.

Alexandre era um grande leitor. Seu exemplar da *Ilíada*, que guardou em uma caixa que confiscara de Dario, foi anotado por Aristóteles de próprio punho. Ao fazer uma campanha pelo interior da Ásia, pedia que lhe enviassem livros da Grécia – histórias e antologias poéticas e muitas tragédias de Ésquilo, Sófocles e Eurípides.

Alexandre discutiu com Aristóteles quando o filósofo publicou suas anotações de aula. Elas deveriam ter permanecido confidenciais, escreveu o rei, diferente dos livros que escrevera para o leitor comum. E reclamou: "Que vantagem eu terei sobre os demais homens se essas teorias em que me treinou se tornarem de conhecimento comum?". Fora um mal-entendido, respondeu o filósofo. Seu trabalho técnico não era segredo, mas era inacessível para a maioria das pessoas. A vantagem do aluno famoso permanecia.

Alexandre foi um dos maiores comandantes do mundo. Em uma série de vitórias surpreendentes, derrotou o Grande Rei Dario III e assumiu seu império, tornando-se o próprio Grande Rei. Mas sua realização mais duradoura, mais cultural do que militar, foi difundir a língua e a civilização gregas por todo o território do Império Persa. Fundou inúmeras cidades, muitas das quais (mais especialmente Alexandria, no delta do Nilo) promoveram as artes e as ciências. Com efeito, helenizou a maior parte do mundo conhecido. Aqui estava o futuro.

A carreira curta e cheia de incidentes, de Alexandre é outra história, mas junto com a de seu pai, Filipe, acrescentou um ponto-final às conquistas de três tipos muito diferentes de estados guerreiros, cujos entrelaçamentos foram um dos temas deste livro: Atenas, Esparta e o Império Persa. Competiam entre eles, e cada um subiu e caiu no espaço de três séculos, deixando o palco vazio para os macedônios.

A militarista e introvertida Esparta era o mais frágil e menos atraente desses estados. Sua viabilidade dependia da escravização de seus vizinhos. O que impressionava os contemporâneos no mundo antigo era sua autodisciplina. Sua Constituição promoveu a *eunomia*, ou boa ordem, obediência a boas leis, estabilidade. O esparciata médio, ou Igual, via-se não tanto como indivíduo, mas como membro indiferenciado de um grupo cidadão unificado. As exigências do coletivo sempre superavam as questões pessoais.

A criação e as artes eram sistematicamente desencorajadas, assim como o trabalho agrícola e a atividade econômica, que era responsabilidade de uma classe servil, os hilotas. Tal como nas sociedades totalitárias da era moderna, todos os aspectos da vida privada e pública de um Igual eram cuidadosamente monitorados e controlados.

A sociedade espartana foi projetada para produzir eficiência militar. Isso foi alcançado com sucesso considerável. Seus hoplitas eram famosos pela coragem, pela disciplina e pela competência técnica. Não esperavam perder as batalhas e raramente o faziam. Infelizmente, as desigualdades na posse de terras conduziram a um lento declínio em seu número. O mundo exterior mal notou esse desenvolvimento, que era mascarado por uma sombra de invencibilidade. Como já foi dito, dos 8 mil Iguais, em 480, restaram apenas cerca de 1.500 na época da batalha de Leuctra, em 371.

Essa derrota expôs a reputação de Esparta, minando sua confiança. Ela nunca se recuperou do golpe.

O fracasso da agressão persa no século V teve uma consequência benigna, na medida em que incutiu nos gregos do Mediterrâneo Oriental um forte senso de identidade – e, assim eles acreditavam, de superioridade. Eram membros orgulhosos tanto da Hélade como um todo quanto de suas pequenas, porém vociferantes, cidades-estados.

Em contraste, os persas e seus súditos eram bárbaros e não sabiam sequer falar de modo inteligível. Gerações de acadêmicos e estudantes europeus tendem a subestimar as realizações do Império Aquemênida e ver sua história através de uma lente helênica, o que é compreensível, pois os persas não deixaram praticamente nenhum relato escrito sobre os fatos.

No entanto, seu império era uma conquista considerável. Pela primeira vez, reuniu terras que iam do Indo aos Bálcás, da Ásia Central ao Alto Egito, sob uma administração política e militar. Comunicações melhoradas (em especial a Estrada Real), fortes governadores regionais e uma burocracia eficiente mantiveram reunido o imenso império feudal. Embora o Grande Rei detivesse poderes absolutos, não se impunha a seus súditos. "Através de uma negligência sábia e salutar", como Edmund Burke disse em outro contexto, deixava intocados os antigos costumes, as religiões e as culturas locais. Em troca do pagamento de impostos e taxas de homens para o exército, proporcionou paz e estabilidade. As províncias prosperaram. Astutamente, os invasores macedônios tomaram a maior parte das instituições do império que conquistaram e governaram da mesma forma tolerante.

Gregos como Xenofonte admiravam o império, apesar de suas aventuras persas exporem sua fraqueza militar e conferirem a ele uma reputação enganosa de efeminação e decadência. Se colocássemos de um lado uma força de elite como os Imortais, grande parte do exército persa era uma milícia atuante, que não era comparável a mercenários gregos altamente profissionais. Grandes Reis ficavam satisfeitos por recrutar hoplitas para engrossar suas hordas.

Atenas tornou-se grandiosa em um contexto de condições econômicas favoráveis e ameaças estrangeiras desfavoráveis. A partir do século VIII, os gregos enviaram comerciantes em navios pelo Mediterrâneo, abrindo-os para diversas influências culturais. O crescimento populacional levou ao estabelecimento de colônias no exterior. O comércio internacional tornou-se essencial para Atenas quando a quantidade de cidadãos exigia mais alimentos do que os agricultores eram capazes de fornecer, e a cidade viu-se forçada a depender das importações de grãos do mar Negro.

O registro histórico mostra que, após o estabelecimento da democracia, uma Atenas em expansão foi inundada com energia e criatividade. Parece provável que tenha havido uma conexão causal. O sistema de democracia direta exigia não apenas a participação popular e a observância religiosa, mas também oferecia aos cidadãos uma oportunidade, talvez única na história, de moldar seu destino político diretamente.

O fato de a *polis* ser pequena (embora não tão pequena quanto Platão e Aristóteles gostariam) aumentava a emoção do processo. O indivíduo e o coletivo estavam interligados e eram mutuamente ampliados. O ateniense era livre, mas o Estado também podia ser impiedoso com ele, como demonstram (de diferentes modos) as carreiras de Sócrates, Alcibíades e outros.

O amor à liberdade era um valor de fundamental importância, que a democracia alimentou e cuidou. Foi o fundamento da investigação racional e da expressão artística livre. Também inspirou (positivamente) a resistência feroz dos gregos aos persas e (negativamente) suas discussões internas.

Não é de admirar que nesse solo fértil tenham florescido tantas personalidades extraordinárias, de grande talento e pensamento. As cidades-estados helênicas aproveitaram uma oportunidade que se abriu brevemente. Elas eram muito pequenas e fracas para sobreviver por muito tempo ao ser cercadas por vizinhos mais fortes e maiores.

No entanto, pelo tempo que o destino permitiu, Atenas aproveitou suas chances ao máximo.

Após a morte de Alexandre, em 323, seu império rapidamente se dividiu em grandes reinos da era helenística: Macedônia, Egito, o coração imperial na Ásia e, em quarto lugar, Pérgamo.

Atenas foi reduzida a um ator político dentro da esfera de influência da Macedônia. O lugar ficou bastante dilapidado; as Longas Muralhas, entre Atenas e o Pireu, ruíram e não foram reconstruídas. A cidade nunca mais seria uma democracia plena e livre com o sufrágio universal masculino. Nunca mais dominaria os mares com suas frotas, embora, de tempos em tempos, o comércio se recuperasse e o Pireu continuasse sendo um importante porto internacional. O único ponto alto da cidade era ser um centro de ensino superior especializado em retórica e filosofia. Durante séculos, os jovens gregos e, mais tarde, os romanos passavam um ano ou mais em Atenas, concluindo sua educação.

Atenas não teve alternativa senão deitar sobre seus louros. Na verdade, "louros" eram tudo o que tinha: com seus templos, suas colunatas, suas colossais estátuas de Atena e seus murais ao ar livre, era um memorial de um passado glorioso, um parque temático histórico repleto de turistas.

A cidade teve de enfrentar a concorrência. Sob a dinastia ptolomaica, os faraós macedônios, Alexandria tornou-se uma metrópole sofisticada e luxuosa. O museu patrocinado pelo Estado era um centro acadêmico de poesia, erudição e ciências. Sua vasta biblioteca procurou coletar todo livro grego que já tivesse sido escrito.

Assim, a ideia da Grécia passou das antiquadas *poleis* do continente para os modernos reinos helenísticos no Oriente Médio. Então, no século II, estes foram conquistados aos poucos pela República romana. Em 87, Atenas, implicada em uma revolta contra Roma, foi sitiada e saqueada pelo general romano Sula. Uma geração depois, a cidade escolheu combater do lado errado durante a guerra civil de Roma. Júlio César, o vencedor, perdoou a cidade, comentando secamente: "Quantas vezes a glória de seus antepassados irá salvá-la da autodestruição?".

Boa pergunta. Sob vários imperadores romanos, entre eles Augusto e Adriano, grandes prédios públicos foram construídos. No reinado deste último, o templo de Zeus Olímpico, enorme, mas incompleto desde a época de Pisístrato, foi finalmente concluído em 132 d.C.

Um século depois, Atenas foi saqueada outra vez. Nunca mais se recuperou. Muitas de suas principais construções ficaram em ruínas. A população diminuiu. A cidade tornou-se pouco mais do que a Acrópole. Sucessivas invasões góticas tomaram conta dela. Ervas daninhas cresceram nas calçadas do Partenon. Um arcebispo cristão que residia ali no fim do século XII descreveu Atenas como "um buraco esquecido por Deus". Ele escreveu a um amigo:

> Não se pode olhar para Atenas sem chorar. Não só porque perdeu sua antiga glória: isso foi tirado há muito tempo. Mas agora perdeu a forma, a aparência e o caráter de uma cidade. Em toda parte, veem-se paredes nuas e demolidas, casas arrasadas, terrenos revirados.

Quando Bizâncio deu lugar ao Império Otomano, Atenas era uma pequena comunidade empobrecida. O Partenon tornou-se uma mesquita, e ovelhas, burros e camelos pastavam na ágora. No século XVII, numa guerra entre venezianos e turcos, o templo foi usado como arsenal e explodido pelas bombas inimigas.

No século XIX, lorde Elgin removeu obras-primas de mármore do que restara do Partenon. Os gregos lutaram e, com ajuda europeia, conquistaram sua independência. Os poetas românticos fizeram da liberdade helênica sua causa. Shelley disse: "Somos todos gregos". Lord Byron juntou-se aos insurgentes e morreu, durante a campanha, por causa de uma febre violenta e de médicos incompetentes, em 1824.

Em 1834, os revolucionários vitoriosos escolheram Atenas como sua capital. Pela primeira vez em dois milênios, a cidade coroada de violetas estava livre.

GLOSSÁRIO

Acrópole: cidadela, o ponto mais alto de uma *polis*.
agogē: a educação e o sistema de treinamento espartanos.
ágora: praça do mercado, o centro dos negócios públicos e das atividades comerciais de uma *polis*.
Anfictionia: associação de doze estados na Grécia central encarregada da manutenção e da gestão do Oráculo de Delfos.
arconte: um dos nove altos funcionários do governo, que servia por um ano. O arconte epônimo era assim chamado porque dava seu nome ao ano, que, ao contrário de nosso calendário, não era numerado.
Areópago: monte em Atenas; conselho de ex-arcontes.
aretē: excelência de todo tipo, virtude moral.
bárbaro: aquele que não falava grego.
Beotarca: oficial chefe da Liga da Beócia.
boulē: conselho estadual; em Atenas, administrava as operações diárias da democracia e preparava a agenda para a *ecclesia*.
bouleuterion: ponto de encontro da *boulē*; prefeitura.
cella: câmera em um templo grego.
Cerameicus: distrito de Atenas dentro e fora das muralhas da cidade, também um cemitério público.
cleruchy: pequena colônia de cidadãos atenienses. Ao contrário do que acontecia nas colônias comuns, os *cleruchies* (colonos) mantinham sua cidadania ateniense. Os números variavam de 250 a 4 mil colonos.
companheiros: membros da cavalaria de elite da Macedônia; guarda-costas reais.
corego: um cidadão rico que financiava e produzia eventos teatrais ou musicais.
Cripteia: polícia secreta espartana.
demos: o povo; em Atenas, a totalidade dos cidadãos masculinos.
Dionísia: festival anual em honra de Dioniso, na qual peças teatrais eram representadas. Grande Dionísia em março/abril; e Lenaea ou Dionísia Rural em dezembro/janeiro.
dracma: moeda de prata equivalente a um dia de pagamento no fim do século V.
ecclesia: assembleia geral; em Atenas, reunia-se com frequência e tomava todas as decisões políticas importantes.
efebo: adolescente de dezessete ou dezoito anos.
éforos: cinco éforos eram eleitos anualmente; braço executivo do Estado espartano.
emporion: posto de troca.

erastes: amante masculino.
eromenos: homem amado.
espartano: cidadão adulto de Esparta. Também chamado Igual.
estela: laje de pedra inscrita, muitas vezes uma lápide ou um decreto.
estratego: general (um dos dez eleitos anualmente pela *ecclesia* em Atenas).
eunomia: boa ordem.
eupátrida: membro da nobreza.
falange: uma formação de hoplitas, com muitas fileiras.
frátria: clube de cidadãos atenienses com funções religiosas/estatais – por exemplo, nomear e registrar um menino recém-nascido (literalmente, "fraternidade").
gerúsia: conselho de anciãos em Esparta.
ginásio: campo de exercícios.
harmosta: governador militar espartano.
heliaea: suprema corte de Atenas.
Hellenotamiae: agentes financeiros da Liga de Delos.
herma: busto de Hermes em coluna de pedra com genitália.
hetaira: prostituta de alta classe ("companheira").
hilota: servo de Lacônia e Messênia, subjugado por Esparta.
hippeis: cavalaria.
hoplita: soldado de infantaria de armamento pesado.
Igual: cidadão espartano adulto. Também espartano.
Império Aquemênida: Império Persa.
Lacedemônia: Esparta, a capital.
Lacônia: o território de Esparta.
liturgia: subsídio por cidadãos ricos de atividade pública, incluindo eventos artísticos ou o custo de navios de guerra.
mar Euxino: literalmente, "mar hospitaleiro" (significando o oposto); hoje o mar Negro.
medizar: colaborar com os persas.
meteco: estrangeiro residente em Atenas, sem direitos civis. Geralmente fabricante ou comerciante.
metrópole: cidade-mãe de uma colônia.
mothax: filho de um espartano e de uma hilota ou de um espartano que não conseguia pagar a taxa da *syssitia*.
obae: aldeia espartana ou pequeno povoado.
óbolo: moeda com valor de um sexto de uma dracma.
oligarquia: governo de poucos em uma *polis*.
Os Trinta Tiranos: oligarcas que governaram Atenas de 404 a 403.
ostracismo: um referendo sobre o exílio de um ateniense proeminente por dez anos.
ostrakon: fragmento de cerâmica.
paedogogus: escravo responsável pela educação de uma criança e por levá-la à escola.
palaestra: campo de luta e escola.
Panateneia: maior festival ateniense em homenagem a Atena.
pancrácio: esporte que combina boxe e luta livre.
Partenos: virgem, solteira e jovem.
peltast: soldado levemente armado.

pentacosiomedimni: classe mais abastada de cidadãos atenienses.
peplos: túnica, manto de lã até o tornozelo ou xale usado por mulheres.
perieco: residente livre da Lacônia sem direito a voto.
pítia: sacerdotisa de Delfos.
Pnyx: ponto de encontro da *ecclesia* ateniense.
polemarco: líder de guerra; um dos arcontes atenienses.
polis (plural *poleis*): cidade-estado grega.
polites: cidadão de uma *polis*.
Prytaneum: a sede do Estado, com um lar comunitário e uma chama eterna. Escritório dos membros seniores do *boulē* de Atenas.
Quiliarca: comandante de mil homens.
sátrapa: governante provincial do Império Persa.
seisachtheia: livramento de encargos (reformas de Sólon).
sinecismo: a união de várias cidades como um Estado unitário.
sofista: intelectual e professor de retórica para jovens.
stoa: colunata coberta.
symposium: festa regada a bebidas, em geral nos círculos aristocráticos.
syssitia: acampamento militar espartano.
tetes: membros da classe econômica mais baixa de Atenas.
Tholos: a sede do Prytaneum na ágora.
timē: honra; *status* pessoal.
tirano: único governante que tomou o poder inconstitucionalmente, *turannos*.
trirreme: embarcação de guerra com três bancos de remos de cada lado.
tritís: divisão regional da Ática.
zeugitai: terceiro nível das classes sociais de Sólon; rico o suficiente para possuir armadura e armas de um hoplita.

CRONOLOGIA

a.C.
c. 3000   Começa a civilização minoica em Creta.
c. 2000-1300   Hititas prosperam na Ásia Menor.
c. 1400   Palácios em Cnossos e Festo destruídos.
                   Declínio do poder cretense.
c. 1600-1200   Nasce Micenas.
1287   Batalha de Kadesh. Declínio dos poderes egípcio e hitita.
1230-1150   Colapso das condições estabelecidas.
c. 1200   Derrubada do Império Hitita.
c. 1180   Micênios saqueiam Troia, segundo a tradição.
c. 1150   Assentamentos micênicos destruídos.
c. 1100   "Dórios" se estabelecem no Peloponeso.
c. 1050-950   "Jônios" e outros colonizam a Ásia Menor.
                   Atenas desempenha papel de liderança. Início da Idade do Ferro na Grécia.
c. 850-730   Atenas torna-se um importante centro cultural na Grécia.
776   Primeira Olimpíada.
c. 750-700   Invenção do alfabeto grego.
                   Homero compõe a *Ilíada* e a *Odisseia*.
c. 735-650   Fundação de colônias gregas pelo Mediterrâneo.
730-710   Esparta conquista Messênia.
c. 700   Nasce Hesíodo.
                   Midas torna-se rei da Frígia.
c. 700-650   Invenção do exército hoplita.
683-682   Registrado o primeiro arconte anual em Atenas.
650-600   Era dos legisladores na Grécia.
                   Ascensão de tiranias em Corinto, Mégara, Sicião e na Jônia.
c. 632   Cilón tenta a tirania em Atenas.
                   Alcmeônidas exilados de Atenas.
c. 621-620   Drácon legisla em Atenas.
c. 624-546   Época do filósofo Tales de Mileto.
c. 620   Esparta suprime a revolta messênia.
c. 600   Nascem Safo e Alceu, em Lesbos.
                   Periandro torna-se tirano de Corinto.

595	Primeiras moedas gregas cunhadas em Égina.
595-586	Primeira Guerra Sagrada para o controle de Delfos.
594-593	Sólon eleito arconte. *Seisachtheia*.
566	Inauguração da Grande Panateneia.
561-560	Pisístrato torna-se tirano de Atenas pela primeira vez.
560-550	Guerra de Esparta com Tegea.
560-546	Reinado de Creso na Lídia.
559	Ciro torna-se rei da Pérsia.
c. 559-556	Milcíades pai, tirano do Quersoneso Trácio.
557-556 ou 556-555	Pisístrato expulso.
550	Ciro conquista a Média.
550-549	Segunda tirania de Pisístrato. Expulso novamente.
548	Templo de Apolo em Delfos é incendiado. Os alcmeônidas financiam parcialmente sua reconstrução.
547 (?)	Ciro conquista a Lídia. Queda de Creso.
546-545	A Pérsia conquista os gregos da Ásia Menor.
545-540	Ciro entra na Ásia Central.
540-539	Terceira tirania de Pisístrato.
538	Ciro captura a Babilônia.
530	Ciro morre.
528-527	Pisístrato morre, sucedido pelos filhos Hípias e Hiparco.
525	Cambises, o sucessor de Ciro, invade o Egito.
522	Queda de Polícrates, tirano de Samos. Cambises morre. Dario assassina seu sucessor e torna-se rei da Pérsia.
521	Dario toma o poder na Pérsia.
520	Cleomenes torna-se rei de Esparta.
519	Atenas em guerra com Tebas sobre Plateias.
514	Harmódio e Aristógito assassinam Hiparco.
c. 512	Dario conquista a Trácia.
510	Expulsão de Hípias de Atenas.
508-507	Cleomenes de Esparta invade a Ática; cerco na Acrópole.
506	Exército do Peloponeso invade a Ática. Os atenienses derrotam os beócios e os calcídios e conquistam a planície calcídica. Também conquistam Oropo.
503-502	As reformas de Clístenes começam em Atenas.
501	Sistema de dez estrategos estabelecido.
499-493	Cidades jônicas se revoltam contra a Pérsia.
493	Temístocles eleito arconte.
c. 492	A Pérsia subjuga a Trácia e a Macedônia. Julgamento de Milcíades.
491	Enviados de Dario visitam os estados gregos exigindo fogo e água; aqueles que visitam Atenas são executados.
490	A Pérsia lança uma expedição punitiva contra a Grécia. Batalha de Maratona.
487	Primeiro ostracismo conhecido. Guerra de Atenas contra Égina.
487-486	Arcontes designados por sorteio. Estrategos substituem o polemarco.

486-485	O Egito se revolta contra a Pérsia.
485	Dario morre e é sucedido por Xerxes.
484-483	Revolta egípcia suprimida.
	Xerxes se prepara para invadir a Grécia.
483	Os persas cortam o canal através do monte Atos.
483-482	Novo veio de prata encontrado na mina de Laurium.
482	Ostracismo de Aristides.
	Frota ateniense ampliada.
481	Conferência em Esparta; os estados gregos planejam resistir à invasão persa.
	Atenas sela a paz com Égina.
480	Xerxes entra na Grécia.
	Agosto: Batalhas de Artemísio e das Termópilas.
	Setembro: Batalha de Salamina. Xerxes foge para a Pérsia.
479	Segunda evacuação de Atenas.
	Batalha de Plateias.
	Batalha de Mícale.
	Pérsia perde Sestos e o Helesponto.
478-476	Muralhas reconstruídas em Atenas.
478	Pausânias liberta Chipre, captura Bizâncio.
	Liga de Delos contra a Pérsia é fundada.
477	Temístocles fortifica o Pireu.
476-473	Vitórias de Címon.
472	Ésquilo escreve *Os persas*.
472 ou 470	Ostracismo de Temístocles, que vai para Argos.
471	Pausânias é expulso de Bizâncio.
c. 471	Morte de Pausânias; fuga de Temístocles.
470	Címon traz de volta os "ossos de Teseu".
469	Naxos se revolta contra a Liga de Delos.
	Temístocles foge para a Córcira; vai ao encontro do rei Admeto.
468	Temístocles chega à Pérsia.
	Primeira expedição de Címon contra os hilotas.
466	Batalha do Eurimedonte.
465	Revolta de Tasos contra a Liga de Delos.
	Assassinato de Xerxes. Artaxerxes I o sucede.
c. 464	Terremoto em Esparta. Os hilotas se revoltam.
463	Cerco a Itome.
	Esparta rejeita aliados atenienses.
	Rendição de Tasos.
463-461	Reformas de Efialtes em Atenas; o Areópago perde seus poderes.
462-460	Péricles influente em Atenas.
462	Atenienses e egípcios derrotam os persas.
461	Ostracismo de Címon.
	Aliança ateniense com Argos e Tessália.
460	Assassinato de Efialtes.
	Começam as hostilidades intermitentes entre Atenas e o Peloponeso (Primeira Guerra do Peloponeso).

459	Atenas vence Mégara.
	Derrota final dos hilotas.
	Atenas em guerra com Égina.
458	*Oréstia* de Ésquilo.
	Atenas constrói as Longas Muralhas.
	Expedição ateniense ao Egito.
	Temístocles morre.
	Atenas conquista Égina.
457	Atenas conquista a Beócia.
	Posto dos arcontes abre para os *zeugitai*.
454	Expedição egípcia termina em desastre.
	O tesouro da Liga de Delos muda-se para Atenas.
	As Longas Muralhas são concluídas.
451	Cinco anos de trégua entre Atenas e os peloponenses.
	Retorno de Címon.
	Lei de cidadania de Péricles.
449	Címon morre em Chipre.
449	Paz de Cálias com a Pérsia.
447	Construção do Partenon começa.
	Atenas perde a Beócia.
	Batalha de Coroneia.
447-446	Revolta da Eubeia suprimida. Atenas perde Mégara.
445	Trinta Anos de Paz entre Atenas e os peloponenses.
443	Ostracismo de Tucídides, filho de Melésias.
441	Primeira vitória de Eurípides na Grande Dionísia.
	Antígona, de Sófocles.
440-439	Revoltas de Samos e Bizâncio. Sófocles torna-se estratego.
436	Fundação de Anfípolis.
436-435	Desordem em Epidamnos.
c. 435	Expedição de Péricles ao mar Negro.
435	Primavera: Córcira ganha batalha naval contra Corinto.
433	Aliança ateniense com a Córcira.
432	Revolta de Potideia.
	"Decreto de Mégara" em Atenas.
431	Guerra do Peloponeso começa.
	Primeira invasão peloponense da Ática.
430-426	Praga em Atenas.
429	Péricles morre.
	Cerco de Plateias.
428	Revolta de Mitilene.
427	Mitilene se rende. Debate em Atenas sobre Mitilene.
	A frota ateniense visita a Sicília.
426	Plateias se rende.
	Guerra civil na Córcira.
	Demóstenes no noroeste (Etólia).
425	Ocupação de Pilos, no Peloponeso.
	Espartanos capturados.
	Trégua entre Atenas e Esparta.

	Invasões da Ática cessam.
	Os arcanianos, de Aristófanes.
424	Brásidas na Trácia.
423	Negociações de paz; armistício de um ano.
422	O armistício termina.
	Mortes de Brásidas e Cléon fora de Anfípolis.
421	*A paz*, de Aristófanes.
	Paz de Nícias.
	Aliança de cinquenta anos entre Atenas e Esparta; rompida depois de um ano.
417	Ostracismo de Hipérbolo.
	Conquista de Melos. "Crime de guerra" de Atenas.
415	*As troianas*, de Eurípides.
	Expedição siciliana.
	Alcibíades chamado de volta; deserta para Esparta.
413	A expedição siciliana termina em completo desastre.
412	Aliados atenienses se revoltam.
	Alcibíades deixa Esparta.
411	Junho a setembro: conselho dos Quatrocentos.
	Exército e frota em Samos permanecem fiéis à democracia.
	Alcibíades, reabilitado, comanda a frota.
	Vitórias atenienses.
	Lisístrata, de Aristófanes.
	As tesmoforiantes, de Aristófanes.
410	Batalha de Cízico.
	Democracia restaurada em Atenas.
407	Alcibíades em Atenas.
406	Derrota ateniense em Notium; Alcibíades se retira.
	Vitória ateniense em Arginusas; julgamento dos generais.
	Eurípides morre na Macedônia.
405	*As rãs*, de Aristófanes; em 404, *As rãs* ganha uma versão revisada.
	Batalha de Egospótamo.
405-04	Bloqueio de Atenas.
	Morte de Dario II, ascensão de Artaxerxes II.
404	Primavera: Atenas se rende. As Longas Muralhas são derrubadas.
	Verão: Regra dos Trinta.
	Morte de Alcibíades.
	Morte de Terâmenes.
403	Guarnição espartana em Atenas.
	Setembro: os Trinta Tiranos são derrubados; a democracia é restaurada.
401	Tentativa de Ciro de ascender ao trono persa; morto em Cunaxa.
399	Julgamento e execução de Sócrates.
398	Agesilau torna-se rei de Esparta.

397	Conão comanda a frota persa.
396-394	Agesilau faz campanha contra a Pérsia.
c. 396	Antístenes abre uma escola em Atenas.
395-394	Aliança antiespartana entre Atenas, Tebas e outros.
395-387	Guerra de Corinto.
395	Começa o trabalho de reconstrução das Longas Muralhas.
394	Conão derrota a frota espartana em Cnido. Batalha de Coroneia.
393	Conão em Atenas.
c. 390	Isócrates abre uma escola.
389	Morte de Trasíbulo.
387-386	Paz de Antálcidas, a "paz do Rei", entre os estados da Pérsia e da Grécia.
387	Platão abre a Academia.
386	As antigas tragédias ressurgem na Dionísia.
c. 385	Aristófanes morre. Artaxerxes em guerra no Egito.
384-379	*O banquete*, de Platão.
382	Espartanos se apossam da cidadela de Tebas.
379-378	Espartanos expulsos da cidadela de Tebas.
378	Incursão de Esfódrias.
378-377	Primavera: fundada Segunda Liga Ateniense. Renovação do poder ateniense. Atenas declara guerra a Esparta depois da absolvição de Esfódrias. Agesilau invade a Beócia. Mausolo, sátrapa de Cária.
Após 377	*A república*, de Platão.
375	Jasão de Feras torna-se governante da Tessália.
374	Paz entre Atenas e Esparta.
374-373	Paz rompida.
371	Tebas, liderada por Epaminondas, derrota Esparta em Leuctra. Fim de Esparta como grande potência.
370	Jasão de Feras é assassinado.
370-361	Invasões tebanas do Peloponeso. Fundação de Messene.
368	Fundação de Megalópole.
367	Aristóteles junta-se à Academia.
362	Epaminondas morto na vitória de Mantineia.
361	Agesilau no Egito.
360	Morte de Agesilau.
359	Filipe II governa na Macedônia.
357-356	Filipe e Atenas em guerra. Atenas em guerra com os aliados da Liga (Guerra Social).
356	A Guerra Sagrada começa.
355-354	Atenas admite a derrota na Guerra Social.

351	Primeira de série de discursos de Demóstenes contra Filipe (Filípicas).
348	Filipe captura Olinto.
346	Paz entre Filipe e Atenas. Filipe derrota a Fócida e termina a Guerra Sagrada. Carta aberta de Isócrates a Felipe.
345-343	A Pérsia recupera o Egito.
343	Aristóteles torna-se tutor de Alexandre.
342-341	Filipe conquista a Trácia.
338	Filipe marcha para a Grécia. Filipe derrota Tebas e Atenas em Queroneia. Fim da independência grega.
336	Filipe é assassinado; Alexandre o sucede. Primeira ida de Alexandre à Grécia, eleito general dos gregos.
335	Segunda ida de Alexandre à Grécia. Destruição de Tebas.
334	Alexandre sai em direção ao Império Persa.
c. 331	Fundação de Alexandria.
331	Alexandre vence batalha decisiva em Gaugamela e assume o trono persa.
323	Alexandre morre.
322	Os gregos revoltam-se (Guerra Lamiaca) e são derrotados. Demóstenes se suicida.
286	Atenas revolta-se contra a Macedônia.
146	Conquista romana da Grécia.
86	Sula saqueia Atenas.

d.C.

c. 120-135	Adriano restaura e reconstrói Atenas.
1687	Venezianos explodem o Partenon.
1801	Lorde Elgin remove esculturas do Partenon.
1821-1833	Guerra de independência grega.
1834	Atenas torna-se capital da Grécia.

FONTES

As fontes da história de Atenas variam em qualidade, e muitas delas sobrevivem apenas como fragmentos ou como citações em outros livros. O que temos está relacionado principalmente com assuntos atenienses, e relativamente pouco se sabe sobre o restante da Grécia.

Dois grandes escritores dominam esse campo. O primeiro é Heródoto (*c.* 484-425) de Halicarnasso, na Ásia Menor, aos olhos do mundo antigo, o "pai da história". A palavra "história" deriva do termo grego para investigação, e seu livro é o produto de suas investigações enquanto viajava pelo Mediterrâneo Oriental. Ele descreve os vários povos da região e define o cenário para uma narrativa abrangente das duas invasões persas da Grécia no início do século V.

Heródoto é essencialmente um contador de histórias e não resiste a uma boa narrativa, plausível ou não. Ele escreveu um épico em prosa, e a figura dominante de Homero está por trás de seu empreendimento literário; outro de seus temas era uma luta titânica entre os helenos e um poder oriental.

Heródoto descreve o que viu por si mesmo e o que lhe foi contado em conversas com indivíduos aparentemente bem informados. Ele tem a mente aberta sobre diferentes culturas, embora nem sempre compreenda o real significado do que está descrevendo. No entanto, reconheceu a importância da pesquisa desinteressada e tentou apresentar um registro preciso dos fatos. Escreveu uma geração depois das Guerras Persas e, assim, conseguiu coletar informações daqueles que participaram delas, ou pelo menos de seus descendentes próximos.

Se Heródoto não é um narrador de todo confiável dos fatos, ele dá uma visão completamente verdadeira de como um grego inteligente via o mundo ao redor.

Em contraste, seu contemporâneo Tucídides (*c.* 460-*c.* 404), um aristocrata ateniense, escolheu outro conflito como tema: a Guerra do Peloponeso entre Atenas e Esparta. Ele acreditava que essa guerra, estudada de perto, seria um exemplo para as gerações futuras. Sua história deveria ser "uma propriedade de todos os tempos", não algo "escrito para exibição, para causar uma impressão imediata" (em outras palavras, como escrevia Heródoto).

Ele estava determinado a relatar os fatos com a maior precisão possível e teve dificuldade de entrevistar aqueles que haviam participado dos eventos. Tucídides é excepcionalmente imparcial, exato, responsável e confiável – tanto que deixa pouco espaço para a interpretação acadêmica. Somos obrigados a aceitar o que ele diz (quando disponíveis, as outras fontes quase invariavelmente confirmam sua narrativa). Uma característica inovadora foi o relato de discursos públicos feitos por líderes militares e políticos. Mantendo-se o mais próximo possível do que foi dito, ele escreveu o que acreditava que a situação exigia. Os leitores devem ter isso em mente quando encontrarem citações de discursos neste livro – por exemplo, o grande discurso fúnebre de Péricles no início da Guerra do Peloponeso.

Após um breve resumo da história grega antiga, Tucídides relata a ascensão do Império Ateniense, entre 479 e 435. Ele, então, aborda em detalhe os primeiros dez anos da guerra, a paz de Nícias, a renovação das hostilidades e a desastrosa expedição siciliana. Ele narra a história até 411, e sua escrita é interrompida no meio de uma frase (presumivelmente o autor foi acometido por doença ou morte).

Um número de historiadores escreveu continuações de Tucídides, nenhuma das quais sobreviveu, exceto pela *Hellenica* de Xenofonte. O livro tem frescor e franqueza, mas o que não interessa ao autor é ignorado. Ele toma as dores de Esparta e nem sequer consegue mencionar o nome de Epaminondas, que arquitetou a vitória tebana em Leuctra. Omite alguns incidentes por inteiro, mas foi testemunha ocular de algumas cenas que ele descreve bem em seu livro.

Anábase, de Xenofonte, é uma narrativa emocionante de quando viveu como um mercenário a serviço de Ciro, o Moço. Era amigo do rei espartano Agesilau e lhe escreveu uma eulogia. Produziu inúmeras outras obras, incluindo diálogos com Sócrates e ensaios sobre equitação, caça e economia doméstica. Sua *Educação de Ciro* é uma curiosa mistura de romance e documentário.

A principal fonte narrativa contínua para o período é a *Biblioteca histórica* de Diodoro Sículo, um siciliano que viveu em meados do século I a.C. Essa "história universal" é uma reunião de resumos de outros historiadores. Sua cobertura dos anos 480 a 302 sobreviveu no total. É inestimável, mas apenas tão confiável quanto a fonte que usava na época.

Atrás de Diodoro e dos outros estão as figuras sombrias de historiadores e cronistas cujos livros desapareceram, mas que aparecem indiretamente nos escritos de seus sucessores ou em epítomes tardios (Teopompo, por exemplo, ou Pompeu Trogo).

O problema de todos esses autores antigos é que eles se concentram mais ou menos exclusivamente nos assuntos militares e políticos. Ciências mais sombrias, como a economia, ou mais alegres, como a sociologia, ainda não haviam sido inventadas. Pouco se fala da vida de mulheres ou dos escravos. Para ter uma ideia do cotidiano, temos de vasculhar as referências passageiras em todos os tipos de textos sobreviventes.

As biografias e os ensaios do autor grego Plutarco (*c.* 46-120 d.C.) não são história, estritamente falando, mas são minas de ouro de dados históricos e contêm *insights* fascinantes sobre as personalidades atenienses e alguns outros líderes.

Obras literárias iluminam as atitudes morais – Homero, acima de todos, e o épico bucólico Hesíodo; os trágicos atenienses Ésquilo, Sófocles e Eurípides; o autor cômico Aristófanes e uma série de outros poetas, muitas vezes representados apenas por fragmentos. Discursos de oradores e panfletos, especialmente datados do século IV, são documentos políticos e sociais úteis, mas devem ser interpretados com cautela. As muitas obras de Platão e Aristóteles nos permitem acompanhar o desenvolvimento intelectual não só de Atenas, mas da Grécia como um todo. Dois estudos da Constituição ateniense foram atribuídos erroneamente a Aristóteles (provavelmente escrito por um aluno) e Xenofonte, mas oferecem uma massa de detalhes sobre o processo democrático.

Arqueólogos acrescentaram muito ao nosso conhecimento. Aproximadamente duzentos decretos estaduais atenienses entre 478 e 336 e várias centenas de outros documentos administrativos (por exemplo, as contas para a construção do Partenon e registros de atividades religiosas) foram desenterrados, em geral inscritos em pedra. Cacos de cerâmica usados para decretar ostracismos foram encontrados, com os nomes dos indicados ao exílio inscritos neles. Vasos de cerâmica de grande talento artístico exibem todo tipo de atividades sociais.

Para aqueles que querem acesso direto aos principais materiais originais, a Loeb Classical Library oferece o original em grego (ou latim) com traduções na página ao lado. Traduções modernas (em inglês) da maioria dos textos principais podem ser encontradas na Penguin Classics.

A maioria das traduções é minha. Poucas foram feitas por outras mãos, em geral poesia – delas, a mais importante é a tradução de E. V. Rieu da *Ilíada* de Homero da coleção Clássicos da Penguin. É minha versão favorita e, apesar de todas as falhas, capta o espírito do grande original.

As notas finais que se seguem identificam citações e desenvolvimentos acadêmicos particularmente importantes, narrativos ou controversos. As principais fontes de cada capítulo são mencionadas, mas não são fornecidos detalhes adicionais pela autoridade sobre os casos específicos.

BIBLIOGRAFIA

Estudos modernos selecionados

ARISTÓFANES. *The Birds and Other Plays*. Tradução (em inglês) de Alan H. Sommerstein e David Barrett. Londres: Penguin Classics, 2003.
BARNES, Jonathan. *Early Greek Philosophy*. Londres: Penguin Classics, 2002.
BICKNELL, Peter J. "Axiochus Alkibiadou, Aspasia and Aspasios". *L'Antiquité Classique*, t. 52, 1982, p. 240-50.
BLOCH, Enid. "Hemlock Poisoning and the Death of Socrates: Did Plato Tell the Truth?". *Journal of the International Plato Society*, University of Notre-Dame, n. 1, 2001.
BURKERT, Walter. *Greek Religion*. Oxford: Blackwell, 1985.
BURN, A. R. *Persia and the Greeks*. Posfácio de D. M. Lewis. 2. ed. Londres: Duckworth, 1984.
BURY, J. B. *A History of Greece to the Death of Alexander the Great*. 3. ed., rev. por R. Meiggs. Londres: Macmillan, 1951. (Ainda é a melhor narrativa histórica do período.)
CAMBRIDGE Ancient History. Vários editores. Cambridge: Cambridge University Press, 1971-1994. v. 2, parte 1, a v. 6.
CAMP, John M. *The Archaeology of Athens*. New Haven: Yale University Press, 2001.
COHN-HAFT, L. "Divorce in Ancient Athens". *Journal of Hellenic Studies*, Londres, v. 115, 1995, p. 1-14.
CONNOLLY, Peter; DODGE, Hazel. *The Ancient City*: Life in Classical Athens and Rome. Oxford: Oxford University Press, 1998.
CROWTHER, N. B. "Male "Beauty" Contests in Greece: The Euandria and Euexia". *L'Antiquité Classique*, Bruxelas, Ghent, Liège e Louvain, v. 54, 1985.
CURTIS, John; TALLIS, Nigel. *Forgotten Empire*: The World of Ancient Persia. Londres: British Museum, 2005.
DAVIES, J. K. *Democracy and Classical Greece, Fontana History of the Ancient World*. Londres: Fontana, 1993.
DIELS, Hermann. *Die Fragmente der Vorsokratiker*. Berlim, 1903. 6. ed., rev. por Walther Kranz. Berlim: Weidmann, 1952. (As edições após a sexta são principalmente reimpressões com muito poucas ou nenhuma mudança.)
DILLON, Matthew; GARLAND, Linda. *Ancient Greece*: Social and Historical Documents from Archaic Times to the Death of Alexander the Great. 2. ed. Abingdon: Routledge, 2000.

FORNARA, Charles W. *Archaic Times to the End of the Peloponnesian War* (Translated Documents of Greece and Rome). 2. ed. Cambridge: Cambridge University Press, 1983.
FORREST, W. G. *A History of Sparta*, 950-192 B.C. Londres: Hutchinson, 1968.
FORSDYKE, Sara. *Exile, Ostracism, and Democracy*: The Politics of Expulsion in Ancient Greece. Princeton: Princeton University Press, 2005.
FRENCH, A. *The Growth of the Athenian Economy*. Londres: Routledge/ Kegan Paul, 1964.
GARLAND, Robert. *Daily Life of the Ancient Greeks*. Westport, CT: Greenwood, 1998.
GOLDHILL, Simon. "The Great Dionysia and Civic Ideology." In: WINKLER, John J.; ZEITLIN, Froma I. (ed.) *Nothing to do With Dionysos?* Athenian Drama in its Social Context. Princeton: Princeton University Press, 1990.
GREEN, Peter. *Alexander of Macedon*. Harmondsworth: Penguin, 1974.
_____. *The Greco-Persian Wars*. Berkeley: University of California Press, 1996.
HALL, Edith. *Greek Tragedy*: Suffering Under the Sun. Oxford: Oxford University Press, 2010.
HALLOCK, R. T. "Persepolis Fortifications Tablets". *Oriental Institute Publications*, Chicago, v. 92, 1969.
HAMMOND, N. G. L. *History of Greece*. Oxford: Oxford University Press, 1959.
HONOR, Hugh; FLEMING, John. *A World History of Art*. 7. ed. Londres: Lawrence King, 2009.
HORNBLOWER, Simon; SPAWFORTH, Antony. *Oxford Classical Dictionary*. 3. ed. rev. Oxford: Oxford University Press, 2003.
INSCRIÇÃO de Behistun (Bisitun). Tradução (em inglês) de Herbert Cushing Tolman. Nashville, TN: Vanderbilt University, 1908.
INSCRIÇÃO de Daiva XPh. Teerã: Archaeological Museum.
JACOBY, F. *Die Fragmente der griechischen Historiker*. Leiden 1923-1964. (Para acessar a *Jacoby Online*, acesse https://brill.com.)
KAGAN, Donald. *The Peloponnesian War*. Nova York: Viking Penguin, 2003.
_____. *Pericles of Athens and the Birth of Democracy*. Edição associativa a pedido de Secker and Warburg, Suffolk, Reino Unido, 1990.
LITTMAN, Robert J. "The Loves of Alcibiades". *Transactions and Proceedings of the American Philological Association*, Johns Hopkins University, v. 101, 1970.
MEIGGS, R.; LEWIS, D. M. *A Selection of Greek Historical Inscriptions*: To the End of the Fifth Century B.C. 2. ed. Oxford: Oxford University Press, 1988.
MIGEOTTE, L. *The Economy of the Greek Cities, from the Archaic Period to the Early Roman Empire*. Tradução (em inglês) de Janet Lloyd. Berkeley: University of California Press, 2009.
MORRISON, J. S.; COATES, J. F.; RANKOV, N. B. *The Athenian Trireme*: The History and Reconstruction of an Ancient Greek Warship. Cambridge: Cambridge University Press, 2000.
MURRAY, Oswyn. *Early Greece*, Fontana History of the Ancient World. 2. ed. Londres: Fontana, 1993.
OVERBECK, J. (ed.) *Die antiken Schriftquellen zur Geschichte der bildenden Künste bei den Griechen*. Leipzig, 1868.

PRINCETON Encyclopedia of Classical Sites. R. Stillwell et al. Princeton: Princeton University Press, 1976.

PRITCHARD, James B. (ed.) *Ancient Near Eastern Texts*. 3. ed. rev. Princeton: Princeton University Press, 1969.

RAUBITSCHEK, A. E. "The Case Against Alcibiades (Andocides IV)". *Transactions and Proceedings of the American Philological Association*, Johns Hopkins University, v. 79, 1948, p. 191-210.

RHODES, P. J.; OSBORNE, Robin. *Greek Historical Inscriptions*, 404-323 B.C. Oxford: Oxford University Press, 2003.

RUBEL, Alexander. *Fear and Loathing in Ancient Athens*: Religion and Politics During the Peloponnesian War. Londres: Routledge, 2000.

SCOTT, Michael. *Delphi*: A History of the Center of the Ancient World. Princeton: Princeton University Press, 2014.

SELLARS, John. "Simon the Shoemaker and the Problem of Socrates". *Classical Philology*, University of Chicago Press, v. 98, jul. 2003, p. 207-16.

STRAUSS, Barry S. *Athens After the Peloponnesian War*: Class, Faction and Policy, 403-386 B.C. Londres: Croom Helm, 1986.

_____. "Thrasybulus and Conon: A Rivalry in Athens in the 390s B.C.". *The American Journal of Philology*, Johns Hopkins University, v. 105, n. 1, 1984, p. 37-48.

SWADDLING, Judith. *The Ancient Olympic Games*. Londres: British Museum, 1980, 2011.

TOD, Marcus Niebuhr (ed.). *A Selection of Greek Historical Inscriptions*. Oxford: Oxford University Press, 1948.

WATERFIELD, Robin. *Athens*: A History from Ancient Ideal to Modern City. Londres: Macmillan, 2004.

WATERS, Matt. *Ancient Persia*: A Concise History of the Achaemenid Empire, 550-330 B.C. Cambridge: Cambridge University Press, 2014.

WORTHINGTON, Ian. *By the Spear*: Philip II, Alexander the Great and the Rise and Fall of the Macedonian Empire. Oxford: Oxford University Press, 2014.

_____. *Demosthenes of Athens and the Fall of Classical Greece*. Oxford: Oxford University Press, 2013.

NOTAS

Fontes antigas, abreviações

Andócides, *Contra Alcibíades I*	Ando Alc
Andócides, *Sobre mistérios*	Ando Mist
Antologia grega	Ant Gr
Apiano, *Guerra civil*	Ap
Apolodoro, *Epítome*	Apo
Aristófanes, *A paz*	Ar Paz
Aristófanes, *As nuvens*	Ar Nuv
Aristófanes, *As rãs*	Ar Rãs
Aristófanes, *Lisístrata*	Ar Lis
Aristófanes, *Os acarnânios*	Ar Acar
Aristófanes, *Os cavaleiros*	Ar Cav
Aristóteles, *Constituição ateniense*	Arist Con
Aristóteles, *Ética a Nicômano*	Arist Etica
Aristóteles, *Metafísica*	Arist Met
Aristóteles, *Poética*	Arist Po
Aristóteles, *Política*	Arist Pol
Aristóteles, *Retórica*	Arist Ret
Arriano, *Anábase de Alexandre*	Arr
Ateneu, *Deipnosophistai*	Atn
Cilindro de Ciro, trad. Irving Finkel, Museu Britânico	Cil Cir
Clemente de Alexandria, *Pedagogo*	Clem Alex Ped
Coleções Digitais da Escola Americana de Estudos Clássicos	ASCSA
Cornélio Nepos, *Milcíades*	Nep Milt
Cúrcio Rufo, Quinto, *Histórias de Alexandre, o Grande*	Curt
Demóstenes, *Contra Neera*	Dem Neera
Demóstenes, *Sobre a coroa*	Dem Cor
Demóstenes, *Sobre a paz*	Dem Paz
Dião Crisóstomo, *Discursos*	Dio Chris
Die Fragmente der Griechischen Historiker, Weidmann, Berlim, 1923ff	FGrH
Die Fragmenter der Vorsokratiker (*Fragmentos dos pré-socráticos*) (ed. H. A. Diels, Berlim, 1903, 6. ed., rev. por Walther Kranz, Berlim, Weidmann, 1952)	DK
Diodoro Sículo, *Biblioteca Histórica* (NB trad. Peter Green, com Introdução e Comentários, Diodoro Sículo, Livros 11-12:37:1, *História Grega 480-431 a.C.: a versão alternativa*, Austin, University of Texas Press, 2006)	Diod
Diógenes Laércio, *A vida de filósofos famosos*	Diog Laer

Dionísio de Halicarnasso, *Sobre a composição das palavras*	Dion Comp
Eliano, *Varia historia*	Eli
Élio Aristides, *Lendas sagradas* (*Hieroi logoi*)	Elio Ar
Empírico, Sexto, *Contra matemáticos*	Emp Sex
Escavação de Delfos, *A escola francesa de Atenas, 1902–*	Delfos
Esopo, *Fábulas*	Es Fab
Ésquilo, *Agamenon*	Esq Ag
Ésquilo, *Coéforas* (*Os libadores*)	Esq Coe
Ésquilo, *Eumênides* (*As Gentis*)	Esq Eum
Ésquilo, *Oréstia*	Esq Orest
Ésquilo, *Os persas*	Esq Pers
Ésquines, *Frases*	Esqu
Eurípides, *As troianas*	Eur Troi
Eurípides, *Íon*	Eur Ion
Eusébio, *Preparação para o Evangelho*	Eus
Filocoro, *Átide*	Filo At
Heródoto, *As histórias*	Herod
Hesíodo, *Os trabalhos e os dias*	Hes Trab
Hesíodo, *Teogonia*	Hes Teo
Homero, *Ilíada*	Hom Il
Homero, *Odisseia*	Hom Odi
Inscrições históricas gregas, 404-323 a.C. (ed. P. J. Rhodes e Robin Osborne, Oxford, 2007)	IHG
Inscriptiones Graecae, Berlin-Brandenburgische Akademie der Wissenschaften, 1825–	IG
Isócrates	Isoc
Isócrates, *Cartas*	Isoc Cartas
Justino, *Epítome das "Histórias filípicas" de Pompeu Trogo*	Just
Licurgo, *Oração contra Leocrates*	Lic
Lísias	Lis
Luciano	Luc
Mármore de Paros	Par
Nepos, Cornélio, *De Excellentibus Ducibus Vitae Exterarum Gentium* (*Sobre líderes estrangeiros famosos*), Alcibíades, Conon, Iphicrates	Nep, Alc, Con, Iph
Nepos, Cornélio, *De Excellentibus Ducibus Vitae Exterarum Gentium* (*Sobre líderes estrangeiros famosos*), Milcíades	Nep, Milt
Pausânias, *Periegesis Hellados* (*Descrição da Grécia*)	Paus
Píndaro, *Odes*	Pind
Platão, *Alcibíades 1*	Plat Alc 1
Platão, *Apologia*	Plat Apol
Platão, *Cármides*	Plat Carm
Platão, *Crítias*	Plat Crit
Platão, *Epístolas*	Plat Ep
Platão, *Eutífron*	Plat Eut
Platão, *Fédon*	Plat Fedon
Platão, *Fedro*	Plat Fedro
Platão, *Górgias*	Plat Gorg
[Platão], *Hiparco* espúrio	[Plat] Hip
Platão, *Leis*	Plat Leis
Platão, *Menexêno*	Plat Men
Platão, *Protágoras*	Plat Prot

Platão, *O banquete*	Plat Banq
Plutarco, *A vida de Agesilau*	Plut Age
Plutarco, *A vida de Ágis*	Plut Agi
Plutarco, *A vida de Alcibíades*	Plut Alc
Plutarco, *A vida de Alexandre*	Plut Alex
Plutarco, *A vida de Aristides*	Plut Arist
Plutarco, *A vida de Artaxerxes*	Plut Art
Plutarco, *A vida de Camilo*	Plut Cam
Plutarco, *A vida de Címon*	Plut Cim
Plutarco, *A vida de Demóstenes*	Plut Dem
Plutarco, *A vida de Fócion*	Plut Foc
Plutarco, *A vida de Licurgo*	Plut Lic
Plutarco, *A vida de Nícias*	Plut Nic
Plutarco, *A vida de Pelópidas*	Plut Pel
Plutarco, *A vida de Péricles*	Plut Per
Plutarco, *A vida de Sólon*	Plut Sol
Plutarco, *A vida de Temístocles*	Plut Tem
Plutarco, *A vida de Teseu*	Plut Tes
Plutarco, *Amatorius*	Plut Amat
Plutarco, *As vidas dos dez oradores*	Plut Dez Or
Plutarco, *Ditos dos espartanos*	Plut Dit Esp
Plutarco, *Moralia*	Plut Mor
Plutarco, *Preceitos*	Plut Pre
Poetae Comici Graeci (ed. Rudolf Kassel e Stephan Schröder, Berlim e Nova York, Editora Walter de Gruyter, 1839)	PCG
Políbio, *Histórias*	Polib
Polieno, *Strategemata*	Pol
Pseudo Luciano, *Amores*	Ps Luc
Simônides, *Epigramas*	Sim Ep
Sófocles, *Antígona*	Sof Ant
Sófocles, *Édipo Rei*	Sof Ed
Temístio, *Frases*	Temist
Tirteu, *Fragmentos*	Tirt Frag
Tucídides, *História da Guerra do Peloponeso*	Tuc
Tztetzes, João, *Chiliades*	Tzet
Xenofonte, *Anábase*	Xen Ana
[Xenofonte], *Constituição ateniense*	Xen Con At
Xenofonte, *Constituição espartana*	Xen Con Esp
Xenofonte, *Hellenica*	Xen Hel
Xenofonte, *Memorabilia*	Xen Mem
Xenofonte, *Oeconomicus*	Xen Oec
Xenofonte, *Receitas* (*Poroi*)	Xen Por
Xenofonte, *Tributação* (*de Vectigalibus*)	Xen Vect
Zenóbio, *Provérbios*	Zen

Introdução

21   *Levou uma cópia consigo em suas viagens* Plut Alex 26 1-2 5.
22   *mesmo uma mulher* Veja Samuel Butler, *Authoress of the Odyssey*, 1897.
23   *"Ele desceu como o anoitecer"* Hom Il 1 47-53.
     "risada insaciável" Hom Odi Il 1 599.
24   *"um obstinado e velho pecador"* Ibid., 8 360f.
25   *"Põe-me na terra outra vez"* Sobre este famoso episódio, veja Hom Il 11 465-540.
     "Deixe que seu lema seja: Eu conduzo" Ibid., 6 207-8.
     "asno que consegue extrair o melhor" Ibid., 11 558ss.

26	*"a ousadia de uma mosca"* Ibid., 17 570-72.
	"Puxada pelo peso de seu capacete" Ibid., 8 306-8.
	"olhos brilhantes" Ibid., 16 645.
	"Quão feliz eu me sentiria" Ibid., 16 97-100.
	"desapareceu como uma nuvem de fumaça " Ibid., 23 100ss.
27	*"O que está falando?"* Ibid., 22 177-81.
	"Nós, os homens, somos seres miseráveis" Ibid., 24 525-26.
	"Homens ao longo de suas gerações são como folhas" Ibid., 6 146ss.
28	*"os melhores troianos estavam mortos"* Ibid., 12 13ss.

1. Herói nacional

A principal fonte é a "biografia" de Teseu, por Plutarco.

34	*"a terra mais antiga de Jônia"* Arist Con 5 2.
35	*"os atenienses, de sua esplêndida cidadela "* Hom Il 2 546-51. Se estes versos não foram interpolados mais tarde por algum cidadão ateniense.
36	*"procurou-a por toda parte"* Plut Tes 8 2-3.
	apelidada de "porca..." Ibid., 9 1.
	"belo" Paus 1 19 1.
37	*coletores de tributos humanos chegaram* Sigo a versão mais comum da famosa história de Teseu e o Minotauro. Há diversas variantes (veja Plut Tes 16-17).
38	*A rainha, Hipólita* Estes são Teseu e Hipólita em *Sonho de uma noite de verão*, de Shakespeare.
	descer ao submundo Apo 1 24.
39	*"concebeu um plano maravilhoso e abrangente"* Plut Tes, 24 1.
40	*"fundou uma comunidade"* Ibid., 25 1.
	"São inovadores" Tuc 1 70 2.

2. Um Estado de guerra

A vida de Licurgo, por Plutarco, é a principal fonte, apoiada por sua *Moralia* e pela *Constituição espartana*, de Xenofonte. Envolver com panos era um costume usado nos antigos Jogos Olímpicos.

42	*O jovem espartano sentia-se aterrorizado* Esta história foi contada na *Moralia* de Plutarco 234a.
43	*"não era tão alta a ponto de ser um marco"* Paus 3 17 1.
	"Tinha-se uma impressão" Tuc 1 10 2.
	"Estas são nossas muralhas!" Plut Mor 210c 29.
	Este era o local onde os jovens espartanos Na seção sobre a criação de meninos, veja Plut Lic 16 1-18 e Xen Con Esp 2 1-4.
	não era "vantajosa..." Plut Lic 16 2.
	"obedecer a ordens" Ibid., 16 6.
44	*"qualquer menino que for apanhado"* Ibid., 17 4
	terrível rito de passagem Xen Con Esp 2 9. Pausânias, escrevendo bem mais tarde, no século I d.C., descreve a prática de açoitar meninos de forma que seu sangue manchasse o altar de Ártemis Órtia (Paus 3 16 7-11). Não sabemos se este é o mesmo ritual a que Xenofonte se refere – ou talvez uma versão corrompida representada para turistas em Roma.
	"Toda essa educação" Xen Con Esp 2 7.
45	*"Os jovens espartanos bebem"* Atn 432f. O poeta era Crítias de Atenas (c. 460-403 a.C.).
	Três coros se apresentavam Plut Lic 21 2.
	"Para um bom homem" Tirt Frag 10.
	"Saber receber ordens" Plut Mor 212c.

46	*cerca de quinze* O número exato é desconhecido.
	"Volte com seu escudo" Plut Mor 241f. Literal e laconicamente, ou "Com ele ou sobre ele", "ele" sendo um escudo e a ordem "voltar" sendo compreendida.
47	*As mulheres na Grécia antiga* Na seção sobre mulheres de Esparta, veja principalmente Plut Lic 14-15 e Xen Con Esp 1 3-10.
	Maquiagem, cabelos longos ou ornamentos de ouro eram proibidos Clem Alex Ped 2 11.
	"E não continuavam" Plut Lic 15 5.
	"a encheria de esperma nobre" Ibid., 15 7.
48	*"Eu, Cinisca, vitoriosa"* Ant Gr 13 16.
49	*"domadora de homens"* Plut Ages 1 2.
50	*"como sapos em volta de um lago"* Plat Fedro 109b.
51	*"capturamos Messênia"* Tirt Frag 5 = 4D.
	"O senhor do arco de prata" Diod 7 12 6.
	"assim como mulas carregadas" Tirt Frag 6.
52	*"lastro para o navio do Estado"* Plut Lic 5 7.
53	*"Durante o dia, se espalhavam"* Ibid., 28 2-3.
	hilotas foram convidados a dar os nomes Tuc 4 80, Plut Lic 28 3.

3. A mula persa

Para a descrição de Delfos, veja Pausânias e Scott. A história de Creso é narrada por Heródoto. Ele é uma das principais fontes deste capítulo, junto com várias inscrições persas (indicadas a seguir) e Curtis e Tallis.

55	*"O caminho para Delfos"* Paus 1 55 5.
56	"Conheça a si mesmo" Ibid., 10 24 1; Plat Prot 343b e Charm 164d-165a.
60	*"Os parapeitos do primeiro círculo"* Herod 1 98 5-6.
	"O rei Ishtumegu" Crônica de Nabonido, em Pritchard, p. 305.
61	*Creso queria ter certeza de que Delfos* As histórias sobre Creso, oráculos e o fim do seu reinado são mais bem compreendidas com um pouco de condescendência. Mas elas ilustram a importância de Delfos e como o oráculo permeava a vida helênica.
	"tartaruga de casco duro" Herod 1 47 2 3.
	"Creso, rei dos lídios" Ibid., 1 53 2.
	"Espere até uma mula" Ibid., 1 55 2.
62	*Ele nunca tinha ouvido falar de uma mula governando um reino* Do mesmo modo, Macbeth nunca ouvira falar de uma floresta que se movesse.
63	*"Ciro, o rei da Pérsia"* Crônica de Nabonido, em Pritchard, p. 305.
	O maior filósofo da época, Tales de Mileto Bertrand Russell dizia que "a filosofia ocidental começa com Tales". Veja Bertrand Russell, *A History of Western Philosophy*, Nova York: Simon & Schuster, 1945.
	Tales disse que os jônios deveriam formar uma única entidade Herod 1 170 3.
	"pois os espartanos não irão tolerar isso" Herod 1 152 2.
64	*"sem lutar"* e *"Os rostos brilhavam"* Cil Cir 17 e 18, <https://www.britishmuseum.org/research/collection_online/collection_object_details.aspx?objectId=327188&partId=1&searchText=90920&page=1%22>.
	"semente perpétua da realeza" Sobre esta frase e a citação seguinte, Cil Cir 20-22.
	A rainha, enfurecida A história é contada em Herod 1 214 4. Há outra versão da morte de Ciro em que ele sobrevive por três dias depois de ter sido ferido.
65	*"Ó, homem, eu sou Ciro"* Estrabão 15 3 7.
	"Nada impede que esses mensageiros" Herod 8 98.
	"a distância de Sárdis" Herod 5 54 2.
	"1:5 [?] quartos de farinha fornecidos" Tábuas das Fortificações de Persépolis 1285, em Hallock, p. 365.

66	*rede de governadores provinciais* Este parágrafo supõe que o relato de Xenofonte esteja correto na *Ciropédia*, um romance biográfico sobre o jovem Ciro – veja Cyr 2 1.
	"não se intrometiam em nada mais" Xen Oec 4 9.
	um inspetor do governo Este parágrafo está baseado em Xen Cyr 8 6 4.
67	*"Permiti que todas as terras vivessem em paz"* Cil Cir 36.
	"Não é mais do que justo" Xen Cyr 8 6.
	divindade babilônica Marduk Cil Cir 23.
	De acordo com Isaías Isaías 45 1, 41 4.
	Como no zoroastrismo Estudiosos ainda discordam veementemente que os aquemênidas fossem seguidores de Zoroastro.
68	*"o homem que respeita essa lei"* Daiva 46-56.
	a bainha da espada de Cambises Herod 3 64 3.
	"morreu sua própria morte" Behistun 1 11.
	"Quando Cambises assassinou Bardiya" Ibid., 1 10.
69	*personificou Bardiya* É possível, dizem alguns estudiosos, que tenha havido um ritual de substituição. De acordo com ele, em épocas de maus presságios, um rei substituto era instalado temporariamente para proteger o rei verdadeiro, que ficava escondido, e reaparecia quando os presságios melhoravam. No entanto, se isso aconteceu, o destino do verdadeiro Bardiya não tem explicação. Veja Waters, p. 75.
	"As pessoas o temiam" Behistun, 1 13.
	"Fraortes [rei da Média], preso, foi trazido a mim" Ibid., 2.13.
70	*"o homem é, por natureza"* Arist Pol 1253a2.
	"fora da lei, sem tribo ou lar" Ibid. Hom Il 9 63.
	Uma cidade não deve ser pequena demais Para este parágrafo, veja ibid., 1326b2 e 1326b11, e Leis platônicas 5 737e, 738a.
	"...uma pequena polis vivendo em ordem" Dio Cris Disc 36 13.
71	*"É uma vergonha"* Herod 5 49 2.
	"Esses navios acabaram sendo" Ibid., 5 97 3.
73	*"Compreendo que não seja"* e *"Você cobra tributo"* IHG n. 12 = 35F.

4. O livramento

Sobre o episódio de Cílon, veja Tuc 1 126 3-12. As principais fontes são *A vida de Sólon*, de Plutarco, e a *Constituição ateniense*, de Aristóteles, 5-12.

77	*"A vida do homem dura só um dia!"* Pind Pítia 8 95-98. Usei a versão de Maurice Bowra das odes de Píndaro, Penguin Classics, 1982.
78	*"confiança do povo"* Arist Pol 1305a 22-24.
	"o maior festival de Zeus" Tuc 1 126 5.
	no antigo templo de Atena Este santuário foi destruído pelos persas em 480. Seu sucessor foi o Partenon, que somente foi terminado em 438.
79	*"De modo algum [ele] poderá orar a Zeus"* Hom Il 6 267f.
80	*a população helênica* O estudo da população no mundo antigo é uma completa adivinhação. Um orientador é o número de túmulos descobertos de diferentes períodos, mas o tamanho da população é apenas uma explicação para ascensões e quedas. No entanto, há um consenso entre os estudiosos de que a população cresceu nesse período, mesmo sem sabermos quanto.
81	*"A riqueza misturou a raça"* Teog 1 183-90.
	"Esta cidade ainda é uma cidade" Ibid., 1 53-58.
	"Os pobres eram escravizados pelos ricos" Arist Con 2 2.
82	*"O tirano é um escolhido"* Arist Pol 5 1310b.
	Aparentemente, a pena de morte Plut Sol 17 1.
	"escreveu suas leis com sangue" Ibid., 17 3. A opinião dos estudiosos se divide sobre Drácon. Alguns duvidam que ele tenha existido. De acordo com Arist Pol 4, ele produziu uma constituição baseada na franquia dos hoplitas, mas não se tem certeza disso.

	A maioria concorda que ele tenha deixado um código de leis.
	"alguém que o saqueava injustamente" Ins Graec 1³104.
83	*Alegava que descendia de Codro* Da história de Codro, Tzet 4-5, 170-99.
	dificuldades financeiras Este parágrafo segue Plut Sol 2 1.
	"Não estou preparado" Sol Frag 13.
84	*"possui muita prata"* Ibid., 24.
	"Eu sei, e a dor" Arist Con 5 2.
	foi eleito arconte epônimo em 594-593 a.C. As datas são imprecisas nesta época da história de Atenas. Alguns alegam 592-591, e outros vinte anos mais à frente. 594-593 parece mais provável. A imensa quantidade de reformas de Sólon levanta a suspeita de que ele teve permissão para servir por mais de um ano.
85	*tornou-se refém do ataque* Arist Con 12 4.
	"Muitos maus são ricos" Plut Sol 3 2.
	"Dei às massas" Arist Con 12 1.
86	*quatro grupos econômicos* Ibid., 7 3.
87	*o princípio da aleatoriedade* Há opiniões divididas sobre a introdução de Sólon para o sorteio dos arcontes. É provável que Arist Con 8 1 esteja certo, mesmo contradito por Arist Pol 2 1273b-1274a, 3 1281b. Provavelmente a inovação foi repelida pela tirania; se foi, acabou sendo reintroduzida em 487-486.
88	*um cidadão que não tivesse se envolvido* Plut Sol 20 1.
90	*o legislador perdeu um olho* Ibid., 16 1.
	"E se poupei minha terra natal" Ibid., 14 5.
	"Envelheço, sempre aprendendo" Ibid., 31 3.
	história da ilha perdida de Atlântida Plat Tim 24e-25a, Crit 113a-121c.
	"Ela se encaixa tão bem no caráter" Plut Sol 27 1.
91	*"Um homem a quem eu pagaria uma fortuna"* Herod 86 4.
	"Ciro entendeu por meio de intérpretes" Ibid., 1 86 6.
	"nos joelhos dos deuses" Hom Il 17 514 e outros lugares.
	"Você promulgou" Plut 15 2.

5. O amigo dos pobres

As principais fontes são *A vida de Sólon*, de Plutarco, Heródoto e *Constituição ateniense*, de Aristóteles, 13-17.

94	*"Eu vim como um arauto"* Plut Sol 8 1-3.
	"Vamos a Salamina" Diog Laer 1 47.
	"Ájax levou doze navios de guerra" Hom Il 2 557. Se houve interpolação, sobreviveu no texto canônico, embora haja alguma desconfiança.
95	*não era improvável* Estudiosos modernos duvidaram da história.
	"um rapaz na flor da juventude" Plut Sol F25, Plut Amat 751b.
	"Você ainda não está grávido?" Plut Amat 768f.
	Aquiles é apresentado como o erastes Em outros relatos, Pátroclo é o *erastes*, e Aquiles o *eromenos*.
	"E rejeitaste minha sagrada reverência" Atn 13 601A-B.
96	*na vizinha Beócia, um homem e um rapaz* Xen Con Esp 2:12.
	"Aqui um homem jurou solenemente" IG I³ 1399.
	"Há certo prazer" Teog 1345-48.
97	*"Juro por Apolo de Delfos"* Insc Graec XII.3 543.
	"Barbax dança bem" Ibid., 537.
	"grande amigo dos pobres" Plut Sol 29 2.
98	*o velho Sólon chegou* A veracidade da aparência idosa de Sólon foi posta em dúvida. Parece não haver motivos sólidos para duvidar disso.
	"Ouvis do astuto as suas palavras" Diod 9 20 3.
	"Homens de Atenas" Herod 1 60 5.

99   *"a ideia mais tola que já ouvi"* Ibid., 60 3-5.
100 *"Essas pessoas"* Ibid., 1 62 1.
     "Lançou-se a rede" Herod, 1 62 4.

6. Os cocheiros da alma

As fontes deste capítulo incluem a *Constituição ateniense*, de Aristóteles, e Heródoto. Para a ágora, veja Camp, p. 32-37. Para Harmódio e Aristógito, veja principalmente Tuc 6 56-59 e Arist Con 18.

102 *a famosa ágora de Atenas* Pode ter havido uma praça anterior em outro lugar da cidade, mas se existiu, não foi encontrada.
     "humano, gentil e compassivo" e *"mais como um cidadão do que como um tirano"* Arist Con 16 2. A política de Pisístrato lembra a de Augusto, o primeiro imperador de Roma, que preservou as formas e os ofícios da República Romana, enquanto de fato exercia o poder autocrático abertamente. Pode-se perguntar se ele aprendeu a partir do exemplo de Pisístrato.
103 *Deixou a Constituição e as instituições* Herod 1 59 5.
     "Onetorides" IS I³1031a.
     tio por afinidade do Milcíades Sobre o relato de Milcíades e o Quersoneso, veja Herod 6 35-36.
104 *séculos até que o edifício fosse concluído* O imperador romano Adriano completou o projeto no século II d.C.
105 *Um hino a Apolo* As citações são de Hom Hin Ap 146f e 51-61.
106 *somente ele teria seus poemas declamados* Lic Leo 102.
     "Um lembrete de Hiparco" Para ambos os lembretes, [Plat] Hip 229a-b.
107 *Eram homens de caráter muito diferente* Arist Con 18 1.
     Hiparco era mais jovem e mais falante. Alguns relatos mais antigos apresentam Hiparco como o irmão mais velho, mas é mais provável que este fosse Hípias.
     Enviou um navio de guerra do Estado Para esta frase, veja [Plat] Hip 228c.
     "Jovem de aparência feminina" Anac 360-63.
     "Qualquer homem é bom" Plat Prot 344e-345a.
     "hino sem chifres" Bury, p. 204.
     Aristógito estava perdendo a paciência. A história sobre Harmódio e Aristógito é contada em Arist Con 18, Tuc 6 53-59, e Herod 5:55-57.
108 *um dos conspiradores* Aconteceu quase a mesma coisa antes do assassinato de Júlio César, quando Brutus e Cássio viram um senador conversar amigavelmente com o ditador logo depois de ter desejado a eles que seu "projeto" desse certo.
     "não morreu facilmente" Tuc 6 57 4.
109 *"Bravos guerreiros de boas famílias"* Arist Con 19 2-3.
110 *Os primeiros construtores não conseguiram completar o templo.* Veja Scott, p. 100.
     "como as sobrancelhas em um rosto sorridente" Eur Ion 185ss.
     "mais belo que o projeto" Her 5 62 3.
     "Antes de tudo, liberte Atenas" Ibid., 63 1.
111 *Cleomenes era um homem* Sobre a carreira do rei Cleomenes, veja os livros 5 e 6 de Heródoto, *passim*.
112 *Colocou-se um pilar* Tuc 6 55 1-2.
     "altos princípios e inteligência" Ibid., 6 54 5.
     "ainda era governada pelas leis" Ibid., 6 54 5-6.
     "Atenas, que fora grande" Herod 5 66 1.

7. Inventando a democracia

A *Constituição ateniense*, de Aristóteles, 20-22, é uma das principais fontes deste capítulo. Também Heródoto, para a narrativa principal dos fatos.

113 *"Uma luz brilhou sobre"* IG I³ 502.
    Assim diz a inscrição A inscrição sobrevive, mas as estátuas não existem mais.
    "Querido Harmódio" Atn 695b, Skolion 894 PMG.
114 *"Espartano desconhecido, volte"* Herod 5 72 3.
115 *a natureza revolucionária de sua análise* A carreira de Clístenes guarda uma curiosa semelhança com a do presidente soviético Mikhail Gorbachev, que iniciou o que ele tencionava que fossem reformas, mas eram de fato uma revolução; e que desapareceu do cenário político terminado o seu trabalho.
    Clístenes inventou a democracia Um dos grandes desafios que o estudioso enfrenta é a escassez de informações nas fontes literárias sobre a maioria das cidades-estados gregas: estamos bem informados sobre os arranjos constitucionais de Atenas e Esparta e, em menor grau, de Tebas, mas sabemos sobre poucas outras. Pode ser que algum outro reformador desconhecido tenha trazido a democracia para sua *polis* antes de ela ter sido introduzida em Atenas.
    "alistou o povo" Herod 5 66 2.
116 *"Deixe cada homem se aproximar"* Tirt Frag 11.
118 *dez estátuas de bronze em tamanho natural* Veja Camp, p. 157-59.
119 *Pnyx* Ibid., p. 46-47, 264-65.
    "os pobres têm mais poder" Arist Pol 1317b.
120 *Buletério* Camp, p. 44, 127.
121 *Outra inovação de Clístenes foi o ostracismo.* Não se sabe se este foi de fato um projeto de Clístenes ou se foi introduzido mais tarde, mas é provável que seja dele. Apenas se sabe que o primeiro ostracismo ocorreu em 487.
    "humilhar e cortar o prestígio" Plut Arist 7 2.
122 *"racionalidade arcaica"* Murray, p. 279.
123 *"todos são governados"* Arist Pol 1317b.
    "Agora Atenas ficou mais poderosa" Herod 5 78 1.
124 *"Este verso diz"* Murray, p. 286.

8. Os invasores do Oriente

A principal fonte dos ataques persas a Erétria e Atenas é Heródoto. Ele é citado aqui *passim*.

127 *O jovem estava exausto.* Para a história de Fidípides, veja Herod 6 105-6.
    Era 5 de agosto de 490 Há uma contestação. Alguns estudiosos acreditam que o mês da Maratona foi setembro. Eu prefiro agosto. Veja Green, *Greco*, p. 31.
    Monte Partênio Paus 8 54 7.
128 *uma alucinação provocada pela exaustão* Green, *Greco*, p. 31.
    "Fidípides, pergunte, por favor" Paus 6 105 2.
    Nove tendas, chamadas "guarda-sóis" Atn 4 141.
    "Homens de Esparta, os atenienses" Herod 6 106.
129 *"Senhor, lembre-se dos atenienses"* Ibid., 5 105 1-2.
    impedir a venda de grãos ucranianos Green, *Greco*, p. 25.
130 *"Depois de fazer a ponte sobre o piscoso Bósforo"* Herod 4 88.
131 *Cleomenes foi a Égina* Ibid., 6 75-84 sobre os últimos dias de Cleomenes.
132 *"começou a se mutilar"* Ibid., 6 75 2-3.
    Maratona era um bom lugar Veja Green, *Greco*, p. 30–31, Burn, p. 242-43, e na Wikipédia "Maratona".
133 *No início de agosto de 490* A data tradicional é 12 de setembro. Mas a batalha deve ter sido um mês antes, se considerarmos que o calendário ateniense possivelmente estava um mês atrasado em relação ao espartano; a data também depende dos dias exatos do festival espartano.
    todos foram escravizados Herod 6 119 1-4.
    um exército de cerca de 25 mil homens. Os números do exército e da marinha nas guerras helênicas eram em geral muito exagerados de acordo com as fontes antigas. As aproximações modernas raramente são mais do que boas suposições, mas é tudo o que temos. Às vezes

é possível julgar os números máximos, com base nas necessidades logísticas em relação ao terreno atravessado pelos exércitos.
Durante o dia Os persas dificilmente teriam feito a curta travessia de Eubeia à noite. Suponho que tenham aportado em Maratona por volta do meio-dia e passaram a tarde desembarcando. O sinal de fogo precisava esperar a escuridão para ser visto e identificado com segurança.
onde havia uma grande nascente. Atual Káto Soúlion.

135 *O mais duro desses comandantes era Milcíades* Sobre a carreira de Milcíades, veja *passim* Herod 6 entre 39 e 136; e Nep Milt.
136 *designado por sorteio* Herod 6 109 2.
seus colegas comandantes concordaram Ibid., 6 110.
"se provessem com rações" Arist Ret 1411a10, Schol a Dem 19 303, e Paus 7 15 7.
O exército hoplita entrou na planície de Maratona O desenrolar da batalha de Maratona é incerto e há diferentes opiniões sobre o evento. Em geral, sigo Burn e Green, *Greco*.
137 *"homens de bronze"* Herod 2 152 3.
Como Heródoto salienta, o clã Ibid., 6 123-24.
138 *"A cavalaria partiu"* Eu sigo a reconstrução de Green, *Greco*, p. 35. Hammond em *Cambridge Ancient History* 4, p. 511, sugere que a cavalaria persa, por algum motivo, se atrasou para voltar do pasto, e por isso não pôde ser levada para a batalha. Mas poderiam ter aparecido a qualquer momento. Prefiro a ideia de que grande parte da cavalaria foi embarcada nos navios e levada embora de vez.
139 *"tendo dominado a situação"* Herod 6 113 2.
os serviços de Fidípides Uma fonte tardia o identifica e o faz cair e morrer após percorrer os mais de 25 quilômetros de Maratona até Atenas (Luciano em sua *História verdadeira*). Não precisamos acreditar nessa lenda, mas é dela que deriva a maratona atual.
140 *a derrota foi de pouca ou nenhuma consequência estratégica.* Um poema de Robert Graves, "The Persian Version", resume de forma clara. Os primeiros versos dizem: "Os persas, amantes da verdade, não se debruçam sobre/ A escaramuça trivial travada perto de Maratona".
"aqueles que morreram pela causa" IG 112 1006 linha 26.
Os atenienses alegaram que lhes haviam dado um enterro apropriado Paus 1 32 4.
um visitante alemão Camp, p. 47.
"Para Apolo, os primeiros frutos" Meiggs e Lewis, 19L.
Milcíades recebeu um lugar Nep Milt 6.
"estão enfrentando os bárbaros" Paus 1 15 4.
141 *"A entrada para essa caverna"* Ibid., 1 32 7.
A caverna foi redescoberta nos tempos modernos Eran Lupu, "The Sacred Law from the Cave of Pan at Marathon", *Zeitschrift für Papyrologie und Epigraphik*, Bonn, n. 137, 2001, p. 119-24.
"Eu sou Pã dos pés de cabra" Sim Ep 5 (Antologia de Planudes).

9. A raposa como porco-espinho

Heródoto conta a famosa história da invasão persa, com a ajuda de Diodoro Sículo e das biografias de Temístocles e Aristides, de Plutarco.

142 *passear ao longo da praia* Plut Tem 2 6. Histórias antigas sobre os primeiros anos de pessoas famosas procuram agradar os leitores. Os relatos de Plutarco sobre a infância e a juventude de Temístocles não são especialmente lisonjeiros e, mesmo fictícios ou "ficcionalizados", dão uma imagem nítida e convincente de seu caráter complexo.
"homem sem caráter especial" Ibid., 1 1.
"impetuoso, naturalmente perspicaz" Ibid., 2 1.
143 *"realizações agradáveis"* Ibid., 2 2.
"Os potros mais selvagens" Ibid., 2 5.

	Temos uma imagem dele esculpida em pedra. Uma cópia romana aparentemente precisa de uma herma original grega foi descoberta em Óstia em 1939.
144	*"ficava imerso em seus próprios pensamentos"* Plut Tem 3-4.
	"guerrear nas ilhas" Nep Milt 7.
	"torná-los todos ricos" Herod 6 132.
145	*deveria untar seu corpo* Plut Tem 3 4.
146	*"O anúncio dessas ordens"* Herod 7 1 1-3.
	"Esta é a estátua de pedra" Cambridge Ancient History 4, p. 263. Museu Nacional do Irã.
	"O que é certo, esse é o meu desejo." DNb 8b (11-5).
147	*O menino arrastou-se* O relato das minas de Laurium usado aqui é descrito por Green, *Greco*, p. 53-55, e French, p. 78. Os túneis foram escavados pelos arqueólogos. O trabalho infantil é deduzido pelo tamanho das passagens.
	"desde tempos imemoriais" Xen Vect 4 2.
	"A raposa sabe muitas coisas" Zen 5 68.
149	*transferir a sede do governo de Atenas* Tuc 1 93 7.
	"privou os atenienses da lança" Plat Leis 4 706. Também Plut Tem 4 3.
	"o novo veio de prata" Esq Pers 238.
	duzentas trirremes Herod 7 144. Plut Tem 4 2 e Arist Pol 22 7 dizem "cem", mas o número maior foi alcançado durante a invasão persa.
150	*A trirreme ("triplo remador")* Para saber mais sobre este navio de guerra, veja Morrison, Coates e Rankov.
	Altamente bem construída W. W. Tarn, *Hellenistic Military and Naval Developments*, Cambridge: Cambridge University Press, 1930, p. 124.
	pagamento diário de uma dracma Este parece ter sido o salário vigente no final do século V.
151	*Aristides fazia questão de se recusar* As duas anedotas neste parágrafo podem ser encontradas em Plut Arist 4 1-2.
152	*Stesilau, da ilha de Céos* Ibid., 2 2-3.
	a arma do ostracismo Arist Pol 22.
153	*tesouro de mais de 11 mil* ostraka Burn, p. 605.
	"Atenas, cidade poderosa!" Pindar Pítia 7 1-5 e 15.
	um fazendeiro analfabeto Plut Arist 7 5-6.

10. A invasão

Heródoto é a fonte primária, com o apoio das biografias de Temístocles e Aristides, de Plutarco; também de Diodoro Sículo.

155	*um magnífico plátano* Herod 7 31 e Eli 2 14.
	cuidava do jardim antes do jantar Xen Oec 4 20-25.
156	*"a Europa é lugar muito bonito"* Herod 7 5 3.
	doador generoso e favorável à causa aquemênida Ibid., 7 38-39.
157	*A procissão dos homens* Ibid., 40-41 e 83.
	os Imortais Este é o termo que Heródoto emprega. Ele pode ter confundido a palavra persa para "companheiro" por "imortal". Não há razão para desacreditar a política de recrutamento aplicada.
	os historiadores clássicos aumentaram incrivelmente os números. Apoiado no debate em Green, *Greco*, p. 58-61, que se deve a Burn, p. 326-32.
	Xerxes reuniu 1,7 milhão Para os cálculos de Heródoto, veja Herod, 7 184-87.
158	*eunucos, cozinheiras, concubinas* Herod 7 187 1.
	"Que fluxo de água" Ibid., 7 21.
	No que diz respeito à frota Ibid., 7 89-99.
159	*deixando Xerxes irado* Ibid., 7 35.
	lendário Leandro Ele ainda vive no poema de Christopher Marlowe *Hero and Leander*.

160   *revisão de suas forças terrestres e marítimas* Herod 7 44-49.
Xerxes felicitou-se Ibid., 7 45-53 para a conversa entre o Grande Rei e seu tio.
160   *"Vocês estão condenados. Por que esperar sentados?"* Ibid., 7 140 1-3.
161   *"Zeus, aquele que tudo vê"* e *"Ó, divina Salamina"* Ibid., 7 141 3. Não está claro se houve duas viagens separadas para Delfos para consultar o oráculo e, se houve, se ocorreram em 481 ou 480. Opto por uma viagem em 481, e acredito que o debate na *ecclesia* sobre a evacuação da Ática se deu em 480. Talvez essas sejam as melhores suposições.
162   *mais pesados e menos manobráveis* Ibid., 8 10 e 60a.
163   *"A maior de todas as suas realizações"* Plut Tem 6 3.
164   *"Eles consideraram a sobrevivência da Hélade"* Herod 8 3 1.
Euribíades estava no comando Ibid., 8 2, Diod 11 12 4.
165   *A serpente sagrada* Herod 8 41 2-3.
"O deus [Apolo] disse a verdade" Bury, p. 246.
166   *"Após suas deliberações sobre o oráculo"* Herod 7 144 3.
"Obediência ao deus" e *"a partir de amanhã"* Meiggs e Lewis, p. 23. Em 1959, uma inscrição, supostamente o Decreto de Temístocles, foi descoberta em Trezena. Foi inscrito no século III ou possivelmente no final do século IV a.C., e alguns estudiosos acreditam que seja falso. Mais provavelmente trata-se de uma fusão de decisões verdadeiras tomadas em 480 e anunciadas pela *ecclesia*.
Cachorros uivavam Eli Ar 46 p. 257 DK.
seu cão mergulhou na água Plut Tem 10 6.
"a cidade precisava agora" Plut Cim 5 2-3.
167   *alguns velhos obstinados* Paus 1 18 2.
"Então, me diga", perguntou Xerxes Sobre esta conversa, veja Herod 7 103-4. Se for ficção, podemos supor que expressa de modo genérico as atitudes persas.

11. "Um comportamento de idiotas"

Novamente, as histórias clássicas das batalhas de Artemísio e Termópilas são principalmente contadas por Herod 7 175-8 1-21 e 7 200-233. Diodoro Sículo também é outra fonte importante.

169   *estranho cheiro no ar* Veja Green, *Greco*, p. 114.
fontes de enxofre quente Herod 7 176.
"água tão azul" Paus 4 35 9.
170   *"homem muito preocupado com sua coragem"* Diod 11 4 2.
uma força de 4 mil homens Sigo Burn, p. 378-79, em sua interpretação dos números de Heródoto.
navio naufragado O naufrágio pode ser romano – talvez carregando um butim do saque de Corinto em 146 a.C. A estátua data de cerca de 460 a.C.
172   *fazendo-se "uma estimativa por baixo"* Herod 7 190.
nus para fazer exercícios Ibid., 7 208 2.
"A verdade" Ibid., 7 209 1.
"Entregue as suas armas!" Plut Dit Esp Leônidas 11.
173   *"Façam um rápido desjejum"* Ibid., 8 2, Diod 11 9 4.
"Muitos bárbaros morreram" Herod 7 223 3-224 1.
174   *Euribíades acovardou-se* Ibid., 8 4.
177   *"Lutem pelo seu propósito como covardes."* Herod 8 222.
"Aprenderam com suas próprias conquistas" Plut Tem 8 1-2.

12. "Ó, divina Salamina!"

Heródoto é a principal fonte; também as biografias de Aristides e Temístocles, de Plutarco. Para as batalhas de Salamina e Plateias, confio em Burn e Green, *Greco*.

178 *Oráculo de Delfos* Herod 8 27-39, Diod 11 14.
179 *Xerxes fez uma visita pessoal* Herod 8 67-69.
   "Os gregos não suportarão" Ibid., 8 68 2.
180 *Notícias da invasão* Herod 8 99 1.
   Um debate muito parecido Sobre os debates que se sucederam, ibid., 8 49-50, 56-63.
181 *"Se não ficarem aqui"* Ibid., 8 62 1.
   Passou-se um dia A passagem do tempo não é clara de acordo com as fontes. Alguns estudiosos modernos defendem que se seguiram até três semanas de inatividade até a chegada dos persas antes que a batalha de Salamina fosse travada.
182 *"Fui aqui enviado"* Herod 8 75 2-3.
183 *O estreito de Salamina descreve um semicírculo* Há discordância acadêmica sobre onde vários topônimos estão localizados. As fontes antigas são confusas sobre o transcorrer da batalha. Minha reconstrução se deve a Burn e Green, *Greco*, mas a narrativa básica segue N. G. L. Hammond de acordo com *Cambridge Ancient History*, v. 5, p. 569-88 – embora eu não concorde com ele que Psitaleia seja a atual ilha de São Jorge, mas Lipsokoutali.
   um guarda-sol dourado Plut Tem 16 2.
185 *"Então, dos navios helenos"* Esq Pers 386-400.
186 *coragem de Artemísia* Herod 8 87-88.
   "Meus homens viraram mulheres" Ibid., 8 88 3.
   "Os helenos resgataram" Esq Pers 424-26.
187 *o contingente fenício* Veja Burn, p. 467-68.
188 *a carruagem sagrada* Herod 8 115 4.
189 *juramento de fidelidade* Veja Burn, p. 512ss. Diod 11 29 1-2, Tod 2 204 linhas 21-51. As palavras exatas podem não ter chegado até nós, mas o fato é autêntico. É conhecido como o Juramento de Plateias.
   Arqueólogos modernos Sobre o relato da destruição de Atenas, veja Camp, p. 57-58.
190 *"Valia a pena ver"* Herod 9 25 1.
192 *os presságios continuavam desfavoráveis* Plut Arist 17 6-18 2. Alguns estudiosos modernos acreditam que Pausânias manipulou os sacrifícios para garantir que os gregos, ou pelo menos os espartanos, atacassem no momento certo. Mas os gregos levavam sua religião muito a sério e uma farsa pública seria muito improvável.
193 *As baixas helênicas totalizavam modestos 1.360 homens* De acordo com Plut Arist 19 4. Um número plausível.
   "se espalharam por todo o acampamento" Herod 9 80 1-2.
   "Esse é um ato mais apropriado" Ibid., 9 79 1-2.
   "Que tolo esse Mardônio" Ibid., 9 82 3.
   com seus 110 navios Uma fonte alega que a frota agora contava com 250 navios. Se for verdade, pode ser que os atenienses tivessem enviado suas trirremes para se juntar aos aliados em Delos depois que os espartanos começaram sua marcha para Plateias.
   "libertar os jônios da escravidão" Ibid., 9 90 2.
194 *"se lembrarem da liberdade em primeiro lugar"* Ibid., 9 98 3.
   uma cadeia de balizas Assim as notícias da queda de Troia foram transmitidas na peça *Agamenon*, de Ésquilo, apresentada pela primeira vez em Atenas, em 458.
   os sâmios desarmados e outros jônios Diod 11 36 4-5.
195 *em estado de choque* Ibid., 11 36 7.
   "O povo ateniense" Tuc 1 89 3.
196 *"ligava a cidade ao Pireu"* Plut Tem 19 3.
   "Não reconstruirei" Lic 81. Alguns estudiosos modernos não aceitam esta citação como histórica, mas é certo que os atenienses não reconstruíram os templos e santuários por uma geração depois das Guerras Persas.

13. A liga das nações

As fontes literárias se reduzem com a criação do Império Ateniense. Heródoto termina, Tucídides assume com seu resumo abrupto do meio século seguinte, a chamada *Pentakontaetia*. *A vida de Címon*, de Plutarco, ajuda, assim como um crescente número de inscrições administrativas. Uma explosão no número dessas inscrições diz algo sobre o funcionamento da democracia ateniense.

201 *"Diga aos espartanos"* Herod 7 228 2.
a cabeça e o torso de um guerreiro grego A escavação foi realizada em 1920 pelo British Archaeological School.
202 *"Não esqueceram a sua coragem"* Dillon e Garland, 11:48 (Elegia de Simônides 11).
Coluna da Serpente Meiggs e Lewis 27. O imperador romano Constantino tomou a coluna de Delfos e instalou-a no pátio da Hagia Sophia em Constantinopla. Mais tarde foi transferida para o Hipódromo, agora uma praça pública, onde sobrevive até os dias de hoje, embora danificada.
"Se a maior parte da virtude" Sim Ep 8.
uma estátua sua Uma boa cópia romana foi encontrada em Óstia.
203 *"não suporta Temístocles"* Plut Tem 21 2-3.
Temístocles podia perceber a ingratidão dos demos Líderes de guerra bem-sucedidos são frequentemente descartados por democracias ingratas – por exemplo, Lloyd George e Winston Churchill.
204 *Os cacos de cerâmica revelam várias opiniões* Forsdyke, p. 155.
Pausânias, o vencedor de Plateias Sua queda e morte são recontadas em Tuc 1 128-34.
matou uma bizantina Plut Cim 6 4-5.
206 *Temístocles logo se viu em apuros* A história de sua fuga para a Pérsia e sua morte são narradas com maiores detalhes em Plut Tem 24-32 e Tuc 1 136-38.
"tesouros secretos" Tuc 1 137 3.
seu pai fora assassinado Esta é a minha interpretação sobre o estranho relato em Arist Pol 1311b36. Sobre uma versão diferente, veja Diod 11 69.
207 *"Para o passado, me deves uma boa reviravolta"* Tuc 1 137 4.
208 *"Um homem que apresentou os sinais mais inconfundíveis de genialidade"* Ibid., 1 138 3.
"Então olhamos para baixo" Plut Tem 32 5.
210 *"ficar em casa"* Plut Cim 11 2.
"a qualidade que faz um verdadeiro general" e *"cabia numa caixa de dinheiro"* Plut Arist 24 4.
"se considera que o povo ateniense aja" Xen Con At 1 16.
211 *"ele tinha má reputação"* Plut Cim 4 3-4.
212 *"simples e sem adorno"* Ibid., 4 4.
transformou [...] Academia Ibid., 13 8.
uma bonita colunata Sobre este parágrafo, veja Camp, p. 68-69. A Stoa e quatro das pinturas foram vistas seiscentos anos depois por Pausânias.
213 *"Ele não era tão patife"* Plut Cim 15 3.
as principais razões para essas deserções Tuc 1 99 1.
"Foi a primeira vez que a Liga" Ibid., 1 98 4.
214 *"um único soldado persa"* Plut Cim 12 1.
Címon, então no comando da marinha Sobre a batalha de Eurimedonte, veja Diod 11 60 5-6.
215 *"Esses homens perderam o esplendor"* Sim Ep 46.
Teseu, o herói nacional de Atenas Sobre a descoberta dos ossos de Teseu, Plut Tes 36 1-4 e Plut Cim 8 3-6.
216 *"nenhum sentimento de vergonha"* Tuc 1 5 1.
217 *"E agora ele está enterrado"* Plut Tes 36 2.

14. A desavença

As principais fontes são Tucídides e as biografias de Péricles e Címon, de Plutarco, com a ajuda de Diodoro Sículo. Em relação às reformas constitucionais, baseei-me na *Constituição ateniense*. Veja Barnes para os filósofos pré-socráticos discutidos a seguir.

218   *uma série de terremotos terríveis*. Não temos datas exatas e os acadêmicos situam os terremotos em momentos diferentes ao longo da década. Eu sigo o *Cambridge Ancient History*, v. 5, p. 108.
Alguns jovens e meninos Plut Cim 16 5.
Houve muitas mortes – 20 mil, de acordo com uma fonte Diod 11 63 1.
"todos os efebos" Plut Cim 16 4-5.
219   *"Pericleidas, o espartano, veio aqui"* Ar Lis 1137-40.
"colocou os interesses de Esparta" Plut Cim 16 8.
persuadiu a assembleia a enviar uma força expedicionária É possível que houvesse duas expedições atenienses – ibid., 16 8.
4 mil hoplitas Ar Lis 1143.
"ficaram com medo do ataque" Tuc 1 102 3.
220   *"Eu não sou, como outros atenienses"* Plut Cim 14 3.
"Com um leve pretexto" Ibid., 17 3.
"Deixe Címon pegar sua irmã" Não publicado: veja *Oxford Classical Dictionary* sobre Címon.
o ex-líder logo foi perdoado Plut Cim 17 5.
221   *teve sorte de ter sobrevivido* O relato dado aqui sobre a educação de Péricles deve-se a Garland, p. 58, 61-63, 102-4, 172.
222   *"desempenhou o papel de massagista"* Plut Per 4 1.
"Ele tem uma língua" Ibid., 4 3. Comentário de Tímon de Fliunte.
223   *"Sobre os deuses"* DK80b4.
"o homem é a medida" DK80b1.
um eclipse solar Per 35 1-2.
224   *autopreservação e ambição* Ibid., 7 3.
"Elpinice, você é muito velha" Ibid., 10 5.
225   *Efialtes foi sequestrado certa noite e assassinado* Diod 11 77 6.
certo Aristódico de Tanagra Plut Per 10 7.
"acusação venenosa" Ibid., 10 6.
226   *lei de cidadania* Arist Con 26 3.
227   *dois óbolos por dia* Alguns dizem que era um óbolo por dia.
até 20 mil cidadãos […] recebiam Hammond, p. 301. Arist Con 24 3.
"Os pobres, os homens do povo" Xen Con 1 4. Este documento foi provavelmente escrito nos anos 420, muito cedo para Xenofonte. Seu autor recebeu o apelido moderno de Velho Oligarca.
228   *"em todo o mundo"* Ibid., 1 5.
Há fragmentos de uma inscrição Fornara, p. 78.
230   *muitos atenienses escaparam* Sobre as expedições egípcias, Tuc 1 104, 109-10.
232   *"Desde que o mar"* Sim Ep 45 1-4.
Paz de Cálias Alguns dizem que a paz foi acordada, mas veja Isoc Pan 117-18 e Plut Cim 13 4-5.
233   *um congresso pan-helênico* Plut Per 17.

15. As Gentis

Oréstia, de Ésquilo, é a fonte principal (devo à tradução de Philip Vellacott, Penguin Classics, Londres, 1959). Também a Connolly e Dodge, *A cidade antiga* e *A vida cotidiana dos antigos gregos*, de Garland. Veja Hall e Goldhill para um relato completo sobre a tragédia grega.

234   *Um vigia está no alto do palácio* Esta primeira seção vem de Esq Ag 1-39.
236   *"a tragédia, então, é uma imitação de uma ação"* Arist Po 3 4-8, 3 13 21-25, 28-30.

237 *as peças eram apresentadas apenas uma vez* No século IV, a qualidade das novas tragédias diminuiu conforme decaía a energia na política ateniense. Reprises dos clássicos tornaram-se populares.
Atenas gastava mais com teatro Plut Pre 349a.
cerca de 1.500 indivíduos participavam Garland, p. 182.
238 *"Lisícrates, filho de Lisíteides"* Camp, p. 147.
239 *"fatias do grande banquete"* Atn 8 347e.
"navios e cordas apodreciam" Esq Ag 194-95.
"arnês da necessidade" Ibid., 218.
240 *aquele que chega deve ser servido* Lady Macbeth em *Macbeth*, 1 5 71-72.
"Como nosso convidado, considere-se em casa" Esq Coe 707.
"Ó, miséria!" Ibid., 691.
"Como vou escapar da maldição de meu pai" Ibid., 925.
241 *"O velho é pisoteado pelo novo!"* Esq Eum 778-79.
"Compartilhem minha casa comigo" Ibid., 833.
"provocar derramamento de sangue" Ibid., 856-63.
242 *Durante a cerimônia de abertura* Veja Goldhill, p. 101-2.
nomes daqueles que haviam Ibid., p. 104.
"Como é este o fim de tudo" Esq Eum, 481-88.
243 *"Nunca deixem a guerra civil, que devora os homens"* Ibid., 979-84.
"filhos antigos" Ibid., 1034.

16. "Coroada de violetas"

A vida de Péricles, de Plutarco, Diodoro Sículo e Tucídides são as principais fontes. Também Garland, Camp e as descobertas de arqueólogos.

244 *"Ele era visto caminhando apenas por uma rua"* Plut Per 7 4.
245 *"se harmonizava com seu modo de vida"* Plut Per 8 1.
"aquela coisa desagradável" e *"a guerra se aproximar do Peloponeso"* Ibid., 8 5.
Foi apelidado "Olímpio" Ibid., 8 2-3.
246 *"os atenienses não tinham a obrigação"* Ibid., 12 3.
Um decreto foi aprovado em 448 Alguns estudiosos acreditam que o projeto tenha sido aprovado na década de 430 ou em 426-425, mas eu acompanho a opinião dominante.
247 *"Dessa forma, ele aliviou a cidade"* Plut Per, 11 5.
"o tamanho das forças atenienses" Ibid., 20 1.
a polis culpada era a ilha de Samos A revolta dos sâmios está descrita em Tuc 1 115 1-117 3 e Plut Per 24 1-28 6.
responsável pela construção de um aqueduto O aqueduto ainda está de pé e hoje faz parte do Patrimônio Mundial da Unesco, o Pitagorião.
249 *Plutarco menciona um relatório* Plut Per 281-83.
a ponto de tirar Atenas Tuc 8 76 4.
"como se a primavera tivesse sido arrancada" Arist Ret 1365a 34.
Uma sentinela corre até o governante Esta seção descreve o enredo da tragédia de Sófocles *Antígona*. Devo à tradução de E. F. Watling, Harmondsworth, Penguin Classics, 1947.
250 *"Há muitas maravilhas na terra"* Sof Ant 332ss.
"E mesmo assim ousou contrariá-la?" Ibid., 449-55.
251 *Era a linda Aspásia* A seção sobre Aspásia eu devo a Bicknell, que defende que Axíoco, pai de Aspásia, era o sogro de Alcibíades, o Velho; logo, seria avô de Axíoco, filho de Alcibíades, o Velho.
252 *"Dela vem toda raça das mulheres"* Hes Teo 590-95. Tradução de Dorothea Wender, Harmondsworth, Penguin Classics, 1972.
encontrar homens que não estivessem dentro do círculo familiar Lis 1 8.

253   *"teu dever é ficar em casa"* Xen Oec 7 36.
        "Talvez eu deva dizer algumas palavras" Tuc 2 45 2.
        "Temos as hetairai*"* Dem Neera 122.
254   *Platão, por meio de Sócrates* Plat Alc 1 118d-e.
        "Se a Zeus coube uma Hera" Plut Per 24 6. Agradeço ao falecido Ian Scott-Kilvert por sua tradução para este verso.
        dona de um bordel Ibid., 24 3.
255   *mulheres atenienses que tivessem nascido livres* Ibid., 32 1.
        "grande arte e poder" Ibid., 24 1.
        "Ontem ouvi Aspásia" Plat Men 236b.
256   *"em relação à sua beleza"* Plut Alc 1 3.
        Certa vez, ainda menino Ibid., 2 2-3. As lendas sobre a infância dos famosos são pouco confiáveis. Mas o incidente relatado nesse parágrafo tem um tanto de verdade e prevê de forma precisa o caráter de Alcibíades como adulto.
        "Deixe a flauta para os tebanos" Ibid., 2 5.
257   *"Alcibíades, mordes como uma mulher"* Ibid., 2 2.
        "Se estiver morto" Ibid., 2 3.
        "Quero descobrir como fazer uma declaração das contas" Diod 12 38 3 e Plut Alc 7 2.
        Sócrates apadrinhou Alcibíades Sobre o relacionamento de Sócrates com Alcibíades, veja Plut Alc 6.
        a época da Grande Panateneia Sobre o festival, veja Burkert, p. 232-33, Connolly e Dodge, p. 80-87.
259   *juraram não reconstruir* Diod 11 29 3.
        Atena Promacos A estátua existiu durante muito tempo. Depois de mil anos na Acrópole, foi levada para Constantinopla, capital do Império Romano do Oriente. Acabou sendo destruída em 1203 d.C. por uma multidão supersticiosa e assustada que acreditou que a deusa estivesse acenando para um exército de cruzados que ameaçava a cidade.
        "os gregos devem estar indignados" Plut Per 12 2.
260   *"entretendo as pessoas"* Ibid., 11 4.
        Fídias foi colocado como responsável geral Ibid., 13 4.
        "Os materiais a ser usados" Ibid., 12 6-7.
261   *"Para Práxias, residente em Mélite"* Overbeck, p. 860.
        devido ao ar seco Paus 5 11 10.
262   *todos os tipos de troféu* Fornara 141.
        "oito caixas e meia" IG I^3 343-46, 350-59.
        uma nova entrada monumental O Portão de Brandemburgo em Berlim copia o portão central do Propileu.
        cuidado por uma sacerdotisa IG I^3 35 9-10.
        em homenagem a Hefesto Por muitos séculos chamado por engano de Theseion, a partir de Teseu, o mítico rei fundador de Atenas.
        o de Poseidon no promontório de Sunião. Entre os nomes que os vândalos gravaram no templo de Sunião, encontramos o de Lord Byron.
263   *gasto total exato* As estimativas financeiras desta seção provêm de Davies, p. 94-99.
        "Poderosas de fato são as marcas" Tuc 2 41 4.
264   *"Toda brilhante e coroada"* Pind Frag 76.

17. Os prisioneiros da ilha

Tucídides (livros 2 a 5) aparece neste capítulo e é a fonte principal e muito confiável da primeira metade da Guerra do Peloponeso. Também as biografias de Péricles e Nícias, de Plutarco, os comentários cômicos de Aristófanes sobre eventos da época e Diodoro Sículo.

267   *"pela violência de seu caráter"* Tuc 3 36 6.

"*mais do que qualquer outro, corrompeu*" Arist Con 28 3.
268   *uma série de ações* Os detalhes e as datas desses casos são incertos, mas parece que houve uma tentativa de enfraquecer Péricles.
um dos escultores que trabalhava para Fídias Plut Per 31 2-5 e Paus 5 15 1.
oficina de Fídias [Princeton Encyclopedia of Classical Sites], p. 648.
Atacaram Aspásia Plut Per 32 1.
"*qualquer um que não acreditasse nos deuses*" Ibid., 32 1.
269   *o cientista Anaxágoras* Há diversas histórias. Veja Plut Per 32 1-2 e Diog Laer 2 3 12-13. Proponho uma versão provável.
"*conseguiram firmar o império*" Tuc 1 118 2.
270   "*para vários fins*" Plut Per 23 1.
"*Se eles puderem esperar*" Tuc 2 65 7.
Epidamnos era um lugar sem importância Veja Peter R. Prifti, "Hellenic Colonies in Ancient Albania", *Arqueology*, Archaeological Institute of America, v. 39, n. 4, jul./ago. 1986, p. 26-31. Mais tarde, Epidamnos foi o cenário para a comédia *Menaechmi*, do autor romano Plauto, que serviu de inspiração para *A comédia dos erros*, de Shakespeare.
a maior conflagração militar Tucídides exagerou quando afirmou que a guerra entre Atenas e Esparta foi o maior distúrbio na história da Grécia – "na verdade, eu quase diria, da Humanidade" (1 1 2). Foi seu relato que fez história, ao invés do próprio fato.
272   *o promontório de Actium* Uma batalha marítima mais famosa foi travada em Actium em 31 a.C., quando Otávio e Agripa derrotaram Marco Antônio e Cleópatra.
274   "*Antes que qualquer coisa lhe acontecesse*" Ar Paz 606-14.
foram a Delfos Tuc 1 118 3.
"*Não fizemos nada*" Ibid., 1 76 2.
"*Outros podem ter muito dinheiro*" Ibid., 1 86 3.
275   "*A maioria dos atenienses ainda vivia no campo*" Ibid., 2 16 1.
276   "*Espartanos, não tereis nenhuma glória*" Ibid., 3 59 1.
Cerca de 60 mil soldados de infantaria pesada até a Ática Plut Per 33 4.
"*uma discussão geral*" Tuc 2 22 1.
Num dia de inverno Devo esta seção a Tuc 2 33-46.
277   *oração em louvor aos mortos* Não sabemos o quanto a versão de Tucídides está próxima do que Péricles realmente disse. Mas não devem estar distantes. Um dos recursos de Tucídides é dar aos personagens históricos discursos que levantam questões relevantes, mesmo que, na realidade, não tenham sido mencionadas pelo próprio orador. No entanto, o Discurso Fúnebre de Péricles foi um texto tão importante – e muitas pessoas, provavelmente incluindo o próprio Tucídides, se lembrariam de tê-lo ouvido – que o historiador deve ter tomado cuidado para não se afastar muito das próprias palavras do estadista.
"*Quando se trata de resolver*" Tuc 2 37 1-2.
"*Somos amantes da beleza*" Ibid., 2 40 1.
"*Declaro que nossa cidade*" Ibid., 2 41 12.
"*Pensem na grandeza de Atenas*" Ibid., 2 43 1.
278   *Homens e mulheres saudáveis* Ibid., 2 49 1-4.
de repente começaram a sentir a cabeça arder Ibid., 2 49 2-3.
"*Nada prejudicou tanto os atenienses*" Ibid., 3 87 2.
"*Foi a única coisa que eu não previ*" Ibid., 2 64 1.
279   *Aristóteles escreveu, em seu estudo sobre a arte da ficção* Arist Po 16 29ss.
"*Para além das palavras, a cidade*" Sof Ed 179ss.
"*A guerra contra os dórios*" Tuc 2 54 2.
Ficou deprimido Plut Per 37 1.
280   "*como acontece com as multidões*" Ibid., 2 65 4.
"*Vosso império*" Tuc 2 63 2.
"*Sendo poderoso devido à sua posição*" Ibid., 2 65 8-11.
282   "*A guerra é um mestre severo*" Ibid., 3 82 2.

283 *"persuadiram cerca de cinquenta deles"* Ibid., 3 81 2-3.
A maioria das vítimas começou "a se matar" Ibid., 4 48 3.
"Em teoria, o crime" Ibid., 3 81 4-5.
284 *"A agressão imprudente agora era considerada"* Ibid., 3 82 4-5.
285 *"direito de agir como fosse melhor"* Ibid., 3 28 1.
"o mais violento de seus cidadãos" Ibid., 3 36 6.
"Ao ceder aos sentimentos" Ibid., 3 37 2.
286 *"O modo certo de lidar com as pessoas livres"* Ibid., 3 46 6.
"Mitilene escapou por pouco" Ibid., 3 49 4.
todos os homens em idade adulta de Scione Ibid., 5 32 1.
Talvez para lembrar ao mundo Devo a Kagan, *Peloponnesian*, p. 203, a sugestão.
"Um lobo faminto" Es Fab 346.
287 *"parte viva da propriedade"* Arist Pol 1253b23.
autor anônimo Estudiosos modernos chamam-no Velho Oligarca.
"permissão de desfrutar das maiores liberdades" Xen Con 1 10.
"arrumar uma casa, comprar uma mulher" Hes Trab 405f.
288 *Uma lista de venda em leilão* IG 1³ 421, col. 1.
"é contrário à natureza" Arist Pol 1253bl4.
289 *um magnífico porto natural* Hoje chamada baía de Navarino.
"fizesse o uso que quisesse" Tuc 4 2 4.
291 *"Vou falar mais alto que todos"* Ar Cav 358.
"Ele é o melhor cidadão" Plut Nic 4 6.
292 *"Se nossos generais fossem homens de verdade"* Tuc 4 27 1.
293 *Alguns escudos capturados foram enviados* ASCSA Objeto da ágora B 62.
Ainda estavam em exibição no século II d.C. Paus 1 15 4.
"Nada do que aconteceu" Tuc 4 40 1.
"Todos que aqui estão" Ar Cav;—Sommerstein, p. 73.
2 mil hilotas capazes e insubordinados Tuc 4 80 3-4.
294 *companheiro de espionagem de Sócrates* Plut Alc 7 4.
"Ele observava silenciosamente os movimentos" Plat Banq 221b. A citação é tirada de *O banquete*, de Platão, que não reivindica a exatidão histórica, mas sim a verossimilhança imaginativa. A anedota, bem conhecida na tradição oral e facilmente verificada em autores contemporâneos de Platão, é certamente verdadeira.

18. O homem que nada sabia

O banquete, de Platão, citado *passim*, é a fonte principal (em geral, mas nem sempre na tradução de Walter Hamilton, Harmondsworth, Penguin Books, 1951), seguida de *Symposium* e *Memorabilia*, de Xenofonte.

297 *"Ao beijar Agaton"* Ant Gr 5 78.
298 *"Enquanto saboreia seu vinho"* Citado por Garland, p. 94. Devo ao professor Garland as informações sobre comida e bebida na Grécia antiga.
300 *"Vamos nos divertir hoje"* Plat Banq 177D.
"usavam todos os seus oito membros" Ibid., 190A.
"Eles andarão eretos" Ibid., 190D.
"o amor é apenas o nome" Ibid., 192E.
301 *"Estou andando no ar"* Ar Nuv 225.
302 *"As nuvens são as únicas deusas"* Ibid., 365-67.
303 *"Tanto Homero quanto Hesíodo"* Xenófanes, DK 22 B 12.
"a entidade permanente era a água" Arist Met 1 983b.
"se dedicaram à matemática" Ibid., 1 985b.
"Não se pode entrar no mesmo rio" Fragmento DK 22 B 12, citado em Arius Didymus apud Eusebius, Preparatio Evangelica 15:20:2.

	"A bebida de cevada" DK 22 B 125, citado em Teofrasto On Vertigo 9.
	"O que entendo é excelente" Diog Laer 2 5 22.
304	*"é gerado a partir do fogo"* Ibid., 9 1 8.
	Sócrates, como ele realmente era É difícil saber como Sócrates era e no que ele acreditava. Platão e Xenofonte, nossas duas fontes, apresentam relatos inconsistentes, que provavelmente refletem não um desacordo, mas como suas personalidades muito diferentes interagiram com Sócrates. Os primeiros diálogos de Platão provavelmente elucidam seus assuntos "lacônicos, distantes, reticentes e irônicos" (*Oxford Classical Dictionary*, p. 1.419).
305	*"Não vale a pena levar a vida sem examiná-la"* Plat Apol 38a.
	Um dia, o pensador o encontrou Diog Laer 2 6 48.
306	*"Sócrates estava sempre à vista do público"* Xen Mem 1 1 10.
	um sapateiro chamado Simão Sellars, p. 207ss.
	Ao contrário de Górgias, que afirmava saber tudo Plat Gorg 447d.
307	*"é a perpétua possessão do bem"* Plat Banq 206A.
	"trazendo noções que sirvam para engrandecer" Ibid., 210c.
	"Contemplando o vasto oceano" Ibid., 210d.
	"uma beleza, cuja natureza é maravilhosa" Ibid., 211a-b.
308	*Alguns homens são mantidos como prisioneiros* Plat Rep 514a-520a sobre a alegoria da caverna.
309	*usava cabelos longos* Atn 12 534C.
	"Boa noite, senhores" Plat Banq 212e-213b.
	"Se eu elogiar outra pessoa senão ele" Ibid., 214d.
	"massa de imperfeições" Ibid., 216a.

19. A queda

Tucídides (livros 6 e 7) continua sendo a principal fonte sobre a guerra, complementada por Diodoro Sículo. No final, ele passa o bastão à *Hellenica*, de Xenofonte, que é muito menos adequada. Plutarco também continua com as biografias de Alcibíades e Nícias.

311	*Numa bela manhã de junho* A descrição da partida da frota foi tirada de Tuc 6 30-32 e Diod 13 3.
	"Esta expedição […] era, de longe" Tuc 6 31 2.
312	*"Agora podemos nos masturbar e cantar"* Ar Paz 289-90.
	"Os espartanos não cumpriram seus juramentos" Sommerstein, p. 230.
314	*uma ode comemorativa* Plut Alc 11 2.
	"Os helenos esperavam ver nossa cidade" Tuc 6 16 2 e 3.
315	*Casou-se bem* A história do casamento de Alcibíades e o suposto plano de matar Cálias é contada em Ando Alc 4 13-15 e Plut Alc. Alguns argumentam que o discurso de Andócides é falso, mas veja Raubitschek. Mesmo que seja falso, contém verdades. Tais relatos, que descrevem mal Alcibíades, não são improváveis nem inconsistentes com o que conhecemos sobre sua carreira pública.
	Um poeta do século III comentou maliciosamente Bion, c. 325-c. 250. Veja Diog Laer 4 49.
	Divórcios parecem ter sido incomuns Veja Cohn-Haft.
	Vênus de Milo A estátua está hoje no Museu do Louvre, em Paris.
316	*um debate entre os porta-vozes* Tuc 5 84-116.
	"É uma lei necessária da natureza" Ibid., 5 105 2.
317	*"Querido, cujos lábios estão sem vida"* Eur Troi 1180-85. Eu uso a tradução de Philip Vellacott, de *Euripides, The Bacchae and Others Plays*, Harmondsworth, Penguin Classics, 1954.
	um poeta execrável Ar Rãs 86ss.
	"conquistar toda a ilha" Tuc 6 6 1.
318	*"Cléon em hipérbole"* Bury, p. 459.
	disse não ter "grande expectativa" Plut Alc 17 4. Veja também Plut Nic 13 6.
319	*Espalhadas por toda Atenas ficavam as hermas* Rubel, p. 74-99.
	"exageravam tudo e faziam tanto estardalhaço" Tuc 6 28 2.

320 *Um contemporâneo que mais tarde admitiu ter ajudado* Ando Alc 16. O homem chamava-se Andócides. Seu testemunho deve ser visto com cautela, pois estava se defendendo anos depois em um discurso no tribunal. Mas sem dúvida ele está expressando aqui seus medos. Os verdadeiros perpetradores da destruição das hermas e da zombaria dos Mistérios nunca foram de fato identificados.
Lâmaco, um homem idoso Plut Alc 18 1.
321 *"Tessalos, filho de Címon"* Ibid., 22 3.
"seis frascos de perfume" IG I^3 421h.
"Vou lhes mostrar que ainda estou vivo" Plut Alc 22 2.
"Prestarei serviços" Ibid., 23 1.
"quando o viram" Ibid., 23 3.
322 *revendidos como escravos a preços baixíssimos* Hell Ox 17 4.
"Tudo de que a cidade precisava" Tuc 7 28 1-2.
323 *Nícias "continuou sentado"* Plut Nic 14 4.
"Os siracusanos não acreditavam mais" Tuc 6 103 3.
324 *"Pensamos que seríamos os sitiantes"* Ibid., 7 11 4.
325 *"O brilho das armaduras"* Plut Nic 21 1-2.
326 *"Depois de serem jogados"* Tuc 7 44 8.
2.500 soldados da infantaria ateniense Diod 13 11 3-5.
327 *"É melhor para Atenas"* Tuc 7 47 4.
328 *Heródoto relata que Tales de Mileto* Herod 1 74 2.
"muito viciado em adivinhação" Tuc 7 50 4.
"três vezes nove dias" Ibid., 7 50 4.
"não era desfavorável" Plut Nic 23 5.
329 *"Conquistar os atenienses por terra e por mar"* Tuc 7 56 2.
"Ambos os exércitos na praia" Ibid., 7 71 1 e 4.
331 *"forçados a fazer tudo"* Ibid., 7 87 2.
332 *as pessoas não acreditaram no que ouviram* Ibid., 8 1 1.
333 *"Esta foi a maior conquista"* Ibid., 7 87 5-6.

20. O fim da democracia?

A história de Tucídides chega a um fim abrupto em 411 (presumivelmente com sua morte). Em sua *Hellenica*, Xenofonte continua de onde ele parou e narra fatos ocorridos até 362. Diodoro não é uma referência totalmente confiável. A *Constituição ateniense* ajuda nas circunstâncias constitucionais. *A vida de Alcibíades*, de Plutarco, segue seu curso e é substituída pela biografia de Lisandro.

334 *"Navios desaparecidos, Míndaro morto"* Xen Hel 1 1 23.
335 *"'Homens de Atenas'"* Diod 13 52 3ss. Xenofonte não menciona essa iniciativa de paz, mas não há motivo para duvidar de Diodoro.
a primeira reação dos atenienses Tuc 8 1-2.
336 *"Como acontece com as democracias"* Ibid., 8 1 4.
"nova política de justiça" Hel Oxy Florence Fragments V2.
Sempre se culparam pela eclosão da guerra Tuc 7 18 3.
"a derrubada dos atenienses" Ibid., 8 2 4.
337 *"desfrutariam de grande riqueza"* Diod 11 50 3.
um deles foi encharcado com álcool Waters, p. 168.
Farnabazo e Tissafernes Estas são as versões helenizadas dos nomes persas dos sátrapas Farnavaz e Citrafarna.
338 *Um rascunho preliminar sobreviveu* Tucídides escreve sobre três tratados em rápida sucessão (8 18, 8 37 e 8 58); é muito mais provável que os dois primeiros fossem projetos provisórios. O desejo da Pérsia de assumir o controle das *poleis* jônicas estava explícito no primeiro texto, mas menos óbvio nos últimos.
"Todos os territórios e as cidades" Tuc 8 18.

339 *"disse, no seu modo zombeteiro"* Plut Alc 23 7-8. Histórias sobre a vida sexual de Alcibíades eram abundantes e hoje é difícil distinguir entre fato e ficção. Mas mesmo que uma história seja irreal, a descrição geral sobre seu caráter é inegável.
"se rendeu completamente" Ibid., 24 5.

340 *Além disso, estava com saudades de casa* Ibid., 32 1.
leoa sobre o ralador de queijo Ar Lis 231-32. O significado é obscuro; talvez a mulher esteja agachada como uma leoa sobre o homem e, com movimentos pélvicos para frente e para trás, imita o movimento de um ralador. Veja "The Lioness and the Cheesegrater", de Cashman Kerr Prince. *Studi Italiani di Filologia Classica*, 4. série, v. 7, n. 2, 2009, p. 149-75.
"esplendor que corre no sangue" Pind Nemea 3 40.

342 *"Promulgada pela* boulē *e pelo* demo*"* Ando Mist 96. O primeiro uso registrado da frase após a instituição dos Cinco Mil.
"durante o primeiro período" Tuc 8 97 2.

344 *"Vou usar um punhal"* Esqu 2 76.

345 *"com base no fato de que ele era"* Xen Hel 1 4 20.

346 *procurar dinheiro e rações* Assim em Plut Alc 35 3-4. Mas Diod 13 71 1 diz que Alcibíades navegou para Clazômenas, enquanto Xen Hel 1 5 11 sustenta que foi para ajudar Trasíbulo a sitiar Foceia. O dinheiro era a maior necessidade dos atenienses e Alcibíades fora em tais expedições antes, então eu sigo Plutarco.
dotado de pouco raciocínio Plut Alc 35 4.
os atenienses perderam 22 navios Hell Oxy 4 3.
"que haviam conquistado sua confiança" Plut Alc 36 1-2.

347 *Alcibíades pagou alguns mercenários* Ibid., 36 3.
"anseia por ele, mas o odeia" Ar Rãs 1425.

348 *"É um dia triste para os gregos"* Xen Hel 1 6 7.
encomendaram um baixo-relevo de mármore com a imagem de Hera O relevo pode ser visto no Museu da Acrópole, em Atenas.
"o maior embate naval na história" Diod 13 98 5.

349 *Sócrates estava na* boulē Plat Apol 32b-c.
lembrassem de livrar a ele e seus colegas dos votos Diod 13 102 2.
"as massas [...] de selar a paz" Arist Con 34 1. Há alguma dúvida se o episódio deve ser atribuído à oferta anterior de paz de Esparta após a batalha de Cízico.

350 *Um cavaleiro trotou* Meu relato sobre Egospótamo vem de Xen Hel 2 1 22-29, Plut Alc 36 4-37 1-4, Nep Alc 8-9 e Diod 13 105-6.

351 *"eles seriam culpados no caso de derrota"* Diod 13 105 4.
"Somos os almirantes agora" Xen Hel 2 1 26.
trinta trirremes atenienses partiram Sigo Diod 13 106, cujo relato é mais plausível do que o de Xen 2 1 27-28.
"Lisandro primeiro lhe perguntou" Xen Hel 2 1 32.

352 *"Um som de lamento"* Ibid., 2 2 3.
"raízes e ramos" Paus 3 8 6.

353 *"Não tinham certeza da lealdade"* Isoc 16 40.
Crítias uma vez se vangloriou em um poema Plut Alc, 33 1.
"A menos que mate Alcibíades" Nep Alc 10.
Plutarco relata que uma hetaira Plutarco descreve a morte de Alcibíades em Plut Alc 39. De acordo com Atn 13 34, um monumento foi erguido no local de sua morte e o imperador Adriano mandou erigir uma estátua do estadista em cima. Também ordenou sacrifícios anuais em honra de Alcibíades.

21. A vez de Esparta

Hellenica de Xenofonte é a principal fonte deste capítulo, juntamente com as biografias de Lisandro e Agesilau, de Plutarco. O julgamento e a morte de Sócrates são cobertos pelas *Apologias* de Xenofonte e de Platão, e também por *Críton* e *Fédon*, de Platão.

358   *A economia da cidade entrara em colapso* Os gregos prestaram pouca atenção ao registro de sua história econômica; por isso, os estudiosos modernos têm de extrair generalizações provisórias de evidências desagradáveis. Para o impacto da Guerra do Peloponeso em Atenas, devo principalmente a Strauss, p. 42-54. Muitos dos números que eu dou nesta seção estão no nível certo de magnitude, mas são estimativas.

359   *homem cuja propriedade desvalorizou-se* Lis 19 45.
"*Quando ouvi histórias sobre Atenas*" Isoc 17 4.

360   *Certa tarde, em 404, Lísias* Sobre a perseguição de Lísias e Polemarco, como descrito aqui, veja a própria descrição de Lísias dada em um discurso na corte no final de 403 contra um membro dos Trinta, Lis 12 3-17.

361   "*Para Polemarco, os Trinta*" Ibid., 12 17.
uma democracia na Tessália Xen Hel 2 3 36.
"*Primeiro, um homem astuto*" Emp Sex 9 54 12-15.
Sócrates recebeu a ordem Plat Apol 32c-d.
um respeitável ex-oficial militar Sigo W. James McCoy, "The Identity of Leon", *American Journal of Philology*, verão 1975, p. 187-99.
"*Se não for rude da minha parte*" Plat Apol 32c-32d.

362   "*Esta é para o adorável Crítias!*" Xen Hel 2 3 56.

363   "*ele havia destruído o poder*" Delphes 3 1 50.

364   *um almirante em Egospótamo* Sobre o relato de Conão, a breve biografia por Cornélio Nepos não é confiável, mas ajuda.

365   *o Grande Rei não se importava em permitir aos jônios* Estudiosos modernos supõem um acordo com esse fim em 407, o Tratado da Beócia.
a rainha-mãe tinha outros planos As intrigas palacianas são relatadas em Plut Art 2-4 e Xen Ana 1 1 1-6.

366   "*Agora era meio-dia*" Xen Ana 1 8 8-9.
"*Saiam do caminho!*" [...] *Artaxerxes foi ferido e derrubado do cavalo*" Plut Art 11 2-3.

367   *um homem que sabia imitar o canto do rouxinol* Plut Age 21 4.
"*o Grande Rei e a riqueza*" Ibid., 15 1.

368   "*Os espartanos [...] perderam sua supremacia*" Isoc 9 56.
"*Não sei que efeito meus acusadores causaram*" Plat Apol 17a. Esta seção sobre o julgamento e a morte de Sócrates deve-se ao material introdutório de Robin Waterfield às suas traduções e à de Hugh Tredinnick de Xenofonte, *Conversations of Sócrates*, Londres, Penguin Classics, 1990.
"*Esta acusação e declaração*" Diog Laer 2 5 40.

369   "*nariz adunco, cabelos longos e lisos*" Plat Eut 2b.
a quem Aristófanes atacava Ar fragmentos 117, 156 Kassel-Austin.

370   *de modo bastante livre* Xen Apol 1.

371   "*Homens de Atenas, eu vos respeito*" Plat Apol 29d.
Quando sua esposa protestou Diog Laer 2 5 35.
uma mistura de cicuta Veja Bloch, segundo o qual a descrição de Platão sobre os efeitos do envenenamento por cicuta é precisa.

372   "'*Ora, meus amigos, que comportamento é esse?*'" Plat Fedro 117d-118a.
um demo *arrependido* Diog Laer 2 5 43, Temist 20 239C.

373   "*o rei Artaxerxes acredita ser justo*" Xen Hel 5 1 31.
"*da forma mais vergonhosa e ilegal*" Plut Age 23 1.

374   "*não era considerado um homem*" Xen Hel 5 2 28.
Górgias, que equivalia a uma universidade itinerante Veja Plat Gorg.
Platão faz o mestre prever Plat Fedro 278e-279a.

375   "*Quem desejaria um estado de coisas*" Isoc 4 115-17.
"*E tanto nossa cidade se distanciou*" Ibid., 4 50.

376   "*obrigar os espartanos*" IG 2^2 43.
O número total de membros aumentou para cerca de setenta Diod 15 30 2.

377   *Era o inverno de 379.* A conspiração é descrita em detalhe em Xen Hel 5 4 2-12, Plut Pel 8-12, e Plut Moral *De genio Socratis* 25-34.

378   *um espartano chamado Esfódrias* Esfódrias pode ter sido subornado pelos tebanos, um excelente recurso para conquistar Atenas para seu lado.
379   *Perguntou a Epaminondas* Plut Age 28 1-2.
um exército aliado de mais de mil hoplitas Plut Pel 20 1.
uma força de oposição de cerca de 6 mil homens Bury, p. 593.
380   *"Agora é possível vingar-nos"* Xen Hel 6 4 19-20.
381   *"ordenaram às mulheres que não chorassem"* Ibid., 6 4 16.
"Onde estão os espartanos agora?" Plut Dit Esp 23.
382   *uma capital bem fortificada, Messene* Paus 4 27 5-9.
Os ossos de Aristômene Ibid., 4 32 3.

22. Queroneia – "Fatal para a liberdade"

As biografias de Demóstenes e de Alexandre, o Grande, escritas por Plutarco, os discursos de Demóstenes e Ésquines, Diodoro Sículo, livro 16 e Justino são as principais fontes.

383   Queroneia – *"Fatal para a liberdade"* John Milton, "To the Lady Margaret Ley", Soneto 10, verso 7.
"Voltei-me a Atenas" Isoc 5 129.
384   *"é um general tão inteligente"* Xen Hel 6 1 15.
"primeiro de nossa raça" Isoc Cartas 1 7.
"Homens que ouvem bons conselhos" Ibid., 9 14.
"Escolhi desafiá-lo" Isoc 5 128.
"jardins de Midas" Herod 8 138 2.
386   *preferia não aceitar favores* Arist Ret 2 23 8.
o usurpador enviou alguns nobres reféns Diod 16 2 2-3.
387   *parece ter chamado a atenção de Pelópidas* Dio Cris 49 5.
o Batalhão Sagrado, cuja autodisciplina Plut Amat 761b.
comparou a cidade a filhotes indefesos sozinhos num ninho Xen Hel 7 5 10.
388   *"Nesse caso"* Plut Mor 194c.
"o povo, desencorajado por suas experiências" Esqu 3 251.
grandes obras e reformas Camp, p. 144-60.
um jovem admirador se trancava Luc 15.
390   *"um fim completo à guerra"* Xen Por 5 9.
391   *Um de seus melhores almirantes foi morto* Chabrias. Ele passou a maior parte de sua carreira nas décadas de 380 e 370 diante de Leuctra lutando contra os espartanos.
a cidade gastara mil talentos Isoc 7 9.
392   *"na nobre causa para restaurar"* Plut Age 36 2.
"Todos se aproximaram para vê-lo" Ibid., 36 4-5.
393   *"Se eu realizei algum ato glorioso"* Plut Dit Esp Agesilau.
"julgamento sadio na vida pessoal" Plat Prot 318e-319a.
394   *"logo mostrou que o regime precedente"* Plat Ep 7 324b-d.
Ali abriu uma escola de filosofia A Academia continuou a existir até sua destruição durante a guerra no século I a.C. Foi revivida como um centro para o neoplatonismo no século V d.C., e finalmente fechada pelo imperador bizantino Justiniano em 529 d.C.
395   *que lhe prestou homenagens quando ele morreu* FGrH 115 F 294.
"A característica geral mais correta" Alfred North Whitehead, *Process and Reality*, Nova York, The Free Press, 1978, p. 39.
"Aristóteles me chuta" Diog Laer 5 1 2.
Hérmias conspirou com Filipe Dem 10 32.
"Eu não fiz nada que não fosse digno de filosofia" FGrH 124 F2.
uma ode em memória de Hérmias Atn 15 51g.

396 *As escolas de Atenas* Essas conquistas no ensino superior cimentaram o domínio cultural de Atenas e mais amplamente da Grécia durante os longos séculos do Império Romano.
398 *agora o excitava a perspectiva estonteante* Diod 16 1 5.
em 352 o elegeram como arconte, ou comandante-chefe vitalício Sigo Green, *Alex*, p. 47; outros situam a indicação mais tarde, em 344 ou depois.
Mentia e iludia seus opositores Just 8 3.
"guerreou por meio do casamento" Atn 13 557b-e.
um belo rapaz Just 7 6.
399 *Nenhuma cidade era inexpugnável* Green, *Alex*, p. 33.
lançou uma flecha em seu olho direito Just 7 6. Em 1977, uma tumba ricamente adornada foi escavada em Vergina. Os restos queimados de um homem barbudo em idade adulta foram encontrados e identificados como os de Filipe, sob a alegação de que o olho direito estava desfigurado. Mais recentemente, esse julgamento foi contestado.
Outros ferimentos Dem 18 67.
"uma sebe impenetrável de lanças" Hom Il 13 131ss.
400 *Filipe estabeleceu uma equipe de engenharia* Worthington, *Spear*, p. 37.
tomar um banho quente no acampamento Polib 4 2 1.
401 *"Alguns costumavam raspar"* Atn 6 206e-f.
Filipe admirava o Batalhão Sagrado Plut Pel 18 5.
o apelidaram de Battalus Plutarco também sugere que na Ática a palavra era uma gíria que significava "idiota". Veja Plut Dem 4.
402 *submeteu-se a um rigoroso treinamento* Sobre treinamento de Demóstenes, veja Plut Dez Or 844d-f e Plut Dem 5.
403 *uma citação da* Ilíada Hom Il 2 517-19.
as origens do que os gregos passaram a chamar de Guerra Sagrada Uma "guerra sagrada" era um dos elementos de conexão com o Oráculo de Delfos. Havia três deles, sendo este o terceiro. Os dois primeiros não são mencionados neste livro.
Chegaram a cavar sob o templo Diod 16 56 7.
o tesouro do antigo rei de Lídia Ibid., 16 56 6.
"Estou recuando como um carneiro" Polib 2 38 2.
404 *Onomarchus foi empurrado para o mar* Eus 8 14 33. Existem diferentes versões para a morte de Onomarchus. Eu prefiro esta.
Demóstenes teve um branco Esqu 2 34-35.
405 *Foi assinado um tratado* Chamava-se a Paz de Filócrates, a partir do nome do principal negociador ateniense.
"Quando fomos recentemente a Delfos" Dem 19 65.
406 *"Guerreamos contra Filipe"* Ibid., 4 40.
407 *"ir à guerra atrás da sombra em Delfos"* Dem Paz 5 25.
Fez um discurso no qual afirmava A terceira Filípica. "Filípica" foi o nome genérico dado a uma série de discursos antimacedônios feitos por Demóstenes.
408 *"dominado pelo ouro persa"* Plut Dem 14 2.
a coluna de mármore Filo At FGrH 328 54.
"Do espólio de persas e tebanos" Esqu 3 116.
409 *"Ninguém se atreveu a subir"* Plut Dem 18 1.
410 *"Quem deseja falar?"* Dem Cor 18 170.
na madrugada de 4 de agosto de 338, a batalha começou Plut Cam 19 5 afirma que a batalha ocorreu em 7 Metageitnion, para o qual 4 de agosto é o equivalente mais provável.
Os dois exércitos eram mais ou menos iguais Informações sobre a batalha de Queroneia são escassas e vagas (ver Diodoro, Polieno e Plutarco). Sigo a reconstrução de Hammond, p. 567-70. Não fica claro qual papel, se algum, a cavalaria grega desempenhou na batalha, apesar de sua superioridade numérica.
412 *"Vamos empurrá-los de volta até a Macedônia!"* Polib 4 2 2.
"da maneira mais vergonhosa" Plut Dem 20 2.

NOTAS

	"Leve-me vivo" Plut Mor 845f. Talvez essa história, se não foi inventada pelos inimigos, tenha sido aumentada nas narrativas.
413	*"Demóstenes, filho de Demóstenes"* Plut Dem 20 3.
	"A sorte te forjou como Agamenon" Diod 16 87 2.
	"Pereça aquele que suspeitar" Plut Pel 18 5.
414	*"Filipe a entrar no Peloponeso"* Polib 18 14 6-7.
415	*"Colocaram a guirlanda no touro"* Diod 16 91 2.
	Filipe repudiou Olímpia Justin 11 11 2.
	"Seu lixo, quer dizer que eu sou um bastardo, então?" Plut Alex 9 4-11 para o episódio completo.
416	ele suspeitava que seu filho e Olímpia Neste relato das obscuras dissensões na corte de Filipe, sigo Green, *Alex*, p. 90ss.
	se deixasse seu reino sem ter um sucessor Havia outro filho, Filipe Arridaeus, que tinha dificuldades de aprendizado.
	celebrações para marcar o casamento dinástico Green, *Alex*, p. 102-10, para um relato detalhado sobre o assassinato de Filipe.
	"digna de um deus" Diod 16 92 5.
417	o comportamento de Olímpia após o assassinato Justin 9 7 1. Esta pode ser uma distorção ou até uma invenção.
	uma coroa para Pausânias Plut Dem 22 1-2.
	"um alerta terrível" Arr 1 9 10.
418	*"Se Alexandre realmente estivesse morto"* Plut Foc 22 5.
	"mas com maior honra" Plut Dem 27 5.
	Aonde quer que fosse, Demóstenes sabia Sobre a morte de Demóstenes, veja ibid., 29-30, e Plut Dez Or 846d-e 847a-b.
419	*"Sua atuação no palco nunca me convenceu"* Plut Dem 29 2.
	era uma figura contenciosa Polib 18 14 1.
420	*"Não, não estávamos errados, homens de Atenas"* Dem 18 208.

23. Posfácio – "Um buraco esquecido por Deus"

As principais fontes são a biografia de Alexandre, de Plutarco, e *Athens*, de Waterfield.

421	Xerxes via sua invasão Herod 7 42 2-43 2.
	Praticamente a primeira coisa que Alexandre fez Sobre a visita a Troia, o principal relato pode ser encontrado em Arr 1 11 7-12 1. Também Plut Alex 15 4.
422	Alexandre amarrou-o à sua carruagem Curt 4 6 26-29.
	assim como Aquiles fez Hom Il 22 395-404.
	"Que vantagem eu terei sobre os demais homens" Plut Alex 7 4.
424	*"Através de uma negligência sábia e salutar"* Edmund Burke, *Speech on Conciliation with America* 1775.
425	Atenas foi reduzida Devo esses parágrafos impressionistas descrevendo o declínio da cidade a Waterfield, p. 279-314.
426	*"Quantas vezes a glória de seus antepassados"* Ap 2 13 88.
	"Não se pode olhar para Atenas" Waterfield, p. 314. Michael of Chonae, Cartas 8.
	"Somos todos gregos" Waterfield, p. 340.

ÍNDICE REMISSIVO

Acrópole, cidadela de Atenas, 34-6, 38, 78, 87, 93, 98, 104-5, 111, 114, 133, 140-1, 149, 165-7, 178, 189, 197, 203, 215, 235, 238, 241, 258-60, 262, 275, 288, 340, 344, 362, 380, 426, 433
Admeto, rei de Molossos, 206, 434
Adriano, imperador romano, 426, 440
Afetes, uma baía perto de Artemísio, 174-6
Afrodite, deusa do amor sexual, 293, 315
  julgamento de Páris, 24
Agamenon, rei de Micenas, 23-4, 27, 29, 206, 234, 239-40, 249, 413
Agaton, poeta trágico, 386
  jantar comemorativo, 296-7, 299, 301, 307-9, 314-5
Agesilau, rei de Esparta, 366, 374, 378-9, 383-4, 387, 438, 443
  campanha contra os persas, 366-7
  morte, 392
  no Egito, 391-2
Ágis II, rei de Esparta, 314, 339, 345, 352
Ahri-man; "Verdade" e "Mentira", 67
Ajax, herói grego, 94, 421
Alceste, rainha de Feras, 252
Alcibíades, 9, 11, 269, 279, 294, 308-9, 313-6, 318, 339-40, 350-1, 362, 418, 425, 437
  demitido como general, 346-7
  deserção para Esparta, 321-2, 332, 339
  e o escândalo dos Mistérios, 319-20
  exilado 460 a.C., 255
  impedimento, 321-2
  infância e juventude, 256-7
  morte, 352-4
  restaurado por Atenas, 342-5
Alcmeônidas, clã aristocrático de Atenas, 79-80, 82, 92, 98, 101, 103, 109-10, 113-5, 123-4, 137, 145, 152-3, 189, 211, 221, 224, 231, 246, 254-6, 275, 354, 432
Alexandre, o Grande, 21-2, 30, 399, 410-7, 421-2, 425, 439
  conquista da Pérsia, morte, 418
  discípulo de Aristóteles, 367, 406, 439

Alexandre, rei de Epiro, 399, 416
Alexandre I, rei da Macedônia, 130, 191
Alexandria, cidade no Egito, 422, 425, 439
Amintas III, rei da Macedônia, 386
Amintas IV, rei da Macedônia, 396
Anacreonte, poeta lírico, 107
Anatólia, península entre o mar Negro e o Mediterrâneo, 29, 247, 336
Anaxágoras, filósofo, 223-4, 269, 302, 369
Anfictionia, associação religiosa das cidades gregas, 216, 402-6, 408-9
Anfípolis, cidade-estado na Trácia, 214, 294-5, 312, 318, 397, 436, 436
Ânito, promotor de Sócrates, 362, 369, 372
Antígona, filha de Édipo, 249-501
Antíoco, assistente de Alcibíades, 346
Antípatro, general macedônio, 418-9
Apolo, deus da música, da profecia, da cura e do sol, 23, 25, 28, 44, 51, 55, 104, 128, 202-3, 209, 278-9, 305, 395
  em Delfos, 55-8, 61-2, 73, 78-9, 91, 97, 109, 140, 165, 206, 216, 240-3, 274, 403-4, 408, 415, 432
Aquemênida, dinastia governante do Império Persa, 65, 129, 156, 195, 230, 424
  adoradores de Ahura Mazda, 67-8, 157, 188
Aquiles, herói lendário, 11, 21, 23, 25-30, 95, 113, 116, 222, 316, 385, 421-2,
arcontes, 83-9, 92, 103, 120, 136, 166, 225-6, 239-40, 315, 370, 432-3, 435
Areópago, monte em Atenas; conselho, 79, 87, 166, 178, 225, 241-2, 435
Ares, deus da guerra, 34, 87, 232
Argos, cidade-estado a nordeste do Peloponeso, 51, 110, 163, 206, 313, 367
Ariadne, filha do rei Minos, 38
Aristides, político, 151-4, 163, 182, 186, 204, 210-1, 434
Aristófanes, poeta cômico, 9, 11, 219, 236, 296, 300-1, 305, 309, 317, 369, 389
  A paz, 312

As nuvens, 301-2, 304, 326
As rãs, 368, 437
Lisístrata, 11, 340, 436
Os acarnânios, 293, 437
Os cavaleiros, 291, 292-3
Aristógito, amante de Harmódio, 107-9, 113-4
Aristômene, rei da Messênia, 382
Aristonice, uma pítia, 160
Aristóteles, filósofo, 11, 30, 70, 78, 81-4, 119, 123, 236, 267, 279, 287-8, 303, 425, 439
  funda escola no Liceu, Atenas, 395-6
  tutor de Alexandre, o Grande, 406, 422, 439
arqueiros citas, força policial de Atenas, 102, 120, 288, 370
Arquelau I, rei da Macedônia, 386
Arquéstrato, poeta e gastrônomo, 298
Árquias, executor, 418
Árquias e Filipo, polemarcos de Tebas, 377
Arquídamo, rei de Esparta, 218, 274
Arquíloco, poeta de Páros, 147
Artabano, tio de Xerxes, 159-60, 179, 192
Artafernes, comandante persa, 132-3, 137-9, 152
Artaxerxes I, rei da Pérsia, 206-7, 230, 232, 346, 353, 434
Artaxerxes II, rei da Pérsia, 365-7, 373, 437
Ártemis, deusa do nascimento; santuário em Esparta, 44, 104, 170, 203, 239, 253, 261
Artemísia, rainha da Cária, 179, 186
Artemísio, cabo ao norte da Eubeia, 161-2, 167, 178, 420
  batalhas marítimas, 171, 174-7, 246, 434
Aspásia, amante de Péricles, 251-2, 254-6, 268, 280, 307, 349
Assíria, Império Mesopotâmico, 59
  queda de Nínive, 59
Astíages, rei dos Medos, 12, 60
Átalo, general macedônio, 415, 417
Atena, deusa e protetora de Atenas, 11, 24, 26, 34-5, 78, 86, 98-100, 104-5, 114, 140-1, 144, 165-6, 179, 206, 225, 227-8, 235, 248, 257-60, 262, 279, 344, 348, 421
  estátuas na Acrópole, 259, 261, 263, 268, 270, 425
  juíza na *Oréstia*, 241-3
Atenas, cidade, *passim*
  ágora, 40, 89, 102, 118-20, 140, 189, 213, 227, 238, 244, 257-8, 262, 293, 296, 297, 305-6, 319, 362, 370, 426
  Atena Partenos, estátua dentro do Partenon, 261
  Atena Promacos, estátua colossal, 259
  buletério, escritório da *boulē*, 120, 135
  Cerameicus, subúrbio, 276, 427
  Cinosargo, ginásio, 139, 142
  destruída por Xerxes e Mardônio, 179, 190
  Dioniso, Teatro de, 114, 235-6, 238-9, 242, 263, 388

Dípilon, 108
Erecteion, 260
Longas Muralhas, 196, 231, 270, 311, 352, 367, 425, 435, 437
Monumento dos Heróis Epônimos, 118, 120
Odeum, sala de música, 263, 370
Partenon, Templo de Atena, 190, 261-3, 268, 270, 426, 435, 439, 444
Pnyx, local das assembleias, 119, 267, 342, 412
Propileu, portão monumental, 262
Stoa Pintada, 139-40, 212, 370
Stoa Real, 319
Tolos, centro do Pritaneu, 120, 305
topografia, 33-4
Vitória (Niké), Templo de, 262
Zeus Olímpico, Templo de, 105, 426
atenienses, *passim*
  cleruchy, 213, 247, 357, 358, 376, 391
  conquistas intelectuais e culturais, 38-40, 276-8
  consequências econômicas da Guerra do Peloponeso, 357-9
  população, 162, 357
Ática, território de Atenas, *passim*
  geografia, 33-4
  unificação, 38-9
Atlântida, ilha perdida, 90, 98
Axíoco, pai de Aspásia, 255

Babilônia, cidade da Mesopotâmia, 59-60, 62, 64, 67, 156, 432
Bagoas, um eunuco persa, 416
Bardiya, irmão mais novo de Cambises (ou falso Gaumata), 68-9
Beócia, região da Grécia central, 39, 58, 96, 122, 137, 163, 170, 173, 193, 231, 235, 239, 264, 289, 293, 295, 297, 312, 322, 326, 352, 367, 373, 378, 402-3, 410, 433, 435, 438
  submetida a Xerxes, 164
  vitória em Leuctra, 379-80
Bizâncio, cidade-estado no Bósforo, 204-5, 248-9, 263, 336, 376, 387, 391, 408, 426, 434, 436
Bóreas, deus do vento norte, 172, 176, 180
Bósforo, estreito do mar Negro, 129, 204-5, 248, 359, 391
boulē, conselho da *ecclesia*, 87, 114, 120-1, 123, 225, 269, 305-6, 342, 345, 349, 362, 380, 390, 417
Brásidas, comandante espartano, 294, 312, 347, 397, 436
Briseida, prisioneira de Aquiles, 24
Burke, Edmund, 424

Calauria, ilha no golfo Sarônico, 418
Calcas, adivinho grego, 52, 239

Calcídica, península norte da Grécia, 122, 273-4, 286, 294, 373, 384, 390, 395, 397, 404
Cálias, ateniense rico, 212
   paz de Cálias, 232, 246
Cálias, cunhado de Alcibíades, 315
Calímaco, polemarco ateniense, 135-9, 140
Cambises, filho de Ciro, 67-9, 433
   morte durante campanha no Egito, 68
Cármides, membro dos Trinta Tiranos, 370, 394
Carneia, festival espartano, 128, 167, 170
Cartago, cidade-estado no norte da África, 59, 72, 163, 187, 317, 333, 359
Castor e Pólux, semideuses e gêmeos, 201
cerâmicas, atenienses, 88-9
Cérbero, cão de guarda de três cabeças do submundo, 38
Chipre, 71, 90, 154, 204, 215, 228, 230-1, 364, 373, 434-5
Cibele, deusa mãe, 71, 73
Cílon, nobre jovem ateniense, 80, 82, 90, 92-3, 98, 123, 153, 211, 275, 354, 432
   tentativa de golpe, 77-80
Címon, campanha e morte, 231
   encontrando Teseu, 215-7
   missão a Esparta, 219-20
   ostracismo, 220-1
   trabalhos públicos, 212
Címon, filho de Milcíades, 144-5, 166, 211-2, 224, 226, 228, 257, 259, 262, 272, 321, 364, 434-5
   batalha de Eurimedonte, 214-5
Címon, pai de Milcíades, 135
Cinco Mil, lei dos, 341
Cinisca, irmã de um rei espartano, 48-9
Ciro, o Grande, 10, 60-1, 67-8, 146, 303, 432
   conquista a Babilônia, 63-4
   conquista a Lídia, 62-3, 91
   conquista os jônios, 62
   morte, 64-5
   recebe o título de Messias, 67
Ciro, o Moço, 346-7, 365-6, 376, 443
Citera, ilha na costa do Peloponeso, 162, 180, 293, 313
Cízico, batalha de, 334, 343-4, 346, 436
Cleobis e Bitão, jovens atenienses lendários, 91
Cleofonte, político ateniense, 344, 349, 352-3
Cleômbroto, regente de Esparta, 202
Cleômbroto, rei de Esparta, 379-80
Cleomenes, rei de Esparta, 71, 110-1, 114, 122, 129, 131-2, 167, 170, 433
Cléon, político ateniense, 267-9, 281, 285-6, 289-91, 293, 312
   campanha de Pilos, 291-2
   morte, 294-5, 313, 333, 436
Clinia, alcmeônida, pai de Alcibíades, 231, 246, 254, 256, 321

Clístenes, reformas de, 110, 114-5, 118-24, 135, 137, 151-3, 211, 221, 226, 320, 433
   demo, subdivisão da Ática, 118-9, 222, 237, 258, 260, 321
   tritís, divisão populacional, 118
Clitemnestra, mulher de Agamenon, 234, 239-40
Codro, rei lendário de Atenas, 83
comida ateniense, 297
Conão, almirante ateniense, 348, 363-4, 390
   em Egospótamo, 363-4
   vitória em Cnido, 367, 392, 438
constituição ateniense, panfleto político, 102, 287, 349, 396
Córcira (atual Corfu), 59, 164, 206, 289, 311, 320, 376, 434-6
   aliança com Atenas, 272-3
   guerra com Corinto, 271-3
   luta civil, 282-4
corego, rico patrono das artes, 223, 238
Corinto/coríntios, cidade-estado, 11, 40, 48, 59, 78, 88, 95, 127, 161, 163-4, 167, 180, 270-4, 281, 289, 293, 295, 312, 317, 325, 352, 367, 373, 381, 414, 432, 434
Cornelius Sulla, Lucius, 425-6
Creonte, rei de Tebas, 249
Creso, rei da Lídia, 10, 57-9, 65-6, 71-2, 129, 403, 417, 432
   derrotado por Ciro, 60-3
   encontro com Sólon, 90-1
Creta, 37, 39, 164, 431
Criseida, prisioneira de Agamenon, 23-4
Crítias, líder dos Trinta Tiranos, 353-4, 361-3, 368, 370, 393
Críton, seguidor de Sócrates, 372
Cunaxa, batalha de, 365-6, 437

Damásio, arconte de Atenas, 92
Dânae, mãe de Perseu, 147
Dario I, o Grande, imperador persa, 71, 73-4, 129-30, 132-3, 136, 140, 145, 154, 165, 167, 195, 209, 232, 337-8, 392, 433
   morte, 146
   pune oponentes, 69
   toma o trono, 68-9
Dario II, imperador persa, 337
   morte, 388, 437
Dario III, imperador persa, 416, 422, 423
Dátis, comandante persa, 132-3, 137-9
Decelea, forte na Ática, 322, 325, 327, 334, 339, 345, 349, 359
Delfos, Oráculo de, 48, 51, 53, 61-2, 73, 78, 83, 91, 97-9, 104, 111, 118, 131-2, 140, 153, 160, 178, 202, 206-7, 215-6, 240-1, 271, 274, 279-80, 363, 402-5, 407-8, 415, 417, 433

ÍNDICE REMISSIVO   **471**

descrição, 55-7
modo de operação do oráculo, 56-8
Délio, derrota ateniense em, 293-4, 309
Delos, ilha das Cíclades, 104, 131, 188, 193, 279
Delos, Liga de, 209-11, 259, 413-4
Dêmades, político ateniense, 82, 413, 418
Demarato, rei de Esparta, 122, 131
  aconselha Xerxes, 167-8
Deméter, deusa da colheita, 94, 104, 144, 161, 225, 321
democracia ateniense, 7-9, 38-9, 69-71, 86, 89, 135, 138, 139-40, 142, 165-6, 195, 217, 220-1, 225-8, 233-4, 242, 250, 277, 281, 340-1, 363-4, 370, 388, 390, 418, 425-6 e *passim*
  democracia tebana, 376, 414
  jurados, 88-9, 123, 151, 211, 225, 227, 370-1
  reformas de Clístenes, 115-6, 118-24
  sorteio, indicação por, 37, 86-7, 89, 120-1, 128, 136, 226-7, 233, 245, 258, 433
demos; o povo; os cidadãos, 115, 118-20
  e *passim*
Demóstenes, comandante ateniense, 289-92, 436
  na Sicília, 324-5, 331-2
Demóstenes, orador, 253, 401, 406-8, 410, 413, 417-8, 439
  avaliação, 419-20
  em Queroneia, 420
  Filípicas, discursos contra Filipe, 405-6, 439
  morte, 418-9
  primeiros anos, 401-2
Diasia, festival ateniense, 78
Diodoro Sículo, historiador, 164, 170, 225, 337, 348, 351, 444
Dionísia Rural (Lenaea), 234, 296, 435, 437
Dionísio, comandante jônio, 72
Dionísio I, tirano de Siracusa, 384, 393
Dioniso, deus do vinho e do êxtase, 38, 105, 228, 235-7, 258, 284, 388
Diotima, vidente de Sócrates, 307
dórios, grupo étnico grego, 34, 43, 58, 83, 279, 431
dracma, unidade padrão de cunhagem de prata, 12, 150, 257, 260, 262, 282, 288, 311, 370-1
Drácon, legislador ateniense, 82, 89, 432

Ecbátana, cidade da Média, 60, 69, 367
ecclesia, assembleia ateniense, 51, 86, 89, 119-22, 341, 349, 352 e *passim*
Éfeso, cidade na costa jônica, 206-7, 303, 346
Efialtes, político ateniense radical, 224-5, 244, 435
Efialtes, traidor, 173
éforos, oficiais espartanos, 52-3, 80, 111, 128, 205-6, 274, 290, 335, 338-9, 363, 380
Egas, antiga capital da Macedônia, 416

Egeu, pai de Teseu, 35-7
  suicídio, 38
Égina/ilha na costa da Ática, 82, 88, 131, 148-9, 160, 163, 167, 182, 185, 228, 231, 245, 276, 312, 432-3, 435
Egisto, amante de Clitemnestra, 24
Egito/egípcios, 10, 30, 62, 64, 90, 98, 149, 154, 269, 278, 332, 366, 373, 389, 391-2, 422, 424-5, 431, 433, 435, 437, 439
  anexado pela Pérsia, 68-9
  revolta 465 a.C., 230-1, 246
  revolta 486-484 a.C. reprimida, 146-7, 156
Electra, filha de Agamenon, 240
Elêusis, lugar dos Mistérios Eleusinos, 104, 127, 183, 189, 225, 345, 362, 365, 378
  paródia dos Mistérios, 319-21
Elgin, lorde, 426, 440
Epaminondas, general tebano, 378, 380-1, 399, 402, 406, 438, 443
  constrói Messene, 381-2
  em Leuctra, 379-80
  morte em Mantineia, 387-8
Epidamnos, cidade-estado grega na Ilíria, 270-1, 436
Epimedes, vidente de Creta, 80
Epiro, região no sudeste da Europa, 385, 398, 415-6
Erecteu, antigo rei de Atenas, 35
Erétria, cidade na Eubeia, 99, 129-30, 133, 136
Erixímaco, médico, 300
Escíato, ilha a noroeste no mar Egeu, 171, 175
Esciro, ladrão, 36
escravos, condição dos, 7, 59, 70, 81, 85, 115, 120, 136, 138, 147-8, 181, 205, 217, 252, 285-8, 291, 299, 315-6, 322, 352, 358-60, 389, 404, 429, 444
  hilotas, 10, 46, 50-4, 170, 173, 189, 201-2, 205, 218-9, 233, 275, 288, 290, 293-4, 381, 423, 428, 434-5
Esfactéria, ilha na costa do Peloponeso, 289-95, 312
Esfódrias, comandante espartano, 378, 438
Esopo, fabulista, 287
Esparta/espartanos, 9, 42-54, em outros lugares *passim*
  constituição, 50-4
  educação, 43-5
  fim do domínio espartano 379-82
  Gymnopaedia (Festival dos Jovens Nus), 381
  mulheres, 47-8
  origens e expansão, 50-1
  origens e topografia, 42-3
  vida adulta, 45-6, 49-50
Ésquilo, poeta trágico, 9-10, 139, 149, 249, 316, 422, 444
  Mirmidões, 95
  Oréstia, 11, 234-5, 239-43, 435
  Os persas, 185-6, 223, 434
Esquiro, 215-6, 373

Estrabão, geógrafo, 65
Estrada Real, estrada de Sárdis a Susa, 65
estratego, general grego, 120, 203, 245, 279, 313, 344
Etéocles, filho de Édipo, 249
Eubeia, ilha grega, 99, 122, 129, 133, 161, 170, 174-6, 188, 214-5, 231, 275, 332, 341, 344, 376, 390, 404, 407, 435
eupátridas, aristocratas, 78, 80-1, 92, 114
Euribíades, comandante espartano, 164-5, 171, 174-6, 181-2, 188, 202
Eurípides, poeta trágico, 8, 11, 318, 314, 332, 386, 389, 422, 435-7, 444
  As bacantes, 385
  As troianas, 11, 91, 211-2, 316, 332
  Medeia, 240, 309
Euripo, estreito entre Eubeia e Beócia, 175-6
Eurotas, rio de Esparta, 44, 50, 202
Evágoras, rei de Salamina, 364

Falero, porto de Atenas, 131, 138-9, 142, 148, 154, 179, 181, 188, 196, 231
Farnabazo, sátrapa da Frígia, 337-8, 343, 353, 367
Febidas, comandante espartano, 374, 377-8
Fédon, discípulo de Sócrates, 371
Fedra, mulher de Teseu, 38, 39, 73
fenícios, liga marítima sediada no Levante, 59, 133, 150, 159
  na batalha de Salamina, 183-4
Fídias, escultor e arquiteto, 9, 259, 260-1, 268, 388
  acusado de apropriação indébita, 268
  oficina em Olímpia, 268
Fidípides, corredor, 127-9, 136, 139, 141
Fidípides, personagem em *As nuvens*, 301-2
Filaída, clã aristocrático, 104, 135, 211
Fílidas, conspirador tebano, 377
Filipe da Macedônia, 21, 384-7, 395-7, 402-10, 414-5, 420, 423, 439
  assassinato, 414-7
  em Queroneia, 410-3
  estilo de governo, 397-8
  planos para a campanha persa, 413-6
  refém em Tebas, 386
  reformas militares, 399-401
  regente, 396
Foceia, cidade jônica, 72
Fócida, região da Grécia central, 242, 431
  Guerra Sagrada, 402-3, 405, 409, 439
Focílides, poeta, 70
Fórmio, almirante ateniense, 281, 289
Frínico, autor de comédias, 291
Frínico, poeta trágico, 73
Fúrias (Erínias), divindades da vingança, 38, 79-80, 241, 243

Ganimedes, servidor dos deuses, 96
Gaza, porto fenício, 422
Gelão, tirano de Siracusa, 187
Gerúsia, o "senado" de Esparta, 52-4
Gilipo, comandante espartano na Sicília, 322, 324-7, 331-2
Gordon, George, Lord Byron, 426
Górgias, sofista, 302, 305-6, 374
Gorgition, um troiano morto em batalha, 26
Grande Dionísia, festival de teatro, 105, 224, 234-8, 242, 278, 295, 301, 316, 359
Grânico, batalha do, 422
Guerra de Corinto, 367, 373, 437
Guerra do Peloponeso, 270-95, 311-4, 315-33, 334-53
  campanha de Pilos, 288-92
  expedição siciliana, 311-2, 317-33
  paz de Nícias, 292-5
  praga, 278-9
  queda de Atenas, 351-3

Halicarnasso, cidade da Cária, 179, 442
Harmódio, amado de Aristógito, 107-8, 113-4
harmosta, governante militar espartano, 364, 380
Hécuba, mulher do rei Príamo, 316
Heféstion, amante de Alexandre, 421
Hefesto, deus do fogo e do artesanato 34, 135, 262
Heitor, filho do rei Príamo, 21, 25-7, 385, 422
Hélade, todas as terras ocupadas pelos gregos, 21, 58, 333 e *passim*
Helena de Troia, 24, 28, 38, 201
Helesponto, estreito entre a Europa e a Ásia, 99, 154, 156, 158-9, 187-8, 192, 195, 269, 336-7, 343, 350, 353, 391, 421, 434
Heliaea, suprema corte de Atenas, 89
Heliópolis, cidade egípcia, 146
Hera, deusa e mulher de Zeus, 24, 49, 129, 192, 253-4, 260, 283, 348
Heráclito, filósofo de Éfeso, 303-4
Hércules, herói e semideus, 35, 38-9, 118, 136, 139-42, 169, 211-2
hermas, esculturas protetoras, 106, 319-20, 361
Hermes, deus mensageiro, 106, 274
Hero e Leandro, amantes, 159
Heródoto, historiador, 57, 60-1, 65, 68, 71, 84, 91, 99-100, 112, 115, 123-4, 128, 132-3, 137-8, 146, 156-60, 164, 166, 171, 173-4, 179, 181, 186, 190-1, 193, 328, 384, 442-3
Hesíodo, poeta, 251, 287, 303, 432, 444
Hímera, batalha de, 187
Himeto, monte, 33, 100, 141, 261
Hiparco, filho caçula de Pisístrato, 98, 106-8, 113-4, 135, 433
Hiparete, mulher de Alcibíades, 315-6
Hipérbolo, político ateniense, 294, 318, 436

Hípias, filho mais velho de Pisístrato, 98, 103, 106-10, 112, 114, 135, 139, 148, 152, 433
  aconselha os comandantes persas, 132
  expulso de Atenas, 112
  na corte persa, 130, 132
Hipólita, amazona e mulher de Teseu, 38
Hipólito, filho de Teseu, 38
Homero, 7, 22-30, 81, 91, 106-7, 109, 116, 147, 222, 239, 278, 303, 385, 387, 399, 431, 443, 445
  Ilíada, 7, 21-30, 36, 70, 80, 106, 174, 206, 222, 278, 399, 422
  Odisseia, 7, 22, 106, 222
hoplitas, desenvolvimento dos, 116-7, 121, 123-4, 135, 138, 190, 368, 378-9, 400, 423-4

Ifigênia, filha de Agamenon, 239
Ilíria, região oriental dos Bálcãs, 271, 288, 385, 415
Imbros, ilha do mar Egeu, 373, 135
Índia/indianos, 29, 158
Iságoras, opositor de Clístenes, 114
Isaías, profeta judeu, 67
Isócrates, retórico, 353, 368, 376, 393
  carreira, 374-5, 437
  chamados pela unidade e cruzada contra a Pérsia, 375-6, 383-4, 406, 414, 438
  morte, 414
  Panegírico, 383
  primeiros anos, 374
istmo de Corinto, 78, 127, 161-2, 164, 167
Itome, monte, 51, 219-20, 382, 434, 438

Jasão de Feras, tirano, 376, 383, 438, 439
Jogos
  de Hera; jogos para mulheres de Esparta, 49
  Ístmicos, 48
  Nemeus, 48
  Olímpicos, 48-9, 77-8, 135, 167, 222, 257, 314, 329
  Píticos, 48, 153, 396, 405-6
Jônia/jônios, grupo étnico grego, 34, 42, 58, 70, 105, 107, 138, 188, 192, 194-5, 203-4, 207-9, 220, 250, 336-8, 347, 364-5, 373, 376, 432
  cidades-estados jônicas conquistadas por Ciro, 62-4
  revolta jônica, 71-2, 111, 128-9, 135, 145, 209, 433
Júlio César, estadista romano, 426

Lacedemônia, nome oficial de Esparta, 42, e *passim* (*ver também* Esparta)
Lacônia, território de Esparta, 42, 50-1, 324, 379
Lâmaco, general ateniense, 318, 320, 323-4, 332
Lasus de Hermione, 107
Laurium, minas de prata e chumbo, 33, 101, 147, 196, 212, 227, 259, 291, 322, 358, 398
  novo veio descoberto, 121, 149, 433

Lemnos, ilha no mar Egeu, 135, 248, 373
Léon de Salamina, ex-oficial militar, 361
Leônidas, rei de Esparta, 167, 170, 172-6, 189, 193, 201-2
Leotíquides, filho (?) de Ágis II, 339
Leotíquides, rei de Esparta, 193-5
Lesbos, ilha a nordeste do mar Egeu, 58, 83, 130, 210, 270, 348, 395, 432
  debate de Mitilene, 284-6
  revolta, 284-5
Leuctra, batalha de, 479
Licó, promotor de Sócrates, 369
Licurgo, provável lendário fundador da Constituição de Esparta, 51
Lídia/lídios, reino na Ásia Menor ocidental, 10, 58, 60, 62-3, 71-3, 90-1, 129, 288, 338, 403, 417, 432
Lisandro, general espartano, 345-8, 363, 366
  amizade com Ciro, o Moço, 365
  em Egospótamo, 364
  morte, 366
Lísias, negociante e orador, 359-61

Macedônia/macedônios, 99, 129, 149, 164, 188, 206, 390, 395, 397-8, 400, 403-4, 406-8, 415-9, 421-3, 425, 433
  cultura, 386
  invadida por Dario, o Grande, 71
  política, 386-7
  Queroneia, Campanha da, 409-14
  topografia, 384-5
Magnésia, cidade da Jônia, 208
Mantineia, batalha de, 362 a.C., 387
Mantineia, batalha de, 418 a.C., 314, 318, 336
mar Egeu, 9, 22, 95-6, 127, 148, 171, 183, 188, 194-5, 203, 209, 215, 231-2, 234, 245-6, 273, 312, 336-7, 364, 366-7, 373, 375, 380, 390, 407
mar Negro, 34, 37, 59, 104, 148, 154, 159, 203, 230, 232, 246-7, 273, 298, 323, 359, 366, 373, 377, 390, 397, 424, 436
Maratona, 99, 132-2
  batalha de, 133-8, 143-5, 148, 152, 156, 163, 210-1, 215, 276, 364, 420, 433
  comemorações da vitória, 139-41
Mardônio, general persa, 130-1, 156, 179, 187-9
  batalha de Plateias, 190-1, 336
  casamento ateniense, 80, 96, 252-5, 398
  casamento espartano, 47
Masistius, comandante de cavalaria persa, 190, 194
Medeia, bruxa, 88
Mégacles, alcmeônida, 123, 153, 211
Mégacles, aristocrata ateniense, 79-80, 92, 98, 275
Mégacles, neto do anterior, 98-9, 102
Megalópole, cidade na Arcádia, 382, 439

Mégara, cidade-estado grega, 78, 93-4, 96-7, 104, 106, 127, 185, 190, 228, 231, 293, 295, 312, 343, 360, 394, 432, 435
   Decreto de Mégara, 274
Meleto, promotor de Sócrates, 368, 371-2
Melos, ilha do mar Egeu, 315-6, 352, 375, 436
Menelau, rei de Esparta, 24, 26, 201, 393
Messênia/messênios, 43, 205, 288, 290, 292-3, 343, 414, 432
   libertada de Esparta, 381-3
   perde a guerra contra Esparta; escravizada, 50-4
   revolta, 218-21, 225
Metímna, segunda cidade de Lesbos, 376
Métis, deusa da sabedoria, 34
Metone, porto da Messênia, 293, 397, 399
Mícale, batalha de, 194, 204, 208, 221, 434
Micenas/micênios, 22-3, 34, 35, 80, 413, 431
Milcíades, sênior, 104, 109, 432
Milcíades, vencedor em Maratona, 103, 134-41, 143-5, 166, 211, 433
Mileto, cidade a sudoeste da costa da Anatólia, 63, 71, 194, 247-9, 251, 255, 303, 328, 333, 347
   sitiada e saqueada, 71-2
Míndaro, almirante espartano, 334-5, 514
Minos, lendário rei de Creta, 37
Minotauro, monstro; metade homem, metade touro, 37
Mitilene, cidade de Lesbos, 284-5
mulheres, condição das, 7, 70, 116, 238, 251-5, 268, 297, 300, 316, 340, 444
   mulheres espartanas, 47-9

Náucratis, entreposto comercial no delta do Nilo, 59
Naxos, ilha nas Cíclades, 38, 99, 206
   rebelião, 213, 434
Nícias, estadista, 291-2, 295, 313-4, 318, 436, 445
   na Sicília, 318-21, 323-33, 336, 443
Notium, batalha de, 346-7

óbolo, moeda de prata de pequeno valor, 12, 147, 227, 238, 346, 403
Odisseu, rei de Ítaca, 21-2, 25, 94, 252
Olímpia, mãe de Alexandre, o Grande, 398, 415-7
Olimpo, monte, 23, 96, 206
Olinto, cidade-estado de Calcídica, 373, 396, 403, 439
Orestes, filho de Agamenon, 240-1
ostracismo, exílio temporário votado pelo povo, 121-2, 137, 152-3, 163, 221, 231, 318, 433-6, 444
Otomano, Império, 426

Pã, deus da natureza, 127-8, 141-2
Pactolo, rio, 72
Paionia, reino ao norte da Macedônia, 384, 396

Panateneia, festival ateniense, 105, 108, 257-8, 263, 432
Páralo, filho de Péricles, 254
Paralus, trirreme estatal, 354
Páris, príncipe de Troia, 25, 28-9
Parisátide, mulher de Dario II, 365
Páros/pariano, 144, 147
Pasífae, mulher de Minos, 37
Pátroclo, amante de Aquiles, 26, 95, 174, 421-2
Pausânias, amante de Agaton, 296
Pausânias, assassino de Filipe da Macedônia, 417
Pausânias, escritor de viagens, 55, 140-1
Pausânias, regente de Esparta, 201, 209, 275, 434
   fim escandaloso, 204-7
   vitória em Plateias, 189-90
Pausânias, rei de Esparta, 363
Pella, capital da Macedônia, 386, 404, 415
Pelópidas, comandante tebano, 377, 378, 380-1, 386-8
Peloponeso, península ao sul da Grécia, *passim*
   topografia, 42, 48, 51
Pelúsio, cidade de fronteira egípcia, 68
Penélope, mulher de Odisseu/Ulisses, 252-3
Periandro, tirano de Corinto, 95, 432
Péricles, estadista, 124, 233, 237, 242, 245-56, 259-60, 263, 267-70, 281-2, 285, 291, 294-5, 302, 306-9, 317, 321, 333, 344, 349, 360, 364, 369, 375-6, 393, 419, 435-6, 443
   e a Guerra do Peloponeso, 272-8
   e Alcibíades, 256-7
   e Aspásia, (*ver também* Aspásia)
   esposa, Dinômaca, 254
   filhos legítimos, Xantipo e Páralo, 254
   ilegítimo, Péricles, 279, 349
   infância, 221-3
   início de carreira, 223-5
   interesses intelectuais, 222-3
   legislação, 225-6
   morte, 279-80
   personalidade, 244-6
periecos, não cidadãos moradores de Esparta, 50, 205, 219
Perséfone, rainha dos mortos, 38, 104, 225, 321
Pérsia/persas, 9, 10, 60-73, 111, 127, 129-33, 135-6, 138-40, 144, 155, 160, 163, 165, 171, 174, 176, 178-9, 186, 188, 192, 195, 209, 214-5, 230-2, 245, 259-60, 281, 336-7, 339, 343, 353, 363-5, 367-8, 373, 376, 383, 391, 408, 413-5, 418, 422-3, 432-5, 437, 439, 442 e *passim*
   Dario invade a Grécia, 128-41 *passim*
   Filipe e Alexandre invadem a Pérsia, 414-5 *passim*
   Xerxes invade a Grécia, 144-6, 155-97 *passim*, 201-3, 205-9, 214-5, 220, 222, 230-3
Pilares de Hércules, atual Gibraltar, 59

Píndaro, poeta tebano, 53, 77-8, 340
  elogio a Atenas, 153, 264-5
Pireu, porto de Atenas, 109, 148-9, 196-7, 208, 231, 245, 270, 311, 325, 332, 335, 341, 345, 351-3, 357, 359, 362, 367, 369, 378, 390, 397, 407, 418, 425, 434
Pirítoo, amigo de Teseu, 38
Pisístrato, tirano de Atenas, 92, 94-5, 106, 109, 112, 114, 135, 147, 152, 178, 235, 245, 426, 432
  ágora, construiu, 101-2
  amado de Sólon, 94-5
  distribuição de terras, 101-2
  edifícios públicos, 105-6
  Homero, como instrumento promocional, 106
  Panateneia, 105
  primeira tirania, 98
  segunda tirania, 98-9
  terceira tirania, 99-107
Pitágoras, filósofo e matemático, 247, 303, 387, 394
pítia, profetisa de Delfos, 56-7, 61-2, 104, 132, 161, 165, 178, 215, 415
Platão, filósofo, 7, 9, 11, 50, 70, 90, 149, 254-6, 296, 314, 359, 361, 369-72, 374, 394-6, 406, 425, 437-8, 444
  A república, 394
  Fedro, 374
  Górgias, 374
  Meno, 369
  O banquete, 7, 296-8, 300-2, 304, 307-10
  Protágoras, 393
Platão, poeta cômico, 208
Plateias, batalha de, 188-93, 196, 202, 204-5, 208, 259, 263, 336-7, 365, 408, 420, 434
  juramento de Plateias, 189-90, 259
Plateias, cidade da Beócia, 136, 138, 140-1, 191-2, 194, 275, 286, 433, 436
Plutarco, escritor e biógrafo, 36, 39, 47, 52-3, 57, 83, 89-90, 93, 120, 142, 144-5, 163, 177, 196, 210-1, 214, 217-20, 222, 225, 244-7, 249, 255-6, 259, 268, 321, 325, 339, 346, 353, 373, 391-2, 408-9, 412, 444
polemarco, designação do comandante-chefe ateniense, 83, 121, 135, 138, 360
Polemarco, irmão de Lísias, 360-1
Políbio, historiador grego, 414
Polícrates, tirano de Samos, 247
Polinices, filho de Édipo, 249
polis, designação de cidade-estado em grego, 39, 49, 70-1, 80, 86, 102, 116, 118-9, 121, 148, 153, 181, 209-10, 213, 223, 225-7, 242-3, 262-4, 277, 284, 424
Porca de Cromion, 36

Poseidon, deus dos mares, 28, 39, 170, 202, 205, 261-2, 275, 418
  disputa com Atena, 35
Príamo, rei de Troia, 27-8, 316
Pritaneu, comitê executivo da *boulê*, 315
Procrusto, torturador dos viajantes, 36
Protágoras, filósofo, 223, 393

Quatrocentos, lei dos, 340-1
Quíos, ilha no mar Egeu, 210, 262, 336, 338-9, 344, 374, 376, 387, 391

relações homossexuais masculinas, 95-7
  eromenos e *erastes*, 95
  inscrições eróticas em Tira, 96-7
religião grega, 8, 25-7, 29, 53, 55, 80, 191-2, 250, 369
  deuses, 8, 25, 40, 49, 53, 79, 87, 96, 120, 127-8, 140-1, 223, 235, 238, 242, 251, 261, 268, 298-303, 305, 328, 361, 369, 385, 388, 416
  poluição, 79
  submundo, 39
Rieu, E. V., tradutor, ix, 445
Rodes, maior ilha do Dodecaneso, 203-4, 344, 376, 387, 391

Safo, poetisa de Lesbos, 83, 432
Salamina, cidade-estado em Chipre, 364
Salamina, ilha de, 78, 93-5, 148, 161-2, 165-7, 178, 189, 191, 194-5, 202, 207, 212, 224, 337, 341, 361, 364, 420, 434-6
  batalha de, 179-88
Salaminia, trirreme estatal ateniense, 321
Samos, ilha na costa da Ásia Menor, 129, 188, 193, 210, 247, 260, 263, 284, 287, 341-3, 348, 362, 390, 413
  revolta, 247-9
Sárdis, capital da Lídia, 61-2, 65, 71-2, 90, 133, 155-6, 163, 179, 232, 248
Scione, cidade-estado na Calcídica, 286, 288
Segesta e Selinus, cidades-estados rivais na Sicília, 317, 333
seisachtheia, leis de Sólon sobre servidão e dívidas, lit. "suspendendo os encargos", 62 e seg., 432
Shelley, Percy Bysshe, poeta inglês, 426
Sicília, 59, 70, 72, 80, 111, 164, 167, 187, 289, 298, 311, 338, 345, 361, 393, 436
  expedição ateniense contra a, 319-21, 323-33, 335
  política da, 317
Simão, sapateiro, 306
Simônides, poeta lírico, 107, 113, 141, 201-2, 215
Sínis, o Verga-Pinheiro, 36
Siracusa, cidade na Sicília, 164, 166, 187, 317-8
  invasão ateniense, 320, 322-5, 328-33, 383, 393

Sócrates, filósofo, 8, 9, 236, 254-6, 297, 300-2, 304-9, 318, 349, 353, 358, 361, 374, 386, 393-4, 425, 437, 444
  julgamento e morte, 368-72
  mentor e amigo de Alcibíades, 257, 293, 309-10, 319-20
Sófocles, poeta trágico, 9, 11, 254, 316, 422, 435, 444
  Antígona, 250-2
  Édipo Rei, 278
Sólon, 10, 83-4, 93-5, 97-8, 101-3, 106, 109, 112
  final da carreira, 89-91
  grupos socioeconômicos, 86-7
  hippeis, 86
  pentakosiomedimni, 86
  poesia, 84
  reformas, 85-9, 92, 113, 120-1, 144, 227
  tetes, 86-7, 97, 101, 149, 162, 341, 357
  zeugitai, 86, 430
Stesilau de Céos, amado de Aristides e Temístocles, 152
Sthenilaidas, éforo, 274
Strepsíades, personagem em *As nuvens*, 301-2
Sunião, cabo, 139, 202, 262
Susa, capital da Pérsia, 65, 133, 146, 160, 179, 185, 187, 206, 224, 230, 353, 367, 395
symposium, festa alcoólica; convenções, 296-9

talento, unidade de massa e de valor de ouro ou prata, 12, 109, 144-6, 150, 174-5, 203, 209, 211, 259, 263, 268, 270, 279, 291, 315, 357-60, 367, 390-2, 397, 403, 408-9, 414
Tales, filósofo de Mileto, 63, 303, 328, 432
Tártaro, lugar de tortura no submundo, 38
Tartesso, semilendário porto no sudoeste da Espanha, 58
Tasos, ilha no mar Egeu, 99, 211, 219-20, 247, 344, 398, 434
  rebelião, 214-5
Tebas, cidade-estado dominante da Beócia, 40, 99, 163, 170, 173, 196, 231, 249, 264, 275, 279, 362, 367, 373, 396, 402-3, 406, 408-9, 413, 417, 433, 438-9
  arrasada por Alexandre, 417
  Batalhão Sagrado, 378, 380, 387, 401, 410, 412-3
  Cadmeia, cidadela, 374, 377
  derrotada em Plateias, 192
  derrotada em Queroneia 412-5
  hegemonia sobre a Grécia, 386-8, 390
  reformas militares, 378-9
  vitória em Leuctra, 380, 382
Tégea, cidade-estado na Arcádia, 110, 192, 414, 432
Temístocles, estadista, 143-5, 151-4, 160, 195-7, 202-3, 209, 211, 220, 223, 225, 231, 245-6, 270, 340, 353, 433-5
  avaliação, 207-8
  foge para a Pérsia, 206-7
  infância e juventude, 142-3
  invasão persa, 163, 164-7, 171, 174-6, 179, 181-3, 188
  morte, 207
  ostracismo, 203
  política naval, 147-9
Tempe, vale do, desfiladeiro no norte da Grécia, 161, 164
Tênaro, atual cabo Matapão, 205, 275
Teógenes, tirano de Mégara, 78, 93
Teógnis, poeta de Mégara, 81, 96
Terâmenes, estadista ateniense, 341-3, 349, 352, 362-3, 437
  execução, 362
Termópilas, desfiladeiro, 161, 167
  batalha das, 169-70, 172-6, 181, 187, 201, 403-4, 406, 434
Terone, tirano de Acragas, 187
Térsites, soldado grego infiltrado em Troia, 413
Teseu, herói lendário e rei de Atenas, 34, 36-40, 49, 80, 105, 118, 140-1
  em Creta, 37-9
  morte, 215-6
  no submundo, 38
  "restos mortais" recuperados, 215-7, 434
  "trabalhos", 35-6
  unificação da Ática, 39-40
Téspis, considerado o primeiro ator, 105, 235
Tessalos, filho de Címon, 321
Tétis, deusa e mãe de Aquiles, 24
Timandra, amante de Alcibíades, 353
Timea, esposa de Ágis II, 339
Timocréon, poeta de Rodes, 203
Tirania, tirano, 9, 78, 82, 90, 95, 97-100, 102-3, 106, 108-9, 112-3, 137, 144, 152, 243, 320, 342, 345, 375, 377, 395, 432
Tirteu, poeta espartano, 45, 50-1, 116
Tissafernes, sátrapa da Lídia e da Cária, 337-40, 342-3, 346, 365-7, 391
Trácia, terras entre a Macedônia e a Ásia Menor, 59, 71, 109, 129, 142, 156, 158, 161, 213-5, 223, 287-8, 304, 333, 344, 385, 398, 404, 407-8, 414, 433, 436, 439
  Dario I conquista, 129-30
Trasíbulo, general e líder democrático, 349, 362, 438
  reivindica a volta de Alcibíades, 343
Trezena, pequena cidade-estado, 165-6, 178, 195
Trinta, lei dos, 353, 359-62, 365, 368, 370, 374, 393, 437
trirreme, galera de guerra, 149-51 e *passim*

Troia/Guerra de Troia, 21-30, 34, 38, 51, 94-5, 112, 140, 201, 234, 239, 249, 252, 278, 286, 316, 375, 413-4, 421, 431
Tucídides, historiador ateniense, 11, 43, 108, 112, 195, 207-8, 213, 216, 219, 230, 249, 263, 267, 269, 274-8, 280, 282-6, 293, 327, 314, 316-7, 319, 322-3, 326, 328-9, 333, 335-6, 342, 443-4
Tucídides, político ateniense, 259-60, 435

Ucrânia, fonte de grãos, 59, 129, 334

Xantipa, mulher de Sócrates, 304
Xantipo, alcmeônida, 123-4, 145, 163, 166, 182, 188, 193, 211, 221-2
Xantipo, filho de Péricles, 254
Xenófanes, pensador e poeta, 303
Xenofonte, aventureiro e escritor, 9, 44, 66-7, 147, 228, 252, 305, 345, 351-2, 364, 367-8, 377, 381, 383, 387, 415, 424, 443
  discípulo de Sócrates, 305, 370-1, 374
  Educação de Ciro, 67
  na Pérsia, *Anábase*, 365-6, 443
  Oeconomicus, 252, 390
Xerxes, rei da Pérsia, 146, 148-50, 154, 162-5, 167, 178, 188-9, 192-5, 204,-6, 282, 337, 346, 383, 392, 408, 421, 433
  assassinato, 206-7, 230
  em Salamina, 179-83, 185-7
  jardins, 155-6
  nas Termópilas, 169, 171-3
  parte para casa, 187
  reúne suas forças, 156-9

Zeus, pai dos deuses, 24, 26-8, 34-5, 48, 78-80, 96, 104-5, 161, 171, 202, 245, 254, 257, 298, 300, 302, 426
  estátua em Olímpia, 268
zoroastrismo, relacionado com a adoração de Ahura Mazda, 67

AGRADECIMENTOS

Meus mais sinceros agradecimentos vão para Roddy Ashworth, por seus conselhos a todo momento e por sua assistência com a pesquisa. Agradeço muito a meu editor na Penguin Random House, Will Murphy, e a meu agente literário, Christopher Sinclair-Stevenson, a orientação e o entusiasmo. Meus agradecimentos também vão para Mika Kasuga, editora-assistente da Penguin Random House, por seu apoio. Como no passado, o professor Robert Cape, do Austin College, no Texas, leu muito gentilmente um rascunho do livro e me enviou comentários e sugestões úteis. Sulochana Asirvatham, professor associado de clássicos e humanidades da Montclair State University, também contribuiu com conselhos valiosos. Qualquer erro, claro, deve ser colocado na minha conta.

SOBRE O AUTOR

Anthony Everitt, ex-professor visitante de artes visuais e cênicas da Universidade Nottingham Trent, escreveu extensivamente sobre cultura europeia e é autor de *Cícero*, *Augusto*, *Adriano e o triunfo de Roma*, e *A ascensão de Roma*. Serviu como secretário-geral do Conselho de Artes da Grã-Bretanha. Everitt mora perto de Colchester, a primeira cidade da Inglaterra, fundada pelos romanos.

**Acreditamos
nos livros**

Este livro foi composto em Adobe Garamond
Pro e impresso pela Gráfica Santa Marta para a
Editora Planeta do Brasil em setembro de 2019.